衡阳市

石鼓区志

1996—2018

石鼓区志编纂委员会　编

方志出版社
Publishing House of Local Records

图书在版编目（CIP）数据

衡阳市石鼓区志．1996—2018 / 石鼓区志编纂委员会编．-- 北京：方志出版社，2023.12
ISBN 978-7-5144-6156-5

Ⅰ．①衡… Ⅱ．①石… Ⅲ．①区（城市）-地方志-衡阳-1996-2018 Ⅳ．①K296.44

中国国家版本馆 CIP 数据核字（2024）第024838 号

责任编辑：李晓晓
责任校对：张玉霞
责任印制：梅中英
出 版 者：方志出版社
地　　址：北京市朝阳区潘家园东里 9 号（国家方志馆 4 层）
邮　　编：100021
网　　址：http://www.zgfzcb.cn
发　　行：方志出版社图书营销中心（010-67110500）
印　　刷：湖南湘衡彩印有限公司
开　　本：889 毫米×1194 毫米　1/16
印　　张：37.75
字　　数：1221 千字
版　　次：2023 年 12 月第 1 版
印　　次：2023 年 12 月第 1 次印刷
定　　价：580.00 元

《衡阳市石鼓区志（1996—2018）》编纂委员会

2018 年 11 月至 2019 年 8 月

2019 年 9 月至 2021 年 9 月

名 誉 主 任：颜和平
主　　　任：刘　浪
顾　　　问：高鸿升　王仲晓
副　主　任：郑建芳　冯春娥　谢　宏　陈吉红
委　　　员：王小果　王志勇　王容易　戈　锋　尹　勍　尹向前
成志辉　伍洪波　华喜容　全宏东　刘名才　苏醒世
李　谦　李阳武　李妍莛　肖云根　肖建军　谷艳玲
谷琼峰　邹　敏　陈炜伟　陈柏春　欧阳浩男　罗剑波
周思帆　周朝晖　钟　捷　洪云辉　姚礼来　贺程杰
徐崇斌　郭　伟　唐　驰　唐金辉　曹美丽　梁　璞
彭清海　蒋宗辰　曾　鸿　曾广彪　谢　炜　廖红波
办公室主任：李亚晖　陈　沧
办公室副主任：肖泳文　胡文东

2021 年 10 月至 2024 年 9 月

名 誉 主 任：颜和平
主　　　任：谢海蓉
顾　　　问：刘红丹　周文源
副　主　任：吴　颖　聂文化　陈　沧　陈吉红
委　　　员：王小果　王志勇　戈　锋　尹　磊　尹向前　任晓军
华喜容　全宏东　刘卫平　刘国华　阳　冰　苏醒世
李　谦　李妍莛　李祉宽　肖云根　肖建军　谷艳玲
谷琼峰　邹　波　邹　敏　邹育容　张　云　张隆军
陈柏春　欧阳浩男　罗剑波　周思帆　周朝晖　钟　捷
洪云辉　姚礼来　贺程杰　徐崇斌　郭　伟　唐　驰
唐金辉　曹美丽　梁　璞　彭清海　曾　鸿　谢　炜
谢海德　廖红波
办公室主任：洪云辉
办公室副主任：胡文东

《衡阳市石鼓区志(1996—2018)》编辑人员

主　　编：胡文东
总　　纂：谭民政
副 主 编：龙平省
编　　辑：左　丹　周雅芳　肖　健　王亚彩

衡阳市地方志编纂室审稿人员

张永英　肖　泓　张艳辉　周嘉晖
熊仲荣　罗红宇　徐文成

湖南省地方志编纂院终审验收人员

陈远平　张征远　杨　帆　李章进
蔡向阳　徐　志　谭文美　阳雍悦

序

“盛世修志，功在千秋”。《衡阳市石鼓区志（1996—2018）》经过全体编纂人员的不懈努力和辛勤付出，历时六年圆满编纂完成并将付梓成书，标志着石鼓区精神文明建设结出了又一丰硕成果，可喜可贺！

1996年至2018年，是石鼓区发生翻天覆地变化的23年。23年间，石鼓区综合实力稳步增强，城乡面貌焕然一新，社会大局和谐稳定。《衡阳市石鼓区志（1996—2018）》翔实记录了这段非凡的历史进程，真实展现了这一进程中石鼓人民拼搏进取、无私奉献的奋斗历程，是全面系统反映石鼓区23年发展历程的百科全书式文献。

《衡阳市石鼓区志（1996—2018）》下限为2018年。志书修编期间，石鼓的经济社会发展又有了质的飞跃。2023年，全区地区生产总值267.26亿元、社会消费品零售总额262.88亿元、城镇居民人均可支配收入50611元，较2018年分别净增91.66亿元、147.28亿元、14025元。这些成绩的取得，是数代人奋斗积累的结果，是全体人民智慧的结晶，更是历届区委、区政府率领全区人民团结苦干的结果。

石鼓历史悠久，文化厚重，商业繁荣。这里自西汉置酃县县治，至中华民国，两千年间一直为衡阳的治所中心；这里有千年学府石鼓书院，历代先辈先贤曾在此登台传道、著书立说，奠定了衡阳文脉；这里历来商贾如云，酒肆林立，人流如织，“青草桥头酒百家”述说着这里的壮观与繁华。更为难得的是石鼓人民对党、对祖国充满热爱，对建设幸福家园充满激情，对奔向未来充满信心。能在这块热土上为人民奉献自己的光和热，是我们的荣幸。

《衡阳市石鼓区志（1996—2018）》就要出版了。希望全区人民读“志”、用“志”，以“志”为鉴，明得失、知兴替，紧密团结在以习近平同志为核心的党中央周围，齐心协力、众志成城，踔厉奋发、笃行不怠，为加快建设宜居宜业宜创宜游“锦绣新石鼓”而努力奋斗。

是为序。

2024年3月

颜和平，2019年8月任中共衡阳市石鼓区委书记，2022年1月任政协衡阳市第十三届委员会副主席、中共衡阳市石鼓区委书记。

谢海蓉，2017年4月任中共衡阳市石鼓区委副书记，2021年10月任中共衡阳市石鼓区委副书记、石鼓区人民政府区长。

凡　例

一、本志以马克思列宁主义、毛泽东思想、邓小平理论、“三个代表”重要思想、科学发展观、习近平新时代中国特色社会主义思想为指导，坚持辩证唯物主义和历史唯物主义的立场、观点和方法，全面、系统、准确地记述石鼓的经济、政治、文化、社会和生态文明各个方面的发展变化，为后人留存珍贵史料，为经济建设和社会发展提供服务。

二、本志为《城北区志》的续志，石鼓区成立后的首轮修志。记述的时间断限：上限为1996年，个别事项适当上溯；下限为2018年。书前彩页图片突破2018年时间下限。

三、本志采用述、记、志、传、图、表、录等各种体裁，以志为主。本志为章节体，横分门类纵述史实。

四、《衡阳市石鼓区志（1996—2018）》所记内容由各单位提供，资料主要来源于各级档案、报刊、调查访问材料，均经核实后载入，一般不注明出处。不同时期的党派、机构、职务、地名等，均以当时的名称为准。对频繁使用的名称，首次用全称并括注简称，其后用简称。

五、本志各项数据一般采用国家统计部门数据。数据缺乏的，采用主管部门或主办单位正式提供的数据。部分分项数据之和不等于总量数据，是由于数值修约误差所致，本书均未作机械调整。

六、本志“人物”部分由人物传略、前志补遗和人物名录三部分组成。人物传略，生者不入，以卒年为序。

七、本志数字用法、标点符号用法分别采用国家标准《出版物上数字用法》（GB/T 15835—2011）、《标点符号用法》（GB/T 15834—2011），计量单位采用国家技术监督局1993年12月发布的《量和单位》系列国家标准。历史上使用的计量单位，如斗、石、里、尺、磅、华氏度等，在引文时可照录。考虑到社会使用习惯，全书中亩不统一换算。

八、本志时间表述，清代之前（含清代）使用历史纪年，括注公元纪年；中华民国成立后使用民国纪年，括注公元纪年；1949年10月1日起使用公元纪年。

九、本志刊载的领导名录，原则上收录1996—2018年间，各单位担任副科实职以上（含副科）领导干部。

石鼓老城区鸟瞰图（摄于2020年8月，石鼓区委融媒体中心/供图）

石鼓新城鸟瞰图（摄于2019年12月，石鼓区委融媒体中心/供图）

石鼓区（原城北区）四大领导机构原办公旧址（摄于1997年6月，石鼓区委宣传部/供图）

石鼓区机关大院（摄于2022年6月，石鼓区地方志编纂室/供图）

石鼓区政务服务中心入口（摄于2022年6月，石鼓区地方志编纂室/供图）

石鼓区政务服务中心大门（摄于2022年6月，石鼓区地方志编纂室/供图）

角山三星村农业示范园（摄于2022年5月，石鼓区地方志编纂室/供图）

三星蔬菜基地蔬菜大棚（摄于2022年6月，石鼓区委融媒体中心/供图）

三星蔬菜示范园（摄于2022年6月，石鼓区委融媒体中心/供图）

黄沙湾街道兆祥果园航拍图（摄于2022年6月，石鼓区委融媒体中心/供图）

角山村民新居（摄于2017年8月，石鼓区委融媒体中心/供图）

农家小院（摄于2020年9月，石鼓区委融媒体中心/供图）

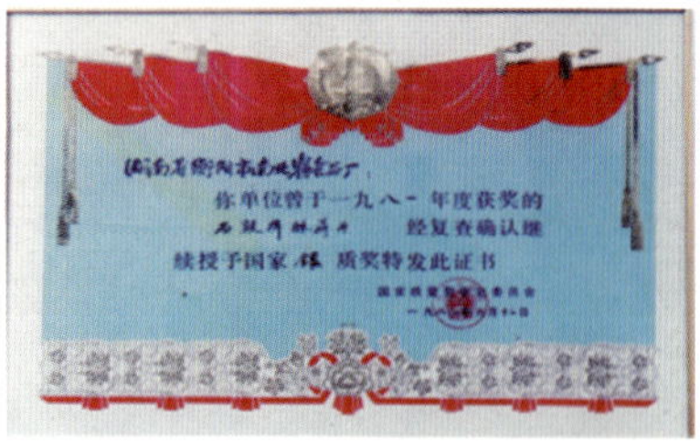

南北特食品厂“石鼓牌”酥薄月饼获国家银质奖章（摄于2022年6月，石鼓区委宣传部/供图）

君玲食品厂（摄于2022年6月，石鼓区地方志编纂室/供图）

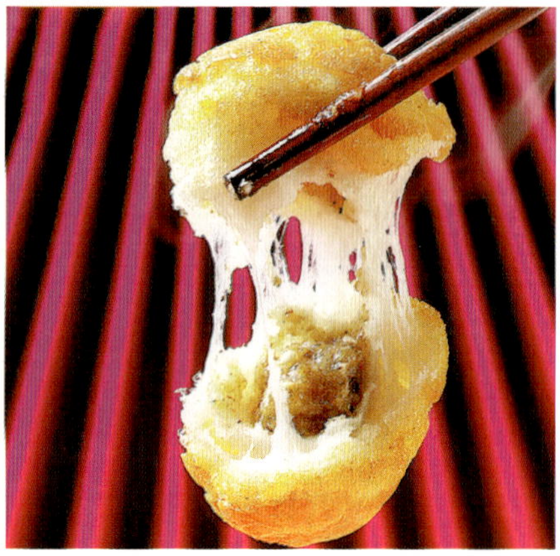

君玲元宵（摄于2022年6月，石鼓区委宣传部/供图）

鑫隆包子总店（摄于2022年6月，石鼓区地方志编纂室/供图）

杨裕兴面馆（摄于2022年6月，石鼓区地方志编纂室/供图）

紫竹林第十一分店（摄于2022年6月，石鼓区地方志编纂室/供图）

家乡鲜榨米粉旗舰店（摄于2022年6月，石鼓区地方志编纂室/供图）

香江百货超市（摄于2007年6月，石鼓区委宣传部/供图）

步步高超市（摄于2007年6月，石鼓区委宣传部/供图）

生源百货超市（摄于2009年5月，石鼓区委宣传部/供图）

喜尚叙艺堂饭店（摄于2022年6月，石鼓区地方志编纂室/供图）

古汉大道林隐酒楼（摄于2022年6月，石鼓区地方志编纂室/供图）

雁城渔庄饭店（摄于2022年6月，石鼓区地方志编纂室/供图）

衡州故事饭店（摄于2022年6月，石鼓区地方志编纂室/供图）

39℃酒吧（摄于2022年6月，石鼓区地方志编纂室/供图）

崇盛国际中心酒店（摄于2019年11月，石鼓区委融媒体中心/供图）

维也纳国际酒店（摄于2022年6月，石鼓区地方志编纂室/供图）

西湖饭店（摄于2022年6月，石鼓区地方志编纂室/供图）

虎形山悦莱花园酒店（摄于2022年6月，石鼓区地方志编纂室/供图）

玛雅海滩公园（摄于2022年6月，石鼓区地方志编纂室/供图）

金色家族酒店（摄于2022年6月，石鼓区地方志编纂室/供图）

金夫人婚纱摄影店（摄于2022年6月，石鼓区地方志编纂室/供图）

湘江北路夜市一条街（摄于2022年6月，石鼓区地方志编纂室/供图）

五一路夜市一条街（摄于2022年6月，石鼓区地方志编纂室/供图）

珠江帝景酒百家美食一条街（摄于2017年8月，石鼓区委融媒体中心/供图）

解放路麦当劳（摄于2022年6月，石鼓区地方志编纂室/供图）

大富豪家具城（摄于2007年6月，石鼓区委宣传部/供图）

湘府发艺理发店（摄于2007年6月，石鼓区委宣传部/供图）

风采足浴店（摄于2007年6月，石鼓区委宣传部/供图）

锦尚国际家具馆（摄于2007年6月，石鼓区委宣传部/供图）

国美电器店（摄于2022年6月，石鼓区地方志编纂室/供图）

民生堂药店（摄于2022年6月，石鼓区地方志编纂室/供图）

华源装饰材料专业市场（摄于2007年6月，摄于石鼓区委宣传部/供图）

永兴家居市场（摄于2022年6月，石鼓区委宣传部/供图）

中湘五金机电大市场（摄于2022年6月，石鼓区地方志编纂室/供图）

五一大市场（摄于2007年6月，石鼓区委宣传部/供图）

中亿汽贸城（摄于2022年6月，石鼓区地方志编纂室/供图）

华辰物流园（摄于2022年6月，石鼓区地方志编纂室/供图）

雁城物流园（摄于2017年8月，石鼓区委融媒体中心/供图）

中建国际广场商贸区（摄于2022年6月，石鼓区地方志编纂室/供图）

湖南红海人力资源有限公司衡阳分公司（摄于2022年8月，湖南红海人力资源有限公司衡阳分公司/供图）

华侨城来雁新城

华侨城来雁新城位于衡阳城市北大门，地处湘水、耒水和蒸水“三江汇流之处”。占地面积约13平方千米，整体规划范围约11.72平方千米，是集滨水休闲、湿地公园、文化旅游、康养度假、艺术体验、文创街区、商务办公、酒店聚集群等各功能于一体的新型“文化+旅游+城镇化”示范区。项目滚动投资约500亿元，首期建设项目包括来雁塔修缮、滨江风光带和城市规划馆。

建设中的和泰安置小区

建设中的和美安置小区

创想广场

（摄于2020年8月，石鼓区委融媒体中心/供图）

华耀城

2012年11月启动衡阳华耀城项目，总规划建筑面积约400万平方米，总投资超过120亿元，项目位于衡阳市石鼓区，地理位置优越、交通便利，是湖南省衡阳市政府重点引导、打造的商贸物流项目。项目分为交易展示区、商务配套区、仓储物流区、生活配套区4大功能板块。华耀城经营业态涵盖建材家居、五金机电、服装鞋帽、小商品百货、粮油副食、皮革皮具、轻纺、包装等，为采购商和供应商提供一站式采购对接平台。项目建成并全面运营后，将辐射华中数亿人群，可容纳商户约3万户，提供近10万个就业机会，实现年营业额数百亿元。

（摄于2022年6月，石鼓区委融媒体中心/供图）

每年春秋两季的车展已成为石鼓区一项重要的经济活动（2007年6月，石鼓区委宣传部/供图）

衡阳和信一汽丰田特约店（摄于2009年6月，石鼓区委宣传部/供图）

衡阳车立方汽车交易市场（摄于2009年6月，石鼓区委宣传部/供图）

衡阳西城汽车超市（摄于2009年6月，石鼓区委宣传部/供图）

广州本田汽车特约销售服务店（摄于2009年6月，石鼓区委宣传部/供图）

湖南天雁机械有限责任公司（摄于2009年6月，石鼓区委宣传部/供图）

湖南衡阳共创生物工程有限公司（摄于2009年6月，石鼓区委宣传部/供图）

衡阳市金一帆制药设备实业有限公司（摄于2009年6月，石鼓区委宣传部/供图）

衡阳建滔化工有限公司（摄于2009年6月，石鼓区委宣传部/供图）

衡阳正洋机械有限公司（摄于2009年6月，石鼓区委宣传部/供图）

衡阳华南汽配有限公司（摄于2009年6月，石鼓区委宣传部/供图）

衡阳市建衡实业有限公司（摄于2009年6月，石鼓区委宣传部/供图）

衡阳瑞达电源有限公司（摄于2009年6月，石鼓区委宣传部/供图）

衡阳新澧化工有限公司（摄于2009年6月，石鼓区委宣传部/供图）

衡阳市骏杰化工有限公司（摄于2009年6月，石鼓区委宣传部/供图）

北二环平交（摄于2022年6月，石鼓区地方志编纂室/供图）

北二环石鼓段（摄于2022年6月，石鼓区地方志编纂室/供图）

蔡伦大道（摄于2022年6月，石鼓区地方志编纂室/供图）

船山大道（摄于2022年6月，石鼓区地方志编纂室/供图）

解放大道（摄于2022年6月，石鼓区地方志编纂室/供图）

蒸湘北路（摄于2022年6月，石鼓区地方志编纂室/供图）

蒸阳北路（摄于2022年6月，石鼓区地方志编纂室/供图）

怀邵衡铁路穿境而过（摄于2022年6月，石鼓区委融媒体中心/供图）

合江套隧道（摄于2020年8月，石鼓区委融媒体中心/供图）

雁栖湖大桥（摄于2022年6月，石鼓区地方志编纂室/供图）

铜钱渡大桥（摄于2020年8月，石鼓区委融媒体中心/供图）

雅士林大桥（摄于2022年6月，石鼓区地方志编纂室/供图）

青草桥（摄于2022年6月，石鼓区地方志编纂室/供图）

20世纪20年代前石鼓书院（石鼓区委宣传部/供图）

石鼓书院全景图（摄于2007年6月，石鼓区委宣传部/供图）

石鼓书院近景（摄于2022年5月，石鼓区委融媒体中心/供图）

石鼓书院禹碑亭（摄于2017年8月，石鼓区委融媒体中心/供图）

◀ 修葺前的来雁塔（摄于2019年3月，石鼓区委融媒体中心/供图）

▼ 修葺一新的来雁塔（摄于2022年6月，石鼓区地方志编纂室/供图）

大护国寺（摄于2023年12月，石鼓区黄沙湾街道/供图）

梅田古庙（摄于2017年8月，石鼓区委宣传部/供图）

人民路小学（摄于2022年5月，石鼓区委宣传部/供图）

人民路小学新旧操场对比（摄于2007年6月，石鼓区委宣传部/供图）

人民路小学新旧校舍对比（摄于2007年6月，石鼓区委宣传部/供图）

石鼓区都司街小学（摄于2020年6月，石鼓区委宣传部/供图）

街碧桂园小学（摄于2022年6月，石鼓区地方志编纂室/供图）

都司街华耀小学（摄于2022年6月，石鼓区地方志编纂室/供图）

雁栖湖成龙成章学校（摄于2022年6月，石鼓区委融媒体中心/供图）

衡阳市二中（摄于2022年6月，石鼓区地方志编纂室/供图）

衡阳市逸夫中学（摄于2022年6月，石鼓区委融媒体中心/供图）

◀ 衡阳市博文高级中学（摄于2022年6月，石鼓区地方志编纂室/供图）

▶ 衡阳市田家炳实验中学（摄于2022年6月，石鼓区委融媒体中心/供图）

湖南环境生物职业技术学院（摄于2022年6月，石鼓区委融媒体中心/供图）

湖南工商职业学院（摄于2022年6月，石鼓区地方志编纂室/供图）

工人文化宫（石鼓区委宣传部/供图）

2014年12月，石鼓区美术馆开馆（摄于2014年12月，石鼓区委宣传部/供图）

衡阳市文化馆（摄于2022年6月，石鼓区委宣传部/供

衡阳市影剧院和青少年文化中心（摄于2022年6月，石鼓区委宣传部/供图）

衡阳博物馆（摄于2022年6月，石鼓区委宣传部/供图

石鼓区新时代文明实践中心（摄于2021年1月，石鼓区委融媒体中心/供图）

天主教堂（摄于2022年6月，石鼓区地方志编纂室/供图）

城北区代表团参加全市体育运动会（摄于1997年6月，石鼓区委宣传部/供图）

石鼓区教职工第二届软式排球赛（摄于2009年6月，石鼓区委宣传部/供图）

石鼓区属学校教师基本功比赛（摄于2009年6月，石鼓区委宣传部/供图）

农民趣味运动会（摄于2007年6月，石鼓区委宣传部/供图）

石鼓区获 “永远跟党走”庆祝建党90周年衡阳市合唱比赛一等奖（摄于2011年7月，石鼓区委宣传部/供图）

石鼓区获湖南省“红旗颂”大型群众合唱比赛金奖（摄于2016年6月，石鼓区委宣传部/供图）

石鼓区获湖南省第七届全民广场舞比赛季军（摄于2017年6月，石鼓区委宣传部/供图）

“欢乐潇湘·幸福石鼓”暨“喜迎十九大·共建新石鼓”群众文艺会演（摄于2017年7月，石鼓区委宣传部/供图）

石鼓区第三届中小学生艺术展演（摄于2022年6月，石鼓区委宣传部/供图）

2016年5月，国学大师王立群在石鼓书院大讲坛讲授屈原与端午文化（摄于2016年5月，石鼓区委宣传部/供图）

崇盛国际中心微风音乐节吸引万人参与（摄于2016年7月，石鼓区委宣传部/供图）

衡阳记忆文化墙（摄于2021年12月，石鼓区人民街道/供图）

虎形山人防公园赋（摄于2022年6月，石鼓区地方志编纂室/供图）

西湖一村（摄于2022年6月，石鼓区委宣传部/供图）

演武坪社区广场（摄于2022年6月，石鼓区委宣传部/供图）

杨岭安置小区（摄于2022年6月，石鼓区地方志编纂室/供图）

鸿豪春风十里（住宅区）（摄于2022年6月，石鼓区地方志编纂室/供图）

华瑞园（住宅区）（摄于2022年6月， 石鼓区地方志编纂室/供图）

雁栖湖耀江花园（住宅区）（摄于2022年6月，石鼓区地方志编纂室/供图）

雅士林欣城（住宅区）（摄于2022年6月，石鼓区地方志编纂室/供图）

华侨城五一安置区（摄于2022年6月，石鼓区地方志编纂室/供图）

2008年，冰灾期间，区直机关干部上街铲除冰雪（摄于2008年，石鼓区委宣传部/供图）

石鼓区公安民警冰灾期间立警为民（摄于2008年，石鼓区委宣传部/供图）

石鼓区公安消防大队战士在学校现场讲解灭火知识（摄于2009年6月，石鼓区委宣传部/供图）

石鼓地税分局税管员实地开展税源调查（摄于2009年6月，石鼓区委宣传部/供图）

石鼓工商分局开展“食品安全”进课堂活动（摄于2009年6月，石鼓区委宣传部/供图）

华源建材大市场商户自发为2008年汶川地震抗震救灾募捐（摄于2008年5月，石鼓区委宣传部/供图）

◀ 文明创建宣传进社区（摄于2009年6月，石鼓区委宣传部/供图）

◀ 创建文明城市颁奖活动（摄于2009年6月，石鼓区委宣传部/供图）

▶ 文明劝导，从小做起（摄于2018年4月，石鼓区委宣传部/供图）

背街小巷刷新“颜值”（摄于2022年6月，石鼓区委宣传部/供图）

老旧小区焕然一新（摄于2021年6月，石鼓区委融媒体中心/供图）

司前街二月八赶集盛况（摄于2009年3月，石鼓区委宣传部/供图）

游客体验“网红桥”（摄于2022年6月，石鼓区委宣传部/供图）

石鼓区美丽乡村（摄于2022年6月，石鼓区委融媒体中心/供图）

石鼓区美丽乡村（摄于2020年4月，石鼓区委融媒体中心/供图）

石鼓区美丽乡村（摄于2020年4月，石鼓区委融媒体中心/供图）

石鼓区美丽乡村（摄于2022年6月，石鼓区委融媒体中心/供图）

石鼓区杨灵公路（摄于2020年4月，石鼓区委融媒体中心/供图）

石鼓区杨灵公路（摄于2021年7月，石鼓区委融媒体中心/供图）

整齐有序的稻田（摄于2021年6月，石鼓区委融媒体中心/供图）

三星村“三字墙”（摄于2022年5月，石鼓区委融媒体中心/供图）

利民村湿地公园（摄于2021年7月，石鼓区委融媒体中心/供图）

乡间小道（摄于2019年10月，石鼓区委融媒体中心/供图）

三星河（摄于2017年8月，石鼓区委融媒体中心/供图）

香樟苑小木屋（摄于2018年8月，石鼓区委融媒体中心/供图）

香樟苑泡泡房（摄于2020年8月，石鼓区委融媒体中心/供图）

山水莲花农业园（摄于2021年7月，石鼓区委融媒体中心/供图）

山水莲花农业园（摄于2020年1月，石鼓区委融媒体中心/供图）

潇湘玫瑰园（摄于2019年5月，石鼓区委融媒体中心/供图）

潇湘玫瑰园（摄于2019年5月，石鼓区委融媒体中心/供图）

潇湘玫瑰园（摄于2019年8月，石鼓区委融媒体中心/供图）

莲湖广场（摄于2020年8月，石鼓区委融媒体中心/供图）

石鼓广场（摄于2022年6月，石鼓区地方志编纂室/供图）

雁栖湖（摄于2019年9月，石鼓区委融媒体中心/供图）

西湖公园（摄于2022年6月，石鼓区地方志编纂室/供图）

蒸水风光带（摄于2020年8月，石鼓区委融媒体中心/供图）

蒸水风光带（摄于2022年6月，石鼓区委融媒体中心/供图）

湘江西岸风光带（摄于2020年9月，石鼓区委融媒体中心/供图）

湘江西岸风光带（摄于2022年5月，石鼓区委融媒体中心/供图）

湘江西岸风光带夜景（摄于2022年6月，石鼓区地方志编纂室/供图）

西湖一村社区竹林路（摄于2017年8月，石鼓区委宣传部/供图）

衡阳电厂香樟林（摄于2022年6月，石鼓区地方志编纂室/供图）

▲改造后的背街小巷（摄于2022年6月，石鼓区地方志编纂室/供图）

◀石鼓书院广场千年银杏（摄于2022年6月，石鼓区地方志编纂室/供图）

2018年10月22日，石鼓区召开《石鼓区志（1996—2018）》篇目评审会（摄于2018年10月，石鼓区地方志编纂室/供图）

2018年11月28日，石鼓区召开《石鼓区志（1996—2018）》编纂动员大会（摄于2018年11月，石鼓区地方志编纂室/供图）

2020年9月27日，石鼓区召开《石鼓区志（1996—2018）》编纂工作推进会暨培训会（摄于2020年9月，石鼓区地方志编纂室/供图）

2021年5月18日，《石鼓区志（1996—2018）》省级评审会合影（摄于2021年5月，石鼓区地方志编纂室/供图）

一排左起：谭民政、肖泓、谢宏、杨伟东、邓建平、刘浪、杨帆、张艳辉、胡文东

二排左起：左丹、周雅芳、廖倩、陈蓓、阳辉、陈松春、成素萍、文君莉、周嘉晖、梁海燕、罗满红、彭铿、龙平省

三排左起：曹榕、张泽湘、胡英武、赵伟忠、熊仲荣、陈瑶光、周融冰、谢俊清、吴豪、肖斌、汤志春、龙睦习、陈小勇、徐文成、曹斌

目　录

第二篇　中共地方组织

第三篇　人民代表大会

第四篇　人民政府

第五篇　人民政协

第六篇　民主党派与群众团体

第七篇　军事　法治

第八篇　民政　人力资源和社会保障

第九篇　经济综合管理

第十篇　工　业

第十一篇　农业与农村经济

第十三篇　财政　税务　金融

第十四篇　城乡建设与环境保护

第十五篇　交通　邮政　通信　电力

第十六篇　教育　科技　卫生

第十七篇　文化　体育　旅游

第十八篇　社会生活

第十九篇　乡镇街道概况

人　物

附　录

总　述

一

“石出蒸湘攻错玉，鼓响衡岳震南天”，石鼓区因历史上知名度较高的“石鼓山”和“石鼓书院”位于境内而得名。石鼓区位于衡阳市城区西北部，地处北纬 26°54′00″~27°01′13″，东经 112°31′40″~112°38′59″。辖区东西最宽距离 12 千米，南北最长距离 13.30 千米，总面积 112 平方千米。

2001 年 5 月，衡阳市城区行政区划调整，原城北区划出所辖的蒸湘街道归蒸湘区，保留人民、潇湘、青山、五一、合江 5 个街道，接收原郊区黄沙湾街道、松木乡、西湖乡的五一、建设、友爱、江霞 4 个村，接收衡阳县角山乡及集兵镇灵官庙村，更名为石鼓区。

石鼓区地处湘中盆地腹地，丘陵、岗地、平原、水面具备，形成以平原为主、岗地穿插、西高东低和北高南低的地貌特点。境内最高海拔 103 米，平均海拔在 50 米左右。红壤占土地总面积的 53%。属中亚热带季风湿润气候，气候温和，四季分明。年平均气温 18.0℃，平均日照时数为 1663.50 小时；无霜雪期 293 天，平均年降水量为 1333.80 毫米，雨量集中在春夏两季。境内地质属白垩系地层，地下水较丰富。湘江、蒸水是主要水源。湘江在区域内径流 11.2 千米，年均径流总量 525.84 亿立方米。境内植物资源近 400 种，分为食用、药用、观赏、林木和其他五类。鸟类、兽类等动物资源 30 余种。境内矿产资源相对丰富，主要有岩盐、钠长石、芒硝、煤、铁、铅、锌、钨、锰、铜 10 余种。其中岩盐为华南之冠，总储量达 149 亿吨。

2018 年，全区耕地面积 1942 公顷，其中水田 1700 公顷、旱地 242 公顷，人均拥有耕地为 0.04 公顷。区内辖角山 1 个镇，人民、青山、潇湘、五一、合江、黄沙湾、金源 7 个街道，下有 15 个村、38 个社区。总人口 28.02 万人。其中男性 13.86 万人、女性 14.16 万人，非农人口 26.55 万人。

石鼓区境，历来为衡阳郡、州、路、府、道的治所中心。西汉置酃县属长沙国，县治设境内蒸湘合流处，自此奠定衡阳行政“中枢”地位。东汉永建三年（128），县治迁湘江东岸湖旁。建安元年（196），荆州刺史刘表析酃县南部东北境和耒阳县东境置临杰县，县治设原酃县旧址。隋并临烝、新城、重安 3 县，始置衡阳县，县治仍设蒸湘合流处。唐高祖武德七年（624），衡州郡从湘江东岸迁境内。天宝元年（742），州郡并称。此后，州郡县几经分合更替，治所一直未曾挪离城北。境内政治、经济、文化之中心地位愈加明显。康熙十七年（1678）三月，吴三桂在衡阳称帝，改衡州府为定天府，立都建宫殿于境内（今中山北路雁北大厦处）。清乾隆二十一年（1756），以蒸水为界析衡阳县东南置清泉县，治所设今清泉宾馆处。民国 31 年（1942），分衡阳县城区和环城地域置衡阳市，城北境域时为第三区。

1949 年 10 月，衡阳解放，境域成立衡阳市人民政府第三区公所，区治设学宫巷，初期仍沿袭旧保甲制。1950年1月，第三区公所改为第三区人民政府，6月又改为第三区公所；7月，废除旧保甲制，成立10个街委会，属区公所管辖。1951年11月，衡阳市行政区划调整，以第三区为基础，将第四区的石鼓、草桥、桑园等4个街委会及合江、江霞2个乡和第一区的蒸阳路、后宰门、下沿江西路、常胜路、中山北路、人民路、解放路居委会以北的地域并入，改为第二区。区公所改称区人民政府，区治设五家巷2号，全区10个街委会调整为27个居民委员会。1955年6月起称城北区。1957年，区治迁至司前街52号。1958年3月，衡阳市撤销水上区，将其所管辖范围全部移交城北区。1958年11月4日，成立衡阳市福星人民公社，是为工农兵学商、政社合一的基层政权组织，中共城北区委即为公社党委。1968年9月，城北区革命委员会成立。1980年2月，衡阳市升为地级市，由省直辖，城北区属市辖县级区。1980年9月，城北区革命委员会改称城北区人民政府。2001年5月，经国务院批准，湖南省对衡阳市进行行政区划调整，撤销衡阳市江东区、城南区、城北区、郊区4个区的建制，设立衡阳市珠晖区、雁峰区、石鼓区、蒸湘区4个区。以原城北区为基础，将所管辖的蒸湘街道划归新设立的蒸湘区，同时接收原郊区的黄沙湾街道、松木乡、西湖乡的五一、建设、友爱、江霞4个村，接收原衡阳县的角山乡、集兵镇的灵官庙村，设立石鼓区，辖2个乡6个街道。2011年1月，松木乡的新安、金兰、新竹3个建制村和松木、松梅、友谊3个建制村的部分区域析出设立金源街道。2011年末，石鼓区辖松木、角山2个乡，人民、青山、潇湘、五一、合江、黄沙湾、金源7个街道。2015年11月，境内行政区划调整，松木乡与黄沙湾街道合并，设立新的黄沙湾街道。2018年11月，石鼓区角山乡改为角山镇。至2018年，石鼓区辖角山镇1个镇，黄沙湾、合江、五一、人民、青山、潇湘、金源7个街道。

区内交通十分便利，怀邵衡铁路、107国道穿境而过，衡大、衡岳、衡邵、衡炎4条高速公路在境内交会，蒸湘北路、蒸阳北路、蔡伦大道、湘江北路、中山北路纵贯南北，船山大道、解放大道连接东西；湘江境内段四季通航，千吨级码头——松木港可通江达海；全市车流量最大的高速收费站——石鼓收费站，坐落于辖区北部；市区一环路、二环路在境内环形穿越，距南岳机场20千米，距衡阳高铁站仅10千米。

石鼓区人文底蕴厚重。湘江、蒸水、耒水在区内交汇，形成“三道水口锁大江”的自然奇观；千年学府石鼓书院，为宋代四大书院之一，韩愈、朱熹、张栻等先贤圣哲曾登临传道、著书立说，奠定衡阳文脉；周敦颐居爱莲阁留下“出淤泥而不染，濯清涟而不妖”的千古名句；晚清曾国藩、彭玉麟曾据区内演武坪、筷子洲等地练兵，缔造湘军水师。来雁塔、青草桥、爱莲阁等历史遗迹错落其间、见证风雨；玛雅海滩水公园、石鼓公园、西湖公园、虎形山公园、角山香樟苑等景点各具特色、颇具魅力。区内古井遗址在中国首次出土青釉印纹单耳陶罐、刻花骨梳、贴花壶、伏狮形瓷枕、鹿骨、虎骨、沉香木等历史文物数十种。明清时期的文运街，是衡、郴、道、桂等24县科举乡试之地；还有衡阳古八景，区内占其四：朱陵后洞、青草桥头、西湖白莲、石鼓江山，无不述说着曾经的繁华与壮观。这些都给石鼓区留下深厚的历史文化积淀。

石鼓人民具有光荣的革命传统和爱国主义精神。清同治元年（1862）及清光绪二十六年（1900），境内先后爆发“壬戌衡州教案”“庚子衡州教案”。民国8年（1919）5月，境内学生发出《衡永郴桂各界请办卖国贼电》，继而学界在夏明翰等学运骨干的组织领导下，成立湘南学生联合会。民国9年（1920）长沙“驱张代表团”与湖南省立第三师范学校进步学生蒋先云等住西湖爱莲亭从事控诉张敬尧督湘罪行。民国15年（1926）冬，境内广德中学设立“衡阳农村教育讲习所”，以培养农民运动骨干。民国16年（1927）3月，衡阳总工会在原蒸湘中学（今荷池路）创办“衡阳职工运动讲习所”。民国27年（1938）11月，八路军驻衡办事处在境内建立，中共中央指示，要求衡阳党组织不断巩固和扩大抗日民族统一战线，独立自主开展人民抗日武装斗争。衡阳解放前夕，境内衡阳电厂地下党员颜怀恒、周雨亭发动工人群众组成“护厂员工互助会”，采取紧急措施，成功阻止桂系军阀白崇禧部的炸毁电厂等破坏性活动。

二

1998年，衡阳市委、市政府及众多市直机关搬迁到华新高新区办公。之前，衡阳市城北区一直是衡阳市的政治、经济、商贸和文化中心。依靠这一优势，中华人民共和国成立后，城北人民积极推进社会主义革命和建设，各行各业取得巨大成绩。改革开放后，城北致力于发展经济，繁荣市场，至2000年人民生活总体达到小康水平。

2000年，完成地区生产总值3.25亿元、财税收入1.09亿元，分别是1996年的1.68倍和2.94倍。

城北区全面贯彻落实党的十四大、十五大精神，高举邓小平理论伟大旗帜，学习贯彻“三个代表”重要思想，突出重点，加快发展，整体推进，各项工作都取得了可喜成绩。

作为衡阳市的老城区，境内商贸业十分繁华，商业网点众多。许多有名的老字号商家和著名商厦如杨裕兴面馆、南方大厦、供销大厦等都坐落境内，区位优势十分明显。区委、区政府在党的改革开放方针政策指引下，努力转变观念，积极开拓创新，加大对境内民营经济发展的引导和支持。1996年后，全市掀起学习张家港、创建文明城市高潮，逐步拆迁马路市场。区委、区政府抓住机遇，大力发展生活超市和综合市场：香江百货有限责任公司在境内湘江北路、中山北路、蒸湘北路、古汉大道地段连续发展4家连锁超市，金园房地产开发有限公司开发和平北路地段建起金鹏生活超市，百信八仓行在船山路开业，这些超市或者综合市场生意都十分火爆。到2000年，区委、区政府认真贯彻“民营活市”的发展思路，以实施“五名”（名街、名店、名市、名厂、名人）战略为重点，加快民营经济发展步伐。形成人民路的饮食、和平北路的服装、环城北路的家电、蒸阳北路的建材、船山中路的家具等商业特色街。依托超市和名牌专卖店，如香江百货、珠海百货、金鹏超市、百信八仓行等，形成名店效应。拥有一批初具规模的专业市场，如红旗商场、百花建材市场、大富豪家具城等，相继建设湖南雁城大市场和全市最大的副食品批发市场——五一大市场。加大引进力度，一批科技型民营企业到区落户，引进和培育共创生物、金一帆等一批民营高科技企业。并涌现出一批头脑精明、生财有道的民营企业家，成为全区民营经济发展的领头雁。2000年全区民营经济完成营业总收入11.30亿元，上缴税金3991万元，民营经济总户数达4000户，民营企业中产值或营业总收入过1000万元的15个，过500万元的40个。3家企业入围全省民营企业500强，居衡阳市四城区之首。

在开展招商引资工作上，中共城北区委、城北区人民政府坚决贯彻市委、市政府《关于加快招商引资的若干政策规定》，主要领导带头抓招商引资工作，推动全区外向型经济快速发展。1996—2000年，全区共签订各类招商引资合同29个、协议3个，合同利用外资2697.5万美元，当年立项26个，实际到位外资876.5万美元，内资1320万元人民币。城北区五一街道与香港佳华贸易有限公司经理林鹤群投资180多万元人民币合资创办衡阳市旭升寄宿学校（这是衡阳市城区第一所现代化寄宿学校），从而实现街道招商引资工作零的突破。

由于区委、区政府始终坚持经济建设为中心，高度重视财源建设，采取强有力措施盘活区街企业、大力发展民营经济、多方招商引资。1996—2000年，全区财政收入猛增。这一时期，区委、区政府调整财源建设思路，改革财政体制，重点培植财源，狠抓源头管控和税收稽查；优化财政支出结构，推行政府采购制度，深化预算编制改革，财政状况逐年好转，财政实力明显增强。2000年，全区财政收入突破亿元大关，达到10894万元，为1996年的2.94倍，有力保障各项事业发展，保证社会稳定、政府施政等重点支出，确保机关干部和教师工作按时足额发放，实现财政收支平衡，并略有结余。

这一时期，区委、区政府把教育放在优先发展的战略地位，全面贯彻党的教育方针，加强基础教育，深化教育改革，全面推行素质教育，努力提高教育质量，不断改善办学条件，稳定教师队伍，提高教师待遇，全区形成尊重知识、尊重人才的良好风气；同时积极发展职业教育、成人教育，鼓励自学成才，支持社会办学。1996年，城北区不断提高“两基”水平，全区适龄儿童入学率、在校学生巩固率、小学毕业生升学率均为100%。1997年，素质教育取得重大突破，全区33所小学全面改革学生评价模式，开全省先河，得到省、市教委的高度评价。1998年，完善学生、教师、学校等级评价制度，基础教育各项指标通过省、市验收。2000年，人民路小学被省教育行政部门认定为“湖南省现代技术教育实验学校”，都司街、荷池路、下横街、演武坪、五一路等7所小学被评为“衡阳市现代技术教育实验学校”。

科技事业蓬勃发展。区委、区政府坚持以“科学技术是第一生产力”思想为指针，高度重视抓好全区的科技工作，作出并实施科技兴区十项规定，建立健全工作机构，充分发挥科技人员作用，使全区科技工作迅速发展。结合区情，制订中长期科技发展规划和年度计划，加强与科研院所合作，一批科技成果转化为现实生产力。其间，全区实施科技项目80项，获市以上科技进步奖3项、国家级奖项1项，其中动力型贮氢合金入选国家级火炬计划和“863”计划；骨质生物功能材料入选国家“863”计划，并纳入国家“793”攻关项目。文化事业不断发展，文艺创作蔚然成风。多项文艺作品获国、省、市荣誉，获奖数量和等级居全市城区首位。1996年，在省级以上刊物发表文艺作品128件，4件作品获省级奖项，2件作品获得国家级奖项。1998年，新建区机关万册图书室。全区共发表文艺作品142件，《中国之路》获全省“五个一工程”奖，11件少儿书画作品在全省获奖。2000年，《城北区志》成功出版，全书共110万字；设立城北区文学艺术创作奖励基金，建立作者深入生活的创作基地，全区创作发表文艺作品106件。其间，歌词《堆沙堆》《晒秋》获省“五个一工程”二等奖，填补衡阳市在该奖项上的空白。文体活动丰富多彩，每逢节日庆典都有大型群众文艺会演。文化场所日益增多，歌厅、舞厅、网吧、音乐茶座成为受大众欢迎的娱乐场所。

竞技体育、群众体育方兴未艾。每3年举办一届老年运动会。参与全市第八届运动会，城北区获少年城区组第一名、青少年项目团体总分第一名。其间，青山街道、蒸湘街道先后被授予“全国城市体育先进社区”称号，区业余体校获评全省体育工作先进单位。坚持“预防为主”的方针，盯紧2000年人人享有初级保健的目标，扎实抓好防疫保健、爱国卫生、医政药政等各项工作，为确保人民的身体健康创造条件。1996年，“四苗”接种率、覆盖率和卡证合格率保持在95%以上。1997年，市中医正骨医院实现创“二乙”目标。1999年，医疗保险在部分企业和行政事业单位试点，2000年9月正式启动，机关事业单位有1400人参保。计划生育工作连续三年被评为全省、全市先进，保持“全省计划生育优质服务区”荣誉称号。人民生活水平稳步提升，2000年，境内城镇居民人均可支配收入达5732.64元，人均生活消费支出7282.97元，摩托车、冰箱、彩电、洗衣机、电脑逐渐进入居民家庭。

三

2001年5月，衡阳市区行政区划调整，拓展城区发展空间。三分之一的建成区面积、三分之一的税源划归兄弟区，划入的角山乡是衡阳县最偏僻的一个乡，松木乡和黄沙湾街道的发展水平在原郊区也是处于中下游水平。区划调整当年，区级财政总收入减收224万元。面对如此区情，中共石鼓区委、区政府坚持以经济建设为中心，全面深化改革开放，发挥区位优势，不断调整发展思路，先后提出“一二三”计划（拉通一线，即蒸水大桥；开发两翼，即东翼的五一大市场和西翼的湖南雁城大市场；建设三区，即建设党政机关办公区、工业园区、高等级住宅区）、“南改北拓，城乡一体”、“打造雁城商都，建设石鼓新城”、建设湘南地区最具活力的商贸文化中心等发展战略，大力实施重点项目拉动、民营企业引动和城市建设促动等“三动”举措，国民经济持续快速增长，总体实力显著增强，经济结构日趋合理。2018年，全区实现地区生产总值175.60亿元、社会固定资产投资135.42亿元、社会消费品零售总额115.60亿元、一般公共预算收入27.83亿元、城镇居民人均可支配收入36586元、农村居民人均可支配收入20904元，三次产业结构调整为1.30∶17.40∶81.30。

石鼓区委、区政府贯彻市委、市政府“敞口、拓城、秀内”的城市发展战略，实行城乡一体、南优北拓、东兴西聚、完善配套等举措，基本建成人民满意的现代化城区。

在交通路网建设方面，境内先后建成西外环改线工程，完成解放路、人民路、中山北路步行商业街、解放路北面、和平北路、环城北路等主次干道改造。建成莲湖广场、石鼓书院广场，2个广场均成为市民休闲娱乐、开展活动的好去处。开工建设石鼓区政府新机关大院，形成以新区治大院为重点层面、重点区域的北拓工程，激发石鼓北片新区开发热潮。2011年后，又相继完成蒸阳北路延伸工程和蒸湘北路延伸工程建设，拓宽107国道，北拓二环路、长丰大道、凤凰大道等城市路网，提质改造中山北路、常胜路、环城北路等20余条老城区道路，建成雅士林大桥、雁栖桥、蒸水桥，境内形成“东西联动、南北互通、内外畅通”的交通格局。全区建成区面积扩展10平方千米，人口增加5万人。在城建配套设施方面，完成29个社区“三清三建”工作，提质改造7个农贸市场、470处背街小巷，城市立体停车场、公厕改造、垃圾中转站改造等工程顺利实施，“家门口”服务得到全方位提升。环卫系统按照市场化运作，组建区环卫清洁总公司，辖区道路清扫保洁、垃圾清运、公厕清洗管护三大主体业务，全面实施以钱管事、以事养人的管理体制，主次干道实现全天候清扫保洁，环卫的清扫、清运、清洗等面上工作力度进一步加大，市容市貌进一步改观。率先在全市实施城市管理执法体制改革，城管执法力量全部下沉一线，环卫、园林、小微工程等工作同步下放社区。其间，大力加强城市管理，组织开展“八乱”“牛皮癣”等集中专项整治活动，拆除“两违”及其他建筑物30余万平方米，取缔环城北路烧烤点和一批夜市摊点，有效整治湘江北路马路市场、松木工业园乱搭乱建等问题，积极开展城区油烟、噪声污染整治和环保专项行动，城市管理水平进一步提高。推进“智慧社区”建设。积极创建全国文明城市，背街小巷改造、殡葬改革、“规电”行动、“牛皮癣”清理、烟花爆竹管控等工作扎实有效。新农村建设、城乡环境同治、美丽乡村取得明显成效，率先在全市推行农村公共区域环卫市场化，农村环境综合整治成效明显。完成湘江流域保护和治理第一个“三年行动计划”和“十二五”减排目标任务，关停湘江干流500米半径范围内养殖场97家。完成农村道路提质改造“三年行动计划”，高标准建成20千米乡村旅游环线，城乡一体化发展加快。先后创建2个全国文明村镇、1个省级文明村镇、2个省级美丽乡村示范村。

区划调整后，石鼓区加大农业结构调整力度，大力发展都市农业、规模农业、品牌农业和休闲农业。2001—2005年的5年间，全区共调减粮食种植面积1.1万亩，增加蔬菜种植面积0.32万亩、经济作物种植面积0.38万亩，新开鱼塘0.3万亩，完成退耕还林和荒山造林6500亩。全区建成高标准农业开发示范基地1个、优质畜禽水产养殖基地10个，形成进步（村）丝瓜、杨岭（村）冬瓜、三星（村）香米等区域性专业化生产格局。农业一体化经营势头良好，相继建成30万羽湘黄鸡、200公顷淡水白鲳、266.26公顷无公害蔬菜等种养特色基地，发展各类农产品加工企业15个，订单农业面积达5000多亩，带动农户2500余户。至2006年，全区农业总产值完成19700万元，农民人均可支配收入为4463元。2006年后，全区加快社会主义新农村建设，至2010年的5年间，共完成新农村建设投资1589万元，完成通畅工程总里程14.9千米；新建乡镇客运站2个，硬化村级公路25.4千米。2011年后，推进土地流转，发展规模农业，支持农业龙头企业发展。三星蔬菜基地逐步做大做强，先后引进领军、南国红等大型特色农业项目，并成功举办领军农产品推介会。至2018年，全区有省级龙头企业2家、市级龙头企业8家、农民专业合作社51家、家庭农场24家，村级集体经济达7443万元，农业增加值达2.33亿元。

随着改革开放的发展和深入，境内民营企业迅速崛起，成为全区经济发展的主力军。区委、区政府确立民营经济在区域经济中的主体地位，采取多种形式，继续大力促进民营经济的发展，使之成为全区经济发展的新的增长点。2003年，全区民营企业完成总产值15.1亿元，同比增长40%。金源纳米、共创生物功能材料2家公司完成省高新技术企业认定，巨升生物等2家公司被认定为市科技型企业，民营经济不仅总量增加，其结构也逐步优化，新增600余家民营企业，规模以上工业企业8家，高新技术企业2家。全区民营工业发展速度加快，2004年，全区新增规模民营企业20家。2005年5月，境内的松木工业园规划正式启动。2006年，全区规模工业企业增至24家，年纳税超千万元的工业企业2家、超百万元的工业企业7家。商贸服务业进一步做大做强。区内大型商业设施先后建成，中小商铺经营活跃，各类超市不断涌进，物流货运配套完善，商品琳琅满目，品类繁多齐全。王一、共创、华源、中湘、龙泉等5家商贸企业进入2006年度全市民营企业50强，香江百货蒸北店、林隐酒楼古汉店、民生堂药店、船山店等4个门店被评为“雁城十佳名店”，杨裕兴面馆被商务部授予“中华老字号”称号。相继建成五一批发大市场、中亿汽贸城、华耀城等全省有影响的大型专业市场，形成船山路、人民路、中山北路、蒸阳北路、湘江北路、107国道等特色商业街区，营建美达新天地、西湖中央广场、中建衡阳中心等特色商业综合体，引进国美、苏宁、步步高等全省乃至全国知名的商贸服务企业，改造后宰门等8家农贸市场。全区以市场和特色街区为主的商贸服务业迅猛发展，2018年，全年实现社会消费品零售总额115.60亿元。

2001年后，区内改革持续深化。农村税费改革稳步推进，农民负担明显减轻。2004年在全市率先取消农业特产税，2005年彻底取消农业税。2006年后，农村综合改革深入实施，农村土地承包责任制、农业补贴等项改革稳妥推进，极大释放农民的积极性。稳步推进部门预算、政府采购、非税收入、国有资产管理等财政体制改革的同时，先后启动和推进政府收支分类、乡财区管乡用、村账乡代管、财政绩效评价等改革。全面实行国库集中支付制度，提高财政资金使用效益；搭建区城建投融资平台，盘活国有资产，实现资产保值升值。政府机构改革、乡街区划调整、社区（村）整合工作有序实施。区各大系统实现派驻纪检机构全覆盖。“两集中、两整合、两公开”改革持续深化，取消审批事项39项、下放事项34项，所有行政审批事项进驻区政务中心，审批时限大幅缩短，“最多跑一次”改革见到成效。此外，公车改革、全面二孩、“营改增”、行政执法“三项制度”改革试点、机关事业单位养老保险等改革事项全部落地。

这一时期，区内社会事业蓬勃发展。优先发展教育事业，推动城乡义务教育均衡发展。2003 年，人民路小学、都司街小学顺利通过省“现代化信息技术示范学校”的复查验收。2005 年，中小学学生在各类竞赛中获全国一等奖 11 个。2007 年，完成衡阳化工总厂、水口山二厂、衡阳电瓶车总厂、界牌陶瓷总厂 4 个企业子弟学校的移交接收工作。持续加大教育投入，新建、改建、改造一批学校。2009—2018 年，累计投入 9000 多万元，新建角山明德小学、同兴明德小学、角山中心幼儿园、松木中心幼儿园，改扩建演武坪小学、角山中学、松木中学、建设新村小学、灵官庙小学，新建团结小学、角山村幼儿园及部分教师周转房、小学食堂、学生公寓、校园体育场馆。完成五一路小学、华耀小学和前进小学、松木明德学校一期等化解“大班额”项目，新增学位 4950 个。其间，石鼓区先后被评为“省推进义务教育均衡发展工作先进区”“省建设教育强区先进集体”“省现代教育技术实验区”。文艺活动频繁，城镇乡村社区文化活动丰富多彩。常年组织开展“广场旬旬演、社区周周乐”群众文化活动，先后举办“欢乐潇湘”大型群众文化活动，成功承办衡阳市“欢乐潇湘、幸福衡阳”群众文化艺术节活动启动仪式。文艺创作成果斐然，音乐、舞蹈、国画、创作等文艺作品屡获国家、省、市奖项。2012 年，区文化馆老师廖卫华创作的歌曲《东方有条神奇的江》获湖南省委宣传部“五个一工程”奖。注重文物保护和文化传承，全区有省级文物保护单位 2 处、市级文物保护单位 5 处，省级非遗项目 1 个、市级非遗项目 3 个、区级非遗项目 19 个。群众体育广泛开展，先后组织市民徒步大会、排球赛、游泳大赛、广场舞大赛、趣味运动会等全民健身运动。学校体育、竞技体育蓬勃发展，培养出董斌、廖雅丽、旷明娜等国家级体育运动员；组队参加的省市体育赛事，均取得优异成绩。石鼓区连续 10 年被评为“全省人口和计划生育工作优质服务先进单位”，其中 2012 年被评为“全国人口和计划生育优质服务先进区”。医疗卫生事业长足发展。加强卫生防疫工作，建立区、乡、村（社区）三级医疗网络，综合医院、专业医疗机构健全，就医问药极为方便。构建公共医疗体系，疾病预防控制能力增强。区内有医疗机构 167 家，其中大型医疗机构有南华附一、附二医院、衡阳华程医院等。党史、区志编纂相继启动，档案工作实现数字化、信息化管理。

四

石鼓区成立后，把创建文明城区，加强民主法治建设，维护社会稳定，改善人民生活摆在重要位置。

全区围绕“创建文明城市、争做文明市民”的目标，加强精神文明建设。2002 年，西湖一村社区、演武坪社区、望城路社区等三个文明示范社区的创建活动取得阶段性成果。2003—2006 年，以贯彻《公民道德建设实施纲要》为重点，加强社会主义思想道德建设，积极开展文明社区、文明单位、文明村组、文明校园创建活动。2007—2011 年，全区上下牢固树立社会主义荣辱观，重点强化“八荣八耻”教育、“执政为民”教育和共产党员党性教育。2012 年以来，积极参与“全国文明城市”创建工作，推进社区“三清三建”、“衡阳群众”品牌创建、新时代文明实践建设，开展“最美衡阳群众”“最美社区”“新时代好少年”“最美家庭”等评选表彰活动，组织开展中华经典文化、中华礼仪展示、国学经典吟诵等文化服务志愿活动，通过引导党员干部、国家公职人员、“两代表一委员”带头移风易俗，用关键少数带动全社会形成文明共识，文明之风盛行全区。

民主法治建设进一步加强。区人大常委会以法律为依据，坚持对“一府两院”的工作实施法律监督和工作监督，定期听取和审议“一府两院”工作报告。2002—2018 年，共组织开展 65 部法律法规贯彻实施情况的执法检查，向区人民政府及其有关部门交办代表建议、批评和意见957件。区人民政协和各民主党派、工商联、无党派人事的政治协商、民主监督、参政议政的作用进一步发挥。17年中，区政协常委会组织政协委员进行87个专项视察，开展68个课题调研，向区直有关部门交办651件委员提案。全面实施“四五”“五五”“六五”普法教育，开展“送法下乡”“法律进社区”活动。《中华人民共和国行政许可法》《中华人民共和国公务员法》等法律法规得到贯彻，依法行政不断加强。其间，杨泗村、西湖一村被评为“全省民主法制示范村（社区）”，角山村、梽木村获评全国第六、七批民主法治示范村。围绕创建“平安石鼓”，石鼓区创新社会管理综合治理，突出群防群治，促进社会大局和谐稳定。2001年9月，该区作为全省唯一的城区代表，在全省社会治安综合治理工作会议上介绍经验。其间，政法部门依法打击各类违法犯罪活动，狠抓社会治安综合治理，先后获评“全省禁毒工作先进单位”“全省综合治理工作先进单位”。实施网格化管理，用群众工作统揽信访工作，有效预防和化解各类社会矛盾。安全生产考核连续多年获评省市先进。

随着经济不断发展，区委、区政府在民生方面的投入持续加大，人民生活水平显著提高。2002年，石鼓区城镇居民人均可支配收入6825.8元，农民人均可支配收入3001元。2008年，石鼓区城镇居民人均可支配收入12806.7元，农民人均年纯收入5305元，分别是2002年的1.87倍和1.75倍。城乡居民消费结构和消费水平发生新的重大变化，在解决衣、食、住、行等基本消费需求的同时，逐渐向通信、文教、娱乐、旅游等享受型、发展型消费方面发展。小轿车进入寻常百姓家，彩电、冰箱、手机、空调、电脑等普遍走进城乡居民家庭，节日休闲度假热度上升。住房结构和条件发生变化，城区小高层住宅成为居民的住房首选，花园洋房、独栋别墅、单身公寓等多种类型的房子成为市民住房新时尚。农村楼房率达到95%，且庭院式小别墅亦多呈现。社会保障体制改革稳步推进，职工养老保险、医疗保险先后建立，城乡居民最低生活保障金制度、新型农村合作医疗制度、农村养老保险制度等逐渐实施，基本药物零差率销售全面落实，居民电子健康档案建档率达86.57%，家庭医生签约率达30.12%，“老有所养、病有所医、人有所乐”，人民生活水平全面达到小康，开始向现代化生活迈进。

2018年，区内城镇居民人均可支配收入36586元，人均住房面积53.4平方米，分别比1996年增长6.51倍和1.27倍。农村居民人均可支配收入20904元，比2002年增长5.97倍。

五

客观地看，石鼓区经济社会发展取得一定成就，但与先进发达地区相比，仍然存在产业集聚优势不明显、城市化水平不高、美丽乡村建设不足等问题。石鼓人民有能力、有信心、有决心正视发展中的难题，解决问题的关键仍然在于解放思想，在于加快发展，在于真抓实干。

展望未来，站在新的历史起点上，区委、区政府全面贯彻习近平新时代中国特色社会主义思想，大力弘扬“逢先必夺，逢旗必争”的石鼓精神，上下同心，各方协力，努力建设宜居宜业宜创宜游锦绣新石鼓。

大事记

1996年

2月8日 城北区交警大队许志豪、草桥派出所杨萍获1995年“全国优秀人民警察”称号。

3月6—9日 政协城北区第四届委员会第五次会议召开。

3月11—14日 城北区第十一届人民代表大会第五次会议召开。

4月1日 城北区人民武装部收归军队建制，由原来的副县级升格为正团级单位。

5月9—17日 区委书记陆胜民、区长李远福列席市委常委（扩大）会议并到江苏省张家港市参观考察。

5月24日 由城北区干部邝厚勤作词，张维良、聂春吾作曲的歌曲《堆沙堆》获全省“五个一工程”文艺作品二等奖。

6月6日 学习张家港推动两个文明建设上台阶动员大会在衡阳电视台演播厅召开。随即境内掀起学张家港的热潮，对城市环境脏乱差问题进行重点整治。

6—8月 区委、区政府对街道党政机构实施改革，街道机构设“五办一所”，即党政办公室、计划生育办公室、政法民政办公室、经济管理办公室、城管卫生办公室和财政所。

7月1日 省委组织部、省公安厅党委给城北区交警大队牛角巷岗亭颁发“共产党员示范岗亭”匾牌。

7月 市委任命李远福为城北区委书记，免去陆胜民的城北区委书记职务。

9月1日 由城北区五一街道与香港佳华贸易有限公司经理林鹤群在城北区建设新村小区内合作创办的衡阳市旭升寄宿学校开学。

11月7日 团省委、省教委和省少工委联合授予城北区太平小区小学教师吴红辉为“湖南省十佳辅导员”。

是年 《城北区预算外资金管理办法》制定实施，全区预算外资金入库（户）金额达407万元，入库率达95%。

是年 城北区加强城管工作的做法被市委在城市各区推广。

1997年

1月7日 衡阳市城北区获“湖南省县级教师奖励基金20强”称号。全区拥有基金116.63万元，教师人均基金2281元，居全省第一。

1月19—23日 政协城北区第四届委员会第六次会议召开。

1月21—24日 城北区第十一届人民代表大会第六次会议召开。

1月 成立城北区国防动员委员会。

1月 城北区环境卫生管理所改称城北区环境卫生管理局，为正科级事业单位。

3月4日 区人民武装部组织境内预备役军官参加在衡阳宾馆举行的全市预备役军官授衔仪式。

7月11日 城北区工商业联合会召开第二次代表大会。从这届起，工商联主委改称会长，副主委改称副会长。

8月3—20日 衡阳市举行第八届运动会，设置青少年、成年、老年3个组别、19个项目，比赛共决出283块金牌。城北区获青少年城区组金牌数第一名、青少年项目团体总分第一名。

8月26日 全省共青团工作会议在衡阳召开，与会代表参观城北区青山街道“青年文明社区”示范点。

9月28—30日 中共衡阳市城北区第七次代表大会召开。

11月27—29日 政协城北区第五届委员会第一次会议召开。

12月1—4日 城北区第十二届人民代表大会第一次会议召开。

12月19日 “全国禁毒教育展览”在城北区衡西市场展出，市、区党政领导与各界群众千余人参加开展仪式并参观展览。

1998年

1月9日 在1997年全省精神文明建设“五个一工程”优秀作品评奖中，由城北区干部邝厚勤作词、李刚作曲的歌曲《晒秋》获二等奖。

2月 城北区成立个体私营经济管理办公室。3月更名为城北区民营经济管理办公室。

3月9—11日 政协城北区第五届委员会第二次会议召开。

3月10—12日 城北区第十二届人民代表大会第二次会议召开。

5月12日 城北区青山街道西湖一村社区被共青团中央授予“全国青年文明社区”称号，为全省唯一青年文明社区。

6月1日 市考古工作者在境内向群路发现衡阳古城西城墙和护城河遗址。

6月6日 省委副书记郑培民到境内青山街道西湖一村社区检查文明小区创建工作，同时检查境内的公安、城市建设和教育工作。

8月1日 1997年12月从城北区入伍的梁力在湖北省嘉鱼县州湾大堤抗洪抢险中光荣牺牲。8月16日，中国人民解放军总政治部批准梁力为烈士，追认为中共党员，并追记一等功。梁力曾先后就读于境内人民路小学和衡阳市二中。

9月26日 城北区在全市首届大众体育运动会上获城区组团体总分一等奖。

10月30日 城北区第十次妇女代表大会召开。

11月19—22日 中共中央政治局原常委宋平考察境内石鼓公园。

12月14日 省委常委、省委政法委书记、省公安厅厅长李贻衡考察城北区蒸湘北路派出所和市农业银行家属住宅小区。

12月25日 城北区第二次残疾人代表大会召开。

12月30日 衡阳市螺丝山垃圾填埋场及大型转运站在境内启用。

是年 城北区太平小区被评为“省、市文明小区示范点”。

1999年

1月31日 全省最大的全民健身工程——衡阳市城北区全民健身基地投入使用。该基地位于西湖公园内，占地3.1万多平方米，建有水上娱乐区、健身健美区、休闲娱乐区三大功能区。

2月1—2日 政协城北区第五届委员会第三次会议召开。

2月3—5日 城北区第十二届人民代表大会第三次会议召开。

2月4日 青山街道被国家体委授予全国城市群众体育工作先进单位称号。

3月27日 衡阳市公安局城北分局获全国“优秀公安局”称号，分局局长唐洁从长沙捧回全国“优秀公安局”奖牌。

8月5日 蒸湘北路派出所获全国首批“人民满意派出所”称号，为全市唯一一家。

11月21日 由区文化局邝厚勤作词、衡阳师院音乐系李刚作曲、中央民族音乐学院衡阳籍学生易秒英演唱的《晒秋》在山城重庆举行的第九届全国“群星奖”决赛中获银奖。

12月14日 区总工会第六次代表大会召开。

2000年

3月2—3日 政协城北区第五届委员会第四次会议召开。

3月7—9日 城北区第十二届人民代表大会第四次会议召开。

3月30日 衡阳市公安局城北分局举行全国“优秀公安局”揭牌仪式。这是该局继1998年获全国、全省“优秀公安局”称号后，再次获得这一殊荣。

是月 全区分三批开展以“讲学习、讲政治、讲正气”为主要内容的“三讲”教育。

6月30日 全区组织开展“三个代表”重要思想学习教育。

8月17日 区委召开党的代表会议，与会代表106人，会议选举邓柯、尹超德、李远福、肖云汉、曹华友、谢青生、雷章清7人为中共衡阳市第八次代表大会代表。

9月28日 区海外联谊会成立。

12月6日 市长徐明华率规划、国土等相关部门人员就恢复千年学府石鼓书院到现场办公。

2001年

3月2日 衡阳市公安局城北分局举行全国“优秀公安局”揭牌仪式。这是衡阳市公安局城北分局连续三年获此殊荣。

3月14日 区环卫局船山西路清扫班获2000年度全国“巾帼文明示范岗”称号。

4月15—17日 城北区第十二届人民代表大会第五次会议召开。

4 月 16—18 日 政协城北区第五届委员会第五次会议召开。

5 月 22 日 衡阳市召开市区行政区划调整工作会议，宣布撤销江东区、城南区、城北区、郊区，调整设立珠晖区、雁峰区、石鼓区、蒸湘区。境内辖区自此改称石鼓区。

5 月 23 日 中共石鼓区委、石鼓区人民政府在司前街城北区机关率先挂牌成立。

6 月 7 日 湖南省公安厅交警总队驾驶员考试中心衡阳考场在石鼓区松木乡松木村动工，投资过亿元。

7 月 石鼓区选拔的原创节目《小青蛙》《踩茶》分别获湖南省少儿蒲公英音乐、舞蹈大赛银奖，并入选参加全国第十届 CCTV 少儿艺术电视大赛。

8 月 8 日 湖南雁城大市场在境内挂牌成立。该市场系衡阳市“十五”计划重点工程，投资约 10 亿元，占地 86 公顷，是衡阳市首例采取政府策划、市场运作模式的工程。

10 月 18 日 湘南地区规模最大的粮油、酒、副食、日化用品批发市场——衡阳市石鼓区五一大市场开业。

11 月 7 日 石鼓区全面完成区划调整后的勘界工作任务。

11 月 30 日 石鼓区开始在村一级领导班子和干部中开展“三个代表”重要思想学习教育。

同日 全国第二次基本单位普查在境内展开。

12 月 1 日 全市县（市、区）机关机构改革全面展开。改革后的石鼓区党委工作部门不超过 7 个，政府工作部门不超过 16 个。

12 月 4 日 全国第一个法制宣传日，区公检法司机关联合举行街头咨询和流动宣传活动。

12 月 5 日 华源装饰材料专业市场开业，该市场于 2001 年 3 月 29 日破土动工，总投资 1.90 亿元，占地 18.66 公顷，总建筑面积 16.20 万平方米。

12 月 11 日 全市公开选拔城市社区居委会管理人员。石鼓区设社区居委会 42 个，每个社区居委会配 3 个管理人员。其中三分之一从居委会在职人员中选拔，其余面向社会选拔。

12 月 27—31 日 分别召开石鼓区人民代表大会全体会议和政协石鼓区委员会全体会议。这两次会议没有标明届次。主要任务是衔接行政区划调整后的人大、政府、政协工作，听取审议和协商并批准“一府两院”的工作报告，审议和协商并批准石鼓区国民经济和社会发展第十个五年计划纲要。

是年 石鼓区参加文化部组织的全国第三次文化馆评估定级，区文化馆被评定为国家一级馆，为城区唯一一家国家一级馆。

2002 年

2 月 26 日 衡阳市民兵预备役抗洪抢险舟桥营成立。其中第 3 连由石鼓区、珠晖区负责组建。

4 月 1 日 根据户籍管理制度改革精神，境内户籍人口按实际居住地登记，统称“湖南居民户口”。

4 月 衡阳市公安局石鼓分局被公安部授予“全国公安机关‘三项教育’先进单位”称号。

6 月 15 日 首次认定教师资格工作开始，30 日结束。全区有 600 多名教师参加资格认定。

8 月 市委任命邓柯为石鼓区委书记，免去李远福的石鼓区委书记职务。

10 月 1 日 境内莲湖广场建成并对外开放。

10 月 13—15 日 中共衡阳市石鼓区第一次代表大会召开。

10 月 25 日　石鼓区人民路小学被共青团中央授予“全国红旗大队”称号。

11 月 27—29 日　政协石鼓区第一届委员会第一次会议召开。

12 月 3—6 日　石鼓区第一届人民代表大会第一次会议召开。

2003 年

2 月 8 日　衡阳市区至角山乡公路建成通车。

2 月 22 日　市委副书记、市长贺仁雨在松木乡机关召开衡大高速公路征地拆迁工作调度会。

3 月 3 日　成立区经济贸易发展局、区科技局，原乡镇企业局、经委、商贸局的职能全部归口区经济贸易发展局。

3 月 7 日　杨家坪防洪堤改造工程开工建设。新防洪堤建成后可抵御百年一遇的大洪涝。

3 月 25—27 日　政协石鼓区第一届委员会第二次会议召开。

3 月 26—28 日　石鼓区第一届人民代表大会第二次会议召开。

4 月 7 日　区委在境内民营企业王一实业集团有限公司建立党组织，由区经济贸易发展局党委管理。

4 月 10 日　石鼓区与深圳市湘澧化工有限责任公司在中国（西安）第七届中西部合作与投资贸易洽谈会上，签约松木芒硝开发项目，总投资 1 亿元，年采矿量 350 万吨，年产元明粉 50 万吨，年产值 1.60 亿元，年利税可达 5000 万元。

4 月 14 日　石鼓区防治“非典”工作领导小组和应急指挥部成立。

5 月 3 日　省委副书记、代省长周伯华考察境内青山街道西湖一村社区、香江百货有限公司等单位防治“非典”工作。

6 月 20 日　在莲湖广场举行创建文明城市万人签名活动。

6 月 25 日　召开全区创建文明城市动员大会，对文明创建工作进行全面部署。

6 月 26 日　全区各街道均建立劳动保障服务站，42 个社区相继成立社区劳动保障服务中心，向社会招考 54 名劳动保障工作人员。

6 月 27 日　区委成立预防职务犯罪领导小组。

6 月 28 日　境内南华大学附一医院感染科副主任、肝病研究中心主任刘映霞（女）获“全国防治非典型肺炎工作优秀共产党员”称号；石鼓区卫生局局长廖明坤获“湖南省抗击‘非典’先进个人”称号；石鼓区卫生防疫站获“衡阳市抗击‘非典’先进集体”称号。

7 月 6 日　衡大高速公路开工典礼在松木乡松梅村上游组举行，省委副书记、常务副省长于幼军宣布衡大高速公路开工，省、市、区领导和施工单位、群众代表 1000 余人参加典礼。

7 月　衡阳市公安局石鼓分局被省公安厅授予“全省优秀公安局”称号。

8 月 7 日　全区第二轮农村税费改革工作会议召开。这轮税费改革使全区农民合同内人均年负担由改革前的 92.45 元下降到 41.81 元，减负幅度为 54.70%。

9 月 17 日　在浙江温州举行的招商引资洽谈会上，区政府与浙江耀江集团签约，由耀江集团投资 12.50 亿元，整体开发东方红渔场。

9 月 18 日　石鼓广场发现大量珍贵石刻，表明年代痕迹的“元”“顺治”“康熙”“乾隆”等仍依稀可见。

9月28日 省委副书记、常务副省长于幼军到石鼓区青山街道西湖一村社区指导工作，对社区创建工作给予肯定。

10月1日 石鼓书院文化广场建成开放。

10月2日 中央民族歌舞团应邀在华源装饰材料专业市场举行大型文艺展演，57名演员同台献艺，这是中央民族歌舞团首次到衡阳演出。

11月8—9日 为贯彻落实《中华人民共和国防洪法》，省人大常委会副主任庞道沐率检查组深入境内蒸水铁路桥堤段、蒸水筷子洲河段、松木乡金兰村堤段等现场进行专题检查。

11月11日 境内开展向张晓成等20位革命烈士学习活动。

11月12日 全区对消防设施和建筑质量安全隐患开展为期三个月的地毯式清查。

11月18日 化工路举行开工典礼。该路按城市一级路设计，双向四车道，总长2400米，路面宽24米，总投资4400万元。

11月28日 区委、区政府召开全区清理整治党政机关干部违规参与经营酒店茶楼娱乐场所动员大会。会上下发《关于清理整治党政机关干部违规参与经营酒店茶楼娱乐场所的工作方案》，各单位负责人递交清理整治工作责任状。

12月5日 潇湘街道演武坪社区联合团委书记谭艳荣膺“全国社区志愿者先进个人”称号，在北京人民大会堂接受表彰，成为全市首位获此殊荣的青年志愿者。

12月8日 石鼓区第一个“法律进社区”示范点在青山街道西湖新村社区创建。

12月22日 省禁毒委对石鼓区禁毒工作考核评估，认定石鼓区“毒情严重区”可以摘除。

12月26日 境内西外环路正式通车营运。

2004年

2月25日 区委抽调数百名干部组成工作组进驻各村，开展以“察民情、解民难、帮民富、安民心”为主要内容的为民服务月活动。

3月9—11日 政协石鼓区第一届委员会第三次会议召开。

3月10—12日 石鼓区人大第一届人民代表大会第三次会议召开。

4月6日 省发改委批复同意石鼓区机关在松木乡朝阳村择址建设。

4月23—30日 区委书记邓柯带队，区四大家领导、区直部门和乡、街党（工）委主要负责人参加的17人考察团，到浙江等经济发达地区进行为期7天的参观学习，专门考察优化经济发展环境、发展民营经济的经验。

5月 石鼓区一剪梅艺术团舞蹈节目“老俏妹”参加湖南省三湘蒲公英舞蹈大赛获金奖。

6月21日 石鼓区人民街道环北社区被省劳动和社会保障厅授予“最充分就业社区”称号。

9月16日 由浙江耀江集团投资2000多万元的望城路改造项目动工建设。

10月2日 石鼓区第一所敬老院——角山乡敬老院开院，首批入住35名五保老人。

10月11—12日 中国南方首届农机机电产品展销会暨2004年度湖南省秋季农机产品订货交易会在中湘五金机电大市场开幕。来自全国12个省市和湖南省共1000家农机机电生产企业负责人和经销商400余人参加本次展会，展销各类农机机电产品1700多种，签订供需意向合同3000多份，合同成交额达42亿元。

12 月 23 日　全市财税农税工作现场会在石鼓区召开。

2005 年

2 月 2 日　全区第一批保持共产党员先进性教育活动启动。

3 月 8—10 日　政协石鼓区第一届委员会第四次会议召开。

3 月 9—11 日　石鼓区第一届人民代表大会第四次会议召开。

4 月　石鼓区一剪梅艺术团舞蹈节目“老俏妹”在全国“四进社区”文艺会演中获银奖。

5 月 30 日　区委办公室、区政府办公室联合下发文件，成立区党史和区志编纂委员会及党史区志办公室。

7 月 4 日　在全区推行五项制度（即政务公开制度、首问责任制度、限时办结制度、廉政服务制度、民主评议制度）、实行五条禁令（即严禁有令不行、有禁不止，严禁任何单位强求企业集资捐赠和赞助，严禁对企业擅自采取封门、断水、断电、冻结账户和扣押财物等处罚行为，严禁强制企业征订除指令性计划以外的报刊书籍，严禁未经批准举办各类以盈利为目的的培训班、学习班和擅自组织企业、基层人员参加无实质意义的各类考察学习）。

7 月 26 日　区政府在角山乡举行粮食直补资金信息化存折发放仪式。

8 月 5 日　石鼓区城管执法大队成立。

8 月 26 日　化工路建成通车。

9 月 7 日　境内衡阳百信第八仓行因秦皇岛总部债权纠纷问题而关闭。

9 月 9 日　境内换发第二代居民身份证工作正式启动。

同日　乡镇财税信息化建设工作顺利通过省乡镇信息化建设考核小组验收，名列全省第六名，全市第一名，获全省先进单位。

9 月 20 日　省委书记杨正午率省直有关部门领导在市委书记徐明华陪同下，到境内建滔化工有限公司了解情况，听取意见，鼓励企业做大做强；并考察松木乡开展保持共产党员先进性教育活动情况。

9 月 24 日　投资 8000 万元的国美电器在境内龙泉国际商场开业。

9 月 26 日　由深圳新澧化工有限公司投资 4.2 亿元兴建的 80 万吨元明粉生产项目在松木工业园举行开工奠基典礼。

10 月 1 日　投资 6000 万元的步步高超市供大店正式开业。

10 月 12 日　区新机关大院在松木乡朝阳村开工奠基。

10 月 27 日　区委、区政府在区人民武装部召开现场办公会，决定区人武部机关新址的规划、设计和建设的费用全部由区财政负责，建成后直接交区人武部使用。

12 月 15 日　在全省人口与计划生育工作会议上，石鼓区被评为 2005 年度人口与计划生育工作优质服务先进单位。

12 月 28 日　石鼓区在全市“芙蓉杯”水利建设竞赛中获一等奖。

是年　石鼓区被科技部正式批准为科技进步区。

2006年

1月 石鼓区潇湘街道陕西巷社区被湖南省民政厅评为“全省建设和谐社区示范社区”。

2月23—25日 石鼓区第一届人民代表大会第五次会议召开。

2月28日至3月2日 政协石鼓区第一届委员会第五次会议召开。

3月3日 衡阳市松木工业园举行开工典礼。

3月10日 境内开展第二次农业普查工作，主要在松木、角山2个乡和五一、合江、黄沙湾3个涉农街道中进行。

4月14日 市委、市政府宣布重修境内石鼓书院。

5月8日 市安荣建筑工程有限公司蒋安荣捐献260万元，独资为石鼓书院修建大观楼。

5月18日 石鼓区在“十五”期间婚育新风进万家活动中，被市委宣传部、市文明办和市人口计生委授予“先进县（市）区”称号。

5月24日 境内衡阳建滔化工有限公司举行二期项目投产暨三期项目开工典礼。

6月21日 石鼓书院重修工程正式奠基开工。

7月2—5日 中共衡阳市石鼓区第二次代表大会召开。

9月 石鼓区开通衡阳第一家求职招聘门户网站“衡阳人才网”。

10月上旬 创办于清光绪二十三年（1897）的杨裕兴面馆成立衡阳市杨裕兴实业有限公司，成为衡阳市唯一一家在商务部网站公示的首批“中华老字号”企业之一。

10月 石鼓区率先成立监察学会。

2007年

1月19日 石鼓区被省委组织部正式列为2007年度“科学规范和有效监督县（市）区委书记用人单位”试点。

2月12日 由台塑集团投资60万元，区财政配套60万元，建设改造的原松木朝阳小学工程完工，并更名为松木明德小学。

3月13—15日 政协石鼓区第一届委员会第六次会议召开。

4月6日 石鼓区东方红渔场职工代表大会在西湖山庄会议室召开，大会通过《衡阳市东方红渔场改制实施方案》。整个改制工作步入实际操作阶段。

6月11日 衡邵高速公路石鼓区段建设用地正式交接，进入施工阶段。石鼓区段途经松木乡、角山乡的5个村，长5.43千米，征地29.60公顷。

6月19日 “电影进社区，文明进家庭”活动在石鼓区莲湖广场拉开帷幕。

7月4日 20时40分，中山北路26号进步电影院发生重大火灾，共有218个商业柜台、191户租赁户、48户住户房屋及财产受损，进步电影院值班经理邓衡祁殉职。

9月18日 重修石鼓书院落成典礼及首届湖湘文化大讲坛在境内石鼓书院广场举行。

9月23日 2007年全民健身活动暨首届农民运动会在松木中学举行。

11 月 25—28 日　政协石鼓区第二届委员会第一次会议召开。

11 月 26—29 日　石鼓区第二届人民代表大会第一次会议召开。

12 月 12 日　石鼓书院国家 AAA 级旅游景区揭牌仪式在书院山门前举行。

2008 年

1 月中旬至 2 月上旬　境内遭遇持续雨雪冰冻天气，是境内 56 年来天气最恶劣、损失最为惨重的一次自然灾害。截至 2 月 2 日，全区倒塌各类房屋 30 间、砖厂 14 座、农贸市场 1 个，损毁猪舍 1700 平方米，冻死牛、猪 1800 余头，家禽 3200 羽，蔬菜受损 86. 66 公顷，鱼塘受灾 143. 33 公顷，死成鱼 350 吨，鱼种死亡 385 万尾，林业受损面积 2666. 66 公顷，受损油菜 133. 33 公顷、果树 200 公顷，共计损失 7073. 96 万元。电力线路受损 1. 20 万米。

1 月 30 日　区委、区政府组织全区干部、群众全力抗击冰冻灾害。

3 月 14 日　衡阳市公安局石鼓分局刑侦大队破获一宗跨省特大盗窃汽车案，缴获作案汽车 1 辆，查实涉案车辆 30 余辆，涉案价值 600 余万元。

3 月 17—19 日　政协石鼓区第二届委员会第二次会议召开。

3 月 17—20 日　石鼓区第二届人民代表大会第二次会议召开。

4 月 2 日　牛角巷马路市场被取缔，经营户整体搬迁到十家村市场营业。

5 月 8 日　石鼓区启动城镇居民基本医疗保险工作。

5 月 13—16 日　区直机关、湖南环境生物学院等单位主动组织人员献血，支援汶川特大地震救灾。

5 月 15 日至 6 月 2 日　区直机关和乡街全体干部职工为汶川地震灾区捐出善款 10. 54 万元；全区党员交纳特殊党费 21. 47 万元；部分民营企业为四川汶川灾区捐助善款 128 万余元。

5 月 19 日　区机关降半旗，全体机关工作人员为汶川特大地震遇难同胞致哀。

6 月 15 日　全市 59 条背街小巷改造工程启动仪式在牛角巷社区举行。

9 月 1 日　境内中小学校全部免除城乡义务教育阶段学生学杂费。

9 月 28 日　上午 9 时半，区四大家在石鼓路 66 号新区委、区政府机关大楼前坪举行乔迁庆典仪式，区直机关各单位即日起搬入新机关大院办公。

12 月 20 日　雁栖大桥竣工通车。

2009 年

3 月 3—5 日　政协石鼓区第二届委员会第三次会议召开。

3 月 3—6 日　石鼓区第二届人民代表大会第三次会议召开。

3 月 17 日　根据全市企业改制人员移交街道社区协议签订大会精神，境内企业改制人员移交给区辖 6 个街道 43 个社区管理。

3 月 25 日　全区第一批深入学习实践科学发展观活动启动。

4 月 27 日　境内蒸湘北路延伸工程建设正式开工。该路全长 3. 45 千米，按城市一级主干道设计，宽64米，双向6车道，预算总投资2.80亿元。

9月29日 由区委、区政府主办，区委宣传部承办的大型图片展览“石鼓江山锦绣华——石鼓区经济社会发展图片展”举行开展仪式。该图片展2009年5月启动制作，至9月下旬完成。共展出各类图片500余幅，并制作同名电视专题片光碟100余张，同名画册5000册。《石鼓江山锦绣华》电视专题片29日上午在区机关会议中心举行首映式。

10月21日 石鼓区第七次社区居委会换届选举工作启动。

11月6日 在全省第五届湘台会上，区政府共签约6个项目，投资总额9.60亿元。

11月15日 《石鼓书院》特种邮票首发暨湖南省集邮精品展览开幕式在石鼓书院广场举行。

2010年

1月15日 区委、区政府组织“五下乡”慰问团，深入松木、角山两乡开展走访慰问及演出活动。

3月9—11日 政协石鼓区第二届委员会第四次会议召开。

3月9—12日 石鼓区第二届人民代表大会第四次会议召开。

3月31日 区委召开全区深入学习实践科学发展观活动总结表彰大会。

4月3—10日 区政府组织区城管、规划、国土、建设、公安、街道等380人的执法队伍，对黄沙湾街道团结村二组、六组的违法违规建筑进行拆除，共拆除违规建筑11000平方米。

4月22日 湘江水位告急，区委书记邓柯与区长田奇连夜徒步察看湘江段潇湘街道、杨家坪、江霞堤坝防洪情况，先后排查处置险情12处。

4月30日 “2010年品牌宣传推介节会”活动在莲湖广场启动。

6月25—26日 在全市中小学生田径运动会上，区代表队、人民路小学代表队分别以团体总分443分、167分获市城区组混合队、市城区基层代表队团体总分第一名。

6月30日 全市“深入开展创建先进基层党组织、争当优秀共产党员”活动座谈会在松木乡朝阳村召开。

9月15日 虎形山公园建设项目启动。

10月1日 蒸湘北路延伸工程建成通车。

11月1日 全国第六次人口普查工作在境内全面铺开。

12月21日 省委书记、省人大常委会主任周强到松木乡调研，现场翻阅民情台账、民情走访日记、干群联系卡，察看创先争优活动公示栏，询问该乡开展创先争优情况，对该乡把机关干部的办公地点、去向、手机号码及时公示的做法给予肯定。

2011年

1月上旬 市委任命田奇为石鼓区委书记，免去邓柯的区委书记职务。

1月11日 区委召开常委会专题听取党史工作汇报，决定正式出版《中国共产党衡阳市石鼓区历史》第一卷（1921—2006），作为区委庆祝中国共产党建党90周年重大活动内容之一。

1月26日 经上级批准，设立金源街道，由石鼓区和松木工业园双重管理，以松木工业园管理为主，辖金兰、金源、新竹、鑫源、新安5个管理区。

3月7日 区委、区政府召开全区干部“进百村、访千家”活动动员会，决定从区、乡（街道）抽调干部组成102个工作队，联系8个乡、街道，进驻70个村（社区）、32个企业。党员干部下乡驻村时间每月不得少于10天，主要领导下村下社区或企业的时间不少于5天，驻村时间不少于2晚。

3月8—10日 政协石鼓区第二届委员会第五次会议召开。

3月9—11日 石鼓区第二届人民代表大会第五次会议召开。

4月11日 省委第五巡视组对石鼓区开展为期10天的巡视工作。

4月29日 南方·中亿汽车贸易城举行开工奠基仪式。该项目占地91.15公顷，投资9.20亿元。

4月29日 市食品药品监督管理局石鼓分局成立。

5月6日 区委召开村“两委”换届选举动员大会。

5月 石鼓区被授予“湖南省现代教育技术实验区”称号。

6月25日 在衡阳市第二届“和风衡州”群众文化活动暨庆祝建党90周年“永远跟党走”歌咏大赛中，石鼓区合唱团获县（市）区第一名。

6月29日 石鼓区庆祝中国共产党成立90周年大会召开。

6月30日至7月2日 中国共产党衡阳市石鼓区第三次代表大会召开。

7月30日 石鼓区蒸水北堤风光带项目开工，东起草桥，西至角山乡杨岭村，全长5.30千米，总投资3.40亿元。

8月17日 在全省发展非公有制经济工作总结表彰会上，石鼓区被评为“湖南省发展非公有制经济先进县（市、区）”。

同日 崇盛·晶珠购物公园项目开工奠基，项目占地13.67公顷，总建筑面积约30万平方米，总投资约12亿元。

9月6日 松木片区供水工程正式开工，总投资2600余万元。

10月12日 区人民检察院迁入石鼓路新址办公。

10月14日 由市农业局和区政府共同举办的现代领军农业有限公司项目发布会暨农产品推介会在角山乡三星蔬菜基地举行。

10月17日 区委、区政府召开城市管理体制改革工作会议，本着“属地管理、重心下移”原则，实行城管工作下街道工作机制，成立区城管执法分局，各街道撤销城管办（股），成立街道城管执法大队。

12月21日 代表石鼓区参赛的人民路小学代表队在全市第九套广播体操决赛中获一等奖。

12月22日 衡阳市城区首家垃圾焚烧炉在石鼓区角山乡莲花村高老屋组点火启用。

是年 石鼓区获评“全国科技进步区”“湖南省投资和项目建设优秀县（市、区）”“湖南省人口和计划生育工作模范单位”“湖南省招商引资先进县（市、区）”“湖南省非公有制经济先进县（市、区）”“湖南省林权制度主权改革工作先进单位”。

2012年

3月6—8日 区政协二届六次会议召开。

3月7—9日 区人大二届六次会议召开。

3月21日 省委常委、宣传部部长路建平到石鼓区调研文化创意体验园项目，并听取衡阳文化创意体验园规划情况汇报。

5月9日 区委、区政府决定在全市率先启动从社区招录工作人员进街道机关工作。

5月12—13日 衡阳市首届旅游商品博览会在莲湖广场举办。

5月19日 第七届中博会衡阳市招商签约专场落幕。此次中博会，石鼓区共签约大润发城市广场、中油金鸿LNG储备站、华瑞园商业综合体、凤凰生态园和北城商都5个项目，引进资金总额达28亿元。

6月10日 21时至次日8时，境内普降大到暴雨，降雨量达109毫米，河水暴涨，形成内涝灾害，角山乡、松木乡、合江街道、黄沙湾街道、五一街道群众的生产生活均遭遇不同程度损失。截至11日8时，全区水淹面积达到533.33公顷，受灾人口2000余人，受损房屋16栋，倒塌房屋12栋，直接经济损失近1800万元。

6月20日 区委、区政府组织辖区内18家银行与33家企业举行银企对接座谈会，现场签订贷款意向金额6.63亿元。

7月4日 区人民法院牵头组织执法队伍集中拆迁影响五一路二期改造的两幢房屋，共依法拆除房屋350余平方米，这是继《城市房屋拆迁管理条例》司法解释出台后，衡阳市组织的首例司法拆迁。

8月3日 省委常委、宣传部部长许又声到石鼓区调研衡阳文化创意体验园。

9月 文化馆原创歌曲《东方有条神奇的江》获中共湖南省委宣传部“五个一工程”奖。女声独唱《东方有条神奇的江》获湖南省第七届艺术节“三湘群星奖”银奖。

10月29日 衡阳市建市70周年后招商引资最大的商贸项目衡阳华阳商贸物流城项目正式签约。

11月6—15日 区委书记田奇以党的十八大代表身份出席在北京召开的中国共产党第十八次全国代表大会。

11月18日 石鼓区召开传达贯彻党的十八大精神大会。党的十八大代表、区委书记田奇在会上传达党的十八大精神，并对学习、宣传、贯彻党的十八大精神进行动员部署。

2013年

1月8日 国家人口和计划生育委员会授予石鼓区“全国计划生育优质服务先进单位”荣誉称号。

1月30日 衡阳市虎形山公园一期工程正式建成开园，对市民开放。

3月20日 凌晨1—3时，境内遭遇强烈的暴风冰雹灾害天气，累计造成60多户蔬菜种植户受灾，大棚受损950个，面积近2万平方米，受灾蔬菜面积500公顷。另有8500多平方米的厂矿企业工棚受损，2栋居民房屋经恶劣天气影响变成危房，1500余台汽车受损，直接经济损失3100多万元。

4月8—10日 政协石鼓区第三届委员会第二次会议召开。

4月8—11日 石鼓区第三届人民代表大会第二次会议召开。

6月20日 省委书记、省人大常委会主任徐守盛深入石鼓区华耀城项目施工现场实地调研。

6月25日 区委召开三届五次全体（扩大）会议，开展乡（街）党工委书记和部门党组（党委）

书记双述双评。

6月中旬至8月中旬 石鼓区遭受历史罕见旱情，全区1333.33公顷水稻受灾，直接经济损失近2000万元。

8月26日 投资120亿元的衡阳华耀城项目开工典礼举行。副省长何报翔，市委主要领导及区领导出席开工典礼仪式。华南城集团董事局主席郑松兴、市委主要领导、区委书记田奇先后致辞，副省长何报翔宣布项目正式开工。市直相关部门主要负责人，区、乡、村三级干部及村民代表，华南城受邀嘉宾，以及省、市两级的新闻媒体记者共1000余人参加开工典礼。

11月23日 来雁新城集体土地征拆动员大会召开，正式拉开合江套片区旧城改造序幕。

12月19日 区委常委扩大会议召开，宣布省委、市委关于中共石鼓区委主要领导调整的决定。陈竞任中共石鼓区委书记、常委、委员，免去田奇中共石鼓区委委员、常委、书记职务。

2014年

1月14—16日 政协石鼓区第三届委员会第三次会议召开。

1月14—17日 石鼓区第三届人民代表大会第三次会议召开。

5月5日 《石鼓手机报》创刊。

5月22日 松木乡梽木村渔子塘组发生山体滑坡险情，6户村民住房严重受损。

5月 文化馆原创歌曲《山乡的春天》获中共湖南省委宣传部“五个一工程”奖。

6月2日 区防汛抗旱指挥部启动Ⅲ级防汛应急响应，取消休假应对汛情。

6月12日 区城市建设投资有限公司成立。

6月30日 石鼓区获评全省“落实中共十八届三中全会精神在基层”百姓微宣讲活动先进单位，成为全市两个获奖单位之一。

7月4日 区文化馆音乐专干廖卫华创作的歌曲《山乡的春天》获2014年中共湖南省委宣传部第十二届“五个一工程”奖，是衡阳市唯一获奖的音乐作品。

7月28日 区国有土地房屋征收管理中心、区安置房建设管理办公室、区征地办公室同时揭牌，实行合署办公，一个机构、三块牌子，统筹管理全区集体土地和国有土地两个层面的征地拆迁安置工作。

8月1—31日 在全区开展湘江流域保护和治理工作，湘江河岸500米半径范围内的生猪养殖场一律关停、搬迁、拆除。

9月11日 区文化馆组织编排的女声小组唱《山乡的春天》、选送的优秀节目小品《老乐年华》参加湖南省2014年“欢乐潇湘”大型群众文艺会演决赛均获二等奖。

9月26日 《石鼓区党史大事年表》顺利通过评审。

12月7日 全区年度农村危房改造任务已全部完成，共100户农村危房得到改造，平均每户补助资金约11500元。

12月17日 省内首家区级美术馆石鼓区美术馆正式开馆并举行首届书画作品邀请展。

2015 年

1 月 5 日 来雁新城来雁塔公园及 4 个棚户区改造项目集中签约暨开工仪式顺利举行，合江套“解套”工程进入实质性操作阶段。

1 月 6 日 全区领导干部大会召开，杨龙金任区委委员、常委、书记，陈竞因工作需要不再担任区委书记、常委、委员职务。

1 月 7 日 怀邵衡铁路项目石鼓段完成征拆任务。自 2014 年 12 月 17 日全面启动怀邵衡铁路项目征拆工作以来，区怀邵衡铁路项目指挥部仅用两天时间完成 59.73 公顷土地征用工作任务，仅用 20 天时间完成红线内 99 栋房屋近 6 万平方米的拆迁腾地，在全市两县三区率先完成拆迁任务，受到市政府的肯定。

1 月 21 日 中央电视台中文国际频道（CCTV-4）《远方的家》大型系列节目《江河万里行》摄制组走进石鼓书院，对石鼓区三江口及石鼓书院等景点进行拍摄。

2 月 28 日 角山乡三星村获“湖南省美丽乡村示范村”称号。

4 月 15—17 日 政协石鼓区第三届委员会第四次会议召开。

4 月 15—18 日 石鼓区第三届人民代表大会第四次会议召开。

5 月 23 日 “琼瑶故里 · 世界爱都”中国 · 衡阳首届玫瑰花节在角山乡潇湘玫瑰园开幕。

5 月 29 日 石鼓区“三严三实”专题教育工作会召开，区委书记杨龙金为全区 680 余名党员干部上党课。

6 月 25—27 日 石鼓区三届人大五次会议召开。

7 月 14 日 152 路公交车正式运营。公交车线路从角山乡三星村发车，途经莲花村、小云山村、松木青石村等处，终点为中心汽车站。该公交路线的开通解决了角山乡数千户村民的出行难题。

8 月 24 日 区政府举行首届法律专家颁聘大会，衡阳师范学院法学院院长谭和平等 14 名法律专家受聘。

2016 年

2 月 3 日 省委书记徐守盛到境内慰问潇湘街道演武坪社区下岗困难职工吕春红一家。市、区主要领导和有关部门领导陪同看望。

2 月 21—25 日 政协石鼓区第三届委员会第五次会议召开。

2 月 24—27 日 石鼓区第三届人民代表大会第六次会议召开。

2 月 25 日 松木明德学校小学部建设项目破土动工。

3 月 19 日 区政府与湖南建工集团举行战略合作（PPP 项目）签约仪式。

5 月 12 日 石鼓书院举行“国家 AAAA 级旅游景区”揭牌仪式，为辖区内唯一的国家 AAAA 级旅游景点。

5 月 20 日 由市委宣传部主办、区政府承办的衡阳市“石鼓书院大讲坛国学讲座”在广电中心一楼演播厅举行，中央电视台《百家讲坛》主讲人、河南大学文学院博士生导师王立群教授以《屈原与端午文化》为题举办讲座，为广大干部市民展现一个真实丰富的屈原形象和深厚悠远的历史文化。

6月21日 来自新疆吐鲁番鄯善县台台尔中心小学的师生与区人民路小学师生们在莲湖广场同台表演，演绎“相约文明手拉手、民族团结一家亲”的文艺活动内涵。

6月29日 在湖南省庆祝中国共产党成立95周年“红旗颂”大型群众合唱比赛中，石鼓区奥运年华合唱队节目《布谷鸟唱了》《在灿烂阳光下》获全省金奖。

8月1—11日 以雁栖湖小学足球队为班底组建的石鼓区小学生男子足球队代表衡阳市参加湖南省青少年足球夏令营，获得小学男子组冠军，并获体育道德风尚奖。

8月29—30日 中共衡阳市石鼓区第四次代表大会召开。

8月30日 国家信访局副局长李皋一行到石鼓区调研依法逐级走访和网上信访事项处理工作。

9月29日 南北特食品有限公司生产的“石鼓牌酥薄月饼”被评为“湖南老字号”。

10月9日 黄沙湾街道进步管理处综合公共服务中心举行开工典礼，该中心是石鼓区第一个破土动工的农村综合服务中心。

10月20—22日 衡州经济发展论坛活动期间，区政府先后与泛华集团、香港瑞士资本、天津洗了么、深圳云飞农业科技4家公司签订投资协议，累计协议资金达50亿元。

10月23—25日 石鼓区第四届人民代表大会第一次会议召开。

10月26—28日 区、乡人大代表投票选举同步进行。全区118个选区，依法选举产生区人大代表162人。2个乡依法选举产生乡人大代表55人。

12月6日 潇湘街道石鼓社区养老服务中心开始试营业，是全区面积最大、服务功能最全、服务理念最新的居家式养老服务中心。

12月28日 衡阳华程医院开业，这是衡阳市城区最大二级综合性民营医院。

2017年

1月11日 省委副书记乌兰到石鼓区看望慰问困难党员。

1月15日 角山乡2017“角山牛、犇天下”全牛盛宴暨生态美食年货节在角山乡旭东村香樟苑生态农场启幕，千余名游客参加。

3月2日 角山乡三星村获2016届“省级文明村镇”称号。

3月10—15日 “梅麟奇缘”纪念彭玉麟200周年诞辰暨第五届衡阳市花鸟画展在石鼓区美术馆举办，共74幅作品参展。

3月31日 杨龙金不再担任中共石鼓区委书记职务，唐浩然任中共石鼓区委书记。

4月6日 区委巡察工作领导小组办公室揭牌仪式在区政务中心举行。

4月18—19日 政协石鼓区第四届委员会第二次会议召开。

4月18—20日 石鼓区第四届人民代表大会第二次会议召开。

4月28日 中国民主促进会衡阳市石鼓区工作委员会成立。

6月3日 2017年事业单位公开招聘考试举行，45个岗位招聘50人，1354人报名参考。

6月15日 省党史联络组湘南片组组长苏建民一行到区调研指导党史及党史联络工作。

6月 文化馆辅导并选送的王娣演唱原创歌曲《梦的绚丽》获湖南省新人新歌大赛银奖。

7月4日 凌晨，境内湘江史上最高洪峰过境，在全区党政军民的严防死守下，境内平安度汛。

7 月 14 日 《石鼓年鉴（2017）》编纂工作启动。

8 月 10 日 原松木乡与黄沙湾街道合并而成的新黄沙湾街道举行揭牌仪式。

8 月 12 日 省委常委、组织部部长王少峰到潇湘街道调研基层党建工作。

9 月 7 日 区纪委派驻机构全覆盖工作会议召开，会议向 6 个派驻纪检组集中授牌，石鼓区纪委派驻机构正式成立，在全市率先实现区级派驻机构全覆盖。

9 月 26 日 角山旅游环线（杉旭路段）、松木明德小学（二期）、角山前进小学等 3 个项目集中开工。

10 月 18 日 中共十九大开幕。当天上午 9 时，全区党员干部在区机关会议中心集中收听收看开幕式直播。

11 月 17 日 河北省邯郸市邯山区委书记乔向华带队到石鼓区考察项目建设等工作。

12 月 20 日 农村土地承包经营权确权颁证首发仪式在角山乡三星村举行。

12 月 23 日 在省委经济工作会议上，石鼓区安全生产、计划生育、综合治理 3 项工作均获评全省先进，是衡阳市唯一获三项荣誉的县（市）区。

是年 区文化馆音乐专干廖卫华原创歌曲《大雁飞翔》获得第十三届湖南省委宣传部精神文明建设“五个一工程”奖。

2018 年

1 月 13 日 区监察委员会揭牌仪式举行。监察委员会与纪委合署办公，原监察局撤销。同日，区纪委监委立案 5 起，其中 1 起政务立案为全市第一起监委立案案件。

1 月 8—11 日 政协石鼓区四届三次会议召开。

1 月 9—12 日 石鼓区四届人大三次会议召开。

3 月 31 日 922 套公租房交房使用。

4 月 20 日 由市委宣传部主办，区委、区政府承办的“船山故里 · 国学飘香”系列国学讲座在市广电中心开讲。

6 月 6 日 区综治中心正式揭牌成立。

6 月 29 日 区委举行“初心”庆“七一”表彰活动。

8 月 8 日 全区“全民健身日”广场舞比赛在西湖公园举行。

10 月 16 日 省政协主席李微微一行到人民街道向阳社区调研民盟工作。

10 月 20 日 2018 年第一批公租房电脑摇号分配仪式举行，788 户困难市民实现“住有所居”。

10 月 石鼓区组织群众优秀文艺作品参加第六届湖南艺术节，歌曲《大雁飞翔》获得音乐类银奖，美术专干方国平创作的《松风迎瑞雪》入选艺术节美术书法摄影精品展。

11 月 8 日 188 户农村危房改造任务完成，600 余名困难群众受益。

12 月 1 日 中央政治局委员、中央政法委书记郭声琨到区综治中心调研指导，对“5+X”模式给予高度肯定，指示要形成“可复制、可推广”的石鼓经验。

12 月 19 日 “一村一辅警”挂牌仪式在黄沙湾街道青石村举行，这是全市第一家农村警务室和第一支农村协辅警队伍。

12 月 26 日 在省委经济工作会议上，区综合治理工作连续三年获评全省先进，被授予全省“平安县市区”称号。

第一篇

建置　地理　人口

第一章　建　置

第一节　区域位置

一、位　置

石鼓区因境内石鼓书院而得名。地处衡阳市城区西北部，东临湘江与珠晖区隔江相望，南以解放路为界与雁峰区毗邻，西沿蒸湘北路蒸水桥并沿蒸水河而上先后与蒸湘区和衡阳县接壤，北与衡阳县樟木乡、集兵镇相邻。地理坐标为北纬 26°54′00″~27°01′13″，东经 112°31′40″~112°38′59″。

二、面　积

1996 年至 2000 年末，城北区境域面积为 13.70 平方千米。2001 年 5 月，衡阳市城区行政区划调整，城北区改称石鼓区，境域增至 11201 公顷，之后基本稳定在这一数值。

2018 年末，辖区土地总面积 11201 公顷（含衡阳市松木经济开发区），其中陆地面积 9600 公顷，占 85.71%；水域面积 1601 公顷，占 14.29%；耕地面积 2806.67 公顷，林地面积 3466.67 公顷，养殖水域面积 1333.33 公顷，城区面积 17.06 平方千米。辖区东西最大距离 12 千米，南北最大距离 13.30 千米。

第二节　建置沿革

今石鼓区地域，古为扬越地。商属荆楚。周属荆州。春秋属楚。西汉属酃县，县治设蒸湘河流处，隶长沙国。永建三年（128）治所迁至酃湖东岸。东汉献帝建安六年（201），荆州刺史刘表割酃县南部东北境、烝阳县东境置临烝县，县治从酃湖东岸迁回原酃县治所。临烝县，隶零陵郡。三国时，始属蜀，后属吴。西晋时属湘东郡酃县。东晋酃县并入临烝县，属湘东郡临烝县。南北朝时期，衡阳地域先后归宋、齐、梁、陈各朝所有。属湘东郡，分别称临烝县、临烝伯国、侯国和新城县。隋并临烝、新城、重安三县，始置衡阳县。州、县同治，属衡州衡阳县。

唐高祖武德四年（621），分衡阳县置临蒸（改“临烝”为“临蒸”）、新城、重安三县，隶衡阳郡。武德七年（624），州治从湘江东岸迁至境内。新城县入临蒸县、属临蒸县。天宝元年（742）后，州郡并称，属衡州衡阳郡衡阳县。五代，属衡阳县。宋，属荆湖南路衡州衡阳郡衡阳县。元，确定行省制度，省下设路。属湖广行省衡州路衡阳县。顺帝至元三年（1337），分衡阳县东南复置新城县。明洪武十年（1377），并新城县入衡阳县，属衡州府衡阳县。清康熙三年（1664），属湖南省衡永郴桂道衡州府衡阳县。康熙十七年（1678）三月初二日，吴三桂在衡阳称帝，改衡州府为定天府，立都建宫境内（今中山北路）。清乾隆二十一年（1756），以蒸水为界分衡阳县东南境置清泉县，属衡州府清泉县。

民国初期，隶衡永郴桂道。民国 11 年（1922）废道制，属湖南省衡阳县。民国 26 年（1937）12 月，湖南省实行行政督察区制，属第五行政督察区，民国 29 年（1940）五月，改为第二行政督察区。民国 31 年（1942）一月一日，析衡阳县城区和环城地域置衡阳市，为省直辖，设 8 个分区。第三区为今属地。

中华人民共和国成立后，1949 年 10 月 8 日衡阳解放，境内先后称第三区、第二区。1955 年 6 月称城北区，属衡阳市。1980 年 2 月 20 日经湖南省委批准，衡阳市升为地级市，由省直辖，城北区属市辖县级区。2001 年 4 月 4 日，国务院批准：撤销衡阳市江东区、城南区、城北区、郊区，设立衡阳市珠晖区、雁峰区、石鼓区、蒸湘区。2001 年 5 月，全市城区行政区划调整，以原城北区为基础，将所管辖的蒸湘街道划归新设立的蒸湘区，同时接收原郊区的黄沙湾街道、松木乡，西湖乡的五一、建设、友爱、江霞 4 个村，接收原衡阳县的角山乡、集兵镇的灵官庙村，设立石鼓区。至 2018 年，建置未变动。

第三节　行政区划

1996 年末，城北区辖人民、青山、蒸湘、潇湘、五一、合江 6 个街道，85 个社区。

2001 年末，石鼓区辖松木、角山 2 个乡，人民、青山、潇湘、五一、合江、黄沙湾 6 个街道，28 个村，42 个社区。

2011 年 1 月 26 日，松木乡的新安、金兰、新竹 3 个建制村和松木、松梅、友谊 3 个建制村的部分区域析出设立金源街道，金源街道隶属衡阳市松木经济开发区，由松木经济开发区和石鼓区双重管理，以松木工业园管理为主。2011 年末，石鼓区辖松木、角山 2 个乡，人民、青山、潇湘、五一、合江、黄沙湾、金源 7 个街道。

2015 年 6 月，设立金源街道金源社区；11 月，境内行政区划调整，松木乡与黄沙湾街道合并，设立新的黄沙湾街道。

2017 年 3 月，金源街道三里、新安、金兰 3 个村改为社区。4 月，随着城市发展和华耀城建设的推进，从角山乡前进村划出原杨岭村范围，设立杨岭社区。

2018 年 9 月，黄沙湾街道进步村改为进步社区，并新设光明社区，社区范围包括石鼓区机关家属区（江山花苑）、帝景山庄、鸿豪城等小区。是年 11 月 25 日，石鼓区角山乡改为角山镇。12 月 4 日挂牌成立。

至 2018 年年末，石鼓区辖角山镇、黄沙湾街道、合江街道、五一街道、人民街道、青山街道、潇湘街道、金源街道，共 1 个镇、7 个街道；下辖 15 个村、38 个社区。

1996 年城北区行政区划情况统计表

表 1-1-1

街道名称	社区名称	居民小组数（个）
青山街道	易赖街、下横街、朝阳巷、学宫巷、向农路、十家村、牛角巷、商业新村、文体路、常胜西路、西湖新村、青山街、蒸水桥、西湖二村	208
蒸湘街道	高岭、衡祁、冶金、联合新村、联合、学院路、学院村、解西、红湖塘、太平一、太平二、太平三、太平四、大元头、学院西村、衡邵、阳辉桥	317
人民街道	环城北路、朝晖巷、人民路、和平北路、中山北路、九角巷、进步巷、玉环巷、湘江北路、向阳路、淘沙巷、蒸阳路、钱局巷、常胜路	156

续表1-1-1

街道名称	社区名称	居民小组数（个）
潇湘街道	衡南县机关、胜利路、陕西巷、濂溪、华光、沿江北路、石鼓、演武坪一、演武坪二、桑园、城基、长青、堰塘、邱家坪、司前	185
五一街道	建新一、建新二、建新三、建新四、建新五、建新六、草桥、杨家坪、五一巷、电厂、来雁塔、黄沙湾、望城	210
合江街道	团结、向东、新团结、合江路、同心路、衡化、合江村、五一新村、柏树嘴、七里井、五里牌、岳峰	87

2001年石鼓区行政区划情况统计表

表1-1-2

乡、街道名称	村（社区）名称	村(居)民小组数（个）
松木乡	松木、建新、青石、朝阳、松梅、友谊、新竹、金兰、三星、新安、梽木、灵官庙	135个村民小组
角山乡	三星、旭东、杨岭、茅茶亭、小云山、五星、莲花、银杯、角山、杨泗	129个村民小组
人民街道	环北、人民、湘北、向阳、淘沙、蒸阳、常胜	156个居民小组
青山街道	向群路、西湖新村、西湖一村、西湖二村、易赖街、牛角巷、十家村、下横街	153个居民小组
潇湘街道	陕西巷、石鼓、桑园、华光、演武坪、蒸水、司前、长青	185个居民小组
五一街道	建设村、电厂、建一、建二、畔湖路、望城路、杨家坪、草桥、来雁塔	6个村民小组、90个居民小组
合江街道	江霞村、友爱村、五一村、江雁、合江路、同心路、柏树嘴、五里牌、七里井	23个村民小组、92个居民小组
黄沙湾街道	团结、进步、沈家、辖神渡、黄沙湾、望城坳、东方红渔场	14个村民小组、20个居民小组

2018年石鼓区行政区划情况统计表

表1-1-3

镇、街道名称	村（社区）名称	村民小组(社区网格)数（个）
角山镇	杨岭、角山、前进、和平、利民、三星、旭东	129个村民小组
黄沙湾街道	光明、进步、雁栖湖、辖神渡、团结、松木、松梅、青石、朝阳、灵官庙	82个村民小组、34个社区网格
人民街道	人民路、湘北、向阳、蒸阳	27个社区网格
青山街道	青山街、牛角巷、西湖一村、西湖二村、西湖新村、船山路	38个社区网格
潇湘街道	石鼓、司前、长青、蒸水、桑园、演武坪	43个社区网格
五一街道	草桥、建设新村、杨家坪、来雁塔、畔湖路、望城路、建设村	5个村民小组、28个社区网格
合江街道	柏树嘴、合江套、江雁、五里牌、七里井、五一、江霞	23个村民小组、24个社区网格
金源街道	金源、金兰、三里、新安、新竹、鑫源	68个村民小组

第二章　地理环境

第一节　地质地貌

一、地　质

石鼓区地处湘中盆地腹地，出露最老地层为中生界的白垩系，此外有新生界的下第三系、第四系。其中白垩系是在前期地壳剧烈抬升形成的山间盆地型沉积，为衡阳盆地红色岩系的主要组成部分，多分布在盆地较边缘一带；经过此期的剥蚀、充填与沉积，地形高差逐渐缩小，构成境内主要构造格局。至下第三系，地壳不均匀下降，沉积盆地重新出阻，此期为下第三系零星盆地沉积，分布于境内北部的黄沙湾街道一带。至第四系地壳进行剥蚀，沉积物分布广泛，主要发育于湘江、蒸水两侧及角山镇一带。更新统为橘黄色砂质黏土、红色网纹状砂质黏土与沙砾砾石。全新统境内散布在河流两侧及槽谷中，由粉沙质亚黏土、砾和沙砾或其混合物组成。境内中心地层，1974 年人防工程开挖记载，地面以下 1~4 米为墟土瓦砾层，4~9 米为红砂泥层，9~14 米为白夹泥层，14 米以下为砂卵石层。地质构造特点：境内属南华准地台的湘东隆起构造单元南端及衡阳盆地构造单元；属东南地洼区赣湘桂地洼系，湘中地穹列的东缘及湘东地洼列中的衡山地穹和衡阳地洼；位于南岭纬向构造带的北缘，主体呈北北东向。

二、地　貌

衡阳四周有诸多中低山脉环绕，整个地貌轮廓为一个以衡阳市城区为中心的朝西北方向稍有延伸的类椭圆形盆地，周高中低，南高北低。境域处于这个类椭圆形盆地凹形面的轴带部分，地处城市中心偏西北部和湘、蒸二水的中下游谷地，境内最高标高 103 米，一般标高 55~70 米，一般相对高差 10~30 米，平均海拔在 50 米左右。在各个地质时期不同内外营力长期作用及湘、蒸二水的汇流冲击下，形成以平原为主、岗地穿插、西高东低和北高南低的地貌特点，同时人工地貌现象明显。平原面积占 60%，丘陵岗地面积占 25%，水域面积占 15%。

第二节　土壤植被

一、土　壤

境域土壤主要属紫色页岩风化黏土、第四纪红壤黏土，黏性较重，酸性较强，沿河主要以河潮泥为主，属砂性土。土地种类主要为红壤、紫色土和宜农耕地。红壤土层较厚，风化彻底，发育程度高，适于林木和多种经济作物。紫色土开发利用难度大，但磷、钾及微量元素含量丰富，适于发展粮、棉、渔等生产。宜农耕地因水热协调，土体结构合理，肥力较好，更适合水稻、蔬菜等农作物生产。

二、植　被

石鼓区土地总面积 11201 公顷，其中林地 3466.67 公顷，占土地总面积 30.95%；非林地 7734.33 公顷，占 69.05%。林地中乔木林地 3397.6 公顷，占 98.01%；竹林地 69.07 公顷，占 1.99%。

境内属中亚热带常绿阔叶林带。因长期频繁的人类活动，原生植被已不复存在，现有植被主要是人工植被和部分零星分布的天然次生植被。人工植被主要有马尾松、油茶、杉木、国外松、柑橘等。天然次生乔灌木林则以马尾松、刺槐、樟树、枫香等抗瘠耐旱树种为主。

第三节　气候水文

一、气　候

境内属中亚热带季风湿润气候，具有气候温和，四季分明，春温多变，寒潮频繁，雨季明显，夏秋多旱，夏暑期长，冬寒期短的特点。气候资源表现为：热量丰富，无霜期长，冷热变化大，降水充沛，分配不匀，干温季明显，光能充足，太阳辐射强，光能潜力大。四季特征：以候（5 天）平均气温作为划分四季的标准，候（5 天）平均气温低于 10℃为冬季，高于 22℃为夏季，介于两季之间为春、秋季。

气温。石鼓处于亚热带地区，年平均温度 18.0℃。因城市效应，年温相对较高。境内最低气温在 1 月，平均气温为 5.8℃；最高气温出现在 7 月，平均气温为 29.8℃，气温年较差 24℃。石鼓区最高气温在 39.6℃以上。最低气温在-6.6~9.9℃。

日照。境内所处纬度较低，太阳入射角度大，日照时间较短，但辐射很强。光资源具有季节变化大而总量值不高的特点，历年平均日照时数为 1663.50 小时，日照百分率为 38%，一年中，7 月最多，2 月最少，3—7 月逐月增多，8 月至次年 2 月逐月减少，3—4 月平均每天日照数只有 2.80 小时左右，5—10 月，各月日照数均在 143.30 小时以上。

降水。境内属河谷盆地和丘陵地带，受城市效应影响，常年降水较周围地区稍少，历年平均降水量为 1333.80 毫米，最多时达 1750.20 毫米，最少为 956.10 毫米，80%的年份降水量在 1100 毫米以上。降水强度以夏季最大，春秋次之，冬季多连绵细雨，但强度很小。年内降水量月季分配极不均匀，4—6 月降水量为 562.30 毫米，占全年雨量的 42%，7—9 月降水量 249.00 毫米，占全年雨量的 18.60%。年降水日数为 162 天。

霜雪。历年平均霜雪日为 14 天，最多为 28 天。境内历年基本上都有降雪，一般是当年 12 月至次年 2—3 月，降雪日少则 1~4 天，多则 5~15 天，最多年份在 15 天以上（如 2008 年等年份），积雪厚度曾达 16 厘米。降雪平均初日为 12 月 15 日，降雪平均终日为 2 月 23 日，平均积雪日为 4.2 天。

冰雹。境内降雹以 2—4 月较多，1 月和 5 月偶有出现。每年降雹 1~2 次，个别年份达 3~4 次。一般多为小冰雹，间有少许大冰雹粒，直径可达 30 多毫米，降雹时多伴随大风或暴雨。

湿度。境内年平均湿度在 80%左右，季节变化明显，春季湿度最大，在 83%~85%，冬季次之，夏季最小，7 月均在 69%~73%，为全年最小之月份。相对湿度的极端最小值多出现在 12 月或 1 月，一般在 20%以下。

蒸发。境内年蒸发量 1471.40 毫米左右。各月蒸发量以 7 月最大，达到 266.90 毫米。从 7 月起直至年末，蒸发量均大于降水量。尤以 7 月为最，蒸发量大于降水量达 169.20 毫米，是当月降水量的 2.84 倍，成为发生干旱的主要因素。

二、水 文

（一）地表水

水系结构：石鼓区为湘江流域的组成部分。地形、地质构造特征和气候为境内水系发育提供了十分有利的条件。湘江衡阳段及各条支流依衡阳盆地地势而发育，衡阳盆地周高中低，随全省大势自南向北倾斜，使湘江干流切割盆地北面的紫金山脉向北流去。该段各支流均依地势由四周向盆地中心辐聚，形成不很典型的向心状水系或称不对称树枝状辐聚式水系。境内地表水的水系结构，主要为湘江及其一级支流蒸水、二级支流杉旭河、横江铺河等，以及城区周边的水库、池塘。

主要河流。湘江自衡阳市解放路口流入境内，自南向北流经人民街道、潇湘街道、五一街道、合江街道、金源街道，在金源街道三里社区荷叶港组出境。境内长 11.2 千米，接纳一级支流 1 条。湘江石鼓段属于湘江中下游，海拔 40~59 米、河宽 500~1000 米，两岸河漫滩发育，河床多沙、多滩。境内降比 0.01%。蒸水自西向东从角山镇杨岭社区谢家湾组入境，流经角山镇、黄沙湾街道、五一街道，过青草桥，由石鼓嘴注入湘江。流域面积 3470 平方千米，长 194 千米，境内长 5.30 千米，平均坡降为 0.05%。上游礁石林立，河床曲折，河面宽 60~80 米，坡降为 0.06%；中游丘陵地带，河宽 80~100 米，坡降为 0.04%；下游为河漫滩平原，河宽 100~200 米，坡降为 0.03%。蒸水属山溪型河源，夏汛冬涸，易涨易落，平原地区常受洪涝灾害。杉旭河因杉桥河与旭东河汇合而得名。自北向南从衡阳县集兵镇流入，经角山、三星、旭东、杨岭等村，于杨岭村肖家冲组石狮堰口汇入蒸水，全长 8.20 千米，流域面积 22.10 平方千米，年平均流量 1.10 秒立方米。前进河起源于角山镇银杯水库，经银杯、莲花塘、小云山、五星、茅茶亭、杨岭等村，于杨岭村谢家湾组流入蒸水，全长 12.10 千米，年排涝量 210 万立方米，流域面积 19.10 平方千米，年平均流量 0.90 立方米/秒。旭东河因河流主要流经旭东村，并在旭东村与杉旭河交汇后注入蒸水。长 7 千米，为小型河流。横江铺河发源于岣嵝乡境内白石峰南麓。全长 34.40 千米，流域面积 135.80 平方千米。

（二）地下水

地下水类型松散岩类孔隙水境内第四系松散堆积层孔隙水，主要分布于湘江及洣水、耒水、蒸水、舂陵水、宜水等各支流的河谷阶地及河漫滩一带。岸性多为二元结构，上层为黏土、亚黏土，下层为砂、砾石层。地下水主要赋存于一、二、三级阶地的砂、砾石层孔隙中。其中，一、二级阶地砂砾卵石层受河水及降水补给，局部还可以接受基岩裂隙承压水的补给，水量丰富。二、三级阶地卵石层分布位置极高，其上多为不透水或透水微弱的网纹状红色黏土及亚黏土覆盖，不利于地下水的补给、赋存，富水性不一，水量中等，残积层中水量贫乏。红岩孔隙裂隙水主要赋存于境内由侏罗系、白垩系、第三系各类红色碎屑岩之中，岩层倾角平缓，且多被北东向及北北东向断裂切割，虽为盆地构造，但未能形成完整的自流盆地，地表泉水出露稀少。碳酸盐岩裂隙溶洞水碳酸盐岩类岩石相当部分直接裸露地表，直接承受大气降水的渗入补给，主要以潜水为主。只有在一定构造条件下，才能局部承压水，泉和地下暗河为主要排泄方式，时空分布上都极不均匀。境内凡有碳酸盐岩分布地区都有此类地下水存在。砂页岩、变质岩类、花岗岩类裂隙水三种类型地下水在境内所占比重较小。花岗岩裂隙水主要分布岩浆分布区。地下水赋存于各类裂隙中，一般为潜水，局部为层间裂隙承压水。

地下水补给及资源量境内地下水的补给来源于大气降水。因降水在时空上分布不均，致使地下水动态随季节而变化。雨季地下水丰富，旱季地下水贫乏。

第四节　自然资源

一、土地资源

境域土地总面积 11201 公顷，其中耕地面积 2806.67 公顷，占总面积的 25.06%；林地面积 3466.67 公顷，占总面积的 30.95%；水域面积 1333.33 公顷，占总面积的 11.9%；房屋、工矿、道路和田塍地埂等 3594.33 公顷，占总面积的 32.09%。

二、植物资源

（一）林木类

有 85 科 452 种。其中竹类有楠竹、刚竹、金竹、水竹、吊丝竹、麻竹等 12 种。树类有属国家一级保护树种的珙桐、水杉；属国家二级保护树种的香果树、鹅掌楸、金钱松、台湾松、水松、福建柏等 10 种；属国家三级保护树种的油杉、厚朴等 7 种。属省重点保护的有檫木、百日青、黄心夜合、金叶白兰花等 9 种。观赏植物主要有苏铁、南泽杉、广玉兰、含笑、白兰、七里香、红继木、樱花、龙爪柳、五叶松、山茶花、杜鹃、月季、玫瑰、桂花、君子兰等。

（二）药材类

有 47 科属 109 种。其中草本植物 28 科属 67 种、藤本植物 5 科属 11 种、灌木植物 3 科属 4 种、乔木植物 10 科属 26 种、草类 1 种。如何首乌、野山楂、土茯苓、穿心莲、淡竹叶、金银花、夏枯球、蒲公英、过山龙、白茅根、麦枯草、车前草、益母草、虎耳草、金钱草、凤尾草、钩藤、栀子、木瓜、半夏、薄荷、青蒿、瓜蒌、苍耳、当归、百合、菖蒲、丹参、薏米、葛根、菊花、党参、沙参、苦参、尾参、明东、白术、荆芥、胆草、泽泻、白芷、天冬、麦冬、白药、贯众、木通、前胡、黄芪、苍术、牛七、杜仲、厚朴等。

（三）草类

品种繁多，可供牧渔用的主要有黑麦草、马鞭草、三叶草、鸭舌草、竹叶草、龙须草、冬茅草、鱼腥草、鸡明草、鹅观草、莎草、象草、灰菜、田、水芹、菱角、浮萍、水浮莲、水绣花、水葫芦、水花生以及水生经济作物席草等。

三、动物资源

兽类　有果子狸、花面狸、穿山甲、刺猬、黄鼠狼等 10 余种。2000 年后，由于人工造林和人为破坏减少，植被逐步恢复，一度少有的野兔、野山羊又逐渐多起来。

禽类　有山鹰、老鹰、猫头鹰、乌鸦、八哥、麻雀、竹鸡、斑鸠、鹧鸪、杜鹃、啄木鸟、喜鹊、燕子、伯劳、翠鸟、白头翁、相思鸟、蛇尾鸟、野鸭、水鸭等。其中留鸟由于生态环境变化，品种数量锐减，有些候鸟也少停留。

鱼类 主要有青、草、鳙、鲢、鲤、鲫、鳊、鲂、赤眼鳟、泥鳅、黄鳝、白鳝、银鲴等，引进鱼类主要有露斯塔野鲮、麦瑞加拉鲮、淡水白鲳、埃及胡子鲶、江西兴国红鲤、红荷包鲤、罗非鱼等品种。虾类有长臂虾、细足米虾、青虾、鳌虾以及引进的罗氏沼虾等。

两栖类 主要有青蛙、泥蛙、蟾蜍、蛤蟆、河蟹以及引进的古巴牛蛙、美国青蛙等。

爬行类 常见的有青蛇、水蛇、眼镜蛇、菜花蛇、竹叶青蛇、草鱼蛇、青筋蛇、屋檐蛇、鸡婆蛇等。还有龟、鳖、蜥蜴、壁虎等。

软体动物 主要有河蚬、蚌蛤、三角帆蚌、皱纹冠蚌、田螺、石螺、福寿螺、蜗牛等。

环节动物 常见的有蚯蚓、蚂蟥（水蛭）。

节肢动物 常见的有蜘蛛、蜈蚣、线虫等。

昆虫类 益虫类有蜜蜂、赤眼蜂、蜻蜓、螳螂、七星瓢虫、大红瓢虫、异色瓢虫等；害虫类主要有蝗虫、天牛、椿象、二化螟、卷叶虫、稻飞虱、黏虫、青菜虫、松毛虫、斜纹夜盗蛾、蚊、蝇、蟑螂、蚂蚁、红蜘蛛等。

四、矿产资源

境内已探明的地下矿产，主要有岩盐、钠长石、芒硝、煤、铁、铅、锌、钨、锰、铜等10余种。其中岩盐为华南之冠，总储量达149亿吨，矿床规模巨大，构造简单，矿层稳定，有用组分均匀，主矿层达-335~-51米，氯化钠平均品位46.62%，含矿率达86%。钙芒硝矿储量达4.40亿吨，矿层厚度达6.57~52.73米。省级工业园——松木经济开发区位于境内金源街道范围，矿区面积1.40平方千米，地质储量71700万吨，年产量300万吨。此外，湘江、蒸水河床的沙金、砂石等也有一定储量。

五、水资源

境内水资源主要为地表水，水系结构主要为湘江、蒸水，二级支流为杉旭河、横江铺河等，以及城区周边的水库、池塘。湘江为一级大型河流，属外流河、地上河、常年河。湘江在境内长约11.2千米，年径流量525.84亿立方米，为沿江农田灌溉和城镇工业、生活用水，提供较丰富的水资源。境内地下水为第四系松散堆积层孔隙水，分布于湘江、蒸水的河谷阶地及河漫滩一带，岩性多为二元结构。地下水主要存在于一、二、三级阶地的砂、砾石层孔隙中，受河水及降水补给，一般埋深2~10米，标高为44~50米。

第五节 自然灾害

一、水 灾

境内因地处河谷平原西高东低的地势和湘、蒸二水汇流冲积处，暴雨和洪涝往往相伴发生。每到春夏雨季，4—6月期间，江河水暴涨，洪水泛滥成灾，一般每年少则1~2次，多时达3~5次，每次最短7~8天，最长10~30天。在水旱灾害中，尤为严重的是同一年又涝又旱。如境内1997年、2002年、2006年、2017年不同程度受灾。

2006年7月，受强热带风暴“碧利斯”影响，城区湘江水位超58米，杨家坪防洪堤拉线断开，出现洪水倒灌。

2017年6月24日—7月3日，全区出现强降雨，其中6月27日、28日和7月1日，降雨最大分别为97.50毫米、47.50毫米和55.50毫米。区内湘江衡阳站已超过保证水位线58米，达58.76毫米，流量为14780立方米/秒。全区共计2130人受灾，农田受灾面积356公顷，先后安全转移五一船厂、杨家坪防洪堤居民24户62人，经济直接损失500万元。

二、旱　灾

衡阳市易遭受不同程度的夏秋干旱，个别年份致使山塘干涸，小溪断流。境内亦是如此，如2000年、2004年、2005年、2013年均为干旱年。

三、冰　灾

境内冰冻出现最早在12月，最晚终止于翌年3月，主要集中在1—2月。1996—2018年，有20年冬季发生不同程度的冰冻，年概率为91%。冰冻强度一般以轻、中度为主。但2008年发生百年不遇的严重冰灾，从是年1月13日—2月2日，历时21天。造成交通阻塞，人员滞留严重。电线塔架倒塌，电力线路受损1.20万米。全区倒塌各类房屋30间、砖厂14座、农贸市场1个，损毁猪舍1700平方米，冻死牛、猪1800余头，家禽3200羽，蔬菜受损86.66公顷，鱼塘受灾143.33公顷，冻死成鱼350吨，鱼种死亡385万尾，林业受损面积2666.66公顷，受损油菜133.33公顷、果树200公顷，共计损失7073.96万元。

四、风雹和地质灾害

境内因地处衡阳盆地腹地之中，且为城区，故受风雹灾害影响较少。主要的地质灾害点有角山镇茅茶亭村桐花组滑坡地质灾害隐患点、湘南电机厂滑坡地质灾害隐患点以及黄沙湾街道梽木村、五一街道电厂等处。滑坡灾害年均发生3次，主要发生在2—8月，最严重的一次发生于2009年4月黄沙湾进步三组，连续降雨造成滑坡，威胁附近10多户村民的生命财产安全。2014年5月22日，梽木村发生山体滑坡，造成6户27名村民紧急转移，8间房子不同程度受损；6月4日，五一路46号北香苑和五一路82号耒阳电厂衡阳留守管理处家属楼一带先后发生2次地质滑坡，造成99户、286人受灾，其中受到严重影响的居民住户34户、95人。

第三章　人　口

第一节　人口规模

一、人口分布与密度

1996 年初，城北区总人口 18.70 万余人。至年末，境内总户数 6.08 万户，总人口 19.27 万人，分布在 6 个街道，全区总人口密度 14069 人/平方千米，而处于老城中心的人民街道人口密度达到 112658 人/平方千米，处于偏北的五一街道人口密度为 5474 人/平方千米，相差 20 倍。

2001 年 5 月，因城区行政区划调整，境域扩大。至 2001 年末，境内总户数 6.43 万户，总人口 19.26 万人，分布在 2 个乡 6 个街道，全区总人口密度 1719 人/平方千米，老城中心的人民街道人口密度达到 82854 人/平方千米，而松木乡、角山乡、黄沙湾街道却人口稀少，分别为 406 人/平方千米、548 人/平方千米、626 人/平方千米，相差分别为 20.40、15.10、13.20 倍。

2011 年，境内总户数 7.35 万户，总人口 23.21 万人，分布在 2 个乡 7 个街道，总人口密度 2599 人/平方千米。老城中心的人民街道人口密度达到 77045 人/平方千米，而松木乡、角山乡、新成立的金源街道却人口稀少，分别为 432 人/平方千米、607 人/平方千米、499 人/平方千米，相差分别为 18.20、12.60、15.40 倍。

2018 年，境内总户数 7.93 万户，总人口 28.02 万人，分布在 1 个镇 7 个街道，总人口密度 2501 人/平方千米。城区青山街道、潇湘街道、人民街道人口密度高，分别为 27604 人/平方千米、39636 人/平方千米、72727 人/平方千米。角山镇、黄沙湾街道、金源街道人口密度低，分别为 698 人/平方千米、939 人/平方千米、566 人/平方千米。相差最高 128 倍，最低 30 倍。

1996 年城北区人口密度情况统计表

表 1-3-1

乡、街名称	面积（平方千米）	人口（人）	人口密度（人/平方千米）	乡、街名称	面积（平方千米）	人口（人）	人口密度（人/平方千米）
青山街道	2.65	35025	13217	五一街道	4.42	24198	5474
燕湘街道	3.09	47808	15472	合江街道	2.66	18288	6875
人民街道	0.29	32671	112658	合计	13.70	192748	14069
潇湘街道	0.59	34758	58912				

2001 年石鼓区人口密度情况统计表

表 1-3-2

乡、街名称	面积（平方千米）	人口（万人）	人口密度（人/平方千米）	乡、街名称	面积（平方千米）	人口（万人）	人口密度（人/平方千米）
松木乡	51.70	2.27	406	人民街道	0.33	2.73	82854
角山乡	34.38	1.88	548	青山街道	0.99	3.44	34786
黄沙湾街道	6	0.37	626	潇湘街道	1.10	3.07	27909
合江街道	8.90	1.95	2193	合计	107.40	19.26	1719
五一街道	4.42	2.39	5407	—	—	—	—

2011 年石鼓区人口密度情况统计表

表 1-3-3

乡、街名称	面积（平方千米）	人口（万人）	人口密度（人/平方千米）	乡、街名称	面积（平方千米）	人口（万人）	人口密度（人/平方千米）
松木乡	33.10	1.43	432	人民街道	0.33	2.54	77045
角山乡	34.38	2.09	607	青山街道	0.99	4.95	50000
黄沙湾街道	6.00	1.53	2552	潇湘街道	1.10	4.69	42653
合江街道	8.90	2.74	3082	金源街道	18.70	0.93	499
五一街道	4.42	4.73	10701	合计	112	23.21	2599

2018 年石鼓区人口密度情况统计表

表 1-3-4

镇、街名称	面积（平方千米）	人口（万人）	人口密度（人/平方千米）	镇、街名称	面积（平方千米）	人口（万人）	人口密度（人/平方千米）
角山镇	34.38	2.40	698	人民街道	0.33	2.40	72727
黄沙湾街道	33.85	3.18	939	青山街道	0.96	2.65	27604
合江街道	8.50	2.76	3247	潇湘街道	1.10	4.36	39636
五一街道	3.29	4.42	1127	金源街道	18.70	1.06	566

二、人口变动

（一）人口总量变动

石鼓区地处衡阳市城区西北部，境内经济、商贸、文化发达，历来人口稠密。1996 年末全区总人口为 19.27 万人，2001 年城区行政区划调整后，年末全区总人口为 19.26 万人，因区划调整，人口成负增长。2005 年末全区总人口为 21.2 万人，比 2001 年增加 1.94 万人。2010 年末全区总人口为 23.16 万人，比 2005 年增加 1.96 万人。2018 年末全区总人口为 28.02 万人，比 2010 年增加 4.86 万人。

1996—2018年部分年份石鼓区（城北区）人口总量变动情况统计表

表1-3-5 单位：万人

年份	年末总人数	净增人数	年份	年末总人数	净增人数
1996	19.27	—	2010	23.16	1.96
2001	19.26	-0.01	2018	28.02	4.86
2005	21.20	1.94	—	—	—

（二）人口自然变动

1996年，境内人口出生率为10.80‰。2000年，《中华人民共和国人口和计划生育法》颁布，标志着人口和计划生育工作进入法制化管理，在全社会确立新型婚育观和生育观，境内人口素质提高。2008年底，全区人口出生率为12.04‰，自然增长率为9.30‰。2015年底，全区人口出生率为14.02‰，自然增长率为8.70‰。2018年底，全区人口出生率为9.40‰，自然增长率为4.10‰。

1996—2018年石鼓区（城北区）全区人口自然变动情况统计表

表1-3-6

年份	出生人数（万人）	出生率（‰）	死亡人数（万人）	死亡率（%）	自然增长人数（人）	自然增长率（‰）
1996	0.20	10.80	0.06	3.22	1440	7.58
1997	0.16	7.79	0.05	3	1510	10.32
1998	0.21	10.85	0.06	3.20	1620	7.47
1999	0.17	9.04	0.07	3.60	1680	7.48
2000	0.11	6.06	0.06	3	960	6.99
2001	0.17	10.15	0.07	6.60	1723	9.23
2002	0.17	10.24	0.10	6.61	1714	8.14
2003	0.20	11.48	0.09	6.69	2101	9.30
2004	0.23	12.22	0.14	6.87	2331	10.10
2005	0.23	11.83	0.10	6.86	2289	10.60
2006	0.20	11.91	0.10	6.95	2001	8.30
2007	0.22	11.22	0.10	6.79	2184	7.20
2008	0.23	12.04	0.15	6.79	2264	9.30
2009	0.21	11.95	0.16	6.90	2310	9.40
2010	0.17	10.10	0.09	7.07	1763	8.20
2011	0.20	13	0.09	7.25	1780	7.30
2012	0.21	11.16	0.08	6.31	1820	7.20
2013	0.21	10.67	0.10	6.80	1890	8.30
2014	0.27	12.31	0.11	5.05	2300	7.28
2015	0.30	14.02	0.11	5.01	2366	8.70
2016	0.26	11.49	0.10	6.94	2575	6.97
2017	0.27	12	0.11	4.99	2716	7.10
2018	0.21	9.40	0.12	5.77	2147	4.10

（三）人口迁移

1996—2000 年，随着境内经济发展，因工作调动或买房入户，从外地迁入境内多于境内迁出人口，其中迁入 4.77 万人，迁出 3.32 万人，迁入比迁出多 1.45 万人。2001 年 5 月，衡阳市行政区划调整，将松木乡、角山乡分别从郊区和衡阳县划入石鼓区，其中迁入 1.40 万人，迁出 0.57 万人，迁入比迁出多 0.83 万人。2002 年后，境内工业园区建立，前来购房务工人员增多。因沿海地区远比内地经济发达，部分人往经济发达地区打工或经商，但石鼓区总迁入人数还是高于迁出人数。

截至 2018 年底，境内共计迁入 23.53 万人，迁出 19.91 万人，迁入比迁出多 3.62 万人。增多原因为户口迁移、区划调整、迁居或婚嫁以及务工流动。

1996—2018 年石鼓区（城北区）人口迁移数量情况统计表

表 1-3-7　　单位：万人

年份	迁入	迁出	年份	迁入	迁出
1996	0.69	0.45	2008	0.95	0.91
1997	0.72	0.54	2009	1.02	0.97
1998	0.87	0.60	2010	1.00	0.91
1999	0.89	0.76	2011	1.10	0.97
2000	1.60	0.97	2012	1.01	0.99
2001	1.40	0.57	2013	1.05	0.96
2002	0.96	0.95	2014	1.02	0.99
2003	1.09	0.97	2015	0.93	0.89
2004	1.06	0.93	2016	0.89	0.79
2005	1.02	0.99	2017	1.08	0.98
2006	1.01	0.87	2018	1.12	0.99
2007	1.03	0.96	合计	23.53	19.91

第二节　人口构成

一、性别构成

1996 年，城北区境内人口男女性别比为 108（以女性为 100），男性多于女性。主要原因是 1978 年以后，新出生人口明显下降，人口老龄化加剧，而在高龄老人中，高龄女性多于男性；青壮年，尤其是在婴幼儿、少年中，男性多于女性。2001 年区划调整后，从原郊区和衡阳县划入的人口中，女性较多，当年男女性别比稍有下降，男女性别比从 1996 年的 108 下降为 2001 年的 104。针对重男轻女的封建思想残余现象，国家采取宣传并在法律上作出规定，新生儿中男女性别基本达到平衡，2008—2014 年石鼓区境内人口男女性别比基本维持在 100。2015 年有所反弹，男女性别比为 114。2016—2018 年男女性别比有所下降。2016 年为114。2017 年为 107。2018 年为 98。

1996—2018年石鼓区（城北区）人口性别构成情况统计表

表1-3-8

年份	年末总户数（万户）	年末总人口（万人）	在总人口中				
			男（万人）	占总人口（%）	女（万人）	占总人口（%）	男女性别比（以女性为100）
1996	6.08	19.27	10.16	52	9.10	48	108
1997	6.22	19.83	10.43	52	9.40	48	108
1998	6.22	20.25	10.45	52	9.80	48	108
1999	6.22	20.25	10.45	52	9.80	48	108
2000	6.22	20.82	10.45	52	9.69	48	108
2001	6.21	19.26	9.92	51	9.34	49	104
2002	6.43	19.35	10.01	51	9.34	49	104
2003	6.52	19.70	10.09	51	9.61	49	104
2004	6.54	20.12	10.14	50.4	9.98	49.6	100
2005	6.58	21.20	10.98	51	10.22	49	104
2006	7.57	21.43	11.11	52	10.32	48	108
2007	7.63	23.50	12.05	51	11.45	49	104
2008	7.88	24.28	12.11	49	12.17	51	96
2009	7.98	24.57	12.31	50.1	12.26	49.9	100
2010	7.18	23.16	11.58	50	11.58	50	100
2011	7.35	23.21	11.66	50.2	11.55	49.8	100
2012	7.53	23.29	11.68	50.1	11.61	49.9	100
2013	7.57	23.42	11.75	50.1	11.67	49.9	100
2014	7.7	23.82	11.95	50.1	11.87	49.9	100
2015	7.78	24.06	12.82	53	11.24	47	114
2016	7.75	24.31	12.95	53	11.36	47	114
2017	7.91	24.82	12.83	51.7	11.99	48.3	107
2018	7.93	28.02	13.86	49.5	14.16	50.5	98

二、年龄构成

2000年，第五次人口普查，全区总人口中，0~14岁人口36824人，占15.76%；15~49岁153326人，占总人口65.62%；50~64岁28095人，占总人口12.02%；65~89岁以上的15268人，占总人口的6.53%，90~99岁老人132人，百岁老人2人。

2010年，第六次人口普查，全区总人口中，0~14岁的人口有32946人，占总人口的14.20%；15~64岁的有178924人，占总人口的77.30%；65~89岁以上的19409人，占总人口的8.40%，90~99岁老人308人，百岁老人5人。

按照国际上对年轻型、成年型及老年型人口规定标准，石鼓区人口已步入老龄化。

2000 年、2010 年石鼓区（城北区）二次人口普查年龄结构比例统计表

表 1-3-9

年龄段	第五次（2000 年）人口普查		第六次（2010 年）人口普查	
	人口数（人）	占总人口（%）	人口数（人）	占总人口（%）
合计	233647	100	231592	100
0~14	36824	15.76	32946	14.20
15~49	153326	65.62	178924	77.30
50~64	28095	12.02		
65~89	15268	6.53	19409	8.40
90~99	132	0.05	308	0.13
100 岁以上	2	—	5	—

三、农业和非农业人口

1996 年底，城北区基本无农业。总人口 19.26 万人中，城镇人口 19.25 万人，农业人口 0.01 万人。非农业人口占总人口比重为 99.95%。

2000 年，城北区总人口 19.72 万人，其中城镇人口 19.72 万人，农业人口全部转为城镇居民。

2001 年，衡阳市区划调整，衡阳县和原郊区部分行政区域划入境内，石鼓区始有农业，亦有农业人口。是年底，石鼓区总人口 19.26 万人，其中城镇人口 14.80 万人、农业人口 4.46 万人，非农业人口占总人口比重为 76%。

2010 年，石鼓区总人口 23.08 万人，其中城镇人口 15.90 万人、农业人口 7.17 万人，非农业人口占总人口比重为 69%。

2011 年，区划调整，将松木乡的新安、金兰、新竹 3 个行政村和松木、松梅、友谊 3 个行政村的部分区域析出由金源街道筹备领导小组管理，农业人口转为城镇居民。是年，石鼓区总人口 23.42 万人，其中城镇人口 21.81 万人、农业人口 1.61 万人，非农业人口占总人口比重为 93.12%。

2018 年，石鼓区总人口 28.02 万人，其中城镇人口 26.55 万人、农业人口 1.47 万人，非农业人口占总人口比重为 94.7%。

1996—2018 年石鼓区（城北区）农业和非农业人口数量情况统计表

表 1-3-10

年份	年末总户数（万户）	年末总人口（万人）	在总人口中			
			非农人口（万人）	占总人口（%）	农业人口（万人）	占总人口（%）
1996	6.08	19.26	19.25	99.95	0.01	0.05
1997	6.22	19.83	19.73	99.5	0.10	0.5
1998	6.22	20.25	20.25	100	0	0
1999	6.22	20.25	20.25	100	0	0
2000	6.22	19.72	19.72	100	0	0

续表1-3-10

年份	年末总户数（万户）	年末总人口（万人）	在总人口中			
			非农人口（万人）	占总人口（%）	农业人口（万人）	占总人口（%）
2001	6.21	19.26	14.80	76	4.46	24
2002	6.43	19.35	15.03	77	4.32	23
2003	6.52	19.70	15.38	78	4.32	22
2004	6.54	20.12	15.80	79	4.32	21
2005	6.58	21.20	15.88	75	4.32	25
2006	7.57	21.43	17.11	80	4.32	20
2007	7.63	23.50	19.18	82	4.32	18
2008	7.88	24.28	19.96	82	4.32	18
2009	7.98	24.57	20.25	82	4.32	18
2010	7.18	23.08	15.90	69	7.17	31
2011	7.35	23.42	21.81	93.12	1.61	6.88
2012	7.53	23.29	16.12	69	7.17	31
2013	7.57	23.42	16.25	69	7.17	31
2014	7.70	23.82	18.34	77	5.48	23
2015	7.78	24.06	18.91	78	5.15	22
2016	7.75	24.31	21.06	86	3.25	14
2017	7.91	24.82	23.33	93.50	1.49	6.50
2018	7.93	28.02	26.55	94.70	1.47	5.30

四、民族构成

2000 年第五次全国人口普查，境内在册的民族数为 26 个，汉族人口占总人口数的 99.18%，少数民族人口占总人口数的 0.82%。

2001 年衡阳市行政区划调整后，截至 2002 年 7 月 1 日，石鼓区总人口数为 197189 人，其中汉族人口为 196202 人，少数民族人口为 987 人，分别占总人口数的 99.50%和 0.50%。

2010 年，第六次全国人口普查时，全区总人口 231592 人，其中汉族人口为 230327 人，占总人口数的 99.47%。有 24 个少数民族，共 1265 人，占总人口数的 0.53%。少数民族中，有土家族 451 人，苗族 338 人，瑶族 163 人，壮族 73 人，回族 57 人，满族 40 人，蒙古族 29 人，侗族 22 人，布依族 21 人，土族、仡佬族各 10 人，黎族 8 人，彝族、维吾尔族、朝鲜族各 6 人，傈僳族、仫佬族各 4 人，藏族 3 人，白族、水族、达斡尔族各 1 人。

石鼓区境内历来为汉族聚居之地，少数民族定居的极少。这些少数民族人口均系工作关系调来石鼓区，或因婚嫁关系迁居石鼓区，真正世居本地的少数民族基本没有。

五、文化构成

1996 年后，全区人口受教育程度得到较快提高。2000 年 11 月 1 日，第五次全国人口普查中，全区总人口 233647 人，有 6 岁以上人口 221567 人，占总人口 94.8%。这些人中有大专以上文化程度的 44998 人，占

20.31%；初、高中文化程度的131390人，占59.30%；小学文化程度的38357人，占17.31%；文盲、半文盲6822人，占3.07%。2010年11月1日，第六次全国人口普查，全区总人口231592人，有6岁以上人口218630人，占总人口的94.4%。这些人中有研究生301人，大学本科6921人，大学专科26956人；大专以上文化程度的共有34178人，占15.30%；初、高中文化程度的141870人，占64.80%；小学文化程度的39278人，占17.90%；文盲、半文盲2810人，占1.41%。各种受教育程度人口（包括各类学校的毕业生、肄业生和在校生）与2000年第五次全国人口普查相比较，由于区划调整，石鼓区部分城区（蒸湘街道）划归蒸湘区，衡阳县和原郊区部分农村划归石鼓区，因此受大学教育程度人数由44998人下降到34178人。

2000年、2010年石鼓区（城北区）两次全国人口普查文化结构情况统计表

表1-3-11

<table>
<tr><th colspan="2" rowspan="2">文化程度</th><th colspan="2">第五次（2000年）普查</th><th colspan="2">第六次（2010年）普查</th></tr>
<tr><th>人数（人）</th><th>占6岁及以上人口数（%）</th><th>人数（人）</th><th>占6岁及以上人口数（%）</th></tr>
<tr><td colspan="2">研究生</td><td>76</td><td></td><td>301</td><td>0.10</td></tr>
<tr><td rowspan="2">大学</td><td>本科</td><td rowspan="2">44998</td><td rowspan="2">20.31</td><td>6921</td><td>3.10</td></tr>
<tr><td>专科</td><td>26956</td><td>12.10</td></tr>
<tr><td colspan="2">中专</td><td rowspan="3">131390</td><td rowspan="3">59.30</td><td rowspan="3">141870</td><td rowspan="3">64.80</td></tr>
<tr><td colspan="2">高中</td></tr>
<tr><td colspan="2">初中</td></tr>
<tr><td colspan="2">小学</td><td>38357</td><td>17.31</td><td>39278</td><td>17.90</td></tr>
<tr><td colspan="2">不识字或识字很少人口</td><td>6822</td><td>3.07</td><td>2810</td><td>1.41</td></tr>
<tr><td colspan="2">合计</td><td>221567</td><td>100</td><td>218630</td><td>100</td></tr>
<tr><td colspan="2">总人口</td><td>233647</td><td>—</td><td>231592</td><td>—</td></tr>
<tr><td colspan="2">6岁及以上人口数占总人口（%）</td><td>94.80</td><td>—</td><td>94.40</td><td>—</td></tr>
</table>

六、职业构成

1996年，全区总人口19.27万人，其中在业人员12.33万人，占总人口比例64%。在业人员中，农业0.02万人，占总人口比例0.10%；工交、邮电、建筑1.04万人，占总人口比例5.39%；商贸、物资、供销2.03万人，占总人口比例10.53%；金融、保险0.46万人，占总人口比例2.38%；科研、文卫、体育0.90万人，占总人口比例4.67%；服务1.68万人，占总人口比例8.72%；行政事业0.31万人，占总人口比例1.60%；其他5.60万人，占总人口比例29.10%。

2001年，全区总人口19.26万人，其中在业人员13.09万人，占总人口比例68%。在业人员中，农业4.46万人，占总人口比例24%；工交、邮电、建筑1.25万人，占总人口比例6.40%；商贸、物资、供销1.68万人，占总人口比例8.70%；金融、保险0.66万人，占总人口比例3.40%；科研、文卫、体育1.02万人，占总人口比例5.30%；服务2.68万人，占总人口比例13.90%；行政事业0.29万人，占总人口比例1.50%；其他0.90万人，占总人口比例4.80%。2001年在业人员与1996年比较，由于区划调整，农业增加4.44万人，服务业增加1.00万人，其他行业基本变化不大。

2018年末，从业人员由第一产业向第二、三产业转移，全区第二产业和第三产业法人单位从业人员90026人，比2013年末增加53570人，增长146.94%，其中，女性从业人员37839人。第二产业的从业人员为20226人，第三产业的从业人员为69800人，个体经营户从业人员51223人，其中，女性从业人员30392人。在法人单位从业人员中，位居前三位的行业是：批发和零售业16959人，占18.84%；建筑业13651人，占15.16%；租赁和商务服务业10074人，占11.19%。在个体经营户从业人员中，位居前三位的行业是：批发和零售业21315人，占41.61%；住宿和餐饮业10619人，占20.73%；居民服务、修理和其他服务业6207人，占12.11%。

七、姓氏构成

据2018年在册统计，境内共有261姓，其中人口数量在1000人以上居前7位的姓氏有刘、王、李、赵、成、朱、何，人口不足10人的最少姓氏为牟、咸、谌、景、堵、殳、皮。

附：全区姓氏录（按笔画顺序排列）

丁、卜、于、万、马、木、王、韦、尤、戈、仇、卞、毛、文、方、邓、孔、允、尹、殳、艾、甘、古、厉、石、右、左、龙、鸟、占、帅、叶、卢、田、申、冉、代、付、丘、白、包、皮、冯、邝、宁、司马、邢、扬、吏、成、毕、吕、曲、乔、旭、年、朱、伍、仲、任、伊、华、向、邬、刘、齐、庄、江、汤、汝、安、关、米、许、祁、阮、阳、阴、牟、孙、纪、杜、杨、芦、苏、李、励、严、肖、旷、吴、何、邱、佘、余、启、谷、狄、邹、辛、佐、汪、沙、沈、宋、张、陆、陈、邵、武、林、苗、范、欧、欧阳、卓、尚、易、罗、季、图、国、岳、金、周、庞、郑、单、审、郎、房、屈、孟、项、柏、柳、胡、封、郝、咸、赵、钟、侯、段、禹、俞、施、洪、姜、奕、彦、故、祝、费、姚、贺、敖、秦、耿、袁、莫、聂、栗、贾、顾、夏、柴、晏、晓、倪、徐、殷、翁、卿、笄、郭、高、席、唐、凌、涂、宾、容、展、陶、梅、黄、副、曹、梦、龚、盛、戚、常、茌、银、符、章、庚、康、麻、族、堵、阎、梁、谌、扈、屠、隋、续、韩、斯、彭、葛、董、蒋、覃、粟、喻、景、程、焦、舒、鲁、温、游、曾、谢、赖、靳、鄢、蒲、楚、雷、蓝、裘、简、解、鲍、满、窦、褚、蔡、臧、裴、管、廖、谭、熊、黎、樊、颜、潘、薛、燕、霍、穆、鞠、戴、魏、瞿

第三节 人口素质

1996年前，未作出生儿童缺陷监测。1997年，区妇幼保健院实施出生缺陷监测。1998年，采取“出生缺陷”干预措施，是年出生缺陷发生率为4.30%，低于湖南省1997年监测平均数7.72个千分点。

2000年，第五次全国人口普查时，人口平均预期寿命为71.27岁，其中男性69.09岁、女性72.47岁，比第三次全国人口普查时分别增加4.90岁、5.74岁。

2003年，全区各单位建立疫情专报体系，实行24小时值班制，基本实现了疫情报告网格化。所有新生儿乙肝疫苗实行免费接种，“四苗”（卡介苗、麻疹疫苗、百白破疫苗、脊髓灰质炎疫苗）接种率达到98%以上。各种传染病总发病率由中华人民共和国成立初期的2000人/10万左右，下降到2003年的10人/10万。是年，“非典”突然来临，全区未出现一例病情或疑似病。

2010年，全区人口平均预期寿命达73.15岁，比2000年增加了1.88岁；其中男性71.49岁、女性76.41岁，分别增加2.4岁、3.94岁，女性预期寿命高于男性，但男女预期寿命之差由2000年的3.38岁扩大到4.92岁，寿命差异呈扩大趋势；全区农民参加新型合作医疗比率达98.05%，全区人民

基本养老、基本医疗、失业、工伤、生育保险等社会保障机制逐步完善；全年建立居民健康档案14.4万份，建立居民电子健康档案83200份；预防接种服务覆盖全区，全年对儿童接种卡介苗3513针次，服食糖丸14034剂次，接种百白破疫苗10164针次、麻疹疫苗6592针次。

2018年，全区人均期望寿命达到76岁。全区共有卫生医疗机构167所，医疗机构床位数4199张，执业（助理）医师1450人，护理人员2287人；共建居民健康档案20.9万份，建档率86.9%；活产数1965人，住院分娩率100%，孕产妇系统管理率92.8%，孕产妇死亡率0，5岁以下儿童死亡率4.35‰。艾滋病、结核病、手足口病等重大传染病防治机制日益完善，全年无甲类传染病报告。12大项46小项国家基本公共卫生服务项目全面落实，全区居民电子健康档案建档率达98%，适龄儿童免疫规划疫苗接种率达100%。另外，全年组织开展大型体育竞赛活动10余次，参与人数10万人次。各类健身场馆50多家，从业人员1000多人。这些都为全区人民身体素质的提高创造了良好的条件。

第四章 计划生育

1996—2018年，计划生育作为一项基本国策列入区委、区政府重要工作内容，优化生育服务，强化生育管理，控制人口数量，提高人口素质，改善人口结构。其间，石鼓区连续10年被评为全省“人口和计划生育工作优质服务先进单位”；2012年，被评为“全国人口和计划生育优质服务先进区”；2016—2018年，被评为“全省人口和计划生育工作优秀单位”。

第一节 生育状况

1996—2001年，人口出生率从11%下降至6%。2002年，因区划调整，农村人口增加，人口出生率为10.15%。2003—2009年在11%～12%。2010年下降至10.10%。2011年升至13%。2012—2014年有所下降，出生率分别为11.16%、10.67%、12.31%。

2015年，出生率出现14.02%的峰值，2016年，回落至11.49%。2017年，出生率有所上升，达到12%。2018年下降至9.4%。

第二节 生育政策

1996—2000年，境内执行1990年通过的《湖南省计划生育条例》（1990年版）。

2001年5月石鼓区成立后，贯彻执行《中华人民共和国人口与计划生育法》和1999年8月3日、2002年11月29日、2007年9月29日湖南省人大常委会分别审议通过了3个《湖南省人口与计划生育条例》

2013年11月15日，党的十八届三中全会通过的《中共中央关于全面深化改革若干重大问题的决定》，石鼓区坚持计划生育的基本国策，启动实施一方是独生子女的夫妇可生育两个孩子的政策。

2015年12月27日，第十二届全国人民代表大会常务委员会第十八次会议作出《关于修改〈中华人民共和国人口与计划生育法〉的决定》，全面二孩政策随即于2016年1月1日起正式实施。

第三节 生育服务

一、政策宣传

1996年，区内各街道、各单位及居委会结合“二五”普法，进行计划生育政策的宣传。计划生育工作由行政命令向依法管理、居民自治、优质服务转化，由突击型向经常性工作转化。1998 年，全区贯彻国家计划生育委员会颁布的《流动人口计划生育管理办法》，将流动人口计划生育管理纳入当年计划生育目标管理责任制。区计划生育工作人员在公安、工商等部门协同下，到区内流动人口聚居地、集中点宣传《流动人口计划生育管理办法》，同时对流动人口中已婚育龄夫妇提供生育服务。2001—2005 年，区人口计生委利用多种载体，全方位、多角度地宣传中共中央、国务院《关于加强人口与计划生育工作稳定低生育水平的决定》（以下简称决定）《湖南省计划生育条例》《流动人口工作管理方法》，促使计划生育、优生优育、生殖保健成为人们的自觉行动。2006 年，全区学习贯彻《中华人民共和国人口与计划生育法》，并再次学习《湖南省计划生育条例》。2008 年 4 月，举办全区乡村计生专干业务培训班，就政策法规、宣传教育、药具、协会、统计等工作进行专题集训。基层人口学校和基层计生专干、协会会员，分别以开办培训班和面对面交流的形式，对育龄人群进行计划生育知识教育。2011—2015 年，持续开展对中央《决定》和《湖南省计划生育条例》的宣传、学习，先后两次组织宣传车在区内进行巡回宣传，举办为期 3 天的乡（街）、村（社区）计生专干培训班，组织 2000 名群众代表参加省计生委组织的学《决定》有奖知识竞赛。共发放宣传资料 3 万份。在“5·29”“6·1”“7·11”前后举办独生子女家庭才艺展示、计划生育有奖知识竞赛、专场文艺晚会、生殖保健知识讲座等活动。2016—2018 年，利用横幅、标语、宣传图片、广告牌、宣传手册、宣传板报，将各项法律法规、优生优育、避孕节育知识等进行集中宣传。全区共印制和发放计生类宣传资料 10 万余份，开展宣传活动 50 场次，在区以上媒体发表人口计生类宣传稿件 360 多篇。

二、技术服务

1996 年，妇检着重于孕前监测服务。1997 年，组织妇科医生到机关单位、居委会以及集贸市场开展妇科病检查等，全年检查育龄妇女 48000 人次。2000 年，开展计划生育、优生优育、生殖保健服务。充分利用社区资源，开展“三查一治”工作，累计检查达 4 万人次，普查面达 55%以上。2001 年，全方位、多层次开展技术服务，建立 50 个技术服务咨询点，免费为已婚育龄妇女查孕、查病，全年累计检查 5 万多人次。2007 年，对辖区已婚育龄妇女实行免费优生遗传检测暨生殖道感染普查，全区近 3 万名已婚育龄妇女参加生殖道感染免费普查，占符合参加检查人数的 92%。2008—2012 年始终坚持计划生育的科技知识普及到人、生殖保健服务到人的工作原则。其间，累计接待计生科技咨询 10.5 万人次，接受优生遗传咨询 4.5 万人次。2014 年，启动免费孕前优生健康检查服务，为辖区 4356 例怀孕对象提供免费检测，筛查出高风险人群 215 例。2015 年，开展计划生育冬、春集中三查等活动。

第四节　生育管理

一、常住人口

1996 年，全区继续贯彻落实《湖南省计划生育条例》《关于加强计划生育工作的暂行规定》等政策法规，全面实行法治管理。1997 年，计生工作指标增加出生性别比 1 项。1998 年，计划生育工作强化岗位责任，区级领导班子成员到各街道联点，督促计划生育工作各项服务政策的落实。是年，全区出生婴儿 1620 人，人口出生率为 10.8‰，人口自然增长率为 7.47‰。2003 年，制定《石鼓区计划生育村（居）民自治工作实施方案》，把计生村（居）民自治有关内容指标列入区、乡（街）两级计生工作目标管理考核，强化政策推动。2005 年，全面贯彻落实《国务院关于修订〈计划生育技术服务管理条例〉的决定》和《湖南省禁止非医学需要鉴定胎儿性别和选择性别终止妊娠规定》，区成立打击“两非”集中整治联合执法领导小组，落实打击“两非”（非医学需要的胎儿性别鉴定、非医学需要的人工终止妊娠）的各项工作。2012 年，人民街道创新城区人口网格化管理制度，得到省计生委认可并在全省推广。2013 年，石鼓区出台《人口计生依法行政依法执业日常监控考核办法》和《计划生育奖励办法》。是年，全区共实施出生缺陷干预 2 人。2015 年，依托全省网格化平台，建设全区网格化信息管理系统，实现人户、人房、人业三向绑定。2016 年，全区查处“两非”典型案例 1 例。

二、流动人口

1996 年，全区采取经常管理与集中清查相结合，加强对流动人口计生工作的服务管理。2000 年，加强对流动人口的管理，公安、工商、劳动、民政、建设、卫生、计生等部门齐抓共管，责任归口，跟踪服务，形成“以块为主、条块结合、条抓块管”的流动人口管理模式。全区流动人口持证率 98. 30%。2001 年，石鼓区出台《流动人口计划生育管理工作实施细则》《外来人口计划生育管理工作实施方案》，推行与公安联姻式管理模式，6 个街道分别成立外来人口计划生育管理服务站，负责辖区内流动人口相关计生服务工作。2005 年，建立“市场和产权单位主管，乡（街）和村（社区）属地管理”的管理体制，流动人口管理工作有序开展，流动人口计划生育管理的“五率”均达 95%以上。2007 年，实行流动人口信息适时变动、异地查询和跟踪管理，充分利用全国流动人口信息交换平台、湖南省育龄妇女信息系统（WIS）和公安部门人口信息库，加强信息沟通和共享，提高流动人口管理和服务水平。2008 年，按照“属地管理、单位负责、居民自治、社区服务”的管理机制，进一步澄清辖区内人口和坐落单位的底子，实施计生托管制和移交制，创建外来人口计生学校、外来人口之家活动室和外来人口计生协会。2013 年，以“一地一协会”为重点，加强流动人口服务管理工作。全区各乡、街道都建立流动人口协会组织，其中松木乡驻东莞流动人口计划生育协会获得衡阳市五好流动人口计划生育协会称号。是年，城区街道按照“网格化”“以房管人、逐户建卡”模式，定期上户核实，建立流动人口动态管理台账。2015 年，与邵东县等地互签协议，开展流动人口区域协作，完成全国流动人口动态监测工作。2018 年 3 月，在全区范围内部署开展流动人口清理清查专项工作，涉及全国 24 个省、市、自治区的 150 余个城市，清查流动人口 19418 人次。

第五节　机　构

1996—2001 年，全区计划生育工作由城北区计划生育委员会管理。2001 年 5 月，城北区更名为石鼓区，城北区计划生育委员会更名为石鼓区计划生育委员会。2002 年，区计划生育委员会更名为区计划生育局。2005 年，区计划生育局更名为区人口和计划生育局，与区人口和计划生育协会合署办公。2015 年机构改革，将区卫生局、区人口和计划生育局管理和服务职责整合，组建区卫生和计划生育局，内设办公室、人事和法规科教股、规划计财和科教股、行政审批服务股、计划生育指导股、综合监督股、医政和中医股、基层卫生妇幼保健和科学技术服务股、爱国卫生运动委员会办公室及区卫生计生综合监督执法局、区计划生育流动人口服务管理站两个直属事业机构，核定编制 34 名。其间，各乡（街）设计划生育办公室，负责辖区计划生育工作。街道计生办一般由 3~5 人组成，除党政主要领导负总责外，规定一名副职担任专职领导。

1996—2001 年城北区计生委领导名录

表 1-4-1

姓名	职务	任职时间	姓名	职务	任职时间
李桂华	主任	1994. 10—1998. 1	江增秀	主任	1998. 1—2000. 5
阳华林	副主任	1996. 6—1997. 10	杨爱国	主任	2000. 5—2002. 1
周建萍	副主任	1996. 6—2002. 1	刘小荣	副主任	1999. 9—2002. 1

2002—2015 年石鼓区计生局领导名录

表 1-4-2

姓名	职务	任职时间	姓名	职务	任职时间
杨爱国	局长	2002. 1—2003. 1	朱华兰	副局长	2004. 5—2005. 8
李国清	局长	2003. 1—2009. 5	刘卫国	书记、副局长	2005. 4—2009. 5
刘小荣	副局长	2002. 1—2003. 1		局长	2009. 5—2013. 4
	书记、副局长	2003. 1—2005. 4	郎小文	副局长	2008. 4—2015. 10
王志勇	副局长	2003. 5—2008. 2	郭金国	局长	2013. 4—2015. 10
曾利荣	纪检组组长	2003. 5—2005. 8	贺程杰	副局长	2014. 4—2015. 10
	副局长	2005. 8—2011. 12	—	—	—

第二篇

中共地方组织

作为中国共产党的地方组织，中共石鼓区委是统筹全区经济社会各项事业发展的领导与核心力量。1996 年至 2001 年 5 月底，称中国共产党城北区委员会。至 2000 年底，全区共有党委（党组）13 个，党总支 1 个，党支部 156 个，党员 1691 名。2001 年 6 月后，称中国共产党石鼓区委员会。至 2018 年底，区委辖党组 31 个，区委派出工委 7 个；全区共有基层党组织 413 个，其中基层党委 16 个，党总支 52 个，党支部 345 个，党员 7697 名。

1996 年 1 月至 2001 年 5 月，中共城北区委学习贯彻党中央一系列重要方针、政策，解放思想，锐意改革，大胆开拓，在全区工作中实施重点突破战略，加强基层建设、加强财源建设、加强作风建设，开拓城北区工作新局面。境内改革开放日益深入，旧的体制瓶颈逐步打破，区属企业改制稳步实施，个体私营经济有大的发展，招商引资规模与领域扩大，培植和发展一批新的经济增长点。通过优化经济发展环境，全区经济步入快速发展轨道。

2001 年 6 月至 2011 年，中共石鼓区委以行政区划调整为契机，以“三个代表”重要思想和科学发展观为指针，坚决贯彻中央的路线、方针、政策及省、市委的重要决策和指示，通过抓党的建设，继续推进各项改革，发展区域经济，提升石鼓区品位，努力打造“平安石鼓”，构建“和谐社会”，全区经济社会各项事业呈现优质高效发展态势。

2012 年后，中共石鼓区委在习近平新时代中国特色社会主义思想指导下，全面贯彻党的十八大、十九大精神，坚持稳中求进和新的发展理念，妥善应对各种挑战，推动全区社会经济向更高水平发展。

2018 年，中共石鼓区委以习近平新时代中国特色社会主义思想为指导，执行中央、省委、市委各项决策部署，强化党的领导，统筹做好稳增长、促改革、调结构、惠民生、防风险各项工作，完成年度目标任务。全区综合治理、安全生产、人口和计划生育三项工作，全部获评全省优秀（先进），并获省“平安县市区”称号。

第一章　组织机构

第一节　领导机构

一、中国共产党衡阳市城北区委员会

中国共产党衡阳市城北区委员会成立于 1955 年 5 月。1997 年 9 月 28—30 日，中国共产党衡阳市城北区第七次代表大会召开。大会选举产生中共衡阳市城北区第七届委员会，李远福等 18 人当选为区委委员，蒋善立等 3 人当选为区委候补委员。9 月 30 日召开的中共衡阳市城北区七届一次全体（扩大）会议选举产生书记 1 人、副书记 4 人、常务委员 12 人。

二、中国共产党衡阳市石鼓区委员会

2001 年 5 月，衡阳市城区行政区划调整，撤销城北区，设立石鼓区。中国共产党衡阳市城北区委

员会亦更名为中国共产党衡阳市石鼓区委员会。

2002年10月13—15日，中国共产党衡阳市石鼓区第一次代表大会召开。大会选举产生中共衡阳市石鼓区第一届委员会，邓柯等21人当选为区委委员，刘扶华等3人当选为区委候补委员。10月15日召开的中共衡阳市石鼓区一届一次全体会议选举产生书记1人、副书记5人、常务委员13人。

2006年7月2—5日，中国共产党衡阳市石鼓区第二次代表大会召开。大会选举产生中共衡阳市石鼓区第二届委员会，邓柯等29人当选为区委委员，张传翠等4人当选为区委候补委员。7月5日召开的中共衡阳市石鼓区二届一次全体会议选举产生书记1人、副书记2人、常务委员13人。

2011年6月30日—7月2日，中国共产党衡阳市石鼓区第三次代表大会召开。大会选举产生中共衡阳市石鼓区第二届委员会，田奇等29人当选为区委委员，陈坚等4人当选为区委候补委员。7月2日召开的中共衡阳市石鼓区三届一次全体会议选举产生书记1人、副书记2人、常务委员11人。

2016年8月28—30日，中国共产党衡阳市石鼓区第四次代表大会召开。大会选举产生中共衡阳市石鼓区第四届委员会，杨龙金等31人当选为区委委员，万倩雯等6人当选为区委候补委员。8月30日召开的中共衡阳市石鼓区四届一次全体会议选举产生书记1人、副书记2人、常务委员11人。

1996—2018年中共衡阳市石鼓（城北）区委书记、副书记、常委一览表

表2-1-1

届　次	职　务	姓　名	任职时间
中共衡阳市城北区第六届委员会（1992.10—1997.9）	书记	陆胜民	1992.10—1996.7
		李远福	1996.7—1997.9
	副书记	李远福	1992.9—1996.7
		邹季新	1992.10—1994.3
		杨德贤	1992.10—1997.9
		夏俊生	1994.3—1996.5
		尹超德	1996.5—1997.9
		罗安民	1996.5—1997.8
		李荐国	1996.7—1997.9
		袁　平	1997.8—1997.9
		洪焱森	1997.8—1997.9
	常委	周顺福	1992.10—1997.9
		李慧星	1992.10—1995.6
		唐桂生	1992.10—1997.8
		刘绍计	1992.10—1996.3
		黄明道	1992.10—1997.9
		雷章清	1994.3—1997.9
		李卫明	1994.3—1997.9
		雷久乾	1994.6—1997.9
		唐祁东	1996.5—1997.9

续表 2-1-1

届　次	职　务	姓　名	任职时间
中共衡阳市城北区第七届委员会（1997. 9—2001. 4）	书　记	李远福	1997. 9—2001. 4
		邓　柯	2002. 8—2001. 4
	副书记	李荐国	1997. 9—2000. 2
		尹超德	1997. 9—2000. 12
		袁　平	1997. 9—2001. 4
		洪焱森	1997. 9—2001. 4
		邓　柯	2000. 2—2001. 4
		傅丹舟	2001. 4—2002. 10
	常委	杨德贤	1997. 9—2001. 4
		黄明道	1997. 9—2001. 4
		雷章清	1997. 9—2001. 4
		李卫明	1997. 9—2001. 4
		唐祁东	1997. 9—2001. 4
		曹华友	1997. 9—2001. 4
		单国平	1997. 9—2001. 4
		阳新华	2000. 7—2001. 4
		傅丹舟	2001. 4—2001. 4
		汤守春	2001. 4—2001. 4
		李尔平	2001. 4—2001. 4
中共衡阳市石鼓区委员会（2001. 5—2002. 10）	书　记	李远福	2001. 5—2002. 8
		邓　柯	2002. 8—2002. 10
	副书记	袁　平	2001. 5—2002. 9
		洪焱森	2001. 5—2002. 10
		邓　柯	2001. 5—2002. 8
		傅丹舟	2001. 5—2002. 10
		雷章清	2002. 1—2002. 10
		田　奇(女,土家族)	2002. 8—2002. 10
		谭伟龙	2002. 9—2002. 10
	常委	杨德贤	2001. 5—2002. 10
		黄明道	2001. 5—2002. 10
		雷章清	2001. 5—2002. 10
		曹华友	2001. 5—2002. 10
		单国平	2001. 5—2002. 10
		阳新华	2001. 5—2002. 10
		汤守春	2001. 5—2002. 10
		李尔平	2001. 5—2002. 10

续表2-1-1

届　次	职　务	姓　名	任职时间
中共衡阳市石鼓区第一届委员会（2002.10—2006.6）	书　记	邓　柯	2002.10—2006.6
	副书记	田　奇（女，土家族）	2002.10—2006.6
		谭伟龙	2002.10—2006.6
		洪焱森	2002.10—2004.11
		傅丹舟	2002.10—2005.3
		曹华友	2002.10—2006.6
		罗干生	2004.11—2006.6
	常委	李新华	2002.10—2006.6
		汤守春	2002.10—2006.6
		刘　建	2002.10—2006.6
		肖仁贵	2002.10—2006.6
		李尔平	2002.10—2004.4
		刘光钦（女）	2002.10—2005.9
		周美好	2002.10—2006.6
		汤绍锋	2004.4—2006.6
中共衡阳市石鼓区第二届委员会（2006.7—2011.6）	书　记	邓　柯	2006.7—2010.12
		田　奇（女，土家族）	2011.1—2011.6
	副书记	田　奇（女，土家族）	2006.7—2010.12
		曹华友	2006.7—2011.6
	常委	周楚政	2011.1—2011.6
		王　敏	2006.7—2011.6
		王仲晓	2006.7—2011.6
		尹培国	2006.7—2011.6
		邓昌旺	2006.7—2011.6
		刘　建	2006.7—2011.6
		汤守春	2006.7—2011.6
		汤绍锋	2006.7—2007.3
		肖仁贵	2006.7—2007.10
		周美好	2006.7—2011.6
		管林立	2006.7—2011.6
		陈忠明	2007.3—2011.6
		郑少会	2007.10—2011.6
		郭文波	2011.3—2011.6
		姚文胜（挂职）	2011.4—2011.6

续表2-1-1

届　次	职　务	姓　名	任职时间
中共衡阳市石鼓区第三届委员会（2011.7—2016.8）	书　记	田　奇(女,土家族)	2011.7—2013.12
		陈　竞	2013.12—2015.1
		杨龙金	2015.1—2016.8
	副书记	周楚政	2011.7—2013.12
		胡深源	2011.7—2013.8
		黄　辉(女)	2014.1—2016.8
		肖立建	2013.8—2016.8
	常　委	王仲晓	2011.7—2014.3
		尹培国	2011.7—2013.7
		孙鹏伟	2013.8—2014.3
		王　敏	2011.7—2016.8
		邓昌旺	2011.7—2016.8
		刘利民	2011.7—2014.3
		姚文胜(挂职)	2011.7—2013.3
		郭文波	2011.7—2013.7
		邱　宁	2011.7—2013.7
		郑建芳	2011.7—2016.8
		尹腾芳	2013.7—2016.8
		赵　伟	2013.7—2016.8
		叶　强	2014.3—2016.8
		周文源(女)	2014.3—2016.8
		陈平阳	2014.3—2016.8
中共衡阳市石鼓区第四届委员会（2016.8—）	书　记	杨龙金	2016.8—2017.3
		唐浩然	2017.3—
	副书记	刘　浪	2016.8—
		肖立建	2016.8—2017.4
		谢海蓉(女)	2017.4—
	常　委	郑建芳	2016.8—
		尹腾芳	2016.8—
		赵　伟	2016.8—
		叶　强	2016.8—
		周文源(女)	2016.8—
		龚建民	2016.8—
		曾梦龙	2016.8—
		朱鸿波	2016.8—
		彭晓坤	2018.6—

三、中国共产党衡阳市石鼓区纪律检查委员会

1993年4月，区纪律检查委员会和区监察局合署办公，实行一个机构、两块牌子，履行党的纪律检查和政府行政监察两项职能。2001年5月，衡阳市城区行政区划调整后，中共城北区纪律检查委员会更名为中共石鼓区纪律检查委员会，仍然与石鼓区监察局合署办公，在市纪委、市监察局的领导下进行工作，履行党的纪律检查和政府行政监察两项职能。2018年1月13日，石鼓区监察委员会成立，与中共石鼓区纪律检查委员会合署办公，实行一个机构、两个牌子，履行纪检、监察两项职责，同时撤销石鼓区监察局。是年底，区纪委、监委内设机构9个（副科级8个、正股级1个），即办公室、党风政风监督室、信访室、第一纪检监察室、第二纪检监察室、第三纪检监察室、第四纪检监察室、案件审理室、案件监督管理办公室（正股级）；二级机构2个（副科级），分别为石鼓区财务监察所、石鼓区纪委信息中心。2018年5月，6个区纪委派驻纪检组更名为区纪委监委派驻纪检监察组，分别为区纪委监委驻区委办公室纪检监察组、区纪委监委驻人大常委会机关纪检监察组、区纪委监委驻区政府办公室纪检监察组、区纪委监委驻区政协机关纪检监察组、区纪委监委驻区委政法委员会纪检监察组、区纪委监委驻区财政局纪检监察组。

1996—2018年中共衡阳市石鼓区（城北区）纪律检查委员会领导一览表

表2-1-2

姓名	职务	任职时间	姓名	职务	任职时间
龙正生	副书记	1992.10—1997.1	祝家元	副书记	2008.3—2014.3
蒋大件	副书记	1993.9—2002.3	曾广彪	副书记	2010.12—
聂水旺	副书记	1997.1—1998.5	钱　波	副书记	2011.5—2014.3
雷章清	书记	1997.9—2002.10	王仲晓	书记	2011.7—2014.3
汤显友	副书记	1999.9—2002.1	陈平阳	书记	2014.3—2016.8
刘启发	副书记	2002.10—2006.3 2006.7—2008.3	彭爱民	副书记	2014.3—2015.9
曹华友	书记	2002.10—2006.3	吴　颖(女)	副书记	2015.9—2016.8
王一福	副书记	2002.10—2006.3 2006.7—2008.3	龚建民	书记	2016.8—
汤守春	书记	2006.3—2011.7	李友良	副书记	2016.8—

1996—2018年石鼓区（城北区）监察局领导一览表

表2-1-3

姓名	职务	任职时间	姓名	职务	任职时间
聂水旺	副局长	1990.3—1996.6	彭小薇(女)	副局长	2003.3—2005.8
蒋大件	局长	1993.1—2002.2	卢　行(女)	副局长	2005.8—2016.1
刘国永	副局长	1994.10—1996.9	祝家元	局长	2008.2—2014.3
邓小银(女)	副局长	1996.6—2003.3	彭爱民	局长	2014.3—2015.9
周　亮	副局长	1996.9—2003.3	吴　颖(女)	局长	2015.9—2016.12
刘启发	局长	2002.2—2008.2	蒋益霞(女)	副局长	2016.1—2018.1
蒋宗辰	副局长	2003.3—2014.3	曾广彪	局长	2016.12—2018.1

2018 年石鼓区监察委员会领导一览表

表 2-1-4

姓名	职务	任职时间	姓名	职务	任职时间
龚建民	主任	2018.1—	唐　贞(女)	委员	2018.1—
曾广彪	副主任	2018.1—	蒋　贝(女)	委员	2018.1—
李友良	副主任	2018.1—	刘奇平	委员	2018.1—
姚礼来	委员	2018.1—	—	—	—

第二节　工作机构

一、区委工作机构变化沿革

1996 年，中共城北区委工作机构设有区委办公室、区委组织部、区委宣传统战部、区委政法委、区直属机关工委、区委编办。1997 年 9 月，撤销区委宣传统战部，分别成立区委宣传部和区委统战部。

2001 年 5 月，衡阳市城区行政区划调整，城北区更名为石鼓区。中共石鼓区委工作机构 11 个，即区委办公室、区委组织部、区委宣传部、区委统战部、区委政法委、区委机构编制委员会办公室、区委老干办公室、区直属机关工作委员会、区委政策研究室，以及 2 个直属事业单位：区保密局、区档案局。

2012 年 12 月，区委工作机构有 14 个即区委办公室、区委组织部、区委宣传部、区委统战部、区委政法委、区委督查室、区委政研室、党史区志办、老干局、区机构编制委员会办公室，区直属机关工作委员会，以及 3 个直属事业单位：区委机要保密局、区档案局、区信访局（由区委、区政府双重管理，以区政府管理为主，列入区委机构系列）。

2018 年底，区委序列工作机构有 19 个即区委办公室、区委组织部、区委宣传部、区委统战部、区委政法委、区委深改办、区委督查室、区保密局、区档案局、区机要局、区委政研室、区史志办、区委巡察办、区编办、区委总值班室、区委老干局、区直机关工委、区机关事务中心、区信访局（由区委、区政府双重管理，以区政府管理为主，列入区委机构系列）等。

二、主要工作机构

（一）中国共产党衡阳市石鼓区委办公室

1996 年，中共城北区委办公室为区委常设一级综合工作机构。1997 年 9 月，中共城北区直属机关工作委员会（简称区直工委）由归口区委组织部管理改为归口区委办公室管理，其正、副书记，委员，纪委书记均由区委任命。1997 年 1 月成立城北区保密局，1997 年 5 月成立城北区档案局，均为副科级事业单位，归口区委办公室管理；2003 年区保密局、档案局升为正科级单位。1998 年 7 月设立区委督查室，由区委办一名副主任兼任主任。2016 年 1 月，根据市、区编委文件精神，石鼓区明确区史志办为正科级全额拨款事业单位，由以退休人员为主改由在职人员组成，为区委序列单列机构，归口区委办管理。

2018年底，中共石鼓区委办公室为区委一级工作机构。加挂区直属机关工作委员会、区档案局牌子，对外使用区人民政府外事办公室、区人民政府港澳事务办公室、中共石鼓区委台湾工作办公室（区人民政府台湾事务办公室）、中共石鼓区委保密委员会办公室（区国家保密局）、中共石鼓区委机要局（区国家密码管理局）名称。中共石鼓区委外事工作委员会办公室、中共石鼓区委密码工作领导小组办公室、中共石鼓区委财经委员会办公室、中共石鼓区委全面深化改革委员会办公室等均设在区委办公室，承担区委外事工作委员会、区委密码工作领导小组、区委财经委员会、区委全面深化改革委员会的具体工作。中共石鼓区委办公室行政编制15名。设主任1名、副主任6名（常务副主任为正科级），副科级督查专员2名（其中1名兼任督查室主任）。机关后勤服务全额拨款事业编制2名，人员只出不进，编制出一减一。

1996—2018年中共衡阳市石鼓区（城北区）委办公室领导一览表

表2-1-5

姓名	职务	任职时间	姓名	职务	任职时间
黄明道	主任	1992. 10—1997. 9	朱鸿波	副主任	2005. 8—2007. 7
邓堂棣	副主任	1997. 9—1998. 5	成志辉	副主任	2010. 10—2013. 3
单国平	主任	1997. 9—2002. 9	郑建芳	主任	2011. 6—2021. 7
张四和	副主任	1998. 5—2002. 1	苏凌风	副主任	2011. 12—2013. 3
李兴华	副主任	1998. 5—2003. 12	唐云华	副主任	2012. 10—2013. 3
周文源(女)	副主任	2000. 9—2003. 1	华喜容(女)	副主任 常务副主任	2013. 3—2014. 4 2014. 4—2017. 6
周美好	主任	2002. 9—2011. 6	曾素波	副主任	2013. 3—2015. 10
朱解平	副主任	2002. 9—2003. 1	李　科	副主任	2013. 3—2016. 11
汪衡湘	副主任	2003. 1—2005. 4	洪云辉	副主任	2015. 10—2017. 6
肖金华(女)	副主任	2004. 5—2008. 2 2011. 12—2013. 3	王益波	常务副主任	2017. 6—
陈新龙	副主任	2005. 4—2005. 12	颜国清	副主任	2017. 6—
李国清	副主任	2005. 4—2009. 7	—	—	—

（二）中国共产党衡阳市石鼓区委组织部

1996年，中共城北区委组织部为区委常设一级工作机构。2001年5月行政区划调整，改称中共石鼓区委组织部。区委组织部是区委主管组织工作、干部工作、老干部工作的职能部门。区委老干部局归口区委组织部管理，保留牌子。区委组织部加挂区委非公有制经济组织和社会组织工作委员会牌子。2018年，区委组织部内设办公室、组织组、干部组、人才组、干部监督组、干部档案室、区老干部活动中心、区委联点工作办公室、区委基层党组织建设工作领导小组办公室（正科级）、党员教育中心（副科级）、区非公有制经济组织工作委员会办公室（副科级）等机构。2018年，设领导职数4名，其中部长1人、副部长3人；共有在编在岗人员21名。

1996—2018 年中共衡阳市石鼓（城北）区委组织部领导一览表

表 2-1-6

姓名	职务	任职时间	姓名	职务	任职时间
唐桂生	部长	1990. 9—1997. 8	李长刚	副部长	2008. 2—2013. 4
刘方玉	副部长	1990. 10—1997. 12	李妍莛(女)	副部长	2010. 11—2019. 3
孙元仲	副部长	1991. 4—1997. 5	王　敏	部长	2011. 6—2014. 3
曹华友	副部长	1997. 5—1997. 8	叶　强	部长	2014. 3—
曹华友	部长	1997. 8—2002. 10	王　磊	副部长	2010. 11—2015. 2
陈云根	副部长	1997. 5—2006. 9	刘卫国	副部长	2013. 4—2017. 6
刘德桂(女)	副部长	1998. 3—2004. 8	谢　炜	副部长	2014. 4—2017. 6
李新华	部长	2002. 10—2006. 7	王益波	副部长	2015. 4—2017. 6
曹平阳	副部长	2004. 8—2005. 8 2010. 11—2012. 11	何一流(女)	副部长	2017. 8—
管林立	部长	2006. 7—2011. 6	李阳武	副部长	2017. 8—
朱鸿波	副部长	2007. 7—2011. 12	邹育容	副部长	2017. 6—

（三）中国共产党衡阳市石鼓区委宣传部

1994 年 10 月，机构改革，撤销中共城北区委宣传部和中共城北区委统战部，成立中共城北区委宣传统战部，简称区委宣传统战部。1997 年 9 月，撤销区委宣传统战部，分别成立区委宣传部和区委统战部。区委宣传部是区委主管全区意识形态方面工作的综合职能部门。2018 年，设办公室、理论教育宣传组 2 个组（室），新闻办、网管办 2 个二级机构，对外挂牌机构文明办 1 个。定行政编制 3 名，领导职数 2 名，其中部长 1 名、副部长 1 名。在编在岗人员共 11 名。

1996—2018 年中共衡阳市石鼓（城北）区委宣传部领导一览表

表 2-1-7

姓名	职务	任职时间	姓名	职务	任职时间
李卫明	部长	1993. 12—2001. 4	王仲晓	部长	2006. 6—2011. 6
陈红旗	副部长	1994. 10—1997. 9	刘利民	部长	2011. 7—2016. 8
贺新民	副部长	1994. 10—2004. 3	王朝顺	纪检组长	2016. 1—2017. 6
汤守春	部长	2001. 4—2006. 6	周文源(女)	部长	2016. 8—
唐家构	副部长	2002. 1—2010. 10	苏文波	副部长	2017. 6—
李祚藩(女)	副部长	2003. 5—2017. 6	—	—	—

（四）中国共产党衡阳市石鼓区委统一战线工作部

1994 年 10 月，机构改革时，撤销中共城北区委宣传部和中共城北区委统战部，成立中共城北区委宣传统战部。1997 年 9 月，撤销中共城北区委宣传统战部，分别成立中共城北区委宣传部和中共城北区委统战部。2001 年区划调整，称中共石鼓区委统战部。统战部是区委主管统一战线工作的职能部门，是区委在统战工作方面的参谋和助手。2018 年，区委统战部有班子成员 1 名，行政编制 2 名，事业编制7名；内设综合办公室、经济联络组、党外知识分子工作办公室，与区委台湾工作办公室、区政府台湾工作办公室合署办公。

1996—2018年中共衡阳市石鼓（城北）区委统一战线工作部领导一览表

表2-1-8

姓名	职务	任职时间	姓名	职务	任职时间
陈红旗	副部长	1993.12—2004.5	谷艳玲(女)	副部长	2007.6—2016.9
李卫明	部长	1994.10—1997.9	屈光明	副部长	2013.3—2015.10
蒋善立(壮族)	部长	1997.9—2002.12	叶　强	部长	2014.6—2016.8
王一云	部长	2002.12—2006.7	王一澍	纪检组组长	2016.1—2017.8
王光辉	副部长	2004.5—2013.3	朱鸿波	部长	2016.8—
王　敏	部长	2006.7—2014.6	李　谦	副部长	2016.9—2017.12

（五）中国共产党衡阳市石鼓区政法委员会

1996年称中共衡阳市城北区委政法委员会（简称政法委），下设社会治安综合治理办公室（简称综治办），实行一个机构、两块牌子。2001年5月，衡阳市行政区划调整，改称中共衡阳市石鼓区政法委员会。中共衡阳市石鼓区政法委员会是党委领导，指导、支持、监督政法单位在宪法法律规定的职责范围内开展工作的职能部门。2018年，有书记1人、副书记3人，在职干部20人。内设机构有办公室、维稳办、政工室、执法监督室、宣传室、国安办。所属事业单位有石鼓区综治中心和石鼓区法学会办公室。

1996—2018年中共石鼓（城北）区政法委员会领导一览表

表2-1-9

姓名	职务	任职时间	姓名	职务	任职时间
雷久乾	书记	1991.8—1997.8	罗友迪	副书记	2007.5—2020.7
尹为禹	副书记	1991.5—2009.8	唐和太	副书记	2008.2—2011
欧阳布池	副书记	1995.8—2003.1	王　砺	副书记	2008.4—2014.8
罗友信	副书记	1995.9—2003.1	刘名才	常务副书记	2010.7—2017.7
黄明道	书记	1997.9—2002.10	邓昌旺	书记	2011.7—2016.8
李桂华	副书记	1998.1—2012.2	李在定	副书记	2012.1—2013.4
唐志兵	副书记	2001.1—2008.11	丁隆义	副书记	2015—2016.9
蒋年细	副书记	2001.11—2013.4	赵　伟	书记	2016.8—
汤守春	书记	2002.10—2006.6	徐崇斌	常务副书记	2017.7—
朱解平	副书记	2003.1—2010.5	梁　璞(女)	副书记	2017.7—
尹培国	书记	2006.6—2011.7	—	—	—

（六）中共衡阳市石鼓区直属机关工作委员会

中共衡阳市石鼓区直属机关工作委员会前身为中共城北区直属机关委员会，1992 年 10 月改名，简称区直工委，归口区委组织部管理。其主要职能是加强对区机关各党支部的组织和思想建设，负责机关的政治学习安排、思想教育、作风建设等工作。1997 年 9 月，改为归口区委办公室管理。其正、副书记、委员、纪委书记均由区委任命。2001 年 5 月，衡阳市行政区划调整，中共衡阳市城北区委直属机关委员会改称中共衡阳市石鼓区直属机关工作委员会，直至 2018 年未曾更名。

1996—2018 年中共衡阳市石鼓（城北）区直属机关工作委员会领导一览表

表 2-1-10

姓名	职务	任职时间	姓名	职务	任职时间
唐桂生	书记	1995. 8—1997. 9	聂水旺	纪委书记（兼）	1998. 5—2001. 5
张四和	副书记	1995. 8—1998. 5			
张四和	纪委书记（兼）	1997. 9—1998. 5	张传翠（女）	书记	2003. 1—2008. 2
邓堂棣	书记	1997. 9—1998. 5	肖金华（女）	书记	2008. 2—2011. 12
聂水旺	书记	1998. 5—2001. 5	李　科	书记	2003. 1—2013. 3
			肖云根	书记	2017. 6—

（七）石鼓区机构编制委员会办公室

1992 年 10 月，城北区编制委员会更名为中共城北区机构编制委员会，下设办公室（简称区编办），与区委组织部合署办公。1994 年 10 月机构改革时从区委组织部析出单设。1996 年名称未变。2001 年 5 月，改称石鼓区机构编制委员会办公室。为区委、区政府负责全区行政管理体制改革、机构改革和机构编制管理的综合协调部门，列入区委机构序列，亦是区政府的职能部门，下设办公室（简称区编办）。2018 年，区编办有行政编制 2 人，全额事业编制 5 人。设主任 1 名、副主任 1 名。下设区事业单位登记管理局、区编制调剂中心 2 个事业单位。

1996—2018 年石鼓（城北）区机构编制委员会办公室领导一览表

表 2-1-11

姓名	职务	任职时间	姓名	职务	任职时间
罗清海（女）	主任	1992. 10—2000. 8	彭清海	副主任	2008. 5—2013. 3
陶军元	副主任	1992. 10—1998. 1		主任	2013. 3—
蔡庆生	副主任	1998. 1—2002. 1	李国清	主任	2009. 5—2013. 3
夏仁初	主任	2002. 1—2009. 5	王宁波	副主任	2016. 1—

第二章　重要会议

第一节　党的代表大会

一、代表产生

区党代会召开之前，区委按照各单位党员人数和党组织个数，根据工作需要，划分为若干选举口，将代表名额分配到每个选举单位。各选举单位根据实际情况，通过召开党员代表大会或党员大会的形式，组织进行选举。

1996—2018 年石鼓（城北）区历次党代会代表结构情况表

表 2-2-1　　单位：人

党代会届次	代表人数	其中								会议时间
		男	女	少数民族	专业人员	领导代表	基层代表	部队代表	模范人物	
城北区第七次党代会	150	119	31	4	—	112	36	2	—	1997 年 9 月 28—30 日
石鼓区第一次党代会	160	125	35	3	—	96	60	4	—	2002 年 10 月 13—15 日
石鼓区第二次党代会	163	135	38	—	—	97	—	4	—	2006 年 7 月 2—5 日
石鼓区第三次党代会	165	119	46	—	—	97	—	—	35	2011 年 6 月 30 日—7 月 2 日
石鼓区第四次党代会	171	125	46	—	25	96	—	4	46	2016 年 8 月 28—30 日

附：石鼓区出席中国共产党第十八次全国代表大会代表

2011 年 11 月，在中国共产党湖南省第十次代表大会上，衡阳市石鼓区委书记田奇（女，土家族）被选为出席中国共产党第十八次全国代表大会代表。

附：石鼓区出席衡阳市党代会代表

2000 年 8 月 17 日，在七届区委任职期间，选举出席中共衡阳市第八次代表大会的代表。这次会议与会代表 106 名，选举邓柯、尹超德、李远福、肖云汉、曹华友、谢青生、雷章清等 7 人为出席中共衡阳市第八次代表大会的代表。

2006 年 7 月 2—5 日，在中共石鼓区第二次代表大会上，选举出席中共衡阳市第九次代表大会 8 名代表（以姓氏笔画为序）：王宏、邓柯、田奇（女，土家族）、汤守春、单保重、曹华友、谢厚俊、管林立。

2011 年 6 月 30 日—7 月 2 日，在中国共产党石鼓区第三次代表大会上，选举出席中共衡阳市第十次党代会代表 8 名。

2016 年 8 月 28—30 日，中国共产党石鼓区第四次代表大会选举贺小坤等 11 人为出席衡阳市第十一次党代会代表。

二、历次党代会

（一）中国共产党衡阳市城北区第七次代表大会

中国共产党衡阳市城北区第七次代表大会（亦称城北区第五次党代会），于1997年9月28—30日在区机关会堂召开。由于城北区有两届区委班子是市委直接任命的，不是召开党代会选举产生的，因此区党代会次数与区委届次不同。经请示市委同意，将城北区第五次党代表大会更改为中国共产党衡阳市城北区第七次代表大会。这次大会，到会代表150名。其中各级领导干部代表112名，占74.60%；经济、科学技术、文化教育、卫生体育等方面的专业技术人员代表和先进模范人物代表36名，占24%；解放军代表2名，占1.40%；妇女代表31名，占20.70%；少数民族代表4名，占2.60%；新中国成立后至“文化大革命”前入党的代表17名，“文化大革命”中入党的代表49名，粉碎“四人帮”后入党的代表84名。代表比例构成符合上级有关规定。

会上，李远福代表中共城北区第六届委员会作题为《认真贯彻党的十五大精神，把我区各项事业全面推向21世纪》的工作报告。雷章清代表中共城北区纪律检查委员会作工作报告。大会审议并一致通过这两个报告。

大会选举产生中共城北区第七届委员会和中共城北区纪律检查委员会。中共城北区第七届委员会委员有尹超德、邓棠棣、朱菊桂（女）、刘扶华、阳新华、李卫明、李远福、李荐国、杨德贤、单国平、洪焱森、袁平、唐洁、唐祁东、黄明道、曹华友、雷章清、谭金媛（女）等18人，候补委员为（按得票多少排列）蒋善立（壮族）、尹楚章、马先林。中共城北区纪律检查委员会委员为王一福、左珍新、朱运秀（女）、肖华为、邹金芝（女）、张四和、陈云根、林崇瑾、周亮、聂水旺、曹平、蒋大件、雷章清等13人。9月30日，中共城北区第七届委员会第一次全委会议召开，选举李远福、李荐国、尹超德、袁平、洪焱森、杨德贤、雷章清、黄明道、李卫明、唐祁东、曹华友、单国平12人为区委常委，李远福为书记，李荐国、尹超德、袁平、洪焱森为副书记。同日，中共城北区纪律检查委员会第一次全委会议选举雷章清、蒋大件、聂水旺、周亮、王一福为纪委常委，雷章清为纪委书记，蒋大件、聂水旺为纪委副书记。

（二）中国共产党衡阳市石鼓区第一次代表大会

2002年10月13—15日，中共石鼓区第一次代表大会在石鼓区机关会堂召开。因2001年5月衡阳市进行区划调整，原城北区更名为石鼓区，上届区委实际上经历两个时间段。因此，本次区党代会的名称、次数与上届区党代会的名称、次数不一致。经请示，市委同意将这次区党代会确定为中国共产党石鼓区第一次代表大会。

根据党章和有关文件精神，经市委批准，石鼓区第一次党代会代表确定为160名，占全区正式党员总数的5.37%。这次党代会160名代表中，领导干部代表96名，占60%；各类专业技术人员代表28名，占17.50%；各条战线先进模范人物代表32名，占20%；武装部代表4名，占2.50%；妇女代表35名，占21.90%；少数民族代表3名，占1.90%。年龄在45岁以下的代表占47.50%。代表具有广泛性、先进性，其比例构成符合市委有关规定。

在中共石鼓区第一次代表大会上，邓柯代表上届区委向大会作《开拓创新，与时俱进，为加快石鼓区改革开放和现代化建设而努力奋斗》的工作报告。雷章清在大会上作《深入推进党风廉政建设和反腐败斗争，更好地为全区改革发展稳定大局服务》的纪委工作报告。大会审议并一致通过这两个报告。

大会经过充分酝酿，选举中国共产党石鼓区第一届委员会委员21名，候补委员3名。区委委员（21名）：王一云、王仲晓、邓柯、田奇（女，土家族）、刘建、刘光钦（女）、汤守春、阳新华、李尔平、李新华、肖仁贵、邹金芝（女）、陈新龙、周美好、钟天视、洪焱森、曹华友、傅丹舟、谭长青、谭伟龙、谭金媛（女）；区委候补委员（3名，按得票多少为序）：刘扶华、聂水旺、李齐常。在中共石鼓区第一次代表大会上，同时选举区纪委委员15名（按姓氏笔画为序排列）：卜体成、王一福、邓琳（女）、刘启发、刘国旺、刘念支、李在定、吴颖（女）、张莉萍（女）、陈云根、林崇友、周亮、唐家构、曹华友、曾广彪。

在随后的中共石鼓区第一届委员会第一次全体会议上，选举邓柯、田奇（女，土家族）、谭伟龙、洪焱森、傅丹舟、曹华友、李新华、汤守春、刘建、肖仁贵、李尔平、刘光钦（女）、周美好等13人为中共石鼓区第一届委员会常务委员会委员，邓柯为区委书记，田奇（女，土家族）、谭伟龙、洪焱森、傅丹舟、曹华友为区委副书记。

经中国共产党石鼓区纪律检查委员会第一次全体会议选举，产生曹华友、刘启发、王一福、周亮、曾广彪、邓琳（女）等6人为中国共产党石鼓区纪律检查委员会常委，曹华友为区纪委书记、刘启发、王一福为区纪委副书记。

（三）中国共产党石鼓区第二次代表大会

中国共产党石鼓区第二次代表大会于2006年7月2—5日在区机关会堂召开。

经各单位按有关规定选举，实际产生代表163名，占全区正式党员的4.20%。代表中，各级领导干部97名，占59.50%；各类专业技术人员和各条战线先进模范人物66名，占40.50%；妇女代表38名，占23.30%；45岁以下（含45岁）的代表83名，占51%。代表的比例构成符合市委有关规定。

大会听取邓柯代表上届区委所作的《抢抓机遇，乘势而上，全面实现石鼓经济社会更快更好发展》的区委工作报告，听取汤守春代表区纪委所作的《深入推进惩治和预防腐败体系建设，不断开创党风廉政建设和反腐败工作新局面》的纪委工作报告。大会审议并一致通过这两个报告。

大会通过充分酝酿，选举产生中共石鼓区第二届委员会和中共石鼓区第二届纪律检查委员会。区委委员29人：马先林、王敏、王仲晓、尹培国、邓柯、邓昌旺、龙平省、龙仕国、田奇（女、土家族）、刘建、汤守春、汤韶锋、阳新华、李开伟、李才定、李新华、肖仁贵、邱宁、谷艳玲（女）、邹金芝（女）、周文源（女）、周美好、赵伟、祝家元、曹华友、彭爱民、管林立、谭长青、谭金媛（女）。区委候补委员4人（按得票多少为序）：张传翠（女）、陈钱平、刘晓荣、谢丰莲（女）。

选举产生中共石鼓区第二届纪律委员会委员17人（按姓氏笔画为序）：王一福、王大平、王元军、王春华、仇树芳（女）、邓琳（女）、刘启发、汤守春、李科、李长刚、杨昌能、旷春桃（女）、唐家构、唐雪莉（女）、蒋宗辰、曾广彪、颜福元。

石鼓区第二届区委、区纪委第一次全会于7月5日下午分别召开。选举第一届区委书记、副书记、常委和区纪委书记、副书记、常委：邓柯为区委书记，田奇（女，土家族）、曹华友为区委副书记，王敏、王仲晓、尹培国、邓柯、邓昌旺、田奇（女，土家族）、刘建、汤守春、汤绍锋、肖仁贵、周美好、曹华友、管林立等13人为区委常委；汤守春为区纪委书记，刘启发、王一福为区纪委副书记，王一福、王春华、邓琳（女）、刘启发、汤守春、蒋宗辰、曾广彪等7人为区纪委常委。

（四）中国共产党石鼓区第三次代表大会

中国共产党石鼓区第三次代表大会于2011年6月30日—7月2日在区机关会议中心召开。165名代表、56名列席人员和5名邀请来宾出席会议。全区选举产生的165名代表，占全区5721名正式党员的2.90%。代表中领导干部代表97人，占58.80%；各类专业技术人员和各条战线先进模范人物代

表35人，占21.20%；妇女代表46人，占27.90%。45岁以下代表84人，占50.90%。大专以上文化程度的137名，占83.30%；“文化大革命”前入党的0名，“文化大革命”中入党的3名，占1.80%，“文化大革命”后入党的162名，占98.20%。产生的代表符合党章和省、市有关文件规定，体现广泛性、先进性。

大会听取和审议田奇代表上届区委所作的《凝心聚力，开拓创新，努力实现石鼓经济社会新跨越》的工作报告和王仲晓代表区纪委所作的工作报告，并通过相应决议。

7月2日选举产生石鼓区第三届区委委员29名，候补委员4名，区纪委委员17名，出席市第十次党代会代表8名。

在石鼓区第三届区委、区纪委第一次全会上，选举产生第三届区委和区纪委书记、副书记、常委。王敏、王仲晓、尹培国、邓昌旺、田奇、刘利民、邱宁、周楚政、郑建芳、胡深源、郭文波等11人为区委常委，田奇为区委书记，周楚政、胡深源为副书记；王仲晓、刘运国、何一流、祝家元、钱波、蒋宗辰、曾广彪等7人为区纪委常委，王仲晓为区纪委书记，祝家元、曾广彪、钱波为区纪委副书记。

（五）中国共产党石鼓区第四次代表大会

中国共产党石鼓区第四次代表大会于2016年8月28—30日，在区机关会议中心召开。大会代表171人。会议听取、审议和通过《中国共产党石鼓区第四次代表大会关于中共石鼓区第三届委员会工作报告的决议》和《中国共产党石鼓区第四次代表大会关于中国共产党石鼓区纪律检查委员会工作报告的决议》。大会以无记名投票的方式选举出杨龙金、刘浪等31人为石鼓区委委员，万倩雯等6人为石鼓区委候补委员，龚建民等17人为区纪委委员，贺小坤等11人为出席市第十一次党代会代表。

在石鼓区第四届区委、区纪委第一次全会上，选举产生第四届区委和区纪委书记、副书记、常委。杨龙金为区委书记，刘浪、肖立建为区委副书记，杨龙金、刘浪、肖立建、郑建芳、尹腾芳、赵伟、叶强、周文源、龚建民、曾梦龙、朱鸿波等11人为区委常委；龚建民为区纪委书记，曾广彪、李友良为区纪委副书记，龚建民、曾广彪、李友良、王小果、唐贞、蒋贝、郭伟等7人为区纪委常委。

第二节　区委全会

一、中共衡阳市城北区第六届委员会

1996年之前，中共城北区第六届委员会已召开7次全体会议。1996—1997年，区委共召开2次全体（扩大）会议。

六届八次全体（扩大）会议　1996年7月10日，中共衡阳市城北区委六届八次全体（扩大）会议召开。会议传达全省经济体制改革和小型企业改革会议精神，与会人员就区街企业改革、起重电器股份公司完善股份合作制、全区社会保险改革、演武坪小学教学管理、环卫所人事用工制度改革等问题进行发言。

六届九次全体（扩大）会议　1997年1月14日，中共衡阳市城北区委六届九次全体（扩大）会议召开。会议的主要任务是贯彻落实省委经济工作会议精神，回顾总结1996年的工作，安排部署1997年工作任务。区委副书记、代区长李荐国作工作报告；相关领导就工交、商贸、外经外贸、财

政、城市建设管理、教体、计划生育、政法、宣传统战、组织、党风廉政建设等工作发言，区委书记李远福作小结讲话。

二、中共衡阳市城北区第七届委员会

七届一次全体（扩大）会议 1997年9月30日，中共衡阳市城北区第七届一次全体（扩大）会议召开。选举李远福为区委书记，李荐国、尹超德、袁平、洪焱森为区委副书记，选举区委常委12名。

七届二次全体（扩大）会议 1998年2月27日，中共衡阳市城北区委七届二次全体（扩大）会议在区机关会堂召开。会议主题为贯彻落实省委经济工作会议精神和全市“三级干部会议”精神，总结1997年工作，安排部署1998年工作任务。区长李荐国作工作报告，区委书记李远福讲话。

七届三次全体（扩大）会议 1998年7月21日，中共衡阳市城北区委七届三次全体（扩大）会议在区机关会堂召开。会议主题为加强艰苦奋斗教育，发扬艰苦奋斗精神，扎扎实实做好各项工作，瞄准全年工作目标，做好下半年各项工作，确保全年目标任务完成，全面推进城北区两个文明建设。区长李荐国作工作报告，区委书记李远福讲话。

七届四次全体（扩大）会议 1999年1月22日，中共衡阳市城北区委七届四次全体（扩大）会议在区机关会堂召开。会议主题为贯彻落实中央、省委经济工作会议精神，总结1998年工作，安排部署1999年工作任务。区委书记李远福讲话。

七届五次全体（扩大）会议 1999年7月20日，中共衡阳市城北区委七届五次全体（扩大）会议在区机关会堂召开。会议主题为进一步贯彻落实党的十五大、十五届三中全会精神和市委七届八次全体（扩大）会议精神，回顾总结上半年工作，安排部署下半年工作。区委书记李远福讲话。

七届六次全体（扩大）会议 2000年1月27日，中共衡阳市城北区委七届六次全体（扩大）会议在区机关会堂召开。会议主题为贯彻中央、省委、市委经济工作会议精神，总结1999年工作，安排部署2000年工作任务，区委书记李远福以《认清形势，突出重点，真抓实干，加快发展，努力推进我区各项工作再上新台阶》为题作讲话。

七届七次全体（扩大）会议 2000年7月20日，中共衡阳市城北区委七届七次全体（扩大）会议在区机关会堂召开。会议主题为传达贯彻全市经济形势分析会的精神，深入学习贯彻“三个代表”重要思想，总结上半年工作，安排部署下半年工作。区委书记李远福讲话。

七届八次全体（扩大）会议 2002年2月27日，中共衡阳市城北（石鼓）区委七届八次全体（扩大）会议在区机关会堂召开。会议主题为贯彻中央、省委、市委经济工作会议精神，总结2001年的工作，部署2002年的任务。

三、中共衡阳市石鼓区第一届委员会

一届第一次全体会议 2002年10月15日，中共石鼓区第一届委员会第一次全体会议在区机关会堂召开。选举产生中国共产党石鼓区第一届常务委员会委员和书记、副书记。邓柯当选为书记，田奇、谭伟龙、洪焱森、傅丹舟、曹华友当选为区委副书记，选出区委常委13人。会议通过中国共产党石鼓区纪律检查委员会第一次全体会议选举结果的报告。

一届二次全体（扩大）会议 2003年2月28日，中共石鼓区委一届二次全体（扩大）会议在区机关会堂召开。区委书记邓柯作题为《抢抓机遇，开拓进取，为推进我区经济快速发展而努力奋斗》的工作报告。会上对全区2002年度重点工作目标管理先进单位进行表彰，各乡、街道、各部门就做好2003年度工作向区委、区政府递交责任状。全体区委委员、区纪委委员、在职副县级以上干部，各乡、街道、区直机关各部门党政正副职及部分企事业单位法人代表、部分离退休代表共330人参加了会议。

一届三次全体（扩大）会议 2003年7月16日，中共石鼓区委一届三次全体（扩大）会议在区机关会堂召开。本次会议的主题是回顾总结上半年工作，安排部署下半年的工作，突出经济建设这一主题，进一步强化民营经济在区域经济中的主体地位意识，切实加强干部作风建设，全面完成和超额完成全年目标任务，努力实现石鼓经济的新跨越。区委书记邓柯讲话，区委副书记洪燚森就干部作风问题讲话。

一届四次全体（扩大）会议 2004年2月25日，中共石鼓区委一届四次全体（扩大）会议在区机关会堂召开。会议传达贯彻省、市经济工作会议精神，部署2004年的经济工作，总结2003年十项重点工作。大会由区长田奇主持，区委书记邓柯以《南改北拓，城乡一体，努力加快石鼓区经济社会发展步伐》为题作报告。

一届五次全体（扩大）会议 2004年7月19日，中共石鼓区委一届五次全体（扩大）会议在区机关会堂召开。区委书记邓柯以《加大招商引资力度，大力发展民营经济，促进石鼓经济又快又好发展》为题，总结回顾上半年工作，安排部署下半年工作，要求围绕又快又好地发展石鼓经济这一主题，坚持"立党为公，执政为民"，全面开创石鼓经济和社会发展新局面。

一届六次全体（扩大）会议 2005年2月28日，中共石鼓区委一届六次全体（扩大）会议在区机关会堂召开。会议主题是传达贯彻省、市经济工作会议精神，总结表彰2004年十项重点工作及先进单位和先进个人，部署2005年经济工作。大会由区长田奇主持，区委书记邓柯以《落实发展思路，强化发展措施，努力提高石鼓经济社会发展水平》为题作工作报告。

一届七次全体（扩大）会议 2005年7月22日，中共石鼓区委一届七次全体（扩大）会议在区机关会堂召开。会议主题是传达市委八届十次全会精神，回顾总结上半年的工作，安排部署下半年的工作。区委书记邓柯以《认清形势，加压鼓劲，全面完成和超额完成全年经济发展目标任务》为题作工作报告。

一届八次全体（扩大）会议 2006年2月16日，中共石鼓区委一届八次全体（扩大）会议在机关会堂召开。会议主题是传达中央、省委、市委经济工作会议精神，回顾总结2005年工作，安排部署2006年工作。区委书记邓柯以《坚持以科学发展观统领全局，努力加快经济社会发展》为题作工作报告。

四、中共衡阳市石鼓区第二届委员会

二届一次全体（扩大）会议 2006年7月5日，中共石鼓区委二届一次全体（扩大）会议在区机关会堂召开，选举邓柯为书记，田奇、曹华友为副书记，选出区委常委13名。审议通过中国共产党石鼓区纪律检查委员会第一次全体会议选举结果的报告。

二届二次全体（扩大）会议暨经济工作会议 2007年3月6—7日，中共石鼓区委二届二次全体（扩大）会议暨经济工作会议在区机关会堂召开。会议的主要任务是传达贯彻中央、省委、市委经济工作会议精神，总结2006年经济工作，部署2007年经济工作。区委书记邓柯以《坚持以科学发展观统领全局，全力推动石鼓经济社会又快又好发展》为题作工作报告。

二届三次全体（扩大）会议暨区委经济工作会议 2008年2月28—29日，中共石鼓区委二届三次全体（扩大）会议暨区委经济工作会议在区机关会堂召开。会议明确2008年经济工作总体要求：

高举中国特色社会主义理论伟大旗帜，深入实施“南改北拓、城乡一体”发展思路，坚持一手抓经济发展，一手抓改善民生，强工旺商，加快社会主义新农村建设步伐，构建和谐社会，努力实现经济社会又好又快发展。会上对九项重点工作、优秀民营企业、抗冰救灾先进单位和先进个人进行表彰。

二届四次全体（扩大）会议暨区委经济工作会议 2009年2月13日，中共石鼓区委二届四次全体（扩大）会议暨区委经济工作会议在区机关会堂召开。会议的主要任务是传达贯彻中央、省委、市委经济工作会议精神，总结2008年经济工作，部署2009年经济工作。区委书记邓柯以《明确任务，狠抓落实，努力把经济社会发展各项工作落到实处》为题作工作报告，区长田奇对2009年工作进行部署。

二届六次全体（扩大）会议暨区委经济工作会议 2010年3月1日，中共石鼓区委二届六次全体（扩大）会议暨区委经济工作会议在区机关会议中心召开。会议的主要任务是传达贯彻中央、省委和市委经济工作会议精神，回顾总结2009年全区经济工作，分析当前形势和任务，部署2010年经济工作。衡阳市副厅级干部、石鼓区委书记邓柯以《切实加强党对经济工作的领导，力推石鼓经济社会又好又快发展》为题作工作报告。会上对2009年优秀民营企业、招商引资先进单位和引资功臣进行表彰。

二届七次全体（扩大）会议暨区委经济工作会议 2011年2月22日，中共石鼓区委二届七次全体（扩大）会议暨区委经济工作会议在区机关会议中心召开。区委书记田奇以《立足新起点，抢抓新机遇，争当衡阳科学发展排头兵》为题作工作报告，会议要求，全区各项工作要以“打造雁城商都、建设石鼓新城”为目标，坚持“民生引路、商贸引领、城市引力和项目引擎”，促进经济社会又好又快发展，争当科学发展的排头兵。

二届八次全体（扩大）会议 2011年5月11日，中共石鼓区委二届八次全体（扩大）会议在区机关会议中心召开。会议审议通过《关于召开中国共产党石鼓区第三次代表大会的决议》。区委书记田奇指出，必须严肃换届纪律，统筹推进当前各项工作，确保思想不散、秩序不乱、工作不停，要在换届选举中换出干劲、换出团结、换出成绩。

二届九次全体（扩大）会议 2011年6月28日，中共石鼓区委二届九次全体（扩大）会议在区委常委会议室召开。会议审议区委工作报告和区纪委工作报告；关于中共石鼓区委第三届区委、区纪委人事安排汇报；石鼓区出席市十届党代会代表候选人初步人选的说明。

五、中共衡阳市石鼓区第三届委员会

三届一次全体（扩大）会议 2011年7月2日，中共石鼓区委三届一次全体（扩大）会议在区机关会议中心召开，选举产生区委常委、区委副书记和区委书记。田奇（女，土家族）当选区委书记，周楚政、胡深源当选区委副书记，区委常委11名。

三届二次全体（扩大）会议暨区委经济工作会议 2012年2月14日，中共石鼓区委三届二次全体（扩大）会议暨区委经济工作会议在区机关会议中心召开。会议主题是贯彻落实中央、省委、市委经济工作会议和区第三次党代会精神，总结2011年工作，安排部署2012年任务。区委书记田奇以《争当排头兵，奋起图超越，开创石鼓经济社会发展新局面》为题作工作报告。

三届三次全体（扩大）会议 2012年6月16日，中共石鼓区委三届三次全体（扩大）会议在区政府336会议室召开，进行乡（镇街）党（工）委书记和区直部门党组（单位）书记履行基层党建工作责任双述双评。

三届四次全体（扩大）会议 2013年2月22日，中共石鼓区委三届四次全体（扩大）会议在区政府336会议室召开。会议主题是贯彻落实中央、省委、市委经济工作会议精神，总结2012年工作，安排部署2013年任务。区委书记田奇以《认清形势，坚定信心，为在全市率先全面建成小康社会而努力奋斗》为题作工作报告。

三届五次全体（扩大）会议 2013年6月25日，中共石鼓区委三届五次全体（扩大）会议在区政府336会议室召开。会议主要任务是落实党的十八大精神和上级“三级联述联评联考”工作要求，进行全区各乡（街）党（工）委、区直各部门党组（党委）书记履行基层党建责任“双述双评”。

三届六次全委（扩大）会议 2013年7月22日，中共石鼓区委三届六次全委（扩大）会议在区政府336会议室召开。会议主题是学习中共十八大后习近平总书记系列重要讲话精神，传达省委十届七次全委（扩大）会议、市委十届四次全委（扩大）会议精神，安排部署加快石鼓区全面建成小康社会工作。

三届七次全体（扩大）会议 2014年9月1日，中共石鼓区委三届七次全体（扩大）会议在区政府336会议室召开。会议审议通过《关于撤销曹华友区委委员职务的决定》和《关于递补邓初中等3名区委候补委员为区委委员的决定》，区委书记陈竞传达省委十届十次全会、市委十届五次全会精神，报告区委三届六次全会后区委常委会工作，并安排部署下阶段抓项目、促改革、调结构、惠民生、强党建五方面的重点工作。

三届八次全体（扩大）会议暨区委经济工作会议 2015年1月22日，中共石鼓区委三届八次全体（扩大）会议暨区委经济工作会议在区政府336会议室召开。会议主题是贯彻落实中央、省委、市委经济工作会议精神，总结2014年经济工作，安排2015年经济工作，动员全区上下进一步统一思想、坚定信心，适应新常态、抢抓新机遇，推进新跨越、实现新发展。区委书记杨龙金以《适应新常态实现新发展为推进石鼓新跨越实现全面小康梦而努力奋斗》为题作讲话。

三届十次全体（扩大）会议 2016年2月28日，中共石鼓区委三届十次全体（扩大）会议召开。会议回顾总结2015年工作，对2016年全区基层党建工作进行安排部署。会议还对省委巡视组反馈意见的整改、重大项目建设、安全生产、信访、生育服务、文明创建、区乡换届、招商引资等工作进行安排部署。

六、中共衡阳市石鼓区第四届委员会

四届一次全体（扩大）会议 2016年8月31日，中共石鼓区委四届一次全体（扩大）会议召开，选举产生第四届区委常委委员和书记、副书记，杨龙金满票当选为区委书记，刘浪、肖立建当选为区委副书记，选出区委常委11人。

四届二次全体（扩大）会议 2017年9月12日，石鼓区委四届二次全体（扩大）会议召开。会议听取2016年党风廉政建设以及党建工作报告，审议通过《中共石鼓区委全委会工作规则》《中共石鼓区委常委会自身建设意见（审议稿）》。

四届五次全体（扩大）会议 2017年12月18日，石鼓区委四届五次全体（扩大）会议召开。会议听取和讨论区委常委会工作报告，审议通过《中共石鼓区委关于深入学习贯彻党的十九大精神，加快建设“湘南地区最具活力的商贸文化中心”的意见》。

四届六次全体（扩大）会议 2018年7月31日，中共石鼓区委四届六次全体（扩大）会议召开。会议主题是总结2017年工作，安排部署下半年工作。区委书记唐浩然作工作报告并讲话；区委常委、组织部部长叶强宣读石鼓区“新时代新担当新作为”先进典型的表彰决定；区委常委、常务副区长曾梦龙作上半年经济形势和重点项目建设情况的报告；副区长汪衡湘作脱贫攻坚工作的报告；副区长王砺作蓝天保卫战工作的报告。

第三节 区委常委会会议

1996—2000 年，区委共召开 139 次常委会会议，研究经济发展、组织、宣传、统战、政法、维稳、纪委、教育、计生、群众团体、反邪教、人口普查、企业改制等工作，审议出台《衡阳市城北区城市居民最低生活保障制度实施意见》等文件。

2001—2005 年，区委共召开 130 次常委会会议，研究组织、宣传、统战、政法、医改、财政、区机关搬迁、政府机构改革、区街机构改革、居委会体制改革、人大与政协换届、保持共产党员先进性教育活动、副处以上领导“三大代表”重要思想轮训等工作，审议出台《区政府机构改革工作方案》等文件。

2006—2010 年，区委共召开 90 次常委会会议，研究组织、宣传、统战、政法、社会主义新农村建设、党风廉政建设、安全生产、乡人大与乡政府换届、城市建设管理、深入学习实践科学发展观活动、基层党组织和党员中开展争先创优活动、松木工业园成立街道办事处等工作，审议出台《关于退休干部职工及社区居委会工作人员意见》《关于科学规范和有效监督县市区委书记用人试点工作方案》等文件。

2011—2015 年，区委共召开 107 次常委会会议，研究组织、宣传、统战、政法、反腐倡廉、作风建设、农村党风廉政建设、规范区属学校班子管理、法制石鼓建设及“六五”普法、规范津补贴、“409”案、党的群众路线教育实践活动、城乡环境同治、政府职能转变和机构改革事项等工作，审议出台《关于加快扶持楼宇经济发展的实施意见》《关于控制违法建设工作“四个一律免职”的规定》《石鼓区改善办公条件，推进教育均衡发展工作方案》等文件。

2016—2018 年，区委共召开 79 次常委会会议，研究组织、宣传、统战、政法、党风廉政建设和反腐败、区划调整合村、乡党委换届、“江山花苑”团购房有关事项及文明创建、“两学一做”（即学党章党规、学系列讲话、做合格党员）学习教育、社会治安防控体系建设、县乡领导班子换届、社区“三清三建”（即清理“牛皮癣”、清扫废弃物、清除违章建筑和非法广告；建路、建园、建绿）、环境保护、精准扶贫、安全生产、脱贫攻坚、扫黑除恶专项斗争、教育等工作，审议出台《中共石鼓区委关于坚决维护党中央集中统一领导的规定》《石鼓区乡村旅游工作三年计划》等文件。

第三章　决策纪要与巡视巡察

第一节　决策纪要

一、推进区街企业改革

1997年上半年，城北区委、区政府作出《关于加快区街企业发展的决定》，对企业的经营机制、用人机制等8个问题，作出明确规定。并继续在市工具厂进行股份合作制改造，在市三橡胶厂实行内部配套改革，对三家资不抵债的企业依法实施破产，而后开展生产自救，取得较好成效。至1998年，区街直属的27家企业中有24家企业进行不同形式的改制。2000年，以产权制度改革为重点，进一步深化区街企业改革。是年，区委成立产权制度改革领导小组，召开全区工交企业改制工作会议，出台《城北区区街企业改制工作方案》，从实际出发，采取一厂一策、一厂多策等办法，积极稳妥地推进区街企业的改革。通过改制，区街企业的生产有所好转，2001年上半年，完成工业总产值3514.5万元，比2000年同期增长7.67%，产销率达99.5%。行政区划调整后，区委、区政府继续探索改革模式，积极推行政策性破产重组，承债式收购、管理层购买、股份制经营等方式，帮助企业盘活资产，确保企业改制顺利推进。2002年，湖南中大高科成功整体兼并起重电器制造公司。2003年，离合器厂、工具厂、工业供销公司等13家区街工业企业全部改制。2006年，全区25家区属企业完成改制24家，是年7月底，全区最大的区属企业——市三橡胶厂依法完成破产程序。2008年，区属企业共盘活资产4322万元，置换职工身份1852人，其中1799名职工加入了社保。通过改制，全区工业成功实现了转型。改革后，辖区工业项目中，初步形成以建滔集团、湘澧化工（后改称新澧化工）、骏杰化工、锦轩化工4个企业为主体的盐化工和精细化工产业；以中大高科、金衡稀土、博邦纳米、共创生物等7个企业为主体的新材料产业；以天雁公司、振洋汽配、广兴汽配3个企业为主体的汽车配件产业；以共创医疗器械、金一帆制药设备2个企业为主体的医疗器械产业。在抓区街委工业企业改制的基础上，区委、区政府转变思路，努力发展民营企业。2008年，全区民营工业企业总数达345家，实现工业总产值11.36亿元。至2018年，全区民营企业实现向高新化、可持续化发展的转变，形成燃气生产和供应业、汽车配件制造业、电气机械和器材制造业、非金属矿物制品业4大支柱产业。是年，完成规模工业总产值20.20亿元。

二、发展商贸服务业

作为衡阳市的老城区，境内商贸业十分繁华。历届区委、区政府高度重视商贸服务业，引导和支持民营经济在商贸领域的发展。1996年后，衡阳市掀起学习张家港、创建文明城市高潮，逐步拆迁马路市场。区委、区政府抓住机遇，大力发展生活超市和综合市场，香江百货有限责任公司在境内湘江北路、中山北路、蒸湘北路、古汉大道地段连续发展4家连锁超市，金园房地产开发有限公司开发和平北路地段建起金鹏生活超市，百信八仓行在船山路开业。2000年，区委、区政府认真贯彻“民营活市”的发展思路，实施“五名”（名街、名店、名市、名厂、名人）战略，加快商贸服务业发展步伐。形成人民路的饮食、和平北路的服装、环城北路的家电、蒸阳北路的建材、船山东路的家具等特色街区。2001年5月，区划调整以来，石鼓区委、区政府继续确立民营经济在区域经济中的主体地位，采取多种形式，继续促进民营经济在商贸服务领域的发展，积极运作市场资金相继建设华源装饰材料市场、中湘五金机电市场、永兴家俱博览中心、五一副食品批发大市场等四大专业市场。2005年，成功引进国美电器、步步高来区发展。2006年7月，石鼓区第二次党代会提出，不断壮大现代服务业，打造特色商业街，做大专业市场群，大力引进仓储、物流等现代服务业企业。2008年，全区商业流通企业及经营户达7603家，其上缴税金占据全区财政收入的一半以上。2011年，石鼓区委、区政府在制定《石鼓区国民经济和社会发展第十二个五年规划纲要》明确提出，“建设商贸服务领先区”，大力发展现代服务业。

2012年，区委、区政府着力发展楼宇经济、总部经济，建成中建衡阳中心、西湖广场等新商务楼、写字楼13处。2013年，衡阳市建市以来最大的商贸物流项目、投资120亿元的华耀城项目在区内开工建设。2015年，国信证券、农银人寿、合众保险等知名企业，华融湘江银行总部、顺丰速递湘南总部、深圳创维电子有限公司衡阳分公司等18家知名企业在区内注册。2016年7月，石鼓区第四次党代会报告指出，加快推进经济结构性改革，实施服务业倍增计划，大力发展现代服务业、文化旅游业，提质改造传统商贸业，打造新的经济增长点。借助现代服务业示范集聚区平台，以城聚商、以商建城，促进“大众创业、万众创新”，建设一批辐射力强的城市商业综合体。

2018年1月，区委经济工作会议指出，紧扣“湘南地区最具活力的商贸文化中心”战略目标，坚持现代服务业产业主攻方向，做强商贸服务业，支持华耀城、来雁欣城、崇盛国际中心、中亿汽贸城做大做强，努力形成一批在湘南地区有较大影响力的商贸物流中心、金融商务服务中心、新生活体验中心、汽贸汽配中心。大力发展楼宇经济、总部经济，提质改造传统商圈，引导鼓励华源、万居、中湘专业市场开办网上商城，推动线上线下融合发展。

三、抓好“三农”工作

2001年5月，行政区划调整后，境内始有农业，辖2个乡、3个涉农街道、28个行政村、1.22万户农业户、4.25万名农业人口。区委、区政府及时调整工作思路，加强对农业农村工作的领导，对农业结构进行调整，坚持以市场为导向，以城区为依托，突出发展果蔬、畜禽渔业、花卉苗木和服务城市居民的农产品，大力发展新型高效都市农业。2002年以来，区委、区政府注重加强农村基本设施建设，改善农村生产生活条件。是年，衡角公路全线改造工程竣工通车。2004年，区委、区政府认真落实中央1号文件精神，在全市率先取消农业特产税和农业税，农民人均负担核减到28.65元。截至2006年，农民的各项税费负担全部免除。按照中央、省、市指示精神，2006年，区委、区政府在境内全民开展社会主义新农村建设活动。区委成立以区委主要领导任组长的社会主义新农村建设领导小组，负责统筹调度新农村建设工作。区委常委5次召开会议进行专题研究和部署。是年，全区确立松木村、朝阳村、友爱村、三星村4个作为新农村建设示范村建设点。2006—2011年，区委、区政府坚持实施“南改北拓，城乡一体”发展战略，统筹城乡发展，全区新农村建设深入推进，农村基础设施日益完善，产业布局日趋合理，乡风文明程度不断提高，城乡差距缩小。其间，乐富蔬菜基地、领军农业等一批特色种植休闲农业项目相继建成。2012年，区委召开全区城乡环境同治动员大会，推进以“治脏、治乱、治差”为重点的环境整治行动。2013年，区委、区政府出台了支持和引导“四个农业”（都市农业、规模农业、休闲农业、品牌农业）发展的意见，大力扶持和发展都市农业。2015年，区委、区政府出台《石鼓区农村房屋“穿衣戴帽”改造提质工程实施方案》，要求落实一村一方案，彰显一村一特色，进一步改善农村人居环境，大力发展乡村旅游，建设美丽乡村。2016年，石鼓区第四次党代会提出加快美丽乡村建设、文明村镇建设，发展乡村旅游。2017年，区委、区政府启动近20公里的乡村旅游环线公路建设。2018年，区委出台《石鼓区乡村振兴战略实施方案（2018—2020年规划纲要）》，要求做强农业产业，壮大新型产业，建立市场主体与贫困户利益链接机制，帮助贫困户尽早脱贫致富。

四、突出城建城管工作

1996年5月下旬，区委、区政府传达贯彻市委、市政府关于掀起学习张家港、加强城市管理工作会议精神，组织区四大机关领导和街道党政领导、相关职能部门20余人专程赴张家港学习参观。6月，境内掀起学张家港活动热潮，对城市环境脏乱差问题进行重点整治。按照市里要求，全区24条主次干道实施综合统一管理，全部配备路段长，路段长由市、区党政机关干部担任，对整个路段的建设、城管、环卫、交通等方面进行统一监管和调度。1997年，区委将城市管理工作列为优先考虑的重点工作来抓。是年，城北区以抓好环境卫生为切入点，坚持全天候清扫保洁作业，狠抓居民生活环境质量的提高。1999年，区委、区政府对区内城管体制进行改革，进一步理顺工作关系。2000年，区委、区政府抓住创建文明卫生城市这一主线，紧紧围绕“坚持标准、强化管理、规范行为、塑造形象”工作思路，切实加大工作力度，充分发挥城区的综合协调职能，确保全区城管工作在三城区领先的局面。2001年5月，全市城区行政区划调整，城北区更名为石鼓区。城区职能变化和管理权限相应扩大，管辖范围由城北区的13.7平方千米扩大到112平方千米。

2002年10月，石鼓区第一次党代会召开。会议提出按照全市总体规划修编和全区“一二三”（“拉通一线”即蒸阳北路延伸工程；“突出两翼”即东翼的五一大市场和西翼的湖南雁城大市场、衡阳农产品大市场；“建设三区”即区党政机关办公区、高等级住宅休闲区、新兴工业园区）计划的要求，不断扩大城区规模，完善城市功能，提升城市品位。2003—2006年，全区城市骨架拉开。相继建成望城路、化工路、衡大高速，启动实施新机关大院、雁栖湖综合开发项目。完成南部老城区44条背街小巷及4条城市主干道改造，新建石鼓书院广场、莲湖广场等标志性城建项目。城市管理方面，取缔荷池路、易赖街、玉环巷、沿江北路等马路市场，突出蒸水河以南12条城市主次干道的管理，开展拆违、拆网等专项整治行动。2006年7月，石鼓区第二次党代会指出，坚定不移实施“南改北拓、城乡一体”发展思路，加快北拓步伐，继续拉开城市骨架，促成北二环、蒸阳北路北延工程、蒸湘北路北延工程的建设，加快衡邵高速项目的实施；推进老城改造，提高管理水平。2007—2011年，区委持续推进蒸水河以北基础设施建设，相继建成新区治大院、雁栖大桥、蔡伦大道北段，改造草桥、拓宽蒸水桥，全区南北联动发展通道打开。在蒸水以南，推进“四场一厕”建设，其间累计完成68座公厕、11个农贸市场、3个停车场的改造提质。突出对主次干道夜市、流动摊担及背街小巷的管理，完成解放路、蒸阳北路等主要路段及湘江沿岸的亮化工程建设。

2011年，区委、区政府召开城市管理体制改革工作会议，本着“属地管理、重心下移”原则，实行城管工作下街道工作机制，成立区城管执法分局，职能划归新成立石鼓区住房和城乡建设局。各街道撤销城管办（股），成立街道城管执法大队。是年6月，石鼓区第三次党代会会议召开。会议指出，深入推进“南改北拓、城乡一体”发展战略，依托优越的地理位置、便利的水陆交通、深厚的文化底蕴、传统的商贸优势，大力推进新型城市化，发展现代服务业务，唱响打造雁城商都，建设石鼓新城的主旋律，再造一个新石鼓。

2014 年 1 月召开的区委经济工作会议提出，实施“南优北拓、东兴西聚”战略，实现由“蔓延式”发展向“组团式”发展转变，坚持基础设施建设、土地开发与产业引进培育同步谋划，连贯实施，形成统一规划、基础先行、项目跟进、产业联动的良性发展局面。大力开展“城乡环境同治”行动，加强生态文明建设，深入推进文明城市创建活动，提升城乡居民文明素质。至 2016 年初，蒸阳北路延伸、蒸湘北路延伸、107 国道拓宽、二环路、雅士林大桥、长丰大道、凤凰大道、怀邵衡铁路等城市北拓的路网基本成型，耀江花苑、雅士林欣城、鸿豪城、珠江帝景山庄、柏石公寓建成为高端生态宜居新区。

2016 年，区委出台《石鼓区城市管理“三清三建”专项整治行动及样板社区创建工作方案》和《石鼓区全面推进社区“三清三建”工作总体方案》，明确在青山街道牛角巷、西湖一村两个社区开展“三清三建”样板社区创建工作，打造市级文明示范社区，为创建全国文明城市打下基础。是年 7 月，石鼓区第四次党代会报告提出，围绕“骨骼强、血脉畅、气质美、活力足”下功夫，走集约节约可持续的城市发展道路，努力建设人民满意的现代化城区。2018 年，区委经济工作会议提出，改造中心基础设施建设，加快推进蒸水以北路网周边的水、电、气、讯、网等配套设施建设；提高城市管理服务水平，开展第二轮全国文明城市创建工作。

第二节　巡视巡察

一、巡察部署

2017—2018 年，区委先后召开 9 次常委会会议、1 次区委中心组理论专题学习会、1 次党政联席会，学习关于上级巡视巡察工作的指示精神，研究落实措施；6 次召开区委“五人小组”会、区委巡察工作领导小组会议，研究配备巡察组组长、副组长、听取各轮巡察工作情况汇报、提出处理意见和整改要求。

二、巡察监督

2017—2018 年，区委共进行 4 轮常规巡察和 1 轮专项巡察，对 20 个单位党组织开展常规巡察，对 17 个扶贫工作行业部门、5 个镇街开展扶贫领域作风问题专项巡察，共发现问题 511 条，向区纪委、监委移送线索 30 条，向相关部门移送问题 15 条。追回各类资金 229 万余元，立案查处 19 人，督促建章立制 93 项。接受市委脱贫攻坚专项巡察，督促落实边巡边改问题 12 条。

2018 年 3—5 月，四届区委对区安监局、区环卫局、五一街道、五一路小学、石鼓医院进行第三轮巡察。7—8 月，对 17 个扶贫工作行业部门、5 个镇街开展扶贫领域作风问题专项巡察。8—10 月，根据市委巡察办安排部署，联动县市区进行交叉巡察，由南岳区委巡察组对市公安局石鼓分局进行巡察，石鼓区委派出巡察组对常宁市公安局进行巡察；同时组建 3 个巡察组开展四届区委第三轮常规巡察，对区司法局、区妇联、区政务服务中心、区商务局、区移民安置办、团区委、区发改科技局、区法制办、区科协进行巡察。

三、成果运用

针对巡察发现的党建共性问题，区委巡查工作领导小组办公室建议组织部门加强述职评议、典型示范引领、党建结对共建、抓实工作细节、分类精准培训；针对巡察发现的涉农资金监管问题，建议区审计局开展涉农资金专项审计。2018 年 5 月，区委巡察办和区人社局组成“机关事业单位‘吃空饷’、在编不在岗、临聘人员清理”督查组，分两个组对全区单位同时进行督查，对 7 名在编不在岗人员采取返岗和辞退两种方式进行处置，88 名临聘人员中，辞退 6 名，82 名按管理办法申请续聘。针对区某局 1 名人员在借调期间涉嫌违法问题，区委对该局党组进行通报批评，并责令作出书面检查。针对被巡察单位整改超时、整改措施针对性不强等问题，区委巡察工作领导小组主要领导对 2 个被巡察单位党组负责人进行提醒谈话。

四、机　构

石鼓区委巡查工作领导小组办公室成立于 2017 年 4 月 21 日，是中共石鼓区委巡察工作领导小组日常办事机构。2018 年 3 月，设立区委巡察组 2 个，根据区委巡察授权，对区内党组织进行巡察全覆盖。2018 年末，巡察办内设综合室、督察室和联络室。

2017—2018 年中共石鼓区委巡察办（组）领导一览表

表 2-3-1

姓名	职务	任职时间	姓名	职务	任职时间
王小果	区委巡察办主任	2017. 4—	谭　华	区委巡察组组长	2018. 3—
刘芯君(女)	区委巡察办副主任	2017. 4—	唐小红(女)	区委巡察组副组长	2018. 3—
刘雪梅(女)	区委巡察组组长	2018. 3—	杨　华	区委巡察组副组长	2018. 3—

第四章　纪检监察

第一节　党风党纪教育

1996 年，区纪委自办《城北纪检监察》7 期，宣传先进事例 8 个，通报案件 1 起。1997—1998 年，全区各级党组织上党性教育专题课 27 课时，受教育人数达 621 人。1999 年，全区深入开展“三讲”（讲学习、讲政治、讲正气）教育，开展“一案一说”活动，组织党员干部观看《中国共产党纪律处分条例》系列教育片和《失职渎职大透视》《铁窗下的忏悔》等电教片。

2000—2005 年，区纪委开展“办好一个专栏、学好一本书、开展一次评选‘廉内助’活动、办好一个班、宣传一批典型”的“五个一”活动。

2007—2008 年，区委组织全区党员干部重点学习“勤政廉政，富民强省”优秀领导干部先进事迹，组织开展大讨论。

2009 年，区委开展“做党的忠诚卫士，当群众的贴心人”主题教育实践活动，两次召开党风廉政建设现场经验交流会，并开展“学习实践科学发展观，推进反腐倡廉建设”征文活动。

2011 年，全区组织观看警示教育片《权力之殇》《我是花下肥泥巴》《老百姓是天》，组织财政和人社干部到雁北监狱接受警示教育。是年，区纪委以庆祝建党 90 周年为契机，举办廉政文化图片展。

2013—2015 年，重点整治“四风”（指形式主义、官僚主义、享乐主义、奢靡之风）突出问题和“为官不为”问题，下发《石鼓区国家公职人员“为官不为”问责办法》。其间，参加衡阳市“清风衡阳”廉政文艺会演，原创歌舞《纪检监察党的卫士》获一等奖。

2016 年，区委组织 1200 余名党员进行党内法规知识闭卷考试。

2018 年，区纪委开展“纠‘四风’、治陋习、树新风”专项整治活动，立案 18 起，处分处理 40 人。

第二节　廉政建设

1998—2000 年，区纪委重点开展“反腐治奢，艰苦奋斗”主题教育。

2001—2004 年，区纪委着重查处贪污、挪用公款、严重违反财经纪律等案件，治理奢侈浪费现象，狠刹打牌赌博歪风。

2005—2010 年，区委举办系列学习宣传教育活动，组织参加“红船杯”党章知识竞赛，组织学习“勤政廉政，富民强省”优秀领导事迹，开展“5+X”反腐倡廉制度执行情况专项检查。2010 年，区纪委举办“学廉政准则，讲廉政故事”演讲比赛，选送的廉政漫画《没有进路》获市一等奖。

2011—2014 年，区纪委举办《农村基层干部廉洁履职若干规定》培训班 31 期次，印发学习资料

6500余份，培训农村基层干部789人次。其间，编印《一把手廉政常识应知应会手册》，印发《关于科级及以上干部上缴红包礼金的通知》《关于国家工作人员操办婚丧喜庆事宜的暂行规定》。

2017年，区纪委开展廉政文化“六进六创”（六进指进机关、进社区、进家庭、进学校、进企业、进农村；六创指创廉政机关、廉政社区、廉政家庭、廉政学校、廉政企业、廉政乡村）活动，在全市率先开展十佳“廉内助”评选活动，开展警示教育7批次，编发警示教育读本2.2万余册，拍摄微电影《问责风暴唤醒责任意识》，在雁北监狱建立“石鼓区廉政警示教育基地”。

2018年，区纪委牵头制定《石鼓区脱贫攻坚责任追究暂行办法》，在区综治中心设立举报窗口，查办扶贫领域案件37件，处分处理52人次。

第三节　案件查处

1996—1999年，城北区累计立案14起，追究党纪政纪责任19人，挽回经济损失3.9万元。

2000—2006年，全区查处案件32件，查处违纪人员28人，挽回经济损失22.87万元；查处教育乱收费行为4起，清退乱收费10688元。2007—2011年，全区查处案件32件，查处违纪人员32人，挽回经济损失14.48万元。

党的十八大以来，区委坚持党要管党、全面从严治党，采取有效措施，坚持“老虎”“苍蝇”一起打，不断加大办案工作力度，始终保持惩治腐败高压态势。2012年，查处案件16件，查处人员16人，挽回经济损失72.35万元。2013年，查处案件7件，查处人员7人，挽回经济损失94万元。2014年，查处案件23件，查处人员23人，挽回经济损失5.60万元。指导乡街纪（工）委办案13件，查处人员13人。“‘加减乘除’助推乡街办案新跨越”被评为全市纪检监察特色工作。2015年，查处案件32件，查处人员32人，挽回经济损失23.46万元。2016年，查处案件37件，查处人员37人，追缴违纪金80余万元。

2017年，区纪委查处案件85件，查处人员85人，重点查处某村“两委”换届拉票助选案，处分处理31人，并在全区45个村（社区）开展警示教育；整治“乱烂差”村，核实问题39起，立案查处8人，移送司法15人，责令向村民退回“雁过拔毛”资金91.50万元；在脱贫攻坚、环境保护、信访等中心工作中问责党员干部165人，给予党政纪处分67人。2018年，全区纪检监察组织共立案79件，其中政务立案17件，给予党纪政务处分71人，移送起诉5人，收缴违纪违法款物636.21万元，处理党员干部218人次。

第四节　行政监察

1996—2000年，区监察局对区计生委流动人口管理的罚没款情况、小学双向收费情况、全区婚姻登记收费情况进行执法检查，对学校和计生部门的“三乱”（指乱办班、乱收费、乱罚款）行为进行重点整治。

2001—2002年，区监察机关重点对建筑市场，医药市场、低保社保等领域开展行政监察，突出检查行政执法和收支两条线执行情况，并牵头开展计划生育违法违纪案件清查工作。2003年，区监察机关对6个街道2001年后的财务情况进行检查，检查金额1357.97万元，对监察中发现的违规行为进行及时处理。

2006—2009 年，区监察机关狠抓投资案件的查办力度，共接待受理投诉案件 3 起，及时查处 1 起学校乱收赞助费行为，并对学校负责人进行诫勉谈话；开展农资打假行动，挽回农民经济损失 8 万余元；对 15 家医疗机构违规行为进行查处，罚款 2 万元；开展新型农村合作医疗基金专项检查，查处角山乡卫生院违规报销农合资金案；对 2009 年国家投资项目进行专项稽查，调整 20 个优化经济发展环境测评点，制定优化重点工程建设环境的 10 条措施。

2010 年，区规范权力运行制度建设工作领导小组成立，并在区直有关单位开展专项效能监察和重要岗位效能监督，清理并取消相关职能部门行政许可和行政审批项目 3 个。

2011 年，区优化经济发展环境领导小组成立，全年全区共有 80 次涉企检查到区优化经济发展环境领导小组办公室进行备案。是年，区优化经济发展环境领导小组办公室共办结市行政效能投诉中心交办函 3 件、区本级投诉件 4 起，办结率 100%。

2012 年，区监察机关走访辖区 30 家民营企业，发放优化经济发展环境调查表 30 份，办理企业、群众投诉 4 起。2013 年，全区开展“发展环境优化年”活动，区监察机关重点围绕优化经济发展环境开展执法监察工作，通过加强对优化经济发展的监督检查，促进全区各级行政职能部门依法行政。是年，查处 2 起机关效能和损害经济发展环境方面的典型案件。

2014—2016 年，区纪检监察机关深入开展党员干部“为官不为”、公职人员违规经商办企业、重点工程财务、村级财务管理、“小金库”清理、“纠四风”“治陋习”等专项整治，引导广大党员干部知敬畏、明底线、守规矩。

2017 年，区纪检监察机关介入中央环保督察组交办的突出环保问题，对工作不力的 35 名工作人员实行问责，给予党纪处分 5 人、行政处分 10 人、组织处理 19 人。2018 年，区委高效推进国家监察体制改革试点工作，区监察委员会挂牌当天立案 5 件，其中政务立案 1 件，并在最短时间核实、审理，移送司法机关公诉、宣判，成为衡阳市监委系统政务立案第一案。

第五章　组织建设

第一节　党员发展与教育

一、党员发展

1996—2000年，区委严格遵循党章规定，贯彻落实“坚持标准、保证质量、改善结构、慎重发展”的方针，做到“成熟一个、发展一个”，注重在生产一线和知识分子中发展党员，其间，累计发展党员203名。

从2001年开始，全区相继实行发展党员公示制、上级党委组织部门预审制和责任追究制，有效地保证新党员的质量和党组织的战斗力。

2010年，全区党员发展实行“两推一评”（党员联名推、群团组织推，党支部会议评定）制度，实施“432”工程，即在村和社区中发展40名年轻党员，在全区发展30名妇女党员、发展20名民营企业党员，提高农村党员、妇女党员和民营企业党员的比例，改善石鼓区党员结构，是年发展党员90名。

2014年，全区执行新修订的《中国共产党发展党员工作细则》，党员发展严格贯彻落实“控制总量、优化结构、提高质量、发挥作用”新方针，是年发展党员88名。2018年，进一步提高发展党员的质量，通过落实政治审查制度，制定《石鼓区发展党员政治审查不合格清单》，强化基层党（工）委在党员发展工作中的领导把关作用，制定专项计划。是年，发展党员83名。

二、党员结构和分布

1996年，全区有党员1653名。其中男性党员1437人，占党员总数的87%；女性党员216人，占党员总数的13%；大专以上文化的党员319人，占党员总数的19.3%；45岁以下的党员748人，占党员总数的45.3%；46岁以上党员905人，占党员总数的54.7%。

2001年，全区有党员3088名。其中男性党员2475人，占党员总数的80.1%；女性党员613人，占党员总数的19.9%；大专以上文化的党员567人，占党员总数的18.3%；45岁以下的党员1272人，占党员总数的41.2%；46岁以上党员1816人，占党员总数的58.8%。

2011年，全区有党员6233名。其中，正式党员6107名、预备党员126名；男性党员4490人，占党员总数的72%；女性党员1743名，占党员总数的28%，女性党员占党员总数的比例较2001年提高8.1个百分点；少数民族党员23名；35岁以下党员1090人，占党员总数的17.5%；36~60岁党员2810人，占党员总数的45%；60岁以上2333人，占党员总数的37.%；大专以上文化的党员2237人，占党员总数的35.8%；工人党员2028人，农民党员1042人，工人、农民党员数占全区党员总数的49.2%。

2018年，全区有党员7697名。其中，正式党员7611名，预备党员86名；男党员5088人，女党员2609名，女性党员占党员总数的33.9%，比2001年女性党员占党员总数的19.9%，提高14个百分点，比2011年女性党员占党员总数的28%，提高5.9个百分点；少数民族党员41名；35岁以下的党员1467人，占党员总数的19%；36~60岁党员2786人，占党员总数的36.2%；60岁以上党员3444人，占党员总数的44.7%；大专以上文化的党员3267人，占党员总数的42.4%；比2011年提高6.6个百分点；从所从事的职业看，工人2042人，农民1229人，工人、农民占全区党员总数的42.4%。

1996—2018年石鼓区（城北区）中共地方党组织和党员基本情况表

表2-5-1

年份	党组织（个）			党员（人）		年份	党组织（个）			党员（人）	
	党委（工委、党组）	总支	支部	党员	其中预备党员		党委（工委、党组）	总支	支部	党员	其中预备党员
1996	12	1	114	1653	—	2008	19	2	195	5612	—
1997	12	1	118	1599	—	2009	21	2	195	5778	—
1998	12	1	118	1653	—	2010	13	2	185	5824	104
1999	12	1	113	1663	—	2011	17	2	203	6233	126
2000	13	1	156	1691	—	2012	—	—	316	—	—
2001	14	2	177	3088	—	2013	14	—	259	6236	—
2002	16	2	178	3252	—	2014	—	—	—	6800	92
2003	16	1	190	3349	—	2015	14	—	215	6956	69
2004	16	1	195	3809	—	2016	15	—	154	6962	75
2005	17	1	201	3968	—	2017	15	50	299	7458	79
2006	19	2	188	4945	—	2018	14	52	311	7697	86
2007	20	2	195	5385	—	—	—	—	—	—	—

三、党员教育管理

1996年，区委根据党章规定和上级部署要求，采取选训与轮训、长训与短训、请进来讲课与拉出去学习相结合等方式，提高党员综合素质。1997年，全区开展“学理论、学党章、学业务、读书年”活动，采取知识问卷、抢答赛、集中授课、看电教片等方式，加强党员干部理论学习。1998年，区委建立目标管理责任制，对全区所有党组织实行目标管理，量化指标，明确任务，并签订责任状。

1999—2000年，先后为全区3000多名党员下发《党课教材》《三讲教育学习资料》等理论学习资料12000册。2001年，全区开展“三个代表”重要思想学习教育，全区56个学教单位1300多名党员参加学教活动。2004年，松木乡毬木村、建新村，角山乡杨泗村，合江街道友爱村4个现代远程教育终端接收站建成。是年，4个远程教育站累计培训党员200余人。2005年，全区开展以实践“三个代表”重要思想为主要内容的保持共产党员先进性教育活动。2007年，全区利用远程教育站点开展系统培训130余场次，300余名党员参训。2008—2009年，全区各级党组织加强对流动党员的教育管理，对所属党员外出三个月以上的实行情况跟踪制度。2010—2012年，开展以创建先进基层党组织、争当优秀共产党员为主要内容的创先争优活动，全区198个党组织、6000余名党员参加。

2013年，全区开展在职党员“到社区报到、到家门口服务”活动，引导广大在职党员“八小时之内工作在单位，八小时之外奉献在社区”。是年，全区共有1416名党员到社区报到，与社区工作人员一道服务居民，主动亮身份、亮承诺、亮作为。2014年，全区开展处置不合格党员工作，区委选择9个基层党组织为处置不合格党员试点单位。是年，认定不合格党员3人，处置3人，其中限期整改2人、劝退或除名1人。2015年，区委建立无职党员设岗定责、在职党员社区报到、党员结对帮扶困难群众等党员发挥作用的长效机制。是年，各级党员参与调解纠纷900余次，帮扶群众5000余人，办实事2800余件。

2016年，全区党员严格落实“五个日子”（即党费收缴日、集中学习日、志愿服务日、组织生活日、一个工作日）制度。

2018年，区委严格落实《从严监督管理党员干部的十项措施》，全区领导干部上门家访450余人次，谈心谈话800余人次，审阅公职人员体检报告1000余份，备案审查区管干部因私出国（境）25人次。清退因工作等原因在企业兼职领导干部15人。

第二节　基层组织建设

一、基层组织状况

1998年，全区基层组织有12个党委、1个党总支、119个党支部。2005年，全区基层党组织发展到219个，其中基层党委17个、党总支1个、党支部201个、党组9个。

2011年，全区有基层党委17个、党组12个、党总支2个、党支部203个。

2013年，全区基层党组织274个，其中乡（街道）党工委8个，教育、卫生、区直、非公组织4个系统党委和环卫局、公安分局2个党委，城管独立支部，村（管理处）党支部25个，社区党支部45个，学校党支部16个，机关党支部68个（含派出所支部、离退休支部），7个医院支部，96个企业党组织，2个流动党员支部。

2018年底，全区基层党组织为377个，其中基层党委14个、党总支52个、党支部311个。

二、组织建设

1996年，全区开展“创建红旗党支部，争做模范共产党员”活动，各级党组织纷纷以活动加强基层组织建设。

2000年，全区各街道实施“1337”工程（即一个居委会建立1个党支部；居委会办公用房不少于30平方米，居委会人员配备3人；7000元的经费落实到位），在条件成熟的57个居委会建立党支部。2001年，全区成立6家非公有制经济组织党组织。2003年，区委明确由区经贸发展局党委统一领导和协调非公有制经济领域党建工作，成立7家非公有制经济组织党组织。是年4月，王一集团成为全市第一家成立党委的非公有制经济组织。

2005年，深入开展区、乡、村“三级联创”工作，进一步加强农村基层党组织建设。2006年，合江街道成立企业党总支，专门管理江雁机械厂改制转入石鼓区的900多名党员。

2007年，全区新成立11个“两新”党组织。开展非公有制企业党群组织“百日大组建”活动，通过100天的努力，采取单独组建、区域联建、派员组建、挂靠组建、行业统建等方式，在全区新建非公有制企业党组织、工会组织、共青团组织、妇女组织各68家，实现“三个全覆盖”，即有党员的非公有制企业党组织覆盖率100%，从业人员50人以上的企业党员覆盖率100%，所有的非公有制企业党的工作覆盖率100%。完成23家党组织组建任务。

2012年，全区建立24个省市级党建工作示范点，下发示范点创建标准，统一示范点创建的环境建设、场地建设、制度建设、工作创新等标准，以点带面，辐射全区。2013年，建立健全“党组织建立在市场、延伸到协会、体现在门店”工作体系，在华源市场建立流动党员活动中心，评选示范门店，设立党员示范岗。在8个乡街建立10个非公党建示范点，发挥辐射带动作用，促进非公企业党建的良性发展。2014年，明确一名区级领导挂点，成立专项工作队，协助每个软弱涣散党组织建立整改台账，制定整改方案，明确整改内容、整改责任人，通过优化党员结构、加强班子建设、清理村级财务等措施，对5个软弱涣散村（社区）党组织进行整顿。2015年，探索实施党建网格化管理，在社区建立党总支部委员会，把党支部建在网格上，成立网格党支部；把党小组延伸至楼栋中，成立楼栋党小组，形成社区党总支、网格党支部、楼栋党小组的基本组织架构，实现党的组织和工作“双全覆盖”，全区形成29个社区党总支、178个网格党支部、512个楼栋党小组的基本组织架构。

2016年，成立区委非公有制经济组织和社会组织工作委员会，加强对全区非公有制经济组织和社会组织党建工作的指导，集中推进非公有制企业和社会组织中党的组织工作全覆盖。2017年，成立区委离退休干部工作委员会，加强对全区离退休干部党建工作的指导。“两新”组织“两个覆盖”进一步扩大，新建10个非公经济组织党组织和8个社会组织党组织。

2018年，实施党支部建设整体提升工程，推进基层党建工作规范化、标准化。按照“夯实基础、巩固提升、全面达标、分步实施”要求，全面推进党支部“五化”（即支部设置标准化、组织生活正常化、管理服务精细化、工作制度体系化、阵地建设规范化）建设。

第三节　干部教育、选用和监管

一、教育与培训

1997年，区委贯彻落实《城北区1990—2000年干部教育培训规划》，抓好干部教育培训工作，全年举办两期干部理论进修班，培训学员85人。

2000年，选送14名干部到上级党校进行脱产学习，并鼓励广大干部参加各类学历教育，一批干部主动参加自学考试、电大、函授学习。2003年，区委建立领导干部述职述学制度、领导干部政治理论考试考核制度。2004年，区委组织部与区民政局联合举办“社区居委会主任培训班”。

2007—2008年，区委举办各类培训班16期，培训干部700余人次。2012年，区委组织14名干部到新加坡参加为期14天的城市规划与管理培训班。内容涉及新加坡城市综合治理、城市规划与管理、社区管理与规划以及环境建设等。这是石鼓区首次单独组团赴国外培训，也是衡阳市各县市区第一次自主组团出国培训。

2013年，全区启动干部在线学习工程，第一批66名干部参加衡阳干部教育培训网络学院的在线学习，参学率达90%。2014年，选派30名年轻机关干部作为“重点项目推进员”分两批到任务重的乡和涉农街道项目一线接受锻炼。是年，区委有计划地选派4名干部到长沙各城区相关部门跟班学习，选派57名干部到湖南大学参加城市工作专题培训班。

2015 年，从区直机关副科实职干部和股级干部中选派 10 名优秀年轻干部到 6 个街道 10 个社区担任社区副主任，进行为期半年的挂职锻炼。是年，区委委托北京大学经济学院和昆山市委党校举办石鼓区党政领导干部综合能力提升专题培训班，组织全区 54 名正科实职以上领导干部参加为期 10 天的外出学习培训。2018 年，全区 400 余名干部参加网络在线学习，参学率 100%。是年，区委组织 90 名干部集中到深圳市委党校培训学习，组织 60 名正科实职以上干部到深圳市经理进修学院参加石鼓区领导干部执政能力提升培训班。

二、选拔与任用

1996 年，区委坚持党管干部原则，坚持标准、严肃纪律、严把程序、强化监督，选优配强各级领导干部。是年，公开向社会招考 6 名街道主管经济工作的副主任。1997 年，加强优秀年轻干部的选拔和使用力度，完善干部选拔制度，全区确定 60 名后备干部，其中女干部占 33.30%，非党干部占 23.33%，有意识将后备干部放到基层或条件艰苦的岗位上锻炼。1998 年，在区法院、检察院推行中层干部竞争上岗、一般干警双向选择的人事制度改革。区委组织部与教体局共同制定《关于学校行政领导干部聘任制实施方案》和《教师竞争上岗方案》。

2003 年，对全区所有班子进行全面考察，按照“调优配强、人岗相适”要求，全年共交流干部 70 余人次，较好地优化班子结构。2005 年，加大人事制度改革力度，拓宽选人用人视野，选任范围涵盖一级机构与二级机构、行政编与事业编、城区干部与乡镇干部，调动广大干部的工作积极性。2006 年，从高校选调 24 名大学生充实街道基层干部队伍。2008 年，试行初始提名制度、定向民主推荐制度，选拔产生 28 名科级领导干部。

2009 年，面向全省公开选拔 16 名副科实职干部。2010 年，为广泛引进人才，将 2009 年面向全省公开招考中笔试成绩优秀、面试合格，进入 1∶3 考察范围的 11 名优秀人才引进到区直机关工作，并上派一名 80 后县处级后备干部到市统计局挂职锻炼。

2011 年，面向全省公开招聘 7 名文秘人员，招聘 22 名中小学教师。2012 年，在城区率先面向社区定向招录 6 名街道机关工作人员，同时面向社会公开招聘 14 名事业单位工作人员和 29 名教师。

2013 年，面向全市公开选拔 18 名副科实职领导干部，吸引来自全市各党政群机关、国有企事业等单位的 572 名在职在编人员前来报名。

2016 年，配合市委做好区“四大家”领导班子和法、检两长人事安排，6 名业绩突出、作风优良、工作扎实的科级干部被推荐到副处级领导岗位上。是年，选派 9 名年轻机关干部到村担任“第一书记”，助推脱贫攻坚工作。2018 年，全区开展“新时代新担当新作为”先进典型推荐工作，共表彰 15 名先进典型人物。

三、监督与管理

1997 年，强化干部考察工作，把干部考察作为干部提拔使用的重要依据，坚持凭政绩用干部，及时掌握干部德才表现。1998 年，制定干部调配十项纪律规定。1999 年，对 7 名领导干部实行经济审计。2000 年，在干部选拔任用上，注重社会监督与群众公认，对 3 名拟提拔重用干部实行公示制。

2003 年，建立健全领导干部考察管理监督制度、领导干部任期经济责任审计制度、党员领导干部民主生活会制度；制定下发《石鼓区干部监督工作联席会议制度暂行办法》和乡干部驻乡值班制度；制定出台《转变干部作风若干规定》和《区管干部诫勉规定》，是年诫勉事业单位干部 1 人，降职使用 1 人，免职 1 人。2004 年，推广干部提拔任用公示制，对提拔交流干部进行离任经济责任审计，建立经济审计工作人员廉政责任制和责任追究制度，年内诫勉 3 人，严重警告 1 人，免职 1 人。2005 年，制定下发《石鼓区干部监督工作联席会议制度暂行办法》和《石鼓区试行干部“四个圈子”考察法》实施细则（“四个圈子”指管理圈、服务圈、工作圈、生活圈）。

2007 年，石鼓区被列为中组部“科学规范和有效监督县市（区）委书记用人行为”调研试点单位后，成立以区委书记邓柯为组长的试点工作领导小组，借鉴第一批试点单位和兄弟试点单位的成功经验，试行检验全过程差额考察制度，顺利确定松木乡、角山乡人大副主席候选人。

2011 年，严肃干部队伍纪律，及时处理不合格干部。

2013 年，根据省、市对专项治理工作的安排，石鼓区分阶段分步骤开展自查自纠，对调整配备干部、党政分设、违规进人等情况进行全面清理、核查。是年，加强干部任前监督，对拟提拔任用的 29 名领导干部征求纪检监察机关意见，实行拟提拔人员有关事项报告制度，并在任前进行公示。委托区审计局对新调整的 13 名领导干部实行离任经济责任审计，提高选人用人的公信度。

2015 年，省委巡视第三组进驻石鼓区，对石鼓区选人用人工作进行专项检查。组织部门按照省委巡视组要求，对 2011 年 7 月后选人用人工作情况进行梳理汇总，建立台账。针对巡视组提出的选人用人方面问题，立行立改，免去 3 名当事人职务，并转交区纪委作调查核实。出台《关于进一步严明干部人事纪律的通知》《石鼓区关于规范全区因私事出国（境）审批工作和证照管理工作的通知》，并根据人事主管部门的管理权限，对科级以上干部的出国（境）证件实行统一管理，共收缴证照 163 本。

2016 年，按政策对 2003 年 6 月后破格提拔的 26 名乡科级干部的破格事项进行重新认定，其中 1 人不予认定。对涉及编制调整的符合公务员或参公登记条件的 44 名科级领导干部，报市委组织部进行公务员登记审批。

2018 年，37 名县处级干部个人有关事项报告工作圆满完成。对拟提拔任用干部，坚持“凡提四必”，做到拟提拔使用人选的干部档案必审、个人有关事项报告必核，纪检监察机关意见必听、线索具体的信访举报必查，坚决防止“带病提拔”。

第六章　宣传工作

第一节　理论教育

1996 年，区委理论学习中心组加强以邓小平建设有中国特色社会主义理论、党的十四大及各次全会精神的学习。1997 年，结合学习贯彻党的十五大精神，在区委中心学习组和全区各级领导干部中继续抓邓小平理论的学习。1999 年 4 月，区委出台《关于中心组学习的有关规定》，要求县级领导干部发挥表率作用，注重自身理论学习，提高理论水平和执政能力。

2000—2001 年初，在全区领导班子和领导干部中分期分批开展以讲学习、讲政治、讲正气为主要内容的理论教育。

2002—2003 年，区委中心学习组带头学习“三个代表”重要思想，随后在全区各级领导干部中组织“三个代表”重要思想学习。2004 年，区委理论学习中心组和各级党委（党组）理论学习中心组开展“立党为公，执政为民”主题教育，围绕“我为群众办实事”等问题展开讨论。

2005 年，先后组织开展两批次的保持共产党员先进性教育活动，活动面覆盖全区 191 个单位，3809 名党员，活动成效得到省委巡回检查组和市委督导组肯定。

2006 年，全区组织成立 50 支宣讲小队下基层开展宣讲活动，重点宣讲“十一五”规划、科学发展观、《江泽民文选》、建设社会主义新农村和树立社会主义荣辱观等理论知识，共授课 101 场次，听众达 3 万人次。

2008—2009 年，全区上下分两批开展深入学习实践科学发展观活动，共有 195 个党组织、5600 多名党员参加了活动。

2010 年，把“学理论、谋全局、转观念、出思路”作为理论学习教育的出发点，下发《党组（党委）中心组理论专题学习安排意见》《关于推进全区学习型党组织建设的实施意见》，区委中心组共安排 8 次、15 天学习，每次集中学习参学率在 95%以上。

2011 年，在全区广泛开展大宣传、大讲坛、大调研、大竞赛、大表彰活动，全年收集理论调研文章 50 余篇，推出成果 10 余篇；组织开展“学习的力量”征文活动，精选上报省、市征文 10 篇。2012 年，扎实开展学习型党组织建设创建和迎接党的十八大宣讲活动，为“打造充满活力的商贸文化新区”提供理论支撑。2013 年，全年理论学习成果丰硕，在全市“弘扬主旋律、共筑中国梦”理论征文活动中获组织奖，是四城区获此殊荣的唯一城区。

2014 年，区委中心组邀请省、市知名理论专家，举办学习习近平总书记重要讲话、法律法规和党风廉政知识、“衡阳保卫战与湖湘文化价值”等 10 余场专题讲座。2015 年，区委中心组集中学习 10 个专题 16 天，重点围绕习近平总书记系列重要讲话、中国特色社会主义、“四个全面”、“中国梦 · 我的梦”、社会主义核心价值观等开展主题理论教育。2016 年，围绕习近平总书记系列重要讲话精神、“两学一做”（即学党章党规、学系列讲话，做合格党员）学习教育等重大主题活动，开展集中宣讲和进基层微宣讲活动共100余场，受众达5万人次。2017年，在城区中率先开展“好声音讲坛——讲话精神进基层”百姓微宣讲活动，被全市作为“石鼓模式”进行推广。

2018年，深入开展习近平新时代中国特色社会主义思想“天天见”“天天新”“天天深”三做一评活动，在全省工作推进会上作典型发言。角山镇被确定为“三个天天”省级示范点创建单位，成为全市唯一一个省级示范点。

第二节 新闻宣传

1996年，突出学习张家港加强城建城管工作等方面的新闻报道。1998年，组织对抗洪救灾和灾后生产自救的集中宣传。1999年，邀请省市新闻单位先后对区内做好公安综治、党外干部培养选拔、区街企业改制、促进民营经济发展等方面进行报道。至2000年的5年中，在中央、省、市主要媒体上稿1200余篇。

2001年5月，区划调整以来，全区加大新闻宣传力度，先后在中央、省、市媒体推出一批重要新闻稿件。2002年，突出宣传民营经济、城区道路建设。2003年，重点围绕“非典”防治、产业集群、区街企业改制等，加强外宣工作。至2004年的4年中，在中央、省、市主要媒体上稿1000余篇。

2005年，长篇通讯《一切为了群众满意》在《衡阳日报》头版头条推出。2007年，宣传推介火灾中英勇献身的邓衡祁烈士、“零就业家庭”上岗人员邹迈兰等典型模范。2009年，按照新闻“三贴近”要求，大力开展外宣工作，在省市媒体推出石鼓专版56个，接待市级以上媒体记者326人次。至2009年的5年中，在中央、省、市主要媒体上稿1000余篇。

2010年，原《石鼓宣传》刊物改版成《石鼓江山》报刊，每15天出刊一期。2012年，以迎接党的十八大胜利召开和学习、宣传和贯彻党的十八大精神为主线开展宣传报道。2013年，重点宣传华耀城、来雁欣城等一批重点项目的开工、建设情况。至2013年的4年中，在中央、省、市主要媒体上稿3308篇。

2014年，依托湖南红网，创办《石鼓手机报》。2016年，华耀城与衡阳都市频道合作打造的《崛起华耀城》栏目开机。2017年，开办“和谐石鼓”微信，运营“掌上衡阳·石鼓版”客户端。2018年，组织召开“衡阳正青春”庆祝改革开放40周年石鼓区经济社会发展成就新闻发布会。至2018年的5年中，在中央、省、市主要媒体上稿7600篇。

第三节 社会宣传

1997年，围绕香港回归和党的十五大召开两件大事，抓好社会宣传工作。1999年，组织庆祝中华人民共和国成立50周年系列宣传活动。2001年，根据城区行政区划调整后的新形势，增加农村税费改革、新农村建设、实施村（社区）体制改革等社会面的宣传。

2004年，通过标语、横幅、墙报、橱窗等多种形式，开展“立党为公，执政为民”主题教育宣传活动。2005年1月5日，在莲湖广场举行道路交通安全宣传教育万人签名活动。2006年，开展庆祝中国共产党成立85周年宣传活动。举行“迎接党代会，共谋新发展”献计献策活动。2007年6月10日—7月23日，在全区开展“电影进社区，文明进家庭”活动，共在2个乡、6个街道放映53场次，观众 2.50 万余人。2008 年，全区开展“迎奥运、讲文明、改陋习、树新风”活动，累计发放宣传资料 7 万份，播放电影 140 场次，观影群众 8 万人次。2009 年，精心制作“石鼓江山锦绣华——石鼓区经济社会发展图片展”，全方位展示新中国成立后石鼓区取得的成就。是年 9 月 29 日，《石鼓江山锦绣华》电视专题片在区机关会议中心举行首映式。

2010 年，在莲湖广场举行为期一个月的“石鼓区品牌宣传推介节会”活动。2011 年，为庆祝建党 90 周年，开展以“热爱党、永远跟党走”为主题的大型社会宣传活动。2012 年，举办“喜迎十八大、欢歌颂雁城”海选赛。2013 年，为弘扬春节、元宵、清明等传统节日民俗文化，全年组织开展“幸福石鼓我的节日”系列群众文化活动 20 场。2014 年，组织开展“欢乐潇湘·幸福衡阳”及“广场周周乐·旬旬演”群众活动 48 场。2015 年，运用各种载体，常态化推进社会主义核心价值观宣传，实现公共场所、机关、学校、社区（村）全覆盖。

2016 年，开展以创建全国文明城市为主题的群众文化活动 340 余场，惠及群众 20 万人次以上。2017 年，制作更新创建全国文明城市系列宣传广告牌 2 万余块，建设社区文化墙、建筑围挡 5000 余平方米，发放海报、手册、纸杯、纸巾等宣传品 6 万份。2018 年，利用节日契机发放文化红包 4 万余封，张贴更新社会主义核心价值观挂图 100 余幅，下发宣传手册、社会主义核心价值观资料 8 万余份。

第四节　网络监督管理

2001 年，境内开始注重网络建设，在区内各学校建立局域网，区委组织部建立远程党员教育中心点，区委宣传部依托上级网络进行新闻报道。

2010 年，成立网络管理工作办公室，安排专项经费，明确专人负责日常工作；2011 年，协调处理负面新闻报道 106 起。2012 年，协调网络舆情新闻报道 80 余起。为全区经济社会发展营造良好的网络舆论环境。2013 年，协调网络舆情新闻报道 102 起。

2014 年，出台网络宣传管理制度，进一步完善队伍。2016 年，完善设备设施，2017 年，从各乡街、各部门的通讯员队伍中选出 16 名骨干人员。

2018 年，将网络意识形态工作纳入区委绩效考核，将网信办列入应急管理部门，网信队伍实现正科级及以上单位全覆盖。

第五节　精神文明建设

一、思想道德教育

1996—2001 年，区委、区政府坚持“两手抓、两手硬”方针，加强全区干部群众的思想道德教育。全区以基层为重点，以“三义”（爱国主义、集体主义、社会主义）、“三德”（社会公德、职业道德、家庭美德）、“三观”（世界观、人生观、价值观）教育为主要内容，开展思想道德教育。

2005 年，以贯彻落实党的十六大和十六届四中全会精神为主线，组织开展“爱国主义教育月”“公民道德宣传日”“改陋习、树新风”和“诚信衡阳”主题活动，加强公民思想道德教育。

2010 年，开展首届道德模范评选活动，全区评选出 6 位道德标兵。2011 年，开展以社会主义核心价值观为中心的公民道德教育，在全区广泛开展学习贯彻《公民道德建设实施纲要》活动。

2012年，开展“身边雷锋衡阳好人”评选活动，全区共评选出15位先进个人，推荐7名“学雷锋”先进典型参加全市“身边雷锋衡阳好人”评选，肖岚芳被评为全市“身边雷锋衡阳好人”十大好人之一。2013年，开展“道德讲堂六进”（即进机关、学校、社区、企业、乡村、单位）活动，在区直机关、企事业单位、学校开展道德大讲堂共计25场次，受众2万余人。

2016—2018年，在全区各中小学校继续运用社会主义核心价值观校本教材进行思想道德教育，全体师生熟记“24字”社会主义核心价值观，基本做到人人能背诵。

二、文明创建

1996年，结合学习张家港活动，开展文明创建宣传教育活动，推动两个文明建设上台阶。1997年8月，青山街道西湖一村被评为湖南省“青年文明社区”示范点。是年，全区两个文明建设被评为全市三城区第一名。1998年5月，青山街道西湖一村社区被团中央授予“全国青年文明社区”称号，为全省唯一青年文明社区。是年，城北区太平小区被评为省、市文明小区示范点。城北区两个文明建设再次夺得三城区第一名。1999年3月，公安城北区分局获“全国优秀公安局”称号；8月，城北区蒸湘北路派出所获全国首批“人民满意派出所”称号。2000年，市大桥城市信用社、区婚姻登记管理服务中心、市地税稽查局等3个单位被评为区一星级文明单位；下横街小学、区环保局、人民街道湘北居委会等3个单位被评为区二星级文明单位。

2001年，城北区人民检察院、演武坪小学等2个单位被评为区三星级文明单位；市农业银行营业部、市地税稽查局等3个单位被评为区二星级文明单位；市地税局省级征收分局、太平小区小学等2个单位被评为区一星级文明单位。2002年，中国工商银行衡阳市城北支行被评为区四星级文明单位；石鼓地税分局、石鼓国税分局、石鼓区人民保险公司等3个单位被评为区三星级文明单位；石鼓区公安分局、国土分局、工商分局、衡阳市商业银行船山支行等4个单位被评为区二星级文明单位；市浩洋房地产有限公司、市五一大市场、市中医正骨医院等3个单位被评为区一星级文明单位。2003年6月20日，石鼓区在莲湖路广场举行创建文明城市万人签名活动。6月25日，全区召开创建文明城市动员大会，对全区创建工作进行全面部署。

2004年，重点抓17个市级园林式单位、3个省级园林式单位的达标建设，以点促面，带动全区文明创建。2005年，坚持开展素质教育，打造健康向上的人文环境：共向区直机关、辖区内企事业单位、区属学校、居民户以及门店经营户等发放《衡阳市文明交通守则》7万份。

2007年，为扩大文明创建宣传教育效果，区委宣传部创办《石鼓宣传》刊物，开辟文明创建专栏，推介典型、介绍经验，展示创建成果。2008年，持续开展区级文明单位创建工作。是年，区人民法院、区地税局、区环卫局、人民街道办事处被评为四星级文明单位，旭升寄宿学校被评为三星级文明单位，青山街道办事处被评为二星级文明单位，角山乡人民政府、松木乡松木村、合江街道江雁一社区、衡阳市民生医院被评为一星级文明单位。

2012年，区文明办根据省市文明单位的考核新要求，制定新的《石鼓区文明单位评选和管理办法》。2013年，全区建立社区志愿服务站20家，招募注册志愿者2万多人，组织开展志愿服务活动50余场，树立“文明石鼓人，和谐新石鼓”良好形象。2015年，集中开展市容市貌、交通秩序、农贸市场和背街小巷改造四大专项文明创建整治行动。2017年，创建省级文明单位1个、省级文明村镇1个、市级文明单位5个、市级文明校园4个、区级文明家庭15户。2018年，以“五个一批”（即规划一批、建设一批、改造一批、整治一批、规范一批）为支点，实现基础设施“全面升级”，推进文明城市创建工作深入开展。

第七章　统战工作

第一节　民主党派工作

1996 前，境内民主党派有中国民主同盟衡阳市城北区联合支部委员会，下设民盟衡阳市第四中学支部、民盟衡阳市逸夫中学支部、民盟衡阳瓷厂支部、民盟衡阳橡胶厂支部，共有盟员 78 人；中国农工民主党衡阳市中医正骨医院支部，有党员 11 名；中国致公党衡阳市城北支部，有党员 26 名；中国民主建国会衡阳市城北支部，有会员 18 名。民主党派在参政议政、政治协商和两个文明建设中发挥作用。

2000 年 6 月，九三学社石鼓区支社成立。2003 年 5 月，民建石鼓区工委、民进石鼓区工委成立。2003 年 6 月，民盟石鼓区工委成立。2007 年 9 月，致公党石鼓区工委成立。

2012 年，市区人大、政府、政协换届中，石鼓区 40 多名民主党派成员担任市区两级人大代表、政协委员；12 名民主党派成员担任区人大常委和政协常委；3 名民主党派人士进入区政府、区政协领导班子。有 27 位党外代表人士担任工商联执委、常委、副主席（副会长）。

2013 年，石鼓区人大、政府、政协班子及法院、检察院均按要求配备党外干部，17 个职能部门中有 6 个部门配备党外干部。是年，区委组织部和统战部出台《石鼓区党外干部选拔、培养、考核管理办法》，有 71 名党外代表人士进入市区党外后备干部人才库。2013—2014 年，境内 5 个民主党派有基层党支部 38 个，各党派成员共 712 人。2015 年，8 个乡街中有 3 个乡街配备党外干部。

2016 年，区政协换届，在政协委员中，党外人士占 62%，政协常委中党外人士占 65%，在政协副主席中，党外人士占 60%。

2017 年 7 月，民革石鼓区工委成立。是年 12 月，农工党石鼓区工委成立。是年，区委印发《关于进一步健全中共石鼓区委常委与党外代表人士联谊交友制度的通知》，区委领导干部与民主党派成员结交 11 对朋友。在市委党校举办全区统一战线学习党的十九大精神暨封闭式业务培训班，在统战系统单位开展座谈、专题辅导 10 余次。区工商联提出关于对民营企业人才队伍建设的意见建议，得到区委和区政府肯定。

2018 年，区委先后召开协商会、座谈会、政情通报会、恳谈会 30 余次，并做到协商于决策之前。是年，党外代表人士向区人大、区政协提交提案 122 条，建议 55 件，促进党委、政府决策科学化、民主化。

2018 年，境内 7 个民主党派石鼓区工委共有基层组织 38 个，成员 917 人。全区从民主党派成员和无党派人士中聘任 51 人担任区直 22 个部门的特约人员，发挥民主党派和无党派人士的民主监督作用。九三、民盟、民建分别向市政协、市委统战部提交建议 5 篇。民主党派、无党派人士以直通车形式上报建言献策 21 篇。是年，区人大代表补选 2 名、区政协委员增补 1 名党外代表人士，增补区工商联（总商会）执委常委 12 名。全区担任副科级以上职务的党外干部 39 人，其中正科级 6 人、副处级 4 人。

第二节 对台工作

1993年，区委在统战部下设台办，明确一名干部负责台办日常事务。

2017年4月，石鼓区成立台湾工作办公室，设事业编制4人，配备工作人员2人。是年，台属香樟苑生态农业发展科技有限公司总经理梁光寰在“万企帮万村”活动中，技术扶贫投入26.62万元，资金扶贫投入21.35万元，助学帮困3.60万元。

2018年1月18日，召开“台胞回娘家，两岸一家亲”座谈会，中华两岸新家庭协会理事会会长（台胞）蒋明霞及8名台胞代表参加座谈。是年5月，接待台湾基层村里长31人到石鼓区参访，参访团走进潇湘街道社区养老服务中心、长青社区等基层服务机构，与基层工作人员及居民就两岸基层治理经验进行探讨与交流。全年办理台胞居住证6人。

截至2018年，境内有台胞40人、台属37人，有涉台婚姻共584对。台资企业1家（2018年注册的衡阳乐陶房产开发有限公司）。

2001—2018年中共石鼓区委台湾工作办公室领导一览表

表2-7-1

姓　名	职　务	任职时间
陈红旗	石鼓区委统战部副部长、区委台湾工作办公室主任	2001.8—2003.5
王光辉	石鼓区委统战部副部长、区委台湾工作办公室主任	2004.5—2013.6
屈光明	石鼓区委统战部常务副部长、区委台湾工作办公室主任	2013.6—2015.11
华连玉(女)	石鼓区委台湾工作办公室主任	2017.7—

第三节 侨务工作

2000年前，境内侨务工作由衡阳市侨办统一管理。

2000年9月28日，为团结海内外同胞并与之加强联系和交流，促进全区经济建设和社会发展，成立城北区海外联谊会。区委副书记袁平、常务副区长阳新华任荣誉会长，会长由区政协副主席、区委统战部部长蒋善立担任。

2015—2018年，石鼓区共有华侨46人、归侨及侨眷58人、留学生41人。其间，石鼓区委统战部宣传贯彻《中华人民共和国归侨侨眷权益保护法》，依法保护归侨、侨眷的各项合法权益，抓好涉侨法律法规的普及与宣传，引导归侨、侨眷和海外侨胞自觉运用法律武器维护自身合法权益，营造依法护侨的社会氛围。

第四节　民族和宗教工作

一、民族事务

2000 年，依据第五次全国人口普查，在册的民族数为 26 个，汉族人口占总人口数的 99.18%，少数民族人口占总人口数的 0.82%。少数民族多为土家族、苗族、瑶族、壮族、侗族等，亦有其他民族，但人数不多。

2010 年 11 月，第六次全国人口普查，辖区少数民族人口 1265 人（占比约 0.56%），多为土家族、瑶族、壮族、苗族。2017 年 12 月，省民宗委授予石鼓区演武坪社区“全省民族团结进步创建活动示范先进单位”称号。

2018 年，为 11 名少数民族群众办理民族成分更改和中考高考考生加分审核手续，满意率达 100%。

二、宗教事务

1999 年 12 月 1 日，石鼓区五一街道五一天主教聚会点、石鼓区合江街道江雁天主教聚会点、石鼓区人民街道钱局巷基督教聚会点经衡阳市宗教事务部门登记批准设立。2006 年 11 月 23 日，石鼓区五一街道草桥天主教堂经衡阳市宗教事务部门登记批准设立。2008 年 3 月 19 日，石鼓区黄沙湾街道大护国寺经衡阳市宗教事务部门登记批准设立；是年 5 月 14 日，石鼓区合江街道梅田古庙经衡阳市宗教事务部门登记批准设立。2012 年 1 月 19 日，石鼓区角山镇三官殿经衡阳市宗教事务部门登记批准设立。2013 年 9 月 5 日，石鼓区黄沙湾街道白竹庙经衡阳市宗教事务部门登记批准设立。2017 年 8 月 24 日，石鼓区角山镇盘古庙、石鼓区角山镇关帝庙经衡阳市宗教事务部门登记批准设立。

2016 年 10 月 25 日，石鼓区“五教同行慈爱学子”金秋助学资金发放仪式在潇湘街道演武坪社区会议室举行，资助全区 9 名学子，发放助学金 2 万元。

2018 年，全区 10 个宗教活动场所活动点全部换领统一社会信用代码的登记证，教职人员逐一建档登记在册，实现全区宗教场所网格化覆盖与“户籍化”管理。

三、宗教活动场所

梅田古庙　梅田古庙坐落于衡阳市石鼓区合江街道五一村，始建于元朝时期。1994 年，何仁祐等人自筹资金进行修缮。从 1998 年起负责人为释圣峰，2008 年登记为宗教活动场所。2013 年 12 月，衡阳市文化广电新闻出版局将梅田古庙开展的梅田庙会列为“衡阳市非物质文化遗产”并由衡阳市人民政府公布、颁证。

盘古庙　盘古庙坐落于衡阳市石鼓区角山镇三星村三字墙组，初建于清朝末年，占地面积约 1800 平方米，建筑面积 2400 平方米，1999 年进行第 1 次修缮。2004 年，释严净常驻盘古庙。2017 年登记为宗教活动场所。2011 年再次重修大雄宝殿、斋堂、住房、客堂等配套设施。2014 年，负责人释明德。

上白竹庙　上白竹庙坐落于石鼓区黄沙湾街道友谊村，1997 年由当地信众自筹资金迁址建成，释慈因主持，并由当地 3 名信众代表进行民主管理，2002 年建成观音殿。2013 年登记为宗教活动场所，负责人为释慈因。2013 年 9 月，负责人为黄后芬居士。

大护国寺 护国寺坐落于衡阳市石鼓区黄沙湾街道松梅村十方塘组，始建于梁武帝时期，屡被战火焚毁，屡次重建。1998 年，修缮 1000 余平方米，释慧空常驻该寺。2006 年登记为宗教活动场所，负责人释慧空。2015 年，由释慧空徒弟释道极主持。

关帝庙 关帝庙坐落于石鼓区角山镇前进村晏家湾组，初建于清朝末年，前后经过四次整修，2004 年第 5 次重修，占地约 500 平方米。2017 年登记为宗教活动场所，负责人释惟善。

基督教聚会点 衡阳基督教于清朝末年由美国牧师传入。石鼓区现有 3 处基督教聚会点，均于 1999 年 12 月登记为宗教活动场所。人民街道钱局巷聚会点负责人唐宝珠，曾担任第二届、第三届石鼓区政协委员。建设新村 70 栋 305 室五一聚会点负责人冯桂元。江雁机械厂医院内合江聚会点负责人戴金敏。

天主教堂 草后街天主教堂为衡阳市最大的天主教堂。衡阳是全省天主教信徒众多的城市，一直被视为湖南天主教中心。1993 年，草后街天主教总堂开始重建。1994 年 12 月 30 日，建成新堂面积 1760 平方米，可容纳 600 多人。1995 年 6 月，屈蔼林为草后街天主堂负责人。2002 年 8 月 31 日，衡阳市天主教爱国会召开第七届代表会推选屈蔼林为主任，罗济、张常英为副主任。2006 年 11 月，草后街天主教堂登记为宗教活动场所。2011 年 12 月 19 日，屈蔼林被推选为湖南省天主教主教。2012 年，曾令超神父负责草后街天主教堂事务。2015 年起，曾令超为草后街天主教堂负责人。2018 年底，有信众 1.5 万人。

四、组织机构

1996—2006 年，民族宗教事务由区委统战部负责。2007 年 5 月，设立石鼓区民族宗教事务局，副科级，归口区人民政府办公室管理。2015 年 10 月，成立石鼓区旅游外侨民族宗教局。至 2018 年，机构未变动。

2007—2018 年石鼓区民族宗教事务局领导一览表

表 2-7-2

姓名	职务	任职时间	姓名	职务	任职时间
张隆军	局长（副科级）	2007.5—2014.5	罗轶达	局长	2017.6—
欧阳浩男	书记、局长（正科级）	2015.10—2017.6	刘　勇	书记	2017.6—

第八章　机构编制

第一节　机构设置

一、区直机构设置

2001 年 5 月，衡阳市行政区划调整时，原城北区党、政、军、群机关成建制转入石鼓区，原城北区称谓全部改为石鼓区。石鼓区区直机构设置如下。

区委工作机构 7 个：区纪委、区委办公室、区委组织部、区委宣传部、区委统战部、区委政法委、区编办。区人大工作机构 6 个：人大常委会办公室、选举任免联络工委、财政经济农业工委、城建环保工委、内务司法工委、科教文卫工委。区政府组成局 16 个：政府办、人事劳动局、民政局、财政局、经委、计生委、建设局、农业局、水电农机局、教育局、文体局、卫生局、司法局、监察局、审计局、计划统计局。区政协工作机构 5 个：政协办公室、提案法制委员会、财政经济委员会、教科文卫委员会、学习文史委员会。群团机构 3 个：总工会、团委、妇联。

二、乡（街）机构设置

2001 年 5 月，区划调整后，石鼓区下辖 6 个街道 2 个乡，即人民街道、青山街道、潇湘街道、五一街道、合江街道、黄沙湾街道、松木乡、角山乡。各街道党政机关及内设机构维持原有格局不变，即内设机构 6 个：党政办公室、经济管理办公室（或经济管理与农村办公室）、计划生育办公室、社会治安综合治理办公室、城管卫生办公室、社区建设办公室。各乡分别设行政内设机构 5 个、事业站所 9 个，其中行政内设机构分别是党政办公室、经济贸易办公室、社会事务办公室、综合治理办公室、计划生育办公室。

第二节　党政机构改革

一、区直机构改革

石鼓区（城北区）先后于 1996 年、2001 年进行全区机构改革，2004 年、2010 年、2015 年进行政府序列单位机构改革，2017—2018 年开展区纪委派驻机构改革和区监察体制改革。

1996 年 10 月，区人大、政协启动机构改革，按照精简、统一、效能的原则，人大内设“一办”“五委”，即人大常委会办公室、财政经济、科教文卫、内务司法、城建环保、选举任免联络工作委员会；政协内设“一办”“五委”，即办公室、财政委员会、提案法制委员会、学习文史委员会、文教卫群团委员会、联络工作委员会。

2001年底至2002年初，区委根据省、市文件精神，对区、街机关机构继续进行改革。按照“精简效能、明确职责、以岗定员、竞争上岗”的要求，改革后的石鼓区党委工作部门不超过7个，另设区机关直属工委和区信访办2个管理机构。政府工作部门不超过16个。另设区城管办、区人民防空办公室两个管理机构或议事协调机构。区属各街道党政机关及内设机构维持现有格局不变。政府机关行政编制精简25%，党委、人大、政协、群团机关行政编制各精简20%，政法部门机关的专项编制统一按10%精简。区直机关各部门领导职数定位2~3名，任务较重，编制较多的部门增配1名副职。街道机关精简20%。区委决定各街道党委更名为街道党工委。

2004年11月，区政府进行机构改革。改革后，区人民政府设置工作部门15个（监察局与纪律检查委员会合署办公，列入政府工作部门序列，不计政府机构个数），设置议事协调机构2个，部门管理机构2个。2010年3月，区政府进行机构改革。主要任务是转变政府职能、理顺职责关系，明确和强化责任、调整优化组织结构、规范机构设置和严格控制机构编制。此次改革，石鼓区人民政府设置工作部门17个。2015年7月，区政府进行政府职能转变和机构改革。改革后，区政府设置工作部门18个。

2017年，区委根据省、市文件精神，全面加强区纪委派驻机构建设，在区纪委设立6个派驻纪检组，向全区45个党和国家机关实行综合派驻，明确派驻纪检组的工作职责和监督权限，派驻组与区纪委、驻在单位的工作关系，撤销28家区一级党和国家机关等单位本级内设纪检机构，撤销的纪检机构原监督职责由相关派驻纪检组承担，区纪委派驻纪检组驻在单位及综合监督单位原有的纪检监察领导职数不再保留。2018年，石鼓区开展监察体制改革工作，设置石鼓区监察委员会，与中共石鼓区纪律检查委员会合署办公；撤销石鼓区监察局，撤销石鼓区人民检察院反贪污贿赂局、反渎职侵权局、预防职务犯罪科，将相关机构、职能、人员转隶至区监委。各派驻纪检组相应更名为派驻纪检监察组。

二、乡镇街道机构改革

1996年6—8月，区委、区政府对街道党政机构实施改革。街道机构设“五办一所”，即党政办、政法民政办、经济管理办、城管卫生办、计划生育办和财政所。

2002年1月，根据国、省、市文件精神，区委、区政府出台《关于乡镇机关事业单位机构改革的实施意见》文件，对全区的乡镇街道进行机构改革。改革后，全区2乡6个街道行政机关统一内设5个综合性办公室，分别是党政办公室、经济贸易办公室、社会事务办公室、综合治理办公室、计划生育办公室。乡（街）均设立司法所、财政所，均不占用乡（街）机关行政编制。2个乡事业机构（除中小学、卫生院外）均设置9个。全区乡事业站所人员编制总体精简30%。

2012年2月，根据国、省、市文件精神，区委、区政府对2个乡进行新一轮的机构改革。改革后，全区2乡均设4个综合性办公室，即党政综合办公室、经济发展办公室、食品安全和安全生产监管办公室、综合治理办公室。改革后，经整合乡镇原有事业站所，全区2乡设立农业综合服务站、村镇建设和规划管理服务站、文化综合服务站、民政和社会保障服务站、人口和计划生育服务站、水利管理服务站等6个事业站所。

第三节　机构编制管理

1997 年，成立城北区事业法人登记管理办公室，作为区编办副科级事业单位，后更名为石鼓区事业单位登记管理局，承担石鼓区事业单位法人登记管理工作。

2002 年，在机构改革的同时，对区委、区政府各部门的人员编制进行重新核定，区委、区政府各部门行政编制相应进行精简。其中，政府系统精简 25%，党委、人大、政协、群团各精简 20%，政法系统专项编制精简 10%。

2004 年，区委出台规定，机构编制工作实行归口管理、集体领导和“三个一”的审批制度，即凡机构、编制事宜，各部门、单位应写出专题报告，归口报送区编办“一家”按权限审批、承办；重要事项经区大编委会或区委常委会会议审批，由主管领导“一支笔”签批；有关机构编制事项，由机构编制部门“一家”发文。同时，对机构编制事宜实行按权限分级审批，并明确日常机构编制业务的审批手续。

2005 年，全面完成区政府机构改革任务，并对全区乡（街）机构编制、区直机关个别单位“吃空饷”、事业单位年度审查等进行督查。2007 年 2 月，国务院颁布《地方各级人民政府机构设置和人员编制管理条例》后，强化对机构及人员编制的管理。2009 年，学习贯彻执行中纪委颁发的《关于印发机构编制违纪行为适用〈中国共产党纪律处分条例若干问题的解释〉的通知》、精神强化机构编制部门及各有关单位机构编制的法治意识。

2010 年，在审核部分区直单位“三定”（定机构、定职能职责、定人员编制）方案，推进区政府机构改革中，对各类机构编制审批事项，坚持集中统一管理，坚持从严从紧原则，坚持把好审核关，不越权审批，不违反程序审批，不在限额外审批，推动机构编制的规范化管理。2012 年，按照机构编制管理权限和法定程序审批机构编制事项，加强机构编制监督检查，推行“12310”网上举报，及时受理查办违规违纪案件，开展“吃空饷”专项治理，维护机构编制管理的权威性和严谨性。

2015 年，改革事业单位年检制度，取消事业单位法人年检，实行事业单位年度报告公示制度；取消开办资金验资，实行确认登记制。2016 年 1 月 1 日起，按中央编办《关于〈事业单位法人证书〉改版有关事项的通知》精神，启用新版《事业单位法人证书》，要求在办理事业单位设立登记、变更登记、证书补（换）领时，一律使用新版证书。2017 年赋码工作全面完成后，《组织机构代码证书》停止使用。

2018 年，为加强对机关事业单位临聘人员的管理，出台《石鼓区机关事业单位临聘人员管理办法》，临聘人员严格实行计划管理，由用人单位每年向机构编制、人社、财政部门申报下一年度的用工计划。

第九章　其他党务工作

第一节　史志编修与党史联络

一、编研成果

《城北区志》　这是城北区成立后的第一部区志。1996 年启动，成立城北区志编纂委员会及其办公室，召开城北区志编纂工作动员大会。1997 年 3 次召开城北区志工作调度会。1998 年 4 月和 2000 年 2 月，对城北区志编纂委员会进行调整。1999 年 2 月，总纂统稿，10 月印制评审稿。2000 年 7 月，召开《城北区志》评审会，11 月底，市地方志编委会审定，同意正式出版。其间，全体编纂人员先后赴南京、长沙、郴州、保靖等市县档案馆、图书馆查阅抄录资料 1800 余万字，函索、走访、记录口碑资料近 1200 万字，征集拍制图照 200 余幅。通过三订编目，六易其稿，终于成册。该书由 79 幅卷首彩图、序言、凡例、后记、概述、大事记、丛录、人物和 21 编专志组成，共 23 编、78 章、297 节、110 万字。2000 年 11 月经城北区人民政府审查批准，由当代中国出版社出版。

《中共湖南省衡阳市城北区组织史资料（第二卷）》　1998 年 6 月启动，2001 年 6 月完成。该资料根据中共中央组织部和省、市委组织部的规定，在市委党史办具体指导下编纂。编纂中秉承“求实存真”和“广征、核准、精编、严审”原则，查阅 200 余卷档案文献，收录资料 20 余万字。从 1998 年 6 月开始征集资料，历时三年，其间经过三上三下，两次印发入编单位校核修改，并三易其稿。2001 年 6 月，经编纂领导小组集体审定出版。

《中国共产党衡阳市石鼓区历史（1921—2006）》　2007 年 5 月—2011 年 6 月，石鼓区党史区志办公室组织编纂《中国共产党衡阳市石鼓区历史（1921—2006）》。该书历经 5 年时间的广泛征集、深入挖掘和查勘，多次核实修改。区委领导先后召开 3 次大范围意见征求会，经 4 次初稿印刷，直至定稿付印。全书共 24.50 万字，比较全面、系统地反映境内人民在中共地方组织领导下，进行新民主主义革命、社会主义革命和建设以及在党的十一届三中全会后坚持改革开放、建设有中国特色社会主义现代化的历程。该书经区委和市委党史研究室审定后内部出版。2012 年 12 月 14 日，被省委党史研究室评为党的十七届五中全会后全省党史部门党史优秀科研成果特别奖。

《衡阳市志（石鼓区概况）》　2007 年 7 月，启动《衡阳市志（石鼓区概况）》编纂工作。2008 年元月 10 日，区委、区政府和市志办对《衡阳市志（石鼓区概况）》送审稿进行评审。是年 4 月底，完成修改统稿。至 6 月，完成报送稿的电脑录入、打印和装订。该书原定收集资料起止年限为 1978—2003 年，后数次顺延，成书时延伸至 2008 年底。全书 3.85 万字，2010 年初完成。经《衡阳市志》审稿小组验收合格，并作为《衡阳市志》县市区概况的示范本，推荐给相关单位学习交流及借鉴。

《中国共产党衡阳市石鼓区历史大事年表（1919 年 5 月—2011 年 12 月）》　2008 年 4 月—2014 年 10 月，石鼓区党史区志办公室组织编纂《中国共产党衡阳市石鼓区历史大事年表（1919 年 5 月—

2011年12月）》。该书原作为石鼓区党史正本编纂前的资料本，于2008年4月启动，2009年6月完成送阅修改稿。2011年6月完成《中国共产党衡阳市石鼓区历史》出版后，随即对《大事年表》进行修改补充，历经5次集体审核修改，经区委和市委党史研究室审定后内部出版。全书由初稿20.65万字精简至14万字。

《衡阳市石鼓区军事志》 2009年1月，受石鼓区武装部委托，协助编纂《衡阳市石鼓区军事志》。该书由概述、大事记、专志和附录等部分组成，为城区首次编纂军事志，定稿26万余字。编纂工作于2007年4月中旬启动，经全体编纂人员四个多月的紧张工作，于7月下旬完成资料搜集整理与初稿撰写，并成样书报警备区审核。2008年4月底全市军事志评审会议后，组织对初稿进行修改，2008年11月底完成修改，后经领导、专家评审通过而成样书。

《衡阳市石鼓区人大志（初稿）》 2013年10月启动，2014年11月完成《衡阳市石鼓区人大志（初稿）》资料的整理编撰。记述时限上起1949年11月，下至2014年3月，时间跨度为65年。该资料既是《石鼓区人大志》的初稿基础，又是《衡阳市人大志》资料第十一章的基本内容。全书2.60万字，仅作资料本出样稿报送市人大政策研究室。

《政区大典（石鼓区部分）》 2013年，配合区民政局完成《政区大典（石鼓区部分）》的编撰工作，并报送民政部《政区大典》编辑部。

《石鼓党史地方志资料选编》电子版 2016年3月，区史志办与区委党史联络组合作，编撰石鼓党史地方志资料选编电子版，供石鼓手机报、石鼓党政门户网站连载使用。该资料共128个条目、1.53万字，全部被采用。

《石鼓乡街简志》 2017年12月，区委党史联络组和区史志办共同编纂《石鼓乡街简志》。该书不设篇章，采用条目体结构，按照事以类从的原则，分设政区概况、经济概况、社会发展、基础设施、特色地情5个部类，下设22个条目，以条目记述为主。采用述、图、传诸体并用，以文字记述为主。记载时限一般追溯至各乡、街成立之日，少数上溯至1949年10月中华人民共和国成立时，下限为2014年12月31日。全区9个乡、街独立成志，按照详今略古、详近略远原则进行记述。全书12万余字，2017年12月由团结出版社出版。

《石鼓年鉴》 2017年7月，区史志办启动《石鼓年鉴》的编纂工作。2018年3月，石鼓区首部综合年鉴《石鼓年鉴（2017）》公开出版发行。12月，《石鼓年鉴（2018）》由方志出版社公开出版发行，首次印制1000册。全书24个类目共55万字，获湖南省地方志编纂委员会授予的第六届全省地方志优秀成果（年鉴类）奖。

《永恒的丰碑》 2017年7月，区委党史联络组和区史志办以“庆祝建党96周年，喜迎党的十九大”为契机共同编纂出版党史读本《永恒的丰碑》。该书将境内党史人物、党史事迹和革命遗址进行梳理汇编，共印制300册。

启动《衡阳市石鼓区志（1996—2018）》编纂工作 2018年7月13日，石鼓区人民政府区长刘浪主持召开区政府常务会议，专题研究二轮区志编修工作。10月22日，召开《衡阳市石鼓区志（1996—2018）》区级篇目评审会。11月28日，召开全区各单位参加的《衡阳市石鼓区志（1996—2018）》编纂动员大会，全面部署第二轮区志编纂工作。

二、党史联络

2010年5月，区委成立党史联络组，建立健全党史联络工作机构，进一步加强党史工作方面的力量。中共石鼓区委党史联络组由区委副书记、区纪委原书记雷章清，区委常委、区委政法委原书记黄明道以及区委党史办李兴华、张四和、尹国宝5人组成。雷章清任组长，黄明道任副组长，李兴华兼任办公室主任。是年5月下旬，区党史联络组赴外地参观学习考察，收集与石鼓有关的史志资料。先后到省委党史研究室、长沙市开福区、雨花区史志档案局、保靖县史志办、保靖县档案馆，共收集各类文史资料50余本。

2011年11月，党史联络组起草《关于开展学习中国共产党历史的通知》，以区委办名义下发各乡街、各单位、区直机关各部门。2012年4—6月，区委党史联络组组织对基层督查，由区委办向全区通报，促进全区“学党史、用党史”活动的开展。是年，党史联络组成员先后为各乡街、区直部门及单位上党史知识辅导课9堂，受众达2300余人。

2012年10月25—26日，全市党史暨党史联络工作现场会在石鼓区召开。是年，党史联络组和党史办分别被市委评为“党史联络工作先进单位”和“党史工作先进单位”。

2017年6月，湖南省党史联络组湘南片组组长苏建民一行到石鼓区调研党史及党史联络工作。

截至2018年，区委党史联络组先后接待区内16批60余人次、区外3批20余人次的来访和咨询，达到“加深感情、交流经验、相互借鉴、共同提高”的效果。

三、机　构

1996—2004年，中共石鼓区委党史办公室和石鼓区地方志工作办公室分别作为石鼓区委办、石鼓区政府办的二级机构，由区委办、区政府办的一名副主任兼任党史办、区志办主任，其经费列入区财政预算。2005年10月，根据全市地方志工作会议精神和市政府办文件，同时考虑市委要求启动党史编纂工作，区委、区政府领导决定将党史、区志两项工作合并，实行一个机构、两块牌子，成立石鼓区党史区志办公室。2006年6月，区党史区志办（简称史志办）开始办公。这届史志办以退休人员为主，由区委办、区政府办分别确定专人共同管理，代行原区党史办、区志办的职责。2010年5月，成立石鼓区党史联络组，与史志办合署办公。2016年1月，石鼓区明确区史志办为正科级全额拨款事业单位，改由在职人员组成，定编4人，设主任1人、副主任1人，并返聘7名退休干部从事史志宣传、联络、征编工作。原区党史区志办（史志办）宣布解散。主要承担境内党史研究、宣传教育和全区党史资料征集、整理、编纂工作；负责本辖区内地方志、地方年鉴和其他地理情况文献资料的编纂工作；同时构建史志工作平台，为社会各界提供地方史志资料方面的服务等。

1996—2018年中共衡阳市石鼓区史志办公室领导一览表

表2-9-1

姓名	职务	任职时间	姓名	职务	任职时间
邓堂棣	主任	1993.12—1998.5	林崇友	副主任	2014.6—2016.1
李兴华	主任	1998.5—2004.1 2006.5—2016.1	郭禾生	副主任	2014.6—2016.1
张四和	副主任	2006.6—2016.1	刘　珺(女)	主任	2016.1—
尹国宝	副主任	2006.6—2016.1	—	—	—

第二节　老干部工作

一、落实老干部待遇

2008年，区委老干部工作局成立后，区委、区政府坚持每年研究一次老干部工作，每年召开一次老干部座谈会，由区委领导通报全区工作情况，听取老干部意见；将每月11日定为老干部集中学习日；每年为每个老干部订阅《老年人》《长沙晚报》《当代党建》等报刊。

2000年12月，区委成立区直机关离退休干部党总支，隶属区直机关工委，按党员居住地分设7个党支部。2011年开始，凡中央、省、市有明文规定的离退休干部生活待遇，都做到逐项落实。2014年开始，保证老干部享受在职干部同等的节日慰问费，享受老干部春节团拜会慰问金、老年节慰问金。2017年9月底，成立离退休干部党工委，配备专职书记、副书记。

二、组织发挥余热

2009年开始，区老干局结合工作部署和离退休干部的实际，依托离退休干部党组织、涉老协会等渠道，组织老干部在开展关心下一代、助力新农村建设、扶贫帮困、“三清三建”、社区网格化建设、卫生整治、安全治理等方面统筹开展活动，引导老干部发挥优势与特长。2010年开始，雷章清、李兴华、张四和等参加编纂石鼓区党史正本与《石鼓年鉴》。2012年，关工委主任胡余良、老体协主席王小长、老年大学张治解深入7个乡街调研老字号工作。2013年，黄明道出任计生协会会长，指导基层计生工作。2017年，肖伯群撰写的《清潭地下党回忆录》、夏德迪书写的长诗《庆祝中国共产党成立九十六周年历史三字谣》在老干部中引起热烈反响。

三、阵地建设与机构

1996年，中共城北区委老干部工作办公室负责老干部管理及服务工作。1998年前，老干部活动娱乐无固定场所。1998年，区委、区政府兴建老干（老年）活动中心，位于环城北路91号，为一栋三层小楼，使用面积约600平方米。离退休党支部、老年大学、关工委、老体协、老科协均在老干活动中心办公。2001年，中共城北区委老干部工作办公室改称中共石鼓区委老干部工作办公室。2008年升格为正科级单位，改称中共石鼓区委老干部工作局。区委老干部工作局设局长、副局长各一名，主要职能是服务与管理离休干部和县级退休干部（包括区委及上级党委部门明确规定由老干局服务管理的退休干部）。2015年，区委、区政府对老干活动中心建筑及周边环境进行提质改造，完善配套设施，内外面貌一新。

2008—2018年中共石鼓区委老干局领导一览表

表2-9-2

姓名	职务	任职时间	姓名	职务	任职时间
李妍荭(女)	局长	2008.10—	陈翻番(女)	副局长	2016.1—

1996—2018 年石鼓（城北）区委老干部局部分年份管理和服务的离退休干部人数一览表

表 2-9-3　　　　单位：人

年份	离休干部	退休干部（副县级以上）	合计	年份	离休干部	退休干部（副县级以上）	合计
1998	87	20	107	2010	10	63	73
2002	56	42	98	2011	10	60	70
2005	11	43	54	2017	6	73	79
2006	11	46	57	2018	5	72	77

第三节　区委督查工作

1996 年设立督查室，为区委办内设机构，对外称区委、区政府督查室。2002 年，机构改革，设立区委督查室。

1996—2000 年，区委督查室突出抓中央、省、市会议精神的贯彻落实，围绕决策督查、专项查办、重点工作考核做工作。2001 年，结合“三个代表”重要思想的学教活动，先后开展 7 次大的决策督查活动。是年，市委督查室交办专项查办件 3 件，内容涉及 3 起乱收费问题。区委督查室及时查清情况，督促有关部门落实整改措施，并及时向市委督查室作了回复。通过对这 3 起乱收费问题的督查和整改，区委对全区经济发展环境和减轻农民负担方面的工作进行全面检查与督查，收到举一反三推动全局的良好效应。全年上报石鼓（城北）督查 8 份，查办报告 3 份，研讨论文 1 份，其他综合材料 8 份，有 14 篇被市委督查室采用。是年，根据行政区划调整的实际情况，及时调整乡街的督查人员，调整后，全区共有督查人员 37 人，并明确乡街管党群的副职为各乡街督查工作的主管领导，督查工作基础与网络得到完善健全。

2002 年，先后组织进行 8 次大督查，承办市委督查室转来的督办件 6 件，进行 3 次督查调研活动，开展 2 次大的业务培训，较好地完成上级及区委领导交办的督查任务。

2003 年，先后开展中小学开学收费、城建城管、文明创建、抗击“非典”、防洪抗旱、农业产业化结构调整、退耕还林、生育服务、消防安全、信访工作等 20 余次督查，大多数都形成督查通报。是年，通过督查调研，帮助基层、乡街总结经验 6 份，其中黄沙湾街道关于加强社会治安综合治理方面的经验在全区现场会上介绍。区委办“四上门”服务经验向市委组织部作专题汇报。是年，共上报各类信息 140 余篇，被市委办采用 120 余篇，在四个城区中排列第一，被评为全市信息工作先进单位。

2004—2013 年，督查工作围绕中央、省委、市委、区委重大决策、重要工作部署，全力推进各项工作任务的落实，高质量完成中央、省委、市委、区委领导批示件和交办事项的督办及落实，有力推动全区经济建设和各项事业的发展。

2014 年，每月对区委常委会会议议定事项进行督查，并一月一通报，共督办落实并通报 91 项常委会会议定事项。

2016 年，突出对区第四次党代会精神、农村“穿衣戴帽”、农村环境整治、安全生产、文明创建等 17 个事项进行督查，并将督查情况与工作建议报告区委常委。2017 年，围绕上级党委和区委重大决策部署、领导重要讲话和批示、交办事项，共开展 40 余次专项督查活动，下发督查专报 45 期。

2018 年，开展 80 余次专项督查活动，下发督查专报 13 期。同时向上级党委部门和区委领导上报工作落实情况报告 30 余篇，办理领导指示、交办件 50 余件，办结率为 100%。

第四节　政策研究

区委政策研究室是为同级党委提供决策服务、从事综合性研究的工作部门。1996 年称秘书、综合、调研组，为区委办内设机构；2002 年改名为政策研究综合室；2013 年 10 月，升格为正科级单位，改名为区委政策研究室，归口区委办管理，人员编制在区委办内部调剂。

2009 年 7 月，完成市委政研室的综合约稿任务，对石鼓区 2006 年后新农村建设的阶段性进展情况进行调研，向市委政研室和区委领导提交《2006 年以来石鼓区新农村建设的主要特点、做法及存在的主要困难和问题》综合分析报告稿。

2010—2017 年，区委政策研究室围绕区委中心工作，形成一批有质量的调研文稿，如《困局破局赢局——加强基层党建的石鼓实践》《关于职务与职级并行政策的调研报告》《“四全四化”力促农贸市场华丽蜕变——石鼓区老同兴市场改革创新纪实》等一批高质量的调研报告，为区委、区政府决策提供参考依据。

2018 年，区委政策研究室重点对基层党建、招商引资、征地拆迁、现代服务业、乡村振兴等热点、难点问题开展调研。是年，在省市刊物发表文章 18 篇，完成综合材料 150 余篇。

2014—2018 年中共石鼓区委政策研究室领导一览表

表 2-9-4

姓名	职务	任职时间	姓名	职务	任职时间
王益波	副主任（主持工作）	2014. 8—2015. 4	唐金辉	副主任	2016. 1—2017. 6
朱福华	副主任	2014. 8—2016. 9		主　任	2017. 6—

第五节　档案工作

一、馆藏档案

1998 年，全面接收区直机关 1984 年机构改革前的档案。

2000—2001 年，贯彻实施《中华人民共和国档案法》《中华人民共和国档案法实施办法》等法律法规，扩大档案法律法规的执行力与影响力。2001 年，馆藏档案 7261 卷（册）。

2008 年，财政投入 30 万元资金用于库房设备设施建设，库房面积达到 600 平方米。是年，石鼓区档案馆被命名“爱国主义教育基地”。

2009 年，区档案局有 51 个全宗，馆藏档案约 8000 卷，资料 2000 册。

2015 年，档案局有全宗号 60 个，局馆藏有文书档案、科技档案、婚姻档案、重点工程档案、公证档案、林改档案、计生档案、改制档案、实物档案、四大家领导档案和死亡干部档案及资料等。库存档案年限最早的卷宗是 1964 年。

2018 年，区委加强档案工作领导，以“两办”名义出台《关于认真做好机构改革中档案处置工作的实施方案》文件，召开石鼓区机构改革档案处置工作会议。各部门、各乡街按要求均成立机构改革档案处置领导小组。是年，开展档案法律法规宣传，联合区纪委监委选送优质节目参加市档案局 6 月 11 日在市广电中心举行的“岁月留声、廉洁铸魂——档案里的廉洁微故事”衡阳廉洁文化宣教主题活动暨大型文艺会演活动，并荣获二等奖。发挥市党政门户网、石鼓党政门户网、微信、QQ 群等的引导宣传作用，增强石鼓区档案工作的社会影响度，全年撰写理论研究文章和征文 8 篇，报送档案利用典型事例 2 个，在市档案信息网发表稿件 12 篇，石鼓党政门户网发表稿件 8 篇。是年，区档案局（馆）有全宗号 70 个，馆藏有文书档案、科技档案、婚姻档案、重点工程档案、公证档案、林改档案、计生档案、改制档案、会计档案、实物档案、照片档案、音像档案、四大家领导档案和死亡干部档案及资料等。全区各乡街以及村（社区）建档率均达 100%。区档案局（馆）安排专人负责查阅档案资料。全年接待查阅人员 412 人次，查阅档案 528 卷，复印资料 2106 张。区纪委监委、区财政局 2 个单位通过档案工作规范化管理省二级评估验收。档案数字化建设项目加快推进，软件《馆藏档案信息资源管理系统》通过监理和区档案局验收。完成近 90 万页的纸质档案鉴定工作，录入文件级目录近 12 万条，对已鉴定完的档案进行全文扫描，共扫描 86.70 万页。截至年底，共接待查阅人员 9064 人次，查阅档案 11616 卷，复印资料 46332 份。

二、机　构

1997 年，城北区档案局成立，实行局馆合一，为副科级事业单位，定编 3 人。2001 年，衡阳市区划调整，城北区档案局（馆）更名为石鼓区档案局（馆），为副科级参公事业单位。2008 年 9 月，石鼓区档案局（馆）由司前街老区机关搬迁至石鼓路 66 号新区机关大院，有办公面积 1100 平方米。2012 年 5 月 3 日，石鼓区档案局升格为正科级全额拨款事业单位，配局长 1 名、副局长 1 名，编制 3 人，在编 2 人。2015 年 4 月 20 日，区编办下文在原定 3 个全额拨款事业编制基础上，从区机构编制调配中心调剂 5 个全额事业编制，核定全额拨款事业编制共 8 个。截至 2018 年底，机构负责人未变动。

1996—2018 年石鼓区（城北区）档案局领导一览表

表 2-9-5

姓名	职务	任职时间	姓名	职务	任职时间
李云龙	局长	1991. 9—1996. 12	肖金华(女)	局长	1998—2008
林　莹(女)	负责人	2008. 4—2013. 5	华喜容(女)	负责人	2013. 6—2015. 10
周　英(女)	局长	2015. 11—	—	—	—

第三篇

人民代表大会

1992 年 12 月，城北区召开第十一届人民代表大会。1997 年，城北区召开第十二届人民代表大会。2001 年，衡阳市城区行政区划调整，撤销城北区，设立石鼓区。2001 年 12 月，召开石鼓区人民代表大会。主要任务是衔接行政区划调整后的人大、政府工作，听取“一府两院”的工作报告，听取和审议全区国民经济和社会发展“十五”计划纲要。从 2002 年起至 2018 年，石鼓区共举行 4 届人民代表大会，选举产生 4 届人大常委会，召开 4 届 21 次人民代表大会会议。人大常委会先后 7 次领导和主持区人民代表大会的换届选举，组织召开 26 次区人民代表大会，听取和审议“一府两院”工作报告 118 次；举行常务委员会议 110 次，依法作出相应的决议、决定 60 余个。

2018 年，石鼓区有各级人民代表大会 2 个，即石鼓区人民代表大会和角山乡人民代表大会。截至 12 月 31 日，石鼓区有各级人大代表共 245 名，其中驻区省十二届人大代表 5 名、市十五届人大代表 29 名、区四届人大代表 156 名、乡十五届人大代表 55 人。第四届区人民代表大会设立财政经济委员会和法制委员会 2 个专门委员会，区人大常委会设办公室、内务司法工作委员会、教育科学文化卫生工作委员会、城乡建设环境资源保护与农业农村工作委员会、选举任免联络工作委员会、预算工作委员会、法制工作委员会、研究室、信访办公室。下设人民街道人大工作委员会、青山街道人大工作委员会、潇湘街道人大工作委员会、五一街道人大工作委员会、合江街道人大工作委员会、黄沙湾街道人大工作委员会、角山镇（乡）人大主席团。

2018 年，石鼓区召开人大常委会会议 7 次，开展执法检查和视察调研 31 次，听取“一府两院”专项工作报告 31 项，作出决议、决定 16 项，任免国家机关工作人员 25 人次，督促办理代表建议 74 件，开展专项述职、专题报告及满意度测评 1 次。

第一章　人大代表和代表大会

第一节　人大代表

1996—2018 年，石鼓区（城北区）人民代表大会代表由选民直接选举产生。境内凡年满 18 周岁的公民，除依法剥夺政治权利者外，都有选举权和被选举权。区人大常委会按照上级规定的人口比例，确定代表名额。通过自下而上酝酿、协商的办法，推荐产生代表候选人名单。每届代表选举，都要划分选区，进行选民登记。根据选民多少，分配各选区名额。各选区在法定选举日，按照候选人多于当选人的原则，实行差额选举。

1997 年 9—11 月，城北区进行第十二届人民代表大会代表选举。全区划分为 14 个选举口、125 个选区，选出区人大代表 157 名。

2002 年 9 月 27 日—11 月 20 日，石鼓区进行第一届人民代表大会代表选举。全区划分为 9 个选举口、121 个选区，共有选民 10.9 万人。共选出区人大代表 156 名、乡人大代表 102 名。

2007 年 9—11 月，石鼓区进行第二届人民代表大会代表选举。全区划分为 10 个选举口、121 个选区，共选出区人大代表 154 名、乡人大代表 107 名。

2012年7—10月，石鼓区进行第三届人民代表大会代表选举。全区划分为10个选举口、131个选区。共选出区人大代表157名、乡人大代表106名。

2016年9—11月，石鼓区进行第四届人民代表大会代表选举。全区划分为10个选举口、118个选区，共登记选民91636人。共选出区人大代表162名、乡人大代表55名。

第二节 代表大会

一、城北区第十一届人民代表大会

第五次会议 1996年3月11日至14日召开。应到代表163名，实到代表160名。听取和讨论区人大常委会和“一府两院”的工作报告，并审议通过这4个报告。听取、审议区人民政府关于国民经济和社会发展“九五”计划和2010年远景目标纲要的报告；听取、审议城北区1995年国民经济和社会发展计划执行情况及1996年国民经济和社会发展计划的报告；听取、审议城北区1995年财政预算执行情况及1996年财政预算的报告；并通过这3份报告。会议依法补选周光宇为区人民法院院长，补选邱光彩为区人民检察院检察长。会议期间共收到代表建议批评意见54件，答复54件。大会结束后，3月15日召开城北区第十一届人民代表大会第三次代表工作经验交流会。

第六次会议 1997年1月21日至24日召开。应到代表163名，实到代表160名。会议听取和讨论区人大常委会和“一府两院”的工作报告，并审议通过这4个报告；听取、审议城北区1996年国民经济和社会发展计划执行情况及1997年国民经济和社会发展计划草案的报告，听取、审议城北区1996年财政预算执行情况及1997年财政预算草案的报告，并审议通过这两份报告。同时依据《中华人民共和国全国人民代表大会和地方各级人民代表大会选举法》和大会通过的选举办法，大会依法补选李荐国为城北区人民政府区长。本次大会结束后，区人大常委会接着组织召开了第四次代表工作经验交流会，会上表彰2个先进代表联组、6个先进代表小组和35名优秀人大代表，有6名代表在会上作口头和书面发言。

二、城北区第十二届人民代表大会

第一次会议 1997年12月1日至4日召开。应到会代表157名，实到会153名。会议听取和讨论城北区第十一届人大常委会、区人民政府、区人民法院、区人民检察院4个工作报告，并作出相应的决议。选举产生城北区第十二届人大常委会及其主任、副主任、区人民政府区长、副区长、区人民法院院长、区人民检察院检察长。会议选举朱菊桂（女）为区第十二届人大常委会主任，苏武清、江芳清、刘绍计、刘方玉、尹东生、李炎生（兼）为副主任；李荐国为区人民政府区长，谭金媛（女）、苏营、刘扶华、阳新华、肖仁贵为副区长；周光宇为区人民法院院长，邱光彩为区人民检察院检察长。大会还选举出席市第十一届人民代表大会代表36名。

第二次会议 1998年3月10日至12日召开。应到会代表157名，实际到会代表151名。会议听取和讨论人大常委会和“一府两院”的4个工作报告，通过上述4个报告并作出相应决议；听取、审议城北区1997年国民经济和社会发展计划执行情况及1998年国民经济和社会发展计划草案的报告，听取、审议城北区1997年财政预算执行情况及1998年财政预算草案的报告，并审议通过这两份报告。会议增选出席衡阳市第十一届人民代表大会代表2名。

第三次会议 1999 年 2 月 3 日至 5 日召开。出席会议的代表 159 名。会议听取和讨论区人民政府、区人大常委会、区人民法院、区人民检察院 4 个工作报告，并审议通过上述报告；听取、审议区政府关于 1998 年国民经济和社会发展计划执行情况与 1999 年国民经济和社会发展计划草案的报告；听取、审议区政府关于 1998 年财政预算执行情况与 1999 年财政预算草案的报告，并审议通过这两份报告。会议依法补选邓棠棣、易卫平 2 人为城北区第十二届人大常委会委员；补选衡阳市第十一届人民代表大会代表 1 名。

第四次会议 2000 年 3 月 7 日至 9 日召开。出席会议的代表 156 名。会议听取和讨论区人民政府、区人大常委会、区人民法院、区人民检察院四个工作报告，并通过上述报告；听取、审议城北区 1999 年国民经济和社会发展计划执行情况及 2000 年国民经济和社会发展计划草案的报告，听取、审议城北区 1999 年财政预算执行情况及 2000 年财政预算草案的报告，并审议通过这两份报告。会议依法补选邓柯为城北区人民政府区长。

第五次会议 2001 年 4 月 15 日至 17 日召开。出席会议的代表 151 名。会议听取和讨论区人民政府、区人大常委会、区人民法院、区人民检察院 4 个工作报告，并通过相应的决议；听取、审议区人民政府关于 2000 年国民经济和社会发展计划执行情况和 2001 年国民经济和社会发展草案的报告；听取、审议区人民政府关于 2000 年财政预算执行情况与 2001 年财政预算草案的报告；并审议通过这两份报告。

三、石鼓区人民代表大会

2001 年 6 月 29 日，区人大常委会主任会议研究决定：原城北区人民政府、区人民法院、区人民检察院由区人民代表大会选举和区人大常委会任命的干部职务，分别更名为石鼓区的干部职务，不再逐一办理任命手续。妥善地处理区划调整后急需解决的组织名称变更带来的干部职务任免问题。

2001 年 12 月 29 日至 30 日，根据区委安排和区划调整后的工作需要，召开石鼓区人民代表大会。这次会议没有标明届次，主要任务是衔接行政区划调整后的人大、政府工作。会议听取和讨论“一府两院”的工作报告，并通过上述报告；听取、审议全区国民经济和社会发展“十五”计划纲要，听取、审议区人民政府关于 2001 年国民经济和社会发展计划执行情况与 2002 年国民经济和社会发展计划草案的报告；听取、审议区人民政府关于 2001 年财政预算执行情况与 2002 年财政预算草案。会议补选区人大常委会委员 1 名。

出席城北区第十二届人民代表大会第五次会议的代表 151 名，有 32 名原城北区人大代表（其中区人大常委会委员 2 名；另有省代表 1 名、市代表 7 名）随行政区划调整到蒸湘区，23 名原郊区松木乡、衡阳县角山乡的人大代表调整进石鼓区，实际减少代表 9 名；考虑到工作需要，根据区人大常委会意见，补选 2 名区人大代表，另有 1 名代表去世；因此，出席会议的人大代表为 143 名。

四、石鼓区第一届人民代表大会

第一次会议 2002 年 12 月 3 日至 6 日，石鼓区第一届人民代表大会第一次会议召开。出席会议的代表 156 人。会议的主要任务是：听取、讨论并审议通过石鼓区人大常委会工作报告；人事选举。大会选举产生石鼓区第一届人大常委会及其主任、副主任，石鼓区人民政府区长、副区长，区人民法院院长、区人民检察院检察长。谭金媛（女）当选为区人大常委会主任，汤显友、夏德迪、刘友富、唐代发、张治解当选为副主任，许云生为兼职副主任；选举田奇（女、土家族）为区人民政府区长，肖仁贵、苏营、谭长青、王仲晓、邹金芝（女）、马先林为副区长；选举周光宇任区人民法院院长，邱光彩任区人民检察院检察长。会议选举产生石鼓区出席衡阳市第十二届人民代表大会的代表36名。

第二次会议 2003年3月26日至28日，石鼓区第一届人民代表大会第二次会议召开。出席本次会议的代表为157名。会议听取和讨论区人民政府、区人大常委会、区人民法院、区人民检察院4个工作报告，并审议通过上述报告；听取、审议区政府关于2002年国民经济和社会发展计划执行情况与2003年国民经济和社会发展计划草案的报告，并审议通过这两份报告。会议依法补选3名区第一届人大常委会委员。

第三次会议 2004年3月10日至12日，石鼓区人大第一届人民代表大会第三次会议召开。出席会议的代表156名。会议听取和讨论区人民政府、区人大常委会、区人民法院、区人民检察院4个工作报告，并通过上述报告；听取、审议区政府关于2003年国民经济和社会发展计划执行情况与2004年国民经济和社会发展计划草案的报告；听取、审议区政府关于2003年全区及区级预算执行情况与2004年全区及区级预算草案的报告，并审议通过这两份报告。会议增选1名石鼓区出席市第十二届人民代表大会的代表。会议期间，区人大常委会决定从第一届人大第三次会议开始，每两年表彰一次在人大工作中有突出表现的先进代表联组、办代表建议先进单位，优秀人大代表、优秀代表建议、优秀代表联络员（简称“两先三优”）。

第四次会议 2005年3月9日至11日，石鼓区第一届人民代表大会第四次会议召开。出席会议的代表153人。会议听取和讨论区人民政府、区人大常委会、区人民法院、区人民检察院4个工作报告，并审议通过上述报告；听取、审议区人民政府关于2004年国民经济和社会发展计划执行情况和2005年国民经济和社会发展计划草案的报告；听取、审议区人民政府关于2004年财政预算执行情况和2005年财政预算草案的报告，并审议通过这两份报告。

第五次会议 2006年2月23日至25日，石鼓区第一届人民代表大会第五次会议召开。出席会议的代表153人。会议听取和讨论区人民政府、区人大常委会、区人民法院、区人民检察院4个工作报告，并审议通过上述报告；听取、审议区人民政府关于2005年国民经济和社会发展计划执行情况和2006年国民经济和社会发展计划草案的报告；听取和审议区人民政府关于2005年财政预算执行情况和2006年财政预算草案的报告，并审议通过这两份报告。

五、石鼓区第二届人民代表大会

第一次会议 2007年11月26日至29日，石鼓区第二届人民代表大会第一次会议召开。出席会议的代表154名。会议听取和讨论区人民政府、区人大常委会、区人民法院、区人民检察院4个工作报告，并审议通过上述报告。会议选举衡阳市石鼓区第二届人民代表大会常务委员会主任、副主任、委员；选举衡阳市石鼓区人民政府区长、副区长；选举衡阳市石鼓区人民法院院长；选举衡阳市石鼓区人民检察院检察长；选举衡阳市石鼓区出席市第十三届人民代表大会代表。大会在审议通过一系列决议后，选举产生石鼓区第二届人大常委会主任、副主任，石鼓区人民政府区长、副区长，石鼓区人民法院院长、石鼓区人民检察院检察长。谭金媛（女）当选为区人大常委会主任，田奇（女，土家族）当选为石鼓区人民政府区长，王小长当选为石鼓区人民法院院长，范崇德当选为石鼓区人民检察院检察长。大会还选举出席衡阳市第十三届人民代表大会的代表36名。

第二次会议 2008年3月17日至20日，石鼓区第二届人民代表大会第二次会议召开。出席会议的代表154名。会议听取和讨论区人民政府、区人大常委会、区人民法院、区人民检察院4个工作报告，并审议通过上述报告；听取、审议石鼓区人民政府关于2007年国民经济和社会发展执行情况与2008年国民经济和社会发展计划草案的报告；听取、审议石鼓区人民政府关于2007年财政预算执行情况和2008年财政预算（草案）的报告；并审议通过这两份报告。会议补选杨蓉（女）为区人大常委会委员。

第三次会议 2009年3月3日至6日，石鼓区第二届人民代表大会第三次会议召开。出席会议的代表155人。会议听取和讨论区人民政府、区人大常委会、区人民法院、区人民检察院4个工作报告，并审议通过上述报告；听取、审议石鼓区人民政府关于2008年国民经济和社会发展执行情况与2009年国民经济和社会发展计划草案的报告；听取、审议石鼓区人民政府关于2008年财政预算执行情况和2009年财政预算（草案）的报告；并审议通过这两份报告。会议增选孙宁为区人大常委会委员。

第四次会议 2010年3月9日至12日，石鼓区第二届人民代表大会第四次会议召开。与会代表154人。会议听取和讨论区人民政府、区人大常委会、区人民法院、区人民检察院4个工作报告，并审议通过上述报告；听取、审议石鼓区人民政府关于2009年国民经济和社会发展执行情况与2010年国民经济和社会发展计划草案的报告；听取、审议石鼓区人民政府关于2009年财政预算执行情况和2010年财政预算（草案）的报告；并审议通过这两份报告。会议补选贺晓斌为石鼓区人民检察院检察长。会议表彰角山乡、黄沙湾街道、合江街道3个先进代表联组，表彰区人民政府办、区教文体局、区民政局、区城管办、区建设局等5个代表建议批评意见办理先进单位，表彰优秀人大代表24名、优秀代表建议奖3个、优秀人大工作联络员2人。

第五次会议 2011年3月9日至11日，石鼓区第二届人民代表大会第五次会议召开。出席大会的代表152人。会议听取和讨论区人民政府、区人大常委会、区人民法院、区人民检察院4个工作报告，并审议通过上述报告；听取、审议石鼓区国民经济与社会发展第十二个五年规划纲要；听取审议石鼓区人民政府关于2010年国民经济和社会发展执行情况与2011年国民经济和社会发展计划草案的报告；听取、审议石鼓区人民政府关于2010年财政预算执行情况和2011年财政预算（草案）的报告；并审议通过这3份报告。会议选举周楚政为区人民政府区长。

第六次会议 2012年3月6日至9日，石鼓区第二届人民代表大会第六次会议召开。出席大会的代表150人。会议听取和讨论区人民政府、区人大常委会、区人民法院、区人民检察院4个工作报告，并审议通过上述报告；听取、审议石鼓区人民政府关于2011年国民经济和社会发展执行情况与2012年国民经济和社会发展计划草案的报告；听取、审议石鼓区人民政府关于2011年财政预算执行情况和2012年财政预算（草案）的报告；并审议通过这两份报告。会议期间，区人大常委会召开人大工作“两先三优”（即先进代表联组、承办代表建议先进单位；优秀人大代表、优秀代表建议、优秀代表联络员）表彰大会，对2011年度3个先进代表联组、6个代表建议先进承办单位、23名优秀区人大代表、4件优秀代表建议、3名优秀联络员进行表彰。会议补选王磊为衡阳市石鼓区第二届人民代表大会常务委员会委员。

六、石鼓区第三届人民代表大会

第一次会议 2012年11月26日至29日，石鼓区第三届人民代表大会第一次会议召开。出席会议的代表157名。会议听取和讨论区人民政府、区人大常委会、区人民法院、区人民检察院4个工作报告，并审议通过上述报告。会议选举曹华友为石鼓区第三届区人大常委会主任，邹金芝（女）、冯春娥（女）、陈国春、祝家元、齐素媛（女）5人为区人大常委会副主任；选举周楚政为区人民政府区长，尹培国、邱宁、周文源（女）、赵伟、谢宏、陈坚6人为副区长；会议选举李立志为区人民法院院长、贺晓斌为检察院检察长；选举产生石鼓区出席衡阳市第十四届人民代表大会代表30名。

第二次会议 2013年4月8日至11日，石鼓区第三届人民代表大会第二次会议召开。会议之前，由于工作职务变动和调离石鼓区等原因，有 6 名代表出缺，同时因工作需要增补 5 名代表；出席会议的代表人数为 162 名。会议听取和讨论区人民政府、区人大常委会、区人民法院、区人民检察院 4 个工作报告，并审议通过上述报告；听取、审议石鼓区人民政府关于 2012 年国民经济和社会发展执行情况与 2013 年国民经济和社会发展计划草案的报告；听取、审议石鼓区人民政府关于 2012 年财政预算执行情况和 2013 年财政预算（草案）的报告；并审议通过这两份报告。会议表决通过石鼓区计划、财政预算委员会成员名单。

第三次会议 2014 年 1 月 14 日至 17 日，石鼓区第三届人民代表大会第三次会议召开。这次会议之前，衡阳发生破坏选举的重大案件，中纪委和省纪委组成专案组对此案进行严肃查处，会议实有代表 162 名。谢辉煌、姬新辉、杨龙金、昌曙光、胡深源 5 位区代表已先后调离石鼓区，根据有关法律规定，其代表资格自行终止。乃顺德、万伟、邓丽辉、田奇、齐素媛、汤永红、孙宁、李齐常、李青、肖志雄、肖昊亮、邹金芝、陈芳、岳学旺、周楚政、夏军、曹华友、蒋国生、蔡剑等 19 名代表于 2013 年 12 月先后向区人民代表大会常务委员会书面提出辞去石鼓区第三届人民代表大会代表职务。石鼓区第三届人民代表大会常务委员会第十次会议决定接受上述人员辞去石鼓区第三届人民代表大会代表职务，并确认其代表资格终止。石鼓区第三届人民代表大会常务委员会第十一次会议决定接受刘胜一、刘鲜华辞去石鼓区第三届人民代表大会代表职务，并确认其代表资格终止。根据工作需要，经石鼓区人民代表大会常务委员会主任会议研究，同意松木乡选举口补选陈竞、合江街道选举口补选郑少会、潇湘街道选举口补选肖立建为区人大代表。因此，出席石鼓区第三届人民代表大会第三次会议的代表为 139 名。为了做好本次会议议案和计划预算的审查工作，决定设立衡阳市石鼓区第三届人民代表大会第三次会议议案审查委员会和计划预算审查委员会。议案审查委员会和计划预算审查委员会分别负责石鼓区第三届人民代表大会第三次会议的议案审查和计划预算审查工作，向主席团提出报告。会议听取和讨论区人民政府、区人大常委会、区人民法院、区人民检察院 4 个工作报告，并审议通过上述报告；听取、审议石鼓区人民政府关于 2013 年国民经济和社会发展执行情况与 2014 年国民经济和社会发展计划草案的报告；听取、审议石鼓区人民政府关于 2013 年财政预算执行情况和 2014 年财政预算（草案）的报告；并审议通过这两份报告。会议补选郑少会为石鼓区第三届人民代表大会常务委员会主任，选举石鼓区出席衡阳市第十四届人民代表大会的代表 30 名。

第四次会议 2015 年 4 月 15 日至 18 日，石鼓区第三届人民代表大会第四次会议召开。出席会议的代表 139 名。第三次会议闭会以后，陈竞等 7 位区代表已先后调离石鼓区，根据有关法律规定，其代表资格自行终止；石鼓区第三届人民代表大会常务委员会第二十次会议决定接受陈送保等 5 名代表辞去石鼓区第三届人民代表大会代表职务；郑少会因病去世，其代表资格自行终止。根据工作需要，经石鼓区人民代表大会常务委员会主任会议研究，同意补选代表 23 名。因此，此次出席石鼓区第三届人民代表大会第四次会议实有代表 149 名。会议听取和讨论区人民政府、区人大常委会、区人民法院、区人民检察院 4 个工作报告，并审议通过上述报告；听取、审议石鼓区人民政府关于 2014 年国民经济和社会发展执行情况与 2015 年国民经济和社会发展计划草案的报告；听取、审议石鼓区人民政府关于 2014 年财政预算执行情况和 2015 年财政预算（草案）的报告；并审议通过这两份报告。会议依法选举高鸿升为石鼓区第三届人民代表大会常务委员会主任；选举宁华梁为衡阳市石鼓区第三届人民代表大会常务委员会副主任；选举杨友生、欧阳平剑、曾广彪、谢炜为衡阳市石鼓区第三届人民代表大会常务委员会委员。

第五次会议 2015 年 6 月 25 日至 27 日，石鼓区第三届人民代表大会第五次会议召开。第四次会议实有代表 149 名，汤显友、蔡庆生、何朝晖 3 名代表因退休和工作原因先后向区第三届人民代表大会常务委员会书面提出辞职。根据工作需要，同意金源街道选举口补选尹向前为石鼓区第三届人民代表大会代表。出席石鼓区第三届人民代表大会第五次会议的代表为147名。会议选举黄辉（女）为衡阳市石鼓区人民政府区长。

第六次会议 2016年2月24日至27日，石鼓区第三届人民代表大会第六次会议于召开。出席五次会议的代表147名，因谭金媛（女）、刘策富、杨爱国、王元军、吴颖（女）、李会能、王容易等7名代表先后向区三届人大常委会书面提交辞呈；李寿勇代表调离石鼓区，其代表资格自然消失；欧阳爱春代表已病故，其代表资格及人大常委会委员资格自然终止。根据工作需要，经区三届人大常委会代表资格审查委员会研究，同意增选15名区人大代表。此次出席石鼓区第三届人民代表大会第六次会议实有代表153名。会议听取和讨论区人民政府、区人大常委会、区人民法院、区人民检察院4个工作报告，并审议通过上述报告；听取、审议石鼓区人民政府关于2015年国民经济和社会发展执行情况与2016年国民经济和社会发展计划草案的报告；听取、审议石鼓区人民政府关于2015年财政预算执行情况和2016年财政预算（草案）的报告；并审议通过这两份报告。会议选举彭爱民为衡阳市石鼓区第三届人民代表大会常务委员会副主任，选举李在定、胡志英（女）为衡阳市石鼓区第三届人民代表大会常务委员会委员。

七、石鼓区第四届人民代表大会

2016年是市、县（区）、乡（镇）三级五套班子同步换届之年。9月2日，区委、区人大在机关会议中心召开区、乡人大换届选举工作动员会。区委成立换届选举工作领导小组，印发区、乡两级人大换届选举工作意见；区人大常委会依法成立区、乡选举委员会，制定领导干部包点督查指导乡街人大换届选举工作方案。区、乡选举委员会按照法定职责，全面统筹部署落实换届选举工作。各选举口均成立由党委主要负责人任组长的换届选举领导小组，加强对换届选举工作的组织领导和统筹协调。

第一次会议 2016年11月22日至25日，石鼓区第四届人民代表大会第一次会议召开。出席会议的代表162名。会议听取和讨论区人民政府、区人大常委会、区人民法院、区人民检察院4个工作报告，并审议通过上述报告。会议依法选举高鸿升为衡阳市石鼓区第四届人民代表大会常务委员会主任；冯春娥（女）、宁华梁、刘卫国、陈国春、彭爱民为人大常委会副主任（按姓氏笔画为序）；选举人大常委会委员20人（按姓氏笔画为序）：朱福华、阳平剑、李科、李友良、李会能、李雪晖（女）、杨蓉（女）、杨震、杨友生、杨少勇、肖慧（女）、邹帝（女）、张隆军、范云龙、胡志英（女）、殷高卫、黄贤英（女）、彭昭醒、谢炜、谭德云；选举刘浪为石鼓区人民政府区长，王砺、朱建社、吴颖（女）、汪衡湘、聂文化、曾梦龙、谢宏为副区长；选举谷敏为石鼓区人民法院院长，宋顺武为石鼓区人民检察院检察长。依照程序选举石鼓区出席衡阳市第十五届人民代表大会代表30人。大会闭幕式上，新当选人员举行宪法宣誓仪式。

第二次会议 2017年4月18日至20日，石鼓区第四届人民代表大会第二次会议召开。第一次会议实有代表162名。闭会后，杨龙金、肖立建、江志军3名代表因工作异动调离石鼓区，其代表资格自行终止。根据工作需要，经石鼓区人民代表大会常务委员会研究，同意第八十七选举口补选唐浩然为石鼓区第四届人民代表大会代表。出席石鼓区第四届人民代表大会第二次会议的代表为160名。会议听取和讨论区人民政府、区人大常委会、区人民法院、区人民检察院4个工作报告，并审议通过上述报告；听取、审议石鼓区人民政府关于2016年国民经济和社会发展执行情况与2017年国民经济和社会发展计划草案的报告；听取、审议石鼓区人民政府关于2016年财政预算执行情况和2017年财政预算（草案）的报告；并审议通过这两份报告。

第三次会议 2018年1月9日至12日，石鼓区第四届人民代表大会第三次会议召开。第二次会议实有代表160名。此后，李志军因调离石鼓区，其代表资格自行终止。李友良、谢炜、张隆军、罗轶达、梁璞（女）、戈锋、阳光辉、李阳武、刘志鹰、胡庭权、桂杨等11名代表因工作异动及个别代表市区交叉不便很好地履行职责提出辞职。根据工作需要，经区人大常委会研究，由相应选举口依法依规补选10名代表。因此，出席区第四届人民代表大会第三次会议的代表数为158名。会议听取和讨论区人民政府、区人大常委会、区人民法院、区人民检察院4个工作报告，并审议通过上述报告；听取、审议石鼓区人民政府关于2017年国民经济和社会发展执行情况与2018年国民经济和社会发展计划草案的报告；听取、审议石鼓区人民政府关于2017年财政预算执行情况和2018年财政预算（草案）的报告；并审议通过这两份报告。12日举行第三次全体会议，选举龚建民为区监察委员会主任；补选阳衡湘（女）、何一流（女）、曾利荣为衡阳市石鼓区第四届人民代表大会常务委员会委员。随后区人大常委会为当选人举行向宪法宣誓仪式。

第二章 区人民代表大会常务委员会

第一节 常务委员会会议

城北区第十一届人大常委会任期从1992年12月到1997年11月，共举行35次会议，听取和审议政府工作汇报60次，其中属于经济工作方面39次，占64.70%。

城北区第十二届人大常委会任期从1997年12月至2001年4月，2001年5月城区行政区划调整后，更名为衡阳市石鼓区人民代表大会常务委员会，任期内举行39次常委会会议，听取和审议区人民政府、区人民法院、区人民检察院工作汇报87项次，作出决议决定26项。

石鼓区第一届人大常委会任期从2002年12月至2007年11月，共举行35次会议。审议和决定重大事项36项，组织对《中华人民共和国义务教育法》、《中华人民共和国国土法》、《中华人民共和国电力法》以及司法、审计、环保、工商等部门21项法律法规的执行情况进行视察、调查和检查，任免国家机关工作人员189人次。

石鼓区第二届人大常委会任期从2007年11月至2012年11月，举行37次会议。听取和审议区人民政府、区人民法院、区人民检察院工作汇报50项次，作出决议决定30项，参与桔子山安置小区、合江套片区改造、五一路改造、机关团购房、中亿汽贸城和石鼓科技创业园等重点项目建设，组织对教育、医疗、食品安全、交通安全管理、保障房建设、低保、社保、计划生育、农业农村、城市管理、法院、检察等工作开展视察调研、执法检察和专项评议，依法任免国家机关工作人员94人次。

石鼓区第三届人大常委会任期从2012年11月至2016年11月，举行36次会议。听取和审议区人民政府、区人民法院、区人民检察院工作汇报55项次，作出决议决定25项，组织开展《中华人民共和国环境保护法》《中华人民共和国残疾人保障法》《中华人民共和国人民防空法》《中华人民共和国食品安全法》《中华人民共和国药品管理法》《中华人民共和国义务教育法》《中华人民共和国民办教育促进法》等法律法规执法检查。

石鼓区第四届人大常委会任期始于2016年11月。2016年，全年召开常委会会议9次，开展执法检查和视察调研21次，听取“一府两院”专项工作报告19项，作出决议、决定29项，任免国家机关工作人员31人次。2017年，全年开展执法检查和视察调研31次，听取“一府两院”专项工作报告31项，作出决议、决定16项，任免国家机关工作人员35人次，督促办理代表建议166件，开展专项述职、专题报告及满意度测评2次。2018年，全年共召开常委会会议7次，开展执法检查和视察调研31次，听取“一府两院”专项工作报告31项，作出决议、决定16项，任免国家机关工作人员25人次，督促办理代表建议74件，开展专项述职、专题报告及满意度测评1次。

第二节 常设机构

城北区人大常委会由城北区人民代表大会选举产生，作为区人民代表大会的常设机构。区人大常委会由主任、副主任和委员组成。

城北区第十一届人民代表大会第一次会议选举周顺福为区人大常委会主任，朱菊桂（女）、苏武清、江芳清、宁资德、吕浩（兼）为副主任。人大常委会委员 11 人：何明芝、胡少蓉（女）、黎芳洲、易炎启、张坤兰（女）、李家学、王先声、谢培享（女）、蔡林昭、夏仁初、单国平。

城北区第十二届人民代表大会第一次会议选举朱菊桂（女）为区人大常委会主任，苏武清、江芳清、刘绍计、刘方玉、尹东生、李炎生（兼）为副主任。人大常委会委员 13 人：王仡之（女，2001 年 5 月转入蒸湘区人大）、刘庆新、刘德桂（女）、阳华林（2001 年 6 月辞职）、何明芝、张治解、陈送保、夏仁初（1999 年 1 月辞职）、徐承敏（女）、谭庆芳（女，1998 年 11 月辞职）、邓棠棣（1999 年 3 月补选）、易卫平（1999 年 3 月补选，2001 年 5 月转入蒸湘区人大）、陈雅文（女，2001 年 12 月补选）。2001 年 12 月，原城北区十二届人大常委会主持召开石鼓区人民代表（原城北区人民代表）大会。会议未标明届次。因未换届，故将此次会议作为原城北区十二届人大届内会议。

石鼓区第一届人民代表大会第一次会议选举谭金媛（女）为区人大常委会主任，汤显友、夏德迪、刘友富、唐代发、张治解、许云生为副主任。人大常委会委员 12 人：邓棠棣（2003 年 3 月辞职）、徐承敏（女，2003 年 3 月辞职）、王中平（2003 年 3 月补选）、谢云业（2005 年 8 月辞职）、蔡庆生、彭爱民（2005 年 8 月辞职）、陈送保、盛丽萍（女，2003 年 3 月补选）、张弢、曹晓娟（女）、董湘阳、王家福、陈云根、邓晖（女）、杨爱国（2006 年 3 月补选）、李齐常（2006 年 3 月补选）。

石鼓区第二届人民代表大会第一次会议选举谭金媛（女）为区人大常委会主任，副主任为汤显友、许云生、陈送保、刘策富、邓新文。人大常委会委员有 14 人：田世凡、朱鸿波、杨爱国、杨智勇、李齐常、旷春桃（女）、邹鹏、张弢、唐高霜、盛丽萍（女，2008 年 3 月辞职）、谢美玲（女）、蔡庆生、杨蓉（女，2008 年 3 月补选）、孙宁（2009 年 3 月增选）。

石鼓区第三届人民代表大会先后选举曹华友、郑少会、高鸿升为区人大常委会主任（其间，2014 年 4 月 30 日，区三届人大常委会第十四次会议决定，推选陈国春为代理主任），选举邹金芝（女）、陈国春、冯春娥（女）、祝家元、齐素媛（女）、宁华梁、彭爱民为副主任，委员 15 人。本届人大常委会委员变动较大，先后有 23 人担任区人大常委会委员：乃顺德（2013 年 12 月辞职）、于吉林、龙平省、王磊（2015 年 4 月辞职）、孙宁（2013 年 12 月辞职）、李齐常（2013 年 4 月辞职）、李金萍（女）、旷春桃（女，2013 年 4 月辞职）、杨蓉（女）、杨爱国（2013 年 4 月辞职）、杨文勇、蔡庆生（2013 年 4 月辞职）、欧阳爱春（2015 年 10 月辞职）、王志刚（2013 年 4 月补选）、邓初中（2013 年 4 月补选，2016 年 2 月辞职）、邓新文（2013 年 4 月补选）、唐云华（2013 年 4 月补选）、邹智明（2013 年 4 月补选）、杨友生（2015 年 4 月补选）、欧阳平剑（2015 年 4 月补选）、曾广彪（2015 年 4 月补选）、谢炜（2015 年 4 月补选）、胡志英（女，2016 年 2 月补选）、李在定（2016 年 2 月补选）。

石鼓区第四届人民代表大会第一次会议选举高鸿升为区人大常委会主任，陈国春、冯春娥（女）、宁华梁、彭爱民、刘卫国为副主任，委员 21 人。本届人大常委会委员变动较大，先后有 23 人担任区人大常委会委员：朱福华、欧阳平剑（至 2018 年 6 月）、李科、李会能、李友良（2017 年 12 月辞职）、李雪晖（女）、杨蓉（女）、杨震、杨友生、杨少勇、肖慧（女）、邹帝（女）、张隆军（2017

年7月辞职）、范云龙、胡志英（女）、殷高卫、黄贤英（女）、彭昭醒、谢炜（2017年7月辞职）、谭德云、阳衡湘（女，2018年1月补选）、何一流（女，2018年1月补选）、曾利荣（2018年1月补选）。

1996—2018年石鼓（城北）区人民代表大会常务委员会主任、副主任一览表

表3-2-1

机构名称	职　务	姓　名	任职时间
城北区第十一届人大常委会（1992.12—1997.11）	主　任 党组书记	周顺福	1992.12—1997.11
	副主任 党组副书记	朱菊桂（女）	1992.12—1997.11
	副主任	苏武清	1992.12—1997.11
		江芳清	1992.12—1997.11
		宁资德	1992.12—1997.11
		吕浩（兼）	1992.12—1997.11
城北区第十二届人大常委会（1997.12—2001.4）	主　任 党组书记	朱菊桂(女)	1997.12—2001.4
	副主任 党组副书记	苏武清	1997.12—2001.4
	副主任	江芳清	1997.12—2000.3
		刘绍计	1997.12—2001.4
		刘方玉	1997.12—2001.4
		尹东生	1997.12—2001.4
		李炎生(兼)	1997.12—2001.4
石鼓区人大常委会（2001.5—2002.11）	主任 党组书记	朱菊桂（女）	2001.5—2002.11
	副主任 党组副书记	苏武清	2001.5—2002.11
	副主任	刘绍计	2001.5—2002.11
		刘方玉	2001.5—2002.11
		尹东生	2001.5—2002.11
		李炎生(兼)	2001.5—2002.11
石鼓区第一届人大常委会（2002.12—2007.11）	主　任 党组书记	谭金媛(女)	2002.12—2007.11
	副主任 党组副书记	汤显友	2002.12—2007.11
	副主任	夏德迪	2002.12—2007.11
		刘友富	2002.12—2007.11
		唐代发	2002.12—2007.11
		张治解	2002.12—2007.11
		许云生(兼)	2002.12—2007.11

续表3-2-1

机构名称	职　务	姓　名	任职时间
石鼓区第二届人大常委会（2007. 11—2012. 11）	主　任 党组书记	谭金媛（女）	2007. 11—2012. 11
	副主任 党组副书记	汤显友	2007. 11—2012. 11
	副主任	许云生（兼）	2007. 11—2012. 11
		陈送保	2007. 11—2012. 11
		刘策富	2007. 11—2012. 11
		邓新文	2007. 11—2012. 11
石鼓区第三届人大常委会（2012. 11—2016. 11）	主　任 党组书记	曹华友	2012. 11—2013. 12
		郑少会	2014. 1—2014. 3
		高鸿升	2015. 4—2016. 11
	代理主任	陈国春	2014. 4—2015. 4
	副主任 党组副书记	邹金芝（女）	2012. 11—2013. 12
		陈国春	2013. 12—2016. 11
	副主任	陈国春	2012. 11—2016. 11
		冯春娥（女，兼）	2012. 11—2016. 11
		祝家元	2012. 11—2016. 11
		齐素媛（女）	2012. 11—2013. 12
		宁华梁	2015. 4—2016. 11
		彭爱民	2016. 2—2016. 11
石鼓区第四届人大常委会（2016. 11—）	主　任 党组书记	高鸿升	2016. 11—
	副主任 党组副书记	陈国春	2016. 11—
	副主任	冯春娥（女）	2016. 11—
		宁华梁	2016. 11—
		彭爱民	2016. 11—
		刘卫国	2016. 11—

第三节　工作机构

1996 年 12 月，城北区十一届人大常委会工作机构设办公室、选举任免联络工作委员会、财政经济工作委员会、教科文卫工作委员会、城建环保工作委员会。原法制工作委员会更名为内务司法工作委员会。2016 年 11 月，区人大常委会增设研究室。2018 年，石鼓区四届人大常委会工作机构设办公室、内务司法工作委员会、教科文卫工作委员会、选举任免联络工作委员会、城建环保与农业农村工作委员会、人大财政经济工作委员会（人大常委会预算工作委员会）、人大法制委员会（人大常委会法制工作委员会）、人大常委会研究室。

1996—2018 年石鼓（城北）区人大常委会办公室领导一览表

表 3-2-2

姓名	职务	任职时间	姓名	职务	任职时间
单国平	主　任	1992. 12—1997. 9	旷春桃	主　任	2007. 10—2013. 4
夏仁初	主　任	1997. 11—1997. 12	刘　昕	副主任	2008. 6—
邓棠棣	主　任	1998. 5—2002. 12	孙　宁	主　任	2013. 4—2014. 8
王中平	主　任	2002. 12—2007. 8	欧阳平剑	主　任	2014. 8—2018. 6

1996—2018 年石鼓（城北）区人大常委会选举任免联络工作委员会领导一览表

表 3-2-3

姓名	职务	任职时间	姓名	职务	任职时间
王先声	主　任	1992. 12—1997. 12	邓初中	主　任	2013. 4—2015. 12
徐承敏（女）	副主任 主　任	1997. 11—2002. 2 2002. 2—2002. 12	赵小年（女）	副主任	2014. 4—
盛丽萍（女）	主　任	2003. 1—2008. 3	李在定	主　任	2015. 12—2017. 7
李齐常	主　任	2008. 3—2013. 4	杨　蓉（女）	主　任	2017. 7—

1996—2018 年石鼓（城北）区人大常委会内务司法工作委员会领导一览表

表 3-2-4

姓名	职务	任职时间	姓名	职务	任职时间
夏仁初	主　任	1992. 12—1997. 11	王志刚	主　任	2013. 4—2015. 12
阳华林	主　任	1997. 11—2001. 6	陆英俊	副主任	2015. 6—
谢云业	主　任	2002. 2—2002. 12 2003. 1—2005. 8	胡志英	主　任	2015. 12—2016. 11
陈送保	主　任	2005. 8—2010. 11	范云龙	主　任	2016. 11—
孙　宁	副主任 主　任	2008. 6—2010. 11 2010. 11—2013. 4	—	—	—

1996—2018 年石鼓（城北）区人大常委会财政经济工作委员会领导一览表

表 3-2-5

姓名	职务	任职时间	姓名	职务	任职时间
蔡林昭	主　任	1992. 12—1996. 6	唐云华	主　任	2013. 4—2016. 11
李兴华	主　任	1996. 6—1997. 5	邹天明	副主任	2014. 4—
刘庆新	主　任	1997. 11—2002. 2	李会能	主　任	2016. 11—
蔡庆生	主　任	2002. 2—2013. 4	—	—	—

1996—2018 年石鼓（城北）区人大常委会教科文卫工作委员会领导一览表

表 3-2-6

姓名	职务	任职时间	姓名	职务	任职时间
刘庆新	主　任	1994. 12—1997. 11	杨　蓉(女)	主　任	2008. 3—2017. 7
张治解	主　任	1997. 11—2002. 12	吴瑞景	副主任	2015. 1—2016. 11
彭爱民	主　任	2003. 1—2005. 8	曾利荣	主　任	2017. 7—
李齐常	主　任	2005. 8—2008. 3	—	—	—

1996—2018 年石鼓（城北）区人大常委会城建环保工作委员会领导一览表

表 3-2-7

姓名	职务	任职时间	姓名	职务	任职时间
李兴华	主　任	1995. 8—1996. 6	邹智明	主　任	2013. 4—2016. 11
陈送保	副主任 主　任	1996. 6—1997. 7 1997. 7—2005. 8	雷　理	副主任	2014. 4—
杨爱国	主　任	2005. 8—2013. 4	李　科	主　任	2016. 11—

2016—2018 年石鼓区人大常委会研究室领导一览表

表 3-2-8

姓名	职务	任职时间
朱福华	主　任	2016. 11—

第三章　职权行使

第一节　重大事项决议决定

在1996年3月召开的区第十一届人大第五次会议上，通过《衡阳市城北区国民经济和社会发展“九五”计划和2010年远景目标纲要》及报告的决议。常委会第二十四次会议作出《关于继续开展法制宣传教育的决议》，要求政府在1996年至2000年的“三五”普法教育中，切实加强对法制宣传教育的领导。城北区第十二届人大常委会加强对政府执行年度计划和预算的监督与编制“十五”计划的审议。本届人大每年对全区年度国民经济和社会发展计划及财政预算作出相应的决议。5次作出关于调整财政预算的决议。2001年下半年，常委会把审议区人民政府编制的区“十五”计划列为工作重点，主任会议和常委会会议先后听取和审议区人民政府关于“十五”计划纲要草案的汇报，当年12月召开的区人民代表大会会议上，通过《关于衡阳市石鼓区国民经济和社会发展第十个五年计划纲要的决议》，为全区未来五年的发展确定工作思路和奋斗目标。

石鼓区第一届人大常委会审议和决定重大事项36项。把发展规划、“三农”问题、城市建设与管理、优化经济环境、招商引资、非公有制经济发展、重点工程等事关全区经济社会发展的重大事项列入常委会会议的议程，有计划听取“一府两院”专题报告，及时作出重大事项决议、决定。常委会每年对区人民政府关于年度区级财政预算和调整方案的报告提前审阅，集中审议，并根据审议情况及时作出关于批准预算调整方案的决议。在《石鼓区国民经济和社会发展第十一个五年规划纲要》形成过程中提出建设性意见，使纲要更符合本区实际。听取和审议区人民政府关于石鼓区重点工程项目建设的情况报告，组织代表专题视察人民路“一点一线”样板街、石鼓书院广场、莲湖广场、杨家坪防洪堤等重点工程，听取区人民政府关于机关搬迁建设情况的报告，对城市建设进行审议，作出决定。

石鼓区第二届人大常委会在听取审议区人民政府关于国民经济和社会发展计划执行情况的报告时，应对宏观形势变化、保持经济发展良好势头提出意见和建议；在履行预算监督职能时，加强对预算资金使用绩效的监督，听取和审议预算执行情况报告、审计工作报告、财政决算报告，建议区人民政府优化财政支出和政府投资结构，完善预算管理体制和运行机制，提高预算编制和预算管理水平。

石鼓区第三届人大常委会先后依法对松木经开区扩园调规工作、乡镇区划调整改革工作、农村综合公共服务中心建设及虎形山棚户区改造项目由政府购买服务纳入区财政预算等涉及全区大局及群众利益的重大事项进行审议，作出决议决定。

2017年，石鼓区第四届人大常委会听取和审查2016年国民经济和社会发展计划执行、财政预算执行、财政决算、审计工作及审计整改情况报告以及2017年计划、预算情况报告，批准相关报告并作出决议。听取和审议区人民政府关于角山乡撤乡设镇的报告，并作出决议。2018年，常委会对科技创业园整体移交、农村公路提质改造等重大事项进行审议，作出决议决定16项。

第二节　法律监督与工作监督

城北区第十一届人大常委会抓好“二五”和“三五”普法决议的落实，开展法治教育，提高全民的法治观念。在“二五”普法其间，区人大常委会主要抓《中华人民共和国全国人民代表大会和地方各级人民代表大会代表法》和《湖南省实施〈代表法〉办法》的宣传、学习、贯彻工作，并将之列入“二五”普法的内容。十一届人大常委会听取和审议“一府两院”37个法律法规执行情况的汇报，开展各种形式的执法检查32次，提出执法方面的建议和意见172条。纠正执法问题5起。

1999年1月，常委会组织对《中华人民共和国审计法》《中华人民共和国统计法》《中华人民共和国婚姻法》《中华人民共和国义务教育法》《中华人民共和国劳动法》《中华人民共和国食品卫生法》《中华人民共和国防空法》《中华人民共和国工会法》《中华人民共和国水土保持法》《中华人民共和国国土法》《中华人民共和国税收征管法》《中华人民共和国工商管理法》等法律法规的执法检查20多次，支持和督促行政执法机关严格依法办事。

2002年，区人大常委会加强对“一府两院”的法律监督，保障宪法、法律、行政法规和上级人民代表大会及其常务委员会决议在本行政区域内的遵守与执行。

石鼓区第一届人大常委会先后组织对《中华人民共和国义务教育法》、《中华人民共和国国土法》、《中华人民共和国电力法》以及司法、审计、环保、工商等部门21项法律法规的执行情况进行视察、调查和检查。针对《中华人民共和国义务教育法》执法检查中发现的问题和困难，在加大义务教育投入、整合教育资源、学校危房改造、教育技术资金筹措、做好“控流保学”、强化师资队伍等几方面提出审议意见。

石鼓区第二届人大常委会抓住关键环节，促进“一府两院”依法行政，公正司法。听取和审议区人民政府关于“五五”普法情况报告。五年中，人大常委会先后组织对法院工作、城市管理工作、检察工作、社会救助工作、社保工作、卫生工作、农业农村工作等进行专项评议。

石鼓区第三届人大常委会突出问题导向，抓住区内经济社会发展的热点难点问题，加大监督力度，突出监督实效，促进“一府两院”依法行政、公正司法。先后组织开展《中华人民共和国环境保护法》《中华人民共和国残疾人保障法》《中华人民共和国人民防空法》《中华人民共和国食品安全法》《中华人民共和国药品管理法》《中华人民共和国义务教育法》《中华人民共和国民办教育促进法》等法律法规执法检查。开展“民族团结进步行”活动，促成人民路小学与新疆鄯善县台台尔中心小学结成友好帮扶学校，该举措成为全市促进民族团结进步的典范。

石鼓区第四届人大常委会加强对经济工作的监督，听取和审议“十三五”规划纲要中期评估、国民经济和社会发展计划执行等情况报告，提出调整意见和建议。听取和审议财政预算执行情况报告、决算报告，审查批准区本级财政预算，监督和支持区人民政府强化预算执行，实现预算收支平衡。

第三节　国家机关工作人员选举与任免

城北区第十一届人大常委会依法任免国家机关工作人员266名。其中，根据区人民政府区长的提名，任命副区长5名，各办、委、局主任、局长35名；根据区人大常委会主任提名，任命区人民政府代区长1名，区人民法院副院长1名，代院长1名，区人民检察院副检察长1名，代检察长1名，区人大办、委主任、副主任21名；根据区人民法院院长的提名，任命副院长3名，审判委员会委员12名，庭长、副庭长35名，审判员44名；根据区人民检察院检察长的提名，任命副检察长6名，检察委员会委员10名，检察员49名；免去人大常委会办公室主任1名，工委主任、副主任5名，免去区人民政府办、委、局主任、局长17名，免去区人民法院审判委员会委员2名、庭长、副庭长13名，免去区人民检察院检察委员会委员1名、检察员2名；依法接受区人民政府区长、副区长、区人民法院院长、区人民检察院检察长、区人民检察院副检察长、区审计局局长辞职各1名。常委会第二十一次会议上，依法撤销1名局长职务。5年中对被任命的国家机关工作人员进行4次培训，对政府2名副区长和1名局长进行述职评议。

城北区第十二届人大常委会任免国家工作人员232人次，接受辞职6人。2000年6月，常委会遵照《湖南省县级以上人民代表大会常务委员会监督条例》有关规定，对区人民政府两名副区长进行述职评议。

石鼓区第一届人大常委会行使法律赋予的人事任免权。5年中，任免区国家机关工作人员189人次，接受代表因工作异动辞职19人，依法补选市人大代表2人、区人大代表19人。先后依法对区人民政府副区长，政府组成部门主要负责人和区人民法院副院长、区人民检察院副检察长等26人次履职情况进行面对面的述职评议。

石鼓区第二届人大常委会坚持德才兼备标准，决定人事任免事项。5年依法任免国家机关工作人员94人次。

石鼓区第三届人大常委会坚持“凡任必考”的原则，5年中，111名提请任命人员全部按要求参加任前法律考试，增强国家机关工作人员的法律意识。从区三届人大常委会第二十四次会议起，44名新任命人员均举行宣誓仪式。

2017年，根据省市文件精神，经区委提名，首次由区人大常委会任命街道人大工委主任。

第四节　议案办理和信访工作

在城北区第十一届人大各次代表大会上，收到代表建议514条、批评意见398件。区人大对属于职权范围内的建议，及时召开交办会议，交“一府两院”办理。对于不属于区职权范围内的建议，则以驻区市代表的名义向市人民代表大会提出，在市政府及有关职能部门回复后，以区人大常委会的名义再转到所提建议的区代表手中，使代表的建议真正做到件件有回音。5年中，区人大常委会对于人民群众的来信来访，特别对申诉控告、影响较大的来信来访，及时召开主任会议，抓好信访件的落实。

城北区第十二届人民代表大会期间，区人大代表提出建议、批评和意见275件，区人大常委会及时转交有关机关办理。5年中，区人大受理群众来信280多件，来访310多人次，对于群众来信来访中反映的意见与要求，区人大常委会本着实事求是的原则，及时办理或转交有关机关处理，并负责答复。

2001年12月29日至30日，石鼓区人民代表大会期间，区人大常委会收集人大代表建议、批评意见39件，统一交区人民政府及所属部门办理。至2002年8月底，所承办的代表建议批评意见全部办理完毕。

石鼓区第一届人民代表大会期间，收到建议、批评和意见305件，区人大常委会及时转交有关机关办理。石鼓区第一届人大常委会按照《湖南省信访条例》要求，制定和完善领导接待、阅批、督办等一系列信访工作的程序和制度。这届常委会接待、受理人民群众来信来访1210件次。

石鼓区第二届人民代表大会期间，收到建议、批评和意见197件。从代表反馈意见来看，答复率100%，满意率为100%

石鼓区第三届人民代表大会期间，收到代表建议、批评和意见166件，全部办理完毕，代表建议办理的沟通率、办复率、满意率均为100%。石鼓区第三届人大常委会坚持拓宽信访工作渠道，依法受理群众来信来访71件次，已全部办理完毕。

2016年11月22日至25日，石鼓区第四届人民代表大会第一次会议听取石鼓区第三届人民政府关于办理人大代表建议、议案的工作汇报。石鼓区第三届人民政府承办区三届人大代表建议155件（主办153件、会办2件），另有市政府转办的省人大代表建议1件、市人大代表议案1件、市人大代表建议6件，均按要求进行书面答复，沟通率、办复率为100%。

2017年4月18日至20日，石鼓区第四届人民代表大会第二次会议收到代表建议、批评和意见58件。代表大会闭幕后，区人大常委会将代表建议交区人民政府相关部门办理，并要求在规定时间内及时答复代表。

2018年1月9日至12日，石鼓区第四届人民代表大会第三次会议收到代表建议、批评和意见76件。代表大会闭幕后，区人大常委会及时将代表建议交区人民政府相关部门办理，并要求在规定时间内及时答复代表。

区四届人大三次会议后，区人大常委会筛选出5件事关群众切身利益的建议，由区人大常委会领导牵头进行重点督办、跟踪问效，促使代表建议落实落地。办理代表关于推进乡村振兴战略的建议，促使区委、区政府出台7个配套文件，强势推进乡村旅游加速发展。办理代表关于缓解老城区停车难的建议，促使交警部门新增路面停车位200余个，并持续开展“百日会战”“集中攻坚”等专项整治行动。办理代表关于加快社区“雪亮工程”的建议，促使区人民政府新增视频监控摄像头，使全区综合治理继续获评全省先进，并成功创建“平安县市区”。

第五节　代表工作

城北区第十一届人大常委会坚持人大代表的主体地位，充分发挥代表作用。1998年初，常委会将全区179名省、市、区三级人大代表编为6个代表联组、14个代表小组，任命联组组长，推选小组组长，配备联络员。

城北区五家巷小学教学楼被开发商拆除达3年之久未建，影响该校正常教学。区人大常委会组织各级人大代表视察，向市、区两级政府提出建议，问题得到解决。2000年9月，一座新的教学大楼建成投入使用。

2001年4月，城区行政区划调整，区人大主动与有关兄弟县区人大常委会取得联系，完成人大代表的转接工作。是年，全区三级代表总数减少到162名。将接收过来的代表编入有关乡、街道代表小组，从组织上保证代表工作的连续性。

石鼓区第一届人大常委会对全区6个街道和2个乡建立高标准代表活动室作出部署，各乡、街道全部建立代表小组活动室，得到省、市领导的高度评价。

石鼓区第二届人大常委会开展代表述职活动，先后有23名市人大代表向区人大常委会述职，142名区人大代表向选区选民代表述职。

石鼓区第三届人大常委会重视闭会期间的代表活动，届内先后组织三级人大代表集中视察支撑全区经济社会发展的重点工程项目、农业产业项目和民生项目，提出针对性强的意见和有价值的建议。

石鼓区第四届人大常委会及各乡街人大工委通过分层级多渠道选送代表参加市级培训、邀请上级机关领导和法律专家授课等方式，举办代表履职培训班和法律知识培训班，组织代表学习《中华人民共和国宪法》《中华人民共和国代表法》《中华人民共和国组织法》《中华人民共和国监督法》《中华人民共和国预算法》等法律法规，提升代表参政议政、建言献策的能力和水平。

第四章　乡（镇、街）人大工作

第一节　乡（镇）人大工作

一、机　构

2001 年 5 月，衡阳市城区行政区划调整，原属市郊区管辖的松木乡及原属衡阳县管辖的角山乡划归石鼓区管辖。同时，将原属衡阳县集兵镇管辖的灵官庙村划归松木乡管辖。区划调整前，两个乡均在 1980 年实行政社分设，改公社人民代表大会为乡镇人民代表大会制度，每届任期 3 年。至 2001 年，两乡各自召开了 9 届人民代表大会。

2001 年 8—12 月，在城区行政区划调整之后，首次开展乡人大换届选举工作。选举产生乡人大代表 102 名，为应选代表名额的 100%；选举产生乡人大主席和乡人民政府领导班子成员 9 名。2007 年，区、乡两级人大代表首次同步换届选举。

2011 年 1 月 26 日，析出松木乡的新安、金兰、新竹 3 个建制村和松木、松梅、友谊 3 个建制村的部分区域，设立金源街道。2015 年 11 月，境内行政区划调整，松木乡并入黄沙湾街道。2016 年 11 月，分别设立区人大常委会金源街道工作委员会和黄沙湾街道工作委员会，原松木乡人民代表大会及主席团自然终止，其所属人大代表成建制转入黄沙湾街道人大常委会工委管理，并参与其活动。2018 年 11 月，经湖南省人民政府批准，角山乡撤乡设镇，改称角山镇；原角山乡人民代表大会及主席团改称角山镇人民代表大会及主席团。

二、乡（镇）人民代表产生

2001 年下半年，在城区行政区划调整之后，区人大常委会依照《中华人民共和国地方各项人民代表大会和地方各级人民政府组织法》、《中华人民共和国全国人民代表大会和地方各级人民代表大会选举法》的规定和区委的统一部署，首次开展了乡人大换届选举工作。两乡成立以乡党委书记为主任委员的乡换届选举委员会。在区人大常委会的指导下，两乡选举委员会举办了 4 期骨干学习班，受训人数 207 人。根据有关规定，两乡共划分为 39 个选区，每个选区分配代表名额 1 至 3 人。两乡确定第一轮代表候选人 268 人，产生正式代表候选人 150 人。法定选举日确定为 11 月 20 日。两乡共有 24860 位选民参加投票选举，参投率达 98%以上，其中本人直接投票 20820 人，委托投票 4040 人，直投率达 81%以上。两个乡选出乡第一届人民代表大会代表 102 名。其中妇女代表 21 名，占 20. 60%；非党代表 33 名，占 32%；代表中年龄在 35 岁以下的 8 人，36 岁至 55 岁的 94 人；文化程度大专以上的 16 人，中专及高中的 29 人，初中以下的 37 人；连选连任的代表 38 人，占代表总数的37%以上。按照区人大常委会的要求，松木乡、角山乡均在 12 月 10 日之前分别召开乡第一次人民代表大会，依法选举产生新一届领导班子。松木乡选举产生 1 名人大主席、1 名乡长、2 名副乡长，均属组织推荐人选；

角山乡选举产生1名人大主席、1名乡长、3名副乡长（其中代表10人联名1名）。

2007年，区、乡两级人大代表首次同步换届选举，依法选出乡人大代表107名。

2012年7月至10月，石鼓区进行区、乡两级人大代表换届选举，选出乡人大代表106名。

2016年下半年，全区依法选出乡人大代表55名，其中基层一线代表、妇女代表和非中共党员代表比例均高于往届。

三、代表活动

乡（镇）人民代表大会主席团活动 为完善人民代表大会制度，松木乡、角山乡均设立人大主席团。主席团由5~7人组成，设乡人大主席团主席1人，同时配备1名工作人员。乡人大主席被任命为乡党委副书记。

两个乡的人大主席团每年组织召开一次人大例会，听取和审议乡人大、乡政府工作报告和财政预算运行情况，听取乡属站、办、所、室负责人的述职报告，并对其进行评议。闭会期间，乡人大主席团围绕乡政府各项重点工作、民生工程进行监督，保障党和国家法律法规、方针政策的贯彻实施，促进民生工程的落实。2001年，两乡人大主席团按照区人大常委会的要求，实施“四有”工程，即代表工作有要求、代表活动有经费、代表活动有阵地、代表工作有记载有档案，要求每年召开1次代表大会，组织2~3次代表视察、调研，每季度至少组织学习1次，每月每个代表至少联系选民1次、办实事1件；将代表活动经费列入乡财政预算并专款专用；建立代表活动室等。通过实施“四有”工程，两乡均建立代表活动室，人大工作由被动型向主动型转变，由随意性向规范性转变，乡人大工作的威信得到提升。

代表活动 建立代表活动室。全区各乡（镇）都建立代表小组活动室。这项工作得到省、市领导的高度评价。松木乡人民代表大会主席团围绕发挥代表作用这一主题，通过搭建四个平台（学习平台、调研平台、述职平台、评议平台），密切联系代表，增强代表的参政议政的基本能力，为乡政府提供合理化的意见和建议，增强代表的监督实效，促进人大工作不断创新发展。2004年度，被石鼓区人大评为先进主席团，代表小组被衡阳市人大评为市先进代表小组。他们创建的人大代表活动室，经过规划设计、改造装修、添置设备、完善资料，具有浓郁的乡情特色，省、市、区领导、各级人大代表以及兄弟单位领导先后对人大代表活动室进行参观指导，赢得“湖南省人大代表小组活动第一室”的荣誉。

角山乡人大代表为打造“角山优质米”，扩种“青皮冬瓜”，调整农业产业结构，调查、座谈，献计献策，提出很好的议案和建议，也为群众与地方党委、政府之间架起一座联系沟通的桥梁。

评议区、乡工作 两个乡人大主席团每年组织召开一次人大例会，听取和审议人大、政府工作报告和财政预算运行情况，听取乡、站、办、所、室负责人的述职报告，并对其进行评议；组织代表参政议政，审议、决定各项重大事项，推进重点工作的强化监督。乡政府开会研究重大事项，也经常邀请人大代表参加，听取他们的意见和建议，保障决策的公正性与科学性，在实施中争取得到群众的最大支持。石鼓区第二届人大常委会组织对法院工作、城市管理工作、检察工作、社会救助工作、社保工作、卫生工作、农业农村工作等进行专项评议时，两个乡的人大代表也积极参加，认真准备，踊跃发言。

参加视察调研活动 乡人大主席团围绕本乡特色，有针对性地组织全国、省、市区代表开展视察调研，推动乡域内各项工作的开展。2003年9月，角山乡人大主席团组织全国、省、市、区人大代表视察教育软硬件建设。2009年度先后组织部分区、乡人大代表对民营企业、规划、国土、计划生育、教育和农业基础设施建设进行视察调研活动。每次所开展的视察调研活动均明确一个主题，突出一个重点，集中解决几个具体问题。

开展代表小组活动 1997—2002 年，组织代表开展“为贫困地区和身边特困户献爱心”活动。全区三级人大代表纷纷解囊，共捐款 17 万余元，重点支持衡角公路改造、小区建设和 2 名考上国家重点大学的优秀学生。

发动和鼓励人大代表提建议、批评和意见，2002 年，松木乡祝家鳌、李国庆、王家福等 3 位代表提出的《关于 107 国道松木段环境污染问题》的意见，引起区人民政府高度重视，并得到市环卫处的支持，组织开展治理垃圾运输车辆撒漏的专项活动，城区至螺丝山垃圾转运中心沿途的垃圾撒漏现象明显减少。

2007 年起，石鼓区第二届人大常委会开展代表述职活动。两个乡的人大代表向选民代表述职的人数达 70 人次。

第二节 街道人大工作

2000 年，合江街道代表联组组织有关代表单位筹资 10 多万元，并争取上级政府的大力支持，修复合江路和同心路部分严重损坏的路段。人民街道代表联组对城区部分下水道严重堵塞的问题提出建议，经过区人民政府几年的努力，这些问题得到缓解。

2016 年，区人大常委会根据省市文件精神，经区委提名，首次由区人大常委会任命街道人大工委主任。

2017 年，黄沙湾街道人大工委探索由选民给代表颁发代表证的做法，促使人大代表增强为民履职的责任感，主动服务选民，给人大代表队伍带来了新气象。

2018 年，重点推介五一街道人大工委“3+1”代表履职新模式、人民街道代表履职规范化建设经验和黄沙湾街道推动人大工作往基层下沉的做法。全区各级人大代表联系群众工作站（室）共接待群众 363 人次，收集意见建议 183 条，帮助解决问题 175 个；组织 5 名驻区市人大代表、85 名区人大代表进行会议述职，实现代表履职管理服务的规范化、制度化、优质化。

第四篇

人民政府

1996 年至 2001 年 4 月，衡阳市城北区人民政府坚持改革发展，以经济建设为中心，以城市管理为重点，推进区街企业改制，发展民营经济，加强普法教育与法治建设，促进全区两个文明的发展。先后就“九五”规划、区街企业改制、发展民营经济、财政管理与财源建设、城市管理与环卫工作、人事任免及人才引进、人防工程建设等重大事项作出相应决定。获“全省计划生育工作先进区”等称号。

2001 年 5 月，城北区人民政府更名为石鼓区人民政府，其职权职能有所扩大。这一时期，区政府坚决贯彻中央、省、市会议决定和指示精神，深化改革，优化行政管理职能，坚持依法治区；扩大对外开放，促进民营经济迅速崛起；实施“产业先行、资本下乡、带富一方”举措，促进农业产业规模发展和美丽乡村建设；在新形势下，打好城市建设和管理总体战，城市建设管理工作上新台阶；加大民生投入与保障，提高社会保障水平；加强生态环境治理与保护，推动“锦绣新石鼓”建设。先后就“十五”“十一五”“十二五”“十三五”规划纲要（草案）、财政预算及机构改革、人事任免、区街企业改制、优化营商环境、推进城市综合管理、加强民生保障、加快农业农村现代化和美丽乡村建设、加强生态环境治理、基层社区建设及村委会换届选举、法治建设、农村公路三年提质改造等重大事项作出相应决定。先后被授予“全国科技进步区”“湖南省投资和项目建设优秀县（市、区）”“全省人口和计划生育工作优质服务先进单位”“湖南省人口和计划生育工作模范单位”“湖南省招商引资先进县（市、区）”“湖南省非公有制经济先进县（市、区）”“湖南省现代教育技术实验区”“湖南省林权制度主权改革工作先进单位”“全省城乡社区治理实验区”“全省平安县市区”“全省市场秩序工作先进县市区”等称号。

第一章　政府机构

第一节　领导机构

1996—2000 年，衡阳市城北区人民政府由 1992 年 12 月召开的城北区第十一届人民代表大会和 1997 年 12 月召开的城北区第十二届人民代表大会选举产生，简称城北区第十一届、第十二届人民政府。2001 年 5 月，衡阳市调整行政区划，城北区人民政府更名为石鼓区人民政府。2002 年 12 月召开石鼓区第一届人民代表大会，选举产生石鼓区第一届人民政府及其领导成员。之后，2007 年 11 月召开的石鼓区第二届人民代表大会、2012 年 11 月召开的石鼓区第三届人民代表大会、2016 年 11 月召开的石鼓区第四届人民代表大会，均选举产生相应届次的区人民政府及其领导成员。

1996—2018年石鼓（城北）区人民政府区长、副区长一览表

表4-1-1

届　次	姓　名	职　务	任职时间
城北区第十一届人民政府（1992.12—1997.12）	李远福	区　长	1992.12—1996.6
	李荐国	代区长 区　长	1996.6—1997.1 1997.1—1997.12
	袁　平	副区长	1989.11—1997.9
	贾春勋	副区长	1990.9—1997.8
	阳新华	副区长	1992.12—1997.12
	谭金媛(女)	副区长	1994.12—1997.12
	刘绍计	副区长	1996.3—1997.12
	刘扶华	副区长	1996.6—1997.12
	苏　营	副区长	1997.8—1997.12
城北区第十二届人民政府（1998.1—2001.4）	李荐国	区　长	1997.12—2000.2
	邓　柯	代区长 区　长	2000.2—2000.3 2000.3—2001.4
	阳新华	副区长	1997.12—2001.4
	谭金媛(女)	副区长	1997.12—2001.4
	刘扶华	副区长	1997.12—2001.4
	苏　营	副区长	1997.12—2001.4
	肖仁贵	副区长	1997.12—2001.4
石鼓区人民政府（2001.5—2002.11）	邓　柯	区　长	2001.5—2002.8
	田　奇(女)	区　长	2002.8—2002.11
	阳新华	副区长	2001.5—2002.11
	谭金媛(女)	副区长	2001.5—2002.11
	刘扶华	副区长	2001.5—2002.11
	苏　营	副区长	2001.5—2002.11
	肖仁贵	副区长	2001.5—2002.11
	王仲晓	副区长	2002.9—2002.11
石鼓区第一届人民政府（2002.12—2007.11）	田　奇(女)	区　长	2002.12—2007.11
	肖仁贵	副区长	2002.12—2007.11
	苏　营	副区长	2002.12—2007.11
	谭长青	副区长	2002.12—2007.11
	王仲晓	副区长	2002.12—2006.7
	邹金芝(女)	副区长	2002.12—2007.11
	马先林	副区长	2002.12—2007.11
	刘　建	副区长	2006.6—2007.11

续表4-1-1

届　次	姓　名	职　务	任职时间
石鼓区第二届人民政府（2007. 11—2012. 11）	田　奇(女)	区　长	2007. 11—2010. 12
	周楚政	区　长	2010. 12—2012. 11
	郑少会	副区长	2007. 11—2011. 7
	刘　建	副区长	2007. 11—2011. 6
	苏　营	副区长	2007. 11—2012. 11
	谭长青	副区长	2007. 11—2008. 9
	邹金芝(女)	副区长	2007. 11—2012. 11
	邱　宁	副区长	2007. 11—2012. 11
	周文源(女)	副区长	2008. 10—2012. 11
	赵　伟	副区长	2011. 7—2012. 11
	尹培国	副区长	2011. 7—2012. 11
石鼓区第三届人民政府（2012. 11—2016. 11）	周楚政	区　长	2012. 11—2013. 12
	黄　辉(女)	副区长 区　长	2014. 1—2015. 5 2015. 6—2016. 8
	刘　浪	代区长	2016. 8—2016. 11
	尹培国	副区长	2012. 11—2013. 8
	邱　宁	副区长	2012. 11—2013. 8
	周文源(女)	副区长	2012. 11—2014. 3
	赵　伟	副区长	2012. 11—2016. 11
	谢　宏	副区长	2012. 11—2016. 11
	朱建社	副区长	2012. 11—2016. 11
	陈　坚	副区长	2012. 11—2016. 8
	聂文化	副区长	2013. 1—2016. 11
	孙鹏伟	副区长	2013. 8—2014. 3
	贺水源	副区长	2013. 8—2016. 11
	王　敏	副区长	2014. 4—2016. 8
	朱鸿波	副区长	2014. 4—2016. 11
石鼓区第四届人民政府（2016. 11—）	刘　浪	区　长	2016. 11—
	曾梦龙	副区长	2016. 11—
	谢　宏	副区长	2016. 11—
	朱建社	副区长	2016. 11—
	聂文化	副区长	2016. 11—
	吴　颖(女)	副区长	2016. 11—
	汪衡湘	副区长	2016. 11—
	王　砺	副区长	2016. 11—

第二节 工作机构

一、区人民政府直属机构

1996 年至 2001 年 5 月，城北区人民政府设工作机构 17 个，分别是政府办公室、计划生育委员会、民政局、劳动人事局、教育体育局、文化局、卫生局、财政局、商贸局、环保局、建设局、司法局、审计局、计划统计局、监察局、人民防空办公室、城市管理委员会办公室。

2002 年 1 月，石鼓区人民政府设工作机构 17 个，分别是政府办公室、计划统计局、经济贸易科技局、教育文化体育局、监察局、民政局、司法局、财政局、人事劳动和社会保障局、建设局、农村工作办公室、乡镇企业局、水利农机局、卫生局、计划生育局、审计局、环境保护局。

2005 年 1 月，区政府设工作机构 16 个，分别是政府办公室、发展改革局、商务局、教育文化体育局、科学技术局、监察局、民政局、司法局、财政局、人事劳动和社会保障局、建设局、农村工作办公室、水利农机局、卫生局、计划生育局、审计局。

2010 年 3 月，区政府设工作机构 19 个，分别是政府办公室、发展改革局、经济贸易和科技局、教育文化体育局、监察局、民政局、司法局、财政局、人事劳动和社会保障局、住房和城乡建设局、农村工作办公室、水利农机局、卫生局、人口和计划生育局、审计局、统计局、安全生产监督管理局、农村工作办公室、人民防空办公室。

2015 年 3 月，区政府设工作机构 20 个，分别是政府办公室、发展改革和科学技术局、商务局、教育文化体育局、监察局、民政局、司法局、财政局、人力资源和社会保障局、住房和城乡建设局、农林局、水利局、卫生和计划生育局、审计局、统计局、安全生产监督管理局、城市管理行政综合执法局、旅游外侨民宗局、政府法制办公室、人民防空办公室。至 2018 年末，石鼓区区直机构设置未变动。

二、乡、镇、街道机构

1996 年—2001 年 5 月，城北区辖 6 个街道，即人民街道、五一街道、合江街道、青山街道、蒸湘街道、潇湘街道。

2001 年 5 月底，衡阳市城区行政区划调整，石鼓区辖 2 个乡、6 个街道，即松木乡、角山乡、合江街道、五一街道、黄沙湾街道、潇湘街道、青山街道、人民街道。

2010 年 2 月，衡阳市调整区划，将松木乡的新安、金兰、新竹 3 个建制村和松木、松梅、友谊 3 个建制村的部分区域析出，由金源街道筹备领导小组统一管理。2011 年 2 月，经湖南省人民政府批准成立金源街道办事处，由石鼓区和松木工业园实行双重管理。是年底，石鼓区辖 2 个乡、7 个街道，即松木乡、角山乡、合江街道、五一街道、黄沙湾街道、潇湘街道、青山街道、人民街道、金源街道。

2015 年 11 月，湖南省乡镇区划调整改革，松木乡、黄沙湾成建制合并设立黄沙湾街道。是年底，石鼓区辖 1 个乡、7 个街道，即角山乡、黄沙湾街道、合江街道、五一街道、潇湘街道、青山街道、人民街道、金源街道。

2018 年 12 月，经湖南省人民政府批准，衡阳市石鼓区角山乡撤乡设镇。是年，石鼓区辖 1 个镇、7 个街道，即角山镇、黄沙湾街道、合江街道、五一街道、潇湘街道、青山街道、人民街道、金源街道。

第二章　重要会议

第一节　区人民政府全体会议

区人民政府全体会议由区长、副区长、政府党组成员，区人民政府各办、局（公司、中心）和各乡（镇）、街道办事处的行政主要领导组成，并邀请区委书记、区人大常委会主任、区政协主席和区人民武装部主要领导出席，根据需要可吸收不是区人民政府成员的有关部门、单位的主要领导列席会议。政府全体会议由区长召集或主持。政府全体会议每年召开 1 至 2 次。区人民政府全体会议的议事内容：传达贯彻上级国家机关的重要指示和决定，决定和部署区人民政府的重要工作；通报全区经济和社会形势，协调各部门的工作；讨论通过需按法定程序由区人民政府全体会议决定的事项。

1996—2000 年，城北区共召开区政府全体会议 11 次。2001—2018 年，石鼓区共召开区政府全体会议 39 次。

第二节　区人民政府常务会议

常务会议是区人民政府研究全局工作、讨论决定重大事项的重要会议。常务会议由区长、副区长、区政府办公室主任组成，邀请区人大、区政协有关领导和区人武部主要负责人参加。区政府正副调研员、区监察局长、区政府法制办主任、区统计局局长、区政府办公室副主任、区政府法律顾问列席会议。根据议题需要，可安排与议题有关的乡（镇）、街道和区级部门负责人列席会议。亦可适时邀请区人大代表、区政协委员、民主党派人士、无党派人士、市民代表列席会议。亦可邀请区委有关领导和其他区委部门、区人民团体负责人列席。特殊情况，列席人员范围由会议主持人确定。常务会议组成人员是常务会议议事的主体，列席人员为常务会议审议讨论提供法律法规、政策和事实情况说明。常务会议一般每个月召开 1 至 2 次，特殊情况可临时召开。常务会议的议事内容：贯彻、落实上级机关的方针、政策、决定决议和区委、区人大工作部署、重要决议及需要上报的重要工作事项；研究决定全区经济社会发展中的重大事项；研究决定财政资金使用和重大项目建设事项；研究决定工作分工、人事任免及奖惩等事项和其他应由区政府常务会议讨论决定的重要事项。

1996—2000 年，区政府召开常务会议 60 次，先后讨论研究政府领导成员分工、财政预算、“九五”计划、机关事业单位工作人员考核与招聘、义务兵安置、区街企业改制、发展民营经济、城市管理与环卫工作、人事任免、人防工程建设等工作，并作出相应决定。

2001—2005 年，区政府召开常务会议 76 次，先后讨论研究财政预算、取缔关闭松梅村非法冶炼厂、“十五”计划、社区建设及村委会换届选举、机关事业单位工作人员考核、义务兵安置、区街企业改制、政府领导成员分工、公车管理、林地林权登记换证、角山敬老院扩建、江雁机械厂破产有关问题处理、江雁机械厂社会职能移交、石鼓区“十一五”规划纲要（草案）、人事任免等工作，并作出相应决定。

2006—2010年，区政府召开常务会议85次，先后讨论研究松木科技创业园建设、城乡低保补助提标、松木明德小学建设、衡邵高速石鼓段建设、城镇居民基本医疗保险、全国第二次经济普查、机关大院搬迁、企业改制人员移交、全民健身广场建设、虎形山公园项目建设、全国第六次人口普查、石鼓区“十一五”规划纲要（草案）、人事任免等工作，并作出相应决定。

2011—2013年，区政府召开常务会议47次，先后讨论研究政府领导成员分工、农村危房改造、华阳城项目建设、来雁欣城项目建设、环卫市场化、江霞沙场整治、金源街道办事处设置、中亿汽贸城建设、蒸水北堤风光带建设、五一路二期建设、崇盛·晶珠购物公园建设、城管体制改革、人事任免等工作，并作出相应决定。

2014—2018年，区政府召开常务会议59次，先后讨论研究重点项目安排、村“两委”换届选举、区政府机关环形道路建设、社区工作人员工资调整、区城建投机构设立和管理办法、社区办公用房、背街小巷改造、机关大院山体护坡及人武部大门改造等工程建设、街道自收自支编制及原居委会退休人员退休生活补贴、环卫园林市场化、社区整合和社区办公服务用房建设、桔子山安置房建设、第三次全国农业普查、区公车改革、市中医正骨医院异地重建、区城市公立医院综合改革、柴埠门渡口撤渡、安全生产工作、农村公共区域环境卫生市场化运作、区农贸市场标准化改造、区人武部综合楼建设、衡角公路提质改造延伸工程、区志工作、公开招聘教师、公开招聘事业单位工作人员、江山花苑区属房处置、角山乡撤乡设镇、集体土地征地拆迁安置及资金结算、农村房屋改造和农村垃圾专项治理、社区优化调整、美丽乡村建设、法治建设及人民调解工作、农村公路三年提质改造等事项，并作出相应决定。

第三节　区人民政府区长办公会议

区长办公会议由区长或经区长授权的副区长召集和主持，根据需要不定期召开。区长办公会议由区长、副区长、区人民政府党组成员、办公室主任组成，根据需要可安排有关乡（镇）、街道和部门（单位）主要负责人列席。区长办公会议的主要任务：听取区政府领导和有关部门工作情况汇报，研究部署区人民政府相关工作；研究决定单项涉及改革、发展和稳定的事项；研究决定区政府日常工作中遇到的重要事项，特别是涉及两位以上副区长分管工作中需要统筹协调的重要事项；其他需要区长办公会议研究的事项。

1996—2000年，区政府召开区长办公会议12次，讨论研究财政预算、“九五”规划、机关事业单位工作人员考核与招聘、义务兵安置、区街企业改制、发展民营经济、城市管理与环卫工作、人事任免、人防工程建设等工作。

2001—2018年，区政府召开区长办公会议112次，先后就大元头市场的建设工程款问题、整治医疗市场及医药购销不正之风问题、陕西巷小学体制改革、衡角公路建设资金贷款、永兴家具博览中心、机关文印中心运营、机关事业单位养老保险办理、公车购置、评优评先、校园周边环境整治、工资调标及人事聘任工作、衡阳华耀城有限公司作为拟设立的衡阳市石鼓区华助小额贷款有限公司主发起人资格相关问题、综合停车场相关工作、明翰路两厢提质改造、税收征管、控违拆违工作、雅士林欣城项目建设相关工作、区国征中心、区安置办、区征地办归口管理工作、乡村旅游及旭东村相关工作、禁毒暨反恐工作会议相关筹备工作、区环卫、园林、城管停车保养场相关工作、中心城区街道文明创建工作、政府职能部门班子成员任免、财政专项资金使用计划等有关工作、金库变更、雁栖湖公园项目建设、安置房建设、中亿汽贸城建设与发展、“大棚房”问题清理专项整治等进行讨论研究，并作出相应决定。

第四节　区人民政府专题会议

区人民政府专题会议是讨论决定区政府工作中专门问题的决策性会议，按照民主集中制和行政首长负责制的原则依法进行。区人民政府专题会议由区长（或区长委托分管副区长）召集，区政府办公室分管副主任、议题涉及单位主要负责人、分管负责人及相关人员等列席会议。区人民政府专题会议原则上审议区政府工作中的专门事项和问题。主要研究决定分管范围内专项性重要行政事项，研究部署阶段性重点工作。

1996—2018 年，区政府累计召开专题会议 96 次，主要讨论研究协调湖南雁城大市场建设及试营业事宜、协调进步村与杨岭村土地、市煤气公司破产保障工作、防治禽流感、背街小巷改造、江雁机械厂破产、市区管理体制、江霞砂场经营权拍卖工作、筹建小额贷款公司、衡阳市造船厂家属房处置工作有关事宜、重点项目建设调度、安置房建设、湘江保护和治理“一号重点工程”、危房认定暨村民建房资格审定、角山乡小集镇建设、全区湘江保护和治理“一号重点工程”、城乡环境综合整治、华光街棚户区违规改造、柏树嘴衡长路棚户区改造拆迁安置及过渡费的发放、衡阳市鑫华建筑工程公司改制、“牛皮癣”清零、衡阳莱德生物药业有限公司金雁化工厂安全、农村房屋“穿衣戴帽”、华耀城拆迁安置房违法占用农用地、虎形山庄度假酒店项目建设工作、依法取缔关闭非法页岩砖厂相关工作、雁栖湖及周边环境突出问题综合整治工作、水库水质保护工作及规范水库养殖、农村重症精神病患者监护救助、兴园经济建设投资有限公司遗留问题处理、衡阳莱德生物药业有限公司危险废物超期贮存问题处理、蒸水北堤环保督察问题整治、健康扶贫、五一船厂固体废物垃圾堆存处置、全区重度精神病人免费救济、街道及社区工作人员养老保险补缴及待遇保障等工作。

第三章　施政纪要

第一节　发展农业生产

2001年行政区划调整后，境内辖有2个农业乡、3个涉农街道，共28个行政村、1.22万户农业户、4.25万名农业人口。区政府将“三农”纳入工作重点，加强对农业农村工作的领导。以市场为导向，以城区为依托，对农业进行结构调整，发展新型高效都市圈农业。2001—2005年，全区共调减粮食种植面积733.33公顷，增加蔬菜种植面积213.33公顷、经济作物种植面积253.33公顷，新开鱼塘200公顷，完成退耕还林和荒山造林433.33公顷。这期间，衡角公路全线改造工程竣工，湘江、蒸水沿河堤坝得到维修加固，2个乡的病险水库完成加固改造，新建电动及手压井、大口井120余座，兴建卫生厕所80余座。通过加强农村基本设施建设，全区农村生产生活条件得到改善。水利工作获全市“芙蓉杯”水利建设三等奖，水利农机局被评为2005年度全市农机化先进单位。通过两轮农村税费改革，至2005年农民人均年负担核减到28.65元。2006年，农民的各项税费负担全部免除。至2009年，全区新建特色种养基地50余个。列入省市项目笼子的三星蔬菜基地建成蔬菜大棚60个，基地面积扩大到512亩，松木村的草莓、罗汉果示范基地、建新村的花卉苗木、苹果梨、生猪养殖、松梅村的生态农业项目、青石村方鸭养殖、灵官庙村的礼品西瓜等示范基地建设建成投产。2010年，区政府工作报告提出，提升一产，围绕城市核心，定位城郊农业，发展一批粮、菜、猪、鱼、果等农产品加工基地和农村合作经济组织，打造一批小而精的城市菜园、果园、花园。尤其要加快农村基础设施建设，结合项目建设和城乡道路建设，促使公交、供水、供电、环保、环卫、通信等城市基础设施向农村延伸，加快城市文明向农村渗透。至2011年，全区引进培育领军现代等农业产业化龙头企业18家，新建蔬菜大棚1000余个。2012年，湖南省蔬菜工作会议在衡阳召开，三星蔬菜基地为全省蔬菜工作会议提供参观现场。是年底召开的石鼓区第三届人民代表大会第一次会议决定做精做特一产，加强蔬菜基地建设，以三星村为核心，整合周边村现有土地资源，打造万亩连片无公害有机蔬菜生产基地。2013年，三星蔬菜基地被评为“全省蔬菜生产示范基地”。2015年，全区种植蔬菜1.88万亩，出园蔬菜6.89万吨，较2014年增长13%。2016年，区政府以产业为基础，加快现代农业建设。是年，成功举办全牛盛宴暨年货节、首届青少年农耕文化节，香樟苑、潇湘和创、云飞农业等企业不断壮大，市民的“菜篮子”、“果盘子”、“花钵子”和休闲地加速形成。至2018年，全区建成利民莲花、角山玫瑰、三星蔬菜、旭东肉牛等特色产业基地11个，带动4100余名村民实现就业创业。培育省级农业龙头企业2家、市级8家，创建绿色食品商标4个，认证无公害产品19个。

第二节　加强城市建设与管理

1996年，以学习张家港活动为契机，组织辖区内各单位和群众，开展城市建设管理三个“战役”，辖区内的市容市貌有大改观。城北区加强城市建设管理工作的经验，被市委、市政府在城、郊各区推广。1997年，以抓好环境卫生和环境保护工作为切入点，创建文明小区活动广泛深入，创建工作规划起点高、工作力度强、整体推进快、小区变化大。1998年，继续加大城建城管工作力度，加强主次干道上的清扫保洁和摊担管理，突出重点路段专项整治和背街小巷建设。是年，西湖一村获“全国青年文明社区”称号，太平小区示范小区建设夺得全市第一名，评为省、市文明小区示范点。1999年，对区内城管体制进行改革，理顺工作关系。

2001—2010年，区委、区政府实施“南改北拓、城乡一体”发展战略，坚持城乡建设一起抓，工作同时部署，同步推进，并适当向两个乡倾斜。围绕重点项目建设做文章，以经常性综合整治为手段，全区城市建设与管理工作上新台阶，城区面貌一年一小变，三年一大变，城区品位逐年提升，一批重点项目先后在境内建成。这期间，区委、区政府深化环卫管理体制改革，组建区环卫清洁总公司，环卫的清扫、清运、清洗等面上工作力度加大。全区自筹资金470余万元，用于改造背街小巷、下水道和铺设人行道板。先后组织开展“八乱”“牛皮癣”等集中专项整治活动530余次，拆除“两违”及其他建筑物77846平方米，市容市貌一新。

2011—2015年的“十二五”期间，区委、区政府依据规划目标，紧扣民生主题，围绕项目抓建设，突破体制机制瓶颈，统筹协调，推进城市扩容提质，城乡环境改善。城区主次干道两厢提质改造有序推进，蒸水以北城市规划日趋完善，交通道路网基本成形。稳步推进合江套片区改造、雁栖湖综合开发，石鼓新城建设步伐加快。“八城同创”有序开展，控违拆违、社区环卫市场化、背街小巷改造、殡葬改革、“规电”行动等工作扎实有效。新农村建设和城乡环境同治取得明显成效。松木乡创建省级文明村镇，松木村、三星村和角山村创建省级新农村示范村均获成功。

2017年，区委、区政府坚持推进华耀城、来雁新城等一批项目及配套设施建设。是年，区城市建设投资公司与华融湘江银行达成合作协议，完成石鼓区首批3.80亿元融资工作。这是石鼓区第一次大额度融资，融资资金主要用于石鼓区棚户区改造，以改善辖区内居民生活居住条件。

2018年，区政府以规划一批、建设一批、改造一批、整治一批、规范一批的“五个一批”为重点，抓好智慧社区建设，高质量建设数字城管中心，推进城区“雪亮工程”全覆盖。启动人民路3个示范性社区试点建设，扎实推进社区“三清三建”升级版。持续实施“厕所革命”、道路两厢提质改造、城市危房改造等工作，加强渣土管理日常巡查和重点盯守，规划建设渣土专用消纳场，改善农贸市场、重点地段、校园周边环境，强化夜市摊点管理，规范交通秩序，落实“门前三包”，打造进步巷特色一条街和蒸阳北路、环城北路、蒸水北路等6条主次干道市容市貌示范街。下发《石鼓区创建第六届全国文明城市工作三年行动计划》和《石鼓区创建第六届全国文明城市工作方案》，推进新一轮创建全国文明城市工作。

第三节　推进招商引资

1996年，城北区委、城北区人民政府坚决贯彻市委、市政府《关于加快招商引资的若干政策规定》，主要领导带头抓招商引资工作，推动了全区外向型经济的快速发展。至2000年，全区签订各类招商引资合同29个、协议3个，合同利用外资2697.5万美元，立项26个，实际到位外资876.5万美元、内资1320万元人民币。其间，城北区五一街道引进香港佳华贸易有限公司合资创办衡阳市旭升寄宿学校，实现街道招商引资工作零的突破。

2002年开始，石鼓区委、区政府坚持把引进外资与吸纳内资结合起来，坚持上下联动，内外并举。是年，全区组队参加省、市组织的东莞招商周活动，共引进外资企业3个，合同利用外资580万美元，实际到位外资390万美元，外资企业实缴税金1000万元，自营出口创汇7万美元。2004年，区委、区政府结合区情出台《石鼓区招商引资奖励政策》、《石鼓区鼓励投资兴办生产性工业企业、大型商业网点和参与城市基础设施建设的优惠办法》和《关于区级领导和责任单位招商引资管理办法（试行）》等文件，是年引进外资项目9个，开工（开业）项目5个，合同利用外资1035万美元，实际到位外资706万美元，引进内资项目34个，开工（开业）项目28个，实际到位内资2.2亿元，完成自营进出口147万美元。2005年，区委、区政府先后组团参加“湘洽会”“港招会”“东（莞）洽会”等大型招商活动。至2006年，全区引进内资项目90个，到位内资91250万元；引进外资项目18个，到位外资2173万美元。

2007—2011年，全区引进内资项目216个，利用内资总额63.36亿元。其间，雅士林欣城、北城明珠、中油新兴能源产业集团华南总部基地及中油金鸿华南LNG储配站、南方汽贸城等一批大型项目纷纷落地。2012年，投资120亿元、占地5310亩的华南城衡阳项目签约，是衡阳建市以来最大的商贸物流项目。是年，文化创意体验园、莲湖广场公益性旧城改造、深物业、台湾大润发等一批项目达成投资意向，光大银行衡阳总部落户石鼓。2013年以来，区委、区政府明确“追商选资，招大引强”的工作思路，瞄准大集团、大公司、大商家，积极引进战略投资者。至2016年，全区成功引进商贸物流、电子商务、文化旅游等产业项目88个。2017年，区政府组团先后参加“港洽周”“央企入湘对接会”“2017衡州经济发展论坛”等活动，成功签约项目5个、总引资30.3亿元。2018年，区政府积极对接华侨城、银泰、华强、顺丰、苏宁等大型企业，落地签约达583.5亿元。

第四节　发展社会事业

（一）优先发展教育事业

1996—2000年，城北区不断提高“两基”水平，全区适龄儿童入学率、在校学生巩固率、小学毕业生升学率均为100%。2002年，区政府持续加大教育投入，改善办学条件，促进城乡义务均衡发展。至2006年，全区中小学校D级危房全部完成改造，新建学校教学楼8座，改造校园14所。2007—2011年，区政府继续推进学校布局调整，消除D级危房，改造危房8.35万平方米。2012—2018年，区委、区政府坚持把教育摆在优先发展的战略位置，围绕“办人民满意教育”的目标，大力实施教育提升工程，推进教育均衡化、优质化发展，加快集团化办学步伐。累计投入1.29亿元，完成人民路朝阳学校、角山前进小学、都司街华耀小学等项目建设，新增学位近5000个，有效化解“大班额”。

（二）实施科技兴区

1999年，区委、区政府作出《关于成立科教兴区领导小组的决定》，在全区确立科技兴区的战略思想。2001—2002年，区政府推广农业新技术，全区共推广地膜覆盖栽培技术、病虫害综合防治技术、大棚营养钵育苗技术、遮阳网覆盖栽培技术以及特种养殖技术等7项新技术，促进农业增产增收。2002—2011年，区政府组织开展科学技术竞赛6次、技术比武竞赛9次。2016—2018年，区政府推动科学普及，鼓励科技创新，为科技兴区提供支撑。

（三）促进文化发展

1996—1999 年，区政府广泛开展健康有益、形式多样的群众性文化娱乐活动。2000 年，区政府设立城北区文学艺术创作奖励基金，建立作者深入生活创作基地，全区创作发表文艺作品 106 件。2002—2012 年，区政府持续推进文化事业发展，10 年间，全区共有 100 多件作品在国家、省、市获奖。2014—2017 年，区政府先后组织开展“欢乐潇湘”大型群众文化活动，组织“美丽石鼓”春节文化活动，承办衡阳市“欢乐潇湘、幸福衡阳”暨“广场旬旬演、社区周周乐”群众文化活动启动仪式。2018 年，区政府组织开展的“庆祝改革开放四十周年”湖南省广场舞展演衡阳市石鼓区专场活动，获得了央视《新闻联播》的报道。

（四）建设健康石鼓

区政府坚持“预防为主”的方针扎实抓好防疫保健、爱国卫生、医政药政等各项工作，为确保人民的身体健康创造条件。1996—1998 年，区政府坚持抓好疫苗接种工作，每年的“四苗”接种率、覆盖率和卡证合格率保持在 95%以上。1999 年，区政府启动医疗保险试点工作，2000 年 9 月正式启动。2003 年，区政府提高医疗保险保障水平，是年征缴医疗保险基金 187.3 万元、大病互助基金 18 万元。2006 年，区政府将计划免疫工作经费纳入区财政预算，下拨专项经费 7.5 万元，“五苗”接种率 95%以上，基础免疫建卡建证率 100%。2008 年，区政府成立手足口病应急处置工作领导小组，制定预防控制方案和医疗救治应急预案。是年，全区发生手足口病 138 例，无死亡病例。2012—2018 年，区政府深入推进健康石鼓建设，深化医药卫生体制改革，大力实施健康扶贫工程，加强公共卫生和重大疾病防控，持续提升医疗服务能力和水平，持续推进中医药事业发展，努力提升出生人口素质和全区人民健康水平。

第五节　计生服务工作

1996 年，继续贯彻落实生育政策。1997 年，被评为“全省计划生育工作先进单位”和“全市计划生育工作先进单位”。1998 年被评为全省计划生育先进区。1999 年，全省城市计生工作会议推介了城北区蒸湘街道将计生优质服务与社区服务融为一体的经验。2000 年，《中华人民共和国人口和计划生育法》颁布，人口和计划生育工作进入法制化管理轨道。是年，在全省生育工作评估排队中，继续保持了先进单位和全省一类县（市）区的荣誉。

2002—2006 年，区政府先后出台《关于进一步加强人口和计划生育工作的规定》《“三查四术”责任制与责任追究制》《关于对村（社区）计划生育工作实施目标管理考核的意见》《石鼓区人口计生系统岗位目标管理考核办法》等文件，在全区确立新型婚育观，提高人口素质。2008 年底，全区人口出生率为 12.04‰，自然增长率为 5.25‰。2012 年，对独生子女保健费、免费孕前优生健康检查等计划生育利益导向项目进行“提标扩面”。是年，国家人口计生委授予石鼓区“全国计划生育优质服务先进单位”称号。

第六节　保障和改善民生

2000 年起，城北区对全区家庭成员均无工作单位的纯居民户、人均月收入低于 100 元的保障对象实行最低生活保障制度。2001 年，依据《中华人民共和国劳动法》《湖南省最低工资规定》，境内于 8 月底起调整职工最低工资标准，为每人每月 245 元。是年发放低保金 239 万元，受惠人员 4014 人。2002 年以来，区政府加强区人才劳动力市场和社区保障服务中心建设，至 2006 年，全区新增城镇就业 23725 人，其中下岗再就业 18590 人，新增老村劳动力转移就业 2516 人。全区初步建立以养老、失业、医疗、工伤、生育五大险种和住房公积金为主要内容的社会保险体系。与此同时，区政府积极开展扶贫帮困活动，切实保障困难群众的基本生活。2007—2011 年，区政府持续加大民生投入，其间，全区财政用于社会民生支出累计达 7. 7 亿元，占财政总支出的 66. 9%，落实各项惠民补贴 2400 万元，发放低保金 1. 15 亿元，建成“爱民房”“安居工程” 110 栋，提供就业岗位 9. 3 万个，城镇职工养老保险、医疗保险、新农合覆盖率分别达 90. 3%、80. 2%、98. 5%，城乡居民低保基本实现应保尽保。2012—2016 年，区委、区政府持续加大民生投入，五年累计投入达 23. 03 亿元，占财政总支出的 70%，年均增长 19. 61%。累计完成 89 项重点民生实事，建成公租房、廉租房等保障性住房 10617 套，改造农村危房 380 户，新增城镇就业 26525 人，解决农村 12900 人安全饮水问题，精准帮扶 1486 人脱贫。

第四章　政务工作

第一节　综合政务

一、信息调研与文稿服务

1996—2001 年，政府系统的调研工作由区政府办秘书股负责。2002 年，区政府办公室职能调整，设立区政府政策研究综合室，为区政府办内设机构，人员编制在区政府办内部调剂。

2003—2010 年，围绕区政府中心工作及区领导交办事项，先后就改革开放、两个文明建设、第三产业发展、企业改制、区域经济发展、城区提质改造等事关经济社会发展和群众切身利益的热点难点问题开展调研，为区政府决策提供参考。其间，上报各类信息 2000 余条，起草各类文稿 503 篇、300 多万字，政府工作报告、政府全会讲话得到参会代表的肯定。

2014 年，就村庄变迁、现代农业生产发展项目等主题撰写调研报告 6 篇。2015 年，组织开展安置房建设、园林绿化、农贸市场改造、社区建设等多个专题调研。2016 年，开展全面小康、现代服务业等 8 个专题调研，撰写的《关于全面小康短板指标的调查与思考》得到区政府主要领导的肯定。2017 年，就城管体制改革、环卫市场化等一批事关经济社会发展和群众切身利益的热点难点问题开展调研，完成调研报告 20 篇。在《衡阳日报》《衡阳通讯》等刊物发表署名文章 8 篇，推介控违拆违、改革创新等经验材料 12 篇。2018 年，就城乡救助、校园周边环境整治、示范社区建设、城管体制改革等 6 个课题开展专题调研。在《新湘评论》《衡阳日报》《衡阳通讯》等刊物发表署名文章 12 篇，编印《调研与参考》8 期。至 2018 年的五年中，累计上报各类信息 1000 多条，起草各类文稿 353 篇、200 多万字。

二、办文办会与政务督查

1996—2001 年，区政府办公室秘书股承担全区办文办会与政务督查工作。其间，区政府办公室累计办文 500 多件，督办重大事项 100 余次。2002 年 5 月，区政府办公室职能调整，增加对区政府重要决策的贯彻落实进行督促检查的职能，设立区政府督查室。

2003—2013 年，区政府办公室不断完善《区政府办文办会制度》和《区政府督查工作制度》。其间，累计办理各类公文 1000 多件，办理承担各类大型会议 500 多次，开展政务督查 300 余次。

2014 年，以区政府决策部署的贯彻落实和区领导交办事项办理为主线，就重点项目建设、招商引资、安全生产、城市管理等工作开展专题督查。2015 年，办理领导批示件 188 件，组织各项督查 100 余次，编发《督查通报》50 余次。2016 年，围绕事关群众利益和全区发展的热点、难点问题，特别是对重点项目进展情况、社区办公用房、“三清三建”、农村房屋“穿衣戴帽”等工作开展专项督查，共组织各项督查 60 余次，迎接上级专项督查 18 次，办结领导批示件 401 件，印发《督查通报》12

期。2017 年，出台《石鼓区进一步加强政务督查的通知》，明确乡、街分管政务督查副职和政务督查专职人员及职责，确保督查工作有效衔接。是年，跟踪督办区政府工作报告、区政府常务会、区长办公会和专题会议议定的事项 240 余项，印发《政务通报》10 期、《安全生产专项督查通报》2 期。2018 年，围绕重大会议议定事项和全区重点工作，开展现场督查 60 余次，下发督查通报 6 期、下发督办（交办）函 37 期。至 2018 年的五年中，累计办理各类公文 600 多件，承担各类大型会议 200 多次。

三、信息化工作

2005 年，区信息化办成立，为区政府办下属副科级事业单位，主要从事政府网络建设，并提供综合信息服务。2006—2010 年，贯彻实施政府信息公开条例，搭建具有基本功能的区本级政府信息公开平台，保证按时公开政府信息。建好石鼓党政门户网站，加强网站的运行维护和内容保障，提供 59 项公众关注的服务事项查询。

2014 年，全区网上审批与电子监察系统启动运行。是年，全区网上审批与电子监察系统共接件 16138 件，办结 16099 件，办结率 99. 80%。2015 年，整合全区信息资源，完成区信访系统、区财政集中支付专网平台、区教育信息专网、安监系统专网建设。是年，办理市政府 12345 政府服务热线转来的工单 1400 件，处理市区两级门户网站“书记区长信箱”栏目信件 34 件，办结率 100%。2016 年，推进全区信息资源数据互通，先后完成全省政协系统、政法系统会议线路接入，完成区安监局、区统计局、区发改局、区信访局、区检察院、区法院、区武装部的垂直系统电子政务外网接入。2017 年，推进“互联网+监督”建设，全面、准确、及时公开各项民生资金信息。2018 年，实施政府网站集约化建设，全新的石鼓区党政门户网站上线运行。

四、机　构

1996—2000 年，城北区人民政府办公室负责区人民政府各项政务活动的牵头组织和协调，配备 1 名主任、3 名副主任。2001 年 5 月，衡阳市城区行政区划调整，石鼓区人民政府成立，城北区人民政府办公室更名为石鼓区人民政府办公室，配备 1 名主任、3 名副主任。2015 年，区直机关机构改革，区人民政府办公室配备 1 名主任、7 名副主任。内设综合室、督察室、秘书组、值班室、机要文电室、建议提案室和行财室。

1996—2008 年石鼓（城北）区人民政府办公室领导一览表

表 4-4-1

姓名	职务	任职时间
蒋善立	主　任	1993. 3—1997. 12
刘友富	主　任	1998. 1—2002. 12
邓安定	副主任	1990. 3—1996. 6
龙平省	副主任 主　任	1996. 6—2003. 1 2003. 1—2005. 4
郑建芳	副主任 书　记 主　任	2001. 1—2003. 1 2003. 1—2005. 4 2005. 4—2012. 1

姓名	职务	任职时间
于明生	副主任 书记兼 纪检组组长	1998. 1—2005. 4 2005. 4—2005. 8
李福华	副主任 书记兼 纪检组组长	2003. 1—2008. 2 2008. 2—2009. 5
麻三元	副主任	2005. 4—2007. 1
彭爱民	书　记	2005. 8—2008. 2

续表 4-4-1

姓名	职务	任职时间	姓名	职务	任职时间
朱华兰	副主任	2005. 8—2013. 3	李亚晖	主　任	2015. 2—
肖建军	副主任	2008. 2—2011. 12	何祚刚	副主任	2015. 10—
蒋传汉	副主任	2008. 5—2015. 10	谷琼峰	副主任	2016. 1—
旷仁秋	副主任	2010. 12—2014. 9	刘　勇	副主任	2016. 1—2017. 6
曾素波	副主任	2011. 12—2013. 3	邹　敏	副主任	2016. 1—2017. 6
朱鸿波	主　任	2011. 12—2014. 12	尹　磊	副主任	2017. 6—
范云龙	副主任	2013. 3—2016. 9	刘志鹰	副主任	2017. 6—
蔡秋云	副主任	2014. 4—2015. 12	张隆军	副主任	2017. 6—

第二节　信访接待

一、接待处理群众来信来访

1996—1997 年，区委、政府领导接待办理人民群众的来信来访 263 件 755 人次，并对信访办理情况实行跟踪督查。

2002—2013 年，全区共接待来访群众 2792 批 6512 人次，处理来信 2512 件，完成中央和省级交办重点信访事项 11 件，结案率 100%。

2018 年，将“综治中心、群众来访接待中心、矛盾纠纷调处中心、信访中心、网格化服务管理中心”五中心合一，实现多部门“一体化”运作，为群众提供“一站式”服务。是年，共登记市级以上来访 183 批 938 人次；来信登记 75 件，网上投诉登记 26 件；区本级群众来访 575 批 1621 人次，投诉 816 批次。

二、办理信访案件

2003 年，石鼓区召开 6 次区委常委会和政府常务会议研究信访工作，建立健全《党政领导包案制度》等。2003—2013 年，先后修订《石鼓区信访工作责任追究制度》《人民来访案件接待办理制度》《石鼓区信访督查工作制度》等制度，实施《信访救助制度》《接访劝返应急制度》《复查制度》《责任追究制度》《信访干部交流使用和选派干部到信访部门实习锻炼制度》等相关制度，集中开展“县（市、区）委书记大接访活动”“重信重访问题专项治理行动”“百村千家大走访活动”“信访积案专项治理活动”“百日解百案活动”“基层建设年”等一系列活动，帮扶困难群众 2000 余户，发放慰问金 68 万元，促进信访积案的化解。

2013 年，推进“三无”创建工作，开展群众信访“百案回访”“基层建设年”活动。

2014 年，开展信访工作“基层基础巩固年”“疑难积案听证化解”专项活动，开展《信访条例》宣传教育活动，推行群众上访“一卡通”。开展突出信访问题“大排查、大接访、大化解”活动，化解积案 38 个。

2015年，开展深入基层走访化解信访积案活动和信访工作专项行动。2016年，区委、区政府先后召开8次常委（务）会对全区的信访工作进行研究部署。开展信访工作“清零”专项行动和“化解信访积案，做群众贴心人”等行动，并成功化解信访积案。

2017年，开展信访“积案清零百日攻坚”“信访问题源头治理”专项行动。是年，区级领导批示立案办理的信访案件293件，到期办结率95%。

2018年，区委政法委牵头调处130批次涉法涉诉类信访事项，同时加大对违法信访行为的依法处理力度。

三、机　构

1996—2001年，城北区信访办公室。2002年，石鼓区信访办公室更名为中共石鼓区委、石鼓区人民政府信访局，由区委办公室和区政府办公室共同管理，以区政府办公室管理为主。是年，将区政府办公室承担的工农关系和重大纠纷协调处理职能划归区信访局。2011年，明确石鼓区信访局既是区委工作部门，又是区政府工作部门，列入区委机构序列，由区人民政府管理，正科级。

1996—2018年石鼓区信访局领导一览表

表4-4-2

姓名	职务	任职时间	姓名	职务	任职时间
于明生	主要负责人	2002.1—2005.7	余小军	副局长	2014.4—2017.7
肖建军	副局长	2005.6—2008.4	刘志鹰	局长	2017.7—
朱华兰(女)	局长	2005.8—2013.2	汤　峰	副局长	2017.7—
范云龙	副局长 局长	2008.4—2013.3 2013.3—2016.9	文旭军	副局长	2017.7—
唐胜利	副局长	2014.4—2017.7	—	—	—

第三节　机关事务

一、公务接待

1996—2008年，公务接待、公车运行等事务性工作由各单位办公室负责。2009年12月，成立中共石鼓区委、石鼓区人民政府接待处（加挂“石鼓区机关事务管理局”牌子），为区委、区人民政府负责公务接待工作的正科级全额拨款直属事业单位，归口区政府管理，核定全额拨款事业编制12名，其中主任1名、副主任2名。2015年10月，接待处由区政府管理调整到区委管理。2017年6月，区委、区政府接待处更名为区机关事务管理中心，机构规格、隶属关系及领导职数不变。2018年，完成湖南省第十三届运动会跆拳道比赛项目后勤接待等工作。

二、大院建设

2008年前，区机关大院位于司前街52号，区委、区人大、区政府、区政协及部分工作部门于此办公。整个区机关大院南北长 70 米，东西宽 53. 5 米，占地 5. 62 亩，共有房屋五栋，自有建筑面积 10665 平方米。

2002 年启动城区北拓。2003 年 10 月，区委委托衡阳市投资中心编制《石鼓区机关整体搬迁工程可行性研究报告》，并由衡阳市发展计划委员会向湖南省发改委请示。2004 年 4 月，湖南省发改委批复，同意石鼓区机关整体搬迁至松木乡朝阳村择址建设。2006 年 10 月，石鼓区新机关大院在松木乡朝阳村开工建设。2008 年 9 月 28 日，区委、区人大、区政府、区政协及各职能部门搬迁至新机关大院办公。新机关大院位于石鼓路 66 号，占地面积 157. 65 亩，其中核心办公区占地面积 65. 7 亩，建筑面积 36417 平方米，绿化面积 80273. 1 平方米。

2015—2016 年，区机关事务管理局负责完成区机关大院人民广场项目建设、青少年活动中心改扩建一级机关新食堂装修改造工程，切实改善机关大院整体形象。2017 年完成机关大院园林养护及政府楼地下车库改造工程。

2009—2018 年石鼓区机关事务管理中心领导一览表

表 4-4-3

姓名	职务	任职时间	姓名	职务	任职时间
李福华	主任	2009. 6—2013. 3	刘旭云	副主任	2014. 8—
洪云辉	主任	2013. 3—2017. 6	蒋传汉	主任	2017. 6—

第五篇

人民政协

政协城北区第四届委员会第五次会议1996年3月6—9日在区机关会堂举行。政协城北区第五届委员会第一次会议1997年11月27—29日在区机关会堂召开。2001年5月，衡阳市区划调整，中国人民政治协商会议衡阳市城北区委员会改称中国人民政治协商会议衡阳市石鼓区委员会。政协石鼓区第一届委员会第一次会议2002年11月27—29日在区机关会堂举行。参加会议的委员143人，列席人员118人。会议总结原城北区政协五届一次会议后的工作。听取和审议区政协常务委员会、提案工作报告；选举政协石鼓区第一届委员会常务委员会主席、副主席、秘书长；酝酿协商区人大、区政府领导班子成员和区人民法院院长、区人民检察院检察长人选。听取和审议区政协一届一次会议提案审查报告，通过政府决议、工作报告决议。其间，历经政协城北区四届、五届委员会，政协石鼓区一届、二届、三届、四届委员会。并选举产生相应届次的政协主席、副主席。2018年，有政协委员151名；区政协第四届常务委员会由31名常委组成。乡（镇）、街道政协联络工委设置，因原角山乡撤乡设镇，原角山乡政协联络工委更名为角山镇政协联络工委。

2018年，区政协突出团结、民主两大主题，履行政协各项职能。全年召开党组会议5次、政协全会1次、主席会7次、政协常委会会议4次。组织委员开展专题调研课题2个，配合省市调研2个，形成调研报告3篇；开展视察2次。四届区政协三次会议期间收集提案86件，审查立案77件。上报社情民意信息63篇，其中市采用20篇、省采用3篇。在人民政协网、《湘声报》、政协云等媒体发表宣传报道100余篇，发表理论文章5篇。接待外省县（市、区）兄弟政协交流学习考察调研4批次。

第一章　政协委员与政协会议

第一节　政协委员

政协委员产生采取提名推荐、协商确定建议名单、确定考察对象、组织考察审查、公示建议人选、审定提名人选。经区政协常务委员会会议通过的委员，由政协办公室分别通知推荐单位和个人，发出委员证书，并向社会公布。增补政协委员的程序与正式委员相同。

第二节　政协全体会议

一、政协城北区第四届委员会

第五次会议　1996年3月6—9日召开。会议听取、讨论并审议通过政协第四届常务委员会工作报告和提案委员会工作报告，协商区政府《关于衡阳市城北区国民经济和社会发展“九五”计划和2010年远景目标纲要的说明》。协商“两院”（检察院、法院）重要人事安排；补选李国清为政协城北区第四届委员会秘书长；表彰了政协四届四次会议后在“争贡献”活动中的先进委员、先进工作组、先进联络组和优秀提案人及承办提案先进单位。

第六次会议 1997 年 1 月 19—23 日召开。会议听取、讨论并审议通过四届常务委员会工作报告和四届五次全会后提案工作报告，协商讨论了《区政府工作报告》，协商区长人选，补选毛铁甫为区政协常务委员。补选 3 位委员。

二、政协城北区第五届委员会

第一次会议 1997 年 11 月 27—29 日召开。参加会议的委员 122 名，特邀、列席人员 90 人。会议听取、讨论并审议通过政协城北区第四届委员会常务委员会工作报告、政协城北区第四届第一次会议后提案工作情况报告；选举杨德贤为政协城北区第五届委员会常务委员会主席，蒋善立（壮族）、陈桂荣（女）、陈兴和（兼）、谢明芳（女、兼）为副主席，李国清为秘书长，丁露等 19 人为常务委员；酝酿协商“一府两院”领导班子成员及候选人名单；听取和审议政协城北区第五届委员会第一次会议提案审查报告。通过《政治决议》《工作报告决议》。

第二次会议 1998 年 3 月 9—11 日召开。会议传达贯彻省、市政协八届一次会议精神，部署区政协 1998 年工作任务。增补陈云根等 8 名委员，补选欧阳西唐为常务委员。列席区人大十二届二次会议第二次会议。通过《政治决议》。

第三次会议 1999 年 2 月 1—2 日召开。参加会议的委员 126 人，列席人员 96 人。会议听取、讨论并审议通过区政协第五届常务委员会工作报告和提案法制委员会关于五届一、二次全会后提案工作报告；听取和协商《区政府工作报告说明》；会议表彰了 1998 年度先进联络组、先进工作组和先进委员。补选区政协第五届委员会副主席（兼）1 名；增补委员 1 名。

第四次会议 2000 年 3 月 2—3 日召开。会议听取、讨论并审议通过通过常务委员会工作报告和提案工作报告；听取和协商《区政府工作报告说明》；协商区人民政府区长候选人建议名单；补选区政协第五届委员会副主席（兼）2 名；表彰 1999 年度先进联络组、先进工作组、先进委员和优秀联系员。

第五次会议 2001 年 4 月 16—18 日召开。会议听取、讨论并审议通过常务委员会工作报告和提案工作报告；听取和协商《区政府工作报告说明》；表彰 2000 年度政协工作先进单位、先进个人。

三、政协石鼓区第一届委员会

2001 年 12 月 27 日至 31 日，根据区委安排和区划调整后的工作需要，召开政协石鼓区委员会全体会议。这次会议没有标明届次，主要任务是衔接行政区划调整后的政府、政协工作，听取、讨论、协商“一府两院”工作报告，讨论、协商石鼓区国民经济和社会发展“十五”计划纲要。

第一次会议 2002 年 11 月 27—29 日召开。参加会议的委员 143 人，列席人员 118 人。会议总结原城北区政协五届一次会议后的工作。听取、讨论并审议通过区政协常务委员会、提案工作报告；选举阳新华为政协石鼓区第一届委员会常务委员会主席，陈桂荣、王一云、罗锡斌、欧福成、姜浩、钟福生为副主席，谭毓霖为秘书长，王光辉等 20 人为常务委员；酝酿协商区人大、区政府领导班子成员和区人民法院院长、区人民检察院检察长人选。听取和审议区政协一届一次会议提案审查报告，通过《政治决议》《工作报告决议》。

第二次会议 2003 年 3 月 25—27 日召开。参加会议的委员 153 人，列席人员 137 人。会议听取、讨论并审议通过区政协常务委员会、提案工作报告；选举区政协第一届委员会秘书长和常务委员 1 名；会议赞同《政府工作报告》和其他工作报告。

第三次会议 2004年3月9—11日召开。参加会议的委员156人，列席人员135人。会议听取、讨论并审议通过常务委员会和提案工作报告，赞同《区政府工作报告》及其他报告。

第四次会议 2005年3月8—10日召开。参加会议的委员158人，列席人员136人。列席区人大一届四次会议。补选政协石鼓区第一届委员会常委2名。会议听取和审议通过常务委员会和提案工作报告，赞同《区政府工作报告》及其他报告。

第五次会议 2006年2月28日至3月2日召开。参加会议的委员159人，列席人员130人。委员列席区人大一届五次会议第一次大会。会议期间召开区政协一届委员会第十八次常委会会议。会议赞同《石鼓区国民经济和社会发展第十一个五年规划纲要报告（草案）》及其他报告，听取、讨论并审议通过常务委员会和提案工作报告，赞同《区政府工作报告》及其他报告，补选政协石鼓区第一届委员会常委1名，表彰先进政协联络工作委员会和优秀政协委员。

第六次会议 2007年3月13—15日召开。参加会议的委员159人，列席人员130人。委员列席区人大一届六次会议第一次大会。会议听取、讨论并审议通过常务委员和提案工作报告，协商计划、财政、“两院”工作报告，通过《政治决议》和其他决议，赞同《区政府工作报告》及其他报告，表彰提案承办先进单位和优秀提案个人。

四、政协石鼓区第二届委员会

第一次会议 2007年11月25—28日召开。参加会议的委员160人，列席人员138人。审议和通过《政治决议》《工作报告决议》；听取和讨论《区政府工作报告》，酝酿协商区人大、区政府领导班子成员和区“两院”负责人选；选举李新华为政协石鼓区第二届委员会常务委员会主席，胡余良、姜浩、吴乔升、冯春娥、李晓华为副主席，廖明明为秘书长，王光辉等19人为常务委员。

第二次会议 2008年3月17—19日召开。参加会议的委员162人，列席人员141人。会议审议和通过《政治决议》《工作报告决议》，听取和讨论《区政府工作报告》。

第三次会议 2009年3月3—5日在区机关会议中心举行。参加会议的委员162人，列席人员141人。会议听取、讨论并审议通过政协常委会工作报告和提案工作报告。会议赞同《政府工作报告》及其他报告。

第四次会议 2010年3月9—11日召开。参加会议的委员164人，列席人员137人。会议赞同《区政府工作报告》，审议并通过《政治决议》《工作报告决议》，表彰2009年度政协工作先进单位、政协提案办理先进单位、优秀提案和优秀征文，补选2名政协常委。

第五次会议 2011年3月8—10日召开。参加会议的委员162人，列席人员141人。会议听取、讨论并审议通过常委会工作报告、提案工作报告及《政治决议》，表彰2010年度政协工作先进单位、政协提案办理先进单位、优秀提案和调研工作先进个人。

第六次会议 2012年3月6—8日召开。参加会议的委员165人，列席人员143人。会议听取、讨论并审议通过常委会工作报告、提案工作报告及《政治决议》，表彰2011年度优秀政协委员、政协工作先进单位、政协提案办理先进单位、优秀提案。

五、政协石鼓区第三届委员会

第一次会议 2012年11月25—28日召开。参加会议的委员163人，列席人员144人。会议听取、讨论并审议通过区政协常委会工作报告和提案工作报告；酝酿协商区人大常委会主任、副主任、区政府区长、副区长和区人民法院院长、区人民检察院检察长候选人名单的情况；酝酿并选举郑少会为主席，曹平阳、宁华梁、胡余良、卢行（女、兼）、刘振湘（兼）、徐琼（女、兼）为副主席，廖明明为秘书长，张传翠等28人为常务委员；列席区三届人大一次会议，听取和讨论《区政府工作报告》；听取、讨论并审议通过石鼓区政协三届一次会议提案审查情况的报告；通过各项决议。

第二次会议 2013年4月8—10日召开。参加会议的委员170人，列席157人。会议听取、讨论并审议通过区政协常委会工作报告和提案工作报告，通过《政治决议》，学习《委员管理试行办法》。全体委员列席区三届人大二次会议。听取、讨论《区政府工作报告》。酝酿区政协常委候选人，补选蒋传汉、屈光明为区政协常委。会议还表彰2012年度政协提案办理先进单位和2012年度优秀提案。

第三次会议 2014年1月14—16日召开。参加会议的委员171人，列席人员148人。会议听取、讨论并审议通过区政协常委会工作报告和提案工作报告，选举王仲晓为区政协主席，酝酿协商区人大常委会主任候选人建议名单。列席区三届人大三次会议，听取、讨论《区政府工作报告》。审议并通过《政治决议》《工作报告决议》。表彰2013年度政协提案办理先进单位、优秀提案以及社情民意工作先进个人。

第四次会议 2015年4月15—17日召开。参加会议的委员167人，列席人员161人。会议听取、讨论并审议通过区政协常委会工作报告和提案工作报告，协商区人民政府区长候选人建议名单，审议通过《政协决议》，补选2名区政协常委，表彰2014年度提案办理先进单位、优秀委员、优秀提案、社情民意工作先进个人。

第五次会议 2016年2月21—25日召开。参加会议的委员171人，列席人员169人。会议听取、讨论并审议通过区政协三届五次常委会报告和提案工作报告，审议并通过《政治决议（草案）》《区政协常委会工作报告决议（草案）》《区政协提案工作报告决议（草案）》。大会表彰2015年度区政协提案办理先进单位、"四有"（有定力、有情怀、有担当、有作为）委员、优秀提案、社情民意工作先进个人、优秀界别、优秀民主监督小组等先进单位和个人、集体。

六、政协石鼓区第四届委员会

第一次会议 2016年11月21日—24日，区政协四届一次会议召开。会议听取、讨论并审议通过政协石鼓区第三届委员会常务委员会工作报告和提案工作报告。会议期间，与会人员列席石鼓区第四届人民代表大会第一次会议，听取并讨论《区政府工作报告》及其他报告。酝酿协商区人大、区政府领导班子成员和区人民法院院长、区人民检察院检察长人选。会议审议通过《政治决议》《工作报告决议》。酝酿并选举王仲晓为主席，卢行、刘振湘、李长刚、李在定为副主席，曾素波为秘书长，王小果等23人为常务委员。

第二次会议 2017年4月18—19日召开。参加会议的委员149名，列席人员178人。会议听取、讨论并审议通过区政协第四届委员会常务委员会工作报告。苏文波等19名政协委员分别代表乡街政协联络工委或界别作（现场或书面）大会发言。与会人员列席石鼓区第四届人民代表大会第二次会议，听取并讨论《区政府工作报告》及其他报告。审议通过《政治决议》《工作报告决议》。

第三次会议 2018年1月8—11日召开。参加会议的委员154名，列席人员179名。会议听取、讨论并审议通过区政协第四届委员会工作报告。与会人员列席石鼓区第四届人民代表大会第三次会议，听取并讨论《区政府工作报告》以及其他报告。审议通过《政治决议》《工作报告决议》。

第三节　常委会会议

一、政协城北区第四届常委会会议

1992 年 12 月至 1997 年 11 月，政协城北区第四届常务委员会共召开 15 次会议，会议的主要内容是审议通过每个年度的常委会工作报告和提案审查报告，协商补选政协委员，听取和审议委员视察情况报告，协商讨论重大事项，向区委、区政府提出有关建议及意见。

二、政协城北区第五届常委会会议

1997 年 11 月至 2002 年 11 月，政协城北区第五届常务委员会共召开 17 次会议，会议的主要内容是审议通过每年度政协全会召开的有关事项，通过五届区政协委员增补、辞免名单，听取区政府有关工作通报，协商通过工作建议，学习党的十五大精神和“三个代表”重要思想，听取和协商《石鼓区国民经济和社会发展第十个五年计划纲要（草案）》，传达学习衡阳市委政协工作会议精神，协商有关人事事项。

三、政协石鼓区第一届常委会会议

2002 年 11 月至 2007 年 11 月，政协石鼓区第一届常务委员会共召开 18 次会议，会议的主要内容是协商通过区政协委员增补，听取政府重点工程项目建设情况汇报，审议通过年度全会议程，传达贯彻全国、全省、全市政协全会精神，学习讨论相关法律法规及重大决定。

四、政协石鼓区第二届常委会会议

2007 年 11 月至 2012 年 11 月，政协石鼓区第二届常务委员会共召开 18 次会议。

2007 年 11 月 28 日，召开区政协二届一次常委会会议，重点学习中共中央十七大报告中关于政协工作的重要论述。

2008 年 12 月 31 日，召开区政协二届五次常委会会议，就如何开好区政协二届三次会议听取常委们的意见。

2009 年 2 月 27 日，召开区政协二届七次常委会会议，通过政协石鼓区二届三次全会会议日程、议程，并审议《石鼓区政协工作报告（草案）》《石鼓区政协提案工作报告（草案）》。

2010 年 3 月 11 日，召开区政协二届十二次常委会会议，听取各小组分组讨论情况、候选人酝酿结果、各小组对选举办法的讨论意见；审议通过候选人名单、政治决议草案；审议通过选举办法、总监票、总计票人名单等；审议通过常委会工作报告的决议和提案审查情况的报告。5 月 13 日，区政协二届十三次常委会会议，学习《胡锦涛在庆祝人民政协成立 60 周年大会上的讲话》，讨论通过《关于石鼓区政协委员履行职责的管理办法》《关于加强信息工作的通知》《关于免除王立生等同志区政协委员职务的通知》。12 月 30 日，召开区政协二届十四次常委会会议，协商通过《关于加快石鼓区科技创业园建设和发展的调研报告》《关于石鼓区公共服务进社区和公安工作的视察报告》；协商通过莫尚辉、郭金国、颜志荣、胡新东、刘祖梅为政协委员；免除刘礼美、胡聂波、张孝友、李科、宁华梁、陈立政协委员职务。

2011 年 3 月 3 日，召开区政协二届十五次常委会会议，通过《区政协二届五次会议常委会工作报告》《区政协二届五次会议议程》《区政协二届五次会议提案工作情况报告》。

2012 年 11 月 6 日，召开区政协二届十七次常委会会议，重点听取区政协三届一次会议筹备工作情况汇报。

五、政协石鼓区第三届常委会会议

2012 年 11 月至 2016 年 11 月，政协石鼓区第三届常务委员会共召开 20 次会议。

2013 年 1 月 10 日，召开区政协三届一次常委会会议，传达市政协第十一届一次全会会议精神，介绍区政协机构设置、各工委和主席们的分工职责，组织学习《政协章程》之《总纲》，通报 2013 年新春茶话会的工作方案，研究政协委员培训班的召开时间、地点，通报 2013 年石鼓区政协工作要点。4 月 2 日，召开区政协三届二次常委会会议，介绍新当选的工委主任。是日，召开区政协三届三次常委会会议，听取各乡、街讨论情况汇报，审议通过各项决议，选定总监票人、监票人，协商通过政协常委候选人，报告三届二次会议提案情况。9 月 13 日，召开区政协三届四次常委会会议，报告区政协常委会上半年的工作，协商通过委员考勤制度和委员述职办法。

2014 年 1 月 7 日，召开区政协三届五次常委会会议，审议通过三届政协三次全会议程和日程、常委会工作报告、提案工作报告、表彰决定、撤销张红军委员职务的决定（草案）、委员辞职报告，协商增补王仲晓为委员。1 月 11 日，召开区政协三届六次常委会会议，审议通过委员辞职报告。1 月 15 日，召开区政协三届七次常委会会议，听取各组讨论情况，宣读政治决议、提案工作决议（草案），确定监票人。一致同意推选王仲晓为政协主席候选人。4 月 3 日，召开区政协三届八次常委会会议，解读区政协 2014 年工作要点，通过委派民主监督员名单，传达省、市政协会议精神。7 月 22 日，召开区政协三届九次常委会会议，解读《关于对区计生局进行民主评议的方案》，通报下半年三个调研方案。11 月 18 日，召开区政协三届十次常委会会议，民主评议区计生局工作。

2015 年 1 月 30 日，召开区政协三届十一次常委会会议，集中学习新修订的《中华人民共和国环保法》。2 月 3 日，召开区政协三届十二次常委会会议，研究委员管理问题。4 月 16 日，召开区政协三届十三次常委会会议，听取 2015 年财政预算编制情况报告。5 月 26 日，召开区政协三届十四次常委会会议，协商通过《石鼓区政协民主评议区民政局工作方案》《石鼓区政协委员工作室创建工作方案》。6 月 25 日，召开区政协三届十五次常委会会议，协商区人民政府区长候选人。11 月 6 日，召开区政协三届十六次常委会会议，听取区人民政府关于《石鼓区乡镇区划调整改革工作方案》的通报。

2016 年 2 月 21 日，召开区政协三届十七次常委会会议，协商通过《石鼓区 2015 年财政预算执行情况和 2016 年财政预算（草案）》《关于石鼓区 2015 年国民经济和社会发展计划执行情况及 2016 年国民经济和社会发展计划（草案）的报告》，审议《石鼓区政协第三届委员会关于免去廖明明秘书长职务的决定（草案）》，审议增补曾素波等 12 人为区政协第三届委员会委员，审议区政协第三届委员会第五次会议议程、日程、列席人员名单，审议区政协常委会工作报告、提案工作报告，审议和研究区政协 2015 年度表彰决定。2 月 25 日，召开区政协三届十八次常委会会议，协商通过区委人事安排，听取各界别、乡街分组讨论情况，推荐大会总监票人、监票人拟定人员名单，确定秘书长候选人名单。一致同意推举曾素波任区政协第三届委员会秘书长。审议通过《石鼓区政协三届五次会议提案审查情况的报告（草案）》。3 月 10 日，召开区政协三届十九次常委会会议，协商通过关于调整区政协换届时间事宜。11 月 11 日，召开区政协三届二十次常委会会议，协商通过《区政协三届常委会工作报告》《区政协三届委员会提案工作报告》；协商通过区政协第四届委员会主席、副主席、秘书长名单和区政协第四届委员会委员、常委候选人建议名单及委员、常委候选人产生程序；协商区四届政协第一次会议日期、会期，主席团、主席团会议主持人和秘书长建议名单，主席团常务主席建议名单，各次大会执行主席和大会主持人建议名单，副秘书长建议名单、提案审查委员会主任和副主任、委员建议名单，会议议程（草案）、日程（草案），列席人员名单。

六、政协石鼓区第四届常委会会议

2016年11月—2018年12月，政协石鼓区第四届常务委员会共召开15次会议。

2016年11月24日，召开区政协四届一次常委会会议，通过《提案审查情况的报告（草案）》《区政协常委会工作报告决议（草案）》《提案工作报告的决议（草案）》《政治决议（草案）》。

2017年4月11日，召开区政协四届二次常委会会议，协商通过《石鼓区2016年财政预算执行情况和2017年财政预算（草案）》《石鼓区2016年国民经济和社会发展计划执行情况及2017年国民经济和社会发展计划（草案）》，同意撤销曾宏辉、陈乐平的区政协第四届委员会委员资格，审议通过区政协提案审查委员会更名为区政协提案和委员联络工作委员会，以及区政协四届二次会议议程、日程、列席人员名单和《常委会工作报告》。4月19日，召开区政协四届三次常委会会议，听取区两会期间各乡街讨论组讨论《石鼓区四届政协常委会工作报告》《石鼓区政协工作报告》《政治决议（草案）》《石鼓区政协常委会工作报告的决议（草案）》情况。审议通过区政协四届二次会议提案情况的报告及《政治决议（草案）》《区政协常委会工作报告的决议（草案）》。8月3日，召开区政协四届四次常委会会议暨“乡村旅游发展”专题协商议政会议。区委书记唐浩然，区委副书记、区长刘浪参加会议并讲话；区政协副主席李长刚作《关于加快我区乡村旅游建议案（草案）》说明，仇协强等6名区政协常委和委员就“加快石鼓乡村旅游发展”进行议政发言；会议审议通过《加快发展我区乡村旅游建议案（草案）》，并向区政府交办了建议案。9月11日，召开区政协四届五次常委会会议，民主评议区安监局工作；民主评议区农林局、区城管执法局提案办理工作；增补区政协委员。会议同意增补区委统战部副部长李谦为区四届政协委员。10月24日，召开区政协四届六次常委会会议，民主评议区安监局整改工作方案，听取并审议通过区民政局关于角山乡撤乡设镇情况报告。11月9日，召开区政协四届七次常委会会议，集中学习中共十九大会议精神。12月25日，召开区政协四届八次常委会会议，就区政协四届三次会议关于“政协云”签到应用等相关操作进行培训。会议同意增补徐琼为区政协四届委员会委员。审议通过区政协四届三次会议议程、常委会工作报告和提案工作报告。协商《石鼓区人民检察院工作报告》《石鼓区人民法院工作报告》和《关于石鼓区2017年国家经济和社会发展计划执行情况与2018年计划（草案）的报告》《关于石鼓区2017年财政预算执行情况与2018年财政预算（草案）的报告》。

2018年1月10日，召开区政协四届十次常委会会议，各乡街讨论组和界别组分别汇报审议《区政府工作报告》《区政协常委会工作报告》和《提案工作报告》的情况。会议通过《选举办法（草案）》以及各项决议（草案）情况，通过《补选办法》；确定总监票人、监票人名单，并决定提请会议通过；确定补选区四届政协副主席、秘书长、常务委员候选人名单，并决定提请大会选举；会议还协商其他人事安排。7月10日，召开区政协四届十一次常委会会议暨民主评议区人社局工作测评会议。9月13日，召开区政协四届十二次常委会会议，对区人社局工作整改落实情况进行民主评议。12月6日，召开区政协四届十三次常委会会议暨“推进石鼓区财源建设”专题协商议政会，区委书记唐浩然，区委副书记、区长刘浪出席会议并讲话。会议审议通过《关于加快推进石鼓区财源建设工作的建议案（草案）》，并向区政府交办建议案。

第二章　政协机构

第一节　政协常务委员会

1996—2018年，历经政协城北区四届、五届委员会，政协石鼓区一届、二届、三届、四届委员会。并选举产生相应届次的政协主席、副主席。

1996—2018年石鼓（城北）区政协主席、副主席一览表

表5-2-1

届次	职务	姓名	任职时间
政协城北区第四届委员会（1992.12—1997.11）	主席	蒋光南	1992.12—1997.11
	副主席	蒋平试	1992.12—1997.11
		罗自强	1992.12—1997.11
		陈日威(兼)	1992.12—1997.11
		徐维诰(兼)	1992.12—1997.11
		曹姿喜(女,兼)	1992.12—1997.11
		曹扬达(兼)	1992.12—1997.11
政协城北区第五届委员会（1997.11—2001.4）	主席	杨德贤	1997.11—2001.4
	副主席	蒋善立(壮族)	1997.11—2001.4
		陈桂荣(女)	1997.11—2001.4
		陈兴和(兼)	1997.11—2001.4
		蒋平试	1997.11—2001.4
		谢明芳(女,兼)	1997.12—1999.1
		张　平(兼)	1999.2—2001.6
		许云生(兼)	2000.2—2001.4
		罗锡斌(兼)	2000.2—2001.4
政协石鼓区委员会（2001.5—2002.11）	主席	杨德贤	2001.5—2002.11
	副主席	蒋善立(壮族)	2001.5—2002.11
		陈桂荣(女)	2001.5—2002.11
		陈兴和(兼)	2001.5—2002.11
		蒋平试	2001.5—2002.11
		许云生(兼)	2001.5—2002.11
		罗锡斌(兼)	2001.5—2002.11

续表5-2-1

届次	职务	姓名	任职时间
政协石鼓区第一届委员会（2002.11—2007.11）	主席	阳新华	2002.11—2007.11
	副主席	陈桂荣（女）	2002.11—2006.12
		王一云	2002.11—2007.11
		罗锡斌（兼）	2002.11—2007.11
		欧福成（兼）	2002.11—2007.11
		姜　浩（兼）	2002.11—2007.11
		钟福生	2002.11—2007.11
政协石鼓区第二届委员会（2007.11—2012.11）	主席	李新华	2007.11—2012.11
	副主席	胡余良	2007.11—2012.11
		姜　浩（兼）	2007.11—2012.11
		吴乔升	2007.11—2012.11
		冯春娥（女，兼）	2007.11—2012.11
		李晓华（兼）	2007.11—2012.11
政协石鼓区第三届委员会（2012.12—2016.11）	主席	郑少会	2012.12—2013.12
		王仲晓	2014.1—2016.11
	副主席	曹平阳	2012.12—2016.11
		宁华梁	2012.12—2014.3
		刘振湘（兼）	2012.12—2016.11
		徐琼（女，兼）	2012—2016.11
		卢行（女，兼）	2012.12—2016.11
政协石鼓区第四届委员会（2016.11—）	主席	王仲晓	2016.11—
	副主席	李长刚	2016.11—
		李在定	2016.11—
		刘振湘（兼）	2016.11—
		徐　琼（女，兼）	2018.3—
		卢　行（女，兼）	2016.11—

1996—2018年石鼓（城北）区政协秘书长一览表

表5-2-2

姓名	任职时间	姓名	任职时间
李国清	1996.3—2003.1	曾素波	2016.1—2017.3
谭毓霖	2003.1—2008.3	曾　鸿	2017.6—2019.3
廖明明	2008.3—2016.1	—	—

区政协 1996—2018 年常务委员名单

政协城北区第四届委员会常务委员（—1997. 12）

毛云兰(女)　罗锡斌　郭茂金　李国清　刘瑞兴　孙元仲　盘静娟(女)
彭夫雄　谭志永　樊智生　吴红辉　陈景全

政协城北区第五届委员会常务委员（1997. 12—2002. 11）

丁　露(女)　毛云兰(女)　毛铁甫　冯春娥(女)　刘思辉　李国清　李春辉
林崇谨　罗晓玲(女)　聂水明　谢先国　谢明芳(女)　成　志　欧阳西唐

政协石鼓区第一届委员会常务委员（2002. 11—2007. 11）

王光辉　邓晓军　冯春娥(女)　成　志　伍圣德　任炳南　刘平福
刘晓玲(女)　刘德桂　肖运生　陈红旗　胡文明　梁红卫　谢　宏
王　辉

政协石鼓区第二届委员会常务委员（2007. 11—2012. 11）

王光辉　彭爱民　李长刚　李亚晖(女)　郭乐民　卢建春　龙　芳
夏鹏飞　卢　原　李淑琴(女)　王福利　王立生　张孝友　胡聂波
徐建民　林志斌　徐　琼(女)　邓寒鸣　杨德华　廖明明

政协石鼓区第三届委员会常务委员（2012. 11—2016. 11）

屈光明　王　砺　蒋传汉　张传翠(女)　郭乐民　谢培岳　欧阳敏
阳宇轩　王福利　蒋　亮　朱贵发　冯金友　吴　疆　刘名辉
王素纯(女)　廖卫华　谢丰军　刘晓矛　刘少文　肖四平　杨杰林
邓寒鸣　范士东　吴建成　伍建华　夏志秋　廖明明

政协石鼓区第四届委员会常务委员（2016. 11—）

王小果　王素纯(女)　王益波　张传翠(女)　王锦芳(女)　仇协强　邓寒鸣
朱治霖　伍建华　全文卫　全昌艳(女)　刘少文　刘名辉　刘建华
阳利华　李　谦　杨文峰　陈　詰　夏良仕　唐衡虎　梁光寰
蒋　亮　曾　伟　曾素波

第二节　工作机构

1996 年 12 月，中国人民政治协商会议衡阳市城北区委员会将学习委员会、文史资料委员会合并为学习文史资料委员会，提案委员会更名为提案法制委员会，新设财经委员会和文教卫群团委员会。后财经委员会与联络委员会合并为财经联络委员会。到 2001 年，区政协有办公室、学习文史资料委、财经联络委、提案法制委、文教卫群团委五个委办。

2001 年 5 月，随着区划调整，中国人民政治协商会议衡阳市城北区委员会改称中国人民政治协商会议衡阳市石鼓区委员会。根据中央、省、市委关于县级党委人大、政协同步换届的工作安排，政协石鼓区第四届委员会提前一年于 2006 年 11 月换届。内设机构有提案委员会和联络委员会、财政经济委员会、人口资源环境和法制委员会、教科文卫体委员会（文史学习委员会）4 个专门委员会和办公室、研究室，下设角山乡政协联络工委、人民街道政协联络工委、青山街道政协联络工委、潇湘街道政协联络工委、五一街道政协联络工委、合江街道政协联络工委、黄沙湾街道政协联络工委、松木政协联络工委、金源街道政协联络工委等9个乡、街道（片区）政协联络工委。至2018年不变。

1996—2018年石鼓（城北）区政协办公室领导一览表

表5-2-3

姓名	职务	任职时间	姓名	职务	任职时间
汤克前	主任	1997.6—1998.1	廖明明	主任	2008.3—2016.1
陈钱平	主任	1998.1—2002.1	曾素波	主任	2016.1—2017.3
李国清	主任	2002.1—2003.1	曾　鸿	主任	2017.6—
谭毓霖	主任	2003.3—2008.3	—	—	—

1996—2018年石鼓（城北）区政协提案法制委领导一览表

表5-2-4

姓名	职务	任职时间	姓名	职务	任职时间
宾珍媛（女）	主任	1990.2—1999.8	谭毓霖	主任	2008.3—2015.10
徐远义	主任	1999.9—2002.1	雷玉保	主任	2015.10—
伍圣德	主任	2002.1—2008.3	—	—	—

1996—2018年石鼓（城北）区政协财政经济委领导一览表

表5-2-5

姓名	职务	任职时间	姓名	职务	任职时间
徐远义	主任	1991.3—2001.6	周显伟	主任	2013.3—2016.9
伍圣德	主任	2002.1—2013.4	李建宁	主任	2017.6—

1996—2018石鼓（城北）区政协学习文史委年领导一览表

表5-2-6

姓名	职务	任职时间	姓名	职务	任职时间
陈翠英（女）	主任	1996.7—1997.10	于明生	主任	2005.8—2013.3
汤克前	主任	1998.1—2003.1	伍世梅（女）	主任	2013.3—

2002—2018年石鼓（城北）区政协文教卫委领导一览表

表5-2-7

姓名	职务	任职时间	姓名	职务	任职时间
徐远义	主任	2002.1—2003.1	颜国清	主任	2008.2—2013.2
邹连生	主任	2004.5—2005.6	刘小荣	主任	2013.3—2016.3

2016—2018 年石鼓区政协人口资环委领导一览表

表 5-2-8

姓名	职务	任职时间	姓名	职务	任职时间
刘小荣	主任	2016. 3—2016. 10	曹美丽(女)	主任	2016. 10—

2015—2018 年石鼓区政协研究室领导一览表

表 5-2-9

姓名	职务	任职时间
周　伟	主任	2015. 10—2016. 11

第三章　职能履行

第一节　政治协商

政协全会一般先于人大会议1天召开，并列席区人大会议，听取“一府两院”工作报告。对“一府两院”工作报告、增（补）选政府领导候选人等进行讨论协商。政协会议闭会其间，政协主席列席区委常委会会议，政协副主席根据分工列席政府有关会议，参与对全区重大事项的决策讨论。

1996年3月至1997年1月，城北区四届政协召开全体会议2次、常委会会议6次，委员们围绕城北区“一府二院”（区政府、检察院、法院）的工作报告、计划工作报告和财政报告，进行广泛深入的协商讨论。

1997年11月至2001年4月，城北区五届政协围绕政治协商，先后举行全体会议5次、常委会会议17次，就全区政治、经济和社会发展中的重要问题，开展协商讨论。城北区五届区政协的5次全体会议分别协商讨论每个年度的“一府两院”工作报告和计划、财政报告。每次全体会议期间，都安排座谈讨论和大会发言。本届共有39名政协委员在各次全体会议上作大会发言或提交书面发言材料，就城北区经济社会发展中的重要问题，提出许多有价值的意见和建议。

2002年11月至2007年3月，石鼓区一届政协不断创新政协工作，先后举行全体会议6次、常委会会议18次，就全区政治、经济和社会发展中的重要问题开展多层次的协商讨论。石鼓区一届区政协的6次全体会议分别协商讨论每个年度的“一府两院”工作报告和计划、财政报告。为把协商民主落在实处，在每年的全体会议期间，区政协还组织民主党派、工商联和界别进行大会发言或联组讨论，使委员充分发表自己的意见，面对面与中共石鼓区委、区人民政府领导和有关部门的负责人进行协商。本届共有45人次代表有关方面，就全区政治、经济、文化、科技、教育、卫生和社会稳定等方面的重要问题作大会专题发言或书面发言，为党政领导及相关部门知情决策、改进工作提供重要参考。

2007年11月至2012年11月，石鼓区二届政协针对全区经济、社会发展的实际，把促进区域经济发展作为政治协商的重点，累计召开全体会议6次、常委会会议18次。在石鼓区二届区政协的6次全体会议上，委员们分别协商讨论每个年度的“一府两院”工作报告和计划、财政报告，并就全区水利基础设施建设、食品安全、生态建设、第三产业发展、城市规划建设、卫生服务、社保低保等经济社会发展中亟待解决的问题展开热烈讨论，提出具体协商意见，为区委、区政府民主决策提供参考。

2012年11月至2016年11月，石鼓区三届政协先后举行全体会议5次、常委会会议20次，就全区政治、经济和社会发展中的重要问题开展多层次的协商讨论。石鼓区三届区政协的5次全体会议期间，委员们分别协商讨论每个年度的“一府两院”工作报告和计划、财政报告，还就重点项目建设、环保节能、城市规划建设、中小企业发展、失地农民就业等议题展开讨论，提出具体协商意见。

2016年11月至2018年12月，石鼓区四届政协坚持突出政协特点，通过全体会议整体协商、常委会会议专题协商、主席会议重点协商、专委会对口协商等形式，开展多层次、全方位的协商民主活动。共召开3次全体会议、20次常委会会议，集中协商了每年度的“一府两院”工作报告、国民经济和社会发展计划报告、财政预算报告等重大事项。特别是2017年召开的在区政协四届四次常委会会议上，首次开展专题协商议政，围绕“加快乡村旅游发展”主题，6位委员进行了专题议政发言。区委书记唐浩然、区政府区长刘浪非常重视，亲临会场并作重要讲话。会上向区政府提交了《关于加快发展石鼓区乡村旅游的建议案》。会后，区政府迅速成立了乡村旅游建设领导小组，区财政安排了乡村旅游发展专项资金600万元，完成了旅游环线衡角公路段“最后一公里”油化提质改造，建成了香樟苑、玫瑰园等旅游公厕3座、生态停车场2个。这次协商议政活动得到了《湖南日报》、《湘声报》、衡阳电视台等多家省市媒体的高度关注和专题报道，在社会上引起了良好反响。

第二节　民主监督

区政协通过组织委员开展或邀请委员参与各类检查、民主评议，发挥各类监督员作用等多种形式，履行民主监督职能，提升监督效果。

1998年，城北区五届政协四次常委会，专题听取区委政法委关于区政法队伍集中教育整顿情况的通报，常委们踊跃发言，客观地指出问题，提出建议，发挥民主监督作用。是年9月，城北区五届政协组织法制工作组部分委员对城北公安分局、城北区人民检察院、城北区人民法院、城北区司法局等司法机关贯彻实施新刑法、新刑事诉讼法情况进行检查，并旁听法院的开庭审判，写出有分量的调查报告。

2004年，石鼓区一届政协组织部分政协委员开展环保专题检查活动，着重了解企业“三度”（基础厚度、战略长度、领导高度）处理情况，参与检查的政协委员们一致建议企业把社会效益摆在第一位，切不可盲目追求经济效益，并建议区环保局加大监管力度，采取定期检查和不定期暗查形式，确保环保指标的落实，促进石鼓经济绿色环保发展。

2011年，石鼓区二届政协把民主监督作为贯彻落实科学发展观的重要体现，研究制定民主监督评议方案，从指导思想、领导小组、测评内容、测评对象、测评措施、测评考核标准和办法、测评步骤、测评结果运用、测评要求等9个方面进行详细的说明，并开展形式多样的民主监督活动。是年，区政协组织部分委员视察区内部分窗口单位，察看服务质量和服务态度，并以走访形式听取老百姓诉求，形成对窗口单位的监督批评意见，达到转变作风，促进工作的目的。

2013年，石鼓区三届政协在民主监督员委派方式上进行调整，改自行聘请为统一委派，将54名政协委员以小组形式委派到石鼓公安分局等15个单位担任民主监督员，推动民主监督工作由被动向主动转变，委员管理由自发向规范转变，并把委员的个人监督上升为政协的组织监督。这项工作受到区委的高度重视，也得到区政府及各受派单位的大力支持，省、市政协网站，《衡阳日报》、衡阳电视台等多家媒体对该项工作进行报道。

2015年，石鼓区三届政协组织委员对民政工作进行民主评议，向区民政局交办《对区民政局工作民主评议的整改意见》。区民政局通过扎实整改，取得明显成效。

2018年，各民主监督小组通过参与受派单位重大活动、列席有关会议、跟踪重大项目等形式，围绕老百姓关注的焦点、热点问题开展监督工作，先后对区人社局工作开展民主评议，对区教文体局的提案办理工作开展专项评议。是年7月，石鼓区四届政协组织开展委员走进纪委监委视察活动，让区政协委员“零距离”参观纪检监察机关，“多角度”接触纪检监察干部，“全方位”查看纪检监察成绩单，开辟政协民主监督的新路径。

第三节　参政议政

城北区四届政协、五届政协及石鼓区一、二、三、四届政协的参政议政工作既广泛寓于政治协商和民主监督的履职活动之中，又积极采取视察调研、参与项目建设等形式参政议政，发挥人民政协的职能作用。

1996—1997 年，城北区四届政协先后组织 8 个工作组，到 41 个区街和省、市属工厂企业，2 所大中小学，58 个居委会或居民小组，30 条道路或路段，11 个市场或摊担集中地，43 个大中型商店，8 个文化市场，3 个车站码头，开展视察调研，累计写出 41 份调研报告，提出 87 条可行的意见和建议。

1998 年，城北区五届政协组织部分常委和法制工作组部分委员到全区 6 个街道视察调研，形成初步调查报告，经城北区五届政协第八次常委会协商讨论，提出“严格贯彻执行《中华人民共和国城市居委会组织法》和区委、区政府《关于加强居委会建设的决定》，增补居委会主任不得变相进编”等意见，得到区委、区政府的重视和采纳。

2001 年，石鼓区政协针对城区行政区划调整后计生工作出现的新情况、新问题，组织部分委员，到 8 个乡（街道）、14 个村（居）委会、29 个村（居）民小组和坐落单位，对计划生育工作进行为期 10 多天的专题视察，在此基础上，召开区政协常委会会议进行讨论，提出做好乡村计划生育工作的 13 条意见和建议，得到区计生局（原计生委）的采纳。

2005 年，石鼓区一届政协对审计工作首开先河进行视察，建议审计部门把审计情况列入两会报告内容接受代表和委员监督，并提倡干部任期和调动时的审计公示。

2008 年，石鼓区二届政协邀请部分政协委员就石鼓区城管、环卫工作进行视察，形成《提升城市品位，强化城市管理，从根本上全面改善衡阳的城市环境》的调研报告，得到市政协领导的高度重视和肯定，被列为政协衡阳市十届二次会议的大会典型发言材料。

2010 年，按照区委的统一部署，区政协班子成员参与区内重大工程的组织领导和协调工作，全力投入重点工程建设，为内环北路改造、衡西变电站等重点工程项目建设，协调解决一系列具体问题。部分委员自觉融入各项工程建设中，为项目的顺利实施献计出力，促进重点项目的顺利推进，为区域经济发展做出贡献。

2013 年，石鼓区三届政协开展大型专题调研 4 次、界别视察调研 9 次，形成调研报告 6 份，提出许多具有前瞻性、建设性的意见和建议。是年，人民街道政协联工委对城市环卫市场化管理工作进行调研，就中心城区环卫作业面积大、环卫保洁时间短、环卫工人待遇偏低、居民反应强烈等问题，提出在中心城区全面推行环卫市场化的建议，被区委、区政府采纳，于 2014 年起在中心城区全面推行。

2014 年，为解决衡邵高速公路通车后存在的遗留问题，石鼓区三届政协多次组织专题视察调研活动，并及时将委员的调研成果形成提案，作为年度重点提案办理。经过多方协调，由区政协牵头，多方筹措 60 余万元资金将高速公路周边村道整修一新，解决这一困扰当地群众长达 8 年的出行难问题。

2016 年，石鼓区三届政协通过现场视察、召开座谈会、问卷调查、听取汇报等方式，先后组织政协委员就精准扶贫、教育托管、餐饮具消毒等课题，深入开展专题调研，形成高质量的调研报告 3 篇，分别被省、市政协评为优秀调研报告。

2017 年，石鼓区四届政协先后组织部分政协委员就优化非公经济发展法治环境、乡村旅游发展、村级服务平台建设、学前教育保障能力建设、农贸市场建设等课题，通过现场视察、召开座谈会、问卷调查、听取汇报等方式，开展专项调研视察活动，形成专题调研报告，为区委、区政府决策提供参考。

2018 年，围绕区委、区政府工作重心，石鼓区四届政协先后组织委员就全区的水污染防治及“河长制”落实情况、财源建设、养老服务情况开展专题考察调研，并形成高质量的调研报告，得到区委、区政府的高度重视，为党委政府科学决策提供重要参考。

第四节　提案办理

1997—2001 年，城北区五届政协一次、二次、三次、四次、五次会议期间，累计收到提案 304 件，立案 298 件，所有提案均按时办理或答复完毕。

2002—2003 年，石鼓区政协一届一次、二次会议期间，共收到政协委员提案 87 件，经审查整理后，立案 83 件，其中转交市政协提案 1 件，做来信处理 4 件。政协委员提案办理率为 100%，满意率达 90%以上。

2004—2005 年，石鼓区政协一届三次、四次会议期间，共收到委员提案 90 件，立案 87 件，所有提案均于规定时期内办复完毕。其间，郑义委员提出的《关于加大对石鼓区农村教育投入，促进农村教育同步发展》的提案，得到区委、区政府主要领导批示办理。承办单位区教育局高度重视，是年对全区农村教育布局进行清查摸底，布局调整，全区共撤并 8 所小学，有效整合教育教学资源。2005 年，区委、区政府对农村教育采取人力、财力、物力投入倾斜政策，尽力缩小城乡教育差距，确保农村教师队伍的稳定。

2006 年，区政协开展“优秀政协提案”和“提案办理先进单位”评选，10 件提案被评为优秀提案，区教文体局等 8 个单位被评为先进承办单位。

2008 年，区政府下发《关于交办政协委员提案的具体要求》，并在年初政府全会上对所有提案进行集中统一交办。各职能部门在落实办理上实行定领导、定专人、定进度、定质量的方式，办理效果更加明显。是年，全区提案办理满意率超过 95%，部分单位达 100%。如区发改局在承办关于加快角云公路改造的提案上，一方面积极向上争资跑项，另一方面宣传发动沿线群众共同参与，得到群众的大力支持。经过各方努力，提案得到圆满办理，是年底，角云公路竣工通车。

2009 年，共收到提案 70 份，立案 69 份。是年 10 月底，所有提案全部办结。

2010 年，区政协把围绕群众呼声撰写提案当成督促部门改进工作一种最直接的监督方式，通过向全区各界公开征集提案线索、给委员寄送《提案选题参考题目》《致委员一封信》和开展评选优秀提案活动，催生一大批紧扣发展、紧贴民生的优秀提案。在一届四次会议结束后，通过主席会议重点督办、专委会对口督办、实地调研视察办理成果等方式，有力促进提案办理和委员意见建议的落实。是年 9 月底，立案的 67 件提案全部办复完毕，按期办结率达到 100%，满意率达到 98%。

2011 年，共收到提案 70 件，是年 8 月底全部答复完毕，委员见面率、办结率、答复率和满意率均达 100%。

2012—2016 年，石鼓区政协三届一次、二次、三次、四次、五次会议期间，累计收到委员提案 443 件，立案 386 件，均在规定时间范围内办理完毕，满意率和基本满意率达 100%。

2017 年，出台《政协提案办理工作考核细则》，将提案办理工作纳入全区年度目标管理绩效考核。是年，石鼓区政协四届一次、二次会议共收到提案 198 件，立案 152 件。委员提案办复率 100%，满意率和基本满意率 100%。

2018 年，石鼓区政协四届三次会议期间共收到提案 86 件，立案 77 件，立案率 89.50%。承办单位通过与提案委员们沟通协商、增进理解、达成共识，见面率（或通过电话、微信、QQ 等方式沟通）达 100%，回复率 100%，满意率 100%。

第五节　文史征编

1997 年，区政协开展“喜迎香港回归”的征文活动，共征集文稿 43 篇。

1999 年，在全体委员中开展“喜迎澳门回归祖国”征文和知识竞赛活动，共收到征文 13 篇、知识竞赛答卷 79 份，评选一、二、三等奖和纪念奖，蒸湘街道、青山街道联络组获得组织奖，并给予通报表彰。

2001 年，区政协被省政协评为《湖南文史》征订发行工作先进单位。

2009 年，围绕庆祝“中华人民共和国成立 60 周年”，区政协组织一系列庆祝纪念活动，编印《石鼓宣传》政协特刊，组织开展“我与政协”的征文活动。

2013 年，按省政协关于《湖南省名人故居》征集和编辑工作和省政协办公厅《关于征集全省政协文史资料图书的通知》要求，发动全区政协联络员，广泛宣传，收集区政协自 1986 年后编辑出版的《文史资料》共 6 册，在规定时限内上报省政协。参与市政协文史委《衡阳地名文化》资料征集编辑工作，按时按质完成 5 万字左右资料的编辑收集工作。

2014 年，收集整理“文化大革命”、知青资料 3 万余字。

2015 年，印刷出版《石鼓地名文化》一书，共收录相关资料 8 万余字，图片 110 余幅。

2016 年，对《衡阳市行政区划变迁录》一书各种资料进行校对，形成正稿。

2017 年，发动知青撰写“亲见、亲历、亲闻”“三亲”史料。征集文章 20 余篇，资料 7.40 万字左右，图片 46 张。

2018 年，收集整理有关《石鼓政协志》的资料 10 万余字。

第六篇

民主党派与群众团体

第一章　民主党派

民主党派衡阳市城北区基层组织始建于20世纪50年代初。中国国民党革命委员会、中国民主同盟、中国民主建国会、中国民主促进会、中国农工民主党、中国致公党、中国九三学社先后在境内建立基层组织，由各民主党派市委管理。2001—2017年，7个民主党派不断发展，先后在境内成立石鼓区工作委员会（简称区工委）。至2018年，各民主党派有38个基层组织、成员917人。各民主党派加强自身建设，参政议政，参与社会服务。其间，石鼓区40多名民主党派成员担任市、区两级人大代表、政协委员，12名民主党派成员担任区人大常委和政协常委，3名民主党派成员进入区政府、区政协领导班子。共向市区两级人大、政协会议提交提案和议案2800多篇，参与社会公益活动8000余人次，筹集捐赠款项120万元。

第一节　民革衡阳市石鼓区工作委员会

一、组织机构

1996年，民革在城北区设3个支部，其成员由各行业民革党员组成。由民革衡阳市委领导。2005年6月，民革石鼓支部成立。2017年7月，成立民革衡阳市石鼓区工作委员会（简称民革石鼓区工委），武衡任主委。2018年12月，民革石鼓区工委下辖石鼓一支部、石鼓二支部、市二中支部、南华附一支部共4个支部，共174名成员。成员中有区政协委员6名、区人大代表1名、市政协委员2名。

二、主要活动

（一）参政议政

1996年至2016年，民革党员中的人大代表、政协委员累计提交提案、建议总计60篇。2017年，民革系统中的人大代表、政协委员分别参加食药卫生工作调研及衡阳抗战纪念城景区建设项目情况专题调研。是年，民革党员中的区政协委员上交提案共8篇，民革党员中的市政协委员上交提案5篇，其中《关于落实好社区工作“权随责走，费随事转”的建议》获评衡阳市2017年优秀提案。2018年，民革石鼓区工委总计撰写社情民意10篇，民革党员中的区人大代表撰写议案1篇，民革党员中的区政协委员上交提案7篇，民革党员中的市政协委员上交提案3篇，联名提案9篇。这些提案建议，都得到市区有关职能部门承办。

（二）服务社会

1996年以来，民革石鼓区各支部每年定期开展关爱抗战老兵活动。2014年，经民革衡阳市委多方筹集资金，是年1月起给衡阳市幸存抗战老兵每人每月发放500元生活费，并建立定期走访慰问制度。2017年9月开始，加强与辖区内港澳台及海外爱国人士的联系，宣传“一国两制、和平统一祖国”的方针，组织开展“与抗战老兵一起看电影，忆往昔峥嵘岁月”观影活动。是年，附一支部到泸溪、花垣两县开展医疗对口支援，定期到长湖乡卫生院进行义诊，到青山社区及角山乡卫生院开展流行病学调查。市二中支部李航、唐星伟到西藏支教，李航被评为“最美援藏教师”。

第二节　民盟衡阳市石鼓区工作委员会

一、组织机构

1996年，民盟衡阳市委在城北区设总支委员会，有盟员78名。2003年6月，成立民盟衡阳市石鼓区工作委员会（简称民盟石鼓区工委），刘少文任主委。至2018年有成员210人。其中有正高级职称11人、副高职称68人、中级职称104人；博士4人、硕士13人、本科185人；担任衡阳市政协委员5人、市政协常委1人、市人大代表2人、石鼓区人大代表与政协委员20人。下辖民盟南华大学附一医院支部、民盟湖南环境生物职业技术学院支部、民盟衡阳市石鼓支部、民盟衡阳市龙泉支部、民盟湖南天雁机械有限责任公司支部、民盟牧联支部、民盟衡阳市创新创业支部、民盟衡阳市田家炳实验中学支部、民盟衡阳市逸夫中学支部、民盟衡阳市石鼓区合江中学支部、民盟衡阳市五一支部等共13个支部。2018年11月，工委所辖的石鼓支部获得民盟中央“全国思想宣传工作先进集体”和“全国优秀盟员之家”称号。

二、主要活动

（一）参政议政

1996年以来，民盟石鼓工委就现代农业、工业转型、交通规划、公共服务、城市管理、政府融资以及城镇化建设等课题组织调研，上报建议、提案以及社情民意400多条。其间，盟员唐波报送的社情民意信息《建议监察委员会监察官选任资格设置同步进行》被中央统战部采用。2018年，石鼓区工委被盟市委表彰为参政议政工作先进单位。

（二）服务社会

1996年以来，民盟石鼓支部成员注重发挥盟员的技术专长和智力优势，积极投身两个文明建设。例如为区街企业提供资金、技术支持，帮助企业恢复生产；资助贫寒学子上学；为社区居民义诊；送法下乡和关爱留守儿童活动等。2016年，工委积极探索社会服务的新模式，根据服务对象的实际需要，制定菜单式服务项目，方便社区“按需点单”，服务实效不断增强。是年6月，民盟衡阳市石鼓区工委与石鼓支部联合衡阳市义工协会开展社区送温暖活动。2018年2月7日，民盟石鼓工委在人民街道向阳社区设立向阳服务站。2018年6月7日，民盟界别委员工作室在向阳社区挂牌成立。是年，省政协主席李微微一行考察政协委员工作室建设和运行情况，对工作室积极发挥委员作用，积极开展群众接访、社情民意收集等工作给予肯定。

第三节　民建衡阳市石鼓区工作委员会

一、组织机构

1996 年，民建在城北区设支部 1 个，彭兰苾任主委，有会员 18 名。2003 年 5 月，成立民建衡阳市石鼓区工作委员会（简称民建石鼓区工委）。2016 年，根据《中国民主建国会章程》，民建石鼓工委召开换届会员大会，会议选举卢行为民建石鼓区第二届工委主委，朱治霖、邹忠贤为工委副主委。是年，会员总计 184 人。

2018 年，有会员 207 人，其中市政协常委 1 人、市政协委员 6 人；区人大常委 1 人、区人大代表 5 人；区政协常委 2 人、区政协委员 7 人。下辖 5 个支部，分别是石鼓一、二、三、四支部以及南华大学附一支部。

二、主要活动

（一）参政议政

1996 年以来，会员中的人大代表、政协委员深入基层调查研究，听取群众意见，以向人大、政协会议提交提案和议案的方式积极参政议政。至 2015 年，累计提交建议、提案 400 多篇，不少提案被评为优秀提案。

2016 年，石鼓工委中产生的人大代表、政协委员撰写提案和建议共 34 篇，撰写的《“两票制”应谨慎推广》《如何打造网络医养结合项目》等优秀社情民意，得到市委会的肯定。2018 年，通过市政协委员提案渠道提出的《关于在社区创办老年食堂的几条建议》《关于增加华新开发区至石鼓区政府公交线路的提案》的建议，得到市直相关部门的重视和落实。

（二）服务社会

1996 年以来，民建石鼓各支部把社会服务作为工作重点，发挥自身的优势和特点，开展智力扶贫、非公有制经济发展、职业教育、社会公益等方面的活动，帮助区内多名贫困居民开店办商业，组织基层党支部参与春节、端午两节走访。2016 年，民建石鼓工委三支部、四支部开展关爱幼苗成长等多项爱心助学活动，惠及近百名贫困学生和特殊儿童。2017 年，“大爱暖衡州”系列活动其间，民建石鼓工委第一时间向会员发出“爱心捐款倡议书”，筹集捐赠款项 2. 16 万元。是年，工委与石鼓区政协联手举行捐赠仪式，为 5 位学子每人送上 2000 元的捐赠款。2018 年，民建石鼓工委在旭东村开辟办事处。

第四节　民进衡阳市石鼓区工作委员会

一、组织机构

2003 年 5 月，民进衡阳市石鼓区工作委员会（简称民进石鼓区工委）成立，陈炜伟任主委，桂阳、管顺国任副主委。2018 年底，有会员 38 人，其中市人大代表 1 人、市政协委员 1 人；区人大代

表1人、区政协常委1人、区政协委员6人。下辖区直支部、环境生物学院支部、教育支部、奔立尔支部、文艺支部共5个支部。

二、主要活动

（一）参政议政

2003—2017年，共向人大、政协提交提案、建议35件。2018年市两会其间，提交建议、提案2件，1件提案获评市政协优秀提案。

（二）服务社会

2003—2016年，在民进市委统一安排下，参加社会服务活动53次。2017年民进石鼓区工委成立后，开展多次爱心及走访慰问活动。是年，奔立尔支部为祁东县过水坪镇逢源村老福小学捐赠奔立尔爱心校服108套。2018年，动员、组织全区民进会员献爱心，助力联点帮扶村发展生产，支援洪涝灾区恢复重建，资助寒门学子圆梦校园。是年，民进石鼓区工委主委及会员爱心捐助共计3300元，帮扶捐助贫困小学生2人。奔立尔支部为逢源村老福小学捐赠校服110套，价值1万余元。

第五节　农工民主党衡阳市石鼓区工作委员会

一、组织机构

1996年，农工民主党（简称农工党）在城北区设市中医正骨医院支部，贺基昌任主委。2017年12月，农工党衡阳市石鼓区工作委员会（简称农工党石鼓区工委）成立，全昌艳任主委。2018年，共有农工党员115名，辖4个支部，分别为机关支部、南华大学附属第一医院支部、市第三人民医院支部、市中医正骨医院支部。

二、主要活动

（一）参政议政

2018年，工委党员积极开展调研，撰写社情民意和政协提案，在市、区两级人大、政协共提交9件建议和提案，调研报告1篇，社情民意1篇，其中盛红艳撰写的《加强对美容行业的管理》的建议和龙湘珍撰写的《关于开展衡阳市非公立医院发展现状调查》建议得到市领导的重点批示，蒋亮撰写的《扶贫攻坚重在扶志》的建议案经区领导批示作为重点提案办理。

（二）服务社会

2018年，工委成立以后，充分利用农工党的医卫优势，积极参与社会服务。是年3月23日，在蒸水社区建立社会服务实践基地，共开展13期义诊和健康讲座，服务居民群众累计达2000余人次。

第六节　致公党衡阳市石鼓区工作委员会

一、组织机构

1996 年，致公党在城北区设支部 1 个，温松英任主委，有党员 26 名。2007 年 9 月，致公党石鼓区工作委员会（简称致公党石鼓区工委）成立，卢建春任主委，王素纯、吕和平、陈沉、唐衡虎、龙革英 5 人任副主委。2018 年，致公党石鼓区工委共辖石鼓一、二、三支部、南华支部、外国语学校 5 个支部，有党员 70 名，分布在医卫、学校、文化艺术、司法、政府部门等领域，其中高级职称 42 人，市政协委员 2 人、区人大代表 2 人及区政协委员 5 人。

二、主要活动

（一）参政议政

1996 年以来，致公党石鼓区各支部党员积极参政议政，向人大、政协会议提交提案和议案。至 2015 年底，撰写社情民意和政协提案总计达 120 件。2016 年，支部党员向致公党衡阳市委、石鼓区政协提交提案 12 件、人大建议 2 件、社情民意 2 篇。是年，一支部王素纯撰写的《关于切实加强农村环境整治力度，着力推进农村生态文明建设的提案》，经区领导批示作为重点提案办理。二支部副主委唐衡虎撰写的《关于加强我市公园水质管理的意见和建议》，得到市政府有关部门的响应，并推动对岳屏公园内部分污染池塘进行换水清理。2017 年，石鼓区工委党员向致公党衡阳市委、市政协、区政协提交提案 15 件、人大建议 2 件、社情民意 2 篇。其中，一支部王素纯撰写的《关于加强我区农贸市场规范化建设与管理的建议》得到区长批示作为重点提案办理，并被评为区政协优秀提案。马蕊红撰写的《关于规范“民间借贷”行为，促进金融健康发展的提案》在区政协会议上作为书面发言。2018 年，全年向致公党衡阳市委、市政协、区政协提交提案 12 件、人大建议 2 件、社情民意 2 篇。

（二）服务社会

1996 年以来，致公党石鼓区支部开展助学活动，至 2005 年，累计“致助金”（致公党捐助学生的助学金）5 万元，受益学生 200 余人。2016 年，号召各支部党员参加致公党市委组织的“致助金”捐助活动，党员们共计捐款 2900 元。2018 年，各支部党员累计捐款近 1 万元。

第七节　九三学社衡阳市石鼓区工作委员会

一、组织机构

九三学社石鼓区支社成立于 2000 年 6 月。2010 年 12 月 5 日，九三学社衡阳市石鼓区工作委员会（简称九三学社石鼓区工委）成立，刘名辉任主委。

2018 年，九三学社石鼓区工委有社员 103 名，共辖 5 个支社，即石鼓支社、南华大学附属第一医院支社、湖南环境生物职业技术学院二支社、书画支社、农业支社。分布在医卫、高校、文化艺术、政府部门等领域。

二、主要活动

（一）参政议政

2000—2009 年，九三学社石鼓区支社共提交提案、建议 300 余件。2010 年以来，九三学社石鼓区工委利用两会平台积极参与政治协商，在区政协全会上，社员委员累计提交提案 30 余件。2018 年，区支社撰写的《以人民为中心做好人民信访工作》理论调研文章在《衡阳通讯》等省市媒体刊发。

（二）服务社会

2000—2009 年，九三学社石鼓区支社在九三学社市社统一安排下，参加各项社会服务 90 余次。2010 年，九三学社农业支社成员专门为角山乡农民传授科技致富技术。2015 年，区支社提交的“加速林业发展，提高综合效益，建立科学的森林生态效益补偿制度”提案，获得省、市政协的好评。2018 年，九三界别游咏委员工作室在青山街道成立，定期开展委员工作室接待日、社区医疗咨询服务等活动。

第二章　群众团体

第一节　工　会

1996—2018 年，石鼓区（城北区）总工会组织职工开展职工教育、职工维权、困难帮扶、劳动竞赛、劳模推荐评选活动，共评选产生劳模 19 位，其中全国劳模 1 位、省级劳模 6 位、市级劳模 9 位、区级劳模 3 位。

一、组织机构

1996 年，城北区总工会设办公室与困难职工帮扶中心两个内设机构。2001 年 5 月，衡阳市区划调整，城北区总工会改称石鼓区总工会。2017 年下半年，撤销困难职工帮扶中心，成立职工服务部。2018 年，全区建立基层工会组织 91 个，工会会员 22589 人，其中农民工入会 2650 人。

1996—2018 年石鼓区（城北区）总工会领导一览表

表 6-2-1

届次	姓名	职务	任职时间
第五届（城北区）	李家学	主席	1994. 12—1999. 12
	毛云兰(女)	副主席	1994. 12—1999. 12
	仇武升	副主席	1994. 12—1997. 5
第六届（城北区）	夏德迪	主席	1999. 12—2005. 4
	毛云兰	副主席	1999. 12—2005. 4
第一届（石鼓区）	龙平省	主席	2005. 4—2017. 9
	龙　潇	副主席	2002. 1—2017. 6
第二届（石鼓区）	宁华梁	主席	2017. 9—
	邓　琳	常务副主席	2017. 9—

二、代表大会

1999 年 12 月 16 日，城北区总工会第六次代表大会召开，出席会议的代表 80 人。夏德迪当选区总工会主席，毛云兰当选区总工会副主席。

2004 年 10 月 17 日，石鼓区总工会第一次代表大会召开，出席会议的代表 150 人。龙平省当选区总工会主席，龙潇当选区总工会副主席。

2017 年 9 月 20 日，石鼓区总工会第二次代表大会召开，出席会议的代表 137 人。宁华梁当选区总工会主席，邓琳、周严屏当选区总工会副主席。

三、主要活动

（一）劳动竞赛

1996—2002 年，各级工会围绕经济建设中心，结合各系统、各单位的特点和相关任务，相继开展形式多样的“双增双节”（生产节约、增收节约）和“扭亏为盈”为主要内容的社会主义劳动竞赛活动。

2003—2009 年，持续开展“芙蓉杯”竞赛，在活动中涌现出一大批先进集体和先进个人。

2014 年，开展工业企业劳动竞赛、服务行业优质服务竞赛、女职工建功立业竞赛。是年，以节能降耗、保护生态环境为主要内容的“我为节能减排做贡献”活动相继开展。2016 年，推荐中湘五金机电、黄沙湾中心校参与市金牌工匠先进单位评选。是年，开展“五一奖章 · 岗位闪光”活动，吴小云、汪曲姬等 6 人评选为金牌职工。

2018 年 5 月，组织参加市总工会“聚力新时代 · 建功新衡阳 · 职工新风采”全市职工演讲比赛和全市职工群众摄影大赛，区总工会获优秀组织奖，高敏、陈亮分别获优秀奖、风采奖，徐琼的《圆梦》获手机组铜质收藏作品，冯菁辰的《凝心》、文娟的《上药》获专业组品质收藏作品。是年 12 月，区教文体局工会组队代表衡阳百万职工群众参加“全省职工工间操大赛”，获全省第三名。

（二）劳模推荐评选

2000 年，市起重电器厂分厂厂长宾小武被评为省级劳动模范。2008 年，评选市级劳模 2 名：宁建新（农民）、王芳菊（民企）。成功推荐漂亮宝贝技师张团愿为市级劳模。2018 年 4 月，衡阳香樟苑生态农业发展科技有限公司总经理梁光寰获市级“五一劳动奖章”称号。1996—2018 年，共有劳模 19 位，其中全国劳模 1 位、省级劳模 6 位、市级劳模 9 位、区级劳模 3 人。

（三）职工维权

1996 年，利用厂职代会、墙报、社区 LED 显示屏等宣传窗口开展普法维权宣传，发放《中华人民共和国工会法》《中国工会章程》等宣传资料 1 万余套；是年，参与协调劳资纠纷、处置职工意外伤害 60 余起。1997 年后，每年 3 月开展“女职工维权活动月”活动。

至 2010 年，各级工会组织会同公安、司法、人社等部门共妥善处理侵害职工合法权益案件 1056 件，清欠农民工工资近千万元。

2014 年起，启动职工医疗互助和女职工特殊疾病保障服务活动。是年，参加人数为 695 人，互助集资 3.48 万元。至 2018 年，职工医疗互助参加单位 83 个，职工 3747 人，互助集资 26.3 万元。全区各类企业劳动合同签订率达 85%以上，厂务公开率达 90%。

（四）困难帮扶

1996 年，区总工会组织 16 个基层单位工会对 168 名生活困难的职工进行慰问，发放慰问金 7185 元。1998 年，对区属 14 个企业下岗职工情况进行摸底调查，建立困难职工档案。至 2000 年，累计发放慰问金 20 余万元，帮扶困难职工 500 余人次。2001—2014 年，各级工会组织每年都开展走访慰问困难职工活动，累计发放慰问金 100 多万元，走访困难职工 1000 余人次。

2015 年，对支持农民工入会的重点项目企业进行帮扶，开展银企搭线，为困难企业贷款 4.50 亿元。

2016—2017 年，开展中央和省级财政专项资金对困难职工的帮扶工作，全区 367 名符合要求的困难职工受到帮扶，发放帮扶资金共计 24.03 万元。

2018年，区总工会发放困难职工帮扶资金16万元，帮扶困难职工167人。

第二节　共青团

一、组织机构

1996年，共青团衡阳市城北区委员会（简称团区委）在全区共有基层团组织42个，团员740名。2001年5月，衡阳市城区行政区划调整，共青团衡阳市城北区委员会改称共青团衡阳市石鼓区委员会。2009年11月，全区共有基层团组织86个。其中乡、街道团委8个，村团支部28个，社区团支部（含社区联合团委）43个，组织建立率为100%。非公经济团组织7个，建团率30.4%。

2012年12月，全区非公企业团组织发展到120家。

2016年全区共有基层团（工）委26个，团支部214个。

2018年，群团组织改革，清理、整合团组织，全区共有镇、街团（工）委7个，学校团总支3个，团支部63个。

1996—2018年共青团衡阳市石鼓区（城北区）委员会领导一览表

表6-2-2

姓名	职务	任职时间	备注
曹栋梁	副书记	1991.9—1996.2	主持工作
邱　宁	副书记	1996.2—1998.1	主持工作
	书记	1998.1—2000.11	—
阳长辉	副书记	2000.11—2001.6	主持工作
	书记	2001.6—2004.8	—
华连玉(女)	副书记	2004.8—2005.7	主持工作
陈　坚	副书记	2006.9—2007.12	主持工作
	书记	2007.12—2011.12	—
万倩雯(女)	副书记	2009.4—2012.6	2011.12后主持工作
	书记	2012.6—2017.12	—
殷　志	副书记	2011.1—2012.1	挂职
彭国文	副书记	2012.4—2013.4	挂职
刘　坚	副书记	2015.7—2017.9	—
李　谦	书记	2017.12—	—
唐　驰	副书记	2017.12—	—

二、代表大会

1997年5月23日，共青团衡阳市城北区第八次代表大会召开，出席代表69名。会议审议通过共青团城北区第七届委员会工作报告，确定今后三年团的工作任务；选举产生共青团衡阳市城北区第八届委员会委员 11 名，邱宁当选为副书记（主持工作）。

2001 年 12 月 21 日，共青团衡阳市石鼓区第一次代表大会召开，出席代表 109 名。会议审议和通过大会工作报告，确定石鼓区今后五年团的工作任务，选举产生共青团衡阳市石鼓区第一届委员会委员 11 名，阳长辉当选为书记。

2015 年 12 月 28 日，共青团衡阳市石鼓区第二次代表大会召开，参加大会代表 129 名。会议听取和审议通过共青团衡阳市石鼓区第一届委员会所作工作报告，选举产生共青团衡阳市石鼓区第二届委员会委员 11 名，万倩雯当选为书记，刘坚当选为副书记。

三、主要活动

（一）学雷锋与青年志愿者活动

1996—2002 年，在每年的 3 月均开展“学英雄、学雷锋、树新风”活动。其间，组建“青年志愿者突击队”“青年志愿者维修队”“青年志愿者卫生服务队”“青年志愿者治安联防队”等各类青年志愿者队伍，开展形式多样的志愿服务活动。

2003 年 3 月 5 日是毛泽东同志“向雷锋同志学习”题词 40 周年纪念日，团区委在 3 月 5 日前后开展“学雷锋、树新风、献爱心”活动，并组织为新疆巴楚伽师地震灾区捐款捐物价值 10 多万元。2004—2006 年，团区委组织上千名青少年深入社区、乡村，走上街头田间，开展卫生清扫、义务维修、维持交通、文明宣讲等各类活动。

2008 年春节前，衡阳市发生百年不遇的雨雪冰冻灾害，团区委及各级团组织发动志愿者开展上路除冰扫雪活动，先后三次组织 200 余人次的志愿者深入社区、辖区主要路段扫雪除冰，保障交通干道畅通。5 月 12 日，汶川特大地震发生后，为共同帮助灾区群众渡过难关，重建家园，团区委积极与区经贸发展局联系，向区内民营企业发出捐款倡议，动员广大青年，共为汶川特大地震灾区筹款 128 万余元。

2013 年 7—8 月，组织“青年走基层，助力抗旱救灾”主题活动，组建 2 支专业抗旱救灾青年志愿者突击队，下沉 2 个乡开展抗旱救灾。是年，团区委募集社会爱心资金 150 万元，集中采购抗旱救灾设备和物资。

2014—2018 年每年的 3 月 5 日前后，全区各级团委组织开展“学习雷锋精神，争当雷锋传人”系列志愿服务活动。5 年累计发放宣传资料 5 万余份，免费义诊 2000 余人，免费发放药品、物品 13000 余份，无偿献血 30000 毫升，10000 多名志愿者参与志愿服务活动。

（二）青年创业就业和岗位成才活动

1996—1997 年，举办各种实用技术培训班 30 期，培训青年 1000 余人次。1998—2002 年，组织开展“五小”（小发明、小革新、小改造、小设计、小建议）竞赛，助力青年成长。2003 年，评选出衡阳市岑芳装饰材料公司董事长欧阳葆等 10 人为石鼓区首届“十大杰出青年创业明星”。

2010 年上半年，获批“衡阳市石鼓区青年创业基地”项目，启动建设石鼓青年科技创业园。2013 年，为 35 名从事养殖、运输、个体经营的创业青年争取 103.28 万元贷款，促进青年积极创业。

2015 年，全年共计发放青年创业小额贷款 56 万元，带动就业 100 多人次。

2018 年，石鼓区青少年综合服务平台全面建成。是年，该区 4 名优秀创业青年参加衡阳市“创青春”创新创业大赛，并取得良好成绩。

（三）少年先锋队指导管理

按照共青团章程，共青团肩负组织和管理少先队的重任。1996 年初，全区有少先队大队 14 个、中队 218 个，少先队员 9811 人，入队率 92%，辅导员 232 人。2010 年 5—6 月，为贯彻团中央、教育部、全国少工委《关于认真学习贯彻总书记〈致中国少年先锋队建队 60 周年的贺信〉的通知》，团区委、区教文体局、区少工委联合举办石鼓区第一届“四好少年”选拔活动，共选出 16 名区级“四好少年”。

2013 年 9 月，团区委、区教文体局、区少工委联合发文，对少先队辅导员任职基本条件、聘任办法和工作要求做出明确要求。2014 年 10 月，为纪念少先队建队 65 周年，区少工委开展“红领巾相约中国梦”少先队鼓号队交流展示活动。2015 年下学期，团区委在全区小学少先队开展“我是向上向善好队员”主题队日活动。2018 年底，全区有少先队大队 30 个、中队 431 个，少先队员 16588 人，入队率 92.50%，辅导员 461 人。

第三节　妇女联合会

一、组织机构

1996 年，衡阳市城北区妇女联合会（简称妇联）有基层（街道）妇联 6 个、区属教科文卫事业单位妇女委员会（简称妇委）19 个、区属企业单位女工委员会（简称女工委）14 个、农村妇女代表委员会（简称妇代会）80 个。

2001 年 5 月，衡阳市进行区划调整，城北区改称石鼓区，城北区妇联改称石鼓区妇联，下辖 6 个街道、2 个乡基层妇联和 1 个区直机关妇委会、46 个社区（村）妇代会。2002 年 4 月，核定区妇联行政编制 1 名，设领导职数 1 名。2014 年 3 月，石鼓区通过公开选拔副科实职领导干部，招录区妇联副主席 1 名。2015 年 12 月，核定区妇联领导职数，设主席 1 名、副主席 1 名。2017 年 9 月，区委派驻纪检组进驻区委办、妇联等 13 个单位。

2018 年，石鼓区妇联组织改革，新配备兼职副主席 1 名、挂职副主席 1 名。按照“会改联”的要求，全区 46 个村（社区）全部完成妇联组织改革工作，乡街新增兼职副主席 21 人、执委 175 人，村、社区新增兼职副主席 92 人、执委 690 人。

1996—2018 年石鼓区（城北区）妇女联合会领导一览表

表 6-2-3

届　次	姓　名	职　务	任职时间
第九届	陈翠英(女)	主　任	1993. 9—1996. 4
	刘德桂(女)	主　任	1996. 4—1998. 1
第十届	谢　芳(女)	主　席	1998. 1—2001. 12
	张传翠(女)	副主席	2001. 12—2003. 2
第一届（石鼓区）	徐承敏(女)	主　席	2003. 2—2007. 9
	张传翠(女)	主　席	2008. 2—2010. 11
	汤莉莉(女)	副主席	2007. 8—2008. 2
第二届	张传翠(女)	主　席	2010. 11—2015. 12
	吴慕君(女)	副主席	2014. 3—2015. 12

续表6-2-3

届　次	姓　名	职　务	任职时间
第三届	张传翠(女)	主　席	2015.12—
	吴慕君(女)	副主席	2015.12—

二、代表大会

1996年前，城北区妇联已召开九次代表大会。

1998年10月30日，召开城北区第十次妇女代表大会，参会代表145人。会议审议并通过上届执委会的工作报告，部署今后的妇女工作，选举产生城北区妇女联合会第十届执行委员会执委17人。

2004年10月29日，召开石鼓区妇联第一次代表大会，参会代表100人。大会选举产生石鼓区第一届妇女联合会执委19人，徐承敏当选区妇联主席。

2010年11月30日，召开石鼓区妇联第二次代表大会，参会代表97人。大会选举产生石鼓区第二届妇女联合会执委21人，张传翠当选为区妇联主席。

2015年12月29日，召开石鼓区妇联第三次代表大会，参会代表100人。大会选举产生石鼓区第三届妇女联合会执委21人，张传翠当选为区妇联主席，吴慕君当选为区妇联副主席。

三、主要活动

（一）妇女教育及培训

思想政治教育　1996—2018年，各界妇联组织举办各种理论培训班324期，召开经验交流会、座谈会、研讨会193场次，5000余人参加培训学习。

家庭文化建设　1996—2015年，全区共评选出“五好文明家庭”2010户。其间，朱菊英、何祚构家庭获评“全国五好文明家庭”，刘云清家庭被评为衡阳市“十佳文明家庭”、湖南省“五好文明家庭”，郑建芳、唐小红家庭被评为“全省两型示范家庭”。

2017年，开展“最美家庭”评选表彰活动，聂文化、禹云华家庭等16户被评为“最美家庭”。是年，与区纪委、区委组织部联合开展“廉内助”评选活动。授予刘静等11人“廉内助”称号。

2018年，全区共评出13个文明家庭。是年，区政协李在定家、潇湘街道钱波家庭获评全市“廉洁家庭”，李在定家庭荣获全国“最美家庭”称号。

科技及就业培训　1996—2004年，坚持开展“双学双比”“科技致富”等活动，帮助近2万名妇女实现就业，一批创业女性在市场经济的大潮中脱颖而出，涌现出女科技示范户、致富女能手和巾帼建功标兵500余名。养殖大户肖启美、伍敦梅、黄新玉、王诚燕等受到市妇联表彰。组织农村妇女参加“巾帼科技致富工程”“一万农家女、十项新技术”等活动，深化农村“双学双比”劳动竞赛，举办各类实用技术班12期，1200余名妇女掌握1~2项实用技术，39名女能手受到省、市、区表彰。2004—2010年，成立“巾帼家政服务站”，为下岗、失业女工推荐家政服务岗位3000人次。2007年，成立衡阳市第一家集招聘、培训、发证、安置、维权“一条龙”服务的规范化家政公司——辣妹子家政服务有限公司。截至2010年，以“衡阳市辣妹子家政公司”和“家政培训学校”为依托，免费培训农村富余劳动力、城镇下岗职工共计7000余人，介绍从事家政服务超过6300人，提供服务16043人次，就业成功率达93%。2011年5月，衡阳市首家“巾帼创业基地”在青石村挂牌成立。是年，全区 50 余名创业女性享受小额贴息贷款 180 万元。2012—2015 年，利用巾帼示范基地培训妇女 5000 人次，带动 2 万余名女性创业就业。2017 年，衡阳市辣妹子家政公司被市妇联授牌“衡阳市巾帼创业就业示范基地”。

2018 年 8 月，与区人社局、辣妹子家政服务中心联手举办“月嫂培训班”。开设家政服务、物业管理、育婴师和种植养殖培训，培训贫困人员 356 人，推荐贫困劳动力就业 280 人。

（二）妇女儿童合法权益维护

“两个规划”实施 1997 年 11 月，城北区人民政府制定《城北区妇女发展规划（1997—2000 年）》，调整区妇女儿童工作委员会，对各成员单位的职责进行分工，并确定联络员。2002 年 5 月，石鼓区人民政府制定《石鼓区妇女发展规划（2001—2010 年）》和《石鼓区儿童发展规划（2001—2010 年）》。2006 年，区人民政府制定《石鼓区妇女发展规划（2010—2015 年）》和《石鼓区儿童发展规划（2010—2015 年》。2015 年，“两个规划”顺利通过省市验收，各项指标达标，在全市妇联考核中排名第一。2016 年，区政府颁布实施《石鼓区妇女发展规划（2016—2020 年）》和《石鼓区儿童发展规划（2016—2020 年）》。

预防和制止家庭暴力 1998—2004 年，区妇联与公安部门紧密配合，全区 8 个基层派出所全部设立家庭暴力投诉站。2010—2018 年，利用三八国际劳动妇女节、“11·25”国际消除对妇女的暴力日、“6·26”国际禁毒日等时间节点，各级妇联通过举办培训班、法律知识竞赛和“三八”维权周、送法律下乡、“家庭律师社区行”等活动，开展普法宣传，提升妇女法律意识和依法维权能力。全区发放维权宣传资料共计 30 万余份，开展法律咨询服务活动 260 余场次，悬挂横幅标语 8000 余条，制作宣传板报 80 块。

健全维权机制 1993—1998 年，接待和处理各类来信来访 238 起 259 人次，调处婚姻、家庭财产等纠纷 104 起。化解矛盾 76 起，配合查处有关案件 18 起，解救被害妇女 26 人。2004—2010 年，建立区、乡（街道）、村（社区）三级维权网络，健全维权联席会议制度、信访接待制度和妇联系统特邀陪审员制度，确保妇女儿童合法权益。2017 年 8 月，制定《石鼓区反家庭暴力工作协作联动机制建立方案》，是全市首创的妇女维权工作机制。2018 年，通过将婚姻家庭纠纷人民调解专业化服务纳入政府财政预算、政府购买服务范畴等方式，落实解决婚姻家庭纠纷人民调解组织经费保障问题。

（三）巾帼建功竞赛活动

1996—1997 年，在全区各行各业开展“芙蓉杯”“效益杯”“成果杯”“公仆杯”等岗位成才、岗位练兵、技术比武以及“巾帼文明示范岗”争创活动。举办各种类型的岗位成才学习班 168 期，有 2500 名女职工、女教师、女医务人员、女营业员参加岗位练兵。其间，全区涌现出 36 个“巾帼建功”先进集体，16 个“巾帼文明示范岗”，40 名“巾帼建功”先进标兵和“巾帼女能人”，10 名“巾帼十大明星”，6 名全国、省、市、区四级女劳模。

1998—2004 年，组织开展“巾帼文明示范岗”“巾帼建功能手”“巾帼创新创业”“巾帼文明示范社区”等创建活动，全区共评选表彰“巾帼建功能手”60 人、“巾帼文明示范岗”6 个、“巾帼文明示范社区”1 个。2005—2015 年，组织开展创建“巾帼示范村”“巾帼文明示范岗”创建活动，松木乡朝阳村等 3 个村被评为全市“巾帼文明示范村”，石鼓公安分局户籍股等 6 个单位被评为全市“巾帼文明示范岗”。

2018 年 3 月 7 日，举行纪念“三八”国际劳动妇女节 108 周年“十九大宣传·巾帼心向党·建功新时代”主题活动。全区 9 个巾帼文明示范岗、11 个巾帼建功标兵、12 个“三八红旗手”受表彰。是年，全区评选出“三八红旗手”13 名、巾帼文明示范岗（村）15 个。

（四）少年儿童工作

1996年，区妇女儿童工作委员会召开专题会议10余次，为特困残疾妇女儿童捐款4万余元、衣物8000余件，通过对口扶助特困生等途径，使41名失学、辍学女童重返校园。全区15所小学为176名特困户儿童减免学杂费14000余元。1998—2010年，组织实施“春蕾计划”，关爱扶助贫困学生845名，筹集资金65万元。2010年，继续开展“关爱女孩”“春蕾计划”等社会公益活动，共筹集资金50万元，关爱扶助贫困学生590余名。2014年，农村留守儿童数据库建成。2017年，为全区5名建档立卡贫困家庭的儿童，每人捐资1000元和价值180元的六一礼物。2018年，走访慰问辖区内贫困、留守儿童87人，送去慰问金及物资5万多元。

（五）妇女参政

1996年后，妇女参政比例提高，结构优化，全区妇女的政治地位提升。同时，引导广大妇女参与到乡村振兴、卫生环境整治、规范交通秩序行动、义务巡逻、志愿者服务、网格化管理等社会管理创新和全国文明城市、国家卫生城市创建活动中，提升妇女参与基层民主治理的意识和能力，参与社区、村级事务管理，扩大她们参与基层民主治理的成效，成为全区一支加强和创新社会综合治理，促进社会和谐发展的重要力量。2013年，面向全市公开选拔7名科级女干部进入区直机关和乡街领导班子，占公选职位总数的38.9%。2014年，面向社会公开招聘47名事业单位工作人员，其中32名是女性，占招聘人员总数的68%。2010—2015年，全区共提拔使用女干部63人。2018年，全区250余名网格管理员中，80%以上是女性；210名村、社区工作人员中，164名为女性，占比达78%。是年，区直机关中有女干部339名，占干部总数27.90%。其中担任副处级以上女干部8人；正科级实职女干部23人，副科级实职女干部93人，占科级干部总数的29.1%。区四大家班子中100%配有女干部，镇街党政领导班子中都有1名以上女干部。

第四节　工商业联合会

衡阳市石鼓区工商业联合会，是湖南省衡阳市石鼓区工商界组成的人民团体和民间商会。1997—2016年，石鼓区工商业联合会共召开五次会员大会，会员中的人大代表、政协委员共向市、区人大提交建议170件、向政协提交提案183件。积极引导会员爱国敬业，参与社会服务，其间，工商联会员累计捐助社会公益事业资金500多万元。

一、组织机构

1996年，称城北区工商业联合会。2001年区划调整，改称石鼓区工商业联合会（简称工商联）。2006年12月，成立石鼓区工商联党组。2017年3月，石鼓区总商会成立。2018年，石鼓区工商联（总商会）第四届领导班子有主席1人、副主席6人、副会长6人、秘书长1人、常委20人、执委31人，登记注册会员307名。

二、代表大会

1997年7月11日，召开城北区工商联第二次会员大会。出席会议的代表83名，大会审议并通过上一届执行委员会工作报告，选举产生城北区工商联第二届执行委员会，唐靖当选为会长。

2001 年 6 月 17 日，石鼓区工商联第一次会员代表大会召开。出席会议的代表 103 名，大会审议并通过上一届执行委员会工作报告，选举产生石鼓区工商联第一届执行委员会，王光辉当选为主席。

2008 年 10 月 18 日，石鼓区工商联第二次会员代表大会召开。出席会议的代表 123 名，大会审议并通过石鼓区工商联第一届执行委员会工作报告，选举产生石鼓区工商联第二届执行委员会，冯春娥当选为主席。

2011 年 10 月 25 日，石鼓区工商联第三次会员代表大会在区机关会议中心召开。出席会议的代表 125 名。大会审议并通过石鼓区工商联第二届执行委员会工作报告；选举产生石鼓区工商联第三届执行委员会；冯春娥当选为主席，华连玉、何朝晖等 11 人当选为副主席（副会长）。

2016 年 5 月 31 日，石鼓区工商联第四次会员代表大会召开。出席会议的代表 148 名。大会审议并通过石鼓区工商联（总商会）第三届执行委员会工作报告；选举产生石鼓区工商联（总商会）新四届执行委员会；冯春娥当选为主席（会长），华连玉、何朝晖等 11 人当选为副主席（副会长）。

三、主要活动

（一）参政议政

1996 年提出的《治理石鼓区非公有制经济环境问题》的提案，得到城北区委、区政府的高度重视。是年，区政府成立“经济环境综合治理领导小组”，开展治理行动，促进境内非公有制经济发展。

2005—2015 年，向区政府提出提案 12 件，有 3 件得到解决。

2016 年，在市、区两级人大、政协和工商联换届中，推荐 8 名会员担任市、区人大代表，15 名会员担任市、区政协委员。在区两会期间，引导会员中的人大代表提交议案 11 件，政协委员提交提案 20 件、社情民意 26 件，为区委、区政府决策提供有力依据。

2017 年区两会期间，引导会员中的人大代表和政协委员提交提案、建议意见 11 件。其中，梁光寰《关于角山乡村旅游发展的提案》得到区委书记唐浩然的批示交办。

2018 年，对非公有制企业在发展过程中存在的困难和问题展开调研，形成《关于加强区现代企业家队伍建设的调研报告》，得到区委、区政府的肯定及认可。是年，会员中的人大代表、政协委员共向市、区人大提交建议 7 件，提交提案 13 件。

（二）服务社会

1996—2005 年，区工商联会员开展修路、扶资助学、尊老爱幼等社会公益事业，累计投入资金 200 多万元。

从 2007 年起，每年组织一次扶贫帮困、捐资助学活动。

至 2012 年，共募集爱心款 21 万余元，资助贫困学子 180 人。

2013—2017 年，区工商引导商会、非公企业、非公经济人士、辖区企业开展产业扶贫、教育扶贫、公益扶贫以及各类慰问活动，累计捐款 300 多万元。2018 年，继续引导会员企业开展精准扶贫、爱心助学活动，累计捐款捐物 319. 5 万元。

第五节　残疾人联合会

1996—2018 年，区残联共召开四次代表大会，开展残疾人权益保障、残疾群体服务、残疾人就业创业、残疾人教育与文体活动，共为残疾人提供法律援助服务 67 件，输送 10 名高质量的残疾人运动员参加市残联运动员选拔训练。

一、组织机构

1996年，衡阳市城北区残疾人联合会（简称残联）为区民政局内设机构。2001年5月，城北区残联改称石鼓区残联。2009年10月29日，经区委决定，区残联从区民政局分离出来，设为正科级事业单位，定行政编制1名、事业编制3名。区残联由残疾人代表大会及其主席团成员组成，常设机构是执行理事会。全区7个乡、街道成立残联，村（社区）成立残协。2018年，全区共有助残志愿者253名，开展志愿服务活动21人次。

1996—2018年石鼓区（城北区）残联领导一览表

表6-2-4

届　次	职　务	姓　名	任职时间
第一届	主　席	肖高勋（兼）	1990. 11—1998. 12
	理事长	彭盛绪	1990. 11—1998. 12
第二届	主　席	刘扶华（兼）	1998. 12—2003. 3
	理事长	唐代发（兼）	1998. 12—2003. 3
第三届	主　席	马先林（兼）	2003. 3—2007. 11
	理事长	周　亮	2003. 3—2007. 11
第四届	主　席	邱　宁（兼）	2007. 11—2012. 9
	理事长	罗会林	2007. 11—2012. 9
第五届	主　席	邹金芝（女，兼）	2012. 9—2017. 12
	理事长	罗会林	2012. 9—2015. 11
	副理事长	万素英（女）	2014. 9—2017. 12
第六届	主　席	汪衡湘（兼）	2017. 12—
	理事长	屈光明	2015. 11—
	副理事长	万素英（女）	2017. 12—

二、代表大会

1998年12月25日，城北区第二届残疾人代表大会召开。到会残疾人代表25人，列席人员36人。大会选举产生城北区第二届残疾人联合会主席团委员9名。选举刘扶华为主席（兼），唐代发为理事长（兼）。

2003年3月，召开第三届代表大会，代表61人，其中残疾人代表39人，占代表总数的64%。大会选举产生区残联第三届主席团委员11名。选举周亮为理事长。

2007 年 11 月 15 日，召开第四届代表大会，代表 67 人，其中残疾人代表 41 人，占代表总数的 61%。大会选举产生区残联第四届主席团委员 15 名。选举罗会林为理事长。

2012 年 9 月 23 日，召开第五届代表大会，代表 71 人，其中残疾人代表 43 人，占代表总数的 61%。大会选举产生区残联第五届主席团委员 19 名。选举邹金芝为主席、罗会林为理事长。大会同时选举产生 5 个专门协会（盲人协会、聋人协会、肢残协会、智力残疾人亲友协会、精神残疾人亲友协会）主席、副主席。

2017 年 12 月 26 日，召开第六届代表大会，代表 79 人，其中残疾人代表 53 人，占代表总数的 67%。大会选举产生区残联第六届主席团委员 17 名。选举主席汪衡湘、理事长屈光明。大会同时选举产生五个专门协会主席、副主席。

三、主要活动

（一）残疾群体服务

1996 年，根据《残疾人事业“九五”计划纲要（1996—2000）》，区残联成立康复领导小组，开展康复服务。1996—1998 年，300 多名残疾人得到不同程度的康复。1998 年成立区精神病防治工作领导小组，全面展开精神病防治康复工作。2010 年，0～6 岁儿童抢救性康复工作列入重点民生实事项目，共完成 141 名残疾儿童抢救性康复。“十二五”（2011—2015）期间全区为 180 名白内障患者免费实施复明手术，为 50 名残疾人免费装配假肢，发放辅助器具 1000 余件。

2013 年，启动实施连千村帮万户工程，结对帮扶 70 户残疾人家庭，帮助残疾人解决生活和生产上的困难。2016 年，完成“贫困残疾儿童抢救性康复”项目 46 个，完成“贫困残疾人家庭无障碍改造”11 户；为 45 名瘫痪重度残疾人和有暴力倾向的精神残疾人上门鉴定，为 1630 名残疾人发放护理补贴和生活补贴 217 万余元。是年，投入康复经费 80 余万元，为 120 名残疾人进行康复服务。2017 年，为 118 户贫困残疾人家庭进行居家环境无障碍设施改造，改造资金达 80 万余元。

2018 年，通过逐户摸排，与医院协调，带专业医生上门为残疾人鉴定，共鉴定 25 例，其中精神残疾 11 例、肢体残疾 14 例；是年，投入康复经费 61 万余元，为 185 名残疾人进行康复服务。依托恩佐社会服务站，为 220 名符合条件的贫困残疾人提供居家上门服务；建立石鼓区向阳社会服务工作站，采取心理疏导、康复训练、工疗娱疗等方式为 38 名残疾人进行社区康复，解决残疾人家庭后顾之忧。

（二）残疾人就业创业

1996—2003 年，采取分散和集中相结合的方针，多渠道、多形式安置残疾人劳动就业。安置残疾人到福利纱带厂、青山纸箱纸盒厂等福利企业进行集中就业。2005—2006 年，建立 10 个“爱心助残报刊亭”，为城区特困残疾人提供就业岗位。

2011 年起，区残联每年开展就业援助月活动，有劳动能力的残疾人就业率逐年增加。2016 年，衡阳市石鼓区香樟苑农业科技发展有限公司被区、市残联授予“残疾人扶贫示范基地”称号，与 32 名残疾人签订帮扶协议，安排 9 名残疾人就近就地就业。是年，全区有 120 人次参加市、区两级残联举办的各类培训班，组织 70 名残疾人参加衡阳市举办的残疾人就业招聘会，现场签约或签订意向书 30 人，全年帮助 15 名残疾人实现就业。

2018 年，石鼓区福星水位控制器厂创办人黄小林，获湖南“百名阳光致富带头人（示范户）”称号。是年，该企业带动和帮助 10 户残疾人家庭实现阳光增收脱贫。

（三）贫困、重度残疾人生活保障

1996年，帮助残疾人个体工商户解决经营场地及协助办理减免税手续63人次。1998年，对16名丧失劳动能力的残疾人实行供养，对360余名残疾人特困户给予临时救济。2000—2009年，全区共为残疾人捐款15万余元，捐物价值8万余元。2010年，根据政府出台的扶持优惠政策，为残疾人减免各种费用和负担。出台残疾人机动轮椅车燃油补贴办法，对残疾人机动轮椅车燃油给予适当补贴。

2012年开始，对贫困、重度残疾人由区政府代缴最低基数基本养老保险和基本医疗保险，同时为贫困残疾人家庭购买意外伤害保险和慈惠保险，覆盖率100%。是年，全面实施困难残疾人生活补贴和重度残疾人护理补贴制度，残疾人两项补贴实现应补尽补。2016年，将1749名残疾人纳入最低生活保障。

2018年，为1802名重度残疾人发放护理补贴128万余元，为1612名困难残疾人发放生活补贴116万余元。

（四）残疾人教育与文体活动

2000年起，积极组织残疾人参加省、市开展的各类文艺活动，参加社区趣味比赛、爬山比赛、歌咏比赛、全国助残日等活动。其间，石鼓区聆音言语康复学校组织残疾儿童多次在省文艺会演大赛中获奖。2007—2011年，以义务教育和职业技术培训为重点，将普通教育残疾儿童、少年纳入“普九”规划。开展“扶残助学”和“彩票公益金助学”，投入3万元资助义务教育入学的残疾儿童。2012年起，开始资助残疾学生就学。至2018年，共资助残疾大学生71名，资助高中阶段残疾学生32名，资助金额达28万元。为31名残疾人大学生和残疾人家庭子女大学生发放助学资金8.60万元，为32名高中阶段残疾学生和高中阶段残疾人家庭学生发放助学资金5.2万元。全区普通残疾儿童入学率达到95%。是年，输送10名残疾人运动员参加市残联运动员选拔训练，成功选拔1名残疾人运动员参加省十届残运会，并获得3枚金牌。

（五）残疾人权益保障

1998年12月25日，城北区第二届残疾人代表大会召开后，区政府制定残疾人事业“八五”“九五”计划纲要，以及对残疾人实行特别保障和照顾的具体规定，把残疾人权益保障工作列入区委、区政府的议事日程。2012年，成立石鼓区残疾人法律援助中心，为残疾人提供法律服务和援助。至2018年，共为残疾人提供法律援助服务67件。至2018年，区残联共受理残疾人来信来访1832人（件）次，其中来信318件，接听信访电话831次，接待来人来访683人次；生活困难和就业与社会保障问题占信访总数量的90%。信访办结率达97.2%。

第六节 科学技术协会

2008年3月，区科协独立建制。2018年11月，石鼓区有省、市、区三级科技示范户68户，其中省级科技示范户3户、市级科技示范户4户、区级科技示范户61户。

一、组织机构

1996年，衡阳市城北区科学技术协会（简称区科协）与区科技局合署办公，实行一个机构、两块牌子。有会员239人，设主席1人，副主席1~2人，正、副秘书长各1人，委员21人，均由会员代表大会选举产生。其办事机构定全额事业编制2人。2001年5月区划调整后，城北区科协更名为石鼓区科协。2008年3月，石鼓区科协独立建制，定全额行政编2名。设主席1名、副主席1名。至2018年，区科学技术协会已召开十届代表大会。

1996—2018年石鼓（城北）区科协驻会领导一览表

表6-2-5

姓名	职务	任职时间	姓名	职务	任职时间
刘瑞兴	主席	1987.4—1998.1	胡茂莉(女)	副主席	2004.1—2012.3
林崇谨	主席	1998.1—2001.10	旷春桃(女)	主席	2013.5—
朱永忠	主席	2002.4—2004.4	周铁军	副主席	2016.2—
谢　宏	主席	2004.5—2006.6	陈志勇	主任科员	2015.5—
李亚辉(女)	主席	2008.4—2011.12	—	—	—

二、主要活动

1996年后，区科协每年围绕“科技创新、美好生活”这一主题开展科技周、全国科普日、防灾减灾等科普宣传活动，进行科普宣传、科技培训、科学普及、社区科普、青少年科普。2008年区科协独立建制后，大力实施未成年人科学素质行动、领导干部和公务员科学素质行动、社区群众科学素质行动。

2013年，联合区教育局举办全区中小学生科技创新作品大赛，并组织20余名中小学生参加衡阳市“青少年科技创新大赛”。

2015年，在五一街道建设新村一社区、人民街道人民社区开展科普社区建设。两社区分别组建一支60余人的科普志愿者队伍，新建科普画廊15米，并建立科普学校、科普志愿者服务站、科普图书室。

2018年，宣传《全民科学素质行动计划纲要》，累计印制科普小册子50000余份，陈列宣传板报140块。

第七节　红十字会

一、组织机构

1988年，城北区恢复红十字会，日常工作由区卫生局代为管理。由1名副区长兼会长，区卫生局局长兼秘书长，共设常务理事9人，其中1人为专职副秘书长。其后，由于人事变动，该会多次召开理事会，及时调整理事会成员，但这种人事结构一直未变。2015年6月，石鼓区红十字会设置为独立机构，列入群团序列管理，级别为正科级。定事业编制3名。2016年，各乡镇（街道）设红十字分会，明确了分管领导和兼职工作人员，下设办公室在卫生计生办，进行红十字会宣传工作。至2018年，机构无变化。

2015—2018 年石鼓区红十字会领导一览表

表 6-2-6

姓名	职务	任职时间	姓名	职务	任职时间
刘名辉	会长	2015.10—2017.6	夏子棋(女)	副会长	2017.6—
陈炜伟	会长	2017.6—	—	—	—

二、主要活动

1996—2015 年，石鼓区（城北区）每年坚持组织开展“5·8”世界红十字日、“助残日”、春节慰问等活动。同时不定期地组织开展无偿献血、防治艾滋病宣传活动。共组织医务人员下乡义诊 600 余人次。

2016 年，制定石鼓区红十字会灾害应急配套预案，规范应急救护培训，提高群众自救互救能力。累计开展学生、社区居民、医务人员的救护培训工作 3 场，群众性普及培训 400 人次。是年，开展“博爱送万家活动”，慰问困难群众 18 户，发放慰问金 0.72 万元。

2017 年，通过多种形式大力宣传“人道、博爱、奉献”的红十字精神，形成全社会参与红十字事业的氛围。在世界红十字日、世界急救日、世界艾滋病日开展集中宣传活动。“红十字博爱周”期间组织医疗基层卫生医疗单位开展义诊活动，接受市民健康疾病咨询，免费为市民测量血压、测血糖、检查心脏等，发放宣传资料 3000 余份。

2018 年，在“世界急救日”“世界红十字纪念日”“无偿献血日”等宣传日，发放宣传资料 3000 余份。在衡阳电视台《新闻联播》《健康有约》节目中播放区红十字会工作情况，宣讲红十字精神。在各街道、社区开展对学生、社区居民、医务人员的救护培训工作 5 场次，培训 500 人次。开展“志愿捐献干细胞”活动，21 人成功采样。

第七篇

军事　法治

第一章 军 事

第一节 兵 役

一、兵役登记

1996 年，兵役登记工作由区人武部组织实施。乡镇人民政府、街道办事处和设有武装机构的企事业单位、高校具体承办。按照《中华人民共和国兵役法》要求，每年 12 月 31 日前年满 18 周岁的男性公民，应在当年 6 月 30 日前进行兵役登记。通过登记，使兵役机关掌握适龄公民的数量、质量和分布状况，为组织公民服兵役做准备。2014 年，国防部征兵办公室推广使用全国征兵网，所有适龄青年全部在全国征兵网上进行登记。2018 年，石鼓区 18~35 岁男性公民均在全国征兵网上进行登记，其中年满 18 周岁合格男性青年兵役登记率达 100%。

二、征兵工作

1996 年，区人武部加强适龄青年依法服兵役宣传教育，为部队输送合格兵员，没有发生退兵现象。1997—2000 年，均完成年度征兵任务。

2002—2004 年，通过开展全民国防教育，提高广大适龄青年依法服兵役的意识。在征兵工作中坚持标准，贯彻国防部发布的《应征公民体格检查标准》，对征兵体检站实行“封闭式管理”。坚持廉洁征兵，确保兵员质量。按照公安部、总参谋部、总政治部 2004 年发布的《征兵政治审查工作规定》组织征兵政治考核，完成年度新兵征集任务。

2005 年，开展修改后的《征兵工作条例》的学习宣传，增强国防观念。严格政审、体检，加大把关力度。

2009 年，在征兵工作中严把体检关，规定体检站全面实行封闭式管理。严把政审关，落实三级政审和区域联审，加大文化审查力度，保证征兵工作的质量与效率。

2011 年，征兵工作有较大变化。将在校大学生列为征集对象，重点征集新入校的大一学生，明确凡在校大学生自愿参军退役复学后免除全部学费；扩大女兵征集范围，女兵征集对象为高中、大学应届毕业生及大学在校生，身高由 1.62 米调整为 1.60 米；大幅提高义务兵家庭优待金标准，到西藏、新疆等艰苦地区服役的义务兵家庭给予经济奖励；深化大学生士兵退役安置，退役大学生士兵服役期间，视为基层工作经历；参加公务员考录时，笔试总分加 10 分；拿出一定比例的专武干部招录指标，面向退役大学生士兵单独报名、单独考试、单独录取；加大城镇退役士兵安置力度，城镇义务兵仍由县（市、区）人民政府安排工作；事业单位和国有企业招录时，分别安排 15%的比例重点招录服役 12 年以上转业士官、荣立二等功（含）以上退役士兵、因战因公 5~8 级伤残退役士兵、烈士子女及其他服役期间表现特别突出的退役士兵；人才交流中心每年至少组织一次复退军人专场招聘会，减免所有招聘费用；鼓励农村籍退伍义务兵参与村（居）“两委”班子的选举；加大对拒服兵役的处罚力度，凡拒绝、逃避服兵役的适龄青年，由县级以上人民政府依据情节轻重予以处罚。

2013 年，全国调整征兵时间，由原来的冬季征兵改为秋季征兵，入伍时间为当年 9 月 1 日。2014 年，按要求组织应征青年实行网上征兵，实现征兵网络化管理和精确化、透明化征集。是年征兵以高中毕业以上文化程度的青年为主，重点做好大学生征集工作。2015 年，贯彻国防部征兵办公室修订的《应征公民体格检查标准》和《征兵政治考核工作规定》，实行新的标准。

2018 年，坚持廉洁征兵，落实“廉洁征兵十不准”刚性要求，做到“三公开”（公开征兵政策规定，公开廉政征兵监督方式，公开确定入伍人员名单），全程实施封闭式体检，严把政审、体检关，落实集体定兵，落实三级政审和区域联审制度。大学生征集比例超过 70%。

第二节　民　兵

一、组织建设

1996 年，境内基层武装机构稳定，专武干部和民兵党员两支队伍配齐，专武干部平均年龄为 38. 20 岁，熟悉军事技能，有较好的业务能力，各级武装部长是党员的全部进入同级党委领导班子。

1999 年 3 月 25 日，省委、省政府、省军区在衡阳市召开全省民兵预备役部队调整改革试点现场会。有关领导在会上讲话，衡阳市和两个县（区）介绍民兵工作调整改革的经验，与会代表观摩民兵应急连实兵演习、人武部干部军事技能汇报表演。

2001 年 5 月，衡阳市进行城市区划调整，石鼓区人武部按照新的区划范围，对符合建立武装机构的单位，主动上门做工作，确保人员专职，机构单列；对确已破产的企业武装机构，严格按制度、程序予以撤销；同时，探索向新兴民营企业、私营企业拓展民兵组织和武装机构的新路子。2002 年 7 月 10 日，市委、市政府、衡阳警备区决定组建衡阳市民兵高炮团。石鼓区一名区委副书记担任副团长一职，并组建 1 个高炮营、3 个连。是年，石鼓区在所辖的 2 家民营企业王一实业集团有限公司、华天大酒店衡阳分店组建武装机构和民兵组织。

2004 年，全区基层武装机构健全，全部达到机构单设的要求，武装工作阵地得到巩固和发展。每个基层武装部都有牌子、有公章、有单独办公室，室内设施规范，都挂有“基层武装部职责”“武装部长职责”“民兵营长职责”等 6 项职责牌。民兵应急分队、专业技术分队、对口专业分队、步兵分队 90%达到一兵一职、互不交叉的标准和要求。民兵高炮分队、抗洪抢险分队、森林防火分队建制落实，任务明确，制度完善，保障有力。基层武装部能按要求为民兵应急分队配备装备。80%的单位建立民兵政治教育责任制，抓民兵政治工作的职责明确。基层民兵“三队”（基层民兵干部队伍、专业技术分队、应急分队）组织健全，活动经常，效果明显。

2010 年，开展民兵整组。整组后，全区共有基层武装部 20 个。

2011 年，因企业改制、兼并、破产等原因，经报衡阳警备区批准，石鼓区撤销衡化总厂、电瓶车总厂、航运公司、湘南电机厂等 4 个企事业武装部。是年，全区有基层武装部 16 个，其中乡武装部 2 个、街道武装部 6 个、企（事）业武装部 8 个。

2013 年，按照军委部署，民兵队伍由以往的作战队伍、应急队伍、勤务保障队伍和其他队伍，调整为应急队伍、支援队伍和储备队伍 3 大类，全区共组建基干民兵队伍 15 支。

2014 年，依据市政府、衡阳警备区《民兵整组工作指示》，以作战任务牵引编组，落实“编为用”“编为战”要求，以应急队伍、信息分队为重点，科学统筹规划，全面部署展开。

2018 年，推进民兵调整改革，压缩民兵力量规模，优化编组结构，形成“城内维稳、依山防火、临水防汛、园区防化”的编组格局。

二、政治教育

1996 年，结合纪念红军长征胜利 60 周年活动在全区民兵中开展革命传统教育、理想信念教育。

1997 年，结合香港回归、党的十五大召开和建军 70 周年三件大事，有针对性地开展政治教育。

1998 年，开展以国防教育为主要内容的民兵政治教育。

2001 年，在全区民兵中开展学习“海空卫士”王伟，争当优秀民兵的活动。

2005 年，全区加强国防教育阵地基础建设，区国防教育办公室达到有牌子、有场所、有人员、有经费、有制度的要求。各单位根据形势发展的需要对国防教育阵地进行完善配套。

2011 年，以庆祝建党 90 周年活动为契机，组织民兵党员围绕“学党史、讲党性、做合格党员”主题，学习党史军史基本知识，完善民兵队伍党建制度机制，提高民兵基层党组织建设科学化水平。

2013 年，开展《民兵政治工作规定》的学习贯彻，采取三级联动方式，组织全区现役干部、专武干部和民兵营连政治干部专题集训。

2014 年，为辖区 19 所小学免费赠送《国防教育》读本 2000 余册，开展“强我国防、兴我中华”第八次全国国防教育系列活动，收到主题征文 300 篇、知识竞赛答题 767 份。

2016 年，积极开展国防教育“六进”（进机关、进学校、进企业、进乡街、进院校、进社区）活动。

2017 年，结合“十九大精神进基层”百姓微宣讲活动，组织宣讲队伍进乡村、社区、企业、学校开展宣讲活动，利用集中教育时机对基干民兵进行宣讲辅导。

2018 年，结合“不忘初心、牢记使命”主题教育，开展以爱国主义为核心的国防教育。

三、军事训练

1996 年，城北区分 9 批对全区新民兵进行训练。1997 年 4 月，城北区人武部组织 4 个单位的专武干部参加集训，经考核参训人员及格率、合格率均达 100%。是年 10 月 10—14 日，警备区组织城区民兵高炮（机）分队参加省军区训练。城北区组织 1 个高炮连、8 个班，1 个高机排、2 个班参加，取得全市第一的优秀成绩。

2000 年，结合全区实际，按照《民兵军事训练大纲》，严密组织，正规训练。

2001 年 4 月，区人武部组织专武干部参加警备区在耒阳市的集训，完成重点科目的训练，提高专武干部的军事素质和民兵预备役业务工作能力。

2002 年 2 月，区人武部受命组建衡阳市民兵预备役抗洪抢险舟桥营第三连相关工作，完成任务。

2004 年 4 月，在全市 7 县（市）5 区民兵军事训练尖子比武中，石鼓区获团体总分第四名，总成绩列全市城区第一。9 月，区人武部部长汤绍锋、政委万荣禄参加省军区军政主官比武，万荣禄获手枪射击第一名。

2005 年，区人武部着眼使命任务，坚持“两严”（严格标准、严格要求）训练方针，响应警备区“再掀军事训练新高潮”号召，重视民兵训练工作落实。分别于 7 月、9 月组织两期民兵训练，参训率 100%。

2010年，组织辖区民兵开展4次集训，参训民兵85人，重点开展森林防火业务知识、技能训练、队列等内容的集训。

2012年，组织民兵预备役人员进行军事理论学习、应急处突科目演练、防空兵专业集训和森林防火分队集训，分两批按质按量完成年度民兵训练任务。

2014年，完成4期的民兵军事训练、1期专武干部带部分民兵营（连）长集训，先后选送专武干部参加省军区和警备区组织的专武干部集训并取得好成绩。

2015年，围绕“能打仗、支援保障打胜仗”总体要求，坚持“建、训、管、用”一致原则，抓好全年3期基干民兵和3支队伍人员集训，重点完成反恐维稳、应急救援、抢险救灾、区域防空、情报侦察、工程抢修、勤务保障等16个专业训练内容。

2016年，共开展3期基干民兵和3支队伍人员集训，重点完成反恐维稳、应急救援、抢险救灾、区域防空、情报侦察、工程抢修、勤务保障等专业训练内容。

2017年，分3期组织基干民兵进行防恐防暴、基础素质、维稳处突、机械车辆抢修与维护、森林防火、支援保障等科目训练，有效提高民兵应急作战和应对突发事件的能力。

四、民兵执勤

1998年6月下旬，衡阳市连续降雨量只有73毫米，出现历史上罕见特大旱灾。灾情发生后，区人武部按警备区命令组织专武干部和民兵预备役人员投入抗旱一线。

1999年，国内外形势复杂多变，战备值班任务相当繁重。区人武部对战备值班常抓不懈，战备工作件件落实。9月30日晚，衡阳市为庆祝中华人民共和国成立50周年，在湘江沿岸举办大型焰火晚会，区人武部组织全体官兵及部分民兵到现场维护秩序。11月28日凌晨，衡阳市造纸厂发生特大火灾，区人武部部长、政委率机关干部和民兵应急分队与援助部队官兵连续战斗一昼夜，转运物资3000余吨，挽回经济损失180余万元。

2000年12月上旬，为配合衡阳市城市交通管理、整顿交通秩序，区人武部每天组织民兵出勤，出动车辆10余台次，在主要交通干线巡逻值班，维护正常的车辆运营秩序。

2002年5月初，石鼓区角山乡山林发生严重火灾，火灾面积达166.67公顷。区人武部领导率领全体干部、职工、民兵应急分队1个排赶赴灾场，参加灭火。在区机关干部、乡群众的配合下，成功灭火。是年8月9日，衡阳市及湘江上游普降暴雨，湘江水位超历史纪录。石鼓区杨家坪地段防洪堤出现两处管涌险情，区人武部领导率全体干部、职工、民兵应急分队，出动车辆20多台次，赶赴险情现场，配合驻衡官兵，迅速抢险，垒筑防洪堤50多米长，控制住险情，确保大堤和大堤内人民生命财产安全。

2006年7月，湘南连降大雨，境内湘江水位猛涨，超警戒线，区人武部领导率机关全体官兵和民兵应急分队，与驻衡某部官兵一道参加华光社区潇湘街地段以及蒸水河地段的抗洪抢险，共修筑堤长150米、高5米、宽8米，子堤530余米、加固防洪堤30多处、消除管涌3处、转移受灾群众300余人。

2012年9月8日，衡阳警备区受领广州军区协助开展追捕犯罪嫌疑人任务，石鼓区民兵应急分队协助公安人员设点布控。9月18日，石鼓区人武部组织民兵在衡大高速收费站设点拦截，完成协助追捕任务。

2016—2018年，每年组织民兵参加“圣诞平安夜”维稳执勤，处置偶发事件，保障一方平安。

第三节 拥政爱民

一、支援地方建设

1996—1999 年，城北区人武部与人民街道九角巷居委会建立帮扶联系点，经 3 年努力，贫困户生活状况得到改善。扶贫前人均收入 1600 元，经过帮扶，人均收入增至 2100 元。其间，区人武部投入扶贫资金 12000 元；投入希望工程捐款 6250 元；为刘洋、李璀等 5 名贫困学生捐资 3820 元；为徐秀英、张建元等困难户、危重病人、助残、社会公益事业等献爱心捐款 7680 元。2000—2001 年，驻区某部响应政府号召，先后为支援公益事业派人派车 3450 余人（车），向灾区和社会福利院捐款共计 12 万余元，捐物 16000 件；开展“送温暖、献爱心”一次性捐款 1 万余元；为群众义务修理家用电器 2300 余件次。2010 年，石鼓区人武部组织干部职工共捐款 8100 元，支持玉树灾区进行重建。2012—2014 年，开展“双带双促”活动，树立 3 名衡阳市退役军人先进典型，表彰 10 名先进个人；开展“一进二访”工作，与联点单位、基层社区、企业和包“积案”对象对接，掌握实情，主动扶贫帮困，开展安全督查。2015 年，区人武部召开专题党委会，学习各级精准扶贫的指示要求，研究制定结对帮扶具体措施计划，定期到帮扶对象家中走访慰问，针对每户不同情况开展“一户一策”帮扶活动。2017 年，召开民兵骨干结对帮扶困难群众专题动员部署会，发动全区 1000 余名民兵参与脱贫攻坚行动，采取“一对一”“一帮一”形式，开展“雷锋式”扶贫帮困活动。截至 2018 年，结对帮扶的角山镇角山村 13 户贫困户全部脱贫，受到上级领导和社会各界的肯定与好评。

二、军民共建融合发展

1996 年后，区委、区政府始终重视拥军优属工作。每年召开议军会，帮助区人武部解决工作中的困难和问题，每年春节前后和八一前夕，定期走访部队进行慰问，党政领导参加“军事日”活动，带头抓好国防教育。

2001 年 5 月，石鼓区重新调整“双拥”领导小组，并开展结对联点活动。华源大市场、下横街社区、畔湖路社区、人民路小学、田家炳中学等分别与区人武部、驻区某部建立结对联点关系。是年，驻区某部队支援人民路小学建立电化教学网，一次性捐资 36000 元，并长期助其进行网络维护、软件制作。2001—2003 年，驻区部队派出校外辅导员，上国防军事课 230 多个课时；派出官兵为田家炳实验中学军训新生 3400 余人；先后资助 13 名失学儿童重返校园。2004 年，石鼓区委、区政府支持区人武部建设，拨款 15 万元购置一台公务用车，以方便下基层开展民兵、预备役工作。2005 年 10 月 27 日，区委、区政府在区人武部召开现场办公会，专题研究支持区人武部建设。会议决定区人武部机关新址的规划、设计和建设的费用全部由区财政负责，建成后直接交区人武部使用，开全市城区支持人武部建设及机关搬迁的先河。

2009 年，区人武部机关建成投入使用。2010—2015 年，区委、区政府在采取多种形式，支持军事工作。

2016 年 12 月，召开区委议军会，重点研究落实市委议军会精神的具体措施。是年，开展“精准扶贫”和“双带双促”活动，区人武部领导对口帮扶一户贫困对象，针对实际困难，协调区有关部门制定解决方案，组织干部职工走访慰问。

2017 年，武装工作预算经费比 2016 年增加 38.89%。是年，协调配合区政府办和区城建投，投资近 1000 万元，完成 2 个项目建设。

2018 年，区委、区政府坚持富民强市与强军兴武有机统一，注重加强民兵预备役重大活动领导和探索解决各类矛盾问题，党管武装氛围越来越浓。先后进行国防知识讲座 10 余场，近万名党政领导干部、教师、青年学生和民兵预备役人员接受教育。

第四节　人民防空

一、宣传教育

1996 年后，全区人防知识教育全面铺开。境内市（区）属 7 所中学和区属 15 所公办小学五年级均开设人防知识教育课，开课率 100%。1998 年，城北区获评市人防办“三防”教育先进单位。2000 年，获评省国防动员委员会人防工作先进单位。2001 年，石鼓区（城北区）获评省教育厅、省人防办人民防空教育先进单位、市国防动员委员会人防工作先进单位。

2004 年，区人防办与区教体局联合，在五一路小学组织开展人防知识教学示范观摩活动。组织全区在职副县级以上领导干部 30 余人，到市人防办指挥所参观学习。

2006 年，石鼓区召开全区人民防空会议，总结“十二五”期间人防工作经验，部署人防建设任务。按市人防办要求对辖区各中小学校人防知识教育领导小组进行调整，拟定教学计划和课程安排。

2009 年，推进人防知识进学校，市直属中学每年对初二学生开课 10 节以上，区属小学五年级以上班级人防知识开课率 100%，中小学生人防知识普及率与合格率均为 100%。在五一路小学组织多媒体教学现场观摩课，并在全区推广。是年，该校被省教育厅、省人防办评为人民防空教育先进单位。

2010 年，在莲湖广场、石鼓广场组织人防知识大型宣传活动 2 次，悬挂宣传横幅，展出宣传板报，发放人防宣传资料 6000 余份，受教育面达 2 万余人次。2011 年，结合“百乡千村万户”大走访，联系民营企业、社区，进村入户宣传人防知识，开展人防教育。

2013 年 5 月 12 日，在全区“防灾减灾日”宣传活动中，发放宣传资料 2000 余份。组织全区机关干部及旭升小学、建设新村小学、角山中学师生开展防空袭疏散演练活动。2014 年，在莲湖广场举行“居安思危备战人防”人防教育科教片“走进社区”大型宣传活动。

2015 年 5 月，启动区人防宣传教育基地项目建设，次年底建成并投入使用。

2016 年 3 月 1 日，在石鼓广场举行“3・1”国际民防日社会宣传活动。5 月 12 日，在角山中学和都司街小学组织开展防灾减灾疏散演练活动。

2017 年 5 月 12 日，在人民路小学组织开展“5・12”防震减灾应急避难疏散演练活动。1400 多名师生参与人防知识教育和应急避难演练，提高广大师生安全防范意识和应急避险、自救互救能力。

2018 年 5 月 11 日，在进步村小学开展以“做自己的首席安全官—平安校园行”为主题的防空应急疏散演练。10 月 31 日，在五一街道望城路社区湖景水岸小区开展社区居民应急疏散演练。11 月 1 日，在角山中学组织师生防空袭疏散及人防医疗救护演练。

二、通信警报

1996 年，辖区警报设备处于良好战备状态。1997 年，辖区内通信警报队由市电信局组建，平时

（含警报 5 人）由区人防办负责。1998 年被市人防办评为人防通信警报建设先进单位。

2006 年，区人防办被评为市人防警报建设先进单位。2007 年，组建通信专业队，人员由市电信局抽调。2000—2018 年，在每年 11 月 1 日湖南省警报试鸣日，进行警报器鸣放，以语音、警声等形式传播警报信号，警报音响覆盖率、鸣放率均达 100%。

三、通信指挥

（一）演　习

2010 年 7 月，为抓好“衡防-10”防空防灾实兵演习各项工作，成立以区政府主要领导为组长的演练工作领导小组，区人武部、人防办、卫生局等为成员单位，负责演练的组织指挥与协调配合。10 月 27 日，“衡防-10”防空防灾实兵演习在区机关大院及各演练点举行，具体演练医疗救护队开展医疗救援和组织城市人口疏散等行动。

2015 年 11 月 3—6 日，参加省军区统一组织的湖南地区防卫作战演习。

2016 年 10 月，完成“湘防—2016”人民防空综合实兵演习中医疗救护任务。

2018 年 6 月，协助市人防办完成湘桂两省（区）人防通信保障融合性演习任务。

（二）疏　散

1998 年，修订《城北区人民防空袭预案》，确定疏散人员，对口接收乡镇。

2007 年，修订《石鼓区人民防空袭预案》，明确全区城区人口疏散比例，对口接收乡镇。2008 年，石鼓区人民防空办公室被评为全市城市防空袭预案修订先进单位、全省城市防空袭预案修订先进单位。

2014 年，修订《石鼓区人民防空袭方案》，再次明确疏散地域、城区疏散人口比例及疏散步骤。2015 年 3 月，到衡山县考察人防疏散基地建设，了解当地人口、道路、用水用电、医疗卫生、教育等基础条件及生产生活环境情况。截至 2018 年，每年组织辖区部分学校、社区开展防灾减灾疏散演练。

四、机　构

1996 年，随着市场经济条件下政府职能转变，区人防电影院和区人防工程队整合为区人防管理站，隶属于区人民防空办公室（以下简称区人防办）。区人防管理站成立初期，为股级事业单位。2001 年，城北区人防办更名为石鼓区人民防空办公室。2015 年，石鼓区人防办列入区政府工作部门序列，不计入区政府机构个数。区人防办为正科级，内设机构 4 个，即办公室、指挥通信股、工程股、法规股；下设 1 个二级机构，即区人民防空管理站。

1996—2018 年石鼓区（城北区）人民防空办公室领导一览表

表 7-1-1

姓名	职务	任职时间	姓名	职务	任职时间
刘友富	主　任	1994. 10—1998. 1	周建萍(女)	副主任	2003. 2—2017. 6
许本德	副主任	1994. 10—2000. 12	唐柏生	副主任	2006. 2—
唐和太	主　任	1998. 1—2008. 2	刘小荣	主　任	2008. 2—2013. 4
刘云柿	副主任	1998. 1—1999. 9	朱华兰(女)	主　任	2013. 4—2015. 11
文春喜	副主任	1999. 9—2009. 12	廖明明	主　任	2016. 1—
冯祁梅(女)	副主任	2002. 2—2003. 1	—	—	—

第二章　政法综治

第一节　社会治安综合治理

1996年，各单位以所在街道和公安派出所划块，具体明确治安责任区，全区共建治安责任小区286个。

1999年，对全区268个娱乐场所和特种行业落实治安责任状，定期不定期开展“扫黄打非”专项行动。2000年，重点地区采取派工作组分片包干的办法，在9月召开的全省社会治安综合治理工作会议上，城北区代表全省城区介绍工作经验。

2001年，所有社区推行“一区一警”建设，民警下沉社区兼任居委会副主任。是年，全区安全文明小区达到162个。2003年，对各村、居委会的社会治安综合治理状况进行评估排名，并实行“一票否决权制”。是年，将城区110出警大队更名为治安巡逻大队，配备巡逻车和GPS卫星定位系统。2004年，成立学校及周边治安秩序集中整治行动领导小组，切实维护学校及周边治安秩序。至2005年，石鼓区连续三年被衡阳市委、市政府评为社会治安综合治理工作先进县市区，连续两年被评为全省社会治安综合治理工作先进区。

2006年，各乡、街道综治委由党（工）委书记任主任，分管副职为综治办主任，并配备1~2名专职人员。村、社区设立综治室，村支书和社区主任为本地综治工作第一责任人。2007年，开展“矛盾纠纷排查化解年”行动。排查治安重点地段16个，集中整治治安重点地段4个。

2011年，按照“属地管理”原则，以村（社区）管理为基础，区公安分局、区计生局等部门相互配合，健全完善房屋租赁登记备案、暂住人口管理、实有人口管理和实有房屋管理等制度。是年，探索建立“石鼓政法综治网”，全区的综治信息基础工作进入数字化、网络化时代。

2015年，区委常委会5次专题研究政法综治工作，区政府常务会4次专题研究公安、禁毒等工作。2016年3月8日，区委常委会会议审议通过《石鼓区关于加强社会治安防控体系建设实施方案》，将社会治安监控摄像头建设作为全年重点民生实事推进。是年，石鼓区政法综治工作获评省、市先进，维稳、禁毒、反邪教三项工作分别被评为全市先进，被市委、市政府评为“平安县市区”。

2017年，区财政对三级综治中心等建设累计投入近亿元。城区主次干道、背街小巷和农村的重要卡口、重点路口、人员密集场所等实现视频监控全覆盖。

2018年，全面实施网格化管理，明确镇街为网格建设主体，全区按300~1000户的标准，设立网格288个，配齐网格长、网格员，专职从事信息摸排、矛盾调解、志愿服务工作。是年，前端高清视频监控点，覆盖全区7个镇街、46个村（社区）。

2016—2018年，石鼓区政法综治工作连续三年被评为省市双先进。2018年，首次被省委、省政府授予全省“平安县市区”称号。

第二节 维护社会稳定

1996—2003 年，建立维稳工作台账和情报信息网络，完善矛盾纠纷排查调处工作制度，共排查处置各类矛盾纠纷 1235 起，有力维护一方平安。

2004—2006 年，全区司法调解 430 起、行政调解 1306 起、人民调解 1129 起，调处成功率 98%，预防群体性械斗 14 起，预防民转刑案件 25 起，预防不正当死亡 6 起，为群众挽回经济损失 400 余万元，全区社会大局持续稳定，社会治安秩序良好，无民转刑案件、无重大群体性事件、无重大民间纠纷激化事件。

2010—2018 年，深入推进社会稳定风险评估，共化解矛盾纠纷 626 起、涉法涉诉类事项 130 批次，妥善处置群体性事件 53 起，累计调解医疗纠纷案件 140 起，处置非法集资案件 31 起，追缴资金 3000 多万元。重视特护期安保维稳，深化反恐怖、反间谍、反渗透斗争，全区实现“五个不发生”的目标。

第三节 政法队伍建设

1996 年，城北区政法机关通过开展“严格执法、热情服务”，“爱岗敬业，学张家港”活动，“四讲”“一做”“树形象”活动，提升队伍形象。是年，全区政法队伍 355 名干警中，有全国优秀民警 1 名、省级优秀干警 2 名，立功 19 名，通令嘉奖 22 名，区以上优秀党员 18 名，有 7 个股、所、庭、室、队被省主管部门评为先进，16 个被市主管部门评为先进，区公检法三家均被评为区级双文明单位，其中区法院、检察院获评市级文明单位。

1997 年，城北区政法机关收到群众感谢信 39 封，锦旗 31 面，有 3 名干警被评为全市学济南交警先进个人，12 名干警被评为区党风廉政建设先进个人，1 名干警报请二等功，9 名干警报请三等功，刑侦大队荣立集体三等功，青山派出所被评为全市学济南交警先进集体，110 出警大队被授予全市公安系统“文明示范窗口单位”称号。1999 年，城北区成立执法检查小组，对政法各部门进行执法大检查，加强执法监督，促进秉公执法。

2000 年 3 月，区公检法三家开展为期 2 个月的“三讲”教育，领导班子在广泛调查征求意见的基础上，进行自我剖析，开展批评和自我批评。是年，区人民检察院被省检察院评为五好检察院。2001 年，政法各部门开展“三个代表”重要思想学习教育，在教育中政法各部门严格按照市、区要求，宣传发动深入，对照检查认真，自我剖析深刻，效果明显。2003 年，大力推行政法干警凡进必考、竞争上岗，逐步完善内部竞争和监督机制，同时深入开展“争创人民满意干警”活动，促进队伍素质的提高。

2006 年，区政法各部门开展社会主义法治理念教育活动，进一步加强队伍建设，切实解决“为谁执法、为谁服务”的问题。

2011 年，坚持把政法机关党的建设与队伍建设结合起来，不断深化创先争优活动。是年，开展“千警进社区”活动，进行法制宣传、化解矛盾纠纷、慰问特困家庭，解决群众实际困难 100 余个。2017 年，深化“纠四风、治陋习”（“四风”指的是形式主义、官僚主义、享乐主义和奢靡之风）等专项整治，严肃查处违规违纪违法行为。全区政法各部门敢于担当、勇于争先，队伍建设和绩效考核在全市排名有较大进步。是年，全区未发生重大违法违纪和司法腐败案（事）件，群众对政法队伍建设评价同比提高3.52分。区委政法委在全区党风廉政建设考核中获第一名，区公安分局人口与出入境管理大队获评全省第六届人民满意公务员集体。区法院秦林等6人被最高人民法院授予“荣誉天平奖”。区司法局李权被评为全省“三调联动解纠纷，防控风险促发展”专项调解活动先进个人。

2018年，为全面贯彻落实党的十九大精神，全区政法系统开展“廉政文化建设年”活动，通过读书、征文、摄影、书画、演讲比赛等多种形式，充分展示石鼓区政法干警“惩恶扬善、除暴安良”的新风正气。是年，区公安分局开展“铁骑”警务队伍建设和大拉练活动，为努力提升人民群众的安全感和满意度贡献出“公安担当”；区法院决胜“基本解决执行难”工作，全年执结案件2274件，现场发放执行款2000余万元；区检察院全面落实司法责任制，持续深化检务公开改革；区司法局增强接受巡察监督的自觉性和责任感，顺利完成区委巡察组政治巡察“体检”。区公安分局肖文被评为湖南省“打黄扫非”工作优秀个人，区法院段琼璋等3人被授予全省法院“荣誉天平奖”，区检察院李媛媛获评“全省刑事执行检察业务能手”，区司法局李权等3人被评为全省优秀人民调解员。

第四节　机　构

2001年5月，衡阳市城区行政区划调整，中共衡阳市城北区委政法委员会更名为“中共衡阳市石鼓区委政法委员会”。

2002年，根据区委、区政府关于区直机构改革方案的实施意见，设置区社会治安综合治理委员会办公室（简称区综治办），与区委政法委实行一个机构、两块牌子。是年，石鼓区委政法委设办公室、社会治安综合治理办公室、维护稳定工作办公室、执法监督室4个职能机构。区委政法委行政编制5名（含区委常委1名），其中，书记1名、副书记3名。

2012年，社会治安综合治理委员会办公室更名为社会管理综合治理委员会办公室，为区社会管理综合治理委员会常设机构，与区委政法委机关实行一个机构、两块牌子。2016年，区委政法委设书记1名、副书记3名，内设综治办、国安办、办公室、执法监督室等。

2018年，区委政法委内设政工室、执法监督室、办公室、宣传室、国安办等6个机构。区综治办与区委政法委实行一个机构、两块牌子，实行合署办公。区委政法委领导职务设1正4副（含610办主任兼任1名）及政工室主任。副书记为正科级实职；综治办等的主要负责人为正科级领导职务，核定区综治办等的副职各1名，为副科级；政工室、执法监督室主要负责人为副科级。成立石鼓区综治中心，为区委政法委所属公益一类正科级事业单位，核定主任1名、副主任1名，定全额拨款事业编制10名。撤销流动人口与出租屋管理办公室，编制核销将其职能和其所属人员划入区综治中心。设立石鼓区法学会办公室，为区委政法委所属公益一类副科级事业单位，核定主任1名，定全额拨款事业编制3名。

第三章 公 安

第一节 案件侦查

一、刑事案件侦查

1996年，全国、全省及全市统一部署“反盗窃、除三害（黄、赌、毒）”“打团伙、禁毒品”“破大案、追逃犯”等系列专项斗争。1997年，省、市统一部署“反盗扫黑”、春夏“严打整治”、扫黄禁赌、禁毒、打击盗扒、打击车匪路霸等系列专项斗争。1999年，全区公安机关按照省、市统一部署，先后开展“春夏严打”，清查危爆物品、打击涉爆犯罪、涉黑犯罪、涉毒犯罪、扫除黄赌毒等专项整治行动。至2001年，共破获各类刑事案件4858起，逮捕1264人、劳教1383人。

2002—2005年，共破获各类刑事案件8239起，逮捕1104人、劳教797人，先后侦破一批重特大案件。

2006—2009年，开展“创安1号”、“烈日秋风·创安2号”和“四大会战”等严打整治专项行动，相继破获一批重大案件，命案侦破率达100%。

2010年，深入开展“天网行动”“两抢一盗大会战”等严打整治专项行动，成功破获5起恶性抢夺案和1起特大集资诈骗案。2011年，快速破获4起命案，破获故意杀人积案1起。2012年，成功侦破现行命案3起、故意杀人命案积案1起，攻克大要案件12起。破获近五年城区最大的入室盗窃案件、特大系列攀爬入室盗窃案件。2013年，成功侦破公安部督办、市政法会议评为精品案件的打假集群战役案件。2014年，开展“两扫一打”（“扫黑恶，净环境”“扫黄禁赌”“打击多发性侵财犯罪”）、“三打一会战”（打击非法集资、打击整治破坏重点工程建设、打盗抢、禁毒“百城”会战）的常态性严打专项活动，快速侦破虚假恐怖信息敲诈案、持仿真枪强奸案、系列强奸、猥亵、抢劫幼女案等重点案件。

2015年，以打击“盗骗毒”、禁毒风暴等专项行动为重点，成功侦破一批大要案件，命案侦破率100%。2016年，连续侦办开设网络赌场案、特大网络盗窃案、伪基站案等重点案件。

2018年，深入开展“冬春攻势”“夏秋攻势”、扫黑除恶和禁毒风暴、三年禁毒大行动，查破一批大案。成功对省督“2016—6”目标案件收网，成功破获“10·17”套路贷专案和省纪委督办、省公安厅和省检察院联合督办的涉黑“4·1”专案。至2018年，全区共立刑事案件30000多起，破案22000余起，破案率73%。

1996—2000 年城北区刑事案件破案统计表

表 7-3-1　　单位：起

年份	立案数		破案数		年份	立案数		破案数	
	总数	重特大案件	总数	重特大案件		总数	重特大案件	总数	重特大案件
1996	638	253	627	203	1999	—	—	956	302
1997	597	267	553	217	2000	—	—	1034	—
1998	875	534	634	348	—	—	—	—	—

2001—2018 年石鼓区刑事案件破案统计表

表 7-3-2　　单位：起

年份	立案数		破案数		年份	立案数		破案数	
	总数	重特大案件	总数	重特大案件		总数	重特大案件	总数	重特大案件
2001	—	—	1074	—	2010	1907	—	546	—
2002	—	—	908	104	2011	1167	—	412	—
2003	—	—	2016	254	2012	1986	—	568	—
2004	—	—	2827	245	2013	1993	—	302	—
2005	—	—	2488	—	2014	2214	—	573	—
2006	2389	—	1637	—	2015	1960	—	561	—
2007	1741	—	1321	—	2016	948	—	364	—
2008	1548	—	991	—	2017	1122	—	385	—
2009	1804	—	965	—	2018	2466	—	1098	—

二、经济案件侦查

1996—1998 年，突出对诈骗和伪造、倒卖、盗窃增值税专用发票、制贩假币等大要案的查破，累计破获重大经济案件 12 起，查办涉税案件 15 起，追缴税款及罚没款 80 万元。2000 年，破获经济犯罪案件 84 起，为国家挽回经济损失 217 万元。2002 年，成立经济犯罪侦察大队。是年，破获涉案金额 110 万元的衡阳某电子有限公司总经理王某挪用资金、信用证诈骗专案。2004—2006 年，开展打击侵犯商标专用权犯罪专项行动，破坏侵犯知识产权案 17 起，抓获犯罪嫌疑人 21 人，涉案金额 460 万元。2007—2008 年，破获传销案 8 起，打击处理犯罪嫌疑人 18 人，教育遣散传销人员 150 人。2009—2010 年，开展打击银行卡犯罪专项行动，破案 24 起，涉案金额 1120 万元。2011 年，开展打击侵犯知识产权和制售假冒伪劣商品犯罪的“亮剑”行动，破案 19 起，打击处理 43 人，捣毁制假售假窝点 19 个，打掉犯罪团伙 8 个，涉案金额 650 万元；破传销案 4 起，打击处理 38 人。2012—2014 年，开展“破案会战”行动，全面打击各类经济犯罪，破案 231 起，打击处理犯罪嫌疑人 123 人，挽回经济损失 1.05 亿元。2016 年，完善打击商业贿赂犯罪协商、考核奖励和教育培训等工作机制，办理商业贿赂案件 17 起。2018 年，破获一起涉案金额 1600 万元的非法吸收公众存款案，抓获犯罪嫌疑人 2 人。

三、扫黑除恶

2000 年 12 月至 2002 年 3 月，开展“扫黑除恶”专项斗争，将“涉黑、涉赌、涉枪、涉爆、杀人、抢劫”等恶性犯罪作为主攻重点，摧毁一批带黑社会性质的犯罪团伙和流氓恶势力。2003 年，石鼓区按照全市统一部署，继续深入开展“扫黑除恶”专项斗争，坚持“打早打小、露头就打”的原则，积极把新的涉黑、涉恶犯罪线索和动向纳入工作视线，成功打掉 2 个黑恶势力团伙。2006 年，按照“黑恶必除，露头就打”的原则，开展“扫黑除恶”专项斗争，全区共打掉涉黑涉恶团伙 5 个，抓获违法犯罪嫌疑人 43 人，破坏各类刑事案件 55 起。2006 年，摧毁以朱某某为首的全部由赌徒组成的涉恶犯罪团伙，以祝某、李某等 10 余名青少年组成的危害校园周边秩序的涉恶抢劫犯罪团伙。2008 年，组织专门力量到黑恶犯罪突出重点部位进行宣传、发动，在松木塘、七里井等地打掉一批黑恶团伙。2010 年，石鼓区成立扫黑除恶专项斗争领导小组及扫黑除恶专项斗争办公室，制定专项斗争方案，开展打击涉黑涉恶犯罪行动，先后打掉一批黑恶势力团伙。2012 年，石鼓区对涉黑涉恶犯罪嫌疑人进行摸排，发现黑恶团伙 8 个、黑恶犯罪线索 15 条，涉案人员 30 人，涉嫌案件 40 余起。是年，先后破获寻衅滋事、故意伤害案 5 起，破坏非法拘禁、贩卖毒品案 9 起，相继摧毁何某、廖某、唐某等有影响力的恶势力犯罪团伙。2013 年，在已建立扫黑除恶摸排和打击两个机制基础上，制定奖励办法，鼓励人民群众举报涉恐涉黑涉恶犯罪。是年，全区打掉恶势力犯罪团伙 4 个，破获黑恶案件 20 起，抓获团伙成员 36 名。2016 年，全区摸排涉黑涉恶犯罪线索 16 条，破获涉黑涉恶刑事案件 23 起，抓获黑恶犯罪嫌疑人 47 人，打掉恶势力犯罪团伙 5 个。

2018 年，石鼓区开展扫黑除恶专项斗争，先后出台 7 个方案、15 项细则，深入推进“摧网”“打伞”“断血”行动。是年，全区侦办涉黑集团 2 个、恶势力集团 1 个、恶势力团伙 4 个，破获刑事案件 780 余起，刑事拘留 90 名犯罪嫌疑人，查封、冻结、扣押涉案资产近 8000 万元。

第二节　治安管理

一、巡逻防控

1996 年后，推行“警长制”、人防特防等治安防控机制，工作重心转移到夜间治安控防上，实施确保重点时间、重点问题、重点地段的防控巡逻模式。1998 年，启用全区各个复杂地段的巡警岗亭，巡警编制增加，巡逻执法范围扩展，形成以岗亭为依托、以警段为阵地、以巡警巡逻路段为连接线的城市街面防控模式。2000 年，引进卫星跟踪定位系统（GPS）之后，取消巡警自行车巡逻，实行巡警巡逻与“110”处警并轨。2003 年，以车巡、步巡、处警、便衣和警务站为主体，对应建立“巡逻防控线、动态处警线、秘密控制线、哨卡堵截线”4 道治安防线。2005 年，巡警大队将 80%以上的警力摆在街面，在城区重点场所、主干道和重点部位，安排步巡警力值守。

2008 年，石鼓区街面治安防控工作实行按路段承包责任制，提高民警防控责任意识和街面“见警率”。全年处置“110”警情 1.1 万余起，市民安全感明显提升。2009 年，辖区全面建成治安电子监控系统，基本实现城区主要路口、治安卡口、治安复杂场所和易发案区域的实时监控覆盖。2010 年，全面推行社区警务改革，将警力下沉社区，落实“一区一警”。是年，组建 55 人的专业巡逻队，大大压降街面“两抢”发案。2011—2012 年，落实“大防控”工作格局，建立对口支援勤务机制，各特警大队开展武装上街巡逻执勤，每天在重点时段、重点路段对口支援巡警大队。2014 年，治安防控工作观念由“以防为主”转变为“主动进攻、以攻促防”；同时组建专业侦破打击队伍，采取守候伏击、便衣抓捕等多种方式，快速反应，提高“现行抓获率”“破案率”。2016 年，开展“强化网格化巡逻、立体化防控”工作，将巡逻重点放在城市主干道、重点场所、金融网点、大型超市周边，实行高峰岗定点巡逻、特警巡警联合巡逻、机动车亮点巡逻、喊话震慑巡逻、携犬巡逻、巡逻签到、设卡盘查等措施，提高街面见警率，提升街面治安控制能力。2018 年，特巡警开展围城设卡、银行守护、专案摸排、线索查证等工作，完善网格化巡逻、快速反应、便衣侦控等工作机制，抓获一批犯罪嫌疑人。

二、特种行业管理

1996 年，城区旅馆特种行业试行市公安局、县（市）区公安局、派出所三级管理。1997 年，城北公安分局配合市公安局春、夏季严打整治斗争，在全区范围内对所有废旧金属收购点进行清理整顿。通过清理整顿，全区依法取缔非法、违法站点 46 家，吊销特业许可证 12 家，缴销许可证 46 家。同时，依法查处一批案件。1998 年，查封取缔有严重违法活动的旅馆 14 家，取缔非法经营户 4 家，停业整顿 7 家，发出整改通知书 83 份，整改安全隐患 35 处。2000 年，对特种行业场所全面开展年检年审换证工作。2002 年，加强印章业治安管理，全面完成印章治安信息网络建设，理顺印章审批程序。通过整顿，依法撤销 6 个原子印章厂，取缔 3 家非法刻制店。2003 年，进一步规范旅馆管理，结合“非典”防治工作，全面检查旅馆业场所经营活动，严格住宿登记和会客登记制度，加快旅馆业治安管理信息系统建设，全区 61 家旅馆业，有 25 家旅馆实现联网，共录入旅客信息 3970 条，报警 23 次，帮助抓获网上在逃人员 3 人。是年，公安分局对全区旧货业治安秩序进行整顿，重点整治旧货业中的废金属收购业、信托寄卖业和二手手机市场，清理证照，没有特业许可证的一律取缔，清查超范围经营和非法经营违禁物品。

2005 年，加强特种行业和场所管理。是年 3 月份，公安机关开展对出租屋、旅店业、旧货业、废品收购业、印刷业、洗浴按摩业、机动车修理业、寄卖行、典当行等特种行业和场所的清理整顿，规范出租房和特种行业行为，减少社会治安乱源。2008 年，推广技防监控系统建设，加强对旧货业从业人员的教育培训，开展违规行为自查。加大旅馆业治安管理信息系统应用建设，全区联网旅馆 65 家，联网率 100%。是年，全区清理整顿典当、寄卖、二手手机市场和废旧物资市场，共清查相关行业 150 家，收缴违规收购物品 3.5 吨。2009 年，推广刻制编码防伪公章，进一步规范公章刻制管理，同时，开展清查社会面非法刻章行动，严厉打击流动摊点非法刻章活动。

2011 年，按照“先纳入管理，再逐步规范”的思路，将无办证条件的小旅馆一律纳入管理。2012 年，全区 69 家小旅馆全部安装旅店业信息系统和二代身份证读卡器。2018 年，衡阳市公安局推行“放管服”改革，进一步取消下放一批行政权力事项，将旅馆、典当、公章刻制三项特种行业许可事项下放至县市区级公安机关办理。是年，公安石鼓分局加强旅馆业基础工作，推动装机联网，全区旅馆业行政许可联网 127 家、家庭旅馆联网 89 家，日均上传住宿信息 3000 余条。创新印章业管理，打开政策制约，放开审批，放开竞争，改变过去全区因不予审批、只有 2 家刻章企业的现状。

三、危爆物品管理

1996 年，对全区经营化学危险物品的 84 家厂（店）进行全面整顿，发现整改隐患 91 起，其中重大隐患 12 起，依法查封不具备安全条件的单位 9 家，对 60 个单位重新进行登记发证，加强监督和管理。1999 年，对流散在社会上的危险爆炸物品进行清查，收缴废旧炮弹 24 枚、手榴弹 45 枚、雷管 730 枚、电击催泪枪 12 支、火枪 3 支、炸药 31 千克、子弹 35 发。2000 年，开展历时 8 个月的治爆缉枪专项行动，查破涉爆涉枪案件 29 起，处理涉案人员 56 人，收缴非法枪支 80 支、子弹 106 发、雷管 200 枚、炸药 49 千克。

2002 年，加大危爆物品管理力度。全年检查民爆器材使用、储存单位 132 家次，烟花爆竹生产厂家 31 家次，销售门店 120 家次，化学危险物品销售、储存单位 33 家次，发现各类隐患 160 处，下发整改通知书 99 份，停业整顿 30 家，取缔查封 3 家。2003 年，开展清理收缴“毒鼠强”等违禁剧毒化学品行动，收缴剧毒化学品 17.55 千克、鼠药 42 包（支）。

2006—2010 年，每年开展集中整治爆炸物品、枪支弹药、管制刀具专项行动和治爆缉枪专项行动，检查涉枪涉爆单位 1200 家次，整改安全隐患 540 处；查处涉枪涉爆案件 23 起，收缴枪支 91 支、子弹 300 发、雷管 278 枚、炸药 30 千克。2014 年，开展灭枪治爆、治爆缉枪专项行动，破获涉枪涉爆案件 6 起，抓获 18 人，收缴炸药 9.5 千克、雷管 138 枚、黑火药 318 千克、各类枪支 17 支、子弹 59 发、仿真枪 33 支、管制刀具 327 把、易制爆化学品 130 千克，发现并整改安全隐患 36 起。2018 年，宣传贯彻公安部《爆破作业单位资质条件和管理要求》《爆破作业项目管理要求》2 个国家公共安全行业标准，强力落实管理措施，整治安全隐患，检查涉危涉爆单位 208 家次，发现涉危安全隐患 23 起，整改涉危安全隐患 19 起，破获涉枪涉爆案件 15 起，抓获涉案人员 29 人。

四、禁毒、禁赌、扫黄

（一）禁　毒

1996 年，全区宣传、卫生、民政、医药、公安等部门的干部职工 600 余人上街开展“6·26”国际禁毒日宣传活动，在全区主要马路和公共场所设立宣传站 30 个，悬挂宣传板 81 块、横幅 110 条；全面收集、整理全区毒品犯罪情况，摄制禁毒录音带和录像带，发放到区内 100 余个企事业单位播放。1997 年，举办“毒品祸国殃民”巡回展览和禁毒、禁赌、扫黄（以下简称“三禁”）万人签名大行动，10 万人参观为期 25 天的“全国禁毒教育展览”。

2000 年，以“6·26”国际禁毒日为重点，将 6 月作为禁毒集中宣传月，发展禁毒志愿者队伍，开展禁毒宣传进单位、进场所、进学校、进社区、进村组、进家庭的“六进”活动；开展“无毒”创建活动，对吸毒人员展开帮扶。针对娱乐场所涉毒现象时有发生，且出现地下“嗨吧”的情况，加大对娱乐场所涉毒问题的打击整治力度，对场所员工进行禁毒知识培训，提高场所自主禁毒意识。2002 年，建立由派出所、居（村）委会、单位（学校）和家庭联合开展对吸毒人员“四位一体”的帮教措施。2005 年，对全区易制毒化学品的生产、经营、购买、运输和进口、出口行为实行全面管理。2006 年，石鼓区贯彻《娱乐场所管理条例》，通过落实场所管理责任，形成局禁毒大队指导、管辖地派出所负主要责任的禁毒管理机制，实行娱乐场所涉毒案件倒查制度。

2009 年，开展毒情大排查专项行动，对石鼓区易制毒化学品、麻醉药品和精神药品企业的情况进行摸排登记并纳入管控范围。2010 年，开展大型禁毒宣传暨焚烧毒品活动，参加活动的社会各界人士 6000 余人。是年，石鼓区摘掉全省吸贩毒问题重点整治警示区的“帽子”。2013 年，推进“肃毒害、创平安”禁毒百日攻坚会战，成功侦破一起部督贩毒目标案件。2016 年，先后破获涉毒案件 50 起。是年，石鼓区禁毒工作的整体满意度进入全省前列。2017 年，石鼓区深入开展“禁毒风暴”集中打击整治行动，保持打击毒品犯罪及破部督目标案件的领先态势。至 2018 年，全区共查处吸毒人员 5166 名，刑事拘留 676 人，逮捕 498 人。

（二）查禁赌博

1996 年，查处赌博案件 409 起，抓获涉赌人员 967 人。1997 年，利用电游及摇骰子、投彩球、丢弹子、幸运盘等聚众赌博悄然兴起，公安城北分局组织力量对有奖电游进行清查，取缔有奖电游场所 4 个，查封电子游戏室 25 家，收缴电游机 57 台、游戏机板 105 块。1998 年，全区开展 3 次查禁赌博行动。全年共查处涉毒案件 356 起，查处违法人员 908 人，没收“老虎机”“啤酒乐园”和“开心天地”等赌博机具 41 台。1999 年 11 月至 2020 年 2 月，开展“两打一扫”（打击涉黑犯罪、打击毒品犯罪和扫黄、禁赌）专项斗争，全区电游场所的赌博活动得到遏制。共查处赌博案件 225 起，抓获涉赌人员 336 人，其中治安拘留 59 人。

2003 年，开展打击整治地下“六合彩”赌博行动，公安机关共破获地下“六合彩”赌博案件 95 起，抓获涉赌人员 890 人，刑事拘留 65 人，治安拘留 93 人，罚款 195 人，收缴一批作案工具和买码资料。2006 年，开展打击赌博违法犯罪、打击淫秽表演等重点整治活动，共查处赌博案件 108 起，打击涉赌人员 276 人。2008 年，先后部署开展春季禁赌、整治地下“六合彩”等赌博专项行动，以整治地下“六合彩”为重点，对电游赌博、网络赌博、宾馆和牌馆赌博进行重点整治，遏制赌博活动蔓延。全年共破获赌博刑事案件 27 起、治安案件 73 起，查处赌博涉案人员 135 人。2010 年，开展打击“转转麻将”等赌博违法犯罪活动集中行动，查处“转转麻将”赌博案 63 起，查处涉赌麻将馆 23 家，抓获涉赌人员 537 人。2011—2012 年，开展查禁电游赌博和地下“六合彩”赌博违法犯罪活动专项行动，抓获一批违法犯罪人员。2014 年，公安机关加大赌博违法犯罪打击力度，全年共查办涉赌行政案件 64 起，查破涉赌刑事案件 9 起，刑事拘留 22 人，移送起诉 6 人。

2015 年 3 月 20 日至 5 月 10 日，组织为期 50 天的禁赌专项行动，公安机关以“三类场所”（宾馆、酒店、茶楼、商业会所及居民住宅开设以棋牌、电游、百家乐等形式聚众赌博的场所；群众多次举报赌博活动的场所；提供、容留吸食毒品的涉赌场所）、“四类人员”（聚众赌博组织者、放高利贷人员；提供赌场毒品的人员；以赌博为业的赌头赌棍；公职人员）为工作重点，掀起新一轮的禁赌高潮。2017 年 11 月 10 日至 2018 年 2 月 10 日，根据公安部、省公安厅以及衡阳市公安局的部署要求，公安石鼓分局在全区开展为期 4 个月的扫黄禁赌“净土行动”。行动期间，共立涉赌刑事案件 23 起、查处涉赌行政案件 55 起，抓获涉赌违法犯罪嫌疑人 120 人，其中刑事拘留 16 人、行政处罚 95 人、逮捕 3 人、移送起诉 6 人。

（三）查禁卖淫嫖娼

1996 年，衡阳市公安局下发《关于对卖淫嫖娼人员进行收容教育的通知》。是年，公安城北分局收教违法人员 135 人，改好率为 95%以上。1998 年，对一些卖淫嫖娼、色情服务突出的场所和地区进行统一查禁和重点整治。全区查处卖淫嫖娼案件 169 起，查获卖淫嫖娼违法人员 187 人，引诱容留妇女卖淫案件 29 起、39 人。1999 年，针对美容美发行业中的卖淫嫖娼等问题，公安城北分局举办学习培训班，对业主进行法治教育，规范和整顿其设施及经营行为。是年 9 月，公安机关对群众反映强烈的静园路、红湘路 2 条美容美发街逐个进行清查，取缔无证经营非法从事全身按摩及有卖淫嫌疑的美容美发厅 40 余家，收缴的 120 个按摩床具当场全部烧毁。

进入 21 世纪，随着经济社会的飞速发展，涉黄活动表现形式多样，组织化程度提高，规模增大。公安机关坚持一经发现，露头就打，坚持精准出击、依法办案，杜绝降格处理、以罚代刑。2001 年，全区查处卖淫嫖娼案件 86 起，涉案人员 205 人，治安处罚 175 人。2002 年，对相关场所从业人员实行佩戴上岗证制度，共制发上岗证 200 多个。2005 年，公安机关对黄赌问题层层建立严格管理责任制和责任追究制，先后组织开展打击赌博违法犯罪、打击淫秽色情网站等专项行动，共查处卖淫嫖娼案件72起。2008年12月，针对散发色情小卡片招嫖的新趋势，查获1起发卡招嫖案，1名组织者被刑事拘留。2011年12月—2012年2月，开展集中打击整治淫秽色情、赌博违法犯罪“零点行动”。全区投入警力300余名，查获各类“黄赌”案件59起，捣毁“黄赌”窝点37个，抓获违法犯罪嫌疑人55人。2013年，以开展严打整治“春季攻势”“雷霆行动”为契机，严打“黄赌”违法犯罪，查处“黄赌”案件103起，涉案人员520人，刑事拘留38人，行政拘留73人。2014年春节以来，“涉黄、涉毒”问题有所抬头，群众反映强烈。2月10日—4月10日，全区开展为期两个月的“扫黄禁赌”专项行动。此次专项整治行动，捣毁一批涉嫌卖淫嫖娼、赌博的“窝点”，取缔一批“涉黄、涉毒”场所，打击处理一批组织、强迫、容留、介绍卖淫和赌博的违法犯罪人员。

2016年8月，石鼓公安分局成功破获一起网络销售淫秽物品牟利案，查获涉案QQ群组24个，抓获犯罪嫌疑人7人。2018年12月，石鼓公安分局成功破获部督“1·01”网络传播淫秽物品牟利案，抓获团伙主犯8名，打掉淫秽视频制作团队6个，查获涉案网络云盘淫秽视频总计超过200000余GB、淫秽图片万余张，关闭涉案淫秽视频来源网站20余家，关闭涉案的微信群100余个、网盘群30余个，查证的涉案人员多达数十万人。

第三节　户政与出入境管理

一、常住人口管理

1996年，城北区有户籍人口186786人。是年8月，衡阳市卫生局、公安局、粮食局联合印发《关于统一规范全市“出生医学证明”的发放和管理通知》，增设市妇幼保健院为城区出生医学证明签发单位，以后凭此证办理出生等级手续。1997年，开展户口核对工作，更正常住户口登记的各项差错，建设微机管理人口基本信息工程。1998年，城北公安分局转发《衡阳市公安局关于办理计划生育、非婚生育的婴儿出生入户的通知》。对非婚生育具备“出生医学证明”等证件的，可选择向父亲或母亲常住户口所在的户口登记机关申报登记常住人口。2001年4月，开通数码照相无底卡制证网络。是年，户政部门不断完善服务措施，为企业和群众提供优质、高效服务。户政部门户口审批每月一次变为随到随批，全区共办理城镇户口706户、2320人，办理城镇投靠或其他入户1358人。2003年，公安部门对大中专院校学生户口迁移政策作出明确规定，凡考取普通高等学校、普通中等专业学校的学生，入学时可自愿选择是否办迁移手续。

2005年5月，市公安局对小城镇户籍管理制度进行改革，以居住地划分城镇人口和农村人口，以职业划分为农业人口和非农业人口。2008年，进一步放宽各类人才户口迁移限制，促进人才合理流动，全区共办理各类人口入户2703人。是年，加强对常住人口信息的录入，全区常住人口信息微机录入率达100%，照片采集率达95%以上。2010年，进一步规范各类人才落户管理，明确事业单位聘用人员、招聘录用、学生毕业、人才储备落户的条件及凭证。2014年12月，根据《湖南省常住户口登记管理规定》，衡阳市公安局制定了《衡阳市常住人口登记管理规定》，《规定》明确常住人口登记实行一、二、三级户口审核、审批工作流程（即派出所为一级审批，县市区公安局为二级审批，市局为三级审批。）。《规定》同时明确常住人口登记管理工作由取得户口管理岗位授权资格的民警负责承办，落实民警办理户口终身责任制。截至2018年12月31日，石鼓区常住人口共有197557人，其中城镇人口140543人、乡村人口57014人。

二、流动人口及出租房屋管理

1996年，对全区流动人口开展清查，对出租房屋、用工单位、基建工地、个体经营和私人应聘等进行摸底调查。调查出用工单位35个、三工三队35个、个体应聘和私人经商80个、暂住人口1082人，对之全部登记发证。1999年11月26日，全区对外来人口较为集中的重点地区进行集中清查。2001年，进一步加强对流动人口、出租房屋的清理整顿和管理，清理暂住人口7100人，出租房屋755户，新登记流动人口2300人，取缔非法出租房屋42户，收容遣送“三无”人员（无合法有效证件、无固定住所、无生活来源）120人。2002年，在全市公安机关开展的“风暴”行动中，全区各派出所开展调查摸底和清理整顿，重点清查暂住人口中的违法犯罪人员。2005—2007年，持续加大对重点人口、流动人口的管理力度，集中警力整肃辖区治安，开展对流动人口、出租房屋、建筑工地、中小旅馆、典当寄卖行、二手手机市场、废旧物资收购店等场所的集中统一清查行动。2008年，加强对流动人口、出租房屋的日常管理和清查，从4月开始，开展为期3个月的城镇流动人口及聚居区大清查行动。是年国庆节前夕，重点对“三无”人员和在逃人员、重大犯罪嫌疑人进行清查。

2010年，在街道设立“流动人口和出租房屋管理服务中心”，在社区设立“流动人口和出租房屋管理服务站”，建立区、街道、社区三级流动人口管理机制，实现部门联动，全年登记录入暂住人信息3100条，办理暂住证1350个，登记出租房屋660户。2011年12月，衡阳市出台《衡阳市房屋租赁管理办法》，全区累计办理住宅房屋租赁登记备案信息2100条。2013年，衡阳市出台《衡阳市流动人口居住证使用管理办法》，全区登记流动人口3.05万人，登记出租房屋信息3500条，累计受理、办理居住证1.3万人。

2015年7月，全区组织开展流动人口与出租房屋集中清查行动。此次清查以出租房屋、流动人口集中的场所为重点，主要针对城乡接合部、“城中村”、出租房屋、废旧厂房和仓库等场所，以及群众反映强烈的治安乱源点。

三、身份证管理

1997年，衡阳市开始换发新一代居民身份证，新居民身份证使用IC卡技术。1998年，公安机关对全区居民身份证编号进行清理、纠错，共纠正身份证项目差错24500处。1999年，衡阳市开始实行居民身份证号码制度。是年，居民身份证办证、发证及收费由当地派出所管理。2000年1月1日起，身份证号码升位，将出生年用全称，并在号码最后加一个识别码，由15位升为18位，以避免新世纪出现重号问题，是年，全区申报、换领、补领18位号码居民身份证2.1万张。

2002年4月，衡阳市布置第二代居民身份证换发准备工作。石鼓区采取户籍民警和户政员上门核对户口查重补漏，清理纠错，全区修改重户1407户，错证号910个。2006年1月1日起，石鼓区正式申领、颁发第二代身份证。2006—2008年，为全区二代身份证集中换发期，累计换发证10.07万人。2009年，二代身份证工作进入常规换发阶段。2010年，推出身份证加急任务，制证周期进一步缩短，为1300名群众办理加急证件。2011年，全区居民二代身份证领证人数13.7万人，其中16周岁以上居民领证率100%。2012年1月1日，新修订的《中华人民共和国居民身份证法》实施，规定“一代证自2013年1月1日起停止使用”和“公民申请领取、换领、补领居民身份证，应当登记指纹信息”，全区公安机关全面启动这两项工作。是年，制发居民身份证1.2万张。至2018年12月31日，全区受理居民第二代身份证285809人。

四、出入境人口管理

2014年12月，石鼓公安分局人口出入境管理开始受理出国境证件。2017年，石鼓区在全市率先启用自助服务系统。截至2018年，共接待入境人员2450人，其中外国人1325人次、台湾居民637人次、港澳地区人员488人次。受理护照29141人次、往来港澳通行证54506人次（含签注）、往来台湾通行证4566人次（含签注）。自助办理各类签证18252次。

第四节　交通管理

一、交通秩序管理

1996年，城北交警大队根据省交警总队指示，开展整顿城区交通秩序工作，以治“乱”为重点，整顿违规营运，以乱行车、乱停车、乱行路为主要内容，对影响交通秩序突出的14项交通违章坚持依法严管重罚。1997年，在工商行政部门配合下，取缔马路集市3处，整顿交通混乱的路段、车场15处。1999年7月1日，交通违法处罚扣分办法开始实施，交通执法进一步规范化。

2004年，开展交通秩序专项整顿行动，大力整治突出的交通违章和车辆乱停乱放的路段，重点整治两轮摩托车非法营运和无牌无证车辆上路行驶。是年，共查处无牌无证摩托车1200台。

2005年，开展交通安全宣传知识六进活动（进社区、进企业、进商场、进学校、进驾校、进农村），营造对道路交通违法行为“严查严管严处”的高压态势。2009年，开展“文明倡导迎新春，衡阳交警送平安”集中宣传活动。2010年，开展“冬季大会战”“涉牌涉证集中整治”“摩托车专项整治”“天网行动”“校园周边秩序整治”等整治行动。2011年，开展“春季攻势”“城市畅通工程整治”“百日会战”、涉牌涉证集中整治“猎鹰行动”、反酒驾专项整治“雷霆行动”、客运运输车辆集中整治“蓝箭行动”、反超速集中整治“飓风行动”。2005—2011年，检测车辆15100台，查处超限超载车辆12台，卸载超限超载120吨。对违章货运司机进行教育培训、停运和罚款等处理153件。

2013—2014年，开展为期10个月的“乡村道路交通安全”专项整治行动，开展不定期核查15次，下达整改通知25份。结合交通秩序整治活动的需要，采取设置临时固定与流动相结合的方式，在107国道、蒸阳北路、古汉大道等处，实行“点上查、线上纠、面上控”整治措施。及时查处、纠正超员载客、非客车载人等违法行为。检查客车超员、货车超载情况共计323辆次。2016年，在“创建文明城市”迎评检查等多项整治活动中，共查纠道路交通违法行为62534起，其中抄牌55706次、拖车271台、涉牌涉证1302起、闯禁区2215起、电动车3040辆、摩托车514辆、三轮车155台、查处酒驾312起。

2018年，先后开展“冬春攻势”“百日攻坚”“强执法防事故”“中南片区联合整治行动”等多项整治，在执勤中“逢车必查”，对所有车辆交通违法行为坚持“零容忍”。是年，大队共查处交通违法行为98309起，其中现场纠违16535起、非现场查处60781起、酒后驾驶185起、醉酒驾驶58起、毒驾14起、违规拖拉机1100起、不戴头盔3463起、违法载人2654起、违停9719起、无牌无证824起、闯红灯15起、准驾不符18起等。是年，大队在市级媒体发稿30余篇。

二、车辆管理

1997 年 4 月，开展严查无牌无证车辆行动，至年底，共查扣无牌无证车辆 300 台。2001 年，下大力整治“老爷车”，年内共查处各类交通违章行为 560 起，报废“老爷车”35 台。

2003 年，通过宣传发动，客运车辆实行一车一档、驾驶员一人一档的客运车辆户籍化管理。

2012 年 11 月至 2013 年 2 月，石鼓交警大队在辖区集中开展为期 3 个月的重点客货运输车辆交通安全隐患排查整治专项行动。共排查重点车辆、大型客车 110 台，中型客货车 126 台，危险品运输车 74 台，校车 39 台。

2018 年，石鼓区范围内共有机动车辆 42504 辆。是年，大队办理机动车业务 4000 余起，其中审验 1361 条，补证换证 2600 余本等。

三、驾驶员管理

1996 年，凡年审的驾驶员必须先到防疫站进行健康体检，取得健康合格证后，方能办理年审手续。

2001 年，对辖区从事客运、长途货运的机动车及驾驶员进行清查，摸清底数、登记造册、建立档案，加强驾驶员户籍化管理。2002 年，开展机动车驾驶员安全教育培训计划，进一步提高广大驾驶员的综合素质。

2003—2017 年，加强对机动车违章驾驶员的交通安全教育力度，先后举办交通安全教育学习班 31 期，有 588 名违章且被吊扣驾驶证的驾驶员参加学习；同时举办驾驶员年审教育学习班，共有 5168 人参加学习。

截至 2018 年，区交警大队管辖的机动车驾驶员共 80171 名。

四、交通事故处理

1998 年 10 月 20 日，城区首家道路交通事故合议庭在城北交警大队挂牌成立，标志着事故管理工作走向法治化、规范化、社会化。1999 年，城北交警大队实施道路交通事故处理“阳光作业”，确保事故处理工作“公正、公开、公平”。

2006 年，开展预防特大交通事故“百日竞赛”活动，并制定《交通事故定期分析通报制度》。

2011 年，成立道路交通事故快处快撤工作领导小组，及时、快速处理辖区道路交通事故。2016 年 12 月 8 日，石鼓区事故处理快处快赔坤驰服务站成立，提供轻微事故快速处理和保险理赔“一站式”服务。

2018 年，进一步推进交通事故快处快赔工作，全面推广衡阳市道路交通事故在线快速处理系统应用。是年，大队共接处事故警 7100 余起。其中，快速处理案件 1832 起、一般程序案件 51 起、简易程序案件 1200 余起。

1996—2018 年石鼓区（城北区）交通事故情况统计表

表 7-3-3

年份	事故数（次）	死亡人数（人）	受伤人数（人）	损失金额（万元）	年份	事故数（次）	死亡人数（人）	受伤人数（人）	损失金额（万元）
1996	41	11	53	10. 36	1998	56	13	71	27. 66
1997	49	10	65	9. 25	1999	161	25	168	143. 56

续表 7-3-3

年份	事故数（次）	死亡人数（人）	受伤人数（人）	损失金额（万元）	年份	事故数（次）	死亡人数（人）	受伤人数（人）	损失金额（万元）
2000	157	23	146	124.09	2010	36	13	61	37.66
2001	155	36	154	136.87	2011	51	14	63	46.64
2002	147	31	147	120.25	2012	47	3	66	34.04
2003	148	29	153	139.83	2013	55	16	74	32.83
2004	113	21	123	105.68	2014	50	24	45	30.74
2005	108	19	118	95.29	2015	48	21	47	39.83
2006	65	15	87	28.1	2016	50	16	53	45.69
2007	59	16	66	23.73	2017	40	17	41	5.24
2008	45	13	55	9.36	2018	39	15	57	51.24
2009	57	12	75	11.25	—	—	—	—	—

第五节　消防管理

一、消防宣传

1996—2002 年，随着《中华人民共和国消防法》和有关消防行政法规的颁布实施，消防部门每年在元旦、春节、夏防、冬防、国庆及“119 消防日”期间开展消防法规宣传活动。2003 年，着重开展学校消防教育宣传活动，安排消防监督员分片担任学校消防辅导员，定期到学校宣讲消防知识，在西湖新村、衡阳市第二中学、松木乡松木村等 10 个单位开展消防宣传“四进”（进社区、进学校、进企业、进农村）工作试点。

2006 年，石鼓消防大队开展特色消防教育，先后创办基建工地、商场市场和社区流动消防夜校，举办假日消防训练营，向各界群众讲授消防知识课 600 余场次。

2010 年春节期间，制作《平安祝福卡》《致市民家庭的平安祝福信》，在全区各居民小区、市场、超市等人员密集场所共发放《平安祝福卡》《致市民家庭的平安祝福信》1.8 万份，并现场宣传消防逃生自救常识，确保广大市民度过一个平安祥和的春节。

2011 年，衡阳市《全民消防安全宣传教育纲要（2011—2015）》颁布实施，石鼓消防大队举办“平安幸福有办法”系列消防普法活动，持续 3 个月组织开展三级联动培训、社区消防节、开学第一课、119 专题活动四大主题活动，推动各系统、各行业、各单位同步开展《全民消防安全宣传教育纲要》和湖南省实施《消防法办法》的宣传贯彻活动。

2016 年，深入开展消防宣传“七进”（进社区、进学校、进企业、进农村、进家庭、进机关、进网站）活动，通过消防宣传车进社区、农村消防服务站建设、“开学第一课”、企业消防培训、消防站对外开放、对重点单位开展疏散演练等形式，广泛宣传消防安全常识。是年，在全区全面开展“119”消防月宣传活动，联合衡阳电视台制作《走进 119》栏目，开通“石鼓消防”官方微信，及时发布火情动态和消防安全常识，增强人民群众的消防意识。

2017年11月9日下午，石鼓区委、区政府在石鼓广场举行“关注消防·平安你我”119消防安全宣传月启动仪式。是年，石鼓区消防大队推进消防宣传“外包”服务工作，开展“社区消防宣传大使”、消防公益海报投放、“快递哥消防宣传公益使者”、党政领导消防体验日等活动，广泛宣传消防安全常识。

2018年，持续推进“宣传服务外包”工作，深入开展“七进”“消防安全进万家”“全民消防我行动”“119宣传月”“机关消防主题党日”等活动，依托“双微”和移动、电信平台，通过消防宣传车进社区、消防站对外开放、开展各类培训、发放宣传资料等形式，广泛宣传消防安全常识，增强人民群众的消防意识。

二、消防培训与演练

（一）消防培训

1996年5—7月，分3期对消防重点单位的基建人员进行消防培训。1999年，举办3期消防安全目标管理和4期防火档案修订学习班，区级消防重点单位消防专（兼）职干部参加培训。2001年，采取以会代训的形式组织全区71个消防重点单位的防火负责人和7个系统的法人代表，分3批次进行消防法规和防火灭火知识的学习，提高各级防火负责人的防火意识和消防管理水平。

2002年以后，全区分阶段重点加强对不同行业、工种、职务的人员培训。2003年、2004年，加强对油漆工、电工、电焊工、仓库管理人员和从事生产、经销、贮存、运输化学危险物品等重点行业、重点工种的消防安全培训。2005年和2006年，突出对文化娱乐场所的法人代表、保安部长等人员进行消防安全培训。2007年、2009年、2011年和2013年重点对宾馆、酒店、商场、住宅小区等公众聚集场所相关岗位人员进行消防安全培训。

2015年，区消防救援大队以“安全生产月”为契机深入多家重点单位开展消防安全培训。2016—2018年，积极推动乡街、社区、消防安全重点单位微型消防站建设，定期对微型消防站队员和专职消防队员进行业务指导和培训，提高火灾救援专业力量的协同作战能力。

（二）消防演练

1996年，举办一期高层建筑火灾扑救培训班，组织3次高层建筑火灾扑救演习。1998年，2次组织进行大规模高层建筑联合实战演习。2000年，对36个实战应用训练项目开展训练，开展夜间演练21次。2002年，贯彻“练为战”的指导思想，开展一系列贴近实战的体能、合成、夜间和想定训练，全年组织大型消防演习3次、夜间演练12次、预案演习6次。

2003年，组织高层建筑灭火救援综合演练，调派3辆消防车辆、50余名消防指战员，运用消防云梯车、防生化设备、生命探测器等现代化消防抢险救援装备器材，把扑救火灾和抢险救援科学地结合起来，提高部队扑救高层建筑特别是人员聚集场所火灾的能力，规范火场停车秩序和通信秩序，解决以往部队不能正确利用消防水源和建筑内部消防设施的问题。

2006年，组织开展夜间演练，针对演习发现的问题，采取“现场授课”的方式，对参演官兵进行培训指导，规范警力调度、火场通信和灭火救援的组织指挥程序，提高部队战术水平和实战能力。

2007年，根据全市消防安全重点单位重新进行调整的情况，集中开展以熟悉辖区基本情况为重点内容的“执勤工作月”活动，绘制水源坐标卡400余份，开展重点单位实地灭火演练200课时；9—10月，根据中共十七大保卫工作的需要，开展辖区情况“六熟悉”活动（熟悉责任区交通道路、水源情况，熟悉责任区重点单位的分类、数量及分布情况，熟悉责任区主要灾害事故处置的对策及基本程序，熟悉重点单位建筑物使用及重点部位情况，熟悉重点单位内部消防设施情况，熟悉重点单位的消防组织及其灭火救援任务分工情况），加强对一、二级消防安全重点单位灭火预案演练工作。2009年，开展大练兵活动，建立三级联动排查机制，对重点单位内部和周边情况进行检查、测试并建立图片音像资料库和专项训练档案。开展辖区情况暨灭火预案制作评比活动。

2013年，对全区石油化工单位情况进行摸底调查，开展“六熟悉”和灭火救援演练，熟悉石油化工单位54家，制定修订灭火预案54份，开展石油化工单位演练50余次。

2016年5月12日，石鼓区在都司街小学组织开展“5·12”防灾减灾消防安全应急演练，都司街小学400名学生参加演练活动。演练活动过程包括人员疏散、灭火、抢救伤员、治安维护、交通管制、信息发布等元素，真实再现火灾应急救援场景。

2018年12月26日，联合区公安、卫计、环保、交警、供水、应急等7个单位在石鼓区崇盛国际中心举行商业综合体消防救援实战综合演练。此次演练出动3个消防中队，调派5辆消防车辆、72名消防指战员，设计10个实战课目，演练疏散群众80余人，救出受伤群众6人。

三、消防监督

1996年，开展4次全区性的消防安全大检查，出动消防干警、保卫等其他各方面人员1000余人次，检查单位290个，查出重大隐患42起，发布重大隐患整改通知书42份。1999年，石鼓消防大队采取平常查、夜间突击检查的形式，对160个消防重点单位、物资储存仓库进行夏季防火安全检查，使因装修留下材料未作防火处理、无防火分区、无自动报警及灭火系统的单位重大火险隐患得以解决。2000年，对180个存在重大火灾隐患的单位进行大检查。对存在火灾隐患的单位，下达《整改通知书》《整改责任通知书》，将责任明确到单位及有关主管部门的主要领导和分管领导。2001年，消防大队先后与80家列管单位签订责任书，发出整改通知书40份，督促20多家单位整改火灾隐患90起。

2002年，市、区两级消防部门联合对18家重要公众聚集场所的建筑消防设施进行专项检查，发现火灾隐患50余起，对13家单位作出罚款处理，对5家存在重大火灾隐患拒不整改的单位进行查封。

2005年1月，向各重大火灾隐患单位发放20块黄色整改警示牌。6—7月，对城区500平方米以上的商场、影剧院、体育场等公众聚集场所和所有商品住宅楼的消防设施情况进行专项治理，保证所有商品住宅楼每个楼梯间每层都配有干粉灭火器，其他消防设施都基本达到消防安全要求。2006年，推行消防监督三级管理模式，明确大队、派出所消防安全责任。2007年1月1日，《重大火灾隐患判定方法》（GA653—2006）实施，全区开展消防安全大检查大整改，对5家重大火灾隐患单位实行挂牌督办整改。2008年，结合“奥运安保”工作开展以公众聚集场所、易燃易爆化学危险物品场所、“三合一”场所和建筑消防设施为重点的消防安全大检查，对6家重大火灾隐患单位进行挂黄牌督促整改。

2009年，开展国庆安保专项行动，对全区各类重点场所开展地毯式消防安全大检查，严查消防安全隐患，坚决打击消防违法行为。3家单位被定为重大火灾隐患，实行挂牌督办整改，并及时予以销案，消防形势明显好转。

2011年9月26日—2012年2月29日，公安部在全国范围内开展“清剿火患”战役，衡阳市公安局制定“清剿火患”专项行动的方案，支队与各大队签订《“清剿火患”责任状》，严格奖惩激励工作，重点对未经消防行政审批的建筑物和场所、小单位及“三合一”场所、人员密集场所及高层、地下建筑和其他严重影响公共安全的场所的火灾隐患进行排查。强势推进重大火灾隐患单位挂牌督办工作，发动社会各界力量进行监督，各新闻媒体及时曝光火灾隐患，跟踪重大火灾隐患整改进程。全区组成35个联合检查组，检查单位场所1270家，发现火灾隐患864处，立案查处136起，临时查封87家，“三停”39家，拘留2人，罚款201.7万元。

2012年，开展灭火器维修企业排查整治及灭火器产品专项治理活动，对辖区的所有消防产品销售门店、灭火器维修点进行一次地毯式普查，对消防产品销售点、灭火器维修点的货源、销售产品类型进行登记造册。

2016年，开展违法建筑及大型在建工程、歌舞娱乐场所大排查大管控大整治等专项整治行动。全区全年共检查1570家次，发现火灾隐患1640处，督促整改1649处，临时查封20家，责令“三停”14家，罚款35.4万元，拘留3人。

2017年，区消防大队开展“高层建筑综合治理”“电气火灾综合治理”“夏季消防大检查”“3·15”消防产品检查等行动。全年共检查单位2536家次，发现火灾隐患5270处，督促整改5243处，临时查封80家，责令“三停”28家，拘留6人。

2018年，以“冬春火灾防控”和“夏季消防检查”专项行动为主线，扎实开展电动自行车、城市综合体、博物馆文化古建筑、电气火灾等18个专项整治。全年，共检查单位3318家，发现并整改火灾隐患6910处，查封97家，责令“三停”39家，拘留10人。

四、火灾处置

1996—1999年，境内居民因冬天烤火、电线老化发生火灾27起，区消防队及时出警，没有人员伤亡，经济损失30764元。

2003年6月22日，建滔化工发生电石火灾。消防大队及时出警，有效避免火灾蔓延，未造成人员伤亡，经济损失30.5万元。

2007年7月4日20时40分，中山北路26号进步电影院发生重大火灾，一至五楼全部着火。火灾发生后，衡阳市委书记徐明华、市长彭崇谷等10多名市级领导率领上千名机关干部、公安干警、消防队员和医护人员迅速赶赴现场，指挥、参与抢险救灾，紧急疏散周边群众。经过3个多小时紧张扑救，大火被扑灭。此次火灾过火面积近6000平方米，造成1人死亡，218个商业柜台、191户租赁户、48户住户房屋及财产受损。

截至2018年，全区共发生火灾779起，死亡12人，受伤8人，直接经济损失1392万元。大队共出动车辆2420辆，出动警力14883人，抢救被困人员279人，疏散被困人员3178人，挽回经济损失近17422.28万元。

1996—2018年石鼓（城北）区火灾情况统计表

表7-3-4

年份	次数（次）	损失（元）	死亡人数（人）	年份	次数（次）	损失（元）	死亡人数（人）
1996	6	7006	0	2002	22	11807	0
1997	7	8700	0	2003	22	315621	0
1998	5	6478	0	2004	7	17874	1
1999	9	8580	0	2005	9	6660	2
2000	28	168700	0	2006	7	20026	2
2001	25	130147	0	2007	40	384000	1

续表 7-3-4

年份	次数（次）	损失（元）	死亡人数（人）	年份	次数（次）	损失（元）	死亡人数（人）
2008	9	203401	1	2014	163	5359562	0
2009	15	306752	0	2015	145	4050242	0
2010	13	164242	3	2016	86	637558	1
2011	22	227731	0	2017	26	462022	0
2012	39	347128	0	2018	49	437964	0
2013	54	643374	1	—	—	—	—

第六节　机　构

一、衡阳市公安局石鼓分局

1996 年，城北区保障公共安全的管理机构是衡阳市公安局城北区分局，2001 年，因衡阳市行政区划调整，更名为衡阳市公安局石鼓分局（简称石鼓公安分局）。5 月，蒸湘北路派出所划归蒸湘公安分局管辖，原郊区公安分局管辖的松木派出所、衡阳县公安局管辖的角山派出所划归石鼓公安分局建制系列。2002 年，增设禁（缉）毒大队（从刑侦大队析出）、计算机信息网络监控管理股，政保股更名为国内安全保卫大队，经济文化保卫大队更名为经济犯罪侦察大队。2002 年 2 月，治安股与 110 治安大队合并，组成治安防暴大队。3 月，成立黄沙湾派出所。

2010 年，分局进行机构改革，撤销办公室、行财装备股，合并成立警令办。撤销户籍股，成立人口出入境管理大队。撤销法制办公室、预审股，合并成立法制大队。撤销计算机信息网络监控管理股，并入国保大队。是年，市公安局巡逻防暴支队第三大队（正科级单位）成建制划归石鼓公安分局，改名为石鼓公安分局巡逻大队。2013 年 10 月，分局从蒸湘北路搬迁至石鼓路 68 号新业务技术用房办公。2015 年 6 月，在松木工业园成立金源派出所。

2018 年，分局内设警令办、政工室、纪委（监察室）3 个综合部门，国保、刑侦、治安、禁毒、经侦、巡逻、法制、入境、网安（待市局批准）9 个大队；下设青山、人民、潇湘、五一、合江、黄沙湾、松木、角山、金源、来雁 10 个派出所。全局在编在岗民警 322 人、警辅人员 255 名。

1996—2018 年石鼓（城北）区公安分局领导一览表

表 7-3-5

姓名	职务	任职时间	姓名	职务	任职时间
唐　洁	局　长	1995. 2—2001. 1	罗光耀	副局长	1995. 2—2001. 5
夏子仪	政　委	1995. 2—1996. 11	徐爱国	纪委书记	1995. 4—1996. 12
廖广荣	副局长	1990. 2—2002. 8	蔡爱国	副局长	1996. 11—2002. 8
曾祥徕	副局长	1990. 2—1996. 11	龙仕国	政　委	1996. 11—2004. 6
刘国旺	副局长	1994. 10—2002. 8	曹　平	纪委书记 副局长	1996. 12—2002. 8 2002. 8—2016. 8

续表 7-3-5

姓名	职务	任职时间	姓名	职务	任职时间
钟天视	局　长	2001. 1—2004. 6	朱建社	局　长	2010. 4—
陈柳衡	副局长	2002. 8—2017. 11	王平安	副局长	2010. 5—
陈小平	副局长	2002. 8—2009	汪端阳	副局长	2010. 5—2015. 12
张　明	副局长	2002. 8—2010. 7	廖　勇	副局长	2010. 5—2013. 8
沈太立	副局长	2002. 8—2010. 7	肖鸿元	政　委	2013. 8—2017. 9
龙仕国	局　长	2004. 6—2010. 4	刘国良	政　委	2017. 9—
高忠良	政　委	2004. 6—2011. 8	刘常彪	纪委书记	2018. 1—
王大平	纪委书记	2005. 6—2017. 12	陈向阳	副局长	2018. 1—
王德智	副局长	2006. 9—	袁　伟	副局长	2018. 1—

1996—2018 年石鼓（城北）区公安分局各派出所领导一览表

表 7-3-6

单　位	姓　名	职　务	任职时间
人民路派出所	蔡爱国	所　长	1994—1996. 12
	李宁波	所　长	1997. 2—2002. 12
	欧召荣	所　长	2002. 9—2004. 5
	王建华	所　长	2004. 5—2010. 7
	熊利水	所　长	2010. 7—2016. 12
	张国衡	教导员	1995. 5—1996. 12
	王建华	教导员	1997. 2—2002. 8
	李江南	教导员	2002. 9—2005. 6
	何阳文	教导员	2005. 6—2010. 7
	刘　强	教导员	2010. 7—
青山派出所	张　明	所　长	1995. 5—2002. 8
	王大平	所　长	2002. 9—2005. 6
	于乾贵	所　长	2005. 6—2010. 7
	陈凯辉	所　长	2010. 7—2018. 1
	颜海波	教导员	1995. 5—1997. 2
	李小平	教导员	1997. 2—2002. 12
	杨　萍(女)	教导员	2002. 9—2010. 7
	周向锋	教导员	2010. 7—

续表7-3-6

单　位	姓　名	职　务	任职时间
潇湘派出所	张荣华	所　长	1995. 5—1997. 1
	王大平	所　长	1997. 2—2002. 9
	王文育	所　长	2002. 9—2005. 6
	彭国清	所　长	2005. 6—2010. 7
	滕树生	所　长	2010. 7—
	方华旗	教导员	1995. 5—1997. 1
	王文育	教导员	1997. 2—2002. 9
	胡振华	教导员	2002. 9—2005. 6
	邹金生	教导员	2005. 6—2010. 7
	王　勇	教导员	2010. 7—
五一派出所	颜海波	所　长	1997. 2—1997. 9
	周笃社	所　长	1997. 9—2002. 9
	王建华	所　长	2002. 9—2004. 8
	彭国清	所　长	2004. 8—2005. 6
五一派出所	熊利水	所　长	2005. 6—2010. 7
	周清海	所　长	2010. 7—2018. 12
	何少华	教导员	1997. 2—2002. 9
	邹金生	教导员	2002. 9—2005. 6
	马剩勇	教导员	2005. 6—2008. 8
	罗　智	教导员	2010. 7—
合江派出所	李宁波	所　长	1995. 5—1997. 1
	欧召荣	所　长	1997. 2—2002. 9
	何少华	所　长	2002. 9—2010. 7
	王海兵	所　长	2010. 7—2018. 1
	王少荣	教导员	1997. 2—2002. 9
	刘长征	教导员	2002. 9—2005. 9
	刘　强	教导员	2005. 6—2010. 7
	胡振华	教导员	2010. 7—
黄沙派出所	谢余芳	所　长	2002. 9—2010. 7
	何阳文	所　长	2010. 7—
	滕树生	教导员	2002. 9—2010. 7
	刘长征	教导员	2010. 7—

续表7-3-6

单　位	姓　名	职　务	任职时间
松木派出所	陆　贤	所　长	2002. 9—2008. 6
	黄　斌	负责人	2008. 6—2010. 6
	韦文革	所　长	2010. 7—
	王　勇	教导员	2002. 9—2010. 7
	文国生	教导员	2010. 7—2015. 6
角山派出所	彭向阳	所　长	2001. 6—2002. 9
	刘功成	所　长	2002. 9—2004. 4
	周向锋	所　长	2004. 8—2010. 7
	肖远平	所　长	2010. 7—
	周继晓	教导员	2001. 6—2002. 9
	马剩勇	教导员	2002. 9—2005. 6
	刘长征	教导员	2005. 9—2010. 7
金源派出所	文国生	负责人	2015. 6—
	欧阳良义	负责人	2015. 6—
来雁派出所	颜利成	负责人	2016. 5—
	李　欣	负责人	2016. 5—

二、衡阳市公安局交通警察支队石鼓区大队

1996 年，称衡阳市公安局交警支队城北大队。2001 年 6 月，更名为衡阳市公安局交警支队石鼓大队。大队下设综合业务中队、蒸阳北路中队、蒸湘北路中队、中山北路中队、公路巡逻中队、事故处理中队 6 个分支机构。2018 年更名为综合业务中队、一中队、二中队、三中队、四中队、五中队、事故处理中队等 7 个分支机构。

1996—2018 年衡阳市公安局交通警察支队石鼓（城北）区大队领导一览表

表 7-3-7

姓名	职务	任职时间	姓名	职务	任职时间
刘勤俭	大队长	1997. 12—2002. 9	谭庆瑞	大队长	2018. 1—
许志豪	大队长	2002. 9—2010. 6	张道元	教导员	1995. 5—2002. 9
陈　磊	大队长	2010. 6—2018. 1	王光满	教导员	2002. 9—2018. 9

三、石鼓区消防救援大队

1996—2000 年，称衡阳市城北区消防大队。2001 年，更名为衡阳市石鼓区消防大队。消防大队下辖三个消防中队，其中石鼓中队有消防车辆 4 台，指战员 21 人、政府专职消防员 14 人；松木中队

担负松木经开区火灾事故抢险工作和高速公路抢险救援，配备消防车 8 台，指挥员 2 人、政府专职消防队员 33 人；东方红中队配备消防车辆 8 台，指挥员 1 名、政府专职队员 34 人。2018 年 12 月，石鼓区消防救援大队举行授衔和换装仪式。

1996—2018 年石鼓（城北）区消防救援大队领导一览表

表 7-3-8

姓名	职务	任职时间	姓名	职务	任职时间
易建初	大队长	1999. 2—2006. 4	朱建鹏	政治教导员	2010. 5—2012. 10
胡黄平	政治教导员	1999. 2—2000. 5	王书传	政治教导员	2010. 5—2012. 10
刘平安	政治教导员	2000. 5—2003. 11	王长飞	大队长	2012. 11—2017. 5
许国柯	副政治教导员	2003. 11—2007. 7	李　鹏	政治教导员	2013. 10—2014. 9
周正将	大队长	2006. 4—2008. 8	李　政	政治教导员（兼任）	2014. 9—2015. 9
黎松国	副政治教导员	2007. 7—2008. 10			
赵文辉	大队长	2008. 8—2010. 7	邹江波	政治教导员	2015. 11—2017. 12
张培爱	政治教导员	2008. 8—2009. 8	彭　政	政治教导员	2017. 12—
肖　伟	政治教导员 大队长 政治教导员	2009. 8—2010. 5 2010. 5—2012. 10 2012. 10—2013. 10	资春阳	大队长	2017. 12—
			—	—	—

第四章　检　察

区人民检察院履行刑事、民事、行政诉讼监督职能，依法对国家机关工作人员的职务犯罪进行侦查。1996—2018 年，加强刑事、贪污贿赂、渎职侵权、监所、控告申诉、民事行政等多项检察，保护公民合法权益，维护社会稳定，促进经济发展。

第一节　查处和预防职务犯罪

1996—2000 年，受理职务犯罪和经济案件线索 276 起，立案侦查 85 起 87 人，为国家和集体挽回经济损失 588 万元。

2001—2006 年，共立案侦查贪污、受贿、挪用公款等反贪案件 44 件 65 人；立案侦查玩忽职守、滥用职权、徇私枉法等反渎案件 9 件 15 人。在立案的案件中，有大案 25 件 48 人，占立案数的 74%。

2007—2010 年，共立案侦查各类职务犯罪案件 45 件 53 人，为国家和集体挽回经济损失 1000 多万元。其间，针对建筑领域腐败现象高发的态势，突出查办建筑领域中贪腐行为，立案查处衡阳市建工局建筑市场稽查支队副支队长滕某某、陈某某受贿案，沈某某、余某某（两人均为房地产公司董事长）行贿案。

2011 年，推进行贿犯罪档案查询工作，向工程招标单位提供查询 41 次，3 个有行贿记录的投标单位被依法取消竞标资格。是年，立案侦查职务犯罪案件 15 件 18 人。其中，贪污贿赂犯罪案件 13 件 16 人、职务侵权犯罪案件 2 件 2 人。2 件案件入选全省检察系统优质案件。2012 年，共办理贪贿案件 7 件 11 人，加大在国有企业查办职务犯罪的力度，先后在湖南天雁机械有限公司查办国家工作人员贪污受贿案件 3 件 7 人，有效防止国有资产流失。2013 年，共立案侦查贪污贿赂犯罪案件 8 件 12 人，其中，查办国有企业工作人员贪污受贿案件 3 件 7 人。

2014 年，深入机关、企业、学校、乡街、社区开展警示教育 38 次，受教育面达 9900 余人次。是年，立案侦查职务犯罪 8 件 9 人、渎职侵权大要案 1 件 1 人。

2015 年，共立案查办各类职务犯罪案件 5 件 6 人，其中贪污贿赂案件 4 件 5 人、渎职侵权案件 1 件 1 人。查办的案件中，大要案 4 件 5 人，件数与人数分别占立案总数的 80% 和 83. 30%；提起公诉 4 件 4 人；法院审结判决 5 件 6 人。

2016 年，立案查处贪污贿赂案件 4 件 4 人，所查案件皆是工程建设、招投标领域涉嫌行贿大案。是年，依法对招投标单位进行行贿档案查询 285 次，344 个单位 1771 名个人受查询。

2017 年，立案侦查职务犯罪案件 16 件 17 人，提起公诉 13 人。查办贪污贿赂、侵权渎职案件工作居全市前茅，被省检察院简报推介工作经验，职务犯罪预防工作连续 7 年进入全市先进行列。是年，区检察院拍摄的微电影《最后一千米》，在 2017 年湖南省法治微电影展播活动中获得二等奖。

2018 年，对案件坚持快审快诉和严格依法办案并重，全年职务犯罪案件审结 6 件 6 人，其中已起诉案件5件5人，不起诉案件1件1人。

第二节 刑事检察

1996—2001年，共受理公安提请批准逮捕的刑事案件665件1065人，经审查批准逮捕492件946人，不批准逮捕33件48人；提起公诉621件897人，不予起诉35件36人。

2002—2007年，共受理公安机关提请批捕各类刑事案件961件1463人，经审查，批捕1363人，不捕100人；受理公安移送起诉各类刑事案件1086件1767人，经审查，提起公诉1213人，退补470人，向市院移诉38人，不诉46人。共批准上述刑事案犯1118人，占批捕总人数的82%。

2008—2011年，共受理各类审查逮捕案件727件1014人，经审查批准逮捕680件950人；受理各类审查起诉案件856件1273人，经审查提起公诉745件1117人。其间，共批捕贩毒、盗窃、抢夺、诈骗、敲诈勒索等多发性犯罪、带黑社会性质的团伙犯罪及杀人、抢劫、绑架等严重暴力犯罪的刑事案犯436人，占批捕人数的42.9%。

2012年，共受理提请批准逮捕案件179件257人，批捕153件208人；共受理审查起诉案件204件297人，起诉155件239人。共不予批捕49人，开展刑事和解29件次，依法对33人作出不诉处理。

2013年，共批准逮捕153件208人，提起公诉155件239人。对12名涉嫌犯罪但无逮捕必要的犯罪嫌疑人不批准逮捕，对33名犯罪情节轻微、社会危害较小的犯罪嫌疑人依法不起诉，其中，促成29起案件当事人达成刑事和解。

2014—2018年，共批准逮捕各类刑事犯罪案件842件1142人，提起公诉993件1304人。其间，坚持把严重暴力犯罪、黑恶势力犯罪、“两抢一盗”等多发性侵财犯罪和毒品犯罪作为打击重点，共批捕犯罪嫌疑人563人，占批捕总人数的49.2%；起诉788人，占起诉总人数的60.4%。

第三节 民事行政检察

1996—2008年，受理不服法院发生法律效力判决裁定的民事、行政案件123件，经审查决定立案63件，依法向法院提出抗诉45件。2009—2012年，加强对民事审判和行政诉讼的法律监督。其间，民事行政申诉案件83件，作息诉处理75件，提出抗诉的3件，建议再审的5件。2013年，对应当立案而不立案的，监督立案4件；对不应当立案而立案的，监督撤案9件。书面纠正侦查机关侦查活动违法40件。对应当移送审查逮捕而未移送审查逮捕的，建议移送审查逮捕19人。对法院确有错误的民事、行政判决、裁定，区检察院依法提请上级院抗诉1件。2014年，加强民事行政检察监督，受理不服生效裁判监督案件2件，依法提请抗诉1件，向法院发出检察建议1件；依法督促行政机关履职5件。2015年，办理各类民事行政检察案件7件，其中民事生效裁判申请监督案件1件，对法院审判过程中的违法情形提出检察建议3件，依法督促行政机关履职3件。2017年，加强对行政执法机关监督，办理督促行政机关履职案件13件，对具有行政过错的相关责任人员，建议处分2人。全面开展检察机关提起公益诉讼活动，立案2件。其中对衡阳市人防办不依法履行职责致使国家利益受到重大损失事件，正式立案查处，系石鼓区办理的首起公益诉讼案件。

第四节 控告申诉检察

1996—2001 年，控申部门受理群众来信来访 627 件次，受理各类举报线索 198 件，受理申诉案件 57 件，立案审查 39 件，息诉 7 件，向市检察院提请抗诉 11 件，奖励举报有功人员 6 人次，发放举报奖 18000 元。

2002—2007 年，通过立案监督，要求公安机关说明不立案理由 21 件 30 人；通过侦查监督，追捕 30 人，追诉 96 人，防止错捕 25 人，防止错诉 48 人，书面或口头纠正侦查机关违法 30 次；通过审判监督，对重罪轻判、有罪判无罪的案件，依法提请抗诉 12 件 25 人。2008 年，纠正公安机关不应当立案 2 人，向公安机关发出《纠正违法通知书》4 份，对应当立案而不立案的，督促公安机关立案 7 件 7 人。2009 年，控申部门受理各类来信来访 47 件次，检察长接待 46 次，受理并办结刑事申诉案件 2 件。2010 年，受理群众举报、控告和申诉 37 件，转自侦部门初查 28 件，办结刑事申诉、不服检察机关处理决定的复议案件 5 件。2011 年，落实人民监督员制度，4 件拟作不起诉处理的案件，全部进入人民监督员的监督程序，逐一接受独立评议。2014 年，落实首办责任制，办理群众申诉控告案件 11 件，接待群众来信来访 14 件。2018 年，办理公益诉讼案件 9 件，5 件发出检察建议。其中督促青草桥头限高架整改一案，得到住建部门、交警部门的圆满办理，限高架及附属设施得以重新设立。

第五节 监所检察

1997 年，全年监所检察部门共参与安全检查 12 次，查出违禁物品 400 余件。是年，通知监狱立案 2 件 2 人，自行立案 4 件 4 人，其中立案查处监管干部违法犯罪案件 2 件 2 人。1998 年，在市看守所进行安全防范检查 12 次，开展法治教育 70 人次，纠正超期羁押 3 人。1999 年，共参与安全检查 4 次，查处违禁物品 130 余件，找犯人谈话 91 人次，对超期羁押纠正 4 件 5 人。2000 年，找在押人员谈话 59 人次，办理监外罪犯又犯罪案件 1 件，办理通知立案 3 件 3 人，建议通知立案 1 件 1 人。是年，共纠正超期羁押 24 件 31 人，对 37 名保外条件消失、余刑在 2~10 年、流窜社会不知去向的罪犯及时向监狱送达收监建议。

2002—2007 年，共清理纠正超期羁押 3 件，考察监外罪犯 470 余人次，提请市院抗诉 11 件，提出再审检察建议 17 件，执行和解 16 件。

2008 年，参加安全防范检查 10 次，清监 10 次，发现和消除安全隐患 2 起，预防各类事故 2 起，核查纠正监外执行罪犯活动 2 次。2009 年，向看守所提出加强安全防范检察建议 6 次，纠正超期羁押 2 次。

2010 年，开展看守所监管执法专项检查活动、清查监狱事故隐患专项活动，规范工作流程，防范超期羁押，确保在押人员的合法权益得到保障。2012 年，开展对社区矫正的全程法律监督，纠正社区矫正过程中的违法行为，提出纠正意见 26 件次。2014—2015 年，开展羁押必要性审查工作，依法提出变更强制措施 26 人，均被办案单位采纳。

2017 年，办理的董某、罗某信案被评为全国羁押必要性审查精品案件。2018 年，对石鼓区 92 名监外执行罪犯开展社区矫正检察，针对社区矫正违法情况，提出书面纠正意见 25 件。在审查核实的基础上向司法行政机关发出收监执行检察建议书，辖区内共收监执行2人。

第六节 机 构

1998年5月，衡阳市城北区人民检察院（简称区检察院）整体搬迁至衡阳市石鼓区下横街11号。2001年，衡阳市城北区人民检察院更名为衡阳市石鼓区人民检察院。2005年，区检察院政工科、渎职犯罪侦查局升格为副科级单位。2006年，“渎职犯罪侦查局”更名为“反渎职侵权局”。2011年10月12日，区检察院整体搬迁至衡阳市石鼓区朝阳村蔡伦大道旁。2013年，增设案件管理科。2016年，实行员额制改革，经过员额制检察官遴选考试考核，全院共产生19名员额制检察官。2017年12月，监察体制改革，从区检察院政法专项编制中划转14名政法专项编制到区监察委员会，14名检察院政法干警随之转隶至区监察委员会。划转后，区人民检察院政法专项编制数为42名。至2018年，机构无变化。

1996—2018年石鼓区（城北区）人民检察院领导一览表

表7-4-1

姓名	职务	任职时间	姓名	职务	任职时间
唐　力	副检察长	1980.4—1996.10	徐　琼(女)	副检察长	2004.6—2018.2
莫景宗	副检察长	1991.10—2006.3	唐雪莉(女)	纪检组组长	2007.5—2017.9
周光宇	检察长	1993.2—1996.2	陈　喆	副检察长	2007.8—
赵少云	副检察长	1995.1—2008.3	范崇德	检察长	2007.9—2008.2
邱光彩	检察长	1996.3—2008.1	贺晓斌	检察长	2009.6—2016.8
肖华为	副检察长 纪检组组长	1997.11—2003.1 1998.2—2002.7	刘振兴	副检察长	2010.11—
潘新利(女)	副检察长	1998.3—2004.6	陈灿云	副检察长	2010.11—
刘念之	纪检组组长	2002.7—2007.5	蔡丹岳	工会主席	2015.6—2018.12
王胜利	副检察长	2003.5—2009.6	宋顺武	检察长	2016.8—

第五章　法　院

区人民法院履行法院审判职能，维护社会主义法律的公正性和权威性。1996—2018 年，开展刑事、经济、民事、行政的审判和案件执行，审判、执行各类案件 34508 起。

第一节　刑事审判

1996—1999 年，受理刑事案件 473 件，审结 454 件，审结率 95.9%。其间，在审理社会舆论影响较大的荷池路市场寻衅滋事一案时，将法庭设在中南工学院公开开庭，当庭宣判，1000 多名师生到庭旁听。

2000—2002 年，共受理刑事案 492 件（含刑事自诉案 15 件），审结 480 件。重点打击杀人、抢劫、绑架、强奸、爆炸等暴力犯罪。

2003 年，审结刑事案件 236 件，结案创历史最高，质量合格率 99.20%。

2004—2006 年，共受理刑事案 731 件，审结 715 件。其间，主动与公安、检察机关沟通，对重大复杂疑难案件适时提前介入，确保办案质量。

2007—2011 年，受理刑事案件 898 件，审结 885 件。其间，在从重从快打击各类刑事犯罪的同时，注重严厉打击毒品犯罪，对毒品犯罪一律不适用缓、免刑；强化少年法庭功能，以“挽救、感化”青少年犯为重点，寓教于审，促使青少年犯接受改造。

2012—2017 年，受理刑事案件 1143 件，审结 1057 件，审结率 92.5%。其间，张贴刑事布告达 30000 余份，展示打击成果，有力震慑犯罪。

2018 年，受理审结各类刑事案 278 件，判处罪犯 335 人，继续保持反腐败工作高压态势。全年审结职务犯罪案 8 件 8 人，如审理原市卫计委邹某受贿案，系衡阳市首例监察委调查终结移送案，被告人当庭认罪、悔罪，取得良好法庭效果。是年，坚持从重从快打击非法经营、集资诈骗、组织领导传销等破坏市场经济秩序犯罪，如被告人王某因非法吸收公众存款 1233 万元，被依法判处有期徒刑 3 年。

第二节　民事审判

1996—1999 年，受理民事案件 3056 件，审结 3043 件。其间，注重加强对新型案件的审理，为企业排忧解难。如审结拖欠电话费案件 172 件，为电信部门解决一大难题。

2000—2002 年，民事审判工作重在增强服务意识，保护合法民事权益，制裁民事违法行为。共受理民事案 1353 件，审结 1231 件。2003 年，实行大民事化，原来的经济案件归入民商事案件。是年，共受理民商事案件 542 件，审结 510 件。其中婚姻家庭案件 119 件，占受理数的 22%；投资、运输、买卖、承揽等案件 196 件，占受理数的 36. 20%。通过审理，制裁家庭暴力、随意毁约等不正当行为，维护无过错方的合法权益。同时，十分重视审理事关国企改革、非公有制经济发展的案件，为改革和发展创造良好的法治环境。2004—2006 年，共受理民商事案 2702 件，审结 1960 件。其间，注重审理企业破产案件，如衡阳市第三橡胶厂连年亏损，资不抵债，申请破产。经审查，该企业具备法定破产情形，裁定宣布破产，核销债务 3000 余万元，500 多名职工得到妥善安置。

2007—2011 年，受理民商事案件 4179 件，审结 4026 件，审结率 96. 3%。其间，对矛盾容易激发，直接影响社会稳定的案件，坚持做耐心细致的工作，使之服判息诉。如辖区内黄沙湾街道团结村一组征收土地分配权纠纷案 14 件，涉及家庭 40 余户，因团结村一组对外来户和外嫁女等村民在土地补偿款分配上订有“乡规民约”，认为这些“特殊”群体不应享有或不应全额享有原始村民的同等分配权而引发纠纷，村民之间矛盾非常尖锐。庭审过程中，在做好安全防范工作的基础上，着力做好双方当事人的工作，宣讲有关法律知识，稳定情绪。判决下达前，到所在的主管街道通报案情交换意见，取得街道及村委会的支持，所审结的 14 件中案件中仅 1 件上诉，其余均服判息诉。

2012—2018 年，受理民商事案件 7162 件，审结 6940 件，审结率 96. 9%。其间，注重案件调解，做到案结事了。如受理的张某雁等 120 名原告与被告明田某以及衡阳殡仪馆等劳动争议纠纷案，涉案人数多，矛盾较大，极易引发群体性事件。区人民法院从解决矛盾出发，多次上门进行调解，听取双方意见后，依法提出“原告领取 155 万余元工资款”的调解方案，得到原、被告双方认可，使这批案件得以成功调解。

第三节　经济审判

1996—1997 年，受理经济案件 683 件，审结 650 件。其间，加强对股票纠纷案件的审理，组织相关办案人员到省证监委等单位学习咨询。案件审结后，得到中央、省、市各大报刊的宣传报道。1998 年，受理经济案件 292 件，审结 277 件。是年，审理股票盗卖纠纷案件的做法，被湖南电视台《法庭内外》栏目采播。1999 年，受理经济案件 357 件，审结 331 件，涉诉标的额近 4000 万元。

2000—2002 年，受理经济案件 535 件，审结 496 件。为国家、集体和个人挽回经济损失 2900 余万元。2003 年，经济审判归入民商事审判类。此后，经济审判工作不再单列。

第四节　行政审判

1996—1999 年，共受理审结行政案件 134 件。其间，审理原告肖某不服市公安局扣押财物一案时，发现该局越权插手经济纠纷案件，及时劝告市公安局将扣押财物交还原告。

2000—2003 年，共受理行政案 60 件，审结 42 件，受理执结非诉行政案 103 件。2004—2006 年，共受理行政案 47 件，审结 45 件，受理执结非诉行政案 62 件。其间，利用多种形式宣传行政诉讼法知识，促进行政审判的发展。2007—2008 年，共受理行政案 34 件，审结 33 件，受理执结非诉行政案 121 件，保护卫生、环保等政策法令的执行。

2009—2011 年，共受理审结行政案 117 件，受理执结非诉行政案 137 件。

2012—2015 年，受理行政案 57 件，审结 51 件，受理执结非诉行政案 35 件。其间，积极服务石鼓区发展大局，有力推进重点工程项目的建设。

2016—2017 年，受理行政案 32 件、审结 34 件（含旧存 2 件），执结非诉行政案 3 件。在行政诉讼中，落实行政机关负责人出庭应诉制度，有效缓解群众对行政机关的抵触情绪，行政机关负责人出庭应诉人次和增幅均居全市前列。

2018 年，受理审结行政案 25 件，行政机关负责人出庭应诉率增长 35%。。

第五节　审判监督

1996—1999 年，对刑事审判、经济审判、行政审判进行监督，受理审结再审案 90 件。其间，群众来信来访 2000 余人次，未出现上访老户或越级上访情况。

2000—2002 年，改革内设机构，将立案庭、书记官处、审判监督等部门合署办公，解决当事人的“四难”问题（门难进、脸难看、事难办、状难告）。共受理抗诉、申诉案 33 件，审结 30 件，审结案件均无再次申诉。2003 年，按照最高人民法院《关于开展“公正效率”司法大检查的通知》要求，对 2002 年至是年 5 月底前发生法律效力的 1971 件刑、民、商、行政、执行案件进行自查，做到案案有交待，件件有落实。

2004—2006 年，共受理再审案 28 件，审结 24 件，改判 1 件。其间，共接待来信来访 1156 件次，无一越级上访。

2007—2009 年，受理审结再审案 29 件，接待来信来访 310 件次。

2010—2012 年，受理审结再审案 18 件，办理上级转交信访案件 39 件，均得到化解，信访件化解率 100%。

2013—2014 年，采取措施处理涉诉历史老案，办结涉诉信访案 30 件，终结 3 件。其间，成功运用远程视频接访当事人 3 案 4 人，得到上级法院的肯定。

2015 年，全面实施立案登记制和案件级别管辖的调整，共接待来访 400 余人次，圆满办理督办、交办信访案 15 件，通过视频接访程序成功接访 8 名信访案件当事人。2016 年，将诉讼服务中心打造成集立案登记、诉讼指引远程接访多功能于一体的综合性诉讼平台，推行信息、短信提示等司法利民新举措。

2017 年，推进纠纷多元化解，接待来访 986 人次，来信 469 件。

2018 年，回应群众关切，打造“一站式”互联网诉讼服务。是年，网上立案、微信立案、视频接访达 979 人次。

第六节　案件执行

1996—1999 年，受理执行案件 1853 件，执结 1711 件。其间，开展“执行工作宣传周”活动，借助报纸、电视等新闻媒体进行广泛宣传，对一些拒不履行义务的单位和个人在《衡阳日报》予以曝光，促其履行债务。

2000—2003 年，共受理执行案 1084 件，执结 928 件，协助外地法院执行和委托执行案 26 件。其间，受理工行衡阳城北支行申请执行城北粮站贷款合同案，被执行人城北粮站属特困企业，执行中职工抵触情绪大，为避免激化矛盾，组织双方就抵押门面处理反复进行协调，最终促成被执行人城北粮站通过全站职工表决方式，以门面作价 54 万元抵偿申请人的债务，使这一历史老案一次性执行到位。该案成功执行获得 2003 年“社会正义奖”，受到市中院的表彰。

2004—2006 年，区委建立人民法院“执行难”联席会议制度，形成各方配合、综合治理的工作格局。其间，受理执行案 801 件，执结 605 件，清理积案 224 件，有效缓解执行难的问题。

2007—2009 年，受理执行案 1240 件，执结 1083 件，清理执行积案 334 件，取得良好的法律和社会效果。

2010—2014 年，共受理执行案 1598 件，执结 1330 件，清理执行积案 355 件，执兑标的 4800 万元。其间，为提高执行案件兑现率，依法公开曝光 2 人次，以涉嫌拒不执行法院判决裁定罪移送公安机关侦查 22 人，对被执行人形成强大威慑，使执行工作逐渐步入良性发展轨道。

2015—2016 年，依托网络信息平台，对被执行人银行存款、房产、股票、车辆等信息进行查控，破解长期存在的“查人找物”难题。加大对失信被执行人的惩戒力度，落实“曝光失信被执行人名单”制度，使其“一处失信，处处受限”。共将 312 名被执行人和 76 名企业法定代表人列入失信被执行人名单，执行到位金额 1.58 亿元。

2017 年，受理执结执行案 614 件，执结标的额为 2.41 亿元。是年，扩大司法拍卖渠道，入驻阿里巴巴拍卖平台，先行先试网络司法拍卖；成功挂网处置衡阳市区一栋别墅，成交额 1100 万元，创下全市司法拍卖单笔最高纪录；推进信息共享共用，与公安、工商、银行、国土等部门联动查控，实现查询财产快捷化，有效防止被执行人的财产转移。全年查封房屋 83 套，冻结存款 1.44 亿元。

2018 年，重拳出击惩治老赖，开展“为农民工讨薪”专项行动，一次性为 14 名讨薪工人执结所欠劳务报酬 36 万元；运用信息化手段冻结各种款项 3.20 亿元，查封房产 797 处，扣押车辆 26 台，司法拍卖 76 件，发布失信被执行人名单 723 人，以涉嫌拒执犯罪向公安机关移送案 6 件，司法拘留 6 人，形成强大执行震慑，促进权益及时兑现；召开执行工作新闻发布会，现场兑付执行款 2242 万元。是年，执结执行案 1046 件，执结到位金额 3.35 亿元。

1996—2000 年城北区法院审判工作情况表

表 7-5-1　　　　单位：件

年份	刑事		民事		经济		行政		审判监督		执行	
	收案	结案	收案	结案	收案	结案	收案	结案	收案	结案	收案	结案
1996	126	118	630	625	285	280	25	25	22	22	423	415
1997	173	162	710	757 含旧存	398	370	35	35	26	26	552	550
1998	122	119	869	857	292	277	64	60	23	23	518	386
1999	174	174	847	804	357	331	16	14	33	19	360	306
2000	194	194	547	547	188	188	17	12	—	—	394	315

2001—2018 年石鼓区法院审判工作情况表

表 7-5-2　　单位：件

年份	刑事		民商		行政			审判监督		执行		
	收案	结案	收案	结案	收案	结案	非诉执行	收案	结案	收案	结案	清积
2001	137	135	471	410	174	170	16	16	25	25	228	201
2002	161	161	335	274	173	138	11	10	8	5	329	215
2003	236	236	542	510	16	14	58	—	—	233	197	54
2004	253	238	653	621	18	17	62	7	5	223	197	72
2005	245	245	602	560	18	18	—	7	7	250	195	—
2006	233	232	817	779	11	10	—	14	12	328	259	152
2007	186	185	774	743	19	18	69	13	8	405	348	150
2008	179	177	894	856	15	15	52	14	13	353	353	92
2009	214	210	1003	978	15	15	71	8	8	482	382	92
2010	160	157	706	671	10	10	22	6	5	264	264	62
2011	159	156	802	778	94	92	44	6	5	373	339	82
2012	186	178	670	618	25	25	12	8	8	313	245	108
2013	168	153	915	755	15	14	12	3	3	433	294	103
2014	179	167	1011	962	2	2	9	—	—	215	178	—
2015	172	147	993	923	15	10	2	15	15	390	160	—
2016	264	309 含旧存	987	1108 含旧存	20	22 含旧存	3	—	—	689	882 含旧存	362
2017	174	174	1069	1057 含旧存	12	12	—	—	—	614	614	—
2018	298	276	1705	1517	33	25	—	6	6	1122	1046	—

第七节　机　构

1996—2000 年，衡阳市城北区人民法院内设机构 11 个，分别是办公室、政工科、立案庭、刑事审判庭、民事审判庭、经济审判庭、行政审判庭、审判监督庭、执行庭、司法警察大队、司法技术室。2001 年，更名为衡阳市石鼓区人民法院。2003 年，撤销经济审判庭，更名为民事审判第二庭；撤销司法技术室，增设纪检组与监察室，二者合署办公；将执行庭更名为执行局，其他内设机构未变。2015 年，增设民事审判第三庭和人民陪审员管理办公室，并将立案庭更名为立案信访局。2016 年 8 月至 2018 年 7 月，内设机构 13 个：办公室、政工科、立案信访局、刑事审判庭、民事审判第一庭、民事审判第二庭、民事审判第三庭、行政审判庭、审判监督室、执行局、监察科、司法警察大队、人民陪审员管理办公室。2018 年 8 月，内设机构 8 个：立案庭（诉讼服务中心）、刑事审判庭、民事审判庭、综合审判庭（行政审判庭）、执行局、政治部（机关党委）、综合办公室（司法警察大队）、审判管理办公室（研究室）。

1996—2018 年石鼓区（城北区）人民法院领导一览表

表 7-5-3

姓名	职务	任职时间	姓名	职务	任职时间
邱光彩	院长	1987. 5—1996. 2	李晓华	副院长	1998. 3—2017. 12
周光宇	院长	1996. 3—2007. 12	段琼璋	副院长	2001. 8—
刘　军	副院长	1993. 3—2005. 8	谢云业	副院长	2001. 8—2007. 8
王基桂	副院长	1993. 3—2005. 8	凌立新(女)	副院长	2008. 12—
王小长	副院长 院长	1997. 9—2007. 12 2008. 1—2012. 10	李立志	院长	2012. 11—2016. 7
			谷　敏	院长	2016. 8—

第六章　司法行政

1996—2018年，区司法局组织实施5个五年普法规划，开展人民调解、法律援助和公证事务，增强人民群众的法律意识，促进司法公正，为改革发展营造良好的法治环境。

第一节　普法教育

1996年1月—2000年12月“三五”普法期间，区司法局对全区中小学发行普法教材和辅导资料1600册；对企业管理、财会、供销、司乘人员、个体工商户和待业人员举办各种类型的法制培训班80期，培训骨干2251人次；开辟宣传橱窗80多处，办宣传刊10期，书写宣传标语1200条，出动宣传车40台次。组织统一考试和部门系统考核18次，参考人数2500人次，及格率为99%。

2001年1月—2005年12月“四五”普法期间，组织开展“民主法治示范村（社区）”创建活动，角山乡杨泗村成为全市五区唯一的省级“民主法制示范村”。在典型带动下，全区农村和城市社区“四民主两公开”措施得到健全和规范。全区中小学普遍配备法制副校长，开设法制教育课，并开展“预防青少年违法犯罪展览”“青少年法制作品征文比赛”“争当法律小顾问”等活动。区依法治理领导小组办公室、工商分局、外国语学校、传染病医院、松木乡友谊村，被评为全市普法工作先进集体。

2006年1月—2010年12月“五五”普法期间，开展“送法下乡”和“法律进社区”活动60余次，发放普法资料50000余份，接受群众法律咨询20000余人次，举办乡（街）、村（社区）法制宣传员培训班5期，参训人员1000人次。

2011年1月—2015年12月“六五”普法期间，开展大型宣传活动50余次，向群众赠送法律图书4万余册，发放法制宣传资料10万份，上法制课2000多课时，受教育群众达20余万人次。角山乡角山村、松木乡梽木村分别获评全国第六、七批民主法治示范村；推进青少年法治教育基地建设，建设新村小学被评为全市首批“依法治校示范校”。

2016年1月—2018年12月“七五”普法期间，先后开展“三下乡”暨春节送福送法、“网络诚信消费无忧”、农村法治集中宣传月等主题宣传活动，累计印发宣传资料7万余份，接受群众咨询1万余人次。开展“民主法治示范社区”创建活动，潇湘街道桑园社区获评全省第八批“民主法治示范社区”。

第二节　人民调解

1996年，全区各街道及社区先后成立人民调解委员会并配备兼职人民调解员，其中80%的调委会通过达标验收。1997年，加强企事业单位的民间纠纷化解工作，组织开展以“迎回归、保稳定、促经济”为主题的民间纠纷专项排查活动。1999 年，开展建设标准化调委会活动，各街道结合社区换届选举，对人民调解员和调委会成员进行调整充实。

2001 年，开展调解工作创“四无”（无因民间纠纷引起的刑事案件、无群体性上访、无械斗事件、无非正常死亡）活动。2004 年，人民调解工作普遍做到“八有”“六统一”，即“有领导、有机构、有人员、有场地、有经费、有制度、有考核、有奖惩”“统一人民调解组织标牌、印章、人民调解标识徽章、工作程序、工作制度、文书格式”。2007 年，在全区开展以化解村级债务为主题的矛盾纠纷排查调处活动中，共排查出村级债权纠纷 171 起，帮助化解村级债权 344.30 万元，化解村级债务 639.10 万元。至 2011 年，全区共建立各类调委会 169 个，调解小组 306 个，调解信息员 1013 人，专兼职调解员 604 人。2014 年，设立区三调联动办，探索建立诉调对接工作方法，形成矛盾纠纷调解工作合力。2015 年，巩固完善“诉调对接”“检调对接”“公调对接”机制，拓展卫生、环保、劳保等部门的工作对接。2016 年，出台《石鼓区人民调解“以奖代补”实施办法》，充分调动各调委会的积极性。是年，各级调解组织排查各类矛盾纠纷 865 件，调解率达 100%；调处成功 857 件，调处成功率 99%。2017 年，开展“三调联动解纠纷，防控风险促发展”专项调解活动。是年，各村和社区居委会均建立标准化调委会，调解室建成率 100%。2018 年，开展“四查四防化纠纷，千乡万村创四无”专项调解活动。截至 2018 年，全区各级调解组织共受理调处各类矛盾纠纷 13000 余起，防止民转刑案件 66 件 104 人，防止矛盾激化 208 起，调解率和调解成功率分别为 99%和 98.9%。

1996—2018 年石鼓区（城北区）人民调解案件数量统计表

表 7-6-1　　单位：件

年份	排查矛盾纠纷	调处矛盾纠纷	防止矛盾激化	年份	排查矛盾纠纷	调处矛盾纠纷	防止矛盾激化
1996	376	370	5	2008	542	537	10
1997	399	393	6	2009	530	526	10
1998	400	395	6	2010	550	546	10
1999	418	411	6	2011	553	550	10
2000	420	415	6	2012	560	557	10
2001	435	430	7	2013	587	583	10
2002	433	430	7	2014	595	591	10
2003	450	445	5	2015	663	660	9
2004	490	486	8	2016	865	857	11
2005	498	495	8	2017	701	697	12
2006	501	497	9	2018	719	716	15
2007	503	500	10	—	—	—	—

第三节　法律服务

1996 年，城北区律师事务所，各街道法律服务所，共承办律师事务 985 件，其中承办刑事辩护 233 件、行政诉讼代理 13 件、民事诉讼代理 687 件，累计诉讼标的 30876 万元。担任常年法律顾问 88

家。1998年，司法部门加强对基层法律服务工作者的管理，区内组织开展基层法律服务工作者资格考试，基层法律服务工作者资格需重新审定并坚持持证上岗。2000年，全区有基层法律服务所4个，从事基层法律服务工作人员22人。

2006年7月，石鼓区法律援助中心成立，工作职责主要为弱势群体提供法律服务。至2012年，区法律援助中心共承办各类法律援助案件130件。

2013年，石鼓区“法润三湘”志愿者服务队成立，是年多次开展基层法律服务工作，惠及人数300余人。2016年，区公共法律服务中心成立，办理法律援助案件180件。是年，全区律师达58人。2017年，法律服务所为单位、团体、公民依法进行诉讼代理58件、非诉讼代理86件，受聘担任企业法律顾问79家次，解答法律咨询640起，代书法律事务文件143份。2018年，全区建立9个法律援助工作站、46个法律援助工作点、460个“法润三湘”公共法律服务志愿点。是年，全区注册法律服务执业人数共11人，先后成立雁北、北方、海天3个法律服务所。

2006—2018年石鼓区法律援助案件办理情况表

表7-6-2　　单位：件

年份	民事（含劳动仲裁）	刑事	行政	年份	民事（含劳动仲裁）	刑事	行政
2006	3	2	0	2013	57	43	0
2007	11	5	1	2014	69	36	0
2008	13	6	0	2015	84	42	0
2009	15	9	0	2016	151	26	3
2010	22	11	0	2017	133	34	1
2011	30	19	0	2018	159	48	0
2012	49	38	0	—	—	—	—

第四节　社区矫正

2015年9月，石鼓区社区矫正服务中心（简称社矫中心）成立，为副科级事业单位，定编2名，其中主任1名。2016年，接收社区矫正人员250名，解矫189名，在册61名，无一例脱管、漏管。2017年，接受公安、法院、检察院、监狱等部门委托的调查评估402起。2018年，使用湖南智慧矫正一体化平台，逐步实现社区矫正智能化、信息化。是年底，石鼓区社区矫正机构累计接收社区服刑人员379名，解除社区服刑人员303名。

第五节　机　构

衡阳市城北区司法局成立于1981年12月，由原城北区司法科更名而来。2001年5月，因区划调整，衡阳市城北区司法局更名为石鼓区司法局。派出机构有2个乡、6个街道司法所。2017年7月，原松木司法所与黄沙湾司法所合并为黄沙湾司法所。2018年，局机关有办公室、基层司法工作办公室、政工室、政策法规股、律师管理股等5个内设机构。区依法治区领导小组办公室（系常设机构）、区人民调解领导小组办公室、区“三调联动”领导小组办公室均设在区司法局内。

1996—2018年石鼓（城北）区司法局领导一览表

表7-6-3

姓名	职务	任职时间	姓名	职务	任职时间
周　亮	副局长	1992. 12—1996. 9	朱宾信	局　长	2009. 5—2013. 3
肖龙生	局　长	1995. 4—2004. 5	胡志英	副局长	2009. 9—2014. 9
阳华林	副局长	1995. 4—1996. 5	邓　琳(女)	局　长	2013. 4—2017. 6
谢　芳(女)	副局长	1996. 6—1998. 1	陆英俊	副局长	2014. 4—2015. 5
肖祯翀	副局长	1996. 9—1997. 6	张亚平	副局长	2016. 1—
李云龙	副局长	1998. 1—2010. 12	肖　飞	纪检组组长	2016. 1—2017. 9
左珍新	副局长	2000. 1—2015. 10	刘名才	局　长	2017. 7—
邓小银(女)	副局长	2003. 1—2014. 8	胡庭权	副局长	2017. 7—
马玉衡	局　长	2004. 5—2009. 5	—	—	—

第八篇

民政　人力资源和社会保障

第一章　民　政

第一节　基层自治组织建设

1996—2001 年，城北区有 85 个居民委员会，无村民委员会。2001 年 5 月，衡阳市城区行政区划调整，城北区改称石鼓区。是年，全区有村民委员会 28 个、居民委员会 86 个。1996—2018 年，依据《中华人民共和国城市居民委员会组织法》和《中华人民共和国村民委员会组织法》，全区各居民委员会、村民委员会依法实行民主选举、民主决策、民主管理、民主监督。

一、群众性自治组织

（一）居民委员会

1996 年初，城北区共有 85 个居民委员会。2001 年 5 月城区行政区划调整前，全区居民委员会增加至 86 个。区划调整后，区政府对居民委员会进行全面调整，并将居民委员会更名为社区居民委员会。调整后共设社区居委会 42 个。

2002 年 1 月，秉着"公平、公开、公正"的原则，通过笔试、面试、体检、考察等程序，面向社会择优招聘社区居委会干部 126 人。

2006 年 11 月，新增合江街道江雁二社区居委会。2013 年，增加 2 个社区居委会。至 2014 年，全区共设立 45 个社区居委会。

2015 年，区政府对社区进行整合，45 个社区通过整合适度扩大社区规模，科学规范设计社区管辖范围。整合后共设立社区居委会 29 个。是年，全区推进社区"两化两体系"（场所标准化、服务规范化、组织管理体系和服务体系）建设工作。

2016 年下半年，全区建立社区党组织、社区居委会、社区服务站"三位一体"的组织管理体系，推行"四会四议"制度（即居民议事会、居民代表大会、居民理事会、监事会，实施惠民项目时，通过议事会提议、居民代表大会决议、理事会建议、监事会督议）。2017 年，增设角山乡杨岭社区居委会，金源街道金兰、新安、三里 3 个行政村改为社区居委会。

2018 年，增设潇湘街道荷池路社区居委会、黄沙湾街道光明社区居委会和进步社区居委会，全区社区居委会增加至 37 个。至 2018 年，区委、区政府累计投入 8000 多万元，通过购买、改建、扩建、坐落单位无偿提供等方式，全区 37 个社区居委会办公服务用房全部实现场所标准化目标，办公服务用房面积平均达到 900 平方米。

（二）村民委员会

2001 年 5 月，衡阳市城区行政区划调整，城北区改称石鼓区，划入松木乡 12 个行政村，角山乡 10 个行政村，黄沙湾街道 2 个行政村，原郊区西湖乡 4 个行政村分别划归五一、合江街道管辖。是年，石鼓区共有行政村 28 个。

2011年，析出松木乡的新安、金兰、新竹3个建制村和松木、松梅、友谊3个建制村的部分区域至松木经开区金源街道，调整后，全区建制村为30个。

2015年11月至2016年6月，全省撤乡并村改革，全区合并建制村11个。改革后，全区共有建制村19个。

2017年3月，金源街道三里、新安、金兰3个村民委员会改为社区居民委员会。4月，角山乡前进村划出原杨岭村范围，设立杨岭社区居民委员会。是年，黄沙湾街道进步村、青石村、灵官庙村、松梅村，角山镇旭东村、前进村完成综合服务平台建设。

2018年9月，黄沙湾街道进步村改为进步社区居民委员会。是年末，全区共设村民委员会15个，分别是黄沙湾街道团结、松木、松梅、青石、朝阳、灵官庙6个村民委员会，合江街道五一、江霞2个村民委员会，五一街道建设村村民委员会，角山镇角山、前进、和平、利民、三星、旭东6个村民委员会。

二、村（居）民委员会选举

（一）村委会选举

2002年1—6月，石鼓区第一次村民委员会换届选举。全区28个村委会选出村干部163人，平均年龄下降4.5岁，初中以上文化程度95%，中共党员占71%，经济能人占55%。

2005年上半年，石鼓区依法进行第二次村民委员会选举，群众参选率达95%。本届村委会换届选举，全面实行海选。凡1000人以下的村干部职数不超过3名，1000~3000人的村干部职务不超过5名。全区村支“两委”交叉任职达90%以上，共精简村干部40人，村干部整体素质明显提高，高中、中专以上文化的村干部占54.6%。

2008年，石鼓区进行第三次村委会换届选举。28个村委会选出村委会主任28人，其中13个村的支部书记和村委会主任“一肩挑”，委员75人，平均年龄41岁，高中、中专以上文化的村干部占61%。

2011年，全区进行第四次村委会换届选举。全区30个村选出村委会主任30人，有16个村的支部书记和村委会主任“一肩挑”，委员77人。107人中有女委员30人，占总数的28%。

2014年，石鼓区进行第五次村委会换届选举。换届前，对换届选举有关法律法规进行广泛宣传，引导选民依法行使自己的权利，并明文规定对在选举中以贿赂等不正当手段破坏选举工作正常进行的依法予以严肃查处。全区30个村委会顺利完成换届，25个村的支部书记和村委会主任实行“一肩挑”。

2017年，石鼓区进行第六次村委会换届选举。此次换届选举，严格执行省委“八个严禁”、市委“九个不”以及区委“十条纪律”规定，建立健全举报平台，及时受理违反换届纪律问题的举报，整个换届选举工作风清气正。全区有2.64万名村民参加换届选举，参选率达到99%。16个村全部在规定时间内完成换届选举，16个村的支部书记和村委会主任全部实行“一肩挑”。

（二）社区居民委员会选举

1997年8月至11月，按照全市第三次居民委员会换届选举的安排部署，城北区85个居民委员会完成换届选举，一批懂技术、善经营、会管理、热心于居委会工作的中青年充实到居委会班子中。

2002年7—10月，石鼓区42个社区居民委员会完成第一次换届选举工作。“1337制度”（即一个居委会有30平方米办公用房，配3名干部、7000元办公经费）逐步实施，居民委员会建设普遍加强。这次选举历时四个月，选出居民委员会干部126人，学历层次、年龄结构较上届换届选举均有优化。

2006 年，全区开展第二次社区居委会换届选举工作。此次选举，全面实行一人一票、等额提名、差额选举等做法，突出选民登记、提名产生候选人，投票选举等规范化制度，通过竞选，充分体现民意，社区工作队伍得到加强。

2009 年，石鼓区开展第三次社区居委会换届选举工作。2012 年，石鼓区开展第四次社区居委会换届选举工作。2015 年，石鼓区完成第五次社区居委会换届选举工作。

2017 年，石鼓区完成第六次社区换届选举工作。选出社区居委会成员 152 人，其中女性 106 人，中共党员 78 人，大专以上学历 104 人，30 岁以下 18 人。

第二节　拥军优抚安置

一、优　待

（一）义务兵优待

1996—2002 年，城镇义务兵年优待金标准为每人 720 元，农村义务兵年优待标准为 350 元。

2003 年 1 月起，义务兵家属优待金标准为农村每户每年 800 元，城镇每户每年 1000 元。

2012 年 1 月起，农村义务兵家庭优待金标准提高至每户每年 6000 元，城镇义务兵家庭优待金提高至每户每年 15000 元；到西藏、新疆等艰苦地区服役的义务兵家庭由区政府再给予 10000 元一次性奖励。

2018 年 1 月起，将农村、城镇义务兵服役期间家庭优待金标准统一调整为每户每年 15000 元。

（二）复员退伍军人优待

区政府先后于 1996 年、1999 年、2002 年三次提高老复员军人的“双定”（定期定量）标准，由原来每人每月 10~18 元提高到每人每月 80~105 元。

2007 年，将生活在农村和城镇无工作单位且生活困难的参战参核人员纳入优抚对象。2008 年开始发放下岗失业残疾军人生活补助费，标准为每人每月 500 元。至 2018 年，共发放下岗失业残疾军人生活补助 199.8 万元。2011 年，将农村籍 60 周岁以上退役士兵纳入优抚对象。2013 年开始发放企业退休残疾军人生活补助费，标准为每人每月 300 元。至 2018 年，共发放企业退休残疾军人生活补助 31.32 万元。

二、拥军优属

1996 年以来，每年“春节”“八一”期间，区委、区政府主要领导带队对驻区部队、消防队员、军烈属以及离退休军人进行走访慰问。1997 年，城北区委、区政府成立双拥领导小组，定期召开“双拥”工作座谈会，解决实际问题。1998 年 7 月，城北区委、区政府拨款 98 万多元支援区人武部办公楼和民兵训练基地建设。

2004 年，石鼓区委、区政府拨款 15 万元，为区人武部购置公务用车 1 台。2005 年 10 月 27 日，石鼓区委、区政府在区人武部召开现场办公会，区委、区政府主要领导及有关部门负责人参加，专题研究人武部机关建设。会议决定，区人武部机关新址的规划、设计和建设的费用全部由区财政负责，建成后直接交区人武部使用。2008 年 9 月底，区人武部与区四大家机关同步搬入新址办公。

2009—2018 年，区委、区人大、区政府、区政协四大家主要领导带队，走访驻区部队和部分现役、复、退军人家属105次，慰问烈属、因公牺牲军人、病故军人家属1056次，经费开支200多万元。

三、抚 恤

（一）死亡军人抚恤

现役军人死亡，根据死亡性质和死亡时的月工资标准发给遗属一次性抚恤金。定期抚恤烈士遗属、因公牺牲军人遗属、病故军人遗属均发给定期抚恤金。享受定期抚恤的对象为：无劳动能力、无生活来源或低收入的父母、配偶，未满18周岁或已满18周岁但因上学、残疾无生活来源的子女、兄弟姐妹。

从2002年1月1日起，每年按照上年度优抚金的10%逐年提高抚恤标准，保障抚恤优待对象的生活不低于当地的平均生活水平。2004年8月1日发布的《军人抚恤优待条例》明确，2004年10月前，烈士按40个月工资抚恤，因公牺牲者按20个月工资抚恤，病故者按10个月工资抚恤。2004年10月起，烈士按80个月工资抚恤，因公牺牲者按40个月工资抚恤；病故者按20个月工资抚恤。月工资或津贴低于排职少尉军官工资标准的，均按排职少尉军官工资标准发给一次性抚恤金。

2011年8月1日，新修订的《军人抚恤优待条例》规定，现役军人死亡，根据其死亡性质和死亡时的月工资标准，由县级人民政府民政部门发给其遗属一次性抚恤金，标准是：烈士和因公牺牲的，为上一年度全国城镇居民人均可支配收入的20倍加本人40个月的工资；病故的，为上一年度全国城镇居民人均可支配收入的2倍加本人40个月的工资。月工资或者津贴低于排职少尉军官工资标准的，按照排职少尉军官工资标准计算。至2018年，政策未变化。

（二）伤残军人抚恤

2002年，企业改制和用人制度改革后，扩大抚恤对象，对企业下岗和改制解除劳动关系的退役人员未再就业且未领取失业保险金者进行抚恤。

2003年，对在部队服役期间患精神病的复员、退伍军人没有办理评残手续的人员进行补评残工作，依据评定等级，享受与等级对应标准的伤残军人抚恤。2004年10月1日开始施行的《军人抚恤优待条例》对伤残军人等级进行套改换证，将原4等6级套改为1~10级，数据全部录入电脑管理系统，管理更为规范。2011年8月1日，新修订的《军人抚恤优待条例》明确，残疾军人、复员军人、带病回乡退伍军人以及因公牺牲军人遗属、病故军人遗属享受医疗优惠待遇。残疾军人承租、购买住房依照有关规定享受优先、优惠待遇。居住农村的抚恤优待对象住房有困难的，由地方人民政府帮助解决。至2018年，政策未变化。

四、安 置

按照“从哪里来回哪里去”的原则，义务兵由原征集的县、市（区）人民政府接收安置。1996—2000年，城北区协调各坐落单位和区属企事业单位接收安置区退伍士兵59人。

2001年，成立退役士兵安置办公室，专职行使接收安置退伍士兵职能。2007年，区委、区政府成立区退役士兵安置工作领导小组。是年起，采取就业安置和货币安置两种方式安置退役士兵。2017年，石鼓区退役士兵安置领导小组多次召开会议，制定《石鼓区解决退役士兵安置遗留问题实施办法》，实现石鼓区退役士兵18年安置遗留问题“清零”。

第三节　社会救助

1996—1999 年，社会救助的重点为救灾救济、临时救助、五保供养等。进入 21 世纪，法制逐步健全，社会救助范围不断拓展，项目逐步细化，并向制度化和规范化方向发展。2000 年，启动城镇最低生活保障。2006 年，启动农村最低生活保障和城乡医疗救助制度。2007 年，发放廉租房租赁补贴。2009 年启动廉租房建设项目。

一、救灾赈灾

1997 年 9 月，衡阳市普降暴雨，城北区遭受洪涝灾害，投入抗灾物资 3 万余元，发放救济款 5 万元。

2002 年 8 月，衡阳市及湘江上游普降暴雨，湘江水位超历史纪录，杨家坪地段防洪堤出现 2 处管涌险情。及时转移受灾群众 100 余人，发放救济款 10 万元。

2003 年 5 月，石鼓区湘江段发生洪涝灾害。转移受灾群众 50 余人，发放救济款 6 万元、救济粮 1.5 吨、棉被 200 床。

2006 年 7 月，石鼓湘江段发生洪涝灾害。全区因灾转移受灾群众 70 余人，发放救济款 7 万元。

2008 年初，遭受百年不遇的冰灾。全区因灾倒损房屋 35 间，农作物受灾面积 180 公顷，绝收 65 公顷，冻死牛羊等大牲畜 300 余头，冻死鸡鸭家禽近万羽，造成直接经济损失 3000 万元。是年共下拨各类救灾资金 107.83 万元，募捐资金 4.23 万元。

2009 年，先后发生 6 次灾情，共下拨各类救灾资金 65 万元。

2010 年，共发生灾情 5 次。累计转移受灾群众 50 余人，下拨各类救灾资金 95 万元，其中安居工程建设 27 万元。

2011 年，共发生灾情 3 次。转移受灾群众 30 余人，下拨各类救灾资金 98 万元，其中危房改造资金 54 万元。

2012 年，共发生灾情 5 次。转移受灾群众 60 余人，下拨各类救灾资金 196 万元，其中危房改造资金 76 万元。

2013 年，共发生灾情 3 次。转移受灾群众 20 余人，下拨各类救灾资金 72 万元。

2014 年，共发生灾情 3 次。下拨各类救灾资金 66 万元。

2015 年，共发生灾情 4 次，农作物受灾 180 公顷，绝收 80 公顷，损坏房屋 11 户 9 间，造成直接经济损失 300 万元，其中农业经济损失 200 万元。转移受灾群众 30 余人，下拨各类救灾资金 90.33 万元。

2016 年，共发生灾情 3 次。下拨各类救灾资金 149 万元。

2017 年，共发生灾情 4 次。下拨各类救灾资金 158 万元。

2018 年，共发生灾情 2 次。下拨各类救灾资金 29 万元。

二、最低生活保障

（一）城市低保

2000 年，城北区开始发放城市居民最低生活保障，标准为 105 元/人·月。2005 年，保障标准提高到146元/人·月。2006年，城市低保标准提高到166元/人·月。2009年，城市低保标准提高至200元/人·月。2012年，城市低保标准提高至350元/人·月。2014年，城市低保标准提高到370元/人·月。2016年，城市低保保障标准提高到420元/人·月。2018年，城市低保标准提高到480元/人·月。

（二）农村低保

2006年，启动农村低保。农村低保保障标准分为A、B、C三类，分别为60元/人·月、50元/人·月、40元/人·月。2008年，城乡低保资金全部实行社会化发放。2009年，农村低保保障标准分别上调至70元/人·月、60元/人·月、50元/人·月。2012年，农村低保保障标准调至A类130元/人·月、B类100元/人·月、C类80元/人·月。2014年，城乡低保资金实行惠民“一卡通”发放。2014年，农村低保标准A类提高到185元/人·月，B、C类相应提高。

2016年，农村低保保障标准A类提高到220元/人·月（B、C类相应提高）。是年，石鼓区全面开展社会保障兜底脱贫工作，加强农村低保制度与扶贫开发政策的有效衔接，标准为242元/人·月。2017年，兜底脱贫对象兜底标准提高到260元/人·月。2018年，农村低保标准提高到480元/人·月，实现了低保标准城乡一体化。

2005—2018年石鼓区城乡低保金发放情况表

表8-1-1

年份	城市低保			农村低保		
	户数（户）	人数（人）	金额（万元）	户数（户）	人数（人）	金额（万元）
2005	83801	188191	1116.54	—	—	—
2006	86386	190447	133.67	2127	4635	12.50
2007	93038	198531	1785.83	1950	4398	11.93
2008	98495	209514	1983.87	3178	1252	34.72
2009	98576	202802	2095.74	9006	18441	89.14
2010	95969	190421	2426.53	8976	18186	99.99
2011	92660	178510	2813.61	9064	19776	148.38
2012	86007	160804	3542.36	11756	26263	268.61
2013	87217	161356	4094.87	16095	36981	402.39
2014	81939	150088	3986.05	17806	41003	525.14
2015	76096	137401	3760.45	10648	21283	269.35
2016	100967	177839	5010.46	14549	28669	492.63
2017	83762	144413	4809.32	11116	22568	456.80
2018	57239	95566	3627.25	7486	15571	476.16

三、城乡医疗救助

1996—2015年，医疗救助工作，由申请人向所在村（居）委会申请后报区民政局作特殊困难予以一次性救助。2006年，石鼓区启动城乡医疗救助制度，2010年，全区6个街道2个乡建立社会救助工作站。2011年，出台《石鼓区城乡医疗救助实施细则》，在全区推动建立一站式服务模式，全面资助城乡低保户参保、参合，并为城乡低保户购买商业补充医疗保险。2015年，在4个乡（街道）试点，设立统一的救助申请窗口，开通困难群众“求助有门、受助及时”绿色通道。2016年以后，城乡医疗救助全面实行“一站式”结算服务，并在乡、街道设立9个社会救助服务窗口。

四、五保供养

1996年，全区有五保户64人，其中在区福利院供养11人，每人每月46元。

1997—2008年，区政府和所属街道对境内散居的五保户实行定人员、定对象、定任务和包吃、包住、包送医送药、包清洁卫生的“三定四包”挂牌义务包护，为五保户送米、送煤、洗衣、洗被、搞卫生、送慰问品。

2009年，全区有五保老人99人。是年在松木乡松木村与角山乡三星村建立村级“五保之家”，集中供养40余人。2012年，确定城市三无人员和入住敬老院的集中供养五保对象保障标准为每人每月460元。是年全区共有五保老人164人（其中分散供养106人、集中供养58人）。2014年，保障标准提高到每人每月480元。2017年，在区内筹备建立失能半失能老人养老特护中心。2018年，全区共有五保老人141人（其中分散供养118人、集中供养23人），特困供养标准提高到650元/人·月。

五、住房救助

根据《国务院关于解决城市低收入家庭住房困难的若干意见》精神，石鼓区从2007年开始实施发放廉租房租赁补贴工作。2009年启动廉租房建设项目。2013年开始按季发放廉租房补贴，标准为1人户150元/月、2人户180元/月、3人及3人以上户200元/月，全年累计保障发放15793户、36124人、735.53万元。

2014年，廉租房管理与补贴工作由区民政局移交区住建局。是年，取消不符合享受租赁补贴条件的389户，新增廉租房租赁补贴户215户。

2015年，开始分配廉租房，解决低收入家庭无房问题。是年，发放廉租房补贴527万元，共保障3326户，保障人口7198人；取消廉租房补贴399户848人。

2016年，足额发放保障性廉租住房补贴，全年共发放补贴资金586.78万元。是年，完成公共租赁住房实物配租2046户。

2017年9月29日，石鼓区第一批公共租赁住房分配抽签，364户符合条件的住房困难家庭分配到公共租赁住房。是年完成1342套住房分配工作，发放租赁补贴1.05万户、2.05万人、545.91万元。

2018年，公租房实物配租788套，发放租赁补贴7737户、14840人、399.57万元。

第四节　社会福利

一、残疾人福利

1996—2018年，区民政局采取分散和集中相结合的方针，多渠道、多形式安置残疾人就业。

1996—2000年，安置残疾人161人到福利纱带厂、青山纸箱纸盒厂等19家福利企业进行集中就业。随着经济体制转换，市场竞争激烈，加之这些福利企业产品低档，销路不畅，生产不景气，劳动生产率低，多数企业处于停产、半停产状态。至2001年末，19家福利企业全部停产关闭并改制，民政部门将残疾人职工全部妥善安置。

2002 年，区福利生产办公室撤销。2005—2006 年，先后建立 10 个“爱心助残报刊亭”，为城区特困残疾人提供就业岗位。2007 年，开展“扶残助学”和“彩票公益金助学”。是年，投入 3 万元，资助义务教育入学的残疾儿童。

2015 年 12 月 31 日，湖南省人民政府出台《关于全面建立困难残疾人生活补贴和重度残疾人护理补贴制度的实施意见》，于 2016 年 1 月 1 日正式实施，确定困难残疾人生活补贴最低标准为每人每月 50 元，重度残疾人护理补贴最低标准为每人每月 50 元。2016 年 6 月起，对困难残疾人生活补贴和重度残疾人护理补贴进行核对，全年累计保障 6576 人次、发放两项补贴 217.58 万元。2018 年，困难残疾人生活补贴和重度残疾人护理补贴发放标准提高到每人每月 60 元，全年累计保障残疾人 41445 人次、发放两项补贴 248.67 万元。

二、孤儿福利

1996 年开始，孤儿基本生活补贴逐年提高。至 2018 年，孤儿基本生活补贴由 720 元/月提高到 800 元/月。

1996—2018 年石鼓（城北）区孤儿基本生活补贴发放情况表

表 8-1-2

年份	孤儿人数（人）	孤保金发放金额（元）	年份	孤儿人数（人）	孤保金发放金额（元）
1996	20	9600	2008	40	72000
1997	20	9600	2009	39	70200
1998	25	15000	2010	39	93600
1999	25	15000	2011	38	91200
2000	30	18000	2012	38	273600
2001	32	19200	2013	37	266400
2002	47	28200	2014	37	319680
2003	47	28200	2015	36	311040
2004	46	55200	2016	36	311040
2005	40	48000	2017	34	293760
2006	42	50400	2018	32	258720
2007	41	49200	—	—	—

三、福利彩票

1996 年，区政府本着“扶老、助残、救孤、济困”的发行宗旨，发行大型即开式福利彩票 1000 万元，募集公益金 180 万元，筹集到的福彩资金全部用于区福利院建设。1997—2005 年，销售即开彩票近 300 万元，募集公益金 30 多万元。2006—2007 年，发行电脑彩票 2600 余万元，募集公益金 50 余万元。1996—2007 年，累计发行福利彩票 4100 余万元，募集福彩公益金 300 余万元。2008 年未发行彩票。

第五节　社会事务管理

一、婚姻登记

1996—1998 年，婚姻登记由区民政局指派一名工作人员兼职办理。其间，结婚登记在工作日可随到随办，离婚登记只安排一天办理。1999 年 4 月，城北区婚姻登记管理服务中心挂牌成立。

2003 年 10 月 1 日，《婚姻登记条例》正式实施，婚姻登记开始由管理型向服务型转变。自此，结婚登记凭本人身份证和户口簿即可办理，不再要求出示由单位或村（居）委会开具的婚姻状况证明，强制性婚前健康检查也被取消；离婚登记亦不再需要由单位或村（居）委会出具介绍信，只要双方当事人自愿并对子女抚养、财产及债务处理等事项协商一致便可办理。辖区内松木乡、角山乡及黄沙湾街道婚姻登记点同时被撤销，由区民政局婚姻登记处实行集中登记，婚姻档案一并上交，统一保管。是年起，所有婚姻信息补录入网，历年的婚姻登记原始档案移交区档案局并进行电子扫描归档。

2007 年 8 月，湖南省婚姻登记系统正式上线运行，石鼓区开始实行网上婚姻登记。2017 年 4 月 1 日，民政部下发《关于做好停征婚姻和收养登记费有关工作的通知》，正式取消收取延续几十年的 9 元工本费，婚姻登记实行免费登记。

1996—2018 年石鼓（城北）区婚姻登记情况表

表 8-1-3　　单位：对

年份	结婚数	离婚数	年份	结婚数	离婚数	年份	结婚数	离婚数
1996	848	306	2004	1864	465	2012	1909	569
1997	873	331	2005	1454	481	2013	1693	584
1998	835	260	2006	2176	463	2014	1896	603
1999	939	271	2007	1722	547	2015	1585	596
2000	1000	311	2008	1839	503	2016	1421	589
2001	1050	353	2009	1816	458	2017	1361	685
2002	887	366	2010	1777	495	2018	1171	683
2003	1145	363	2011	1849	572	—	—	—

二、殡葬管理

1996—2002 年，区内开展殡葬改革宣传教育工作。2003 年，全市殡葬改革启动，石鼓区成立殡葬改革领导机构和殡改执法队伍。

2013 年 12 月，衡阳市再次启动殡葬改革。2014 年，石鼓区全面启动殡葬改革。是年，开展集中宣传和重要节点宣传 40 余场，印发各种殡改宣传资料 44000 余份，张贴宣传标语、悬挂宣传横幅 780 条，出动宣传车 40 台次。为 197 户困难家庭落实殡改惠民政策，共计金额 27. 89 万元。

2014—2018 年，省、市级新闻媒体报道石鼓区殡改工作稿件 25 篇。全区死亡人数 1533 人，火化 1440 人，火化率达 94%。

三、流浪乞讨人员救助管理

1996—2018 年，区、乡（街道）民政部门对流浪乞讨人员予以特殊关照，每年拨付一定的救济资金，在收容站内或站外进行救助，特别是冬、春季，定期或不定期组织社区（村）工作人员及志愿者到大街小巷、桥洞下面以及偏僻地方找寻此类人员进行劝助。

1996—2018 年石鼓（城北）区流浪乞讨人员救助明细表

表 8-1-4

年份	站内救助（人次）	站外救助（人次）	救助金额（元）	救助物资（份）	年份	站内救助（人次）	站外救助（人次）	救助金额（元）	救助物资（份）
1996	221	35	9477	75	2008	230	21	13019	82
1997	211	33	9010	70	2009	213	22	12277	79
1998	214	37	9100	65	2010	177	19	98100	69
1999	199	38	9005	66	2011	198	20	10129	77
2000	222	32	10200	80	2012	189	25	10010	75
2001	244	24	12800	80	2013	218	30	11737	70
2002	233	22	12679	72	2014	203	23	12600	76
2003	201	30	10111	70	2015	198	20	11360	68
2004	190	28	9988	66	2016	238	27	13800	69
2005	208	26	10811	74	2017	171	16	9420	50
2006	220	24	12718	72	2018	76	5	6700	40
2007	241	19	12890	73	—	—	—	—	—

四、社会组织登记管理

1996 年 5 月，城北区民政局设立民间组织管理股，负责全区性社会团体的审批登记和监督管理。

2001 年，区民政局内设立民间组织管理局，负责全区社团、民办非企业单位的登记管理和年度检查。

2015 年 9 月，区民间组织管理局变更为区民间组织管理服务中心，为区民政局所属副科级全额拨款事业单位。2016 年，完成辖区内行业协会、商会与行政机关脱钩试点工作。是年，依法登记成立各类社会组织 7 个。2017 年，依法登记成立各类社会组织 18 个，涉及教育、卫生、社区服务类等行业和领域。

2018 年 1 月，全区启用互联网+社会组织服务，实现社会组织线上线下服务。通过网上申报、审核、审批，依法登记成立各类社会组织 8 家，变更登记 6 家，注销 1 家。至 2018 年底，全区登记在册各类社会组织 86 个，其中社会团体 15 个、民办非企业单位 71 个。

五、区划地名管理

（一）区划调整及地名管理

1996—2000年，城北区下辖人民、青山、蒸湘、潇湘、五一、合江6个街道。

2001年5月，城北区析出蒸湘街道，同时将原郊区的黄沙湾街道、松木乡、西湖乡的五一、建设、友爱、江霞4个村和衡阳县的角山乡及集兵镇的灵官庙村划入，更名为石鼓区。

2011年1月，析出松木乡的新安、金兰、新竹3个建制村和松木、松梅、友谊3个建制村的部分区域，设立金源街道。

2015年11月至2016年6月，石鼓区对乡镇、建制村进行区划调整。撤销松木乡、黄沙湾街道，将原松木乡、黄沙湾街道合并成立新的黄沙湾街道，街道办事处驻地在原松木乡驻地，街道辖区总面积33.05平方千米，总人口3.44万人，其中非农业人口1.11万人，辖雁栖湖、神渡2个社区，团结、进步、朝阳、松木、友谊、松梅、青石、椛木、灵官庙、建新10个建制村，1个农科站。

乡镇区划调整后，按照优化结构、合理布局、规模适度、有利发展的要求，开展并村工作。在原有30个建制村的基础上合并设立建制村19个。其中，角山乡合并4个村，即将角山村与杨泗村合并成立新的角山村，合并后有18个村民小组，2518人，地域面积6.03平方千米；小云山村与五星村合并成立和平村，合并后有28个村民小组，3950人，地域面积6.25平方千米；莲花村与银杯村合并成立利民村，合并后有21个村民小组，2510人，地域面积5.80平方千米；杨岭村与茅茶亭村合并成立前进村，合并后有32个村民小组，6310人，地域面积10.35平方千米。黄沙湾街道合并3个村，即将松梅村与友谊村合并成立新的松梅村，合并后有11个村民小组，2510人，地域面积2.37平方千米；松木村与椛木村合并成立新的松木村，合并后有16个村民小组，2094人，地域面积6.23平方千米；青石村与建新村合并成立新的青石村，合并后有21个村民小组，3244人，地域面积7.20平方千米；农科站并入朝阳村，合并后有15个村民小组，2767人，地域面积5.47平方千米。合江街道合并1个村，即将江霞村与友爱村合并成立新的江霞村，合并后有16个村民小组，4502人，地域面积1.73平方千米。金源街道合并3个村，即将新竹村与金源村并入金源社区，合并后有22个居民小组，3123人，地域面积8.03平方千米；红林村与三里村合并成立新的三里村，合并后有13个村民小组，1710人，地域面积5.25平方千米；鑫源村与金兰村合并成立新的金兰村，合并后有20个村民小组，3510人，地域面积8.04平方千米。

2017年2月，石鼓区新一轮行政区划图编制出版。

2018年3月7日，石鼓区地名委员会成立。11月，经湖南省人民政府批准，角山乡撤乡设镇，改称角山镇。是年底，石鼓区下辖角山镇、黄沙湾街道、合江街道、五一街道、人民街道、青山街道、潇湘街道、金源街道，共1个镇、7个街道。

（二）行政区划勘界管理

1996—2000年，行政区划勘界管理以对行政区域界线的勘定、联检和界桩的维护为主。

2001年5月21日—6月10日，石鼓区人民政府与衡阳县人民政府联合进行县、区际行政区域界线的勘定，确定石鼓区与衡阳县边界线长32.50千米，边界接壤涉及4个乡，分别是衡阳县的樟木乡、板市乡和石鼓区的松木乡、角山乡。

2004年10月13—15日，对全长32.5千米的石鼓区与衡阳县边界全线及2个三面界桩（040708210A、040507210B）和全长12.4千米的石鼓区与蒸湘区边界线及1个三面界桩（040708210A）进行联合检查。

2010 年 10 月 27—28 日，对全长 32.50 千米的石鼓区与衡阳县边界全线及 2 个三面界桩（040708210A、040507210B）和全长 14.96 千米的珠晖区与石鼓区边界线及 2 个三面界桩（040507210A、040506070A）进行联合检查。

2011 年 10 月 11—12 日，对全长 12.4 千米的石鼓区与蒸湘区边界线及 1 个三面界桩（040708210）进行联合检查。

2012 年 8 月 28—29 日，对全长 1.60 千米的石鼓区与雁峰区边界线实地逐点逐段及 1 个同号双立界桩（040506070A）进行联合检查。

2013 年 7 月，对城区主次干道的地名和交通指示牌的错误、完损、标准性进行大排查。

2015 年 9 月 14—16 日，对全长 32.50 千米的石鼓区与衡阳县边界线及 2 个三面型界桩（040708210、040507210A）进行联合检查。

（三）第二次全国地名普查

根据国务院《关于开展第二次全国地名普查的通知》和湖南省《关于开展第二次全国地名普查的通知》精神，石鼓区于 2014 年 8 月至 2018 年 6 月开展第二次地名普查。

2017 年底，全区地名普查工作结束，获评全省优秀工程。2018 年 4 月 29 日，国普办《第二次全国地名普查工作简报》（总第 51 期）刊登石鼓区地名普查工作经验材料。至 2018 年 6 月 30 日，石鼓区第二次全国地名普查采集 11 大类、58 小类，共 11836 条地名。

第六节　机　构

1996 年，城北区民政局内设办公室、基层政权建设股、福利生产办公室、民间组织管理股、残疾人联合会办公室。1999 年成立婚姻登记管理服务中心，2000 年成立区城市居民最低生活保障局。2001 年 5 月，城区行政区划调整，改称石鼓区民政局。2002 年，区老龄管理工作的职能交给区民政局，区属民办非企业单位的登记管理工作由区民政局负责，社会捐助工作职能交由区民政局负责，撤销区福利生产办公室。2006 年，区城市居民最低生活保障局更名为区城乡社会救助管理局。2009 年 10 月，区残联从民政局分离，成立石鼓区残疾人联合会，为正科级群团组织。2011 年，区民政局设 7 个内设机构：办公室、民间组织管理办公室、优抚安置股、救灾救济和社会捐助股、基层政权和社区建设股、计划财务股、社会事务办。2014 年，将住房和廉租房保障职责划入区住房和城乡建设局。2015 年，区城乡社会救助管理局更名为区城乡社会救助服务中心。2016 年，将区老龄委员会办公室承担的行政职能划入区民政局，更名为区老年人服务中心。2018 年，区民政局设办公室、慈善办、计财股、救灾救济股、社会事务股、基层政权股、区划地名办、福利慈善股和优抚股 9 个内设机构。下辖老年人服务中心、婚姻登记管理服务中心、民间组织管理服务中心和城乡救助服务中心 4 个副科级机构及区福利院。

1996—2018年石鼓（城北）区民政局领导一览表

表8-1-5

姓名	职务	任职时间	姓名	职务	任职时间
彭金安	局长	1990.3—1998.1	王　莉(女)	副局长	2005.8—2016.1
罗会林	副局长 书记	1994.10—2003.1	王双吉	副局长	2005.8—2016.1
唐代发	局长	1998.1—2002.12	刘启发	局长	2008.2—2013.4
谢培娟(女)	副局长	1998.1—2002.2	李长刚	局长 党组书记	2013.4—2015.12
李福华	副局长	2000.12—2003.1	刘雪梅(女)	副局长	2015.10—2018.4
王志刚	副局长	2000.12—2004.12	汪衡湘	局长 党组书记	2015.12—2017.6
刘策富	局长	2003.1—2008.2	刘芯君(女)	党组成员 纪检组组长	2015.1—2018.4
周　亮	副局长	1992.10—1998.1	肖　军	局长 党组书记	2017.6—
周　英(女)	副局长	2005.8—2015.10	朱　剑	副局长	2016.1—

第二章 人力资源和社会保障

第一节 人 事

1996—2018 年，全区稳妥推进人事制度改革，加强干部人事管理，有效开展企事业单位职称评聘。2018 年，全区实有在编干部 2068 人，其中机关干部 894 人、事业干部 1174 人。

一、人事制度改革

（一）公务员制度实施

1996 年，城北区实施公务员制度，行政干部过渡到公务员。是年 8 月 12 日，城北区公务员登记获市批准，共发放公务员登记证书 312 本。1997—2000 年，城北区公务员制度实施工作逐步规范完善，编制部门严格入编程序，合理设置岗位职数；组织、人事部门从严把关，落实考录、考核、调任、培训、轮岗制度，国家公务员制度入轨工作基本到位。2001 年，衡阳市调整城区行政区划，撤销城北区，设立石鼓区。调整后，公务员队伍进一步壮大，新增行政编人员 77 人，总数为 395 人。2005 年 4 月 27 日，第十届全国人大常委会第十五次会议通过《中华人民共和国公务员法》（简称《公务员法》），《公务员法》自 2006 年 1 月 1 日起施行。

2006 年 10 月区委、区政府成立实施公务员法领导小组，下设办公室，负责公务员登记中的具体工作和组织落实、监督检查工作。是年，全区核定在职行政编 398 人（区机关 145 人，6 个街道 61 人，2 个乡 42 人，司法行政编 122 人，乡街财税行政编 28 人），审核批准予以登记人员 391 人（其中已过渡人员 338 人，军转干部 7 人，调干调任人员 6 人），暂缓登记人员 6 人，不予登记人员 1 人。2007—2018 年，在公务员法贯彻实施当中，着重抓好公务员的考试录用和年度考核工作，并引入竞争上岗，实行辞职辞退，同时在考核、培训、奖惩、工资福利等方面都用法规的形式加以规范。

（二）事业单位人事制度改革

1996 年，全区共有各类事业单位 61 个，人员 1950 人。1998 年开始，先后在教育、卫生、环卫等系统进行事业单位人事制度改革试点工作。教育系统在小学实行核编、定岗、减员工作，推行聘用制为主的改革；卫生系统实施以工资分配制度为主的改革；环卫系统进行精简管理人员和路段包干、竞争上岗的改革，其他事业单位以加强行政管理、增加财政投入、取消不合理的行政收费项目作为突破口，着力提高行政效能和办事效率。

2001 年，全市行政区划调整，城区面积扩大，人员增多，全区事业单位递增到 124 个，人员 2820 人。为摆脱机构小而全，人员规模大，财政负担重的困境，在稳定、求实、发展的基础上，自 2002 年开始，全区再次进行事业单位人事制度改革。本次共完成 49 个事业单位的人事制度改革工作，其中改制转体的事业单位 7 个、脱钩自营的事业单位 8 个、撤并重组的事业单位 34 个。通过调整组合、脱钩分流等方式，至 2006 年 6 月，全区共分流 508 人，占在职总人数的 18%，事业单位由 124 个精简到71个，精简率为42.70%，基本实现改革的预期目标。

二、干部人事管理

（一）干部来源

1996年后，聘用制干部、安置军转干部、接收大中专毕业生、面向社会公开招考录用成为干部的主要来源。1996—2002年，全区共上报聘用制干部152人，审批134人，全部用于街道（居委会）和企、事业（经费性质为差额或自收自支）单位的管理岗位（2002年后，停止办理聘用制干部审批）。2000年前，大中专毕业生分配是干部的重要来源。这一时期，全区共接收大中专毕业生统一分配人员123名，大都安置在中小学校和医疗卫生岗位，少量安置在区属企业的管理技术岗位。其间，接收安置军转干部65名，都安置在机关事业单位。

2000年起，干部录用一律面向社会公开招考。至2018年，全区共考录19批次，新增干部586人。

（二）干部结构

文化结构 1996年，城北区有1745名在职干部，学历按研究生、本科、大专、中专区分，分别为1人、152人、680人、383人，占总数的0.08%、12.5%、55.64%、31.78%。截至2000年，干部的文化程度基本在中专学历以上，原有干部中高中、中专学历的通过函授和自学方式取得更高学历。2001年开始，取消大中专毕业生分配政策，停止办理事业单位聘干手续，改为统一招考录用方式，干部的“准入”学历统一设置在全日制大专以上，自学和函授生不再列入招考对象。2006年，石鼓区1996名在职干部，学历按研究生、本科、大专、中专区分，分别为3人、828人、1075人、90人，占总数的0.15%、41.48%、53.86%、4.51%。2018年，分别为78人、1107人、832人、51人，占总数的3.77%、53.53%，40.23%、2.47%。

年龄结构 按国家现行政策，男性干部退休年龄满60周岁，女性干部退休年龄满55周岁，加之受限于编制数额，新进人员必须在编额空缺情况时补录，故年龄变化情况不大。以2006年为例，机关干部（含公务员、参照公务员管理人员及乡街干部）703人，其中35岁以下212人，占总数的30.16%；36~45岁234人，占总数的33.29%；46~50岁82人，占总数的11.66%；50岁以上175人，占总数的24.89%。事业干部（含职员、专业技术人员）1293人，其中35岁以下637人，占总数的49.27%；36~45岁307人，占总数的23.74%；46~50岁164人，占总数的12.68%；50岁以上185人，占总数的14.31%。

职务结构 全区干部职务分为行政职务和专业技术职务两大类，机关干部（含乡街的公务员、参照公务员管理人员）按所任行政职务执行相应的工资福利待遇；事业干部（含职员、专业技术人员）按所聘的管理及职称岗位执行工资福利待遇。1996年，机关干部442人中，有县级41人、科级195人、科员206人，分别占干部总人数的3.36%、15.97%、16.87%；事业干部779人中，有职员56人，占干部总人数的4.59%；专业技术副高级10人、中级275人、助级及以下438人，分别占干部总人数的0.82%、22.52%、35.87%。2018年，机关干部894人中，有县级52人、科级478人、科员364人，分别占干部总人数的2.51%、22.73%、17.99%；事业干部1125人中，有职员49人，占干部总人数的2.37%；专业技术副高级87人、中级595人、助级及以下443人，分别占干部总人数的4.21%、28.77%、21.42%。

1996—2018 年石鼓（城北）区部分年份干部结构情况表

表 8-2-1 单位：人

分类		1996 年	2001 年	2006 年	2011 年	2018 年	备注
人数	男	941	1168	971	1023	962	—
	女	804	1212	1025	1065	1106	—
	小　计	1745	2380	1996	2088	2068	—
文化层次	本科以上	164	708	831	1047	1185	—
	大专文化	880	1359	1075	1025	832	—
	中专以下	701	313	90	16	51	—
	小　计	1745	2380	1996	2088	2068	—
行业分类	行政单位	442	794	703	722	894	—
	事业单位	779	1425	1293	1366	1174	—
	企业单位	524	161				区属企业改制
	小　计	1745	2380	1996	2088	2068	—
专业分类	公务员	312	458	402	405	451	—
	参公人员	—	256	301	317	443	—
	管理人员	169	369	135	140	49	—
	专技人员	1264	1297	1158	1226	1125	—
	小　计	1745	2380	1996	2088	2068	—

三、专业技术人员职称评聘

1996 年，全区事业单位共有各类专业技术人员 723 人，其中高级职称 10 人、中级职称 275 人、初级职称 438 人。是年起，区人事部门年定期开展对教育、卫生、财会、工程、群文、经济统计、律师公证等系列的申报评审工作。高、中级职称的申报，严格按岗位职数比例和任职工作年限，注重德才兼备和实际工作能力，尊重单位和群众意见，审核各相关申报材料，使参与评审的人员真正具备报送资格，同时结合专业技术人员的年度考核情况，必须连续三年评为优秀才能上报。

2001 年，全区行政区划面积扩大，为鼓励专业技术人员安心于偏远地区工作，区职称工作领导小组及时调整政策，规定“凡在偏远地区工作三年以上的”可适当政策倾斜，量化评分时适当加分。

2006 年，各类专业技术人才增至 1163 人，其中高级职称 21 人、中级职称 571 人、初级职称 566 人。2011 年，全区各类专业技术人员 1232 人。是年，中学高级职称按 10%、中级职称按 50%、初级职称按 40%设置。小学不设高级职称，原有高级职称人员等级不动，实行全省统一调控后，再按专项职数下达操作规定。医疗卫生等事业单位除正骨医院高级职称执行 10%外，其余高级职称按 5%，中级职称按 35%，初级职称按 60%。岗位设置报审批复后，各单位在规定岗位职数内竞聘上岗。

2015—2018 年，全区初评和晋升专业技术人员人次，其中晋升中级 66 人、初级评审 180 人。

四、工资福利

（一）工资

工资制度 1996—2006年，实行机关、事业单位各自不同的工资制度。机关实行职级工资制，工资由职务工资、级别工资、基础工资和工龄工资组成。事业单位技术人员执行专业技术职务工资制，管理人员实行职员工资制，工勤人员中的技术工人实行技术等级工资制，普通工人实行等级工资制。2006年7月，按照公务员制度管理和参照公务员制度管理的单位实行职级工资制，公务员基本工资由职务工资和级别工资组成，实行年终一次性奖金和规范的津贴补贴。事业单位实行岗位绩效工资，由岗位工资、薪级工资、绩效工资和津贴补贴组成，其中岗位工资和薪级工资为基本工资。

2006年石鼓区机关事业工资套改情况表

表8-2-2

人员分类	人数（人）	套改前工资（元）			套改后基本工资（元）	增资金额（元）	人均增资（元/月）
		基本工资	各类补贴	工资总额			
公务员	402	364423	110125.60	474548.60	517114	152691	379.83
机关工勤	181	126812	47201.80	174013.80	170288	43476	240.20
参公管理	301	205609	79137.80	284746.80	293807	88198	293.20
事业专技	1158	997745	317611.40	1315356	1401432	403687	348.61
事业职员	135	99072	35484	134556	136280	37208	275.61
事业技工	319	373349	125402.80	498751.80	421753	48404	154.65

工资调整 从1997年起，国家定期调整公务员的基础工资、职务工资、级别工资标准，事业单位人员相应调整岗位职称（职务）工资标准和工人技术等级工资标准，津贴也同比例增加。

2006年7月，根据国务院《关于改革公务员工资制度的通知》和人事部、财政部《关于印发事业单位工作人员收入分配制度改革方案的通知》精神，对全区2558名职工工资进行套改。此后公务员年度考核累计2年称职及以上的，工资从次年1月1日起在所任级别对应工资标准内晋升一档；事业单位工作人员年度考核为合格及以上等次的，每年增加一级薪级工资。

晋升职务增资 机关事业职工凡因职务调整变动（含专业技术职称和工人技术等级），均从职务变动的下一个月起执行新职务对应的职级工资：原职务工资低于新任职务工资标准最低档的，进入新任职务工资标准最低档；原职务工资高于新任职务工资标准最低档的，就近就高套入新任职务工资标准。晋升职务提高职务工资时，其增资额超过新任职务工资标准半个档差的，考核年限从职务变动的当年起重新计算；不足半个档差（含半个档差）的，考核年限可与职务变动前的考核年限累加计算。原级别低于新任职务最低级别的，晋升到新任职务的最低级别；原级别在新任职务对应级别以内、未达到规定升级考核年限的，级别不变。职务晋升增资事项不定期的工作，必须按干部管理部门发出的职务任免文件办理，每年人数在200人左右。

提前（越级）晋升增资 1996年，湖南省人事厅发布《关于事业单位有突出贡献的专业技术人员提前（越级）晋升职务工资档次有关问题的通知》规定，事业单位专业技术人员获三等功以上或年度考核连续两年评为优秀等次的，提前晋升一档工资；获得国家科技进步（发明）奖和省部级科技进步三等奖以上或年度考核连续三年评为优秀等次的，越级晋升一档工资。提前（越级）晋升工资档次的人员比例控制在上年度单位在职总人数的6%（提前和越级各占3%）以内。1997—2006年，机关公务员符合提前晋级的 32 人，增资 1068 元；事业单位专业技术人员符合提前晋档或越级晋档 58 人，增资 2040 元。晋级（档）增加的工资，从下一年度的一月起兑现执行。

2006 年工资制度改革后，原已执行提前晋级和越级晋档的，此奖励政策不再执行，也不与套改挂钩。

1996—2018 年石鼓区（城北区）部分年份机关单位工资结构变化情况表

表 8-2-3

年份	机关人数（人）		机关公务员工资（元）				各类补贴（元）	工资总额（元）	年人均（元）
	干部	工勤	级别	职务	基础	工龄			
1996	442	24	49600	44210	39780	10766	51183.60	195539.60	442.40
2001	794	154	168491	91782	182620	15425	91945.20	550263.20	693.03
2006	703	181	492827	320410	—	—	81407.40	894644.40	1272.61
2011	722	154	497558	346115	—	—	992750	1836423	2543.52
2018	894	162	1890377	837080	113435	—	1769035	4609927	5156.52

年份	机关人数（人）		机关工勤人员工资（元）			其他	各类补贴（元）	工资总额（元）	年人均（元）
	干部	工勤	等级	岗位	奖金				
1996	442	24	535	4276	2117	—	2779.20	9707.20	404.47
2001	794	154	12550	40864	17536	—	17833.20	88783.20	576.51
2006	703	181	36245	140591	—	—	20959.80	197795.80	1092.79
2011	722	154	36184	120753	—	—	206360	363297	2359.07
2018	894	162	102170	297569	—	—	288057	687796	4245.65

1996—2018 年石鼓区（城北区）部分年份事业单位工资结构变化情况表

表 8-2-4

年份	事业人数（人）		事业专技（管理）人员工资（元）				各类补贴（元）	工资总额（元）	年人均（元）
	干部	技工	职务	活工资	提高 10%	教护龄			
1996	779	711	149802	97680	9748	3460	90208.20	350898.20	450.45
2001	1425	437	482470	312646	34615	5832	165015	1000578	702.16
2006	1293	381	856250	569357	81527	5564	149729.40	1662427.40	1285.71
2011	1366	355	909705	643035	65096	6236	158182.80	1782254.80	1304.73
2018	1174	114	2396184	1798585	64746	12739	1769035	6041289	5145.90

年份	事业人数（人）		事业技术工人工资（元）			其他	各类补贴（元）	工资总额（元）	年人均（元）
	干部	技工	等级	岗位	活工资				
1996	779	711	0	127186	83790	—	82333.80	293309.80	412.53
2001	1425	437	0	130430	86286	—	50604.60	267320.60	611.72
2006	1293	381	215470	178215	—	—	44119.80	437804.80	1149.09
2011	1366	355	210452	173124	—	—	475700	859276	2420.50
2018	1174	114	193990	151804	—	—	144137	489931	4297.64

说明：2006 年工资改革取消基础、工龄工资，表内此栏目内数字为特殊岗位补贴

（二）奖金与津补贴

奖金 机关工作人员1994年开始年度考核并发放年终一次性奖金，奖金按本人当年十二月份的月基本工资（职务工资、级别工资、基础工资和工龄工资四项之和）计发，年人均300元左右。事业单位由于财力困难，除少数单位有所发放外，大部分单位都是以“保工资”为主，此状况持续到2001年。2001年起，机关、事业单位执行发放年终一次性奖金，发放对象必须是各单位截至2001年12月31日在职且本年度考核等次为称职（合格）及以上的工作人员；发放金额为工作人员本人2001年12月份的基本工资，即公务员为职务工资、级别工资、基础工资、工龄工资四项之和；事业单位为工资构成的固定部分和活的部分之和，中小学教师、护士的奖金均应包括工资标准提高10%的部分；机关工人为岗位工资、技术等级工资、国家规定按比例发放的奖金之和。考核等次为基本称职（基本合格）的不发放年终一次性奖金。参加2001年度考核总人数2756人，其中机关单位865人，发放年终一次性奖金69.56万元，人均804.20元。事业单位按政策规定，到人事部门审核年度考核结果和工资基数后，自行确定发放情况。

津贴 区内执行的主要有教师教龄津贴和护士护龄津贴、政法委员会政法津贴、法官审判津贴和司法警察警衔津贴、检察官检察津贴。执行教龄津贴的为全区在职中小学教师共900余人，具体标准为：从教满5年不满10年的，教龄津贴3元/月；从教满10年不满15年的，教龄津贴5元/月；从教满15年不满20年的，教龄津贴7元/月；从教满20年及以上的，教龄津贴10元/月，教龄津贴不纳入绩效工资。执行护龄津贴的为区属医院在职护士人员共80余人，标准同教龄津贴。政法津贴执行范围限于全省县级及以上党委政法委员会（含同级综治办）的在职干部。初次实行的标准按职务划分为64~100元，此后经4次调整在113~184元。在此岗位的共有19人（不含退休）执行政法津贴。2016年工资制度改革后不再列入岗位津贴保留范围。法官审判津贴和司法警察警衔津贴、检察官检察津贴从2007年后建立，执行范围限于各级人民法院中评定法官等级的在职法官和各级人民检察院中评定检察官等级的在职检察官，以及被授予警衔等级的司法警察人员。区人民法院、区人民检察院共110余人按不同等级执行此项岗位津贴。

补贴 从1997年1月起，对机关、事业单位工作人员每人每月增加生活补贴，具体标准：正县级165元、副县级160元、正科级155元、副科级150元、科员及以下人员145元；事业单位管理人员、工人与机关同类人员相同，专业技术人员：教授185元、副教授165元、讲师级155元、助理级150元、员级145元。离退休人员按同职务、同条件在职人员标准执行。所需经费按现行财政管理体制从包干经费中解决。此项补贴实施后，职工工资水平提高35%左右，人均增加150元。2006年工资制度改革后，全区公务员实行统一的规范性津贴补贴，取消原有的津贴补贴项目（包括保留工资、省内补贴、生活补贴、岗位津贴、通信费补助、交通费、防暑防寒费等）。规范性津贴补贴的实施范围为区直机关单位的公务员以及经批准参照《中华人民共和国公务员法》管理的事业单位人员（含上述单位的离退休人员）。津贴补贴分为工作性津贴和生活性补贴两类。其中，在职工作人员津贴补贴归并为工作性津贴和生活性补贴两项；离退休人员津贴补贴归并为离退休人员补贴一项。2007年，以人均16500元/年的标准作为在职工作人员津贴补贴平均发放水平，具体按干部管理程序确定的公务员职务等级分类发放。离休人员补贴按同职级在职工作人员津贴补贴标准的90%确定，退休人员补贴按同职级在职人员津贴补贴标准的78%确定。规范公务员津贴补贴后，月人均标准1375元，扣除原津补贴763元，人均新增资612元/月。规范性津贴补贴只在公务员和经批准为参照公务员管理的事业单位中执行，事业单位实行新的岗位绩效工资制度，标准与规范性津贴补贴大体相等。

（三）福利

职工福利待遇 1996—2006年，各单位按照国家规定的“五险一金”（养老、医疗、工伤、生育、失业保险和住房公积金）外，另行发放的福利项目主要有通信补贴、交通补贴、误餐补贴、寒暑补贴、独生子女保健补贴等，因经费开支渠道不同，其发放金额也不等。2007 年实施公务员规范性津补贴后，取消原先不规范的项目，统一不再发放其他费用。2015 年，区工会依照湖南省总工会《关于贯彻落实〈中华全国总工会办公厅关于加强基层工会经费收支管理的通知〉的若干意见》规定，组织各部门建立职工工会福利待遇，其开支范围和标准有职工教育相关经费的开支，奖金标准不超过 1500 元/人次；职工文体活动相关经费的开支，可按不超过参与人数 30%给予适当奖励，每个奖项的奖金标准最高不超过 400 元/人次；工会集体活动相关费用的开支，可按照当地财政部门规定的差旅费中伙食补助标准安排工作餐或发放误餐费（早中晚按 20∶40∶40 比例分配）；逢年过节或会员生日时向会员发放少量的慰问品的经费开支，可发放不超过 200 元的生日慰问品。

职工困难补助 对职工特殊困难家庭（伤残、病故、丧失劳动能力、突发自然灾害等），每年给予 1~2 次慰问（住院慰问或节日慰问）和生活困难补助，标准 800~2000 元，特殊人员视情况另定。全区每年有 300 人左右，经费在 50~100 万元。

职工休假待遇 公休假按人事部《关于国家机关、事业单位贯彻〈国务院关于职工工作时间的规定〉的实施办法的通知》执行。年休假 1996—2006 年机关事业单位执行《关于职工休假问题的通知》，2007 年以后执行《职工带薪年休假条例》。法定假按《全国年节及纪念日放假办法》执行。探亲假按《国务院关于职工探亲待遇的规定》执行。病假按国务院《国家机关工作人员病假期间生活待遇的规定》执行。产假按《女职工劳动保护规定》和《湖南省计划生育条例》规定执行。婚丧假按国家劳动部、财政部《关于国营企业职工请婚丧假和路程假的通知》规定执行。

职工死亡待遇 一次性抚恤金按照国家相关政策标准发给因公牺牲或因病死亡人员家属的抚恤费。原在民政部门统一发放，2001 年 12 月，民政部《关于调整一次性抚恤金发放办法的通知》下发后，改由死者生前所在单位发放，发放标准和计算办法仍按民政部、财政部的有关规定执行。2011 年执行《关于国家机关工作人员及离退休人员死亡一次性抚恤金发放有关问题的通知》文件规定。丧葬费职工因公牺牲或因病死亡时，按照户籍所在地人民政府殡葬管理规定进行丧葬事宜的一次性费用定额补偿，由原工作单位支付，死亡人员家属掌握包干使用。

遗属生活困难补助 机关事业单位工作人员因公牺牲或因病死亡人员的家属（含父母、夫妻、子女），符合条件的，可按规定享受遗属生活困难补助。其标准：1996 年，遗属系非农业人口，一人的按每月 45 元补助，二人或二人以上的按人均每月 40 元补助。遗属系农业人口，一人的按每月 40 元补助，二人或二人以上的按人均每月 35 元补助。1997—2000 年，遗属系非农业人口，一人的按每月 100 元补助，二人以上的按人均每月 90 元补助。遗属系农业人口，一人的按每月 70 元补助；二人以上的按人均每月 50 元补助。2001—2004 年，遗属系非农业人口，一人的按每月 180 元补助，二人以上的按人均每月 160 元补助。遗属系农业人口，一人的按每月 140 元补助；二人以上的按人均每月 120 元补助。2005—2008 年，遗属系非农业人口，一人的按每月 210 元补助，二人以上的按人均每月 190 元补助。遗属系农业人口，一人的按每月 170 元补助；二人以上的按人均每月 150 元补助。2009—2012 年，遗属系非农业人口，一人的按每月 285 元补助，二人以上的按人均每月 260 元补助。遗属系农业人口，一人的按每月 225 元补助；二人以上的按人均每月 190 元补助。2013—2018 年，遗属系非农业人口，一人的按每月 425 元补助，二人以上的按人均每月 385 元补助。遗属系农业人口，一人的按每月 335 元补助；二人以上的按人均每月 285 元补助。上述对象中不论家住何处，对经组织确认因工（公）死亡工作人员的遗属，依次在前述标准的基础上每人每月再行增发 8 元、15 元、45 元、65 元、85 元、125 元。2018 年，全区有遗属生活困难补助人员 78 人，按现行标准全年补助费为 34.81 万元。

五、考核奖惩

（一）年度考核

机关事业单位年度考核范围是全区所属机关、事业单位在编在册的全体工作人员。考核分为平时考核和定期考核，考核分为优秀、称职、基本称职和不称职四个等次，考核结果直接与奖惩任免、职务晋升、干部聘用、工资福利挂钩。1996年，根据上级要求制定出年度考核的标准和内容，从德、能、勤、绩四个方面进行考核（2006年后增加廉政方面考核）。对各类干部考核有所区别：党政干部，侧重于政治思想水平、政策水平和工作能力；专业技术干部，侧重于技术业务水平和成果；对领导干部的考核要求更高，着重考核其政治素质、政策水平、组织领导能力、熟悉业务程度、执行民主集中制的情况和工作实绩。县级干部的考核由市委组织部掌握，其考核结果通知区委组织部和区人社局。科以下考核由组织、人事部门共同掌握，报区人民政府常务会议审核同意。同时，结合政府工作部门（单位）年度目标管理考核结果进行调整，优秀等次的比例原则上控制在本单位考核总人数的10%以内，对省、市文明单位的集体、政府目标管理考核评为“目标管理优秀”的单位，优秀等次比例提高到15%；对“目标管理考核不达标”的单位，优秀等次的比例降为5%。评功、评奖必须从年度考核优秀等次人员中产生，凡评为优秀等次的由政府给予嘉奖以上奖励，记功人数不超过嘉奖人数的15%。定期考核每年年终进行，各部门严格按照考核要求，结合平时考核和年终鉴定，先由本人总结学习、思想、工作情况，自评考核等级。再经民主评议，单位汇总上报，由区考评委员会审议评定。年度考核结果与本人见面，指出优缺点和努力方向。

（二）奖励与惩戒

奖励 奖励评功、评奖必须从年度考核优秀等次人员中产生。评为优秀等次的可给予嘉奖以上奖励，奖励对象应体现先进性和代表性。记功人数由区考评委员会统一审核把关，记三等功人数不超过嘉奖人数的15%。记二等功人员从严报审，报批程序要按省、市规定办理，先经区级分管领导同意签字，区考评委初审、区政府常务会复审通过，再经区委常委会会议研究确定。报批后，按层次给予奖金。1996—2006年奖励标准为嘉奖每人奖金60元，三等功每人奖金120元，二等功每人奖金200元。2007—2010年调整为嘉奖每人奖金100元，三等功每人奖金200元，二等功每人奖金300元。2011年调整为嘉奖每人奖金400元，三等功每人奖金800元，二等功每人奖金1500元。2018年调整为嘉奖奖金1500元，记三等功奖金3000元，记二等功奖金6000元，记一等功奖金12000元，授予“人民满意的公务员”等称号奖金20000元。其间，全区受奖励总人数3971人，其中嘉奖3519人，记三等功419人，记二等功33人。

惩戒 惩戒主要是指年度考核中不称职和受行政（党纪）处分人员。公务员在受处分期间不得晋升职务和级别，其中受记过、记大过、降级、撤职处分的，不得晋升工资档次。对确定为基本称职等次的人员由行政领导对其进行诫勉谈话，一年内不得晋升职务，当年不予以发给年终奖金；对连续两年被确定为基本称职等次的人员，须调整工作岗位或给予降级处理并离岗培训；对确定不称职等次的人员当年不发年终奖金，并按有关规定给予降职，工资级别按降职后相应调整。连续两年确定为不称职的，要予以辞退。1996—2018年，全区受惩戒人数28人，其中警告7人、记过1人、记大过6人、降级1人、撤职8人、开除5人。

1996—2018年石鼓区（城北区）机关事业单位年度考核情况表

表 8-2-5 单位：人

年份	考核人数			考核奖励				行政惩戒情况						
	机关	事业	合计	二等功	三等功	嘉奖	小计	警告	记过	记大过	降级	撤职	开除	小计
1996	635	1237	1872	2	25	170	197	—	—	—	—	1	—	1
1997	642	1246	1888	—	26	185	211	—	—	1	—	2	—	3
1998	610	1353	1963	—	27	196	223	—	—	—	—	—	1	1
1999	612	1383	1995	—	19	197	216	—	—	—	—	—	—	0
2000	630	1354	1984	—	23	170	193	—	—	2	—	—	—	2
2001	865	1891	2756	—	24	241	265	—	—	—	—	1	1	2
2002	843	1887	2730	5	24	244	273	—	—	—	—	—	—	0
2003	816	1936	2752	5	29	315	349	—	—	—	—	—	—	0
2004	812	1985	2797	5	34	296	335	1	—	—	—	1	—	2
2005	810	1928	2738	5	36	261	302	2	—	—	—	1	1	4
2006	703	1855	2558	5	35	228	268	1	—	—	—	1	—	2
2007	721	1992	2713	5	31	327	363	—	—	—	—	—	—	0
2008	730	1973	2703	1	38	300	339	2	1	3	—	1	1	8
2009	735	1962	2697	—	26	221	247	1	—	—	—	1	1	3
2010	734	1938	2672	—	25	223	248	—	—	—	1	—	1	2
2011	742	1932	2674	4	30	236	270	—	—	—	—	—	—	0
2012	754	1925	2679	7	28	229	264	1	—	—	1	1	—	3
2013	767	1929	2696	0	29	188	217	2	—	1	—	—	—	3
2014	802	1984	2786	0	35	301	336	—	—	1	—	—	—	1
2015	803	1990	2793	0	24	273	297	—	1	1	—	—	—	2
2016	805	1991	2796	0	41	322	363	—	1	—	—	1	—	2
2017	811	2006	2817	0	42	358	400	—	—	—	—	—	1	1
2018	818	1992	2810	0	13	353	366	5	2	—	—	—	1	8

六、离休、退休、退职与待遇、管理

（一）离休、退休、退职

离休 1996年，全区有离休干部15人，行政机关5人（副厅级2人、县级4人），事业单位7人（副高职称1人、中级职称5人、副县级管理人员1人），企业单位3人（1997年平衡套改为正科级）。2006年工资制度改革时，仍有离休干部11人（机关4人、事业6人、企业1人）。至2018年，离休干部已减至5人（机关1人、事业3人、企业1人）。

退休 1996年，全区共有退休人数1992人，其中机关事业597人、企业1395人。2001年，城区行政区划调整后，适逢新一轮人事制度改革，按照《国家公务员暂行条例》的有关规定和石鼓区委、区政府《关于衡阳市石鼓区区直机关、街道机关机构改革人员分流的实施意见》（石发〔2002〕4号）

文件精神，“机关工作人员工作年限满30年；或男满55周岁、女满50周岁，且工作年限满20年的，本人申请经组织批准，可以提前退休，并可适当上调职务工资档次和增加级别工资。”至2003年，退休人数增至2597人，其中机关事业862人、企业1735人。2006年，机关事业退休人数为1218人。至2018年，机关事业退休人数为1504人。

退职 退职人员数量极少，至2018年，全区共有27人，其中机关事业7人、企业21人。

（二）待遇

政治待遇 干部退休后，保持在职时所享受的基本政治待遇，阅读同级人员能够阅读的有关文件，参加政治学习和组织活动。就近就地组织开展适合老年人特点的有益活动。1996年后，区老干局负责离休和县（处）以上退休干部的管理服务工作，每月集中组织一次学习，每年开展两至三次参观学习活动，重要节假日进行走访慰问。退休人员由所在单位（支部）组织，落实相应政治待遇和组织各项活动。至2018年，此项规定一直未变动。

生活待遇 调整增加基本养老金。按照国家规定，离退休人员在政策范围内可享受调整增资待遇，具体时间和标准按文件执行。1996年以来，企业养老保险21次调整离退休人员工资待遇，特别是2005—2018年连续14年（次）执行调待工作，人均增资2120元以上。机关事业单位按照国家政策，及时调整发放离退休人员的有关待遇。2016年，机关事业单位养老保险制度改革，企业和机关事业单位统一按《湖南省人社厅关于2016年调整退休人员基本养老金的通知》文件调整离退休人员基本养老金，实现社会养老保险同步调整发放。

（三）管理

按干部管理权限分级管理 根据离退休时本人所任职务和离退休类别，离休人员和县处以上干部由组织部门（老干局）负责管理；退休人员和科以下人员在政府职能部门（老龄办）及所在单位管理。其管理费按本单位退休费总额的3%以内标准提取，由单位掌握使用。活动经费在“离退休费”目及科目开支，主要用于订阅报纸杂志、召开退休人员座谈会、慰问退休人员等。

退休安置管理服务 退休安置分就地安置和易地安置，1996年后，区内离退休人员大都生活在原工作（居住）地，即就地安置方式，少数人员退休后另随子女异地生活。形成以退休职工原单位管理为主、居住地社区管理和退休人员自我管理为辅的管理体制。2000年后，企业、事业单位退休人员退休费逐步实行社会化发放，建立以单位、社保局、居住地社区共同管理体系，养老金调整发放由所在地社会保障局负责，走访慰问由原退休单位负责，日常事务由居住地社区负责。形成全方位、多层次管理模式。2016年底，机关退休人员统一进入社会发放系统，不再由工资统发中心发放。

第二节 人力资源管理

一、劳动制度改革

20世纪90年代后，由于计划经济加快向市场经济转换，以及新一轮民工潮的涌动，冲击了传统的城乡二元分割就业制度，推动劳动就业制度创新。随着国有集体企业逐渐转制，停产、半停产、下岗失业和转岗人员增多，个体从业人员增加快，成为吸纳劳动力和失业人员就业的主渠道。1996年，国家停止大中专毕业生包分配制度，企业用人走向市场管理调节方式。区委、区政府按照上级部署要求，着手实施就业与再就业工程，包括劳动就业、培训、调动、工资、社会保险等各个方面，广开城镇居民的就业门路。1998 年，劳动部门对企业工资管理进行改革，由直接管理改为宏观调控，不再审批职工个人工资，按上年度企业税利完成情况调控增资总额，还权于企业，由企业灵活自定。2002—2006 年，区属企业实行改制，全部置换职工身份交人才市场档案托管，之后进入社会自谋职业。

二、就业与再就业

（一）就业服务机构

1997 年 3 月，区人事劳动局按要求将就业培训中心（加挂区劳动职业技术学校）调整为再就业服务培训中心，属区劳动就业服务局管理机构。明确培训中心主任 1 人、专业培训员 8 人，建有 1400 平方米的培训场地。设立再就业服务专项资金，开展就业培训和下岗职工再就业培训。

2003 年 7 月，由市劳动和社会保障局统一组织招聘，石鼓区择优录取 54 名社区工作人员，组建 6 个街道劳动保障服务站和 42 个社区劳动保障服务中心，构建街道、社区劳动就业服务平台，实现专人负责劳动保障工作，形成区、街道、社区居委会三级就业工作格局。

2015 年 7 月，按照《关于印发〈石鼓区人民政府职能转变和机构改革实施意见〉的通知》精神，区劳动就业服务局更名为区就业服务中心，为区人力资源和社会保障局所属副科级事业单位，定编 14 人，其中主任 1 名，列为公益二类事业单位。统一管理社会劳动力，统筹劳动力就业和扩大再就业，开展就业培训和转岗培训，负责失业人员登记、建档管理和失业保险基金的管理、发放工作。

2009—2018 年石鼓区城镇待业、就业情况表

表 8-2-6

年份	全部职工人数（人）	年末尚有待业人数(人)	待业率（%）	就业率（%）	年份	全部职工人数（人）	年末尚有待业人数(人)	待业率（%）	就业率（%）
2009	30015	1265	4. 21	95. 79	2014	30332	652	2. 15	97. 85
2010	29544	1332	4. 51	95. 53	2015	29954	532	1. 78	98. 22
2011	31122	1033	3. 32	96. 68	2016	32258	554	1. 72	98. 28
2012	31552	1035	3. 28	96. 72	2017	31155	639	2. 05	97. 95
2013	29887	905	3. 03	96. 97	2018	29887	625	2. 09	97. 91

1996—2018 年石鼓区（城北区）部分年份城镇新增就业情况表

表 8-2-7

年份	就业总人数（人）	就业安置（人）			职业技能培训	
		国有企业	民营企业	个体工商户	经费投入（元）	培训人数
1996	4500	2260	1380	860	22000	180
2001	4200	1860	1260	1080	46000	340
2006	4300	1400	1470	1430	226000	380
2011	4100	1180	1830	1090	368000	460
2018	3600	860	1960	780	240000	280

2009—2018 年石鼓区城镇新增、下岗失业再就业情况表

表 8-2-8

年份	城镇新增就业人数（人）	下岗失业再就业（人）	4050 人员再就业（人）	年份	城镇新增就业人数（人）	下岗失业再就业（人）	4050 人员再就业（人）
2009	6517	4040	1175	2014	5273	3269	964
2010	6324	3921	1137	2015	5147	3242	950
2011	6119	3794	1104	2016	4561	2977	881
2012	5927	3734	1098	2017	3640	2269	661
2013	5734	3612	1062	2018	4308	2558	744

（二）再就业培训

1997 年开始开展再就业培训，区劳动就业局每年定期或不定期在区人才劳动市场免费为下岗失业人员开办各种生产技能及家政服务培训班。至 2018 年，累计投入资金 450 万元，培训下岗失业人员 8100 余人。

（三）就业安置

通过职业技能培训和落实优惠政策促就业等措施，共安置下岗失业人员 64260 人。其中新增城镇就业 61000 人，城镇失业人员再就业 46800 人，就业困难人员实现就业 18600 人，扶持创业人员 8280 人，创业带动就业 7400 人，零就业家庭动态就业援助 460 户，新增农村劳动力转移就业人员 12600 人。累计发放创业担保贷款 2460 万元，组织开展“春风行动”和民营企业招聘周及大专生就业专场招聘服务活动 328 场次，联系用工企业 1000 余家，提供就业岗位 7.81 万个，达成就业意向 5.63 万人。

2009—2018 年石鼓区岗位技能培训情况表

表 8-2-9　　单位：人

年份	培训人数				年份	培训人数				年份	培训人数			
	初级工	中级工	高级工	技师		初级工	中级工	高级工	技师		初级工	中级工	高级工	技师
2009	604	42	0	0	2013	903	94	0	0	2017	1024	116	0	0
2010	637	49	0	0	2014	864	88	0	0	2018	1136	135	0	0
2011	779	77	0	0	2015	989	98	0	0	—	—	—	—	—
2012	886	81	0	0	2016	964	107	0	0	—	—	—	—	—

2009—2018 年石鼓区转移就业培训情况表

表 8-2-10

年份	培训人数（人）	就业率（%）	异地转移人数（人）	当地转移就业人数（人）	年份	培训人数（人）	就业率（%）	异地转移人数（人）	当地转移就业人数（人）
2009	903	87.04	224	562	2014	1168	88.70	303	733
2010	996	85.14	245	603	2015	1278	87.09	327	786
2011	1028	87.35	286	612	2016	1421	88.46	378	879
2012	1151	83.93	273	693	2017	1399	90.64	389	879
2013	1205	84.07	301	712	2018	1465	91.54	437	904

三、劳动工资

1996年，区属54家企业全部启用劳动部、中国人民银行统一印制的《工资总额使用手册》。年初单位凭《工资总额使用手册》到劳动行政部门审批使用计划，企业基本账户开户银行依据劳动行政部门审批的使用计划按月支付工资性现金。企业工资实行工资总额同经济效益挂钩（简称工效挂钩），挂钩企业职工效益工资升级，按照省劳动厅《关于工效挂钩企业1995年效益工资省级有关问题的通知》文件规定，根据职工的劳动态度、技术高低和贡献大小，考核、择优升级，新增效益用于职工增加标准工资，一般的一年只升一级，成绩特别优异的最多不超过两级。效益工资升级方案先经职工代表大会讨论通过，升级增量必须报劳动行政部门审批。是年，全区职工参加效益工资升级3200人，升级面为86.80%。标准工资升一级的2964人，升二级的236人，总增资48104元，人均增加15元。

1997年起，企业工资改革实行工资总额与上缴税利、实现利润、实物销售挂钩的调控办法，劳动行政部门加强对工资的宏观调控，按企业上年度完成的税利情况审批工资增量（一般控制在6%~15%），企业在规定提取的工资总额内采取灵活多样的形式搞活内部分配，以调动职工的积极性，增强企业活力，起到一定的积极作用。2000年之后，按照市场经济体制的要求，落实企业工资分配自主权，劳动行政部门不再审批企业职工升级，按照企业工资分配增长机制、约束机制及正常升级增资制度，实行动态调控管理办法。至2006年，区属企业改制完成97%，此后，劳动工资转为宏观管理的企业工资指导线和企业工资集体协商。

1996—2018年石鼓区（城北区）最低月工资标准情况表

表8-2-11 单位：元

年份	最低月工资标准	年份	最低月工资标准	年份	最低月工资标准
1996	190	2004	380	2012	950
1997	190	2005	400	2013	950
1998	200	2006	450	2014	1035
1999	205	2007	500	2015	1130
2000	225	2008	580	2016	1130
2001	245	2009	580	2017	1130
2002	300	2010	725	2018	1280
2003	320	2011	840	—	—

四、人力资源服务

1998年2月，衡阳市城北区人才交流劳动服务中心升格为副科级事业单位。按照省人事厅《〈湖南省国家不包分配大中专毕业生择业管理暂行办法〉实施细则》规定要求，着手开展对不包分配大中专毕业生人才资源的开发管理，提供政策咨询服务，正确引导择业就业，当年为310名大中专毕业生办理档案管理服务。1999年起，按《湖南省人事代理暂行办法》规定要求，为档案托管人员办理人事代理服务，包括职业介绍、转正定级、职称申报、档案调资、接转组织关系、代办社保业务等项工作。是年，设立城北区人才劳动力市场，属区人才交流劳动服务中心下属机构，为自收自支事业单位。设立之初场地面积200平方米，是全市首家县区级人才劳动力市场。2001年扩大服务场所，搬迁到市乡镇企业局培训中心二楼。2005年，区人事劳动和社会保障局斥资192万元，购置船山路48号的创业大厦四楼产权，面积为1246平方米。2006年，整装一新的区人力资源市场正式启用，设计招聘展位达到111个，招聘服务大厅面积736平方米。

2007年，为更好地转化农村剩余劳动力，创办“辣妹子”家政公司，为劳动者提供规范的家政服务、养老护理、母婴护理等职业技能培训，当年转化安置1000余名大龄下岗失业人员。是年，区人力资源市场搭建“衡阳人才网”官网招聘平台，利用互联网+人力资源，实现线上线下互动、传统与现代相结合的全新招聘模式，提供岗位信息40000余条，举办各类招聘会30余场次，服务求职者80000余人次。2008年，区人社局投入3.60万元，对人才档案库进行更新扩容，所有存档人员资料均按要求重新整理归类，并录入微机管理。2014年，区人才交流劳动服务中心和区人力资源市场职能整合，区人才交流劳动服务中心更名为区人力资源服务中心，属区人社局管理的副科级全额拨款公益性事业单位，不再保留区人力资源市场。区人力资源服务中心定编3个，设主任1名。2016年，初步建立石鼓区高级人才信息库，收集录入企业高端经营管理人才、高级专业技术人才、留学回衡人员在内的九类高层次人才90余人的基本信息。2016—2018年，中心连续三年获“湖南省诚信人务资源服务机构”“湖南省人力资源服务业发展先进单位”“衡阳市家庭服务业技能大赛优秀组织奖”等荣誉。

五、劳动监察与劳动争议仲裁

（一）工作机构

1996—2000年，衡阳市城北区劳动监察中队配有7名劳动保障监察队员，主要在城区所辖范围内开展劳动用工检查，督促用人单位遵守劳动法律、法规、规定与劳动合同签订工作。2001年4月，衡阳市城区行政区划调整后更名为衡阳市石鼓区劳动保障监察大队，核定编制数13名，为差额拨款事业单位。2012年8月，升格为副科级机构。2017年1月，调整编制数为10名，属财政全额拨款事业单位。

（二）劳动监察

2001—2017年，区劳动保障监察大队担负着全区112平方千米，6个街道2个乡镇，2万多家企业和个体工商户、12万名从业人员的劳动维权工作。其间，区劳动保障监察人员采取悬挂横幅、开设咨询台、媒体报道、发放宣传手册等方式大力宣传劳动法律法规政策，共发放宣传资料35470余份，接受咨询17805人次，合计维权金额1702万元。累计检查用人单位742家，书面审查用人单位623家，查处和纠正违法违规行为的用人单位171家。

2018年，接受日常投诉65件，立案53件，为278名劳动者追回工资527万元，其中重大群体性讨薪案件2件，移送涉嫌拒不支付劳动报酬犯罪案件2件，向社会公布重大劳动保障违法行为1起。

2004—2018年石鼓区劳动监察情况表

表8-2-12

年份	年检或年度书面审查（家）	处理举报投诉案件（件）	补签合同（份）	清欠工资押金（万元）	年份	年检或年度书面审查（家）	处理举报投诉案件（件）	补签合同（份）	清欠工资押金（万元）
2004	100	42	6320	95	2006	120	52	6003	135
2005	150	48	5306	107	2007	150	55	6420	174

续表 8-2-12

年份	年检或年度书面审查(家)	处理举报投诉案件（件）	补签合同（份）	清欠工资押金(万元)	年份	年检或年度书面审查(家)	处理举报投诉案件（件）	补签合同（份）	清欠工资押金(万元)
2008	180	67	5330	183	2014	200	60	4708	486
2009	150	70	4010	201	2015	200	90	4135	503
2010	170	66	7045	241	2016	210	81	4281	420. 24
2011	180	80	7149	274	2017	210	76	4104	485
2012	200	86	6687	318	2018	220	72	4370	468. 90
2013	200	73	5370	412	—	—	—	—	—

（三）劳动争议仲裁

2015 年，石鼓区劳动争议仲裁委员会共受理劳动争议案件 31 件，其中，集体劳动争议案件 2 件。审结案件 31 件，其中，调解结案 13 件，裁决结案 18 件，法定审限期内结案率为 100%。

2018 年，石鼓区劳动争议仲裁委员会共受理劳动争议案件 84 件，其中，集体劳动争议案件 40 件。审结案件 80 件，其中，调解结案 55 件，裁决结案 25 件，法定审限期内结案率为 100%。

第三节　社会保障

1996 年开始，全区按照“全覆盖、保基本、多层次、可持续”的方针，在养老、医疗、工伤、生育、失业保险等领域全面发力，不断健全和完善覆盖城乡居民的多层次社会保障体系。

一、养老保险

（一）企业职工养老保险

1996 年，按照上级文件精神，《城北区企业单位社会养老保险试行办法》实施，新型企业职工养老保险制度首次采用个人和单位按比例共同缴费，打破以往现收现付模式下缴费责任主要由企业承担的局面，强调个人在养老保险中的责任和义务。

1997 年 4 月，企业职工基本养老保险社会统筹中职工个人缴费比例由按本人缴费工资基数的 3%提高到 4%。职工个人缴费比例提高一个百分点后，从用人单位缴纳的养老保险费中划转记入职工个人账户的部分，由按职工本人缴费工资基数的 5%而相应降低一个百分点至 4%。

1998 年 1 月，执行《衡阳市建立统一企业职工基本养老保险制度的实施意见》实现三个统一：统一企业和职工个人缴费基数和比例。企业缴费的基数为企业职工个人缴费工资基数之和，企业缴费比例、从 1998 年 1 月起降至 22. 5%，2000 年 1 月起降至 20%；个人缴费的基数为本人上年度月平均工资，个人缴费比例、1998 年为本人缴费工资的 4%，以后每两年提高一个百分点，直至 8%为止。统一个人账户记入比例。按本人缴费工资 11%的数额建立个人账户。统一计发办法。1996 年 1 月 1 日以后参加工作、缴费年限累计满 15 年的职工，退休后按月发给基本养老金；1996 年 1 月 1 日以前参加工作、1998 年 1 月 1 日以后退休且个人缴费和视同缴费年限累计满 15 年的职工，按照新老办法平稳衔接、待遇水平基本平衡等原则，在发给基础养老金和个人账户养老金的基础上再增加过渡性养老金和过渡性调节金；1997年底以前已经退休的人员，仍按国家和省原规定发给基本养老金。同月，执行《衡阳市城镇私营企业、个体工商户从业人员基本养老保险实施细则》，进一步扩大到全区境内的城镇私营企业、个体工商户及其业主、雇员和帮工。用人单位按其从业人员个人缴费工资基数总和10%缴纳，以后每年提高二个百分点，逐步达到统一的城镇企业缴费水平；从业人员按个人缴费工资基数的4%缴纳，1999年调整为5%，2001年为6%，2003年为7%，2005年为8%。

2006年，执行国务院《关于完善企业职工基本养老保险制度的决定》。调整个人账户规模：从2006年1月1日起，参保人员个人账户的规模统一由本人缴费工资的11%调整为8%，全部由个人缴费形成，单位缴费不再划入。

2013年12月，石鼓区企业职工基本养老保险年度基金征缴（含财政补助收入）首次突破1亿元大关。

2016年9月，石鼓区企业职工基本养老保险待遇发放时间统一调整为每月25日。

2018年7月，完成石鼓区企业职工基本养老保险离退休人员的第14次待遇调整，全区6800余名企业离退休人员受益。是年，全区企业养老保险基金征缴1.2亿元，企业新增参保3390人。

（二）机关事业单位养老保险

1996年1月，衡阳市正式全面启动机关事业养老保险工作。

1998年，城北区在全市率先参保缴费。2001年6月，因城区行政区划调整以及各县市区参保标准不统一而停止。

2016年5月，按照《湖南省人民政府关于机关单位工作人员养老保险制度改革的实施意见》，石鼓区正式启动机关事业单位养老保险制度改革。基本养老保险基金筹集标准为单位缴纳基本养老保险费。单位应按本单位参加机关事业单位养老保险工作人员的个人缴费工资基数之和20%的比例缴纳基本养老保险费。个人缴纳基本养老保险费。个人应按本人缴费工资基数8%的比例缴纳基本养老保险费，由单位代扣代缴。机关单位（含参公管理的单位）工作人员的个人缴费工资基数包括本人上年度工资收入中的基本工资、国家统一的津贴补贴（艰苦边远地区津贴、警衔津贴、海关津贴等国家统一规定纳入原退休费计发基数的项目）、规范后的津贴补贴（地区附加津贴）、年终一次性奖金；事业单位工作人员的个人缴费工资基数包括本人上年度工资收入中的基本工资、国家统一的津贴补贴（艰苦边远地区津贴等国家统一规定纳入原退休费计发基数的项目）、绩效工资。其余项目暂不纳入个人缴费工资基数。个人工资超过全省上年度在岗职工平均工资300%以上的部分，不计入个人缴费工资基数；低于全省上年度在岗职工平均工资60%的，按全省在岗职工平均工资的60%计算个人缴费工资基数。

1996—2018年石鼓区（城北区）基本养老保险收支情况统计表

表8-2-13　　单位：万元

年度	机关事业养老保险基金		企业养老保险基金		年度	机关事业养老保险基金		企业养老保险基金	
	基本养老保险收入	基本养老保险支出	基本养老保险收入	基本养老保险支出		基本养老保险收入	基本养老保险支出	基本养老保险收入	基本养老保险支出
1996	147.71	108.17	—	—	2001	489.76	459.90	131.49	217.53
1997	228.34	193.12	—	—	2002	252.32	289.67	122.17	241.65
1998	288.48	223.47	—	—	2003	270.97	314.60	252.92	328.46
1999	323.97	311.30	—	—	2004	297.63	343.27	464.93	400.59
2000	336.49	283.28	—	—	2005	671.79	724.56	457.25	540.37

续表 8-2-13

年度	机关事业养老保险基金		企业养老保险基金		年度	机关事业养老保险基金		企业养老保险基金	
	基本养老保险收入	基本养老保险支出	基本养老保险收入	基本养老保险支出		基本养老保险收入	基本养老保险支出	基本养老保险收入	基本养老保险支出
2006	789.44	709.81	858.74	894.53	2013	1123.30	693.03	9405.89	7712.12
2007	977.50	989.70	1854.26	1516.73	2014	1348.62	1288.87	8019.64	8660.71
2008	940.70	1019.97	1351.33	1814.52	2015	1747.15	2174.81	14100.06	10012.62
2009	1002.04	1047.04	1708.14	2443.44	2016	2601.65	2595.36	10864.67	11572.48
2010	1125.58	1070.56	2260.49	2817.56	2017	4667.26	4474.39	14739.57	12813.36
2011	1096.46	974.68	3508.70	4200.80	2018	5393.79	7559.58	11978.52	14327.33
2012	1080.67	1111.91	4545.91	5584.36	—	—	—	—	—

（三）城乡居民养老保险

2012 年 7 月，石鼓区作为全省第四批新农保试点，出台《石鼓区城镇居民社会养老保险试点工作实施办法》和《石鼓区新型农村社会养老保险试点工作实施办法》，首次将城镇居民和农村居民均纳入社会养老保障的范畴。城乡居民社会养老保险工作启动后，对于未享受城镇职工基本养老保险待遇以及国家规定的其他养老待遇的参保人员，年满 60 周岁符合领取待遇条件的，在启动当年参保时不用缴费，可按月领取基础养老金 55 元；距领取年龄不足 15 年的，按年缴费，也允许补缴（补缴部分不享受政府补贴）。

2014 年 12 月，出台《石鼓区统一城乡居民基本养老保险制度实施办法》，确定从 2015 年 1 月 1 日起，将新型农村社会养老保险和城镇居民社会养老保险两项制度合并实施，建立统一的城乡居民基本养老保险制度。

2018 年 1 月 1 日起，全区城乡居民养老保险基础养老金最低标准由每人每月 85 元提高至 103 元。

2014—2018 年石鼓区城乡居民养老保险基金征缴及待遇发放情况统计表

表 8-2-14

年度	城乡居民养老保险基金		待遇调整（元/月）	备注	年度	城乡居民养老保险基金		待遇调整（元/月）	备注
	收入（万元）	支出（万元）				收入（万元）	支出（万元）		
2014	656.80	422.19	75	—	2016	886.32	964.8	80	—
2015	2457.80	742.30	75	收入含被征地农民补贴1471 万元	2017	733.04	948.57	85	—
					2018	1031.98	1067.13	103	—

二、医疗保险

（一）职工医疗保险

1996 年，全区的职工医疗保障实行公费医疗制度，职工看病住院按比例报账在各单位福利费中列支。2000 年 5 月，按照《湖南省建立城镇职工基本医疗保险制度实施意见》和《衡阳市城镇职工基本医疗保险试行办法》，本行政区域内的所有城镇用人单位职工和退休人员，按属地管理原则参加城镇职工基本医疗保险。基本医疗保险费由用人单位和职工共同缴纳，单位缴费率为上年度本单位职工工资总额的6%，个人为本人工资收入的2%，退休人员个人不缴纳医疗保险费。2003年1月，全区停止实行职工公费医疗和劳保医疗制度。2005年1月起，石鼓区城镇职工基本医疗保险参保单位缴费比例由原来的6%调整为7%，个人缴费比例不变。2009年，执行衡阳市关于切实降低城镇职工基本医疗保险住院医疗费的要求，参保人员个人自付比例达25%以下。2018年，全区参加职工医疗保险11.8万人，收缴基金5209万元。

（二）城乡居民医疗保险

2008年5月，石鼓区启动实施城镇居民医疗保险和新型农村合作医疗保险工作。是年，全区城镇居民医疗保险和新型农村合作医疗参保人数达到8.50万人。

2010年，全区居民医保扩面任务为47000人。是年，两个险种（城镇居民和新农合）均超额完成为民办实事补偿率任务指标。

2011年，调整完善补偿方案，整体推行门诊统筹工作。2012年，石鼓区城镇居民医保完成市级下达指标数52000人的118%。2013年，分类做好灵活就业人员、农民工、正常生产企业以及私营、民营企业的扩面工作，取得积极进展。为减轻居民、农合医保基金负担风险，将意外伤害部分，按市局要求，转投到商业保险运作，参合率达99.46%。

2015年，全区城镇居民基本医疗保险参保登记人数61897人。

2016年，城镇居民基本医疗保险和新型农村合作医疗两项制度有序整合，建立统一的城乡居民基本医疗保险制度。

2017年，城镇居民医保和新型农村合作医疗合并，统称城乡居民医疗保险。

2018年，石鼓区城乡居民基本医疗保险个人缴费标准为180元/年，较2017年增加30元，参保登记及缴费时间持续到2018年12月31日。

2008—2018年石鼓区各类医疗保险数据情况统计表

表8-2-15

年度	城乡居民医疗保险		城镇居民医疗保险			新型农村合作医疗		
	参保人数（人）	享受待遇人数（人）	参保人数（人）	享受待遇人数（人）	个人报销比例（政策范围内补偿率）（%）	参保人数（人）	享受待遇人数（人）	个人报销比例（政策范围内补偿率）（%）
2008	—	—	—	—	—	—	—	—
2009	—	—	55061	4258	45	36006	3270	42
2010	—	—	47534	—	62	41744	—	67
2011	—	—	61804	—	—	42109	—	—
2012	—	—	61823	—	—	42120	—	—
2013	—	—	61838	—	—	42153	—	—
2014	—	—	—	—	—	43156	—	—
2015	—	61901	61897	—	—	—	—	
2016	—	—	55061	—	—	39235	—	—
2017	95668	33252	—	—	—	—	—	—
2018	95941	40994	—	—	—	—	—	—

2008—2018 年石鼓区各类基金收入、支出及累计结余情况表

表 8-2-16　　单位：万元

年份	城乡居民医疗保险			城镇居民医疗保险			新型农村合作医疗保险			职工基本医疗保险			生育保险			大病互助医疗保险		
	收入	支出	累计结余	收入	支出	累计结余	收入	支出	累计结余	收入	支出	累计结余	收入	支出	累计结余	收入	支出	累计结余
2008	—	—	—	456	93	363	378	20	358	520	337	723	8	10	12	48	47	2
2009	—	—	—	435	451	347	252	513	97	431	624	530	14	5	21	32	0	54
2010	—	—	—	973	922	398	586	627	56	628	750	408	12	15	18	86	117	23
2011	—	—	—	1622	1343	677	972	971	57	787	921	274	42	18	42	74	68	29
2012	—	—	—	1699	1774	602	1223	1254	26	791	989	76	33	14	61	80	74	5
2013	—	—	—	2043	2548	297	1434	1224	236	1118	1053	141	75	15	121	83	75	43
2014	—	—	—	2357	2250	394	1643	1607	272	1610	1379	372	83	22	132	107	0	150
2015	—	—	—	2938	2791	541	1854	1602	524	2009	2010	451	84	S4	212	107	218	39
2016	—	—	1167	3406	3721	226	2136	1719	941	2936	2523	864	5	64	233	115	123	26
2017	5785	4549	2402	—	—	—	—	—	—	3950	2328	24	100	100	233	134	13	147
2018	6477	7213	1666	—	—	—	—	—	—	5209	5386	4309	161	131	263	132	225	53

说明：2008 年前均为手工记账，财务系统中没有相关数据。2017 年城镇居民医疗保险与新型农村合作医疗保险已合并实施，统称城乡居民医疗保险

三、失业保险

1994 年，城北区成立待业保险所。2001 年 4 月改名为石鼓区失业保险所，隶属于区劳动就业服务局，为全额拨款事业单位，负责本行政区域内的失业保险征缴管理和发放工作。

失业保险的范围是：辖区内所有城镇企业、事业、民办非企业单位及职工。失业保险基金征缴比例，单位按职工工资总额的 2%缴纳，个人按本人工资总额的 1%缴纳。城镇企事业单位招用的农民合同工本人不缴纳失业保险金。上述单位的职工失业后可按规定享受失业保险待遇。

1996 年，全区失业保险参保人数为 862 人，失业保险基金收入 4.32 万元。

1999—2004 年，随着区属企业改制终结，失业保险发展一度面临人员断保和基金征收停滞的状态。2005—2011 年，全区失业保险金申领对象仅为 70 人，发放金额 16 万元，相对于养老、医疗、工伤保险，失业保险还未被社会各界认同和接受，参保覆盖面和受益面都比较窄。

2012 年以来，随着石鼓区经济社会发展，失业保险参保人数和征缴基金屡创新高。2013 年，石鼓区失业保险基金收入突破 80 万元，参保人数达到 5600 人。2014 年，失业保险从手工经办转入计算机系统管理，57 个参保单位均实现网上经办失业保险业务。

截至 2018 年，全区失业保险参保单位 140 个，参保人数 6053 人，累计滚存结余基金 565 万元，发放 732 人的失业保险待遇 323 万元。

1996—2018 年石鼓区（城北区）失业保险发展情况表

表 8-2-17

年度	参保单位数量（家）	参保人数（人）	扩面人数（人）	失业保险费收入（万元）	待遇支出（万元）	享受失业保险待遇人数（人）
1996	26	862	267	4.32	0	0
1997	28	913	51	5.80	0	0
1998	31	1080	167	7.36	0	0
1999	31	1168	88	9.50	0	0
2000	34	1253	85	12.42	0	0
2001	34	1293	40	13.60	0	0
2002	37	1638	345	16.32	0	0
2003	38	2106	468	18.74	0	0
2004	38	2409	303	21.90	0	0
2005	39	2914	505	25.20	1.20	4
2006	41	3046	132	29.87	2.83	7
2007	41	3408	362	34.21	4.12	10
2008	44	3897	489	38.04	5.07	11
2009	46	4591	694	43.96	6.64	13
2010	49	4872	281	50.25	9.67	17
2011	55	5021	149	60.19	15.13	33
2012	61	5236	215	67.79	29.59	51
2013	74	5452	216	85.70	21.97	33

续表8-2-17

年度	参保单位数量（家）	参保人数（人）	扩面人数（人）	失业保险费收入（万元）	待遇支出（万元）	享受失业保险待遇人数（人）
2014	82	5738	286	110.98	92.01	111
2015	99	5991	253	67.38	37.73	23
2016	112	6146	155	75.65	42.03	29
2017	122	6432	286	58.38	51.23	40
2018	140	6053	349	68.99	58.51	51

四、生育保险

石鼓区于2004年9月1日正式启动生育保险工作，由区医保中心具体负责。生育保险的范围是：辖区内所有城镇用人单位，包括企业、机关、事业单位、社会团体、民办非企业单位、有雇工的个体工商户及其职工。征收生育保险金的比例为用人单位上年度职工工资总额的0.7%，职工个人不缴纳生育保险金。女职工住院分娩所必需的床位费、检查费、特殊检查费、诊查费、治疗费、手术费、药费、护理费按规定标准由生育保险金支付。

五、工伤保险

2003年4月27日，国务院出台《工伤保险条例》，并于2004年1月1日起施行。2004年4月1日，湖南省人民政府颁布《湖南省实施〈工伤保险条例〉办法》，并于2004年6月1日起施行。2004年8月9日，衡阳市人民政府下发《衡阳市实施〈工伤保险条例〉办法》。石鼓区于2004年9月启动工伤保险工作。工伤保险的范围是辖区内的各类企业及有雇工的个体工商户及其职工。工伤保险金的基准费率按国家规定的三级行业分别控制在用人单位职工工资总额的0.5%、1%、2%左右，职工个人不缴纳工伤保险金。职工发生工伤事故后，须由市劳动保障行政部门进行工伤认定和劳动能力鉴定后，对各种不同情况分别按有关规定给予支付。

第四节　机　构

1995年6月，城北区劳动人事局更名为城北区人事劳动局。1996年5月，成立城北区社保局，负责全区养老保险启动、征缴工作。6月，设立城北区人才交流中心（副科级事业单位），相继开展人才交流服务、职业技能培训和劳务输出工作。1997年，劳动监察中队从区就业服务局析出，单列为城北区劳动监察大队。1999年3月，城北区人事劳动局改称城北区人事劳动和社会保障局。2000年8月，设立城北区医疗保障中心（副科级事业单位），负责全区机关、事业单位的医疗保险启动和征缴工作，定编3人。至此，城北区人事劳动和社会保障局下辖4个副科级事业单位。

2001年5月，衡阳市实行城区行政区划调整，城北区人事劳动和社会保障局改称石鼓区人事劳动和社会保障局，负责全区人事人才、就业服务和社会保障管理工作。下辖4个副科级事业单位。

2011年，改称石鼓区人力资源和社会保障局（加挂公务员局牌子）。2015年9月，石鼓区社保局更名为石鼓区社会保险管理中心，为区人力资源和社会保险局所属的副科级全额拨款事业单位，定编9名，其中主任 1 名。其业务范围涵盖企业职工养老保险、机关事业养老保险和城乡居民养老保险三部分。

2018 年，区人力资源和社会保障局内设办公室、工资福利股、基金监督股、政策法规与争议仲裁股、公务员办公室、人事管理股、网络信息中心、行政审批服务股等 8 个股（科）室，下设劳动就业服务中心、社会保险管理中心、医疗保险基金管理中心、劳动保障监察大队、人力资源服务中心和城乡居民社会养老保险管理服务中心 6 个二级机构。

1996—2018 年石鼓区（城北区）人力资源和社会保障局领导一览表

表 8-2-18

姓名	职务	任职时间	姓名	职务	任职时间
胡尚祥	副局长	1992.11—2003.1	陈红燕(女)	副局长	2005.8—2015.10
蔡庆生	副局长	1994.10—1998.1	刘卫国	局　长	2013.4—2017.6
邓定秀(女)	局　长	1994.11—2002.3	曹美丽(女)	纪检组组长	2014.8—2016.10
李铁山	副局长、 纪检组组长	1998.1—2002.4 2002.4—2008.7	邓群芳(女)	副局长	2014.9—2016.1
贺定卫	副局长 局　长	2001.1—2002.4 2002.4—2005.6	张　品(女)	副局长	2015.10—
郭禾生	副局长	2002.4—2010.10	卢　行(女)	副局长	2016.1—
曹平阳	局　长	2005.8—2012.11	李阳武	局　长	2017.6—

1996—2018 年石鼓区（城北区）社保局领导一览表

表 8-2-19

姓名	职务	任职时间	姓名	职务	任职时间
胡尚祥	局　长	1994.11—2003.1	王　谦	局　长	2014.9—2016.1
陈红燕(女)	局　长	2003.1—2008.5	彭朝晖	主　任	2016.1—
邓群芳(女)	局　长	2008.5—2014.9	—	—	—

1996—2018 年石鼓区（城北区）劳动就业服务局领导一览表

表 8-2-20

姓名	职务	任职时间	姓名	职务	任职时间
吴　云	局长、支部书记	1991.6—1999.6	刘光琼	支部书记	1999.6—2017.10
匡安平	局　长	1999.6—	—	—	—

2000—2018 年石鼓区医疗保险基金管理中心领导一览表

表 8-2-21

姓名	职务	任职时间	姓名	职务	任职时间
贺定卫	主　任	2000.11—2001.12	孙　健	主　任	2008.10—2016.12
屈济健	主　任	2002.1—2008.6	李桂珍(女)	主　任	2016.1—

第九篇

经济综合管理

1996年后，是石鼓区（城北区）经济发展和民生改善较快的时期。为促进全区经济平稳、健康、快速发展，区委、区政府着力加强全区各项经济管理工作。在计划管理方面，编制长远规划、各个时期的“五年计划”和一些专项规划，加强计划监管，确保各项规划和计划顺利完成。在统计工作中，严格执行《中华人民共和国统计法》，如期完成各项普查、调查工作，及时发布各项统计公报，为全区国民经济和社会事业发展提供准确数据。在审计工作方面，执行各项审计法律法规，严格开展各项财务审计，确保国有资产和企业财产的安全，为全区经济发展保驾护航。在市场监督管理方面，加强对工商企业经营，特别是食品、药品及关乎老百姓身心健康企业的监管，维护工商企业、个体经营者及广大消费者的合法权益，确保全区市场健康平稳发展。同时还切实加强国土资源管理和安全生产监督管理，对国土资源和安全生产实行“一票否决”，确保境内国土资源有效利用，企业、职工安全生产，生命财产得到保障。

第一章　计　划

1996年后，随着经济体制改革的逐步深化和市场经济体制的确定，区计划部门不断调整工作职能，从微观管理转向宏观调控管理，工作重心转到拟订和组织实施全区国民经济和社会发展战略，制订年度计划和中长期发展规划，推动经济体制改革，加快经济结构调整，规划全区重大建设项目和三次产业布局，协调地方经济和社会事业全面发展。

第一节　计划编制与实施

一、年度计划

石鼓区（城北区）每年年初制定年度计划。1996—2018年年度计划随改革开放的进程有所变化。年度计划包括当年社会总产值、工农业总产值、社会消费品零售总额、财政总收入、固定资产投资、经济效益等综合指标，年底检查和分析年度计划的执行情况。

1996—2000年城北区国民经济和社会发展年度计划执行情况表

表9-1-1

指标名称	单位	1996年		1997年		1998年		1999年		2000年	
		实际	增速（%）	实际	增速（%）	实际	增速（%）	实际	增速（%）	实际	增速（%）
工业总产值	万元	17143	20.30	18898.40	10.24	20799	10.06	20643	—	—	—
财政总收入	万元	3696	14.46	4198	13.58	10005	138.3	3333	-66.60	3662	8.98
上划中央“两税”收入	万元	1356	0.34	1341	-1.10	4165	210.50	712	—	813	8.70
地方财政收入	万元	2340	24.64	2857	22.09	5840	104.40	2621	-55.10	2849	14.19

续表9-1-1

指标名称	单位	1996 年		1997 年		1998 年		1999 年		2000 年	
		实际	增速（%）	实际	增速（%）	实际	增速（%）	实际	增速（%）	实际	增速（%）
商业营业额	万元	16440	11.60	18906	15	25006	32.20	87000	247.90	113000	29.88
出口创汇	万美元	23	28.60	36.40	37.70	92.50	154.10	88.45	-4.40	89.50	1.19
人口出生率	‰	7.41	—	7.79	—	6.68	—	—	—	9.94	—
适龄儿童入学率	%	100	—	100	—	100	—	100	—	100	—
晚婚晚育率	%	100	—	100	—	99.80	—	100	—	99.70	—

2001—2005 年石鼓区国民经济和社会发展年度计划执行情况表

表 9-1-2

指标名称	单位	2001 年		2002 年		2003 年		2004 年		2005 年	
		实际	增速（%）	实际	增速（%）	实际	增速（%）	实际	增速（%）	实际	增速（%）
工业总产值	万元	15656	—	19985	27.65	31462	36.10	48021	52.63	162951	29.50
财政总收入	万元	10108	254.70	14537	43.80	17143	106.77	22219	30.41	27627	24.34
地方一般预算收入	万元	2125	16.04	2466	16.38	2870	27.56	3661	32.26	4521	23.49
农业总产值	万元	11695	3	12046	3.37	12452	4.27	16140	29.60	18300	13.66
农民人均可支配收入	元	2155	20.65	2600	21.62	3162	5.40	3592	13.50	3916	1.93
社会消费品零售总额	亿元	13.08	2.24	14.50	5.99	15.50	6.90	17.36	12.10	19.40	11.75
高新技术产业产值	万元	2981	—	3846	29.28	6350	65.10	7300	35.38	10226	40.08
固定资产投资	万元	—	—	18719	—	22398	23.62	26144	16.72	16541	-36.70
适龄儿童入学率	%	100	—	100	—	100	—	100	—	100	—
人口出生率	‰	9.30	—	8.84	—	8.90	—	11.75	—	11.62	—
人口自然增长率	‰	—	—	3.62	—	6.32	—	8.59	—	8.53	—

2006—2010 年石鼓区国民经济和社会发展年度计划执行情况表

表 9-1-3

指标名称	单位	2006 年		2007 年		2008 年		2009 年		2010 年	
		实际	增速（%）	实际	增速（%）	实际	增速（%）	实际	增速（%）	实际	增速（%）
地区生产总值	亿元	36.07	17	43.78	16.10	49.02	11.40	55.66	15.10	68.17	15.40
第一产业增加值	亿元	1.22	3.80	2.02	4.70	2.62	6.10	2.74	5	3.01	3.20
第二产业增加值	亿元	10.60	22.10	14.31	16.60	16.82	10.30	19.05	18	23.37	15.20
第三产业增加值	亿元	24.25	15.70	27.45	16.50	29.58	21.10	33.86	14.60	41.79	16.10
规模工业增加值	亿元	6.59	27.20	9.83	20.50	11.79	12.60	13.62	22.50	17.53	20.40
建筑业增加值	亿元	4	13.80	4.48	9.50	5.03	5.60	5.43	8.40	5.83	2.50
财政总收入	万元	35638	28.99	44942	8.68	48843	8.68	59600	22.05	90600	40.05

续表9-1-3

指标名称	单位	2006年		2007年		2008年		2009年		2010年	
		实际	增速（%）	实际	增速（%）	实际	增速（%）	实际	增速（%）	实际	增速（%）
地方一般预算收入	万元	5522	22.14	6911	25.15	7894	14.22	10400	3194	15500	48.67
农业总产值	亿元	1.97	7.63	2.12	7.61	2.25	6.13	2.48	10.20	2.49	0.40
城镇居民人均可支配收入	元	9686	10.31	111075	14.62	12807	15.63	14605	14.10	16506	13
农民人均可支配收入	元	4463	11.39	4977	11.50	5769	15.89	6562	13.80	7538	14.90
社会消费品零售总额	亿元	22.11	13.97	26.41	19.45	33.54	27	41.25	23	42.09	1.20
实际利用外资	万美元	1050	25	1132	15	394	15	447	13.50	2232	399.30
实际利用内资	万元	47270	4.60	56040	12	51449	12	57623	13.20	97849	69.80
固定资产投资	亿元	2.25	36.18	—	—	—	—	31.85	—	43	35.40
城镇登记失业率	%	4.60	—	4.30	—	4.50	—	4.55	—	4.50%以内	—
适龄儿童入学率	%	100	—	100	—	100	—	100	—	100	—
人口自然增长率	‰	4.69	—	5.50	—	4.80	—	5.34	—	7%以内	—

2011—2015年石鼓区国民经济和社会发展年度计划执行情况表

表9-1-4

指标名称	单位	2011年		2012年		2013年		2014年		2015年	
		实际	增速（%）	实际	增速（%）	实际	增速（%）	实际	增速（%）	实际	增速（%）
地区生产总值	亿元	81.59	14.20	92.27	12.60	104.53	12.10	117.22	11.60	141.82	10.10
第一产业增加值	亿元	3.09	4.20	3.44	4	3.61	2.70	3.77	4.50	4.16	3.80
第二产业增加值	亿元	29.50	16.30	32.52	10.40	35.70	10.60	39.14	10.60	40.04	9.40
第三产业增加值	亿元	49	13.90	56.30	14.50	65.22	13.40	74.32	12.50	97.62	10.70
规模工业增加值	亿元	22.29	17.20	24.42	10.50	26.80	11.40	29.13	10.60	29.12	9.60
建筑业增加值	亿元	7.21	3.40	8.10	9.90	8.90	8.20	10.01	10.80	10.91	8.70
财政总收入	亿元	10	11.13	13.69	23	15.76	15.10	17.88	13.40	19.79	16.91
地方一般预算收入	亿元	1.70	10	2.02	19.50	2.89	43.10	2.35	6	2.50	6
城镇居民人均可支配收入	元	18870	14.30	21586	14.40	24176	12	27191	10.50	28149	11.33
农民人均可支配收入	元	8991	19.30	11350	26.20	12939	14	13715	6	14500	6
社会消费品零售总额	亿元	52.18	24.50	61.34	17.55	71.64	16	86.99	23.15	97.61	12.21
固定资产投资	亿元	56.32	40.80	59.43	5.52	81	36	101.60	25.40	126.02	24.16
城镇登记失业率	%	4.50	—	4.30	—	4.50	—	4.50	—	4.50	—
适龄儿童入学率	%	100	—	100	—	100	—	100	—	100	—
人口自然增长率	‰	5.01	—	6.80	—	6.90	—	7	—	7	—
万元GDP能耗	%	-4	—	-4	—	-4	—	-4	—	-4	—
主要污染物排放	%	-2	—	-2	—	-2	—	-2	—	-2	—

2016—2018年石鼓区国民经济和社会发展年度计划执行情况表

表 9-1-5

指标名称	单位	2016年		2017年		2018年	
		实际	增速（%）	实际	增速（%）	实际	增速（%）
地区生产总值	亿元	154.25	8.40	173.29	8.90	194.70	9
第一产业增加值	亿元	2.10	3.50	2.17	3.70	2.24	3.30
第二产业增加值	亿元	41.03	3	44.28	5.80	48.29	6.80
第三产业增加值	亿元	111.12	10.90	126.84	10.20	144.18	9.90
规模工业增加值	亿元	29.87	3.60	31.85	6.60	34.67	8
建筑业增加值	亿元	11.14	1.40	12.43	3.60	13.62	3.50
财政总收入	亿元	22.13	11.80	23.84	9.53	27.83	16.74
民生支出	亿元	7.56	23.13	—	—	6.89	7.70
城镇居民人均可支配收入	元	30908	9.80	33751	9.20	36586	8.40
农民人均可支配收入	元	17466	9.90	19143	9.60	20904	9.20
社会消费品零售总额	亿元	109.28	12	121.11	10.80	115.60	4.55
固定资产投资	亿元	141.94	22.50	211.99	11	233.18	11.40
城镇登记失业率	%	3%以内	—	3.94	—	—	—
适龄儿童入学率	%	100	—	100	—	100	—

二、五年计划（规划）

（一）“九五”计划（1996—2000年）

主要目标 截至2000年，工业总产值达到22225万元，年均增长10%；商业营业额20936万元，年均增长10%；财政总收入达到5150万元，年均增长13%。同时提出要加大基础设施和技改项目的投入，加快市场建设步伐，促进个体私营经济有一个大的发展，加大招商引资工作的力度，把科技教育列入优先发展的战略位置。

执行结果 2000年按照新的统计口径计算：全区区街企业完成工业总产值8257万元，“九五”期间年均增长达到8.10%，高于“八五”期间年均增长水平；完成工业销售收入8339万元，“九五”期间年均增长8.80%。“九五”期间，区政府坚持把产权制度改革作为企业改革的重点，进一步加大对区街企业改革力度，在区属14家企业中，实施租赁或部分租赁经营6家，股份合作制企业1家，资产置换等形式企业2家。2000年全区民营经济总户数达到5000户，从业人员2万余人，产值或营业收入10.5亿元，其中过1000万元的企业15家，过500万元的企业达40余家，民营经济成为区财政收入的重要来源和新的经济增长点。因体制调整，2000年全区完成财政收入6100万元，比“九五”计划的5150万元净增950万元，五年累计完成地方财政收入13350万元，年均增长8.70%；累计完成上划中央“两税”收入4992万元，每年基本与上年持平。2000年全区社会商品零售总额达13.30亿元。

城北区“九五”计划执行情况表

表 9-1-6

指标名称	单位	1996 年		2000 年		年平均递增（%）
		实际	增速（%）	实际	增速（%）	
工业总产值	万元	17143	20.30	—	—	—
建筑业完成施工产值	万元	2917	2.30	—	—	—
财政总收入	万元	3696	14.46	3662	8.98	—
地方财政收入	万元	2340	24.64	2849	8.70	—
上划中央“两税”收入	万元	1356	0.34	813	14.19	—
商业营业额	万元	16440	11.60	113000	29.88	—
出口创汇	万美元	23	28.60	89.50	1.19	—
利用外资	万美元	107.10	—	49.60	—	—
人口出生率	‰	7.41	—	9.94	—	—
适龄儿童入学率	%	100	—	100	—	—
晚婚晚育率	%	100	—	99.70	—	—

（二）“十五”计划（2001—2005 年）

主要目标 到 2005 年，工业总产值达到 15 亿元，比 2001 年增长 45.60%；财政总收入突破 25000 万元，比 2001 年增长 25%，年均增长 19.68%；农业总产值达到 16000 万元，比 2001 年增长 30%，年均增长 6.47%；农民人均可支配收入达到 3500 元，社会消费品零售总额达到 18.65 亿元，年均增长 6.59%；高新技术产业产值达 1 个亿，比 2001 年增长 36.50%，年均增长 27.39%；固定资产投资达 2 亿元，比 2001 年增长 32%；适龄儿童入学率达 100%。

执行结果 2005 年，实现农业总产值 1.83 亿元，同比增长 13.66%。全年粮食作物总产量 21140 吨，同比增长 2.02%；蔬菜总产量 24150 吨，同比增长 3.43%；水果总产量 2820 吨，同比增长 51.60%；肉类总产量 7376 吨，同比增长 23.90%，其中禽类总产量 712 吨，同比增长 13.40%；水产品总产量 3325 吨，同比增长 6.06%；淡水养殖面积共 0.91 千公顷，同比增长 1.93%，其中，鱼塘 0.80 千公顷，同比增长 1.26%。城镇居民人均可支配收入 8781 元，农民人均可支配收入 3915 元，同比分别增长 9.41% 和 9.01%。全区完成工业总产值（现行价）162951 万元，同比增长 29.50%。其中，规模以上（年销售收入 500 万元以上的）完成工业总产值 137600 万元，同比增长 34.38%；规模以下（年销售收入 500 万元以下的）完成工业总产值 25351 万元，同比增长 8.20%。完成社会消费品零售总额 19.40 亿元，同比增长 11.75%。全年共引进内资项目 38 个，开工开业 35 个，实际到位内资 3.70 亿元；引进外资项目 8 个，开工开业 6 个，实际到位外资 840 万美元。全年新增规模民营企业 23 家。实现民营经济总产值（或营业总收入）19.95 亿元，同比增长 15.60%，其中规模民营工业实现利润总额 1119.90 万元，同比增长 144%；民营规模工业企业实现增加值增长率 8.20%；完成税金总额 636.60 万元，同比增长 8%。累计完成财政总收入 27627 万元，为年度预算的 108.11%，较上年增长 24.34%，完成上划中央“两税”收入 6146 万元，为年度预算的 100%；上划所得税收入完成 7056 万元，为年度预算的 143.15%，较上年增长 45.22%。完成地方一般预算收入 4521 万元，为年度预算的 107.39%。全年财政支出 9868 万元，剔除上级追加支出因素，本级支出为年度预算的 104.93%，较上年增长 15.89%。财政收支平衡，略有节余。

石鼓区“十五”计划执行情况表

表 9-1-7

指标名称	单位	2001 年		2005 年		年平均递增（%）
		实际	增速（%）	实际	增速（%）	
工业总产值	万元	15736	90.57	162951	29.50	—
财政总收入	万元	10108	254.70	27627	24.34	—
地方一般预算收入	万元	2125	16.04	4521	23.49	—
农业总产值	万元	11695	3	18300	13.66	—
农民人均可支配收入	元	2155	20.65	3915	9.41	—
社会消费品零售总额	亿元	13.70	3.50	19.40	11.75	—
高新技术产业产值	万元	2981	—	10226	40.08	—
固定资产投资	万元	—	—	16541	-36.70	—
适龄儿童入学率	%	100	—	100	—	—
人口出生率	‰	9.30	—	11.62	—	—
人口自然增长率	‰	—	—	8.53	—	—

（三）“十一五”规划（2006—2010 年）

主要目标 到 2010 年，财政总收入（完全统计口径）达到 55568 万元，年均递增 15%，其中，地方一般预算收入达到 9093 万元，年均递增 15%。地区总产值达到 794100 万元（完全统计口径，下同），年均递增 22%；第一产业产值达到 23300 万元，年均递增 5%；第二产业产值达到 596900 万元，年均递增 30%；第三产业产值达到 173900 万元，年均递增 10%。规模工业增加值达到 163249 万元，年均增长 30%。实际利用外资 2117 万美元，年均增长 20%；实际利用内资 92100 万元，年均增长 20%。城镇居民可支配收入和农民纯收入分别达到人均 13203 元和 5751 元，年均分别增长 8.50%和 7.50%。社会消费品零售总额 348553 万元，年均增长 12%。义务教育中小学生入学率均达 100%，巩固率分别达到 98%和 99%以上。加快农村医疗设施建设，将角山乡卫生院建成一所达标乡中心卫生院，将松木乡卫生院建成一所合格的卫生院。“三废”（废水、废气、废渣）综合治理率达到 75%以上，加强环保宣传教育，提高全民环境意识。

执行结果 2010 年，全区实现地区生产总值 68.17 亿元，为“十五”末的 2.40 倍，年均增长 23%，高于规划目标 1 个百分点，比“十五”期间提高 5 个百分点；三次产业结构由 2005 年的 4.13∶28.15∶67.72 调整到 2010 年的 4.40∶30.30∶61.30，产业结构更为优化；实现财政总收入和地方一般预算收入 9.06 亿元、1.55 亿元，分别为“十五”末的 3.20 倍和 2.60 倍，年均增长分别为 27%和 29%，高于规划目标 12 个百分点和 14 个百分点；“十一五”全社会固定资产投资额累计达到 122.36 亿元，为“十五”的 9.10 倍。2010 年全区完成社会消费品零售总额 42.09 亿元，为“十五”末的 2.10 倍，年均增长 16%，高于规划目标 4 个百分点。财政收入和固定资产投资等支撑经济发展的主要指标快速增长。全区北部建成区面积扩展 6 平方千米，人口增加 2 万人，城区北拓空间成功开启，逐步成为新兴发展之地。新增储备项目 289 个，向中央、省市争取项目 202 个，引进中央政策性资金及各类投资 44.59 亿元，有力支持区域经济扩容。新审批外商投资企业 14 家，实际利用外资总额 2232 万美元。引进内资项目 216 个，实际利用内资总额 97849 万元。新农村建设稳步推进，28 个行政建制村实现村村通公路，投入资金 2720 万元，完成加固防洪堤 2140 米，干支渠清淤 77.50 千米，改善了农民生产生活条件。五年中区财政用于社会民生支出累计近4亿元，为民办实事工作连续获省、市好评。人民生活水平大幅提高。2010年城镇居民人均可支配收入达16506元，农民人均纯收入达7538元，年均增长分别达到13.01%和15.55%。公共服务不断完善，投入资金376万元，兴建11处集中供水处，解决农村不安全饮水人口9460人，公共服务进社区活动在全区45个社区普及。人口自然增长率在5.34%以内。共发放城乡低保金13550万元，住房保障力度加大，共发放廉租住房补贴金500多万元；城镇登记失业率控制在4.55%以内，城镇零就业家庭就业援助实现动态清零，城乡居民享受着众多经济社会发展实惠。

石鼓区“十一五”规划执行情况表

表9-1-8

指标名称	单位	2006年		2010年		年平均递增（%）
		实际	增速（%）	实际	增速（%）	
地区生产总值	亿元	36.07	17	68.17	15.40	23.00
第一产业增加值	亿元	1.22	3.80	3.01	3.20	19.80
第二产业增加值	亿元	10.60	22.10	23.37	15.20	17.13
第三产业增加值	亿元	24.25	15.70	41.78	16.10	11.49
建筑业增加值	亿元	4	13.80	5.83	2.50	7.83
规模工业增加值	亿元	6.59	27.20	17.53	20.40	21.61
财政总收入	万元	35638	28.99	90600	40.05	27.00
地方一般预算收入	万元	5522	22.14	15500	48.67	29.00
农业总产值	亿元	1.97	7.63	2.49	0.40	4.80
城镇居民人均可支配收入	元	9686	10.31	16506	13	13.01
农民人均可支配收入	元	4463	11.39	7538	14.90	15.55
社会消费品零售总额	亿元	22.13	14.05	42.09	1.20	13.72
实际利用外资	万美元	1050	25	2232	—	16.28
实际利用内资	万元	47270	4.60	97849	69.80	15.66
固定资产投资	亿元	2.25	36.18	43	35.40	80.41
城镇登记失业率	%	4.60	—	4.55%以内	—	—
适龄儿童入学率	%	100	—	100	—	—
人口自然增长率	‰	4.69	—	5.34%以内	—	—

（四）“十二五”规划（2011—2015年）

主要目标 到2015年，地区生产总值年均增长14%，“十二五”期末达到131亿元。社会消费品零售总额年均增长20%，期末达121亿元以上；全社会固定资产投资年均增长21%。财政总收入年均增长17%，期末达到20亿元以上；地方一般性收入年均增长10%，期末达2.50亿元以上；价格总水平涨幅控制在3%以内，城镇调查失业率控制在5%以内。万元GDP能源消耗降低20%，低于全国平均水平。城镇居民人均收入年均增长14%，期末达到31780元以上；农民人均纯收入年均增长14%，期末达到14514元以上。人口自然增长率在7.50%以内。城镇职工基本养老和基本医疗保险覆盖面分别达到100%、80%以上。全区人才总量达到12000余人，在种植、养殖、工业、卫生等领域培养15到20名技术带头人，专业技术人员接受继续教育的覆盖面达到90%。高新技术企业达15家，产业总值16亿元，占工业总产值的比重在35%以上，科技进步对经济增长贡献率达55%以上。城市绿地覆盖面达到40%以上，建成区绿地覆盖面达到45%左右。人均绿地面积高于12平方米，“园林式单位”“园林式小区”比例大于60%。工业废水中主要污染物化学需氧量削减10%以上，工业二氧化硫削减10%以上。

执行结果　“十二五”规划期间实现经济总量、人均均量、发展质量“三量齐升”。全区地区生产总值突破100亿元，2015年实现141.82亿元，是2010年的2.08倍，年均增长13.21%；财政总收入19.79亿元，是2010年的2.18倍，年均增长16.91%；实现固定资产投资126.02亿元，是2010年的2.93倍，年均增长24.16%；人均地区生产总值达到5.50万元；城镇居民人均可支配收入达到28149元，农村人均可支配收入15893元，年均增长分别为8.70%和9.20%。实现社会消费品零售总额97.61亿元，是2010年的2.31倍，年均增长19.23%。全面小康加快推进，总体实现程度达到86.50%，提升幅度居全省一类县市区第3位。五年中，共实施重点建设项目247个，完成投资324亿元，分别是“十一五”期间的1.22、7.27倍。产业结构更趋优化。三次产业结构比由2010年的4.40：30.30：61.30调整为2015年的3.30：21.10：75.60，其中第三产业占比提高14.30个百分点。成功创建全国计划生育优质服务先进区，年均人口自然增长率在7.50%以内。五年累计新增城镇就业人员26525人，失业人员再就业20233人，新增农村转移就业10791人，城镇“零就业”家庭动态清零，城镇登记失业率控制在4.50%以内。社会保险新增扩面38969人，征缴社会保险基金1.08亿元。医保参保人数197075人，新农合参保人数43372人，参合率99.50%。城乡低保月保障最高标准分别提升至370元和185元。

石鼓区“十二五”规划执行情况表

表9-1-9

指标名称	单位	2011年		2015年		年平均递增（%）
		实际	增速（%）	实际	增速（%）	
地区生产总值	亿元	81.59	14.20	141.82	10.10	13.21
第一产业增加值	亿元	3.09	4.20	4.16	3.80	6.13
第二产业增加值	亿元	29.50	16.30	40.04	9.40	6.30
第三产业增加值	亿元	49	13.90	97.62	10.70	14.78
规模工业增加值	亿元	22.29	17.20	29.12	9.60	5.49
建筑业增加值	亿元	7.21	3.40	10.91	8.70	8.64
财政总收入	亿元	10	11.13	19.79	16.91	16.91
地方一般预算收入	亿元	1.70	10	2.50	6	8.02
城镇居民人均可支配收入	元	18870	14.30	28149	11.33	8.70
农民人均可支配收入	元	8991	19.30	15893	6	9.20
社会消费品零售总额	亿元	52.18	24.50	97.61	12.21	19.23
固定资产投资	亿元	56.32	40.80	126.02	24.16	24.16
城镇登记失业率	%	4.50	—	4.50%以内	—	—
适龄儿童入学率	%	100	—	100	—	—
人口自然增长率	‰	5.01	—	7.50%以内	—	—
万元GDP能耗	%	-4	—	-4	—	—
主要污染物排放	%	-2	—	-2	—	—

（五）“十三五”规划（2016—2020年）

主要目标 主要经济指标实现中高速增长：地区生产总值年均增长9%左右，2020年经济总量达到220亿元，人均地区生产总值达到8万元；固定资产投资年均增长20%；社会消费品零售总额年均增长12%；财政总收入年均增长10%。确保在2019年全面建成小康社会。

中期执行结果 2018年，实现地区生产总值194.70亿元，增长12.35%。社会消费品零售总额完成115.60亿元，增长10.50%。固定资产投资增长11.40%。规模以上工业增加值增长8%。财政总收入完成27.83亿元，同比增收3.99亿元，增长16.74%；税占比高达97.28%，稳居全省前列，财政绩效考核获评全省AA级。城乡居民人均可支配收入分别达到36586元、20904元，增长8.40%、9.20%。实施重点项目102个，完成投资112.30亿元，产业投资增长143.10%。三次产业结构优化为1.30∶17.40∶81.30，第三产业实现增加值142.80亿元，占比提高0.60个百分点。全年民生支出6.89亿元，增长7.70%，占财政总支出的比重达72.10%。

石鼓区“十三五”规划中期执行情况表

表9-1-10

指标名称	单位	2016年		2018年		年平均递增（%）
		实际	增速（%）	实际	增速（%）	
地区生产总值	亿元	141.65	8.40	175.60	9	4.77
第一产业增加值	亿元	4.59	3.50	2.24	3.30	154.45
第二产业增加值	亿元	27.48	3	30.54	6.80	3.32
第三产业增加值	亿元	109.58	10.90	142.82	9.90	5.35
规模工业增加值	亿元	29.87	3.60	34.67	8	3.03
建筑业增加值	亿元	11.14	1.40	13.62	3.50	4.10
财政总收入	亿元	22.13	11.80	27.83	16.74	4.69
民生支出	亿元	7.56	23.13	6.89	7.70	-1.84
城镇居民人均可支配收入	元	30908	9.80	36586	8.40	3.43
农民人均可支配收入	元	17466	9.90	20904	9.20	3.66
社会消费品零售总额	亿元	109.28	12	115.60	10.50	1.13
固定资产投资	亿元	141.94	22.50	233.18	11.40	10.44
城镇登记失业率	%	3%以内	—	—	—	—
适龄儿童入学率	%	100	—	100	—	—

三、长期和专项规划编制

城北区委、区政府于1980年7月制定下发《城北区1981—2000年发展规划》（以下简称《规划》）。全面部署全区经济和各项社会事业20年发展规划。《规划》提出，全区5年、10年、20年发展的设想：工业生产方面按照1981年到1985年平均每年递增8%的速度发展、1986年到1990年年均递增7%的速度发展、1991年到2000年年均增长6%的速度发展。商业服务事业方面：办好“三代店”（代供、代销、代购），积极发展自营店，年均按递增6%～8%的速度发展。积极组织好职工群众的文化生活，搞好卫生防治服务，大力办好中小学和托幼组织，加强计划生育工作，整顿社会治安，搞好城市建设和环境整治。《规划》还提出了一些具体要求和主要措施。

2008年，制定编写《石鼓区主体功能区规划文本》《石鼓区退耕还林成果巩固专项规划》《石鼓区库区和移民安置区基础设施建设和经济发展规划》《石鼓区“十一五”农村电网完善和无电地区电力建设规划》《石鼓区灾后恢复重建规划方案》。

2011年，编制《“十二五”农村饮水安全实施规划》《石鼓区“十二五”节能规划》《湘江流域重金属污染治理规划》《新城新区规划》《2011年度国民经济和社会发展计划报告》《2011年生猪标准化规模养殖场（小区）实施方案》《2011年巩固退耕还林成果项目建设实施方案》《衡邵干旱走廊综合治理项目规划》《2012年服务业发展试点项目实施方案》《2012年卫生项目实施方案》《2012年生猪标准化规模养殖场（小区）实施方案》。

2012年，出台《蒸水杨柳片交通路网规划》，并指导联合相关部门出台《妇女儿童发展纲要》《石鼓区三星蔬菜基地发展规划》《生猪标准化规模养殖场（小区）实施方案》《2012年退耕还林成果项目建设实施方案》《2012年农村饮水安全实施规划》等专项规划。

2015年，先后编制《石鼓区现代服务业聚集区发展规划》《来雁新城发展规则》《湘江流域重金属污染治理规划》《合江套片区振兴规划》《蒸水杨柳片交通路网规划》《衡邵干旱走廊综合治理项目规划》《妇女儿童发展纲要》《石鼓区三星蔬菜基地发展规划》《石鼓区“十二五”节能规划》《“十二五”农村饮水安全实施规划》等专项发展规划，并启动编制《石鼓区产业发展规划》《石鼓区乡村旅游发展规划》。

2017年，制定《石鼓区农村电网改革与升级三年行动方案》《石鼓区关于开展工业经济“植优势、补短板、促发展”五年行动方案》。

2018年，制定《石鼓区乡村振兴战略实施方案（2018—2020年规划纲要）》。

第二节　计划监管

1996年，制定《城北区国民经济和社会发展第九个五年计划》。2000年，编制《石鼓区国民经济和社会发展第十个五年计划》。是年起，不再安排分配大中专毕业生，分配派遣大中专毕业生的计划职能也随之终止。所有毕业生按照双向选择、招聘、考试录用、合同等方式就业。

2005年，石鼓区计划统计局更名为石鼓区发展和改革局。计划工作的重点转向抓项目、抓投资、牵头制定宏观调控和改革的各项政策措施并组织实施，并负责全区国民经济核算工作，收集、整理和提供有关调查的统计数据。是年，围绕区委、区政府的经济建设战略，编制《石鼓区国民经济和社会发展第十一个五年规划》。

2008年，统计职能析出。是年起，计划管理的重点侧重于加强固定资产投资的审批和协调区域经济的发展，主要是组织和协调区域重大项目的策划和项目筛选，帮助实施部门做好和项目包装工作，牵头组织对重大建设项目进行稽查以及招标投标事项的监管。是年10月，区发改局牵头组织区财政局、区审计局、区监察局成立联合稽查组，对2006年和2007年国家投资项目进行专项稽查。对违反国债资金管理规定，存在专项资金调剂使用和滞留专项资金等现象的项目单位，勒令其限期整改，确保国债项目资金使用的严肃性。

2009年3月，区发改局牵头组织区财政局、区审计局、区监察局成立联合稽查组，对新增中央投资前四批项目进行专项稽查。6月，市政府联合检查组对全区中央新增投资项目开展联合稽查，抽查青山社区卫生服务中心和角山乡综合文化站2个项目，对项目中存在的手续不全等问题提出整改方案。

2016 年，区发改和科技局联合区财政局、区审计局成立专项稽查组对全区 2013—2015 年中央预算内投资项目进行专项稽查和自查，先后对区农办 2013 年和 2014 年农村沼气工程建设项目、区水利局 2015 年度农村安全饮水项目、区住建局 2015 年度保障性安居工程项目、石鼓公安分局业务技术用房四个中央投资项目从项目资料、项目进度、财务三个方面进行稽查。

2018 年，组织对全区 2017 年 1 月到 2018 年 5 月的招投标事项进行检查，并对存在问题的单位进行反馈，提出整改意见和建议。

第三节　机　构

1994 年 10 月机构改革时，设立城北区计划统计物价局。1995 年 4 月，物价工作职能直属市物价局归口管理，遂更名为城北区计划统计局。2001 年 5 月，行政区划调整后，更名为石鼓区计划统计局。2005 年机构改革后，石鼓区计划统计局更名为石鼓区发展和改革局（简称区发改局），主管计划、统计、发展改革和旅游工作。2006 年 9 月，为推进农村公路建设，区发改局加挂交通局牌子，履行交通方面职能。局内所设股室有办公室、交通股、发改股、旅游股、计划股、统计股。2008 年 6 月，统计职能从发改局析出。2015 年 7 月，机构改革时，区发改局改称区发展改革和科学技术局，划出旅游职能，增加工业和科技两大职能，内设 5 个股室：办公室和行政审批服务股、发展改革股、交通运输股、工业股、科技股。下辖 2 个二级机构：交通运输管理站、项目前期服务中心。

1996—2018 年石鼓区（城北区）发展改革和科学技术局
（计划统计局、发展和改革局）领导一览表

表 9-1-11

姓名	职务	任职时间	姓名	职务	任职时间
高扬英(女)	副局长	1993.4—1998.1	刘芳平	副局长	2009.10—2011.6
黄业琪	副局长	1994.11—1998.1	欧阳浩男	副局长	2010.9—2015.10
尹万生	局长	1995.10—1998.1	王玛丽(女)	副局长	2010.9—2015.12
胡茂莉(女)	副局长	1996.5—2001.4	成志辉	局长	2013.9—2014.9
邹连生	副局长	1996.5—2004.8	肖　军	局长	2014.9—2017.6
马玉衡	局长	1998.1—2004.5（1997.3 先到任，后于 1998.1 任命）	蒋宗辰	副局长	2015.7—
			冯祁梅(女)	副局长	2015.7—
周建萍(女)	副局长	2003.5—2008.6	任晓军	副局长	2016.1—2017.6
齐素媛(女)	局长	2004.5—2013.9	肖建军	局长	2017.7—
谭　华	副局长	2004.5—2008.6	唐胜利	副局长	2017.7—

第二章 统 计

1996—2018年，区统计部门每年（月、季）度按照国家规定的常规调查项目开展调查统计，并按照国家及上级主管统一部署开展人口、农业、工业、第三产业、经济等项普查，以及农村社会经济、工业企业、房地产开发、人口变动、农村贫困监测等专项调查，逐步形成专业定期统计、周期性普查和抽样调查相结合的统计体系。同时不断推进统计服务社会化、统计监督制度化。

第一节 统计调查

一、定期统计

（一）农业统计

2002年，境内始有农业统计。根据省统计局制定的农村社会经济统计报表制度，上报的统计年报有23种。2008年，农业统计年报增加《农村乡镇统计信息网络建设情况》，取消《蔬菜及特种作物生产情况》。农业统计定期报表取消《非农户畜牧业生产情况》《农产品生产价格基层表》。农村社会经济统计年报《基本情况表》作了调整，内容包括乡村基本情况，人口与就业，综合经济，农业，工业与建筑业，交通运输、邮电通信、能源，贸易、外经、旅游，固定资产投资，教育、科技、文化、卫生，人民生活，社会保障，社会治安，能源、环境与可持续发展。至2018年末，除个别调整外，整体报表相同。统计结果由市统计局编入衡阳市《统计年鉴》。

（二）工业统计

1996年，全区工业统计年报16种，定期报表6种。1999年，开始对规模以下（即非国有工业企业年销售收入500万元以下）工业企业进行抽样调查。2003年，工业统计定期报表取消《部门工业产销总值、增加值及主要产品产量》，其余定期报表与上半年相同。年报表有6种：《主要工业产品产量》《主要产品产量和生产能力》《法人单位基本情况》《产业活动单位基本情况》《工业企业生产、销售总值》《工业企业财务状况》等。2014—2018年，工业统计报表基本没有变化。其中2008年第二次全国经济普查代替当年工业统计年报，2013年第三次全国经济普查亦代替当年工业统计年报，2018年第四次全国经济普查代替当年工业统计年报，其他年份调查由市统计局统一编入衡阳市《统计年鉴》。

（三）固定资产投资统计

1996年，固定资产投资统计年报有3种，定期报表有18种。1999年，年报表有15种。定期报表有6种。2001年起，根据省统计局的部署，固定资产投资统计实行以月代年报的改革。2003年，固定资产统计报表有《基本建设投资完成情况》《更新改造投资完成情况》《其他固定资产投资完成情况》《城镇集体投资完成情况》《基本建设新增生产能力》《更新改造新增生产能力》《固定资产投资构成调查表》等。2008年，固定资产投资统计增加保障性住房建设情况相关指标，即增加“保障性住房本年完成投资”。是年，固定资产统计年报由第二次全国经济普查代替年报。2013年由第三次全国经济普查代替年报。至2018年，定期报表没有变化。

（四）建筑业统计

1996年，建筑业统计年报表有《建筑安装完成情况》《工程质量情况》《年末机械设备实有量》《建筑业年报一览表》《房地产开发项目一览表》等。1999年，建筑业统计年报有4种：《建筑业企业生产情况》《建筑业企业财务状况》《建筑业企业计算指标综合表》《建筑业企业主要建筑材料消耗情况》。2003年，建筑业统计定期报表与上年相同。年报表有7种：《建筑业企业法人单位基本情况》《建筑业企业生产情况》《建筑业企业项目一览表》《建筑业企业财务状况》《劳务分包建筑业企业生产经营情况》《建筑业企业房屋建筑完成情况》《出（入）湘建筑企业生产情况表》。2004—2007年，建筑业统计没有变化。2008年，经济普查代替年报，定期报表没有变化。2009—2018年，建筑业统计报表没有新的变化，其中2013年的经济普查代替年报。

（五）商业统计

1998年，小型批发零售贸易企业取消全年报表，开展抽样调查。批发零售贸易业、餐饮业统计年报有6种。2001年，批发零售贸易业、餐饮业统计年报增加《批发零售贸易业、餐饮业样本单位基本情况》统计表，其他报表内容与上年相同。2008年，批发零售企业统计年报有《限额以上批发和零售企业财务状况》《限额以上住宿和餐饮业企业财务状况》《限额以下批发和零售业、住宿和餐饮业样本单位基本情况》《法人单位基本情况》，其余年报表由第二次经济普查代替。批发零售综合定期报表有：《批发和零售商品销售情况》（月报）、《限额以上住宿和餐饮业经营情况》（月报）、《限额以上批发和零售业商品销售分类情况》、《社会消费品零售总额》（月报）、《限额以上餐饮企业能源消费情况》（季报）、《限额以上批发零售业商品销售情况》（季报）。至2018年商业统计报表没有变化，其中2013年由第三次经济普查代替。

（六）服务业统计

2006年，进行限额以上服务业统计。服务业统计范围包括全部第三产业及第一产业中的农林牧渔服务业，共有15个行业门类和1个行业大类。2008年后，综合定期报表有《限额以上服务业企业财务状况》《限额以上服务业行政事业单位财务情况》。基层定期报表有《限额以上服务企业财务状况》《限额以上服务业行政事业单位财务状况》《银行业企业财务状况》《保险业企业财务状况》《证券业财务状况》。基层年报有《单位基本情况调查表》。统计部门将有关内容整理编入每年的《统计资料》。

（七）劳动统计

1996年，定期报表有6种，年报表亦有6种。1999年，劳动统计报表制度进一步调整，当年的统计报表有2种：《单位从业人员和劳动报酬》《单位从业人员变动情况》。定期报表为1种，即《单位从业人员和劳动报酬》（季报）。2003年，劳动统计定期报表1种：《单位从业人员和劳动报酬》（季报）；统计年报2种：《单位从业人员和劳动报酬》《单位从业人员变动情况》。至2018年，劳动统计报表无变化。

（八）社会统计

1996—2018年，境内的社会统计内容为：人口、计划生育、财政收入、科技、教育、文化、卫生、体育、民政、环境保护、司法、妇女儿童等12类。

二、专项普查

（一）人口普查

第五次全国人口普查 “五普”的标准时间为2000年11月1日零时。普查的对象是具有中华人民共和国国籍并在中华人民共和国境内常住的人口，普查内容包括性别、年龄、民族、受教育程度、行业、职业、迁移流动、婚姻生育、死亡、住房情况等。此次普查分长、短两种表式填报。反映人记录指标有26个项目，反映人口基本情况、迁移情况、文化素质、经济活动和婚姻生育情况；反映户记录指标有23个项目，反映家庭户、集体户中人口数量、出生死亡情况、住房面积等生活条件情况。普查结果：城北区总人口233674人，其中，人民路街道21985人、青山街道39665人、蒸湘街道87670人、潇湘街道33916人、五一街道30028人、合江街道20410人；全区常住户73830户，其中家庭户69599户、集体户4231户。总人口233674人，其中男118593人、女115081人，男女性别比为103.05（以女性为100）。家庭户平均每户人数2.92人。平均每户住房间数2.07间，人均住房建筑面积21.46平方米。本次普查统计，0～14岁的人口有36824人，占总人数15.76%；15～49岁的有153496人，占总人口的65.69%；50～64岁的有28095人，占总人口的12.02%；65岁以上的15268人，占总人口的6.53%，其中90岁以上老人132人、百岁老人2人。

第六次全国人口普查 普查标准时点为2010年11月1日零时。主要调查人口和住户的基本情况。普查内容包括人口总量、性别、年龄、民族、受教育程度、行业、职业、迁移流动、社会保障、婚姻生育、死亡、住房情况等。人口普查的对象是在境内居住的自然人（不包括香港、澳门和台湾地区）。普查结果：石鼓区总人口231592人，其中男性116272人、女性115320人，男女性别比为100.83（以女性为100）；常住人口户数73253户，其中家庭户71776户、集体户1477户，平均家庭户规模2.93人，平均每户住房间数2.45间，人均住房建筑面积31.28平方米。本次普查统计，0～14岁的人口有32946人，占总人口的14.20%；15～64岁的有179237人，占总人口的77.40%；65岁以上的19409人，占总人口的8.40%，其中90～99岁老人308人、百岁老人5人。按照国际上对年轻型、成年型及老年型人口规定标准，人口已步入老龄化。

（二）农业普查

第二次全国农业普查 2005年12月，石鼓区成立第二次农业普查领导小组和办公室。按照工作进度为准备、现场登记、数据处理及发布、工作总结及资料开发4个阶段。普查工作从2005年起到2008年止，前后历时4年。普查的标准时点为2006年12月31日。普查的范围和对象是全区的全部农业生产经营和服务单位、农户、行政村和乡（镇）。普查的主要内容有：农户家庭与人口特征信息；农村居民生活质量和基础设施；农村居民迁移、农村劳动力资源与就业状况；农业土地利用状况等生产条件和生产能力；农村投资规模；农业产业化水平；农村贫困的小区域基础信息；农业社会化服务水平；小城镇的发展水平；农村社会事业发展水平等10个方面。石鼓区共调查2个乡、3个涉农街道，18个行政村、48个自然村。普查结束后报市统计局，由市统计局统一公布全市普查结果。

第三次全国农业普查 普查的标准时点为2016年12月31日，时期资料为2016年度资料。普查对象是在中华人民共和国境内的下列个人和单位：农村住户，包括农村农业生产经营户和其他住户；城镇农业生产经营户；农业生产经营单位；村民委员会；乡镇人民政府。普查的行业范围包括：农作物种植业、林业、畜牧业、渔业和农林牧渔服务业。普查结果：第三次全国农业普查共调查石鼓区1个乡，3个涉农街道，14个村委会（不含非涉农村2个），99个自然村，84个2006年以后新建的农村居民定居点。36个农业经营单位，农业普查登记的以农业生产经营或服务为主的农民合作社14个；

农业经营户 5434 户，其中规模农业经营户 42 户。全区共有农业生产经营人员 9913 人；耕地 2536.50 公顷，林地 1976.20 公顷，其中实际经营的林地 586.90 公顷，实际经营的牧草地（草场）46.70 公顷；共有拖拉机 31 台、耕整机 92 台、旋耕机 49 台、播种机 5 台、水稻插秧机 11 台、联合收获机 11 台、机动脱粒机 10 台。

（三）工业普查

第三次全国工业普查 按照省统计局的安排，从 1995 年 1 月开始到 1996 年底结束。1996 年 1 月 1 日正式实施普查登记。普查结果：至 1995 年 12 月 31 日，全区工业企业共 181 个，其中区直属工业企业 33 个（含区办街管企业，以下同），街道、社区工业企业 81 个，其他 67 个。全年工业总产值 12878.10 万元，其中区直属 33 家工业企业完成工业总产值 6069.50 万元，全年利润总额-346.10 万元，亏损企业 14 家。年末固定资产原值 4338.8 万元，流动资产 4930.60 万元。年末职工人数 2754 人（女性 1537 人，占 55.80%），其中大专文化程度以上 119 人（占职工总数 4.30%，下同）、中专文化程度 88 人（占 3.20%）、技工 29 人（占 1.10%）、高中 578 人（占 21%）、初中 1573 人（占 57.10%）、小学及以下 367 人（占 13.30%）。区直属工业企业 1995 年全年共消费原材料、能源总值 3932.70 万元，其中原煤 5015 吨，焦炭 368 吨，汽油 115 吨，煤油 5 吨，柴油 7 吨，燃料油 81 吨，电力 433 万千瓦时，钢材 934 吨，生铁 800 吨，合成橡胶 200 吨，天然橡胶 525 吨，锯木材 260 立方米。全年立项新产品开发 2 个，筹集开发经费 12.60 万元。技术开发经费支出 12.60 万元。

（四）经济普查

第一次全国经济普查 普查的标准时点为 2004 年 12 月 31 日。普查覆盖第二产业和第三产业，时间资料为 2004 年度。普查的主要内容包括单位标志、从业人员、财务收支、资产状况，以及企业的主要生产经营活动和生产能力、主要原材料和能源消耗及科技开发的投入状况等。普查结束后，报市经济普查办公室。市经济普查办公室于 2006 年 2 月发布 1～3 号全市主要数据公报，编制经济普查资料。

第二次全国经济普查 普查的标准时点为 2008 年 12 月 31 日，时间资料为 2008 年度。普查对象是全区从事第二产业和第三产业的全部法人单位、产业活动单位和个体经营户。普查内容主要包括单位基本属性、从业人员、财务状况、生产经营情况、生产能力、能源消耗和科技活动情况等。普查结果：2008 年末，全区共有法人单位 1057 个，其中单产业法人单位 981 个、多产业法人单位 76 个；单位从业人员 68278 人，产业活动单位 1356 个，个体经营户 8971 户。

第三次全国经济普查 普查的标准时点为 2013 年 12 月 31 日 24 时，普查时期资料为 2013 年度资料。普查对象是境内从事第二产业和第三产业的全部法人单位、产业活动单位和个体经营户。普查结果：2013 年末全区共有法人单位 2028 个，从业人数 77318 人。其中，按性质分：企业法人单位 1614 个，机关事业单位 123 个，社会团体等非营利单位 291 个；按产业分，第二产业单位 333 个，第三产业单位 1695 个；按登记注册类型分，内资企业 2005 个，港、澳、台商投资企业 14 个，外商投资企业 9 个。个体经营户有证个体户 8581 户，有证照从业人数 20185 人；无证照户数 9577 户，无证照人数 20587 人。

第四次全国经济普查 普查的标准时点为 2018 年 12 月 31 日 24 时，普查的时期资料为 2018 年度资料，普查对象是辖区内从事第二产业和第三产业的全部法人单位、产业活动单位和个体经营户。普查结果：2018 年末全区共有从事第二产业和第三产业活动的法人单位 3733 个，比 2013 年末（第三次全国经济普查年份）增加 1728 个，增长 86.18%；产业活动单位 4239 个，增加 2266 个，增长 115.08%；个体经营户 24979 个。

（五）基本单位普查

境内基本单位普查工作先后进行过两次。第一次普查为1997年。第二次普查为2001年。时点指标的标准时间为2001年11月30日，时期指标的调查年度为2000年12月至2001年11月30日。2002年6月，圆满完成第二次基本单位普查任务。普查结果：全区有法人单位1951个。其中，企业单位982个、事业单位253个、机关单位115个、社会团体单位42个、其他单位559个。

三、抽样调查

（一）1%人口抽样调查

1995年10月至1996年4月，城北区开展1%人口抽样调查。根据《国务院办公厅关于进行1995年全国1%人口抽样调查的通知》要求和省、市人口抽样调查办公室的安排，以1995年10月1日零时为标准时间，进行1%人口抽样调查。抽中城北区潇湘、人民、燕湘3个街道共9个调查小区为调查对象。调查采取分层、多阶段、整群取样等较科学的统计调查方案。城北区共抽样调查1211户、3900人（女性1954人）为全市城区样本。在6岁及6岁以上的3625人中，文化程度大专以上336人（占抽样人口9.30%），高中919人（占25.40%），初中1198人（占33%），小学904人（24.90%），文盲半文盲268人（占7.40%）；在业人口2032人，占15岁及以上人口的53%。行业分布主要在制造业（占在业人口的31.45%）、批发和零售贸易、餐饮业（占26.62%）、建筑业（占7.48%）、教育、文艺及广播电视业（占9.50%）；各类专业技术人员占在业人口的17.86%；因企业停产下岗的不在业人口为64人，占全省968人的6.60%。抽样的1211户，有住房2077间，总面积59220平方米，人均建筑面积（下同）15.23平方米。人均8平方米以下的有261户，占1211户的21.60%，仅1间房的有560户，占46.20%。

2018年，石鼓区开展1%人口抽样调查。是年，石鼓区成立工作领导小组及办公室，制定工作方案，对抽样调查的人民路社区002普查小区进行任务分解，确保98户样本核实无误。10月15日进行入户调查，完成样本核实工作、填写调查准备阶段控制表、完成户主姓名底册数据以及正式入户调查数据PDA的上报。11月20日按照市局要求对人民路社区进行事后质量抽查，抽查结果和PDA上报的结果一致。11月30日完成现场登记阶段的验收表。12月区统计局按时按量按质完成抽样调查工作。此次调查结果推算：石鼓区2018年总户数为7.93万户，常住人口数为28.02万人（含松木经开区），其中男性13.86万人、女性14.16万人；城镇总人口数为26.55万人，农村总人口数为1.47万人，城镇化率为94.76%。

（二）个体商业、餐饮业抽样调查

1998年，城北区统计局配合市统计局按个体商业、餐饮业单位总户数的5%的比例抽选样本单位进行调查。调查的标准时间为1998年5月20日至6月19日为时点时期数。全市总抽取样本单位500户进行调查。其中，个体商业户439户、个体餐饮业户61户。这次抽样调查的内容有从业人员、资本金、营业面积、商品购进、商品销售、商品库存、经营费用、上缴税费等。

（三）现有房屋及其占有土地情况抽样调查

1998年8月，区统计局配合市局在全市开展现有房屋及其占用土地情况抽样调查。抽样调查从1999年8月开始，同年9月25日结束。抽样调查内容：所有房屋建筑面积，占用土地面积，价值量情况及房屋各类用途，房屋使用的行业分布情况。调查结果由市统计局发布。

（四）常住人口及劳动力抽样调查

2004年，市统计局组织进行常住人口及劳动力抽样调查。人口变动抽样调查包括出生、死亡、迁移和流动等。从2004年开始每年进行一次，调查时点为每年的11月10日零时，劳动力抽样调查每季度一次，调查时间分别为2月、5月、8月、11月。区统计局每次均派人参与，调查结果编入衡阳市《统计年鉴》。

第二节　统计监督执法

1996年5月，成立区统计执法领导小组，首次开展统计执法大检查，检查50个单位。1997年上半年，在完成第三次全国工业普查后，区计划物价统计局联合区人大财政工委对各街道和部分工业企业开展“三普”质量检查，对个别企业存在的瞒报、错报情况予以批评和纠正，确保普查结果的真实性。

2006年，区计划统计局联合区人大法工委、区监察局、区法制办对各乡、街道、区直各部门、各企事业单位开展统计执法大检查。确定5月31日前为自查时间，有90%的单位上报自查表。10月抽取12个单位（部门）进行检查，发现大多数单位统计员执证上岗，统计数据有据可查，如实上报；个别单位存在统计意识不强、报表不符等问题，区检查组责令限期整改。

2011年，在石鼓区党政门户网上开设“中国统计开放日”专题栏目，增强机关、企事业单位统计意识，制定统计巡查、统计执法工作年度方案，对区内各企事业单位、机关团体、乡街道进行统计巡查。

2016年3月底，根据国家统计局、省统计局统一部署，开展统计弄虚作假行为专项整治工作，整治“一套表”联网直报工作中违法违规和不规范报送行为。一些空壳单位予以删除，一些不符合联网直报标准的企业予以退出，一些报送不实的统计数据予以纠正，坚决查处冒名报送、指定报送、虚报、瞒报、漏报等行为。是年根据市统计局的要求，对全区工业、商贸业、房地产业、建筑业共20家企业进行执法检查。市统计局法规科对其中4家企业进行抽查，被查企业台账完整，无明显违反统计法律法规情况。

2017年5—7月，开展统计工作自查自纠活动，由区统计局牵头，联合发改、商务等部门，深入7个乡（街道）144家企业走访、调研自查自纠工作，发现问题15个，已解决14个，形成调研文章2篇，帮助企业实现直报达39家。8月中旬，区统计局联合工商、税务部门对辖区内重点企业进行信息比对工作，重点清查企业是否正常经营、营业收入、纳税情况等，完成名录库内400余家企业信息比对工作，发现一批潜在的“四上企业”（规模以上工业企业、资质等级建筑企业、限额以上批零住餐企业、国家重点服务业企业）。

第三节　机　构

1990年4月，设立城北区统计局。1994年10月机构改革，将计划、物价工作职能并入统计局，更名为城北区计划统计物价局。1995年4月，物价工作职能直属市物价局归口管理，遂更名为城北区计划统计局。2001年5月，衡阳市城区行政区划调整后，更名为石鼓区计划统计局。2008年5月机构改革后，计划工作职能划归区发展和改革局，区计划统计局更名为区统计局。截至2018年底，区统计局内设办公室、综合统计与经济研究室、工业能源统计股、商贸农业统计股、固定资产投资统计股、社会及服务业统计股和普查调查股等 7 个部门。

1996—2018 年石鼓区（城北区）统计局（计划统计局）领导一览表

表 9-2-1

姓名	职务	任职时间
高扬英(女)	副局长	1993. 4—1998. 1
黄业琪	副局长	1994. 11—1998. 1
尹万生	局长	1995. 10—1998. 1
齐素媛(女)	副局长 局长	1997. 3—1998. 1 2004. 5—2008. 2
马玉衡	局长	1998. 1—2004. 5 (1997. 3 先到任，后于 1998. 1 任命)
邹连生	副局长	1998. 1—2004. 5
胡茂莉(女)	副局长	1998. 1—2004. 8
周建平(女)	副局长	2004. 5—2011. 8
谭　华	副局长 书记、副局长	2004. 5—2015. 3 2015. 3—2018. 3
邓　琳(女)	局长	2008. 3—2013. 3
陈　沧	副局长 局长	2009. 9—2013. 3 2013. 3—2015. 10
闵衡清(女)	副局长	2014. 9—
陈炜伟	局长	2015. 11—2017. 6
刘名辉	局长	2017. 6—

第三章　审　计

第一节　财政金融审计

1996年，参加市局组织的“三大检查”（财务、税收、审计）工作，审计查出各种违法违规金额67万元，收缴应上缴财政金额10万元。完成本年度同级财政预算及预算外资金审计，并延伸审计了市地方税务局城北分局、区财政局预算外资金和周转金。1997年，在城北区第十一届人大常委会第二十九次会议上，区审计局作《关于对区本级1996年度财政预算执行情况审计的工作报告》，从此每年的同级财政审计工作报告都列入向区人大常委会汇报的项目。2000年，查出城北区城市信用社虚列利润、偷漏税金等重大违纪违规问题，查处违规金额352万元，应缴财政25万元。2001年，与检察机关联合查处对非银行金融机构经办人涉嫌侵占公款高息案，对区农村信用合作联社2008年度资产负债损益审计被市局评为2009年度优秀审计项目。2013年，配合市局审计组做好石鼓区政府债务审计，并对两个乡的债务进行审计，对全区存量债务化解提出建设性意见，真正达到摸清底数、揭示问题、提出合理建议，确保了石鼓区政府债务审计完成。2017年实施的“石鼓区2016年度同级财政预算执行情况和财政财务收支情况审计”被市局评为优秀审计项目。2018年实施的“衡阳市石鼓区2017年度本级财政预算执行和其他财政收支情况审计”被省厅评为县级审计机关表彰审计项目。其间，对区内财政、税务、信用社等项目进行审计30次，查出违纪违规金额1516万元，应缴财政金额369万元。

第二节　固定资产投资审计

1996—2001年，城北区审计局审计12个单位的基建项目，查处违规金额1420万元，应收缴财政83万元。2002年，对4条街道道板改建决算进行审计，核减造价近30万元。2004年，参与区委、区政府安排的对蒸水社区、中山北路和司前街改造、28条背街小巷改造、角山公路和杨岭防洪堤工程决算审计。2009年，完成对区新机关会议中心主体建设，区新机关会议中心二次装修，区新机关党校、食堂、宿舍楼建设，区委、区人大、区政协办公大楼，政务中心建设初步审计，核减工程造价2100万元。2013年，开展全区11个项目指挥部资金来源、使用及管理情况的全面检查。2014年，对重点项目征地拆迁及安置房建设实施全过程跟踪审计。2015年，区纪委监察局、区财政局、区重点办与区审计局组成联合检查组，对全区14个重点工程项目进行财务检查。实施的石鼓区松木乡人民政府朝阳安置小区项目被市审计局评为优秀审计项目。2016年，完成对湘江西岸风光带，建设路改造扩建，蒸阳北路延伸工程的财务收支审计。区审计局与区纪委、财政局组成的联合检查组，对全区24个村级财务进行了检查，对全区27个重点工程项目指挥部进行财务检查；与区农林局、财政局组成联合结算组完成角山乡、松木片区农村房屋“穿衣戴帽”一期的结算现场测量工作。2017年，完成对区住建局棚户区改造，来雁新城项目指挥部审计，查处违纪违规金额 77 万元。

共对固定资产投资项目进行审计 454 次，核减工程造价 23556 万元，查处违规金额 1511 万元，应收缴财政 83 万元。

第三节　企业审计

1999 年，城北区审计局审计查出大要案 3 起。2000 年，与区检察机关联合查出红旗福利橡胶厂原厂长涉嫌侵占集体资产案。2002 年，审计合江街道友爱村干部违纪问题和友爱橡胶厂重大偷税问题，查处违规金额 118 万元，应缴财政 61 万元，移送区纪委处理。2010 年，协助区信访局对人民街道塑料电器厂进行财务调查。2016 年，完成对市鑫华建筑工程公司资产、负债、损益审计，查处违规金额 14 万元。

对区内工业、商业等企业进行审计 13 次，查处违纪违规金额 420 万元，应缴财政金额 94 万元。

第四节　行政事业及专项审计

一、行政事业审计

1998 年，城北区人大出台《关于对区政府机关各部门法人代表进行经济责任审计的决定》，区委办公室下发《城北区各部门、各企、事业单位党政一把手经济责任审计的暂行规定》，受区委组织部委托，开始进行干部离任经济责任审计。2001 年 6 月，经石鼓区委常委会会议同意，建立石鼓区经济责任审计工作联席会议制度。7 月，召开石鼓区经济责任审计工作会议，标志着经济责任审计工作正式启动。2005 年，成立石鼓区经济责任审计领导小组。2006 年，查处潇湘街道及劳动服务公司设小金库、涉嫌侵占 153 万元，问题线索移送区纪委处理。2007 年，制定《石鼓区行政机关、司法机关、区属企事业单位党政一把手或法人代表经济责任审计监督暂行办法（试行）》，出台内部管理制度，把财务管理作为局内部管理的重中之重。2010 年，区审计局与区财政局、监察局联合制定《石鼓区机关事业单位公务接待费管理办法》《石鼓区审计局行政处罚裁量权基准（试行）》，营造经济社会发展良好的法治环境。2014 年，强化对“三公”经费的审计监督。区审计局实施的“衡阳市中医正骨医院 2011 年 4 月至 2012 年 12 月财务收支审计”项目被省厅、市局评为优秀审计项目。2015 年，完成对黄沙湾街道团结村财务收支审计，查出公款私存，超标准、超范围列支费用，使用不符合要求的发票列支等违纪违规金额 1736 万元，问题线索移送区纪委，此项目的审计被评为 2015 年度省、市优秀审计项目。

二、专项审计

2001 年，加大专项资金审计力度，特别是对农村电网改造资金审计，作为切实为农民办实事的一件大事来抓，集中全局力量，用三个月时间完成。2014 年配合市审计局完成城镇保障性安居工程跟踪审计、社会抚养费专项审计、稳增长政策措施落实情况审计。2015 年，区政府成立以区审计局牵头，区政府办、区财政局、区监察局参与的联合检查组，对全区八个单位公用经费使用情况进行检查。

2016 年实施的“石鼓区松木乡人民政府朝阳安置小区审计”项目被市审计局评为优秀审计项目。2017 年，对群众反映强烈的松木片区松梅村进行财务审计，并将问题线索移送区纪委和相关部门处理。

对党政机关、事业单位进行审计 200 次，查出违纪违规金额 4339 万元，应缴财政金额 394 万元。

第五节　其他项目审计及审计调查

1996 年以来，区审计部门连续 12 年对世界银行贷款的区结核病控制外资项目进行审计，同时提出审计建议。至 2018 年，对政府债务、非税收入、政府采购、社保资金、教育资金、退耕还林等开展财政延伸审计调查 16 次，涉及单位 55 个，涉及金额 33051 万元，对管理工作较薄弱的环节提出加强和改进的建议。

1996—2018 年石鼓区（城北区）审计工作情况表

表 9-3-1

年份	项目（个）	企业审计（个）	财政金融审计（个）	其他审计（个）				违规金额合计（万元）
				行政审计	基建审计	外资审计	其他	
1996	12	2	2	7	—	1	—	69
1997	18	2	2	5	8	1	—	1150
1998	19	1	1	12	4	1	—	811
1999	14	1	1	11	—	1	—	452
2000	15	2	2	10	—	1	—	515
2001	16	2	1	12	—	1	—	211
2002	15	1	2	8	—	1	3	168
2003	16	—	2	11	—	1	2	644
2004	17	—	1	9	4	1	2	380
2005	13	—	1	7	3	1	1	165
2006	23	—	2	6	12	1	2	317
2007	30	—	1	8	20	—	1	116
2008	20	—	1	12	7	—	—	124
2009	24	—	2	2	20	—	—	50
2010	24	—	1	5	17	—	1	6
2011	27	—	1	2	24	—	—	18
2012	23	—	1	5	17	—	—	85
2013	54	—	1	17	36	—	—	52
2014	48	—	1	8	39	—	—	14
2015	67	—	1	8	58	—	—	1757
2016	82	1	1	16	63	—	1	62

续表9-3-1

年份	项目（个）	企业审计（个）	财政金融审计（个）	其他审计（个）				违规金额合计（万元）
				行政审计	基建审计	外资审计	其他	
2017	70	—	1	9	59	—	1	164
2018	77	1	1	10	63	—	2	456
合计	724	13	30	200	454	11	16	7786

第六节　机　构

2001 年 5 月，衡阳市城区行政区划调整后更名为石鼓区审计局。是石鼓区人民政府的经济监督职能部门，负责对全区财政预算执行和其他财务收支、国家重点建设项目资金、行政事业单位财务收支、各项财政性专项资金、科级党政领导干部经济责任、政府投资审计项目等进行审计监督。2018 年，设办公室、审计查征室、固定资产投资审计室和经济责任审计室 4 个内设机构。其中石鼓区领导干部经济责任审计中心，为副科级全额拨款事业单位，定编 4 个，配主任 1 名。

1996—2018 年石鼓（城北）区审计局领导一览表

表 9-3-2

姓名	职务	任职时间	姓名	职务	任职时间
罗锡斌	局　长	1994. 1—2003. 1	姚礼来	副局长	2009. 9—2013. 3
谢培娟(女)	副局长	1994. 10—1998. 1	颜福元	局　长	2013. 4—
齐素媛(女)	副局长	1998. 1—2004. 6	阳　冰(女)	副局长	2014. 4—
贺水源	副局长 局长	1998. 5—2003. 1 2003. 1—2008. 2	曾艺平	副局长	2014. 9—
阳青生	副局长	2003. 1—2010. 12	黄　曦	副局长	2016. 1—
颜福元	副局长	2004. 5—2013. 4	陈荣利(女)	纪检组组长	2016. 1—2017. 9
刘燕南(女)	局　长	2008. 3—2013. 3	陈荣利(女)	党组成员	2017. 9—
谭　琛	副局长	2008. 6—2009. 3	—	—	—

第四章　工商行政管理

1996—2018 年，随着经济体制改革的逐步深化，工商石鼓分局不断调整工作职能，转变管理方式，增强服务功能。依法办理工商企业和个体工商户注册登记，把好市场准入关。强化市场监管力度，规范市场经营行为，查处打击违法活动，维护消费者合法权益，维护市场经济秩序。

第一节　工商企业登记

1996 年底，城北区企业登记在册 1190 户。1998 年，根据财政部、国家工商行政管理局、国家经济贸易委员会、国家税务总局关于印发《清理甄别“挂靠”集体企业工作的意见》的通知，在全区范围开展清理假集体实个体的“红帽子”企业，共清理“红帽子”企业 300 余户，企业下降到 866 户。

2001 年衡阳市城区行政区划调整后，城北区更名为石鼓区，部分企业移交给蒸湘区，年底企业登记在册 670 户，其中国有企业 125 户、集体企业 545 户。随着国务院国有企业改制方案的实施，2002 年起，市工商局登记权限下放，企业注册资本 300 万元以下放到分局登记，是年辖区登记的在册区属企业 311 户。

2013 年，市工商局逐步将 300 万元以下私营企业下放分局管理，是年企业登记在册 338 户。2015 年后，分局挤出资金 125 万元先后对分局登记注册大厅和 6 个工商所办公房全部进行提质改造。2016 年，登记工作荣获国家工商总局授予的“全国先进基层登记窗口单位”称号。

至 2018 年，全区拥有企业 5028 户，企业登记数是 1996 年的 4.22 倍。

1996—2018 年石鼓区（城北区）企业登记注册基本情况表

表 9-4-1

年度		内资企业	分公司	非公司企业	非公司企业分支机构	个人独资企业	个人独资企业分支机构	合伙企业	合伙企业分支机构	农民专业合作社	农专分支机构	内资企业集团	合计
1996	户数(户)	4	2	1094	346	0	0	0	0	0	0	0	1446
	注册资本（万元）	15209	0	25711.22	0	0	0	0	0	0	0	0	40920.22

续表9-4-1

年度		内资企业	分公司	非公司企业	非公司企业分支机构	个人独资企业	个人独资企业分支机构	合伙企业	合伙企业分支机构	农民专业合作社	农专分支机构	内资企业集团	合计
1997	户数(户)	4	3	1111	379	0	0	0	0	0	0	0	1497
1997	注册资本(万元)	15209	0	26469.33	0	0	0	0	0	0	0	0	41678.33
1998	户数(户)	5	3	1153	384	0	0	0	0	0	0	0	1545
1998	注册资本(万元)	15359	0	26975.13	0	0	0	0	0	0	0	0	42334.13
1999	户数(户)	7	2	1168	393	0	0	0	0	0	0	0	1570
1999	注册资本(万元)	15469	0	27327.23	0	0	0	0	0	0	0	0	42796.23
2000	户数(户)	8	2	1169	411	0	0	2	0	0	0	0	1592
2000	注册资本(万元)	15519	0	27355.23	0	0	0	15	0	0	0	0	42889.23
2001	户数(户)	18	2	1075	390	18	0	13	0	0	0	0	1496
2001	注册资本(万元)	25841.80	0	27980.63	0	152.50	0	191	0	0	0	0	54165.93
2002	户数(户)	33	3	1075	384	29	0	17	0	0	0	0	1541
2002	注册资本(万元)	28701.80	0	34106.73	0	434.50	0	242	0	0	0	0	63485.03
2003	户数(户)	38	3	1083	398	39	0	17	0	0	0	0	1578
2003	注册资本(万元)	28951.80	0	34320.73	0	807.50	0	904.20	0	0	0	0	64984.23
2004	户数(户)	54	3	1088	408	100	0	20	0	0	0	0	1673
2004	注册资本(万元)	30796	0	34405.33	0	2103	0	1006.2	0	0	0	0	68310.53
2005	户数(户)	72	4	1064	385	110	0	19	0	0	0	0	1654
2005	注册资本(万元)	31616	0	34534.33	0	2435.50	0	1100.20	0	0	0	0	72121.53
2006	户数(户)	126	8	1060	381	122	0	22	2	0	0	0	1721
2006	注册资本(万元)	34274.48	0	34534.33	0	2732.50	0	1240.20	0	0	0	0	72781.51
2007	户数(户)	182	8	1055	380	129	0	26	2	0	0	0	1782
2007	注册资本(万元)	38218.98	0	34534.33	0	3023.80	0	1368.20	0	0	0	0	77145.31
2008	户数(户)	235	9	1054	376	136	0	26	3	3	0	0	1842
2008	注册资本(万元)	42463.98	0	34534.33	0	3160.30	0	1368.20	0	125.10	0	0	81651.91

续表9-4-1

年度		内资企业	分公司	非公司企业	非公司企业分支机构	个人独资企业	个人独资企业分支机构	合伙企业	合伙企业分支机构	农民专业合作社	农专分支机构	内资企业集团	合计
2009	户数(户)	331	10	1052	374	136	0	26	2	5	0	0	1936
	注册资本(万元)	79608. 18	0	34534. 33	0	3354. 10	0	1420. 20	0	247. 10	0	0	119163. 91
2010	户数(户)	459	16	1051	372	140	2	26	2	11	0	0	2079
	注册资本(万元)	104627. 51	0	34534. 33	0	3487. 10	0	1525. 20	0	1232	0	0	145406. 14
2011	户数(户)	588	19	1049	372	143	2	26	2	16	0	0	2217
	注册资本(万元)	115852. 51	0	34534. 33	0	4017. 10	0	1925. 20	0	2568	0	0	158897. 14
2012	户数(户)	693	22	1049	372	140	2	27	2	29	0	0	2336
	注册资本(万元)	127949. 51	0	34534. 33	0	4747. 10	0	1928. 20	0	15319. 30	0	0	184478. 44
2013	户数(户)	821	21	1047	371	140	2	27	2	37	0	0	2468
	注册资本(万元)	152675. 51	0	34534. 33	0	4877. 10	0	1928. 20	0	18872. 16	0	0	212887. 30
2014	户数(户)	999	30	1046	371	148	2	27	2	44	0	0	2669
	注册资本(万元)	181587. 89	0	34534. 33	0	5116. 10	0	1928. 2	0	21242. 16	0	0	244408. 68
2015	户数(户)	1208	30	1046	371	175	3	28	3	49	0	0	2913
	注册资本(万元)	298406. 89	0	34534. 33	0	6152. 10	0	2088. 20	0	23062. 16	0	0	364243. 68
2016	户数(户)	1503	49	1044	357	196	5	30	3	58	0	0	3245
	注册资本(万元)	349359. 69	0	34534. 33	0	7279. 90	0	3178. 20	0	34862. 16	0	0	432459. 22
2017	户数(户)	1921	115	1042	357	209	8	28	3	59	0	0	3742
	注册资本(万元)	435562. 96	0	34534. 33	0	8284. 90	0	3178. 20	0	43691. 16	0	0	525251. 55
2018	户数(户)	2468	175	1040	357	219	8	28	3	60	0	0	4358
	注册资本(万元)	546134. 76	0	34534. 33	0	8814. 90	0	3278. 20	0	43959. 16	0	0	636721. 35

1996—2018年石鼓区（城北区）外商投资企业基本情况表

表 9-4-2

年度	总户数（户）	其中		总投资（万元）	注册资本（万元）
		中外合资（户）	外商独资（户）		外方认缴
1996	18	12	6	11624.50	5931.70
1997	18	12	6	11624.50	5931.70
1998	20	14	6	13224.50	6591.70
1999	20	14	6	13224.50	6591.70
2000	21	14	7	13246.50	6613.70
2001	22	14	8	13252.50	6619.70
2002	25	14	11	13685.50	6751.30
2003	28	16	12	19941.60	10691.30
2004	34	17	17	48625.90	38545.60
2005	38	20	18	50369.90	38839.20
2006	41	21	20	51049.90	39375.20
2007	43	23	20	53673.90	40075.20
2008	46	24	22	55973.90	42305.20
2009	48	25	23	56123.90	42455.20
2010	50	25	25	56953.90	43285.20
2011	52	25	27	58253.90	44585.20
2012	52	25	27	58253.90	44585.20
2013	52	25	27	58253.90	44585.20
2014	53	25	28	59053.90	45385.20
2015	54	25	29	60053.90	46385.20
2016	54	25	29	60053.90	46385.20
2017	55	25	30	60253.90	46585.20
2018	57	25	32	61253.90	47585.20

第二节　市场监督管理

一、市场建设

1996年，城北区辖区有后宰门集贸市场、易赖街农贸市场、大元头农贸市场、大桥商场、柴埠门工业品市场、演武坪副食批发市场、潇湘街农副产品批发市场、牛角巷农贸市场、潇湘副食批发市场、建设新村农贸市场、蒸湘北路蔬菜批发市场等。1997—1998年，因工商体制改革，工商部门不再担负市场建设职责，对在建市场进行扫尾工作。1999年后，市场建设由“政府主导，市场运作”，鼓励和动员企业与社会人士投资办市场。是年兴建太平小区综合市场、老同兴集贸市场、荷池路集贸市场。2001年衡阳市城区行政区划调整，石鼓区新增角山农贸市场、友爱农贸市场、建设农贸市场等。随着城市建设步伐加快，先后搬迁福星街、和平北路、易赖街、潇湘街马路市场、湘江北路蔬菜早市等，同时兴建北区大市场、易赖街大市场、老同兴农贸市场、潇湘街农贸市场、十家村农贸市场、五一副食批发市场、华源建材装饰市场、中湘五金机电市场、永兴家居市场、雁城物流市场、中亿汽贸城、华耀城等较大规模、高档次的交易市场，形成大小配套、综合专业相融合的市场体系。

截至2018年末，全区有农贸市场14个，建筑面积290000平方米；专业市场6个，建筑面积1791200平方米。

1996—2018年石鼓区（城北区）集贸市场情况表

表9-4-3

序号	市场名称	地址	投资单位	投资金额（万元）	建成开业时间（年）	建筑面积（平方米）	结构	备注
1	后宰门市场	和平北路	原城北工商局	74.06	1978	2716	钢架	1999年1月拆除后兴建北区大市场2890平方米
2	易赖街市场	易赖街	原城北工商局	43.36	1981	2400	钢架	2000年7月移交市商业网点办后兴建易赖街大市场9900平方米
3	大桥市场	中山北路	衡房集团总公司	193	1985	5526	砖混装修	2006年拆除
4	建设新村集贸市场	建设新村	市蔬菜公司	1900	1992	200	砖混	开业—
5	牛角巷集贸市场	牛角巷	原城北工商局	650	1993	320	马路	2000年7月使用权交市商业网点办
6	建设集贸市场	五一路69号	原西湖乡建设村	450	1993	9100	砖混	开业—
7	友爱集贸市场	友爱村	友爱村委会	100	1995	600	砖混	开业—
8	老同兴集贸市场	桑园路	老同兴实业总公司	160	1999	3200	砖混	开业—
9	荷池路集贸市场	潇湘街	市蔬菜公司	6	1999	960	砖混	开业—
10	演武坪集贸市场	演武坪	潇湘街道办事处	30	1999	600	砖混	1999年拆除兴建老同兴市场
11	太平小区综合市场	太平小区	中房集团地产开发公司	500	1999	4345	砖混	2001年区划调整后移交蒸湘区管理
12	潇湘街农贸市场	潇湘街	潇湘街道	100	2002	700	砖混	开业—
13	十家村农贸市场	常胜中路	人民街道	120	2003	900	砖混	开业—

1996—2018年石鼓区（城北区）专业市场情况表

表9-4-4

序号	市场名称	地址	投资单位	投资金额（万元）	建成开业时间（年）	建筑面积（平方米）	结构	备注
1	蒸湘北路蔬菜批发市场	湘北路	市道路公司	200	1994	3000	砖混	2001年拆迁至西园市场
2	潇湘农副产品批零市场	沿江北路	市防洪堤指挥部	100	1987	2800	砖木	2001年迁五一副食批发市场
3	五一大市场	五一路67号	界牌陶瓷总厂衡阳分厂、长沙钜银有限公司	2000	2000	20000	砖混	开业—
4	华源装饰材料市场	蒸水桥旁	华源集团	1900	2001	16200	砖混	开业—
5	中湘五金机电市场	华源路	中湘五金机电有限公司	2500	2001	100000	砖混	开业—
6	雁城物流市场	107国道旁边	雁城物流中心	1310	2001	410000	砖混	开业—
7	永兴家具市场	蒸湘北路228号	永兴集团	5000	2002	295000	砖混	2013年改为万具广场、2015年改为居然之家
8	中亿汽贸城	石鼓路116号	中瑞麟置业集团	9000	2014	500000	砖混	开业—
9	华耀城五金建材糖酒副食市场	石鼓区—环西路	中国城乡控股有限公司	6000	2017	450000	砖混	2017年10月开业

二、市场管理

1996年后，石鼓（城北）工商分局对各种商品进行登记，并在市场实行销售信誉卡制度。1997年，根据衡阳市工商局《关于加强集贸市场野生动物保护工作的通知》，严禁在各市场贩卖出售野生动物。同时加强市场衡器管理，在集市给经营户配发电子秤。1999年，实行省以下工商行政管理机关垂直管理，市场监管的重点转移到监管市场经营活动上来。同时，推进属地管辖、“网格”化管理和市场巡查监管新模式。1999—2003年，查处市场违法案件1025起，罚没53万元。

2004—2005年，加强对危险化学品市场和网吧监管，查处违法、违章行为45件。2004年，依法吊销危险化学品经营户13户，取缔无证网吧7户。2005年，依法取缔黑网吧8户，扣缴设备120件。2008年，加强农资市场监管，对全区化肥、农药、种子、农机具等农资经营户进行全面检查，共检查农资经营户32户次；对14个化肥品种、45个种子品种、51个农药品种随机抽样检测，合格率均在90%以上；加大对违法农资经营案件的查处力度，查处农资案件5件，为农民挽回经济损失4.2万元。

2011年，对酒类市场开展专项整治，检查酒类经营户126户，查获无证无照经营酒类经营户1户，收缴涉嫌假冒名酒544瓶。2014年8月，对雁城物流市场无证无照经营业主开展集中清理整治行动。行动中，工商共发放催办通知38户，税务部门发放办证通知41户。2014年，加大民间融资市场秩序监管，对非法集资、非法从事融资中介、超范围经营以及从事民间融资的“三外企业”（即外地老板、外地公司、外地项目）等内容进行重点监管，先后出动执法干部 116 人次，对 51 家开门经营的民间投融资主体进行监管巡查，对 1 家涉嫌非法集资的公司进行查处，并移送公安深查。

2015 年，对辖区 16 个集贸市场开展查处无照经营、打击假冒伪劣和整治虚假违法广告“三项”专项整治行动，共出动执法人员 65 人次、执法车辆 18 台次，发放办照通知 600 余份，下达《责令改正通知》8 份，没收假冒伪劣商品 5 件，货值 800 余元。2016 年，开展快递物流市场专项检查，重点检查快递物流经营户的证照是否齐全，严厉查处无证照经营、超范围经营和利用格式条款免除自身责任、加重对方责任，侵犯消费者权益等违法行为，共检查经营户 16 户，帮助规范经营行为 3 户，下达《责令整改通知书》1 户。

2018 年，开展“保健”市场整治百日行动，以老年人保健品及广告宣传中存在的虚假宣传、夸大宣传等为重点，出动执法人员 132 人次、执法车辆 16 辆次，检查辖区保健品商户 34 家，对 1 家存在会议营销的保健品商店予以立案查处。

三、打击假冒伪劣产品

1999 年，根据国家工商总局精神开展“工商红盾打假护农”执法行动，对辖区经营的农药、化肥、种子、农机具、农膜等农业生产资料进行登记检查。2005 年，对辖区经营的消防器材进行检查。2012 年，针对市场上出现的假冒劣质白酒、芝麻油、化妆品开展“3·15”打假专项行动。2014 年，根据卫生部、国家经贸委、工商总局、药品监管局关于开展保健食品专项整治行动方案，对辖区食品经营市场、保健品药品经营单位进行检查，对有毒有害不符合卫生标准的保健食品、虚假、夸大功能的宣传及名称、标签不符合规定的包装食品进行整治。2016 年“3·15”国际消费者权益日宣传活动中，对历年来查获的假烟假酒共 32 个品种 978 件货，近 200 万元的假冒伪劣商品全部送到垃圾场进行集中销毁处理。

四、消费者权益保护

2001 年，成立消费者权益保护股，加大消费者权益的保护力度。2002—2008 年，石鼓工商分局每年都对辖区市场流通领域中食品和各类商品进行检查，严格执行食品市场巡查、商品质量监测、不合格商品退市和商品质量信息公示思想监管制度，对问题食品和商品责令下柜。督促和指导辖区百信仓行、香江百货等大型超市以及华源、中湘、永兴等专业市场，建立商品查验、重要商品协议转让、不合格商品召回和商品质量销售责任自律制度，严格按照市场“谁主办、谁负责”的原则，切实担负起市场管理责任。2009 年，石鼓工商分局成立“12315”投诉举报中心，完善受理投诉举报机制。2012 年，进一步完善消费维权网，推进消费维权“五进”（进窗口、进企业、进市场、进园区、进乡镇）工作，在辖区建立“12315”维权服务站 44 个。2013 年，消费投诉实现全国联网，消费者线上可通过工商“12315”、政府“12345”、微信、短信、红网、市长信箱、电话等投诉，也可以线下来信、来函、来人到石鼓工商分局、工商所及“12315”投诉站举报。至 2018 年，共受理消费者咨询 8500 余人次，调解消费纠纷 4580 起，为消费者挽回经济损失 3540 余万元。

第三节　个体私营经济管理

1996 年，城北区登记的个体工商户 2530 户、私营企业 31 户，从业人员 3162 人。1997 年，个体、私营经济纳入中国基本经济制度，为大力发展个体私营经济指明了方向。是年，登记在册的个体工商户3495户、私营企业42户，从业人员4728人。2001年，衡阳市城区行政区划调整后，划出太平小区市场、大元头市场及蒸湘北路以西的个体经营户，年底登记在册个体工商户1948户、私营企业20户。

2002—2007年，石鼓工商分局先后推出多项优惠举措，方便快捷地为“双创”（创业、创新）人员办理注册登记手续。做到“四清”：咨询一次讲清，表格一次发清，受理一次审清，材料一次收清；“四通”：凡符合规定的确保畅通，不违反原则的适当变通，需前置审批的主动疏通，无法办理的加强沟通；“五办”：资料齐全马上办，资料不齐指导办，紧急项目加班办，特殊项目跟踪办，重大项目领导督办。

2008年9月1日，停止征收“两费”以后，推出取消办照各项费用的优惠措施，降低经营者的入市成本。2014年后，实施商事制度改革，先后实行“两证整合”“一站式”服务，“先照后证”的登记制度。至2018年，全区登记在册的个体工商户15364户，私营企业4832户（含农民专业合作社50户），发展农村经纪人351人。个体、私营经济主体与1996年比增长775.32%。

1996—2018年石鼓区（城北区）个体工商户基本情况表

表9-4-5

年度	总户数（户）	从业人数（人）	注册资本数（万元）	年度	总户数（户）	从业人数（人）	注册资本数（万元）
1996	2530	3162	1121.30	2008	4039	5039	37260.03
1997	3495	4728	1354.30	2009	4796	5796	43317.18
1998	3264	3295	1417.30	2010	5354	6354	51760.98
1999	3116	3256	1586.05	2011	5937	7637	61557.73
2000	2023	2523	3598.69	2012	6469	7469	72741.19
2001	2503	2803	6558.34	2013	7103	8103	86009.69
2002	2392	2792	12890.90	2014	8033	8533	101657.55
2003	2844	3844	16354.40	2015	9851	10851	121062.27
2004	3077	3877	20381.39	2016	11513	13513	147885.97
2005	3028	3928	24104.44	2017	13932	15932	193631.16
2006	3590	4590	29038.22	2018	15364	18564	235929.57
2007	3779	4779	32912.07	—	—	—	—

第四节　经济合同管理

1996年，实施《湖南省经济合同管理条例》，开展打击合同欺诈行为的专项整治行动。向企业推行“包咨询、包审查、包撰文、包鉴证”的“四包”服务方式，帮助企业完善合同管理台账和合同管理制度。是年共鉴证企业经济合同608份，合同金额630万元。2001年，把打击合同欺诈，查处利用合同进行违法活动作为加强合同监管工作的重点开展专项整治，纠正经济合同中不规范条款。2002

年，按照衡阳市人民政府转发市工商局《关于贯彻〈合同法〉实施意见》，加强建筑工程承包合同、房屋租赁合同的鉴证、管理。2015年，在辖区开展格式合同整治检查，创建“守合同重信用”企业14家，其中省级4家、市级10家。2016年，开展合同“霸王条款”专项整治，创建“守合同重信用”企业19家，其中省级5家、市级14家。2017年，检查汽车、房地产、装修、旅游等行业格式合同，下达责令整改通知书33份，创建“守合同重信用”企业7家，其中省级2家、市级5家。2018年底，辖区共有“守合同重信用”企业40家，其中省级11家、市级29家。

第五节　商标广告管理

一、商标管理

1996年，辖区商标印制企业有衡阳地区全球装潢印刷厂、衡阳日报印刷厂、衡阳印刷厂、衡阳市城北印刷厂、衡阳市工艺包装装厂、衡阳五一印刷厂等6家企业。非指定印制单位不得承揽。是年立案查处违法商标案件1件。1997—1999年共立案查处商标案件10件。2001年10月27日起，实施第二次修正后的《商标法》，国家工商总局商标局开始受理集体商标、证明商标和自然人商标注册申请。分局通过采取上门宣传、政策引导、规范指导、品牌保护等措施，先后为天雁机械有限公司、建衡实业有限公司等20余家企业办理衡阳知名企业、湖南省著名商标企业、中国驰名商标企业、国际马德理商标企业的相关手续。其中，天雁机械有限公司的“江雁”牌商标2012年被评为中国驰名商标。

2013年，针对“江雁”商标被国内多家企业假冒的情况，分局先后派出执法人员指导该企业多次到无锡、苏州、杭州等地开展打假活动，有力维护天雁机械有限公司的权益。

至2018年，全区有效注册商标达1800余件，驰名商标、马德里国际商标实现零的突破，著名商标增加到10件。其间，开展打击商标侵权专项行动，先后立案查处侵权商标等违法案件65起。

二、广告管理

1996年，结合贯彻《中华人民共和国广告法》，加大对辖区企业广告内容的监管力度，先后立案查处各类违法、虚假广告案件3件。1997—2000年，共立案查处广告案件23件。2002年起，对辖区医疗及药品广告、户外广告、店堂广告和印刷品广告实行备案登记制，进行跟踪监管，是年共查处广告案件39件。2015年9月1日新《中华人民共和国广告法》实施后，分局和工商所上下联动，先后开展户外广告、胎儿性别鉴定广告、虚假宣传、会议营销虚假宣传等专项整治。共立案查处虚假违法广告案件24起，没收虚假宣传资料3000余张。至2018年底，全区有印刷企业56户、个体工商户46户；广告经营企业532户、个体工商户213户。

第六节　机　构

1996年，时称衡阳市工商行政管理局城北分局。2001年5月衡阳市城区行政区划调整后，改称衡阳市工商行政管理局石鼓分局，下设6个工商所，即后宰门工商所、五一工商所、大桥工商所、莲湖工商所、西湖工商所、雁北工商所。2014年12月，分局机构改革职能划转，将流通领域食品监管职能划转到区食药分局，同时划转19名在职干部职工。此后，石鼓工商分局不再担负流通领域食品监管职能。2018年，分局机关内设机构16个，其中股室13个、事业单位3个。即办公室、组织人事股、财务股、纪检监察室、注册登记股、企业和个体经济管理股、商标广告股、市场规范股（合同监督管理股）、消费者权益保护股、12315投诉举报股、经济检查股（网络交易监管股）、政策法规股、信息中心、个体私营经济发展指导中心、消费者委员会秘书处、工会。基层工商所7个，即后宰门工商行政管理所、大桥工商行政管理所、莲湖工商行政管理所、西湖工商行政管理所、五一工商行政管理所、雁北工商行政管理所、角山工商行政管理所。分局党委下设党支部9个，其中机关党支部4个、基层工商所党支部4个、退休人员党支部1个。年末有在职干部职工80名，其中男50名、女30名，退休人员59名。全局有党员93名。至2018年底，石鼓工商分局先后荣获各种荣誉和奖励161项。其中1996年、2008年两次被湖南省委、省政府授予“文明单位”称号；2012年被国家工商总局评为“全国诚信市场创建活动”先进单位。

1996—2018年衡阳市工商行政管理局石鼓（城北）分局领导一览表

表9-4-6

姓名	职务	任职时间
刘和春	工会主席	1996.1—1999.5
尹楚章	局长 党委书记	1996.2—1997.12
姜孝如	副局长	1996.3—1997.5
曾祥光	副局长	1996.3—1998.4
欧阳西唐	副局长	1996.3—2002.1
李湘衡(女)	副局长	1996.3—2002.1
杨维初	纪委书记	1997.5—2007.4
张启峰	局长 党委书记	1998.1—2000.4
王继生	副局长	1998.4—2004.12
陈玉斌	副局长	1998.12—2003.4
王庆友	工会主席	1999.5—2002.3
邵长虹	局长 党委书记	2000.4—2007.8
刘培仲	副局长	2002.3—2007.4
李向东	副局长	2002.3—2004.12
刘景祥	副局长	2003.4—2005.8
肖晓春	副局长	2004.8—2008.12
肖晓春(女)	副局长	2005.3—2006.4
伍劲松	副局长	2004.12—2007.8
全宏良	副局长	2005.8—2008.12
段吉凯	副局长	2006.2—2009.9
曾艳辉(女)	副局长	2006.7—2011.8
肖晓曦	局长 党委书记	2007.9—2012.3
张　胜	纪委书记 副局长	2007.10—2011.3
李细根	纪委书记	2008.7—
胡新东	副局长 党委副书记	2010.1—2011.4
易　舸	副局长	2010.7—2016.3
何　迟	副局长	2011.4—2017.6
刘志华	副局长	2011.4—2014.12
肖文章	副局长 党委副书记	2011.4—
昌曙光	局长 党委书记	2012.3—2013.3
罗卫民	副局长	2012.5—
罗剑波	局长 党委书记	2013.4—
文　翔	副局长	2016.3—
—	—	—

第五章　食品药品监督管理

第一节　食品监督管理

一、食品安全综合管理

2004年，开始建设覆盖区、乡（街道）、村（社区）三级食品安全监管网络。2005年，正式启动食品信用体系建设。2007年，在全区各乡（街道）建立食品安全委员会，落实责任，层层签订责任状，实行奖罚责任状制。

2008年，建立和健全食品安全委员会成员单位联席会议制度，督促落实政府和各部门食品安全监督管理责任。是年，抓好两会、冰灾、高考、奥运会、国庆等重要时段食品安全的监督。2011年4月，市食品药品监督管理局石鼓分局成立后，专职负责石鼓区范围内的餐饮、保健食品、化妆品、药品、医疗器械监督管理。

2015年6月，石鼓区政府3届27次常务会议上明确，石鼓区食品安全委员会办公室（以下简称区食安办）承担的食品药品安全监管职能，全部划转到市食品药品监督管理局石鼓分局。

2017年11月，石鼓区政府印发《石鼓区食品安全事故应急预案》。是年12月，组织开展食品安全突发事故应急处置桌面推演，通过情景模拟、集中练兵的方式，强化食品应急处置意识和应急工作能力，提高政府部门和食品安全监管部门应急处置食品安全突发事件的能力。2018年11月，区委、区政府出台《石鼓区落实食品安全党政同责的实施意见》，明确各级党委、政府食品安全领导责任和行政责任，提升食品安全监管工作水平。是年，区政府拨款46万元，为全区23万居民购买食品安全责任保险。

二、食品安全监督管理

2011年4月，市食品药品监督管理局石鼓分局成立后，每年除对提供年夜饭、团圆饭的餐饮服务单位、承接大型活动的餐饮单位和农村集体聚餐进行备案和检查指导外，还开展春、秋季校园及周边食品安全专项整治、水上餐饮整治、餐饮行业查无整治、早餐夜市专项整治，组织学校幼儿园食品安全员、餐饮从业人员、乡村厨师等分期进行食品安全知识培训。

2013年，食品药品监管体制改革后，从2015年起，市食品药品监督管理局石鼓分局负责辖区内食品流通、食品生产加工、餐饮服务等领域食品安全监管。通过开展春、秋季校园及周边食品安全专项整治、校园及周边食品安全“护苗行动”、食品行业“查无”综合治理、肉类及肉类制品整治、酒类产品整治、农村食品安全整治、米粉整治、食品生产加工小作坊整治等专项整治，规范辖区食品经营户及餐饮服务单位的经营行为，使食品安全状况明显改善。

2016年后，市食品药品监督管理局石鼓分局每年完成食用农产品抽检240批次，并对农兽药残留、重金属、亚硝酸盐、二氧化硫、孔雀绿石等重点品种进行食品安全快速检测。对抽检不合格产品，采取下架、封存、召回、销毁等措施，确保所有不合格（问题）食品的处理率达到100%。同时，指导农贸市场规范化建设，每个改造成功的农贸市场都配备有专门的快检室和设备。至2018年底，市食品药品监督管理局石鼓分局共承担农村集体聚餐监督指导500余场次，完成市局下达的食品抽检计划200余批次。

第二节　药品监督管理

2011年4月，对全区药品经营企业购进、贮存、销售和使用药品情况进行重点检查，开展中药饮片专项检查，打击药品经营“挂靠过票”、销售假劣药品、利用互联网邮递渠道兜售假劣药品、非药品冒充药品等专项整治行动。

2012年，为贯彻执行《医疗机构药品监督管理办法（试行）》，开展药品流通环节铬超标药用胶囊整治、中药饮片专项检查；打击药品经营“挂靠过票”违法活动、打击假冒知名品牌药品、打击利用互联网邮递渠道兜售假劣药品、非药品冒充药品等专项整治行动，加强医疗机构“规范化药房”建设，对辖区各级医疗机构的药品的购进、贮存、使用情况进行重点检查，确保二级以上医疗机构和乡卫生院及社区卫生服务中心药房规范化。对石鼓区疾控中心和各接种单位疫苗接收、验收、储存、养护、分发等环节开展检查，未发现非法疫苗流入辖区现象。

2013年，开展预防禽流感药械、违法广告药品和非药品冒充药品专项检查、毒麻药品和计生药械专项检查，开展重大节假日、重大活动期间药械专项检查、冬令滋补品市场专项执法检查、“非药品冒充药品”专项行动、中药材（饮片）专项检查、定制式义齿专项检查、夏季药品质量安全专项检查、药品“两打两建”（打击违法生产和生产经营行为，建规范和建机制）专项行动等一系列专项检查。

2014年，健全完善特殊药品经营企业定期巡查制度，加强对麻醉药品、精神药品、医疗用毒性药品及蛋白同化制剂、肽类激素、药品类易制毒化学品等特殊药品经营使用单位的现场检查。强化对含麻黄碱、磷酸可待因、地芬诺酯等特殊药品成分的复方制剂购销渠道的管理，落实实名登记及限量销售等相关规定。按照新版《药品经营质量管理规范》的规定，加强对药品经营企业的管理。是年，共监督检查零售药店44家次、医疗机构45家次，下达责令改正通知书30份，立案查处12起。检查医疗器械经营门店53家次，下达责令改正通知书23份，取缔无证经营第三类医疗器械案2起。

2015年，结合“四小”（食品加工小作坊、小食品经营店、小诊所、小药店）整规行动，加强日常稽查的力度和频次共监督检查零售药店35家次、医疗机构20家次，下达责令改正通知书22份，立案查处1起。

2016年，做好湖南省涉及“山东省济南市非法经营疫苗案”有关案件线索的查处工作，依法查处非法经营行为。共检查石鼓区疾病预防控制中心及石鼓区妇幼保健院等疫苗接种单位24家，未发现与山东省食品药品监督管理局已公布的涉案嫌疑人员有过疫苗交易或存在从非法渠道购入疫苗、向个人销售疫苗的行为。

2017年，开展城乡接合部和农村地区药店、诊所药品质量安全集中整治，督促其严格遵守《中华人民共和国药品管理法》等法律法规，按要求加强药品采购、储存和使用环节的质量管理。是年，组织开展重点疫苗品种经营及使用单位全覆盖的监督检查，重点检查疫苗储存、运输管理规定的执行情况，确保疫苗质量安全。

2018 年，深入推进药品安全专项整治，将日常监管与 GSP 认证及跟踪检查、药品经营许可证换证、药品安全专项整治紧密结合，规范药品经营行为。是年，依法收回 GSP 认证证书 6 家。

第三节　医疗器械监督管理

2011 年，对药品经营企业、各级医疗机构的药品、医疗器械产品质量进行日常监督检查，重点检查药品医疗器械的购进、储存、销售、使用情况，严厉打击制售假劣药品器械违法犯罪行为。

2012 年，石鼓区开展医疗器械违法活动专项行动、打击利用互联网邮递渠道销售医疗器械专项稽查行动。是年检查药械经营企业 87 家，查处违法、违规案件 27 起，罚没款共计人民币 99764 元。

2013 年，召开全区药械经营质量监管工作会议，与 50 家药械经营企业签订《药械经营质量安全责任书》，协助 9 家药品经营企业顺利通过 GSP 现场认证检查。

2014 年，按照排查、整治、规范相结合的工作模式，采取暗访调查、集中排查、突击检查相结合的检查方式，以重点产品、重点企业、重点案件线索为突破口，着力整治医疗器械非法经营、夸大宣传、使用无证产品等行为。

2015 年，监督指导植入性医疗器械使用单位健全各项规章制度，实现植入性医疗器械全程可追溯；开展美国 BD 公司三色荧光单克隆抗体产品清查、装饰性彩色平光隐形眼镜清查，并对植入性医疗器械、定制式义齿、体外诊断试剂等高风险和重点监管产品专项整治。

2016 年 7—8 月，在辖区内开展 2 次飞行检查，共检查药品零售企业 4 家，发现检查的 4 家企业均存在违反 GSP 规定行为。市食品药品监督管理局石鼓分局依据国家规定，按许可权限收回 4 家企业 GSP 证书，并责令其限期改正。是年，开展“两非”药品检查、中药饮片检查、含特殊复方制剂药品检查等各项监管工作。共监督检查零售药店 50 家、医疗机构（含个体诊所、村卫生室）60 家、行政处罚零售药店 3 家，责令改正 50 家。

2017 年，开展医疗器械专项整治，重点检查小诊所采购和使用定制式义齿产品的情况。着重检查产品的相关档案，对使用未经注册的定制式义齿产品的医疗机构，及时将有关情况通报相关卫生行政部门，并根据使用无证产品的线索，追查其来源，发现并严厉打击违法生产定制式义齿产品的黑窝点。

2018 年，整顿和规范零售药店医疗器械经营秩序。检查经营企业组织机构是否健全，责任是否明确，企业质量管理人员是否存在兼职或非正常原因不在岗现象及质量管理制度落实情况。是年，共责令 15 家医疗器械经营企业整改。

第四节　保健食品化妆品监管

2011 年，探索保健品、化妆品稽查机制，完成全区保健食品、化妆品经营、使用企业全覆盖检查，对经营、使用假劣化妆品的违法行为进行严厉打击，辖区内化妆品市场秩序得到明显规范。

2012 年，组织执法人员对保健食品化妆品经营单位进行摸底检查，同时开展节日期间保化产品、保化产品违法、保化产品违法添加违规标识及保化产品违法广告等专项检查，共出动执法人员 228 人次、车辆38车次，检查保健食品经营店、化妆品使用单位70家，查处违法违规案件1起，案值1.5万元，罚没2万元。

2013年，开展美白、祛斑防晒类化妆品专项整治，共出动执法人员138人次、车辆69台次，检查化妆品经营单位69家次，其中立案查处2家、责令整改67家。借助“打四非”专项行动，大力整治保健食品市场乱象，共出动检查保健食品经营企业71家次，立案查处2家、责令整改56家。

2014年，开展保健食品非法添加化学药物成分、化妆品违法使用禁限用物质专项整治，加大对缓解体力疲劳类、降血糖、降血脂、减肥类保健食品和祛斑类化妆品的整治力度；开展保健食品打“四非”专项行动，依法打击违法经营保健食品、化妆品违法行为。检查摸底保健食品专卖店9家、药店兼营保健食品41家、美容及大型理发店化妆品使用13家，未发现违法违规行为。

2015年，以国家局要求整治的品种、日常监管发现的问题品种、功能保健食品和美白、祛斑、抗皱等类别化妆品为重点，加强对索证索票、查货验收、批发企业台账建立等重点环节的专项检查。

2016—2018年，根据市局不良反应中心下达的各项指标，加强辖区内各医疗单位、药品零售企业和化妆品经营企业各类不良反应业务知识培训，按时、准确、全面、逐级上报不良反应事件，完成各类考核指标和任务。

第五节　案件查处

2012年，立案128起，罚没40.25万元。2013年，立案164起，罚没45.10万元。2014年，查处各类案件74起，结案72起，罚没25.69万元，查办的某羊肉粉店经营使用无标识标签的预包装调料，将狗肉冒充羊肉加工成“羊肉粉”食品案，被评为衡阳市2014年度食品药品稽查执法典型案例。

2015年，市食品药品监督管理局石鼓分局共结案15起，罚没9.23万元，移送公安机关案件1起。7月31日，市食品药品监督管理局石鼓分局联合公安部门在石鼓区北区大市场查办的销售非法添加氯霉素的花甲案，被列为“湖南省食品药品监督管理局第二批挂牌督办的重大食品药品违法案件”，同时被评为2015年度全市食品药品稽查执法典型案例。

2016年，市食品药品监督管理局石鼓分局共办理违法案件5起，罚没13.66万元，无一例行政复议和行政诉讼案件发生。颜某某在未办理“食品经营许可证”的情况下擅自销售保健食品，市食品药品监督管理局石鼓分局于3月11日对其进行立案调查。6月8日，依据新修订的《中华人民共和国食品安全法》对其作出罚没51386元的决定，这是石鼓区依据新修订的《中华人民共和国食品安全法》作出的第一例处罚。

2017年，结案52起，罚没26.16万元，移交给衡阳市公安局石鼓分局治安大队案件线索一起。是年，市食品药品监督管理局石鼓分局获全市食品药品稽查专项考核“先进单位”称号。

2018年，结案42起，罚没42.70万元，移送公安机关案件1起。开展酒类市场专项整治，立案4起，查获假冒伪劣白酒64瓶，标签不符合食品安全标准的燕京啤酒94件，罚没13.20万元。

第六节　机　构

2004年，成立衡阳市石鼓区食品安全委员会，下设办公室。2011年4月，成立衡阳市食品药品监督管理局石鼓分局（以下简称分局），为衡阳市食品药品监督管理局直属正科级单位（非法人单位）。负责石鼓区范围内的餐饮、保健食品、化妆品、药品、医疗器械的监管。在职人员11人，退休人员3人。2014年，衡阳市启动食品药品监管体制改革，将食安办、工商、质监、商务等部门的食品监管职能全部划转到食品药品监督管理部门。2015年1月，从工商部门划转19人到分局。至此，分局在职人员30人，退休人员3人；内设股室4个，下设食品药品监管所8个。是年，分局加挂“石鼓区食品安全委员会办公室”的牌子和“衡阳市食品药品监督管理局石鼓稽查大队”的牌子，除承担石鼓区食品安全委员会办公室日常工作外，还负责石鼓区管辖范围内的食品、餐饮、药品、医疗器械、保健食品、化妆品的监管和稽查工作。

2011—2018年衡阳市食品药品监督管理局石鼓分局领导一览表

表9-5-1

姓名	职务	任职时间	姓名	职务	任职时间
罗春武	局长	2011.1—2018.1	刘志华	副局长	2015.1—2018.1
陈梅初	副局长	2011.4—2015.4	刘　畅	副局长	2015.4—2017.10
熊雅莉(女)	副局长	2011.4—2015.4	胡　剑	副局长	2015.4—
万文君	纪检组组长	2011.4—2017.4	伍劲松	局长	2018.1—
吕卓倩(女)	工会主席	2011.4—2015.4	欧少良	副局长	2018.1—

第六章 国土资源管理

第一节 土地资产管理

1996年，城北区土地有偿使用的范围有新的突破，除法律规定的党政机关、军事设施和教育公益事业等用地仍实行行政划拨外，其他一律实行有偿使用土地。1997—2000年，土地有偿使用的范围不断扩大，出让方式增多。到2002年，境内土地使用权除招标、拍卖出让外，开始推行挂牌出让，对以往协议出让方式严格控制，实现土地资产市场运作，进入土地交易场所公开出让。2003年，境内对所有经营性用地停止协议出让审批，一律实行招标、拍卖、挂牌出让。经营性用地一律进入土地市场，全部实行招标拍卖；不具备招标、拍卖条件的进行挂牌出让。是年，稳妥处置国有企业改制中土地资产，根据改制企业具体情况采取出让、作价入股等方式灵活处置，为企业发展拓宽土地融资渠道，确保国有资产不流失。

2004—2018年，除国家重大基础设施铁路、公路用地实行行政划拨外，经营性土地、工业用地等全部实行招、拍、挂出让。

第二节 土地资源管理

一、土地利用总体规划

1996年，市国土资源局城北分局根据全市土地利用总体规划，按照土地资源的地域差异和规划期内土地利用的主导功能，境内土地划为林业用地、农业用地和特殊用地三种功能用地区。

1997年，市国土管理局启动规划修编工作计划。1999年，完成《衡阳市土地利用总体规划（1997—2010年）》，并经国务院批准实施。市国土资源局石鼓分局亦于1999年完成境内土地利用总体规划篇，对全区土地利用进行宏观调控和指导具有法定效力，为实行土地用途管理的依据，任何单位和个人都必须遵守。规划期内，土地利用的主要目标：耕地总量动态平衡，目标是补充耕地，控制耕地减少，保护基本农田，控制建设用地。土地整理、开发目标是整理出各类用地。耕地、开发土地、低产农用地改造目标是改造“四低”资源，即低产田土、低产园地、低产养殖水面、低产林地。土地利用率与产出率：目标土地利用率提高，复种指数增加。改善土地生态环境，控制水土流失，有效防止土地污染。退耕还林，森林覆盖率提高，自然保护区面积增加。立足区情，统筹安排各业用地。建立土地供给引导和土地用途管理，从严控制非农业建设用地，珍惜和合理利用土地，切实保护耕地使耕地总量动态平衡。开源与节流并举，提高土地利用类别与产出率，促进土地资源持续利用。

2001年5月，衡阳市城区行政区划调整后，将境内土地调整划分为农业用地、农林用地、城镇建设用地和特殊用地四种功能用地区。

依据土地利用总体规划的目标、方针和要求，石鼓国土分局每年都制定年度土地利用计划，报市局备案，并严格按总体规划和年度计划执行。

二、土地资源开发整理复垦

经过待开发土地资源调查和土地调查，石鼓区有难利用土地、未利用土地；利用土地中部分茶园、果园老化，亟待更新复垦。因自然和经济技术等因素的影响，耕地中的沟渠、道路、田坎占地较多，中低产田土等“四低”（低产田土、低产园地、低产养殖水面、低产林地）资源有一定比例，增产潜力较大，适宜进行土地整理。工矿废弃地和自然灾害损毁地以及农村废弃地、河洲滩地、荒废水面等亦有一定数量，其中有些部分可复垦为耕地，有的则可开发园地、林地、牧草地、养殖水面、建设用地。根据《衡阳市土地开发整理规划（2000—2010 年），石鼓区经过起步、规范和全面推进三个阶段，至 2010 年，全区整理复垦改造中低产田 295 公顷，通过土地开发补充和新增耕地 50 公顷，取得良好的社会、经济和生态效益。

三、土地资源保护及治理

2000 年，按照《划定基本农田保护区技术规程》，根据《衡阳市土地利用总划》，全区重新划定基本农田保护区和建设预留地的范围，调整原保护区中已经批准占用、需要退耕还林和属于建设用地区的耕地，并对基本农田逐图斑、逐地块编号登记造册，逐级汇总建档，形成专门的基本农田保护区规划图。截至 2018 年，全区划定基本农田保护区 16 个，需坚守耕地保有量 2600 公顷、基本农田保护指标面积 1286. 54 公顷。基本农田调整划定后，区委、区政府将基本农田保护目标逐级落实到村组、地块和农户，层层签订基本农田保护责任书，落实基本农田保护责任制；将耕地保有量及基本农田保护考核指标执行情况列为乡、街道主要负责人业绩考核的重要内容，对考核不合格的责令限期整改，对履行责任目标且成绩突出的给予表扬。2018 年，根据全国基本农田永久划定工作的总要求，制定《石鼓区永久基本农田补划工作方案及相关细则》并予以实施。全区永久基本农田面积由原 1313. 87 公顷调整为 1373. 87 公顷，补划基本农田面积 60 公顷，调整火车北站、青石水库、横江湿地公园、角山旅游环线、村部建设等设施项目的周边基本农田，为辖区内项目用地需求提供保障。

第三节　地政地籍管理

一、土地调查登记

1996 年，市国土资源局城北分局在前期开展城镇地籍普查的基础上，做好详查后续工作，即土地利用现状年度变更调查，对地类、权属发生变化的情况进行及时变更，建立土地统计制度。1999 年，境内国有土地的初始登记完成，随之开展变更登记。2001 年 8 月至 2002 年 3 月，市国土资源局石鼓分局开展西部大开发坡耕地和耕地后备资源调查工作。2003 年开展土地登记发证工作，共办理国有土地使用证 2580 本，其中私房 2200 本、福利房 270 本、单位房 50 本、集体土地使用证 60 本，并及时进行土地变更登记。2004 年，开展农村集体土地所有权登记发证工作，共发土地证 1800 多本。2007 年，全面启动第二次土地调查。至 2008 年，农村外业调查全部完成。

二、土地权属管理

境内在开展土地详查之前，有一些土地权属争议。1996 年，城北区建立专门的档案室，对地籍档案实行统一管理。2003 年，石鼓区开始利用现状数据库建设与应用工作试点。2005 年，完成现状数据库建设与应用试点工作。该数据库广泛应用于建设用地报批、土地利用现状变更调查、土地统计和动态监测、耕地整理与项目开发、土地利用和基本农田保护等工作。

第四节 建设用地管理

1996 年，城北区实行土地管理一票否决制，扭转土地管理长期失控局面。2001 年，对各类建设用地项目经过审查，凡符合土地利用总体规划、城市建设规划、国家供地政策后，集中归口国土部门管理。对经营性用地停止协议出让，实行招标、拍卖、挂牌出让，防止出现多头供地、暗箱操作土地价格等现象。

2003—2004 年，衡阳市人民政府先后出台 11 个关于加强土地资产管理的规范性文件，其中加强经营性用地管理的文件有 7 个。凡经营性用地必须进入土地交易市场公开招拍挂出让，非经营性项目必须经衡阳市人民政府决定。旧城改造用地规划确定为经营性用地的，一律由衡阳市人民政府统一收回土地使用权，采取招拍挂方式出让。

至 2018 年，石鼓国土分局衔接市局相关科室，对辖区内符合增减挂钩条件的后备资源进行调查，完成和平村 16.14 公顷、灵官庙 5.67 公顷、三星村 6.11 公顷、旭东村 2.58 公顷、角山村 8.02 公顷、利民村 14.35 公顷的内业调查，为增减挂钩工作做好前期摸底调查准备工作。按照《衡阳市国有建设用地批后监管实施办法》要求，将批后监管列入日常动态巡查工作中；做好闲置土地、安置用地、村民建房用地的清理工作。

第五节 执法监督

一、清理整顿各类用地

2003—2004 年，根据国土资源部和省、市人民政府的部署，开展清理整顿土地市场秩序工作。以加强经营性用地管理为切入点，以清理各类开发园区和落实征地拆迁安置政策为重点，以自查自纠和查处大要案为突破口，进一步规范土地市场秩序，推进土地市场健康发展。

2007—2008 年，开展土地使用查验、闲置土地清理、工业用地清理、土地开发整理项目等专项查验和清理工作。2008 年，对辖区内可用于城乡增减挂钩的拆旧区土地资源潜力进行专项调查，建立数据库。将 45 块地约 37.30 公顷农村废弃地和拆并居民占地纳入 2008—2012 年拆旧复垦范围。其中角山乡三星村和茅茶亭村总复垦土地面积 4.69 公顷纳入增减挂钩项目内。衡岳高速公路占用辖区耕地 27.57 公顷，其中基本农田 23.94 公顷，在角山乡杨岭村计划开发一块 27.57 公顷的茅草地为耕地，保证占补平衡。

二、国土资源执法大检查

2003年起，坚持一周一查的巡回执法制度，建立“违法案件查处台账”“动态巡查登记表”等7种表格。立案查处非法用地12起，结案9起。查处湖南理工专修学院非法占用集体土地建校，永兴集团在进步村地段兴建家具城违法用地，华达开发公司非法转让土地等案件。

2007年，共巡查106次，发现违法行为29起，立案11起，下达处罚决定书11份，制止违法行为18起，送达各类法律文书85份。2010年，对辖区内16宗违法用地进行清查摸底，对其中6宗土地立案查处。是年共计收取各类规费47万元，其中罚没款14万元。2011—2017年，建立严密的国土资源三级巡查动态巡查网络体系，做到大队、国土所各负其责，并建立乡、村二级义务监察和信息员网络。2018年，衡阳市国土资源局石鼓分局执法大队动态巡查102次，发现违章建筑15处，全部下达《责令停止国土资源违法行为通知书》，不定期向区政府及市局执法支队提出处理建议，对情况严重复杂的做到及时报告。

三、清理整顿矿产资源管理秩序

2003年，对矿产资源管理进行清理整顿，开展矿产企业年检。2006—2008年，结合全市开展的矿产资源开发秩序整顿和规范工作，下发《石鼓区矿山年检工作的通知》到辖区内应检矿山企业，全区范围内应检矿山8家，实检矿山8家，年检合格率为100%。2018年，湖南省第一环境保护督察组进驻衡阳，开展环境保护督察工作。衡阳市国土资源局石鼓分局配合环保督察组开展工作，对尚在生产的三家非法页岩砖厂下达《责令停止违法行为通知书》，责令停产整顿。年底三家非法页岩砖厂全部停工停产，依法关闭。是年底，区内八家非法页岩砖厂全部被依法拆除，非法页岩砖厂造成的环境污染和安全隐患彻底消除。

第六节　机　构

1992年5月，成立衡阳市国土局城北分局，属市国土局派出机构，设地籍地政股，法规监察股和办公室。下辖人民、青山、潇湘、五一、合江、蒸湘6个街道国土所。2001年5月，衡阳市城区行政区划调整后，改称衡阳市国土局石鼓分局，并设立角山所、中心所、松木所。12月，更名为衡阳市国土资源局石鼓分局，下设办公室、重点办、地产股、地籍测绘股、信访办、财务股、用地耕保股、地质矿产股、法规监察股。2008年，分局设8个股室（办公室、财务股、用地股、地籍股、地产股、地矿股、信访办、窗口办），3个国土资源管理所（中心国土所、松木国土所、角山国土所），衡阳市国土资源执法监察支队石鼓大队。2017年后，分局内设办公室、综合一室、综合二室、执法大队等4个部门。下辖中心国土所、黄沙湾国土所、角山国土所。分局有干部职工28人，其中班子成员5人（局长1人、副局长3人、执法大队长1人）。

1996—2018年衡阳市国土资源管理局石鼓（城北）分局领导一览表

表 9-6-1

姓名	职务	任职时间	姓名	职务	任职时间
王章兴	局长	1993.7—1996.6	张一平	副局长	2004.6—2008.9
刘和平	副局长	1993.7—1996.6	刘卫平	副局长	2004.6—2007.2
董淑安	副局长	1993.7—1999.2	许　斌	副局长	2005.3—2012.4
谢　君	局长	1996.6—2002.4	王智勇	执法大队长 副局长	2005.3—2012.6 2012.6—
桂若钢	副局长	1996.6—2001.6	钟登仁	工会主席 副局长	2008.4—2009.2 2009.2—
陈正仕	副局长	1999.2—2004.6	李立春	副局长	2009.3—2012.6
黄新良	副局长 局长	2001.7—2002.4 2006.3—2012.4	杨勇军	工会主席	2009.3—2012.6
杨安运	副局长	2001.7—2002.4	谭明智	执法大队长	2012.6—2017.10
钟　妮(女)	工会主席	2001.7—2002.4	邓姗姗(女)	工会主席	2012.6—2017.2
刘福云	局　长	2002.4—2004.6	阳　波	副局长	2012.6—
吴　斌	副局长 局长	2002.4—2004.6 2004.6—2006.3	曾文杰	局　长	2014.4—2017.7
唐　力	副局长	2002.4—2005.3	欧云清	局　长	2017.7—
魏亿民	工会主席	2002.4—2007.8	阳胜利	执法大队长	2018.1—

第七章　安全生产监督管理

2003 年，区政府成立石鼓区安全生产委员会，并组建安全生产监督管理局，领导和协调全区安全生产监督管理工作。区安全生产监督管理局全面加强非煤矿山、危险爆炸化学品和综合安全监督管理，实行“安全生产一把手负责制”、“安全生产事故责任追究制”和“安全生产一票否决制”。制订全区安全生产重大事故应急救援预案，加强安全生产事故调查处理，全面落实各项安全生产措施。

第一节　安全生产宣传教育

2003 年，成立石鼓区安委办、安监局后，结合石鼓区实际，在每年安全生产月、重大节假日和重大活动期间，广泛宣传贯彻《中华人民共和国安全生产法》等法律法规，开展以安全文化“七进”（进企业、进校园、进机关、进社区、进农村、进家庭、进公共场所）为主题的系列宣传教育活动。通过举办安全知识竞赛、打造社区安全文化长廊、举行中小学生征文比赛以及开展安全展板展示、安全生产咨询周、安全生产培训等形式多样的宣传教育活动，大力普及安全文化知识，并多次获得省、市安监局领导好评。

2011 年，围绕“安全责任，重在落实”的活动主题，广泛调动社会各方力量，以丰富的内容和形式营造“安全生产月”社会氛围，同时注重发挥电视、报刊、网络等新闻媒体的作用，深化安全生产宣传教育活动，收到良好的社会效果。6 月，开展咨询服务活动，主要采取定点咨询、发放资料、展示图片、板报及安全科技产品等形式对广大干部群众进行宣传教育。同时，组织机关人员深入建筑工地、企业、学校、农村、社区发放安全手册、挂图等宣传品，讲解安全生产法律法规，受到基层单位和群众热情欢迎。宣传咨询日当天，共发放各种安全生产资料 1200 余份，共有 1500 余名群众接受咨询服务，100 余人亲身体验安全科技新产品带来的安全保障。

2017 年，持续开展安全生产宣传教育活动，印发安全生产承诺书 17 万余份，引导市民强化安全生产意识。6 月，开展以“全面落实企业安全生产主体责任”为主题的“安全生产月”宣传活动，悬挂横幅 600 余条，滚动播放标语 30 万余次，宣传橱窗、板报 800 余处，推送微信 6 万余条。11 月 9 日，启动“119”消防宣传月活动，通过 VR 虚拟体验、现场演示、展板宣传，吸引 2000 余名群众参与。

第二节　安全生产监管与执法

一、健全监管责任体系

2003 年，区安全生产监督管理局逐步完善安全生产监管责任体系。2007 年始，区政府每年与各乡街和区直部门签订安全生产责任状，压实安全生产责任。2012 年，区政府出台《石鼓区安全生产监督管理职责规定》，明确区直各部门安全生产监管职责。是年，8 个乡（街）成立安监站，建立村（社区）安全生产联络员制度，逐步完善三级安全生产责任体系。

2014 年，出台《关于建立领导干部带队检查安全生产工作制度的通知》，明确区乡两级党委政府及各部门主要负责人和领导班子成员每年带队检查安全生产工作次数。2016 年，区委、区政府按照“党政同责、一岗双责、失职追责”制度，联系辖区重点企业安全生产工作，区政府分管副区长按照“一岗双责”的要求，抓好分管行业、领域的安全生产工作。2017 年，修订《石鼓区安全生产监督管理职责规定》，强化区委、区政府各部门和乡街及领导成员的安全生产监管职责。至 2018 年，石鼓区各级领导带队检查安全生产工作约 2100 人次，检查企业 4300 余家。

二、推进示范创建

2010 年，松木乡、角山乡分别成功创建为省级、市级安全生产示范乡；2011 年，合江街道被评为“衡阳市安全生产示范街道”；2012 年，黄沙湾街道成功创建市级安全生产示范街道；2013 年，青山街道成功创建市级安全生产示范街道；2014 年，五一街道成功创建市级安全生产示范街道；2015 年，人民街道成功创建市级安全生产示范街道；至 2018 年，全区 7 个镇街全部完成示范创建，其中 6 个镇街成功创建市级安全生产示范镇街，合江街道成功创建省级安全生产示范街道。

三、安全生产执法

2003—2007 年，持续开展安全生产各项专项整治活动。重点突出道路水上交通、旅游安全、危险化学品运输、校车安全、消防安全、烟花爆竹和危险化学品、建筑施工和城镇燃气、特种设备、农村用电和防汛安全、食品安全等行业领域。持续开展专项整治，多次开展集中执法和联合执法行动，严厉打击非法违法生产经营行为。2008 年，推进“隐患治理年”和“百日督查”两大活动，全区共检查各类单位 321 个，共排查大小隐患 152 处，整改到位 140 处（其他 12 处在停产停业整改中）。区安委各成员单位共督办重点隐患 7 个，下达整改指令 155 份，取缔非法建筑、生产经营企业 5 家，关闭不符合安全条件的危险化学品生产企业 6 家，收缴炸药 160 千克、雷管 600 余枚、导火索 1000 余米、停航渡船 2 艘，有效遏制各类事故的发生。2013 年，集中开展安全生产隐患排查治理专项行动、安全生产“三大行动”和“一打三整”专项行动，共检查企业 600 余家，发现各类安全隐患 160 余处，经复查，隐患整改率达 100%。2018 年，推进全区“三大行动”（大排查、大督导、大整治）、“打非治违”百日行动和重点隐患治理“一单四制”（一个重大事故隐患清单、交办制、台账制、销号制、通报制）。各镇街、各行业主管部门落实属地监管和行业监管责任，全区共出动人员 2600 余人次，查处安全生产领域非法违法行为 150 余起，整改隐患 2700 余处。

第三节　重点领域安全隐患整治

一、危险化学品

2003 年，全区有危险化学品生产储存企业 70 家（主要分布在市区城乡接合部和松木工业园）。是年，对全区危险化学品生产、经营、储存、运输单位进行全面监督检查，查处安全隐患 23 处，发出整改通知书23份。2006年，对全区危险化学品的10个生产场所、3个仓库进行安全检查，查出安全隐患8处，督促整改6处。2008年，对危险化学品进行专项整治，检查危险化学品经营单位76家，发现隐患53处，整改52处，整改率98%。取缔3家火险隐患严重又无法整改的液化气门店，对6家无证经营、超量储存的油漆店、化工产品点进行封查，责令停业整改。2010年，关闭无证生产经营单位1家，经济罚款2万元。查处危险化学品生产经营企业事故隐患76处，完成整改76处，整改率100%。

2011年起，为妥善处置衡阳莱德生物药业股份有限公司金雁化厂残留的1000余吨危险化学品，区政府召开多次专题会议，调度资金，并督促企业拿出处置方案。至2016年，金雁化厂残留的危险化学品全部处理完毕。至2018年，因部分危险企业陆续搬迁或划入市松木经济开发区，全区危险化学品企业减少至32家（生产1家、经营31家）。是年，开展危险化学品安全隐患排查，排查危险源6处、隐患10处、重大隐患1处，均责令按期整改到位。

二、非煤矿山

2001年，石鼓区管辖1家地下矿山企业和14家露天矿山企业。2002年，对全区非煤矿山进行专项整治，对安全生产要求不达标的2家勒令停产整顿。2004年，责令停产整顿的非煤矿山1处。2006年，采取逐个企业上门检查、严管火工产品等办法，督促全区各非煤矿山企业落实各项安全生产措施，特别是对防控沟渠、采场、排土场等重要场所和部位加强监督检查，严防事故发生。2008年，对15家非煤矿山企业进行检查，发现隐患9处，整改9处，整改率100%。2010年，开展行政执法检查，下达现场检查记录15份，下达限期整改指令书8份，设立隐患公示挂牌机制，查处事故隐患5处，完成隐患整改5处，累计投入隐患整改资金9.3万元。2012年，地下矿山企业划入市松木经济开发区管辖。2013—2015年，持续开展隐患排查和专项整治，确保辖区非煤矿山企业安全生产形势持续稳定。至2016年，全区14家露天矿山企业中有13家陆续关闭退出。至2018年，全区仅有1家手续齐全的页岩露天开采企业。

三、烟花爆竹

2009年，区安监局通过前置审批、严格执法、专项整治等措施，规范烟花爆竹生产经营秩序，强化从业人员安全意识，确保全区烟花爆竹生产、经营“零”生产安全事故。2012年，境内有1家烟花爆竹生产企业——角山乡三星烟花鞭炮厂，有40家零售经营户和1家烟花爆竹批发公司。按照省市规划和城区烟花爆竹禁售要求，该生产企业于2016年关闭，烟花爆竹批发公司及大部分烟花爆竹经营户也相继关闭或取缔。至2018年，全区剩余7个烟花爆竹零售户。

第四节　机　构

石鼓区安全生产监督管理局成立于2003年，为区经科委负责全区安全生产的行政执法机构。2007年，石鼓区安全生产监督管理局单列，为石鼓区政府独立的政府组成部门。2007—2009年，区安监局内设办公室。2010年，增设综合业务室。2015年11月机构改革后，成立法规规划股（加挂行政审批服务股牌子）、安全生产监督管理股（加挂应急办牌子）和职业健康监督管理股。2018年末，区安监局内设办公室、法规规划股、安全生产监督管理股、职业健康监督管理股4个股室，另设安全生产执法大队，为副科级事业单位。

2003—2018 年石鼓区安全生产监督管理局领导一览表

表 9-7-1

姓名	职务	任职时间	姓名	职务	任职时间
朱永忠	局长	2003. 5—	王艳玲(女)	纪检组组长	2015. 11—
杨代明	副局长	2008. 5—2015. 11	李志刚	副局长	2016. 1—
何拥军	副局长	2014. 5—2017. 7	高　敏(女)	执法大队长	2016. 1—

第八章　物价管理

1996—2000年，衡阳市物价局城北物价检查所负责区内物价管理工作。2001年5月，衡阳市城区行政区划调整后，城北物价检查所更名为石鼓物价检查所，2008年9月更名为衡阳市石鼓价格监督检查局，为正科级行政单位。截至2018年，石鼓物价检查部门履行职责，加强政策宣传，实施物价监督，确保辖区市场物价平稳有序。

第一节　政策宣传

1996—2001年，主动与区内工商企业者建立价格信息联络，发行《湖南价格信息》《湖南医药价格公报》《衡阳价格信息》刊物10000余份。2002年起，全区涉农收费价格公示工作全面推开，公示内容为公安、司法、民政、卫生、工商、国土、教育、农业、水利、农电、农机、林业、畜牧水产等部门的收费标准和价格。

2005年，注重价格诚信建设，开展"推进价格诚信、打击价格欺诈"宣传执法月活动。2006年，在纪念"12358"举报电话开通五周年之际，在莲湖广场悬挂"举报价格违法行为，请拨打'12358'""明明白白标价、清清楚楚消费"等大幅标语，设立价格咨询、价格举报点，现场接受群众咨询和受理群众投诉，为群众排忧解难。2008年，组织相关单位在区各主要路段悬挂大幅标语，出动宣传车，宣传《中华人民共和国价格法》颁布实施十周年。

2009年，衡阳市物价局、衡阳市房产局联合下发《衡阳市新建商品房交易价格行为实施细则》（以下称《细则》），区价格监督检查局及时组织区内房地产开发企业和中介服务机构相关人员对《细则》进行贯彻和落实，指导房地产开发企业和中介服务机构建立健全包括物价责任人和物价员制度在内的各项价格管理制度，督促房地产开发企业加强价格自律，自觉贯彻执行《细则》。2010年4月，在松木、角山两乡大力开展惠农政策宣传，让农民了解和掌握国家惠农相关政策，同时，对全区13家涉农价费单位的收费情况进行专项检查，对存在乱收费行为的单位依法进行处罚。2011年3月，受日本核电站泄漏事故传言的影响，部分群众抢购碘盐，由于宣传及时、检查到位，风波迅速平息，食盐价格未出现大幅波动。

2013—2015年，全面推行价格公共服务进社区、农村、学校、医院、景区、车站、商场、市场；在社区建立价格公共服务站，聘请服务人员，方便居民查询、举报；在区内各医院、大型商场和超市、农贸市场、重点景区建起价格公示牌或电子显示屏，方便消费者了解、查询。至2015年，全区建立价格服务站点139个，形成遍及城乡的立体服务网络。2016—2018年，贯彻"服务+管理"工作模式，在落实价格政策、进行价格监督检查的过程中，主动讲清政策，印制发放宣传材料20000余份；依托12345热线和12358价格举报平台，共为500余名来电、来信、来访群众讲解价格法律法规政策，增强群众价格维权意识，规范经营者价格活动；利用"3·15"消费者权益日、依法行政宣传日等集中宣传活动，现场答复群众民生政策咨询1000人次。

第二节 价格监督

1996—2000年，重点对粮食、食用油、食盐、家电等产品价格进行重点检查，累计查处价格违法行为和案件49起，没收违法收入35.3万元。2001年，国家计委《关于商品和服务实行明码标价的规定》开始施行。根据省局和市局的安排，石鼓物价检查所在全区开展较大规模的物价整顿和规范明码标价及收费公示活动。5月，根据全省统一安排，在第一个“五一黄金周”期间，重点检查了旅游中吃、住、行、购的价格。2002—2003年，对全区涉农收费（价格）公示情况进行检查，并统一制作涉农收费公示牌90块（2米×2.80米）发至各乡（村）。2003年，抗击“非典”时期，板蓝根、食醋、口罩等部分治疗药物级防护药品供应偏紧，价格暴涨，物价部门采取果断措施对这些药物实行“一日一报制”，不准提价销售，并设立应急小分队，及时查处各类价格违法案件。2004年，全区农村义务教育阶段学校全部试行教育收费“一费制”。

2005年，农资价格高涨。对2个乡的14个农资经营批发企业、门店进行价格监督和检查，发放“遵守价格政策、自觉明码标价提醒通知书”26份、商品价格标签1万余张，及时纠正3个企业擅自超限价销售碳铵的违价行为。2007年，衡阳物价居高不下，石鼓物价检查所对区域内粮油、猪肉、鱼、蛋的价格、供应量、销量等情况进行监测，为政府全面、准确了解市场价格变化，调控市场物价，发挥了重大作用。2008年衡阳特大冰灾期间，对区内大中型超市、商场、液化气站、桶装水供应点、宾馆、招待所、主要农贸市场和车站、出租车等经营单位和个人的商品价格和服务收费进行拉网式巡查，对不打表乱涨价的出租车和客运班车趁灾涨价的行为进行查处。2009年，在全区范围内开展价格公共服务进社区、进乡村、进学校、进商场、进医院工作。2010年3月，政府决定禁止摩的在城区营运，一时出租车营运兴起，一些出租车司机趁机随意喊价，不打表收费，大肆敛财，市民反映强烈。针对这一情况，石鼓价格监督检查局轮番在莲湖路口、蒸湘北路等主要路段，对出租车票价进行价格监督检查。

2011—2012年，为减轻群众看病负担，石鼓价格监督检查局多次深入全区各社区卫生服务中心和乡卫生院，对实施国家基本药物制度的情况进行严格监督检查。同时，对落实国家先后8次下调350种常用药品价格和3次下调常用医疗服务收费情况，进行普遍检查监督。

2014—2018年春节、五一、国庆、中秋等法定节日期间，主要检查区内大型超市、商业零售、车站、停车场等行业以及商品明码标价情况，重点检查各类停车场和步步高购物广场、香江百货等场所。采取现场查看、发放《规范经营者价格行为提醒函》《关于商品和服务实行明码标价的规定》《禁止价格欺诈行为的规定》《制止牟取暴利的暂行规定》宣传资料和问询消费者等方式进行督查，确保节日期间市场价格稳定。

第三节 物价调节

1996—2018年，随着市场经济体制的不断完善和价格改革的不断深入，居民消费领域已有97%以上的商品和服务价格放开由市场调节，属于政府管价的比重不到3%。

1996—2018年部分年份石鼓区（城北区）大米价格统计表

表9-8-1　　单位：元/千克

年份 品种	1996	2000	2003	2005	2008	2011	2013	2015	2018
标二	2.6	1.68	1.75	2.66	3.00	2.50	3.20	4.80	6.00

1996—2018年部分年份石鼓区（城北区）一级猪肉零售价格统计表

表9-8-2　　单位：元/千克

年份	一级猪肉价格	年份	一级猪肉价格	年份	一级猪肉价格	年份	一级猪肉价格
1996	12.00	2000	10.80	2005	14.50	2015	29.00
1997	12.40	2001	11.20	2007	28.00	2018	39.00
1998	12.20	2002	12.40	2011	26.00	—	—
1999	11.00	2004	13.00	2013	25.00	—	—

1996—2018年部分年份石鼓区（城北区）油脂价格统计表

表9-8-3　　单位：元/千克

年份 品种	1996	2000	2003	2005	2008	2011	2013	2015	2018
茶油	19.00	18.00	18.00	20.00	40.00	60.00	70.00	90.00	100.00
菜油	9.00	8.00	8.10	7.80	12.6.	16.50	20.00	27.00	30.00

1996—2018年部分年份石鼓区（城北区）草鱼价格统计表

表9-8-4　　单位：元/千克

年份	1996	2000	2003	2005	2008	2011	2013	2015	2018
价格	11.50	8.00	7.00	8.40	12.00	14.00	15.00	16.00	18.00

1996—2018年部分年份石鼓区（城北区）液化气价格统计表

表9-8-5　　单位：元12千克/瓶

年份	1997	1998	2003	2005	2008	2011	2013	2015	2018
价格	45	40	50	60	90	93	96	99	103

1996—2018年部分年份石鼓区（城北区）商品房价格统计表

表9-8-6　　单位：元/平方米

年份 品种	1996	2000	2005	2008	2012	2015	2018
经济适用房	500~540	530~600	720	850	—	—	—
商品房	750~800	820~900	1000~1200	1500~2000	2500~3500	3500~5000	5000~6000

第十篇

工　业

1996年，全区有区属工业企业27家，街道、居委会工业企业（以下简称街委企业）87家，职工2754人，全年完成工业总产值17143万元，产销率98.35%，实现利税800万元。工业门类涉及机械、化工、橡胶、制药、电器、金属制品、纺织、印染、缝纫、皮革、制鞋、印刷、文化用品10多个行业。1997年、1998年，工业企业继续发展，工业总产值分别为18898.40万元、20799万元，比上年分别增长10.24%、10.06%。1999年，境内一些企业不能适应市场经济的需要，相继出现经营困难局面，全年工业总产值为20643万元，较1998年略有下降。2000年，大部分企业处于停产、半停产状态，多家企业靠出租厂房、门面维持退休职工的生活费，全年完成工业总产值8257万元，为1996年的48%。

2001年，衡阳市行政区划调整，并入新辖的松木、角山两个乡和黄沙湾街道的乡属及街委企业35家，全区、乡、街委企业达149家，完成工业总产值15656万元，比上年增长44%，为1996年的91%。是年，面对企业困境，境内国有工业企业实施“优先卖、着重股、依法破、规范包”等多种改革形式，盘活国有工业企业。区、乡、街委企业实行关、停、并、转。至2002年，新增个体中小民营企业100余家。2003年，民营企业完成工业总产值15.10亿元。2004年，又新增规模民营企业20家，其中新增年产值500万元以上的农产品加工龙头企业1家。至2005年，完成工业总产值16.29亿元，比2004年增长29.50%，为1996年的131%。

2006年，全区完成规模工业增加值6.59亿元，比2005年增长27.20%。2007年，13家区属工业企业完成改制，100多家乡、街委企业关闭。部分乡、街委企业转为个体工业企业。国有和集体经济逐步退出，民营和外资企业从小到大、从弱到强，逐步成为石鼓区工业经济的重要组成部分。是年，完成规模工业增加值9.83亿元，比2006年增长20.50%。2008年，全区个体、民营工业企业总数达345家，其中规模以上工业企业44家，全区完成规模工业增加值11.79亿元，比2007年增长12.60%。2010年，完成规模工业增加值17.53亿元，比2009年增长20.40%。辖区内有省级工业园（松木工业园）1个、区级工业园（石鼓科技创业园）1个，孕育50余家中小型非公企业。

2011年，全区完成规模工业增加值22.29亿元，比2010年增长17.20%。是年8月17日，在全省发展非公有制经济工作总结表彰会上，石鼓区被评为“湖南省发展非公有制经济先进县（市、区）”。2012年6月，工信部和财政部将石鼓辖区内的衡阳酒厂、衡阳瓷厂等16家企业批复列入“2012全国关闭小企业计划”。石鼓区被批复企业占全省计划的6.70%，占全市四城区被批复关闭计划的80%，境内国有工业企业改革进一步完善。

2016年，石鼓区调结构、促转型，紧紧围绕“四个领先”的奋斗目标，开展“植优补短”工作，全区工业增加值29.87亿元，比2015年增长3.60%。新增规模工业企业2家，年末规模以上工业企业达34家。2017年，石鼓区规模以上工业企业达到38家，工业总产值达44.43亿元，规模工业增加值31.85亿元，比2016年增长6.60%。

至2018年，经历一轮又一轮的变革发展，区、街工业逐步退出历史舞台。个体民营企业迅速崛起，逐步取代区街企业。高新技术企业逐步取代作坊式企业，工业化水平明显提高，全年共申报成功国家级、省级高新技术企业14家。是年，全区完成工业总产值48.29亿元。

第一章 工业经济体制改革

第一节 区属工业逐步退出历史

1998年后，随着社会主义市场经济的建立，区街委企业的经营方式不能适应市场经济的的需要，大多数区街委企业处于停产、半停产状态，区街直属的27家企业中有24家企业进行不同形式的改制，共吸纳资金600余万元，盘活存量资产300余万元。1999年，区委、区政府先后出台《关于加快城北区工业发展的若干意见》和《衡阳市城北区区直工业企业改制方案》等政策，加大区街直属企业改革的力度和步伐。2000年，出台《城北区区街企业改制工作方案》，采取一厂一策、一厂多策等办法，稳妥地推进区街企业改革。2002年，区、街、乡企业改革进展顺利，湖南中大高科整体兼并市起重电器制造公司，市工具厂、区工业供销公司启动改制工作。2004年，完成5家区街企业的改制。2006年全区25家区属企业累计完成改制24家。2008年底，全区有29家企业改制，盘活资产6373.36万元，置换职工身份2482人，有2089名职工加入社保。2009年3月17日，根据全市企业改制人员移交街道社区协议签订大会精神，境内企业改制人员移交给区辖6个街道43个社区管理。

第二节 民营企业取代区街集体企业

随着社会主义市场经济体制的完善和国有、集体企业改制工作的深入，民营工业逐步发展成为区域经济的主力。1999年，全区民营经济总户数达5000余户，从业人员18000余人。全年共完成产值（营业收入）8.70亿元，累计上缴税金3094.30万元。2000年，全区实施“名街、名店、名市、名厂、名人”战略，推动民营经济的发展。全年民营经济共完成营业总收入11.30亿元，实交税金3991万元，新增个体工商户和民营企业800余家，民营经济中产值或营业总收入过1000万元的15个，过500万元的40余个，新增税金10万元以上的民营企业15个、市场6个。

2002年，全年新增个体工商户和中小民营企业200余家。2003年，实现工业总产值31462万元，完成高新技术产品产值6350万元，民营企业完成总产值（或营业总收入）15.10亿元。2004年，全年实现规模工业总产值26529.76万元，新增凤凰化学等7家规模工业企业，新增规模民营企业20家，民营经济总产值（营业总收入）171845万元。

2005年，全区新增规模民营企业23家，民营经济总产值（营业总收入）19.95亿元。2006年，全区实现民营经济总产值33.91亿元，其中第二产业产值19.88亿元。新增规模民营企业36家，民营经济总产值（营业总收入）23.20亿元。

2010年，全区在册登记的非公有制经济实体7241户，占全区在册登记经济总户数的92.50%。辖区内有省级工业园（松木工业园）1个、区级工业园（石鼓科技创业园）1个，孕育50余家中小型非公企业。2016 年，全区规模以上民营工业企业达到 37 家，新增规模工业企业 2 家。2018 年，全区民营企业完成规模工业总产值 20.20 亿元。

第三节　高新技术企业逐步取代作坊式企业

1996 年，新创科技先导型企业 1 个、科技示范基地 2 个，获市以上科技进步奖 3 项，其中获国家级奖项 1 项，开发引进实施新产品项目 26 项，新产品产值率为 18%。2002 年，中大高科有限公司等 3 家企业通过高新技术企业认定，金一帆制药设备有限公司等 3 家企业获省市民营科技型企业称号，共创生物功能材料有限公司通过 ISO 9001 质量体系认证，企业市场竞争力不断加强。2004 年，新增民营科技型企业 3 家，全年完成高新技术产品产值 7300 万元。2006 年，全区完成技改投资 0.87 亿元，完成省级科技计划项目 1 项、市级科技计划项目 3 项，各项专利申请 22 项，创建农业科技示范基地 2 个。

2012 年 6 月，辖区内的衡阳酒厂、衡阳瓷厂等 16 家企业被批复列入“2012 全国关闭小企业计划”，石鼓区被批复企业占全省计划的 6.70%，占全市四城区被批复关闭计划的 80%。是年 6 月，天雁机械获得国家科技重大成果转化资金 1600 万元。

2016 年，全区实现高新技术产业增加值 15.47 亿元，高新技术产业增加值占 GDP 比重为 10.90%。是年，新增高新技术企业 2 家。

2018 年，衡阳市振洋汽车配件有限公司、衡阳鸿业电力特变压器有限公司成功申报高新技术企业。24 家空壳、小型、落后产能企业退出规模企业。湖南富而康科贸新材料有限公司、衡阳君玲传统食品科技发展有限责任公司进入规模企业，全区规模企业达到 14 家，实现企业向高新化、可持续化发展的转变。

第二章　工业企业

第一节　国有企业

1996年，全区有部、省、市属企业58家，完成工业总产值111523.90万元。其中有部属大型全民企业1家，湖南江雁机械厂，职工6447人；部属中型全民企业1家，水口山矿务局第二冶炼厂，职工1000人；省属中型全民企业1家，衡阳电厂职工620人。市属工业企业53家，工业门类涉及机械、化工、橡胶、制药、电器、金属制品、纺织、印染、缝纫、皮革、制鞋、印刷、文化用品10多个行业。1997年，由市工业企业改制办逐步对以上企业改制，国有企业全面实施“抓大放小”战略，重点改革产权制度、转换经营机制。10月，衡阳市金雁化工厂与市湘华化工厂联合组建湖南天宇农药化工股份有限公司。2002年，衡阳橡胶厂启动改制。2003年，湖南共创实业集团以承债式整体兼并具有45年历史的衡阳医疗器械厂。湖南江雁机械厂改制为湖南天雁机械有限责任公司。8月，衡阳烧碱厂实现政策性破产，香港建滔集团对该厂实施收购。12月，衡阳电厂改称为大唐耒阳发电厂衡阳管理处（留守处）。众多的中小型困难企业按照“只求所得，不求所有”的原则，有的租赁经营，有的股份合作，有的托管兼并，有的破产重组，有的拍卖出售。2006年，衡阳莱德生物药业有限公司整体收购重组原湖南天宇农药化工集团股份有限公司。2007年3月，衡阳橡胶厂因经营状况持续下滑宣告破产。2008年，水口山矿务局第二冶炼厂改制为水口山有色金属有限责任公司第二冶炼厂。2009年3月17日，根据全市企业改制人员移交街道社区协议签订大会精神，境内企业改制人员移交给区辖6个街道43个社区管理。2017年，国有企业实现总产值6.17亿元，比2016年增长9.36%。2018年，天雁机械有限责任公司在发动机市场整体持续下滑的形势下，取得逆势上扬的较好成绩，完成工业总产值4.74亿元。水口山有色金属有限责任公司第二冶炼厂完成工业总产值1.32亿元。2018年国有企业实现总产值6.06亿元。

第二节　集体企业

一、区直工业和区办街管工业

1996年，有区属企业27家，其中区直企业14家、区办街管企业13家。2000年，区属企业普遍生产下滑，多数企业处于停产、半停产状态。区属企业只有衡阳市离合器厂、衡阳市电气设备结构件制造厂、衡阳市第二汽车配件厂等3家企业正常生产，多家企业靠出租厂房、门面维持退休职工的生活费。面对区街工业企业退休人员多、下岗人员多的困难局面，为盘活资产，走出困境，区委、区政府成立全区企业产权制度改革领导小组，出台《城北区区街企业改制工作方案》，采取一厂一策、一厂多策等办法，积极稳妥地推进区街企业改革。在改制中实施“两个买断”（买断企业资产，买断职工工龄），实现“两个置换”（实现企业性质由集体所有制向私有制置换，职工身份由全民工、集体工向企业员工置换），解除“两个依附”（解除企业对政府的依附关系，职工对企业的依附关系），使企业真正成为“产权清晰、权责明确、政企分开、管理科学”的法人实体和市场竞争主体。2002 年，区、街、乡企业改革进展顺利，湖南中大高科整体兼并市起重电器制造公司，市工具厂、区工业供销公司启动改制工作。2003 年，先后有衡阳市包装厂、衡阳市起重电器厂、衡阳市离合器厂、衡阳市工具厂等 6 家区属企业以承债、净资产收购、管理层收购三种方式全面改制。9 月 17 日，中国长城电器集团签约投资 1300 万元收购衡阳市电气设备结构件制造厂。2004 年，完成 5 家区街企业的改制工作，其中衡阳市第二汽车配件厂改制为衡阳市华南汽车配件制造有限公司。2006 年，全区 27 家区属企业累计完成改制 24 家，其中衡阳市第二汽车配件厂等 13 家企业改制为民营或股份制，衡阳市第三橡胶厂依法破产，盘活资产 4322 万元，置换职工身份 1852 人，1799 名职工加入社保。至 2008 年，27 家区属企业全部完成改制，累计盘活资产 6373. 36 万元，置换职工身份 2482 人，2089 名职工加入社保。

二、乡、街道、社区工业

1996 年，全区有街道、社区企业 87 家。大多数是个人私有企业，挂靠在街道和社区。1999 年，区街企业产权制度改革领导小组联合区工商部门开展对挂靠企业的清理，或关闭、转为个人民营企业。至 2003 年，87 家街道、社区工业企业全部改制完毕，注销 80 家，保留 7 家为个体民营企业。是年，对 2001 年区划调整新辖的松木、角山 2 个乡和黄沙湾街道的乡、街企业 35 家进行清理，注销 27 家，保留 8 家为集体企业。

第三节　股份制企业

2001 年，衡阳特种变压器厂改制为股份制湖南鸿业变压器有限公司，公司产品电压等级 10～110 千伏，最大容量单台可生产到 12 万千伏安。2004 年 11 月，衡阳市第二汽车配件厂改制为股份制企业——衡阳市华南汽车配件制造有限公司，拥有职工 100 余人，各种机械设备 100 余台，年生产能力达 2000 万元以上。2005—2006 年，衡阳市电机厂改制为衡阳韵翔电机有限公司，该公司专业生产防爆型发电机及隔爆型发电机调节器；衡阳潜水泵总厂改制为衡阳市大地泵业有限责任公司，为原机电部潜水电泵定点生产企业。2007 年，衡阳瑞达电源有限公司成立，专业从事新型高效蓄电池、锂离子电池研究、开发、生产及经营。3 月，衡阳中药厂成为紫光古汉集团股份有限公司下属独立运作的全资子公司。2012 年 3 月成立衡阳南玻特种钢玻璃有限公司，公司引进深圳南玻集团的技术，新购全套钢化玻璃自动生产线一条，属环保节能项目。10 月成立的湖南华翔建材有限公司，年产混凝土量可达 40 万立方米，能生产 C10-C60、抗渗等级 S6-S10 的各级混凝土。2017 年，共有股份制企业 20 家，实现总产值 12. 59 亿元。2018 年，股份制企业实现总产值 35. 40 亿元。

第四节　个体民营企业

1996 年，全区有个体民营工业企业 64 家，注册资金 392 万元，从业人员 872 人，主要行业有建材、缝纫、机械制造修理、服装、印刷、食品等，年产值 374.10 万元。2002 年，批准成立集生产加工、经销批发的民营独资企业衡阳建鑫化工厂，主营产品碳酸钡、硫酸钡、金属砷、氧化锌、高岭土、砒。2004 年，新增凤凰化学等 7 家规模工业企业，新增规模民营企业 20 家。其中新增民营科技型企业 3 家，全年完成高新技术产品产值 7300 万元。2005 年 9 月，由深圳新澧化工有限公司投资 4.2 亿元兴建的 80 万吨元明粉生产项目举行开工奠基典礼。是年，珠海骏杰化工在境内投资 6000 万元的氯化石蜡生产项目一期工程完工，开始试产，同时启动二期工程建设。2006 年，新增规模民营企业 36 家。2007 年，由西湖地板革厂和西湖橡胶厂改制，成立衡阳市金一帆制药设备实业有限公司，年产值 3000 万元。2018 年，全区个体民营工业企业 345 家，其中有 50 余家中小型非公企业，14 家规模以上工业企业，完成工业总产值 20.20 亿元。

第五节　外资、港澳台商投资企业

2003 年全区新增外资企业（项目）5 个（其中开工 4 个），实际到位外资 1103 万美元。2003 年 7 月，建滔（衡阳）实业有限公司是香港建滔化工集团在衡注册成立的全子公司。2006 年，香港莱德集团有限公司整体收购重组原湖南天宇农药化工集团股份有限公司，生产生物农药、化学农药和精细化工等三大类 30 多个品种。2007 年，全年引进外资项目 3 个，到位外资 1132 万美元。2009 年新审批外商投资企业 3 家，实际利用外资总额 1860 万美元。2018 年，建滔（衡阳）实业有限公司生产规模为 42 万吨/年折百离子膜烧碱、26.50 万吨/年过氧化氢、20 万吨/年 PVC、12 万吨/年液氯、5 万吨/年环氧氯丙烷、50 万吨/年工业盐。公司员工人数从成立时的 350 人增加到 1040 人。2018 年，有港澳台商投资企业 5 个，实现总产值 2.60 亿元。

第三章　工业门类

第一节　电子电器业

1996年，全区从事电气电器生产的企业6家，年总产值600万元。五一电器厂生产各种按钮开关和插座。红湖互感器厂生产电磁铁，城北冶炼化工厂生产瓦斯继电器，市高压电器厂生产柱上油开关，潇湘电器设备厂生产低压配电屏，衡阳市低压互感器厂生产电流互感器、高压跌落式熔断器、试验变压器。市起重电器厂生产继电器等产品。1999年，衡阳市电气设备结构制造厂生产各种电气设备与高低压开关柜结构及组合附件。原衡阳市电机厂改制成股份制的衡阳韵翔电机有限公司，专业生产防爆型发电机及隔爆型发电机调节器。2003年，原衡阳潜水泵总厂改制为股份制的大地泵业有限责任公司·衡阳市湘南电机厂，生产大地牌系列潜水泵。原衡阳特种变压器厂改制为股份制的湖南鸿业变压器有限公司，生产电炉变压器、电石变压器、整流变压器、电力变压器、预装式变电站、油水冷热交换器等。2004年12月，衡阳市辉丽电机配件有限公司成立并投产，主要产品有定转子、矽钢片、交流减速电机、制动电机、变频调速电机、力矩电机、机床通用机械电动等10大系列。2010年11月，成立衡阳海微电子科技有限公司，经营范围为多媒体数字电视机及机顶盒、电脑及电脑配件、游戏及网络软体产品、LED大屏幕等显示产品的研发、制造、销售并提供相关工程的配套施工。2018年，全区从事电器生产的企业8家，年总产值8.80亿元，比1996年增长8.74亿元。

第二节　机械制造业

1996年，全区有机械制造业企业25家，年总产值7144.65万元。其中医疗器械企业1家，市机械设备厂，主要生产医疗器械，先后开发出FK-500型卧式自动轧盖机，FS500型自动荡酸机、安瓶印字机等医药机械产品。机械企业24家，分别为市属企业衡阳市第四机械厂、建筑机械厂、化工机械厂、轻工机械厂，区属企业离合器厂、弹簧厂、工具厂、标准件厂等。除衡阳市第四机械厂等4家市属企业年产值达800万~1000万元外，其余都是小型区街企业，总年产值不到1000万元。2000年，企业改制，仅保留衡阳市第四机械厂，其余企业关停并转。是年，成立衡阳市新德力预应力有限公司，专业从事预应力锚具、夹具、连接器和张力机具的设计开发、生产制造、施工和销售，年产值1.6亿元，生产能力500万孔（付）/套。2003年，先后成立衡阳市博金科机械制造有限公司、湖南省金创钢结构工程有限公司、衡阳市恒锋机械制造有限公司、衡阳市正洋机械有限公司等4家机械制造工业企业，主产铁路器材、钢轨配件、机械模具、汽车保修工具、汽车油泵零部件和工程机械零部件。2004年，衡阳共创建筑机械制造有限公司成立，产品有施工升降机、混凝土搅拌机等。2005年5月竣工投产的衡阳市欣源机械有限公司，拥有铸铁、铸钢、铸铜、铸铝、精细加工五个生产车间，年生产能力在3000万元以上。2007年改制西湖地板革厂和西湖橡胶厂，成立的衡阳市金一帆制药设备有限公司，主要生产低温灭菌设备、医用全自动清洗机、低温医用干燥柜及提取浓缩、干燥、结晶、反应、配料、注射用水储罐等制药、食品的化工机械设备等。2010年9月竣工投产的衡阳市丽源机械有限公司，从事运输机械、矿山机械、汽车配件等金属铸件的加工与销售。是年，成立的湖南金创钢结构工程公司，主营钢结构施工制造。2015年，衡阳市恒锋机械制造有限公司成立，主要生产加工机电设备。2018年，全区有机械制造业企业15家，总年产值3.80亿元，比1996年增长3.09亿元。

第三节　汽车配件业

1996年，全区从事汽车配件生产的企业2家，年总产值6900万元。2003年，改制成立湖南天雁机械股份有限公司，主要从事废气涡轮增压器、发动机进排气门、高铁冷却风机等发动机零部件的研发、生产和销售。2005年，衡阳市第二汽车配件厂改制为股份制的衡阳市华南汽车配件制造有限公司，主要经营各种汽车、农用车、拖拉机、工程机械铸造、锻造双金属产品配件及总成的生产、加工、销售。2006年，松木乡望城碳酸钡厂改制，成立衡阳市万隆汽车配件制造有限公司，主产汽车前后桥及零配件。2007—2010年，先后成立衡阳市振洋机械有限公司、衡阳市丰华发动机配件有限公司、衡阳市和正机械有限公司、衡阳江雁顺驰实业有限公司、衡阳市石鼓合江辉丽电机配件厂，主产汽车油泵零部件、工程机械零部件、电机配件、发动机配件。2011年3月由东莞凯伯德公司投资兴建衡阳长江机械有限责任公司，年产汽车增压器相关模具3000套与汽车零部件100万件。2017年，境内形成以天雁机械、正洋汽配为核心的汽车配件产业区。2018年，全区从事汽车配件生产的企业8家，年总产值5.30亿元，比1996年增长4.61亿元。

第四节　冶炼化工医药业

1996年，全区有冶炼化工医药企业4家，年产值9800万元。1997年9月，衡阳市金雁化工厂和衡阳市湘华化工厂联合改制组建“湖南天宇农药化工股份有限公司”，生产甲胺磷、水杨醛、敌敌畏、扑虱灵等产品。1999年3月，衡阳市金圣制药有限责任公司正式投产，该公司与香港紫晶集团联手推出中国第一家水溶剂羊胎素精华素——紫晶羊胎素水溶剂，填补了国内同类化妆品的空白。2000年9月，衡阳制药厂改制为清华紫光古汉生物制药股份有限公司下设企业。2001年5月，建立湖南共创生物功能材料有限责任公司，从事医用骨质生物功能材料研发、生产和销售。2002年，原衡阳冶炼厂改制为衡阳骏发有色金属有限公司，以精锡产品为主导，同时综合回收多种金属。是年，成立衡阳市凤凰化学工业厂，主要经营氧化锌、硫酸锌及颗粒、钛白粉颗粒、颗粒氧化镁、洛克沙生、砷、三氧化二砷、五氧化二砷、砷酸、砷酸镁、木材防腐剂、铜砷合金、铅砷合金。同年成立衡阳建鑫化工厂，集生产加工、经销批发为一体，主要产品有硫酸钡、金属砷、氧化锌、高岭土、砒、碳酸钡。2003年4月，衡阳烧碱厂破产。由香港建滔投资有限公司收购重组为“衡阳建滔化工有限公司”，发展衡阳盐化工及关联产品，生产规模为42万吨/年折百离子膜烧碱、26.50万吨/年过氧化氢、20万吨/年PVC、12万吨年液氯、5万吨/年环氧氯丙烷、50万吨/年工业盐。2005年9月，珠海骏杰化工在境内投资6000万元，建成全国最大的环保型氯化石蜡生产企业。9月26日，由深圳新澧化工有限公司投资4.20亿元兴建的80万吨元明粉生产项目开工。是年，成立衡阳市建衡实业有限公司，年产60万吨硫酸铝、聚氯化铝、聚合硫酸铁、明矾等铝铁盐系列产品。2007年，新增锦轩化工、科泰化工2个企业。2008年，成立湖南恒光化工有限公司，主要产品有硫酸系列、铁精粉、氨基磺酸、钙铝水滑石、焦亚硫酸钠、亚硫酸钠。4月，原水口山矿务局第二冶炼厂，重组改制为水口山有色金属有限责任公司第二冶炼厂，生产氧化锌、金属砷、饲料氧化锌、硫酸、砷系列合金、一水硫酸锌、锌烟尘等。是年，成立衡阳旺泰金属科技发展有限公司，从事锡、锌氧化物的生产。2016年5月，成立衡阳市晨丰生物科技有限公司，主营精甘油生产。2018年，全区形成以建滔化工、新澧化工为龙头，带动恒光化工、达利化工、锦轩化工、骏杰化工、建衡实业、力泓化工等20多家化工企业。年总产值30亿元，比1996年增长29.02亿元。

第五节　建筑材料业

1996年，全区共有建材企业5家，主要生产砖瓦、石灰，年总产值400万元。1998年，衡阳金栋旺建材有限公司成立，主要生产“金栋”砂浆外加剂系列砂浆宝（亦称砂浆王/石灰王/砂浆剂）、粉刷王、混凝土外加剂系列。2009年4月，新办衡阳市亿海钢化玻璃有限公司，从事玻璃原片批发、玻璃安装工程及玻璃深加工。2011年，衡阳市龙都新型节能建材有限公司成立，主要生产砼多孔，各种型号的砼普通砌块、轻集料砌块，多排孔陶粒混凝土自保温砌块，年生产能力20万立方米。2012年3月，衡阳南玻特种钢玻璃有限公司成立，生产全套钢化玻璃。2012年10月至2015年，先后成立3家建材企业，其中湖南华翔建材有限公司，生产销售、运输、泵送各类规格建筑用商品混凝土；衡阳市中力轻型建材有限公司，专业生产烧结页岩保温砌块等新型建材；衡阳金栋旺建材有限公司，生产建筑工程所用外加剂（不含危险化学品）、保温节能材料。2017年，中力建材、华翔建材年产值比2016年增长50%，龙都建材年产值比2016年增长30%。2018年，全区共有6家建材企业，年总产值2.50亿元，比1996年增长2.46亿元。

第六节　食品制造业

1996年，全区有国有企业衡阳市南北特食品厂1家，主要生产“石鼓牌”系列产品：酥薄月饼、生油月饼、园黄蛋糕、鱼皮花生、桃酥、交切糖、花生糕、麻枣、麻元、雪片糕、灯芯糕、八宝饭、老婆饼等，年产值150万元。1998年，衡阳市君玲食品厂成立，主要生产经营粽子、月饼、元宵和其他食品，年产值100万元。2000年，衡阳市南北特食品厂改制组建为衡阳市南北特食品有限公司。2003年，衡阳市君玲食品厂改制为衡阳市君玲传统食品科技发展有限责任公司，是一家集开发、生产、销售于一体的生产企业。2005年，衡阳小帮厨油脂有限公司成立，主要生产食用油。2018年，全区共有3家食品工业，总年产值1100万元，比1996年增长950万元。

第七节　轻工业

1996年，区属轻工业企业有20家，多数是在手工业基础上发展起来的。其中塑料制品业企业3

家，缝纫业企业5家，纸品印刷业企业4家，皮革、制鞋业企业4家，针织企业3家，制刷业企业1家，年总产值1300.90万元。2000年，区属轻工业企业改制，大部分轻工业企业合并重组或破产，全区保留皮革业企业1家，合并制鞋业企业1家。成立衡阳市育新印刷厂，改制组建衡阳市丽华服装厂、衡阳市机绣厂。

2010年3月，民营企业衡阳市青蛙皇子服饰有限公司开业，主要生产国内名牌“青蛙皇子”产品。2004年6月，衡阳市亚明纸业有限公司成立，是一家集生产、制造、加工、销售于一体的现代化生活用纸公司。2005—2010年，先后成立5家轻工业公司。其中，衡阳市华宜光电科技有限公司，生产LED灯具、防爆灯具、照明灯具；万和纸品有限公司，主要从事纸箱包装装潢和印刷品印刷；湖南奔立尔工贸实业有限公司，主产文体用品、体育用品；衡阳市瑞林木业包装有限公司，专业从事木制包装；衡阳市石鼓珠江工艺印刷厂，专业从事各类产品装潢包装。2016年，全区轻工业实现总产值8.93亿元。2018年，全区有轻工企业企业10家，年总产值10.04亿元。

附：规模以上工业企业选介

衡阳韵翔电机有限公司

衡阳韵翔电机有限公司前身为衡阳市电机厂，始建于1960年，位于石鼓区桑园路166号。专业生产隔爆型发电机及隔爆型发电机调节器，广泛适用于防爆柴油机车、防爆胶轮运输车、防爆装载车、防爆叉车、油气罐车、防爆汽车、爆破器材运输车、其他矿业装卸设备及矿业运输设备等，可直接对蓄电池充电，用于对发动机进行启动，也可为照明、仪表等提供电源。自2011年起，生产的产品连续多年列入市科技进步重点项目，获得科技部国家中小企业创新基金支助。2013年，公司被授予湖南省高新技术企业称号。

衡阳市大地泵业有限责任公司

衡阳市大地泵业有限责任公司原名为衡阳市湘南电机厂，创立于1958年，是原机电部潜水泵定点生产企业。公司占地50000多平方米，年产值1.2亿元，自投产以来，已为社会诸多领域提供各类潜水泵数百万台。五十多年的制造实践，使企业积累丰富的生产经验。由享受国务院特种津贴的著名水泵专家率领120名工程师，在CAD工作站中，运用三维模型和专业软件，不断开发出特色新品，通过提供完整的矿山排水、现代农业灌溉、水景工程、城市污水处理的解决方案，在众多潜水泵应用领域取得成功，获得国家专利20项、科技成果奖20多项，成为著名的科技先导型企业。

湖南鸿业变压器有限公司

湖南鸿业变压器有限公司原名为衡阳特种变压器厂，成立于1988年6月，是专业生产电炉变压器、整流变压器、电力变压器的重点企业。公司2001年被认定为“高新技术企业”“湖南质量信用A级企业”，生产的电炉变压器被认定为“衡阳市名牌产品”，公司注册商标被认定为“湖南省著名商标”。先后申请通过“特种变压器油箱”“多回路直流冶炼变压器”“特种变压器低压防渗漏端子”“完全可拆油水冷却器”等诸多国家专利。“超低损耗电炉变压器”通过专家权威鉴定。公司产品电压等级10—110千伏，最大容量单台可生产到12万千伏安。

衡阳市一帆医疗设备有限公司

衡阳市一帆医疗设备有限公司原名衡阳金一帆科技实业有限公司，成立于1986年8月，是一家以系列高压灭菌器为主导，医用清洗、低温消毒及提取、浓缩等制药设备为配套，集研制、开发、生产、销售及售后服务为一体的多元化公司。公司同时持有医疗器械生产许可证，压力容器设计、制造许可证，并于2001年通过ISO 9001质量体系认证，多次被政府评为“优秀民营企业”。2010年被认定为市“企业技术中心”，2011年被授予省“高新技术企业”称号。产品覆盖国内省、市自治区，并建立系列分公司，代理机构。产品远销东盟数个国家。2018年，为确保公司健康、持续发展，将个人独资企业全面改制为股份制企业，正式更名为“衡阳市一帆医疗设备有限公司”，并与南华大学、湖南工学院等机构联姻，打造产学研平台，促进产品升级换代。

衡阳市振洋汽车配件有限公司

衡阳市振洋汽车配件有限公司原名衡阳市正洋汽车配件厂，始建于2002年。公司主要从事汽车油泵零部件和工程机械零部件生产以及用来图来样需求的其他机械上各种锻件产品加工，产品远销全国10多个省市。2006年，企业通过厂房扩建和技术改造，现拥有先进水平的CK786/1全功能数控车床和韩国大宇PUMA215高精度车床、ZK2101B双轴数控深孔钻床等高精度加工设备及检测设备，还有先进工艺技术的630T和300T模锻生产线和以加工中心、线切割、电火花为主的模具生产线。公司是亚新科欧Ⅲ燃油喷嘴配件的主要生产厂家，也是中联重科、三一重工、山河智能、中国一拖等大型企业的长期合作伙伴。2018年，企业固定资产1400万元，现有职工185人，其中专业技术人员6人，高级职称1人，年产值4000余万元，创税近300万元。

衡阳市华南汽车配件制造有限公司

衡阳市华南汽车配件制造有限公司成立于1959年1月，前身为衡阳市第二汽车配件厂，系湖南省汽车制造配件专业生产定点供应商，公司于2004年11月改制而成。公司现有员工600余人，中高级专业技术人员90人，各种生产设备500多台（套），铸造、锻造、金属切削、电线生产多条专业生产线，配套成龙、生产各种国产、进口汽车制动盘、制动鼓以及农用车、拖拉机方向机总成、各种电线电缆等80多种系列、1600多种产品。公司先后获取ISO9001：2000标准认证，2002010105021604、2002010105021605、中国国家强制性产品认证、CCC认证证书。产品畅销国内160多个经销单位，并成功入主肯尼亚、尼日利亚、安哥拉等非洲市场以及伊朗等中东国家。公司年生产能力15000吨，产值1.5亿元以上。

湖南华翔建材有限公司

湖南华翔建材有限公司成立于2012年，注册资金1000万元，主要从事生产销售、运输、泵送各类规格建筑用商品混凝土，公司占地面积约1.47公顷，是衡阳市混凝土协会会员单位。公司拥有职员工120人（含搅拌车司机），配有搅拌车辆31台、天泵1台、车载泵2台。

公司建有三一重工HZS180生产线2条，其生产工艺流程先进，全电脑控制，建有标准化实验室，配备有资料室、标养室、试配室、力学室、分析室、水泥室、高温室、天平室、样品室等，各种实验设备配备齐全，并通过市住建局和质监站专家验收。年产混凝土量可达40万立方米，创利税200万元。

湖南奔立尔工贸实业有限公司

湖南奔立尔工贸实业有限公司于2014年3月注册成立，注资资金2009万元。公司位于衡阳市石鼓区五一路207号，主要经营学生装、体育用品、办公自动化设备、电子产品、仪器仪表、网络产品、信息科技产品、电教设备、安防产品销售，校园文化建设，员工培训，商务咨询服务。企业占地面积1万平方米，其中建筑面积6000平方米；解决300人就业岗位，是服务于教育后勤装备及教育产业综合性公司。

衡阳市南北特食品有限公司

衡阳市南北特食品有限公司是一家“老字号”烘焙食品企业，2007年注册成立。其前身为衡阳市南北特食品厂，属国营企业，经企业改制后组建为衡阳市南北特食品有限公司，已具80多年的历史。企业坐落在中山北路进步巷11号，占地面积1600多平方米，建筑面积4000多平方米。2018年，有员工200人、专业职称技术人员16人、糕点技师10人、中级技工66人，固定资产460万元。企业生产技术力量雄厚，拥有完备的现代食品卫生质量检测中心和空调恒温化的食品生产车间。主要生产“石鼓牌”系列中式传统糕点食品：酥薄月、生油月、园黄蛋糕、鱼皮花生、桃酥、交切糖、花生糕、麻枣、麻元、雪片糕、灯芯糕、八宝饭、老婆饼等130多个品种。其中有20多个产品获得省、市优质产品称号。“石鼓牌”酥薄月于1981年获国家优质产品银质奖，1988年获首届中国食品博览会金牌，1995年被评为全国食品行业的中国名牌产品，2002年再次获中国名牌商品荣誉。2013年，“石鼓牌”酥薄月制作技艺入选衡阳市非物质文化遗产名录，2014年获湖南省“名优特”产品称号。2014年，该公司被授予“湖南省质量信任AAA级企业”称号。2016年，南北特食品获评“湖南老字号”。2017年，“石鼓牌”酥薄月获评“中华名饼”，同期入选“国饼经典”。

第四章 工业园区

第一节 松木经济技术开发区

松木经济技术开发区（以下简称松木经开区）位于石鼓区北部，原名湖南衡阳松木工业园区，2003年经衡阳市人民政府批准成立，2004年开工建设。2006年4月，衡阳松木工业园区经湖南省人民政府批准成立；2006年7月，衡阳松木工业园区经国家发展改革委通过审核，成为全国第七批省级开发区；2006年9月，湖南省机构编制委员会批复松木工业园区管理委员会为行政正处级单位。2010年，衡阳市政府从石鼓区划出18.7平方千米纳入松木工业园并实行单独运行。2013年1月，湖南衡阳松木工业园区更名为湖南衡阳松木经济技术开发区。至2018年，松木经开区规划面积54.66平方千米，有行政区划面积23.95平方千米，系全国第七批省级开发区，为国家级循环化改造示范试点园区、国家高技术产业基地、湖南省最具产业影响力产业园区、信息化和工业化融合试验区、盐卤化工特色产业基地。

一、园区资源

松木经开区内已探明的岩盐资源储量达140亿吨，芒硝可利用资源储量达4.4亿吨，是长江以南最大的岩盐、芒硝资源基地。周边不足1小时车程以内的区域里，已详细查明的有色金属矿产资源有铅锌、金、银、硫铁矿等50余种，片状高岭土（瓷泥）、钠长石、萤石、石英石、煤等非金属矿产资源也非常丰富。

二、基础设施

建成上倪路、化工路、松枫路、江霞大道、新安路、金源路等主干道路32千米，主干道形成“三纵三横”的路网格局；松木经开区内建有50万平方米的标准厂房、5.2万平方米的廉租房和18.5万平方米的公租房，水厂、污水处理厂、变电站、天然气调压站、电镀中心等配套设施一应俱全。

三、入园企业

松木经开区内新能源、新材料、盐卤化工及精细化工等三大支柱产业集群集聚发展成效日益凸显，累计引进工业项目93个，合同引资额过百亿，实际到位资金60多亿元，入区企业达到80家，投产的规模以上企业40家。先后引进瑞达电源、电科电源、鑫晟新能源和理昂电力等10多家企业，形成储能、太阳能、生物能等三大板块。先后引进中航集团、金山水泥、志远新材料和凌云特种材料等20多家企业，形成新材料产业集群。衡阳建滔化工是香港和新加坡上市公司——建滔化工集团在中南地区最大的化工生产基地，也是松木经开区盐卤化工及精细化工产业的龙头企业。以建滔化工为龙头，带动恒光化工、达利化工、锦轩化工、骏杰化工、建衡实业、力泓化工等30多家下游企业的发展。

第二节 石鼓科技创业园

2008年，石鼓区为承接沿海产业转移，打造中小企业创业平台，经市政府批准，在松木工业园内自主建设工业创业园区，名为石鼓科技创业园。项目总面积33.33公顷，共分为四期建设。

一期建设用地2.42公顷。2008年10月启动，后因道路建设需要新增用地至2.54公顷。一期投资2300万元，建成标准厂房三栋共10000平方米，引进企业三家，分别为亿海钢化玻璃厂、正诚环保塑料包装厂（后因拖欠租金清退）、三祥变压器厂。2010年，两家企业投入生产，新增就业岗位200余个。二期建设用地2.9公顷。2012年初启动，二期总投资7000万元，建设标准化厂房23000平方米，综合楼6700平方米。2012年底，变压器标准化厂房全部完成，衡阳市鸿业变压器有限公司入驻生产。2013年6月，11112平方米电子厂房主体工程及外装修、货梯、综合楼基础完成。三期建设用地13.46公顷。2015年通过融资投入资金2亿元，建设标准化厂房20万平方米，发展精密加工、精密电子行业。四期建设用地13.23公顷。2018年9月，建成1万平方米标准厂房及配套设施。至2018年底，有15家沿海产业转移企业进驻投产。2018年11月19日，根据市政府统一部署，石鼓科技创业园资产整体移交并入松木经济开发区。至此，石鼓科技创业园析出。

第五章　工业企业管理

第一节　经营管理

1996 年，区内多数区街企业出现经营困难，经济效益普遍下降，部分企业停产或半停产。面对严峻的扭亏增盈工作任务，区委、区政府成立扭亏增盈工作领导小组，加强对区街企业生产经营的调度，增加对企业的投入，并鼓励企业进行新产品、新技术引进和开发，但收效不大。1997—2001 年，区内区街企业转换经营机制、深化产权制度改革，逐步退出集体所有制经济形式，置换为民营企业。区经济科学技术委员会转变管理职能，以民营企业为主要服务对象，加强宏观指导和协调服务，生产计划管理改为以市场为导向，实行宏观调控。2003 年，对所辖区街工业企业逐步放开产权组织形式、生产经营管理、劳动人事管理、分配方式管理等权限还权于企业。2006 年，23 家区街企业全部完成产权制度改革后，逐步实行政企分开，政府对企业由管理型转变为服务型，服务及管理重点放在产业规划、投资项目评估筛选、工业园区建设、环境保护以及协调改善周边创业环境、落实相关产业政策等。2007 年后，区经济贸易发展局和各乡（街）按市场经济要求，增强对企业协调服务职能，鼓励支持企业在节能环保、科技创新、可持续发展方面做出贡献。

第二节　财务管理

1996 年，区内区街企业加强财务管理工作和资金管控，从严控制非生产性费用支出，加快销售货款回笼，清理三角债务，提高资金周转率。并在主管部门的组织下，开展清产核资工作，摸清区属工业企业家底，为区政府宏观决策提供可靠依据。1998 年，区内工业企业加快实行产权制度改革，区街企业退出集体所有制经济形式后，区经济科学技术委员会转变财务管理职能，由直接管控区街企业逐步变为引导企业按现代企业制度和会计法要求，提高会计核算水平和成本控制能力。2005 年，区内规模以上工业企业全面实行电算化管理。2007 年后，全区规模以上民营企业财务管理按照会计法及相关行业财务会计制度要求，实行注册会计师稽核会审，由会计师事务所或审计事务所等中介机构对财务决算报表、资金报表、固定资产投资报表及纳税资料报表进行审计，区经济贸易发展汇总企业报送的财务月报、季报、年报等相关统计资料。

第三节　劳动管理

1996 年，区内区街企业实行劳动合同制，同时各街道设立劳动管理站，共同做好因企业改制、停产息工和关停解散出现大批下岗职工需要再就业的工作。2003年，区内工业企业全面实行自主招聘员工，劳动报酬采用计件工资制或浮动工资加奖励。劳动管理部门对企业实行劳动用工备案制和合同管理制度。2007年后，区内规模以上民营企业进一步规范劳动管理，依照劳动法和劳动合同法执行劳动用工制度包括招聘总经理（厂长）等高管人才，并稳步推进为员工购买“五险”（养老保险、失业保险、医疗保险、生育保险、工伤保险），保障员工的劳动福利待遇。

第四节　产品质量管理及品牌创建

1996年，要求各企业健全质量管理体系，树立“质量第一”观念，走“质量效益型”路子，广泛开展争创名牌活动。是年，全区新创科技先导型企业1个、科技示范基地2个，湖南天雁机械有限责任公司被国家定为高新技术企业、国家火炬计划重点高新技术企业。

2001年后，鼓励各企业加大科技研发力度，提升产品质量，积极参与高新技术企业申报。是年，湖南鸿业变压器有限公司被认定为“高新技术企业”。2002年，中大高科有限公司、湖南共创生物功能材料有限责任公司被国家计委批准列入国家高技术产业化示范工程，被湖南省认定为高新技术企业。2003年9月，金源纳米科技有限公司生产的纳米碳酸锶获全省新产品、新技术金奖。

2011年，以食用农产品、食品、药品、汽车配件、建筑材料等消费品为重点，组织实施消费品质量提升工程，加强中国质量奖、省长质量奖、湖南名牌、驰名商标、著名商标、市长质量奖等培育和认定工作。至2015年，全区有6家企业产品获湖南名牌称号，4家企业产品获衡阳名牌称号；有中国驰名商标1件、省著名商标10件。其中，湖南天雁机械股份有限公司在2015年度1098家国家认定企业技术中心考核评价中，以89.4的高分名列32位，位列湖南省31家国家级企业技术中心首位，主持和参与制定11项国家和行业标准，成为湖南省知识产权优势企业和国家示范企业。衡阳建衡实业有限公司净水剂产品获2015年度市长质量奖，并获20万元奖金。

2016年，开展产品质量监督抽查，主要工业产品抽查合格率95.2%，农用产品抽查合格率为100%，食品相关产品抽查合格率为94.4%。2018年，衡阳市振洋汽车配件有限公司、衡阳鸿业电力特种变压器有限公司获省高新技术企业称号。

第五节　管理机构

1996年，区工业管理部门称城北区经济科学技术委员会，有编制8人，其中主任1人、党委书记1人、副主任3人。2001年5月，衡阳市城区行政区划调整后，改称石鼓区经济科学技术委员会。2002年3月，与区商贸局合并，改称区经济贸易发展局。2003年3月3日，经区委同意，衡阳市编委批复，区乡镇企业局并入区经济贸易发展局。2013年，区经济贸易发展局与区科技局合并，改称区经济贸易科技局。2015年7月，区经济贸易科技局将商贸管理职能析出后，设立石鼓区发展改革和科学技术局，内设5个股室：办公室和行政审批服务股、发展改革股、交通运输股、工业股、科技股。下辖两个二级机构：交通运输管理站、项目前期服务中心。主要职责是管理全区工业企业，并负责技改投资、规模工业企业和高新技术企业的申报。至2018年，机构无变化。

1996—2018年石鼓（城北）区工业管理机构（含经济科学技术委员会、经贸发展局、经贸科技局、发改科技局、科技和工业信息化局）领导一览表

表10-5-1

姓名	职务	任职时间	姓名	职务	任职时间
傅瑞林	副主任	1990.7—2003.3	彭爱民	局　长	2008.2—2013.3
刘桂芳	主　任	1993.12—2002.1	李建宁	副局长	2008.6—2016.12
刘瑞兴	副主任	1994.10—1997.12	阳长辉	副局长 局长	2010.12—2013.2 2013.2—2015.7
王光辉	副主任	1994.10—1996.12			
李开忠	副主任	1996.7—2000.5	蒋宗辰	书记 副局长	2013.3—
王光辉	副主任	1998.1—2000.5	成志辉	局长	2013.9—2014.9
朱永忠	副主任	2000.1—2003.7	罗惠之（女）	副局长	2014.5—2015.7
谢　宏	副主任	2000.1—2003.7	冯祁梅（女）	副局长	2014.6—
马先林	局　长	2002.1—2003.3	肖　军	局长	2014.9—2017.6
周显伟	副局长 书　记	2002.6—2006.12 2006.12—2010.12	肖建军	局长	2017.7—
胡余良	局　长	2003.4—2007.12	唐胜利	副局长	2017.7—
李亚晖（女）	副局长	2003.5—2008.2	—	—	—

第十一篇

农业与农村经济

2001 年 5 月，衡阳市城区行政区划调整后，石鼓区始有农业工作。是年，全区辖 2 个农业乡、3 个涉农街道、28 个农业村、4.25 万名农业人口。整个农村地貌属丘陵地区，6 分山林、3 分田土、1 分水域。有耕地面积 2806.67 公顷，蔬菜种植面积 880 公顷，经济作物种植面积 480 公顷，放养水面 653.33 公顷，林地面积 3466.67 公顷，有各类水利工程设施 2607 处。农村经济发展比较滞后，农村居民家庭人均年可支配收入不足 3000 元。

区委、区政府根据境内农业和农村经济发展比较滞后的状况，加大对“三农”的投入和政策扶持，以转变农业发展方式为主线，调整产业结构，促进全区农业产业化逐步驶入“快车道”。2001 年下半年起，逐步调减粮食种植面积，重点培育“角山米”等优质粮食品种，调增蔬菜和各种经济作物。至 2008 年，全区共调减粮食种植 720 公顷，增加蔬菜种植 227 公顷，经济作物种植 260 公顷，新开鱼塘 233 公顷，退耕还林 633 公顷。通过调整，境内农业由纯农经济向城郊型经济快速发展，“一村一品”“一村一业”不断涌现。进入 21 世纪第二个十年后，加大新农村建设力度，加快农旅融合发展，通过产业扶贫，精准扶贫，带动百姓致富，促进农业产业化、特色化驶入发展“快车道”。

2014 年，出台《石鼓区关于支持和引导都市农业、规模农业、休闲农业、品牌农业发展的意见》，明确通过设立农业产业发展引导资金，通过以奖代拨、以奖代补等方式，推动农业产业发展。2017 年通过《都市农业产业发展扶持办法（试行）》，引导农业项目开展绿色食品、有机农产品和农产品地理标志等“二品一标”认证，助推设施农业、冷链物流建设和农业技术推广。

至 2018 年末，全区辖 1 个农村镇、3 个涉农街道、15 个农业行政村、1.47 万名农业人口。有省级农业产业龙头企业 2 个、市级农业产业龙头企业 8 个，农业专业合作社 51 个、家庭农场 24 个。是年，全区实现农业增加值 2.33 亿元，农村居民家庭人均年可支配收入 20904 元，为 2001 年 6.97 倍。

第一章　综　述

第一节　农村经济体制改革

一、农村税费改革

2002 年，根据省、市文件精神，制定全区农村税费改革实施方案。改革内容是“三取消、两调整、一改革”，即取消乡统筹和农村教育集资等专门向农民征收的行政事业性收费和政府性基金、集资，取消屠宰税，取消统一规定的劳动积累工和义务工，调整现行农业税政策和调整农业特产税政策，改革现行村提留征收使用办法。2003 年，继续深化农村税费改革，全区核减农业税 8.49 万元，农民合同内人均年负担由改革前的 92.45 元下降到 41.81 元，减幅达 54.77%。2004 年，国家提出减免农业税及农民承担费用。是年，全区继续深化农村税费改革，加强农民负担监管，农民负担较 2003 年减幅 69.01%。2005 年，区内取消农业税、农业特产税，农民负担实现零税赋。至此，农民种田不用再交税，免除各项费用，而且对种粮农户有各种补贴。

二、惠农政策补贴

2006年，全区农民从国家获得粮食直补、良种补贴、油价综合补贴、农机购置补贴、油菜良种补贴等惠农政策。2007年，为保障惠农政策补贴直接、准确发放到农民手中，区政府建立涉农补贴信息网，由村组造册，乡（涉农街道）审核申报，区财政部门将各种农业补贴款直接汇到农户商业银行的个人账户中。2011年，通过乡镇财政管理一体化信息系统发放粮食直补、良种补贴、农资综合补贴，普惠全区1.15万农户。是年共发放惠农补贴639.31万元，其中粮食直补贴31万元，补贴标准每亩13.50元；农资综合补贴184万元，补贴标准每亩85.60元。2014年，全区发放涉农补贴29大项，发放金额2293.22万元，发放补贴项目较2013年扩展6项，补贴金额增加1668万元，惠及全区83215人次。2016年，国家全面推行农业“三项补贴”政策改革，将种粮农民直接补贴、农资综合补贴、农作物良种补贴合并为“农业支持保护补贴”。是年，全区发放农业支持保护补贴253.4万元。2018年，农业支持保护补贴更名为耕地地力保护补贴。是年，全区发放耕地地力补贴245.6万元。

三、产业结构调整

2001年5月后，全区围绕农业增产和农民增收两大目标，调整产业结构，突出发展果蔬、畜禽、花卉苗木等服务城市居民的农产品，推进农业产业化经营。2003年，农业产业结构步伐加快。是年，全区新增衡角公路沿线200公顷精细蔬菜等4个种养基地及岑芳木业等4家规模以上的农产品加工企业。2004年，继续调整农业产业结构，全区新增66.60公顷优质早糯、66.60公顷脐橙以及66.60公顷无公害蔬菜等7个种养基地，新增杨泗10.70万羽家禽连片养殖等3个基地，新增年产值500万元以上的农产品加工龙头企业1家。

2007年，农业产业结构进一步优化，全区新建特种优质高效种养基地8个，新建农业科技示范基地2个，新增养殖百头猪以上大户51户、万羽以上养禽大户10户。2009年，继续推进产业结构调整。是年，全区新建特色农业种养基地48个，其中列入省市项目笼子的三星蔬菜基地建成蔬菜大棚62个，基地面积扩大到34.13公顷。是年，推进荣盛农业科技创业园建设，新建扩建规模以上农产品加工龙头企业12家。

2011年开始，发展蔬菜产业。是年，创建4个蔬菜水果园艺品标准园。其中，三星蔬菜基地扩大至133.33公顷，是全市首个集水产养殖、蔬菜种植、菜地领种、林果采集、休闲观赏、餐饮服务于一体的现代农业基地。至2013年，全区蔬菜种植面积达172公顷。是年，三星蔬菜基地被评为“全省蔬菜生产示范基地”。2014年，蔬菜产业规模进一步壮大，三星蔬菜基地新增种植面积86.6亩，新建蔬菜大棚300个。2018年，区委、区政府出台《石鼓区都市农业产业发展扶持办法（试行）》等文件，鼓励都市农业发展。是年，全区有各类农业企业33家，其中省级农业产业龙头企业2个，市级以上龙头农业加工企业8家，建成农产品基地12个，建成蔬菜基地480公顷，建成标准化生猪养殖场5个。

第二节　农村建设

2001年，石鼓区投入资金36万元，硬化村级公路25.40千米。2002年，农村基础设施建设得到加强，衡角公路全线改造工程竣工，解决角山以及潮江一带农民群众“进城难”的交通问题。2003

年，加大农村基础设施建设投入，投资100万元用于病险水库、河坝、防洪堤的加固，农村生产条件明显改善。2004年，加快农村基础设施建设，通过松木、朝阳、友爱、三星等4个示范村的带动，逐步加大对农村水、电、路、气等基础设施的建设和改造力度，加快推进农村电话和广播建设。

2006年，全区贯彻中共十六届五中全会和2006年中央1号文件精神，按照“生产发展、生活富裕、乡风文明、村容整洁、管理民主”的要求，全面启动新农村建设。是年，区委、区政府将村庄规划作为新农村建设切入点，从资金、技术、人员等方面给予支持。区财政预算安排新农村建设专项资金102万元，市里联系2个示范村的后盾单位支持安排专项资金150多万元，村民筹资及社会捐款275万元。在新农村建设中，以解决“脏、乱、差”为突破口，实施“乡村清洁工程”，开展“三清三改”（清污泥、清垃圾、清路障，改善庭院居室环境、村容村貌，改变不良习惯）。

2007年，完成新农村村庄规划6个，新建农村沼气池54口，建成通村公路38.54千米，完成打深水井28口，解决2680人的安全饮水问题。完成三改配套120户，农村基础设施得到逐步改善。2008年，为推进新农村示范片建设，继续实施“三清三改”“穿衣戴帽”“乡村清洁”工程，规范农村建房，净化农村环境，打造清洁美丽新农村，并充分发挥示范片带动作用，引导全区新农村建设向深度和广度推进。2009年，农村基础设施进一步改善。全年总投资728.07万元，完成通村水泥（沥青）公路28.96千米，新建农村户用沼气224口。

2010年，全区村村通水泥路，村到组道路硬化率达85%以上，组到户达70%，每村至少有1个主导产业，村村都有村部、卫生室、图书室、现代远程教育站。松木、灵官庙、角山、三星等4个示范村的新农村建设成效明显。2011年，松木村被评为省级新农村示范村，三星村被推荐参评湖南省旅游名村。2013年，省农委拨付石鼓区新农村建设专项资金共9批次230万元，市农委拨付新农村建设专项资金160万元，全部用于石鼓区各示范村农村环境整治基础设施建设、农村道路建设、村庄整治等项目建设。2015年，大力推进美丽乡村建设，启动乡村旅游环线和农村房屋“穿衣戴帽”提质工程。是年8—9月，农村房屋“穿衣戴帽”工程启动，以“一镇（角山集镇）三村（三星村、角山村、旭东村）三线（衡角公路、云角公路、云松公路）”为重点，突出“白基调、坡屋顶、山字墙”三要素，率先在角山村试点示范，后在全区推广。

2016年，完成农村公路提质改造13千米，修建水渠4千米，维修塘坝15口。是年，角山乡获评全市最美乡村生态旅游目的地，角山村成功创建省级美丽乡村。黄沙湾街道松木片区成功创建省级文明村镇，松木村、三星村和角山村成功创建省级新农村示范村。

2017年，乡村旅游环线建设加快推进，69千米路基初步成型。与此同时，结合全区乡村旅游环线建设，区委、区政府全面推进美丽乡村建设，在黄沙湾街道松木片区和角山乡分别打造2个美丽乡村建设示范片，其中松木片区为生态农业休闲示范区，角山乡为现代都市农业示范区并纳入省美丽乡村建设整乡推进序列。是年，角山镇利民村被评为“全省美丽乡村建设示范村”。2018年，黄沙湾街道整合资金317万元，推进松木村美丽乡村建设示范片建设，先后完成1.70千米村组干道建设，完善农村环卫基础设施，提质改造胜利小区房屋7栋。是年，角山镇利民村成功创建“全国生态文明村”。

第三节　农业综合管理机构

2001年6月，设立石鼓区农村工作办公室，负责全区农业农村相关工作。2011年，区农村工作办公室与区委农村工作部合署办公（加挂区农业局、区林业局、区水利农机局、区畜牧水产局牌子），为区人民政府工作部门。内设办公室、农村经营管理办、畜牧水产办、综合执法股、农村建设和能源办、财务股、水利综合股、农机综合股、移民办公室等9个股室。2015年7月，将区农村工作办公室的水利管理职能划去，整合其余职能，组建区农林局，为区政府序列部门，保留区委农村工作办公室牌子。内设办公室（行政审批服务股）、农村经营管理股、林业股、财务股、畜牧水产股、新村办、产业扶贫办等7个股室，下辖农业产业化和技术服务推广站、畜牧水产站、林业站、能源办、农林综合执法大队等5个副科级事业单位。2017年4月，增辖扶贫开发办公室，为副科级事业单位。至2018年年底，机构未变动。

2001—2018年石鼓区农业综合管理机构领导一览表

表11-1-1

姓名	职务	任职时间	姓名	职务	任职时间
陈国春	主任、副书记	2001.6—2008.2	李在定	主任、书记	2013.4—2015.12
罗成龙	书记	2001.6—2003.1	王金平	专职副主任	2014.10—
朱华兰（女）	纪委书记	2001.6—2002.6	郎晓文（女）	副局长	2015.10—2017.12
雷玉保	副主任	2001.6—2016.1	曾宏辉	书记、局长	2015.12—2017.6
颜惠平	副主任	2001.6—2008.1	蒋建华	副局长	2016.1—2017.12
谢培一	农业技术中心主任、委员	2001.6—2004.3	董晓萍（女）	能源办主任	2016.1—2017.6
麻三元	书记	2003.1—2005.4	肖家潜	农林综合执法大队大队长	2016.1—
王素纯（女）	副主任、副局长	2004.5—2017.12	邹　睿	林业站站长	2016.1—
刘小云	书记	2005.4—2008.2	华喜容（女）	书记、局长	2017.6—
邓初中	主任、书记	2008.2—2013.4	—	—	—

第二章　种植业

2001 年，全区耕地面积 2579 公顷，其中水田 2314 公顷、旱地 265 公顷，人均耕地 1.07 亩，农作物种植以水稻、蔬菜为主。2002 年后，由于受城镇规模不断扩大、交通事业快速发展、退耕还林逐步实施、重点项目建设等多种因素影响，耕地面积逐年减少。2018 年，全区耕地面积 1942 公顷，其中水田 1700 公顷、旱地 242 公顷，由于人口增长和耕地锐减，人均耕地 0.6 亩。

第一节　粮食作物

一、水　稻

（一）面积、产量

2001 年，水稻播种面积下降至 736.67 公顷，总产粮食 9500 吨。2004 年，落实国家对种粮农户扶持政策，发放直补资金和其他补助共 48 万元，粮食生产有所回升。粮食种植面积 835 公顷，粮食总产 1.01 万吨。2005 年，进一步落实国家粮食直补和免征农业税等一系列优惠政策。粮食直补资金每亩增加到 13 元，补贴面积 1128.2 公顷，将粮食直补的 22 万元资金通过银行直接发放到农民手中。2006 年，全区落实《中共中央、国务院关于发展现代农业，加快社会主义新农村建设》等一系列农业农村政策，区财政安排支农资金 125 万元，发放国家下拨的各种补贴资金 165 万元投入农业。2007 年，推广杂交稻 782 公顷，占总播种面积的 85%，推广优质稻 743.5 公顷，占总播种面积的 87%，总播种面积 890 公顷，总产量 1.37 万吨，单位面积产量 461 千克。2008—2012 年，全区水稻种植总面积稳定在 1500~1600 公顷，总产量稳定在 1.1 万~1.25 万吨。2013—2014 年，受重点项目征地影响，区内稻田面积减少将近 100 公顷。2015 年，因松木经济开发区扩区，部分村组调整至松木经济开发区，区内耕地面积锐减，稻田面积减少 200 公顷。截至 2018 年，全区水稻种植面积 800 公顷，总产粮食 5000 吨。

（二）良种推广

2001—2018 年，随着杂交稻的推广，两系杂交稻和超级杂交稻都有发展。杂交早稻品种达 28 个，主要是“T 优 463”“T 优 706”“湘优 402”“德农早 6 号”“神农 101”。杂交晚稻共有 47 个组合，主要是“T 优 6135”“湘优 207”“中优 207”“丰源优 6135”等高产优质组合。

二、其他粮食作物

包括黄豆、玉米、蚕豆、豌豆、绿豆等，通常称为杂粮。蚕豆、豌豆于冬季播种，次年春季收获，称为春作物。玉米、黄豆、绿豆等春播夏收通常在蔬菜地边间作套种，为保健食品，经济价值高。

第二节 蔬菜水果

一、蔬 菜

（一）面积和品种

2001 年，除松木乡三里村，角山乡三星村、杨岭村、茅茶亭村专门从事蔬菜生产外，其他为农户家庭分散种植。是年，区内蔬菜种植面积 605 公顷。2002 年，区政府调整农业产业结构，狠抓“菜篮子”工程，扶持发展一批专业大护，重点建设三星蔬菜基地，从事蔬菜商品生产。蔬菜品种主要有辣椒、茄子、西红柿、豆角、萝卜、大白菜、南瓜、冬瓜、丝瓜、苦瓜等传统老品种。

2010 年后，先后引进杂交品种和改良品种 40 多个，有辣椒新品春研、更新辣等，茄子新品种湘早、早红、油罐、紫长茄等，西红柿新品种早寸、早魁、强丰、圣女樱桃等，白菜新品种鲁白 1 号、北京小杂 55 号杂等，花菜新品种瑞雪、荷兰雪球等，豆角新品种之虹 28-2、红嘴燕、特长 60 和 80 等，萝卜新品种白玉春、热抗 48、夏抗 40、四月白等，南瓜新品种三绿早生、一串铃、五月早、黄瓢等。2011 年起大力发展食用菌，规模达到 20 万袋，年产各种鲜菇 1. 8 万吨。随着市场的需要，至 2018 年，种植食用菌的农户发展至 250 多户，品种除蘑菇、平菇外，还发展金针菇、香菇、紫木耳等多种食用菌。

由于城市建设，境内蔬菜种植面积逐年减少，至 2018 年年末，全区蔬菜种植面积 300 公顷，产量 4500 吨。

（二）基地建设

2002 年后，区政府投资上百万元，加大三星蔬菜基地建设力度。2008 年，角山乡的三星蔬菜基地列为全市重点蔬菜基地，面积由 33. 13 公顷扩大到 133 公顷。基地蔬菜销往长沙、广州，占衡阳市城区总产量的三分之一。

2010 年后，三星蔬菜基地内的乐富蔬菜、领军农业、辛大米先后引进杂交品种和改良品种 40 多个。是年，三星蔬菜基地总产蔬菜 2000 吨。2012 年，三星蔬菜基地连农户 100 多户，无公害蔬菜生产基地认定面积 100 公顷。2013—2017 年，三星蔬菜基地蔬菜种植面积稳定在 146 公顷，年产蔬菜总量 1 万吨。2018 年，三星蔬菜种植总面积 150 公顷，蔬菜种植推广杀虫灯 420 盏，大棚 340 个，地膜加盖小拱棚蔬菜面积达 90%。遮阳网 30 万平方米。是年，基地蔬菜总产达到 1. 2 万吨，其中反季节蔬菜 5400 吨。

（三）地方特色品种

子孙菜，也叫儿菜，又叫“超生菜、背儿菜、抱儿菜、娃娃菜、抱子芥、母子菜”，芥菜的一种。粗大的根部上，环绕相抱着一个个翠绿的芽苞，如同众多孩子把母亲的围在中间。一母多子，这也是它叫“儿菜”的来由。属石鼓地方品种，主要产于角山镇。角山镇的儿孙菜是当地宴席上的美味佳肴，具有明显的地方特色。2003 年开始，角山镇三星村农户开始试种子孙菜，是年种植面积 20 亩，产量 25 吨。2010 年，三星蔬菜基地内的蔬菜企业开始规模种植子孙菜，种植面积 100 亩，产量 150 吨。至 2018 年，角山镇儿孙菜种植面积达 200 亩，产量 300 吨，成品和加工品在衡阳市畅销。

二、水果

木本水果 主要有梨、板栗、枣、杨梅、桃、柑橘、柚子、李子、枇杷等品种。主要分布在松木、角山2个乡镇，多为农户家庭分散种植，规模种植较少。2017年，角山乡万佳生态农场流转山地200亩种植脆枣。2018年，该农场共种植南方冬枣、伏脆枣、子弹头枣等11个品种，平均亩产值2万元，产品通过互联网远销广州、遵义、长沙等地。

草本水果 主要有西瓜、草莓等品种。西瓜在松木、角山、黄沙湾等地均有种植，草莓主要产地为角山。2001年，全区西瓜播种面积31.33公顷，总产350吨。2002—2018年，西瓜面积年维持在30公顷左右，一般亩收入4000元以上。黄沙湾街道灵官庙村种植的黄瓤西瓜（一种从台湾引进的西瓜稀有品种，特点是瓜瓤呈深黄色，口感鲜甜，汁水丰富），亩产4000多千克，收入8000元以上。

第三章 养殖业

2002年，全区有畜禽养殖基地10个，年出栏生猪5.80万头，出笼家禽44.10万羽，畜禽产品产量6889吨；全区放养水面653.33公顷，水产品总产量2400千克。2018年，全区年出栏生猪4.2万头，出笼家禽88万羽。年产水产品2078千克。

第一节 畜禽养殖

一、家畜养殖

（一）生猪

2002年，全区年出栏生猪5.8万头；出栏1000头以上的专业场户5户，出栏500头以上的专业场户20多户，出栏200头以上的专业场户200多户。2003年，生猪养殖市场形势较好，活猪每头效益增加150~200元，最高达400元。由于养殖业迅猛发展，给环境也造成不同程度污染。2005年起，提出"城中村"退出养殖，"城边村"限制养殖，"城郊村"适当发展的庭院式养殖规划。

2006年，区内出现高致病生猪蓝耳病疫情，加之饲料价格大幅上涨，生猪饲养成本大幅增加，养猪积极性严重受挫，外行、散养户逐渐退出养殖业，规模养殖场（户）纷纷压缩养殖规模。2007年5月，生猪价格开始上涨，收购价格最高达每千克16.40元，市场肉价高达每千克26元，市场供应量严重不足。为此，落实中央惠农政策，对养猪农户实行每头能繁母猪补贴50元、能繁母猪保险60元的政策，扶持发展标准化生猪规模养殖场（小区），提高养殖业抗市场风险能力，生猪养殖逐渐恢复。是年，饲养生猪10.5万头，比2002年增长81%。2008—2016年，全区生猪养殖规模相对稳定，年出栏生猪稳定在9.8万~10.5万头。

2017年，国家环保督导组反馈区内生猪养殖严重污染环境，区政府遂出台《石鼓区畜禽养殖禁养区养殖场关停搬迁工作实施方案》，重新划定禁养区，全区只设禁养区和限养区，取消适养区，禁止新建和扩建养殖场，畜禽养殖数量和规模只减不增，全年共关停禁养区养殖场40个，大量减少养殖污染排放。是年，全区出栏生猪锐减至3.5万头，减幅比例达65%。2018年，区政府出台《石鼓区畜禽养殖污染防治实施方案》，要求全区所有养殖场完成粪污治理设施建设，强制关停潲水喂猪和粪污违规排放的养殖场。至年底，全区所有规模养殖场和部分规模以下养殖场完成粪污治理设施建设，禁养区和退养区内原有的22家养殖场不再养殖禽畜。是年，全区出栏生猪4.2万头。

（二）牛

进入21世纪后，随着农业机械化程度不断提高，耕牛使用量减少，而市场牛肉走俏，部分农户开始饲养肉用牛。2013年，石鼓区香樟苑农业生态科技园采用黄芪、甘草、枸杞子等30多味中草药为主食，再辅以天然牧中草药喂养"本草牛"，牛肉中含有的蛋白质、氨基酸及人体所需的微量元素会比普通牛肉高得多。2013—2018 年，香樟苑养殖场年出栏“本草牛”200 头以上。

二、家禽养殖

2001 年起，以饲养肉鸡为主的家禽养殖业平稳发展。2002—2004 年，全区年出栏家禽分别为 44.10 万羽、43.40 万羽、45.40 万羽。2005 年，建成杨泗 10.70 万羽家禽连片养殖等 3 个基地，并通过招商引资，新增 1 个以生产猪、鸡、鸭浓缩饲料为主的规模农产品加工龙头企业。是年，全区出笼家禽 48.07 万羽。2007 年后，禽类市场供不应求，区内规模养殖户逐步增多。是年，区内出笼家禽 61.2 万羽。至 2012 年，区内 1 万羽规模家禽养殖场达 11 家。是年，出笼家禽 73.40 万羽。2014 年，区内家禽出笼量突破 90 万羽，2016 年达到 96 万羽。2017 年受禽流感风波影响，家禽规模养殖有所减少。是年，全区出笼家禽 80 万羽。2018 年，出笼家禽增加至 88 万羽。

第二节　水产养殖

一、品　种

石鼓区水产养殖中主要有鱼类（草、青、鲢、鲤、鲫等 8 目 20 科 67 属 120 种）、虾蟹（6 种）、贝类（主要有三角帆蚌、皱纹蚌、厚壳蚌、田螺）等。角山镇的黄皮草鱼是绿色食品，味道比黑皮鱼要纯正可口，是消费者喜爱的土菜之一。

二、养殖规模

2001 年，全区养殖面积 653.33 公顷，其中池塘 586.66 公顷，水库 66.67 公顷，水产品总量 605 吨。2002 年，全区新增鱼塘 80 公顷，养殖面积达 733.33 公顷，水产品总量 700 吨。2006 年，全区养殖面积 1009 公顷，其中鱼塘 950 公顷，水产品总量 1850 吨。2016 年，全区养殖面积 433.30 公顷，水产品总量 2080 吨。2018 年，全区放养水面共计 300 公顷，其中池塘 233.30 公顷，水库 66.67 公顷，水产品总量 1320 吨。

第三节　疫病防治

2001 年后，石鼓区高度重视动物防疫工作，把动物疫情防控工作列入绩效考核内容，层层签订责任状，确保各项防疫措施落到实处。采取“村干部带队，驻村干部监督，村防疫员打针”免疫工作机制，严格落实猪瘟等主要变病免疫注射工作，不定期进行免疫监测和流行病学调查，认真做好免疫密度和免疫质量的检查。每年春秋两季开展重大动物疫病强制集中免疫，含流感、口蹄疫、营耳病等重大动物疫病强制免疫密度，连年保持在 100%。同时加强对规模养殖场、大型交易市场等场所疫病防治工作的监督，严格落实消毒制度，其间，无重大动物疫病发生。

第四章 林 业

2001—2018 年，石鼓区不断加强生态建设，积极实施造林绿化，森林资源得到有效保护。2018 年，全区林业用地面积 2133 公顷，森林覆盖率 28.24%，林木总蓄积量 6.67 万立方米。

第一节 森林资源

一、林 地

2001 年，区内有林地用地面积 2500 公顷，其中有林地面积 2000 公顷。2018 年，全区林业用地面积 2133 公顷，其中有林地 428 公顷、疏林地 125 公顷、灌木林地 923 公顷、未成造林地 230 公顷、苗圃地 392 公顷、无立木林地 8 公顷、宜林地 27 公顷，森林覆盖率 28.24%，林木总蓄积量 6.67 万立方米。

二、树 种

石鼓区属于亚热带常绿阔叶林带，树种资源较为丰富，全区有乔灌树种 53 科 246 种，主要乔木树种有马尾松、松木、香樟、枫香等 7 种，主要经济林树种有油茶、油桐、柑橘、板栗、桃、李、枇杷等。国家一级保护树种有银杏和红豆杉 2 种。

三、名木古树

2014 年，衡阳市启动第三轮古树科学考察，对全市古树名木展开全面普查。根据普查结果，石鼓区树龄 100 年以上的树种有 9 科 12 种，挂牌的古树名木 42 株，其中樟树 29 株。

2018 年石鼓区古树名木一览表

表 11-4-1 单位：年

序号	乡（镇）		树种	树龄	古树		
	名称	调查号			一级	二级	三级
1	合江街道	43040700029	樟树	100	√	—	—
2	合江街道	43040700042	樟树	110	√	—	—
3	合江街道	43040700041	樟树	120	√	—	—
4	合江街道	43040700036	樟树	150	√	—	—
5	合江街道	43040700027	樟树	160	√	—	—
6	合江街道	43040700030	樟树	160	√	—	—
7	合江街道	43040700043	樟树	173	√	—	—

续表11-4-1

序号	乡（镇）		树种	树龄	古树		
	名称	调查号			一级	二级	三级
8	合江街道	43040700028	樟树	200	√	—	—
9	合江街道	43040700039	樟树	253	√	—	—
10	黄沙湾街道	43040700035	粗糠树	100	√	—	—
11	黄沙湾街道	43040700019	椤木石楠	100	√	—	—
12	黄沙湾街道	43040700020	朴树	100	√	—	—
13	黄沙湾街道	43040700021	樟树	100	√	—	—
14	黄沙湾街道	43040700026	樟树	110	√	—	—
15	黄沙湾街道	43040700014	青冈栎	120	√	—	—
16	黄沙湾街道	43040700018	枸骨	130	√	—	—
17	黄沙湾街道	43040700017	皂荚	130	√	—	—
18	黄沙湾街道	43040700016	黄连木	150	√	—	—
19	黄沙湾街道	43040700023	樟树	160	√	—	—
20	黄沙湾街道	43040700022	樟树	180	√	—	—
21	黄沙湾街道	43040700024	樟树	200	√	—	—
22	黄沙湾街道	43040700044	樟树	213	√	—	—
23	黄沙湾街道	43040700025	樟树	220	√	—	—
24	黄沙湾街道	43040700015	枫香	300	—	√	—
25	黄沙湾街道	43040700004	樟树	300	—	√	—
26	黄沙湾街道	43040700032	樟树	400	—	√	—
27	角山乡	43040700006	青冈栎	100	√	—	—
28	角山乡	43040700007	青冈栎	100	√	—	—
29	角山乡	43040700008	青冈栎	100	√	—	—
30	角山乡	43040700009	樟树	100	√	—	—
31	角山乡	43040700010	樟树	100	√	—	—
32	角山乡	43040700012	樟树	100	√	—	—
33	角山乡	43040700033	樟树	100	√	—	—
34	角山乡	43040700034	樟树	100	√	—	—
35	角山乡	43040700011	重阳木	100	√	—	—
36	角山乡	43040700031	樟树	200	√	—	—
37	角山乡	43040700005	樟树	400	—	√	—
38	金源街道	43040700013	樟树	100	√	—	—
39	金源街道	43040700001	樟树	300	—	√	—
40	五一街道	43040700040	樟树	143	√	—	—
41	五一街道	43040700037	樟树	413	—	√	—
42	潇湘街道	43040700038	银杏	385	—	√	—

第二节 造林绿化

一、人工造林

2001年开始，区、乡、村层层建立责任制，全面推行“五统一分”（统一规划、统一整地造林时间、统一规格质量、统一苗木调配、统一管理、分户造林、谁造谁有）经验，调动广大群众护林、造林的积极性。至2018年年底，全区人工造林总面积1460公顷。

二、封山育林

石鼓区建立后，为保护林业资源，对全区所有山林实行封山育林。封山期间，一律不得进山砍柴、伐树，违者轻则受经济处罚，重则提交司法机关处理。封山育林之前，各乡、镇通过会议、广播、电视、黑板报等进行宣传发动。封山育林过程中，林业部门采用封山与育林相结合的办法，在杂草繁茂以及天然苗木分布均匀的地块，进行人工补植，砍除天然苗木周边的杂草、灌木等抚育措施。2001—2018年，全区封山育林面积1000公顷。

三、森林抚育

全区落实“林长制”工作制度，按相关要求做好巡林工作，加强林木管护。定期清除病腐木、被压木、过密木等，释放林木生长空间、优化树种组成、调整林分结构。实行定人、定时、定点监测，及时发布病虫预警信息，重视重要通道、重点林区的病虫害监控防治工作。2001—2018年，全区森林抚育面积8000公顷。

2001—2018年石鼓区造林植树情况表

表11-4-2　　单位：万公顷

年份	人工造林	封山育林	森林抚育	年份	人工造林	封山育林	森林抚育
2001	0.05	0.20	—	2010	0.02	—	0.10
2002	0.35	—	0.10	2011	0.05	0.10	—
2003	0.40	0.10	—	2012	0.11	1	0.10
2004	0.05	—	0.10	2013	0.01	—	0.20
2005	0.15	0.10	—	2014	0.04	—	—
2006	0.05	0.10	—	2015	0.13	0.10	—
2007	0.03	—	0.10	2016	0.07	—	0.10
2008	0.05	0.10	—	2017	0.04	0.10	—
2009	0.04	—	—	2018	0.05	0.10	—

第三节 森林保护

一、森林防火

2001年5月，石鼓区政府成立森林防火应急指挥部。颁布《森林防火令》，规定“十不准”，即不准在林内吸烟，乱丢火种；不准乱烧石灰、砖瓦；不准烧山驱蜂赶兽；不准烧田埂茅草；不准在山林烧火土灰；不准在有林地旁放火烧荒炼山；不准在山林烧火取暖、野餐；不准在山林内明火夜行；不准在山林玩火；不准在山林焚香化纸。还规定，违反“十不准”尚未造成损失者，罚款10~50元，并给予警告；造成森林火警或火灾情节轻微者给予经济处罚，并处以治安拘留；情节严重者由司法机关追究刑事责任，并处以罚金。

指挥部规定，每年10月1日至次年的4月30日为森林防火期。全区在松木乡、角山乡（镇）分别建立30~50人的民兵森林扑火应急分队。在林区和重要路段每公里设立20块永久性森林防火牌。防火期区林业局和各乡镇政府实行24小时值班制度。同时，各乡加强值班巡逻，设立多个岗哨点，发现有烟的地方在第一时间赶到现场，见火就灭。村级森林防火员定期和不定期在重点林区，火警易发地段定期检查，及时消除森林火灾隐患。村级防火信息员在高火警天气期间，鸣锣示警，提醒村民和过往行人，注意用火安全。2001—2018年，全区未发生重大森林火灾。

二、抗御森林冰灾

2008年1月中旬至2月上旬，一场百年不遇的低温冰雪袭击衡阳，极端最低温度达到-11.3℃，给全区林业造成重大损失。林地受灾面积2万余亩，树木受损1万立方米，其中乔木0.9万立方米、灌木0.6万立方米。楠（毛）林受损0.1万亩，受损15万根；苗圃受损面积300亩，受损苗木500万株；经济林受损面积0.18万亩，受损3万株。冰害后，区林业局组织全体干部职工和各乡镇林业站工作人员，深入林业生产第一线，分片包干帮助乡镇科学防灾减灾，调苗木30万株，对工程造林和面上造林进行补植补造，同时组织群众培土培蔸，提高造林成活率。对折断不能天然恢复且密度比较高的树木进行间伐，并重新补植补种；对林区损坏道路、房屋、标牌和生物防火林带进行修复。

三、林木采伐

2009年开始，石鼓区按照湖南省林业厅要求，制定竹木砍伐审批制度。制度规定，集体所有林在上级部门下达计划指导下，由生产单位与林业部门签订合同按合同采伐更新。乡村在自有林木内（包括村民房前屋后的自有竹木）采伐1~3株用材林（围径在1.5尺以上）、竹子10根，或采伐松树、油茶树、果树、稀有珍贵树木者均应逐级审查，报林业部门审批。严禁采伐国家二级以上保护树种。境内所有单位、公路、铁路的林木，原则上只准间伐，或更新性地采伐。确需采伐的，由单位或个人写出报告，报林业部门审批。所有单位或个人需采伐树木，均由林业部门发给采伐证，方可采伐。凡进行基本建设（包括国防建设）和开采矿藏，必须采伐树木，或者占用林地和毁林造成的损失，由建设单位按国家规定给予补偿。境内所有林地实行限额采伐管理，凡国有（包括坐落在区内的厂矿、机关单位等）、集体及村民责任山和自留山的林木，均属限额采伐范围。

第五章　农业机械

2001 年，全区拥有农业机械总动力 3.1 万千瓦。从 2004 年起，国家对农民购置农机实行补贴政策，进一步推动农业机械化快速发展。2018 年，全区农业机械总动力 10.07 万千瓦。

第一节　耕作机具

21 世纪后，农户耕作逐步应用具有更强适应性和更大灵活性的各类农业机械。耕田使用柴油机为动力的整耕机和机耕船。2002 年，插秧机在全区试用成功，机械插秧技术逐步推开。2004 年，国家出台农机购置补贴政策（购买一台农业机械，财政补贴其总价款的 30%）。在政策的拉动下，全区拖拉机、耕整机、旋整机、播种机、水稻插秧机等农业机械购买量持续增长，农机推广利用率大幅提升。至 2018 年，全区有拖拉机 31 台、耕整机 94 台、旋整机 51 台、播种机 6 台、水稻插秧机 11 台。是年，全区机耕作业面积 478 公顷，机耕作业率 65.40%。

第二节　收获机具

一、脱粒机

2001 年，机动脱粒机逐步取代人力脱粒机。是年，全区机动脱粒机 25 台，人力脱粒机下降至 100 余台。2002 年后联合收割机推广应用，逐步取代人力脱粒机和小型机动脱粒机。2018 年，全区仅有 10 台小型机动脱粒机继续使用。

二、联合收割机

进入 21 世纪，区内推广应用联合收割机，逐步取代人力脱粒机和小型机动脱粒机。2004 年国家实施农机补贴政策，全区共获农机补贴资金 15 万元，购进联合收割机 3 台。至 2018 年，全区有各类联合收割机 15 台，机收水稻面积 600 公顷，占全区总面积的 80%。

第三节　运输机具

2001 年，全区拥有农用运输车 100 辆、变形拖拉机 40 辆、农用三轮车 150 辆。2008 年，全区拖拉机保有量 210 余辆。2018 年，全区拥有农用运输车 108 辆、变形拖拉机 497 辆。

第四节　其他农用机具

一、植保机具

2001年，全区拥有人力喷雾（粉）器212台、机动喷雾（粉）机5台。2004，机动喷雾（粉）机逐步增多，人力喷雾（粉）器逐步减少。至2018年，全区有机动喷雾（机）45台，机械植保作业面积500公顷。

二、农田基本建设机械

2001年，全区拥有农田基本建设机械8台，主要是推土机。2010年，农田基本建设机械增至45台，其中推土机25台。2018年，全区拥有农田基本建设机械95台，其中推土机50台、挖掘机25台、装载机13台、开沟机10台。

三、农副产品加工机械

2001年，全区拥有各类型农副产品加工机械36台，其中碾米机20台、榨油机10台、饲料粉碎机6台。2010年后，随着各类大型加工厂的发展，区内农副产品加工机械逐步减少。至2018年，拥有农副产品加工机械13台，其中粮食加工机械10台、油料加工机械6台。

第五节　农机管理与服务

2001年后，农机管理部门落实农机牌证管理各项规定，严把农机上牌入户关、驾驶员考试发证关，持续推进交通顽瘴痼疾整治工作，加大对无牌行驶、无证驾驶、违法载人等违法行为的打击力度。2001—2007年，境内未发生一起重特大安全事故。2008年1月，农机安全监理工作（机动车管理）移交市公安局交警支队管理。

2011年后，逐步建立全区农机合作组织，科学配置农机装备资源，发挥农机使用效益。2015年，推进现代农机合作社创建。2018年，全区有吉利、湘淑轩、念民、湘民、群益等5家农机专业合作社。

第六章　水　利

第一节　水利工程建设

2001—2009 年，石鼓区投入资金 5973 万元，完成各类水利工程建设 765 处，其中新建山平塘 327 口；新建除涝排渍机埠 2 处，维修病险水库、骨干塘、山平塘 47 处，更新改造涵闸 4 处、山平塘及渠道清淤 372 处；建设高标准灌溉渠道 5 条 6.70 千米，维修加固防洪堤 4 处 1.50 千米；打井 10 处，共完成土石方 230.86 万立方米。新增蓄、引、提水量 330 万立方米，改善灌溉面积 1000 公顷，新增有效灌溉面积 400 公顷，新增旱涝保收面积 200 公顷，恢复灌溉面积 200 公顷，解决农村人口饮水困难 1500 人。

2010 年，水利建设注重多元投入，以“两堤三库”建设为重点，共投入水利建设资金 485.66 万元，完成土石方 42.30 万立方米，加固堤防 1540 米，整治水库 3 座，清淤渠道 8200 米、硬化渠道 2000 米，清淤山塘 80 口，新建山塘 12 口，硬化山塘 25 口。其中新安堤 160 米除险加固工程和三星河堤 380 米水毁修复项目标准高、质量好，得到好评。是年，区水利农机局被评为市农机化工作目标管理一等奖。

2012 年，杉旭河中小河流治理项目计划投资 1100 万元，整治河道 3.70 千米，是石鼓区水利建设史上争取到的最大一笔投资。是年，全区“四冬”（冬季清淤、冬季扫障、冬季处险、冬季项目建设）生产完成山平塘清淤 118 口，硬化 36 口；渠道清淤 16 处 4000 余米，硬化渠道 11 条 2300 余米。该年度获市“9+1”重点工作贡献奖。截至 2013 年底，对西湖保护圈和石鼓保护圈进行提质改造，堤防提高到 50 年一遇，其中西湖保护圈已完成闭合。

2016 年，石鼓区水利建设总投资 960.59 万元，其中中央及省市财政资金 458.40 万元，区级财政投入 347.19 万元，企业自筹、群众自筹 155 万元。

2017 年，石鼓区水利建设总投资 960.59 万元，其中中央及省、市财政资金 1632.60 万元，区级财政投入 724.10 万元，企业和群众自筹 642.50 万元。至 2018 年，共投入 1.50 亿余元对蒸水、杉旭河、横江河、三板桥河、螺丝港河以及雁栖湖进行除险加固、疏浚排涝及综合治理。

第二节　防汛抗旱

一、抗旱救灾

2003 年、2007 年，石鼓区发生严重干旱。抗旱期间，全区干部职工战斗在第一线，最大限度地调度现有水资源，采取一切措施保证农村用水，降低旱灾所造成的损失。

2013 年 6 月，全市出现大面积严重灾情，区政府组建 2 支专业抗旱救灾青年志愿者突击队，下沉到灾情最严重、受灾群众最集中、抗灾困难最大的两个乡的抗旱救灾前沿阵地。募集社会爱心资金，统一购买调配，送出一批抗旱救灾设备和物资，价值 150 余万元。

2018 年，角山乡和黄沙湾街道遭受不同程度的干旱受灾，受灾人数 0.1 万人，农作物受旱 306.66 公顷，其中成灾面积 13.33 公顷、绝收面积 40 公顷。全区组织村民打井 53 口扩大水源；购置抽水设备 56 台，实行三级提水，抗旱保苗。

二、防汛抢险

1997 年 9 月，衡阳普降暴雨，局部地区降大暴雨。境内湘江、蒸水沿堤告急。城北区组织人员 300 余人，投入抗灾物资 3 万余元，昼夜守护，确保安全度汛。

2002 年、2006 年，境内遭受暴雨洪水袭击，全区受灾严重。中央、省、市、区各级领导先后到石鼓区指导抗灾救灾，区乡各级领导、防汛责任人以及干部职工也都坚持第一线，严防死守，实现不溃一堤一垸，不垮一库一坝的目标。

2016 年汛期，全区共遭遇 7 轮强降雨袭击，湘江干流衡阳段共出现 12 站次的超警戒水位，6 月中旬局部地区更是遇有水文资料记载，是历史最强降雨过程。汛情来临，全区防汛指挥部组织 300 多名干部、党员、志愿者、民兵组成应急队伍，并备足编织袋、沙石、锹镐等各类防汛必备物资，制订应急预案，细化防汛控制措施。

2017 年汛期，全市遭遇 12 轮强降雨袭击，湘江干流衡阳段出现 12 站次的超警戒水位，6 月中下旬，特别是 6 月 22 日至 7 月 4 日，遭遇 50 年一遇特大洪峰。6 月 30 日起，全区进入紧急防汛紧急状态。区防汛指挥部组织 400 多名干部对洪水危险区的居民群众挨家挨户送达紧急通知并作劝说、疏导工作，累计紧急转移 403 户 1109 人安全转移。

第三节　水利管理

2002—2004 年，全区进一步搞好农田灌溉用水管理，制定制度，协调处理山塘、水库养鱼与农户用水灌田的矛盾。用水高峰期，主管副区长和区水利局领导深入乡村组协调处理矛盾。

2005—2007 年，全区用水管理突出重点，合理调配水源；组织群众清淤，疏通渠道；加强水利工程管理，维护用水秩序，保障农业生产的急需用水。

2008 年，启动第一次农村饮水安全工程项目，制定石鼓区农村安全饮水工程实施方案，共解决 1500 人的安全饮水问题。

2012 年后，石鼓区加强对《国务院关于实行最严格水资源管理制度的意见》的宣传，落实水资源地保护工作的各项措施。

2016 年，在草桥蒸水河口和江霞村设立 2 个水质监测段面，密切关注水资源监测指标。配合市水利局在蒸水河南岸雁栖桥旁和三星河闸安装 2 处河道保洁专用摄像头，对河面清洁情况实时监测。执行河道保洁制度，组织日常巡查，联系打捞公司，使河道保洁日常工作做到零死角、无淤积。

2017 年，制定《石鼓区河道保洁工作方案》，各乡（街道）均成立专职河道保洁队伍，签署责任状，将其纳入环境卫生考核范围。实行合同监管，制定禁止化肥养鱼准则，督促水库管理单位签署责任状，加强水质监管、禁止化肥养鱼。在辖区水库塘坝设立禁止化肥养鱼挂牌，制作宣传牌、宣传画报在水库及周边张贴。是年，成立区河长制工作委员会，由区委书记担任第一总河长，区委副书记、区长担任总河长，各乡（街道）党（工）委书记任乡街总河长。全区在河流显要位置设立49块河长制公示牌（区级7块、镇街级13块、村级29块）。区、乡两级均设立河长制办公室，有专门的办公场所，配备办公设备，悬挂河长办标牌，配齐工作人员。至2018年，辖区内所有河流列入“河长制”管理范围。

第四节　水利移民

2001年5月，城区行政区划调整后，境内始有移民。是年末，全区有移民271户、905人。

2017年，有移民1413人。移民分布较散，涉及28个村，相对集中在黄沙湾街道松木片区和角山乡。其中，黄沙湾街道129户、884人（其中松木片区124户、747人），角山乡130户、494人，五一街道4户、8人，合江街道8户、27人。移民的主要经济收入来源是耕地种植和剩余劳动力外出务工。是年，加强移民直补资金管理，及时核减不符合条件或自然减员人口11人，水库移民直补减至268户、809人。

2016年1月，石鼓区移民安置办公室从区水利局析出，为正科级事业单位。2016—2018年领导成员为：党组书记、主任刘运国，副主任唐小红（女）、李玲（女）；纪检组组长唐亚莉（女）。

第五节　机　构

2001年5月，成立石鼓区水利农机局，内设综合股、水利移民股、农机股三个股室；下辖区水土保持站、区水政监察大队、区防汛抗旱指挥部办公室、区农机管理监理站4个二级事业单位和松木乡、角山乡两个水管站。2015年机构改革，农机监理、推广工作移交石鼓区农林局，更名为石鼓区水利局，为区人民政府工作部门。内设综合办公室、水利工程规划与建设股、水政水资源管理股、行政审批服务股4个股室；下辖区移民安置办公室、防汛抗旱办公室2个二级机构，区河湖与水资源管理中心1个副科级公益一类全额拨款事业单位，水利水土保持站、水政监察大队2个股级公益一类全额拨款事业单位。除移民安置办公室外，共有编制18人。2016年1月，析出移民安置办公室。至2018年年底，机构设置未变。

2001—2018年石鼓区水利局（水利农机局）领导一览表

表11-6-1

姓名	职务	任职时间	姓名	职务	任职时间
凌伟衡	局长	2001.6—2013.4	颜国清	局长	2013.4—2017.7
李亚晖(女)	副局长	2001.6—2003.5	刘　磊	纪检组组长	2016.1—2017.9
杨　华	副局长	2002.8—2014.8	刘平福	副局长	2016.1—2017.12
尹培阳	副局长	2003.12—2008.3	刘礼美(女)	局长	2017.7—
曾朝霞(女)	副局长	2009.9—2016.1			

第十二篇

商贸服务业

石鼓以商立区，商贸服务业是石鼓区的传统优势。20 世纪 90 年代，区委、区政府对商业企业实行经营放活、价格放活、分配放活、用工放活，促进集体商业的快速发展，一大批企事业单位进入流通领域，向产供销一条龙、农工贸为一体的产销型发展。至 1996 年，全区商业销售额达 19829 万元，利润 226.6 万元，经营商品涵盖装饰、建材、粮油、五交化、食品饮料等 1200 余种。1998 年，区街商业企业全年完成销售收入 25006 万元。1999 年起，工商管理部门对“名集体、实个体”企业进行清理，一部分挂靠在区、乡街的个体私营商业企业恢复民营企业性质，区政府及时调整统计口径，当年全区区直商业完成营业额 1228.64 万元。2001 年，因行政区划调整，区直属的兴雁实业公司划归蒸湘区，金城物资贸易总公司营业场地拆迁停业，区工业供销公司破产改制，各乡、街已无集体商业企业。

进入 21 世纪，民营经济逐步发展壮大，成为境内商贸的主力军。区委、区政府调整商贸发展部署，加大扶持民营商贸经济发展。在中心城区，推进商贸特色一条街建设，形成常胜路餐饮街、中山北路服饰与休闲娱乐街、和平北路服饰与大型市场街、人民路高档服饰与餐饮娱乐街、蒸阳路床上用品与美容美发街、船山路家具与摩托车街、环城北路家电街、解放路通信器材街等 8 条特色街。这 8 条街，在 21 世纪前 10 年，基本上垄断衡阳市相关产品销售，是衡阳市的购物、餐饮、休闲娱乐中心。与此同时，建成华源装饰材料专业市场、永兴家居市场、五一副食品市场、中湘五金机电市场等 4 个大型专业市场。通过招商引资，引进国美电器、苏宁电器、步步高等 23 家当时实力强、名气大的商贸企业落户石鼓。培育本土名店，2004—2008 年，培育“中华百年老字号”1 家、“湖南湘菜名店”3 家、“湖南省著名商标”企业 6 家、衡阳市十佳民营企业 3 家、衡阳市民营企业 50 强 15 家、“十佳雁城名店”6 家。2008 年底，全区商贸服务业企业及经营户达 7603 家，上缴税金占全区财政收入的一半以上。

2010 年左右，市级党政机关基本搬迁至衡阳华新开发区，人流量和商贸业大规模向该区转移，迅速成为全市政治、经济、文化中心。加上电子商务的冲击，让石鼓区内的商贸业尤其是服装、家电、家居、通信等行业交易额增长放缓。区委、区政府审时度势，推动传统商贸服务业转型，发展现代服务业和总部经济，相继建成“中心商务区”“现代物流区”。2015 年，中建衡阳中心、美达新天地、鼎丰国际等商务楼宇入驻企业 837 户，并引进国信证券、华融湘江、顺丰速递、深圳创维等 18 家知名企业的地区总部在区内注册。2015 年，全区三次产业结构调整为 3.6∶23.8∶72.6，第三产业对 GDP 的贡献率达到 80%，其他服务业增加值为 66.7 亿元，占 GDP 的比重为 52%。其中，现代服务业增加值为 55.76 亿元，是传统服务业的 5.4 倍，占 GDP 比重达 49.1%。2015 年底，湖南省首批 15 个现代服务业示范集聚区名单出炉，石鼓区名列其中。2017 年，现代服务业集聚区建设面积达 1200 公顷，常住人口 4 万多人。集聚区内各大市场入驻商家 3408 户，营业收入过亿元的企业 10 家；实现营业收入 114.6 亿元，企业利润 25.3 亿元，财税收入 3.74 亿元。2018 年，全区社会消费品零售总额 115.6 亿元，全区有各类商业网点 9000 多个，从事商贸服务业的从业人员约 8.5 万人，商贸企业上缴税收 15 亿元。

第一章 商业经济成分

第一节 国有商业

1996年，境内较大的国有商业企业有市烟草公司、市物资总公司、市供销社、市糖酒副食品公司、静园宾馆、市商业大厦、市供销大厦、船山宾馆、南方大厦、二轻商厦、雁城商厦、棉布大楼等，其经营规模和营业额均占全市市属商贸企业的半壁江山。这些企业逐步适应计划经济体制向市场经济体制转变的大趋势，进一步发展壮大。1999年，境内市属商业贸易零售额7.58亿元，占全区全年社会商品零售总额的59.31%，供销大厦为全市最火爆的商业零售企业，是城北区的纳税大户。

从2000年起，市直国有商业公司逐步进行股份制改造。如供销大厦改制后，步步高商业连锁股份有限公司入驻开办生活超市。2002—2008年，市国有商贸企业采取重组，兼并、收购、破产等方式，推进产权制度改革，国有经济进一步从商贸流通领域退出。2009—2018年，一商、二商、供销社企业大都退出市场，国有经济除在石油、烟草、盐业等垄断行业外，基本全部退出。一商、二商、物资总公司、轻工、二轻、化工等工商业主管部门均改为行业管理办公室，不具体参与经营，只实施行业管理和改制工作。

第二节 集体商业

1996年，区街办集体商业销售额16640万元，利润185.9万元。1998年，区街商业企业完成销售收入25006万元。1999年始，工商行政管理部门对“名集体、实个体”企业进行清理。相当一部分挂靠在区、街主管部门的个体私营商业企业恢复其民营企业的本来面目，区商业服务公司停办，区对外经济贸易公司破产，区有关部门即调整统计口径，是年全区区直商业完成营业额3153万元，实现利润46万元。2000年，完成商业营业额1228.64万元，利润8.44万元。2001年，因行政区划调整，区直属的兴雁实业公司划归蒸湘区，金城物资贸易总公司营业场地拆迁停业，区供销公司破产改制，各乡街已无集体商业企业。至此，区街集体商业企业退出历史舞台，取而代之的是方兴未艾的民营商业企业。

第三节 个体私营商业

1996年后，境内个体私营商业进入发展黄金时期，随着国有、集体商贸企业的改制退出，挂靠企业的正名，各大专业市场的兴建以及“划行归市”等促进商贸业发展的重大措施的实施，个体私营商业数量大增。2001 年后，区内城市基础设施完善，临街门店增加，进城从商人数增多。中、小型餐饮企业、美容美发店、休闲茶座茶楼、服装经营、家具家电、日用百货经营等行业被个体私营商业门店占领。并形成常胜路（餐饮）、中山北路（服饰与休闲娱乐）、和平北路（服饰与大型市场）、人民路（服饰及餐饮娱乐）、蒸阳路（床上用品及美容美发）、船山路（家具和摩托车销售）、环城北路（制冷电器）、解放路（通信器材）以及 107 国道两旁的汽车贸易等专业特色街（路）。

截至 2018 年，全区登记在册的个体工商户 15024 户，私营企业 4832 户。其间，共创集团、王一集团、华源集团被评为全市十佳民营企业，林隐酒楼成为全市餐饮业中第一个“湖南省著名商标”企业，香江百货蒸北店、林隐酒店船山店、杨裕兴面馆、民生堂药店船山店等店面被评为“十佳雁城名店”。

第四节　商贸管理机构

1996 年，区商贸管理部门称城北区商贸局。2001 年 5 月，衡阳市城区行政区划调整后，改称石鼓区商贸局。2002 年 3 月，与区经济科学委员会合并后改称区经济贸易发展局（科技析出）。2013 年，区经济贸易发展局与区科技局合并，改称区经济贸易科技局。2015 年 7 月，根据《石鼓区人民政府职能转变和机构改革方案实施意见》和《关于石鼓区人民政府机构设置的通知》要求，区经济贸易科技局将工业经济管理职能和科技管理职能析出后改称区商务局，为区人民政府工作部门，内设 6 个股室：办公室、行政审批服务股、财务室、招商联络股、商贸流通股、纪检室；1 个二级机构：区投资促进中心。

1996—2018 年石鼓（城北）区商务局（商贸局、经贸发展局、经贸科技局）领导一览表

表 12-1-1

姓名	职务	任职时间	姓名	职务	任职时间
王中平	副局长	1991. 10—2000. 8	李建宁	副局长	2008. 6—2016. 12
汤克前	局长	1994. 10—1997. 7	阳长辉	副局长 局长	2010. 12—2013. 2 2013. 3—2017. 7
伍圣德	副局长 局长	1994. 10—1998. 1 1998. 1—2002. 1	蒋宗辰	书记、副局长	2013. 3—2016. 12
蒋宏修	副局长 党委委员	1995. 11—2002. 6 2002. 7—2006. 8	罗惠之(女)	副局长	2014. 5—2018. 6
李开忠	副局长	1996. 7—2000. 5	冯祁梅(女)	副局长	2014. 6—2016. 12
尹国宝	副局长	1998. 8—2002. 3	雷　鹏(女)	纪检组组长	2015. 7—2018. 7
马先林	局长	2002. 1—2003. 3	王　莉(女)	副局长	2016. 1—
周显伟	副局长 书记	2002. 6—2006. 12 2006. 12—2010. 12	曾恕安	局长	2017. 7—
胡余良	局长	2003. 4—2007. 12	蒋益霞(女)	副局长	2018. 4—
彭爱民	局长	2008. 2—2013. 3	—	—	—

第二章 商贸市场

第一节 专业市场

1996年后，随着工商体制的不断改革，市场建设实行“政府主导，市场运作”，鼓励和动员企业与社会人士投资办市场。先后相继建起北区大市场、五一副食批发市场、华源建材装饰市场、中湘五金机电市场、永兴家居市场等。2008年后，先后建成雁城物流市场、中亿汽贸城、华耀城等较大规模、较高档次的交易市场。至2018年末，境内形成以六大专业市场（华耀城、中亿汽贸城、中湘五金机电市场、华源建材装饰市场、万居家居市场、五一大市场）为引领，香江百货、步步高等大中小型生活超市及遍布城乡的农贸市场齐头并进，大小配套、综合专业相融合的市场体系。

第二节 集贸市场

1996年，区内有集贸市场12个，交易方式为批发零售、批零兼营。其中潇湘、蒸湘市场两个为农副产品批发市场，新大桥工业品市场等8个为零售市场，批零兼营的有后宰门和衡西综合市场。市场交易的商品有肉食、水产、蔬菜、豆制品、土特产、服装、鞋帽、纺织品、五金电器等600余种，成交金额逐年上升，1996年成交额达59040万元。

1996年后，全市掀起学习张家港、创建文明城市的高潮，逐步拆迁马路市场，兴建室内市场。1997年，衡阳市金鹏房地产开发公司投资2000万元，在搬迁衡阳市最大的马路市场——后宰门马路市场的基础上建成北区（后宰门）农贸市场。市二橡胶厂联合房地产开发商，投资1000万元改造原厂区，于2002年7月建成建筑面积达4200平方米的易赖街农贸市场，将原易赖街、演武路的马路市场全部迁至室内规范经营。2007年，搬迁牛角巷、古汉大道、石鼓嘴等马路市场，改建新村农贸市场。2009年，建成老同兴、十家村农贸市场。2010—2018年，区政府结合区情实际，有序推进全区农贸市场标准化改造，先后完成14个农贸市场的改造。

第三节 农村市场

2001年5月，衡阳市城区行政区划调整后，划入石鼓区2个乡、一个涉农街道，五一、合江街道亦划入4个村。境内始有农村市场。当时农村市场主要集中在角山坪、松木塘等集镇，主要经营农村必需的生产资料、生活资料和农副产品等。角山坪圩场每月逢三、八日赶圩，附近农民将自家生产的农副产品拿到市场出售，买回自家需要的生活、生产用品，城市一些居民也骑着单车或开着汽车到这里购买一些相对便宜、新鲜的农副产品。松木塘集市主要是沿松木塘一带的107国道和附近的农村公路两侧进行集市交易，也有从事餐饮、修车、住宿等行业的个体工商户开店经营。黄沙湾街道主要是在团结村、进步村一些临街两侧有小量集市交易，建设村、江霞村亦有棚架结构集贸市场。2005年后，结合新农村建设，整治农村环境，区政府加大境内农村市场的整顿和建设，整治规范原有的农村市场，并逐步建设一些规范的农贸市场。2007年，投入450万元改建五一街道建设村集贸市场，后又于2009年、2014年进行两次标准化改造。2014年，阳光公司投资800万元，建成角山乡阳光农贸市场，占地约16000平方米，建筑面积980平方米，市场年营业额在1000万元以上。2015年，松木乡槤木村投资建成槤木村谢湾农贸市场。

第四节　超　市

1995年，区内首家超市——香江百货创立。1996年，香江百货有限责任公司在境内湘江北路、中山北路、蒸湘北路、古汉大道地段连续发展4家连锁超市。是年，金园房地产开发有限公司开发和平北路地段建起金鹏生活超市，百信八仓行在船山路开业，这些超市开业后，生意都十分火爆。2005年，家电销售行业巨头国美电器、全国零售业前30强步步高股份有限公司分别在辖区内开设家电超市、生活超市。商业超市以其物美价廉的商品、方便快捷的购买形式和自由宽松的购物环境，深受居民的青睐。至2018年，区内共有大小型超市30余家，营业面积13000平方米，从业人员1000余人，实现营业收入27亿元。

附：市场选介

一、主要专业市场选介

（一）衡阳华源建材市场

衡阳华源建材市场位于石鼓区黄沙湾街道进步村，是衡阳市“十五”计划重点工程项目，由衡阳市华源房地产开发集团有限公司于2000年开发建设。市场集建材、装饰材料于一体，总建筑面积16.20万平方米，营业面积8万余平方米，仓储面积4万余平方米，商位1200余间，商户400余家，主要功能区为精品陶瓷地板城、陶瓷区、石材区、木制品区、油漆涂料区和家庭装修大超市。

（二）中湘五金机电专业大市场

中湘五金机电专业大市场位于石鼓区黄沙湾街道进步村，由中湘宏业房地产开发有限公司于2004年独资兴建。项目总投资2.50亿，占地10.67公顷，总建筑面积10万余平方米，是湘南地区最大的五金机电专业市场。市场建有商业楼36栋，经营门店1000余个。主要经营五金机电、建筑机械、工程机械、农机农具、电线电缆、电器照明、水暖器材、仪器仪表、通用机电、通用设备、工具、锁具、泵、阀、电设备及器材、橡胶、磨具等。市场年交易额达20亿元，年创利税2.20亿元，安置就业劳动力5000余人。

（三）中亿汽贸城

中亿汽贸城坐落在石鼓区107国道以西、蒸湘北路延伸路以东、石鼓路以北、北外环以南区域内。是2011年度省、市重点工程项目，2011年衡阳市城区现代服务业重大实施项目，石鼓区“十二五”规划重大项目，由衡阳中瑞麟置业集团有限公司负责实施。项目静态投资为10亿元，占地30.39公顷，总建筑面积47.92万平方米。项目区域内部以通畅的方格网道路划分成汽车精品展示区、汽车配件交易区、汽车用品交易区、汽车美容保养区、汽车修理区、整车销售和展示区、二手车交易区、生活配套区、仓储物流区、检测办证区、商业综合服务配套区。2012年，中亿汽贸城开工建设，2014年投入使用，已有700多家汽车、汽配行业经营户进驻市场经营。

（四）五一大市场

衡阳五一大市场坐落在石鼓区五一街道五一路67号，由国企湖南省界牌陶瓷总厂衡阳瓷厂和自然人李峰共同合资开发。1997年始建，2001年10月建成开业。该市场是湘南地区最大的糖酒副食、农副产品、厨房酒店用品综合批发市场，建筑面积4.50万平方米，拥有二层商铺651间。市场有500多家商户，每年市场商品成交额超50亿元。

（五）衡阳华耀城

华耀城位于衡阳市石鼓区角山镇，占地面积4平方千米，总建筑面积600余万平方米，总投资120余亿元，是华中地区最大的集产品展示、商品交易、网上交易、信息交流、金融服务、仓储物流、文化教育、酒店办公和居住等功能为一体的国际商贸物流中心，专业市场经营范围涵盖纺织服装、皮革皮具、食品、电子产品、五金机电、建材家具等。该项目于2013年开工建设，2015年投入运营。至2018年，市场已入驻商户1000多户。

二、集贸市场选介

（一）易赖街农贸市场

坐落于石鼓区易赖街中部即衡阳市第二橡胶厂内，市场占地8400平方米，室内面积4200平方米，分东西两个大厅，共设有摊位500个；室外自产自销区面积4200平方米，主要经营农副产品。

（二）北区（后宰门）农贸市场

1997年，在原后宰门马路市场改建而成，是衡阳市第一个风格独特、设施完善的大型多功能室内市场。市场共有摊位、门面300多个，总经营面积达6719平方米，主要经营各种农副产品、蔬菜、水产品、鲜肉、牛肉、羊肉、米、油等。

（三）建设新村农贸市场

位于石鼓区建设新村55栋，原隶属于衡阳市蔬菜公司。2007年，衡阳市蔬菜公司将其改制拍卖，由市场业主买下重新修建，继续用于农贸市场的经营。整个农贸市场面积约1561平方米，拥有固定摊位107个、门面10个，按鲜肉、熟食、蔬菜、家禽、粮油、干货调味品等六大类功能分区。2009年11月28日和12月2日分别通过市级和国家级的验收，成为国家级标准化菜市场。

（四）老同兴农贸市场

位于石鼓区桑园街33—35号，市场面积2500平方米，拥有固定摊位170个、门面11个。市场于2009年11月28日和12月2日分别通过市级和国家级的验收，成为国家级标准化菜市场。

三、农村市场选介

（一）友爱村农贸市场

坐落在石鼓区友爱村与天雁机械厂家属区交界处，是在取缔原合江套路友爱村地段的马路市场基础上建成的。市场总占地面积为7000平方米，室内4900平方米，主要经营农副产品，设有摊位200

个、室内门面 60 个。2009 年，市场自筹资金 40 多万元进行改造，将一个陈旧的老市场改造成为崭新的综合性农贸市场，并于 2009 年 12 月 1 日通过了市级验收。改造后的市场设肉类、家禽类、干货类、熟食类、水产类等六大功能区，门面、摊位 420 多个。

（二）建设村集贸市场

坐落在石鼓区望城路 2 号，初建于 1993 年。2007 年，通过招商引资以农改超的形式投入 450 万元重新改建市场，是年 10 月 1 日正式营业。市场总占地面积 8800 平方米，其中经营面积 5621 平方米，主要经营农副产品，共设摊位 400 个、门面 200 个，安排下岗职工及就业人员 1000 余人。

（三）松木乡梽木村谢湾农贸市场

位于松木乡梽木村王冲组，由梽木村委会投资建设。市场建筑面积 24600 平方米，其中农贸区面积 3600 平方米，综合区面积 21000 平方米。市场建设高标准交易大棚近千平方米，棚内固定摊位 27 个，可容纳临时摊位 80 个。市场设商铺门面 54 个。

（四）角山乡阳光农贸市场

位于角山乡正街，由衡阳市石鼓区角山阳光农贸发展有限责任公司投资建设。市场总投资近 800 万元，占地约 16000 平方米，总建筑面积 9800 平方米，其中农贸区 5000 平方米、综合区 4800 平方米，摊位 200 多个。市场带动就业 300 人，年交易额达 1000 万元以上。

第三章 商品经营

第一节 生产资料经营

一、农业生产资料

1996年，供销社农资经营仍占农资市场70%份额。是年，全区销售化肥1100吨、农药85吨、农地膜10吨。2001年，由于基层供销社通过改制，采取转让、出卖、租赁等多种形式，逐步转为私营，农业生产资料个体经营户和私营企业不断增加。是年，区内有个体农资经营网点15个，销售农药110吨、化肥1300吨、农地膜20吨，销售总额365.6万元。

2008年，全市供销系统被各级政府赋予农资储备职能，农资供应量增加，农资市场秩序明显好转。是年，尿素、钾肥、高效复合肥价格较往年涨幅40%~70%，在此严峻形势下，农资部门储备化肥5200吨，严格执行省、市物价部门有关政策，尿素、钾肥、高效复合肥实行“零利润”销售，保证供应，稳定物价。

2010年，储备化肥2000吨，在农资价格动荡的情况下，严格控制差率、推行统一采购、定期检测等做法，加强市场监管，切实维护农民利益，全年未发生一起因经营假冒伪劣农资商品造成的坑农害农事件。2012年，储备化肥2500吨，农资储备总量年近3000吨，严格控制零售价格，保持市场基本稳定。2018年，认真开展“农资经营诚信店”活动，积极向农民推广化肥新药。是年，销售化肥800吨，供应农药75吨、农地膜13吨，农业生产资料销售总额458万元。

二、工业生产资料

1996年，境内的工业生产资料有钢材、化工、建材、机电等，涉及800多个品牌，由于民营物资流通企业迅速发展，形成了多个供应网点，主要分布在中山北路、解放路、蒸阳路一带。2000年，国有物资流通企业退出市场，工业生产资料全部由个体私营企业经营。是年，全区有工业生产资料个体私营企业2100家，从业人员6200人，销售额5.68亿元。

2001年，建筑装饰材料专业市场快速发展。投资10亿元，位于黄沙湾街道进步村的华源建材装饰市场建成开业，市场占地面积18.6万平方米，总建筑面积20万平方米，营业面积8万平方米，仓储面积4万平方米，商位1200余个，商户400余家，年销售额2.1亿元，主要经营石材、陶瓷洁具、油漆玻璃等建筑装饰材料。2004年，位于黄沙湾街道进步村的中湘五金机电市场建成开业，市场占地面积10.67万平方米，建有商业楼36栋，经营门店1000余个，是湘南地区最大的五金机电专业市场。2005年，境内工业生产资料经营陆续转移至中湘五金机电市场、华源装饰建材市场，蒸阳路、司前街、蒸湘北路等路段也有不少商家零售钢材、建材、化工产品。是年，全区有工业生产资料物资流通企业11家，个体经营户4100户，从业人员1.18万人，销售额10.59亿元。

2006年，由于人们对房屋装修的要求，各种铝材、不锈钢材市场需求上升。2009年后，随着房地产市场开发的加快，金属材料、建筑装饰材料的需求大幅增长，金属材料、建材装饰市场呈现一派繁荣旺盛。2010后，石鼓区工业生产资料经营主要集中在中湘五金机电市场、华源建材装饰市场，蒸湘北路、船山路及107国道有一些经营化工、钢材、建材的小型零售店。到2012年，中湘五金机电市场、华源建材装饰市场经营户发展至1250户，金属、建材年成交总额50亿元。2013年，投资120亿元的华耀城开工建设，2015年建成营业。项目内建有专业的五金建材市场。至2018年，市场进驻商家500余家，年销售额10亿元。

第二节　生活资料经营

一、日用百货家用电器

1996年起，民营百货商业企业发展迅速，开始主导市场。国有企业除商业大厦、供销大厦仍正常营业外，其余均停业广门，职工下岗。1997年后，境内商业网点逐步向综合商场，专业市场或商店发展，向各街巷、社区延伸。2001年，供销大厦、南方大厦专设家电区经营家电产品，各商店设专店或专柜，扩大家用电器销售。2003年，境内有香江百货、珠海百货、供销大厦、南方大厦、百信八仓行等大中型百货商场，小型百货店星罗棋布，促进百货市场的繁荣。2005年，环城北路五一文商店（民营）经营纸张、笔墨、文具、钢琴、电子琴、羽毛球、乒乓球、篮球等文体用品，销售额达1050万元。2007年，区内经营日用百货、家用电器的商店或网点2230家，从业人员9520人；全年销售钟表1560只、缝纫机180台、彩色电视机7.45万台、电脑2.6万台、空调2.07万台、家用电冰箱13900台、家用洗衣机3.15万台。销售总额4.15亿元。

2010年，国美电器、苏宁易购、步步高等专业连锁超市陆续进入石鼓，各类中小型超市、便利店遍布大街小巷，日用百货家用电器市场一派繁荣。

经过多年的发展，至2018年，石鼓区日用百货、家用电器零售网点布局更趋合理，流通枢纽功能逐步完善，基本形成解放路、船山路、中山北路及美达新天地、中建衡阳中心等商业中心。购买日用百货家用电器的经营场所遍布各购物中心、百货商场、综合超市、专业市场及分布在各大街小巷的专卖店、个体私营门店，群众购买十分方便。

二、纺织品

1996年后，境内纺织品批发业务逐步由市场承接。至1997年年底，国有商业基本退出棉纺织品批发市场经营业务。1998年，境内人民街道范围内的龙泉商业城、南方大厦以及人民路、常胜路、和平北路和中山北路、解放路、环城北路地段为个体经营纺织品和各类品牌服装专卖店集中的地方。其他小型服装商店及量体裁衣、产销合一的厂店遍及境内各街巷和居民小区。人们选择的纺织品中，纯棉逐年增多，化纤减少。

2001年以后，随着房产业的兴起，购房户增加，从事布匹生意的个体私营经营户转向经营窗帘布，其他布料经营继续萎缩。2007年，区内有布匹服装鞋帽经营网点670个，销售各种服装120万件、各种鞋子64万双，销售总额3.78亿元。

2010年后，石鼓区经营纺织品的场所到处可见，百货商店、超市、专卖店、商业街、购物中心等地都可以买到纺织品。2012 年，全区纺织品购进总额 4.25 亿元，销售总额 4.73 亿元。其中销售针织内衣裤 50 万件、各类服装 150 万件、床单 8.3 万条、毛毯 6.2 万条。

2018 年，石鼓区经营纺织品的场所遍布全区大街小巷，香江百货、步步高、美达新天地等大型百货大楼、大型超市都设有服装销售专区。购买名牌高档服装可到名品商店、大型百货大楼，购买一般服装可到个体服装店、路边店及服装市场。经营各类服装、布匹、袜子等纺织品的网点达 700 余个，从业人员 6000 余人，纺织品、服装类商品购进总额 5.3 亿元，销售 5.76 亿元。

三、肉食水产

1996 年，衡阳市政府继续贯彻落实国务院《生猪定点屠宰管理条例》，在城区实施生猪定点屠宰工作，其中城北区有 5 个定点屠宰场所，日均宰杀生猪在 100 头左右，生猪定点屠宰以后，肉食品销售由个体私营经营户从定点屠宰场批发后直接到农贸市场或摆摊设点销售。是年，全区经营肉食水产的店铺 46 个，从业人员 310 人，销售猪肉 1.1 万吨，销售水产品 805 吨，销售总额 1.1 亿元。2000 年，全区有各类肉食、水产品经营网点 104 个，销售生猪 55 万头，销售水产品 1.15 万吨，销售总额 1.50 亿元。

2003 年，超市开始实行分割肉供应，生鲜超市开始出现。2005 年起，随着城市化进程的加快和流动人口的增加，各类肉食、水产、禽蛋品等需求量增加，花色品种增多，土鸡、分割肉、包装肉以及草鱼、鳙鱼、鲢鱼、墨鱼、带鱼、基围虾、龙虾等成为消费热点，深受市民欢迎。2007 年，全区各类肉食、水产品经营网点 121 个，销售生猪 76 万头，销售水产品 1.71 万吨；销售总额 3.32 亿元。

2010 年，零售市场销售的“放心肉”占市场鲜肉总量的 90%以上，水产品销售以易赖街、建设村等农贸市场为主，各类淡水鱼、虾子、鳝鱼、泥鳅等水产品及墨鱼、鱿鱼、带鱼、龙虾、基围虾等各类海水产品应有尽有，品红在那个十分齐全。各大型超市“生鲜部”销售各类水产品，消费者购买十分方便，个体私营商贩除向各生鲜超市送货销售外，大部分以农贸市场销售为主。

2012 年，全区 4 个农贸市场和 10 余家大型超市都设有肉食水产销售专区、专柜，市场销售的商品品质优良、数量充足、购买方便。

2018 年，全区 4 个农贸市场、20 个超市，共设有肉食零售摊位或肉食销售专柜 150 个、水产品销售摊位或专柜 70 个。全区经营肉食水产的网点 260 个，从业人员 1950 人，销售猪肉 5.06 万吨、水产品 2.85 万吨。

四、糖酒副食

1996 年，市糖酒副食品总公司与广东遂溪食糖副食经营大户联合经营，先后调进 50 多个车皮食糖副食品，在衡阳市保本销售，当年销售 20084 吨；是年还与全国 18 大名酒厂和 20 多家地方名酒厂建立总经销或特约经销关系，购进名酒 15.5 万箱，名酒销售创历史最高水平。

2000 年，区内执行省政府对酒类生产、销售、批发和零售等管理办法和实施细则，加强酒类管理，打击酒类假冒伪劣产品，维护全区酒类产销市场秩序。是年，全区国营、集体副食品门店先后改制，转为租赁承包或转让产权关系，个体、民营企业逐步占主导地位。

2001 年后，酒类市场形成大流通、大市场，购销渠道进一步拓宽，糖酒副食品价格逐渐回落，销售一天一价，经营户大多亏本，相继退出。是年 10 月，占地 9.53 公顷的五一副食品批发大市场建成，市场内有 500 多家经营户、3000 多种商品，是湘南地区最大的糖酒副食、农副产品批发市场，至 2003 年，市场年销售额 2500 万元，年利润 50 万元，上缴税金 60 万元。

2005 年，区内有糖酒副食商店 700 多家，糖酒副食个体经营户 1660 户，从业人员 3600 人，糖酒副食销售总额 4. 25 亿元。2007 年，全区有糖酒副食商店 800 家，糖酒副食个体经营户 1800 户，从业人员 5500 万 0 人，糖酒副食销售总额 6. 7 亿元。

随着副食品的全面放开，市场随处可见来自全国各地的酒类品、副食品和进口食品。市场供应的名酒有贵州茅台、四川五粮液、国窖 1573、水井坊等，还有各类进口酒、葡萄酒、果酒等；徐福记糖果、小白兔糖果、北京果脯等各类副食品应有尽有，随处可卖。衡阳市本土的希朵曼、麦琪等饼屋西点受人追捧，南北特、金陵、君玲食品生产的传统糕点深受消费者青睐。

2018 年，境内副食品经营持续保持旺盛势头，副食品经营场所遍布全区各购物中心、综合市场、农贸市场、大型超市、专卖店、农家店等地，个体经营摊点遍布各大街小巷，全区副食品经营网点 2000 余个，从业人员 6500 人，年销售总额 1. 35 亿元。

五、粮　油

1996 年，全区销售粮食 9 万吨，销售食用油 0. 15 万吨。1998 年以后，国营粮店逐步退出粮油经营，市场逐渐由个体粮油经营户取代。2001 年，国务院《关于进一步深化粮食流通体制改革的意见》明确“放开销区，保护产区，加强调控”。衡阳市自 2001 年 5 月起取消“市转证”，各类流动人口和“农转非”人口在办理户口迁移时不再办理“市转证”和“农村粮食转移证”，居民购粮本等粮食关系手续相应取消。至此，境内粮油销售市场全部放开。

2002 年，石鼓区粮油购销全部市场化，不仅粮油经销专店林立，而且各大超市也设有粮油经营专柜，各种品牌大米、面粉、面条和食用油任消费者选购。食用油以桶装（2 千克、4. 5~5 千克）菜油、花生油和各种调和油为主，顾客购买十分方便。集体粮油经营户一般设点在集贸市场和居民小区，居民买米、买油实行送货上门。是年，区内粮油经营户 270 家，从业人员 780 人，销售粮食 4800 万千克，销售食油 420 万千克。2005 后，粮油市场稳步发展。2006—2012 年，全区商品粮销售 35 万吨、食用油销售 3 万吨。2018 年，区内有粮油经营户 525 家，从业人员 1300 人；全年销售粮食 5660 万千克、食用油 528 万千克。

六、蔬菜酱食

（一）蔬菜

1996 年，境内有大型蔬菜市场 8 家，菜农和个体商贩摊点 1300 多个，国营菜店 3 家。1997—2000 年，市蔬菜公司仅在元旦、春节期间从外地调进蔬菜补充市场，5 年间共调进外地蔬菜 150 万吨，品种达 27 个，对稳定节日蔬菜价格起到一定作用。2001 年，民营蔬菜批发市场兴起，国营菜店退出市场，个体商贩和菜农主导境内蔬菜供应市场。2008 年，境内有农副产品蔬菜市场 11 家，个体商贩摊点近 1500 家，蔬菜销售总额达 12 亿多元。至 2018 年，境内有农副产品蔬菜市场 18 家，个体蔬菜商贩近 2000 家，遍及大街小巷。

（二）酱食

1996—2000 年，市制酱厂生产销售酱食逐年减少，衡阳市场销售的酱食主要为外来品种。2001 年，市制酱厂改制，停止生产酱油、酱食。2003 年，市二商食品企业全部退出酱油、酱腌菜生产经营，主要是个体私营企业生产酱油、酱食。2008 年后，境内的酱食制品全部为重庆、长沙、桂林等外来品牌，每年销售量均在 150 吨左右。2018 年，境内的酱食制品销售渠道主要为各生活超市和农贸市场，大多为外来品牌货源，本地近郊的农户也零卖一些自产酱业产品，年销售量保持180吨左右。

七、交通工具

1996年，船山路形成摩托车专卖店一条街，门店15家。年销售摩托车2680辆、自行车8750辆；销售总额1950万元。1998年，电动车进入市场，逐渐成为居民重要交通工具。2000年，区内有自行车、电动车、摩托车销售网点190家，从业人员700余人；全年销售自行车7800辆，销售摩托车、电动车1.5万余辆；销售总额8000余万元。

2003年，区内城乡居民收入不断增加，居民出行的交通工具不仅要求速度快，更讲究乘坐舒适安全，自行车逐步下降，摩托车、电动车不断增多，一部分高收入人群开始购置家用汽车。2007年，区内有汽车销售网点15家，从业人员420人；自行车、摩托车、电动车销售网点120家，从业人员2200人；年销售家用小汽车3200辆，销售电动车、摩托车1.6万辆，销售自行车3200辆；销售总额5.7亿元。2010年后，随着经济社会的发展，购买家用小汽车的居民越来越多，区内107国道黄沙湾至松木乡段，相继建成丰田、本田、别克、西城等汽车销售4S店。2011年，投资9亿元，占地500亩的中亿汽贸城在松木乡朝阳村开工建设。市场建成后，可容纳500家商户入驻，专业从事汽车销售。2012年，由于衡阳市城区禁止摩托车通行，摩托车销售量直线下降。2018年，石鼓区交通市场十分繁荣，自行车、电动车、摩托车销量逐步放缓，家用汽车销售火爆，全年汽车类消费零售额37.6亿元。

八、通信工具

1996年，全区销售固定电话机5000台、无线寻呼机（BP机）2500台，销售总额740万元。

1998年，固定电话资费降低，居民家庭安装固定电话机的数量增加，全年销售固定电话机3万台、BB机2万台、移动电话机（俗称手机）5500台，销售总额5000万元。1999年，由于移动电话机的使用逐渐增加，BB机的使用被淘汰，无线寻呼业务停止。区内销售固定电话机3万台、移动电话机2.5万台，全年销售总额2.3亿元。2001年，区内除中国电信、中国移动、中国联通、中国铁通设有专店销售固定电话机、移动电话机外，还有个体私营通信器材经营点；通信工具市场竞争激烈，销售价格下降，城乡居民家庭安装电话机和个人购买手机数量迅速增加。全年共销售固定电话机18万台、移动电话机5万部。2003年始，由于居民收入不断增加，通信技术不断进步，产品更新换代迅速，话费不断下调，通信工具销量逐年上升。2007年，全区销售固定电话机2万台、移动电话机9.4万部，销售总额4.7亿元。2010后，固定电话机销量逐步放缓，移动电话机销量显著上升。2012年，智能手机逐渐上市普及。2018年，销售手机10万部、固定电话机500台。

第三节　专卖商品经营

一、石　油

1996年，贯彻国务院《关于改革原油成品油流通体制有关问题通知》精神，区内加强对石油市场的整顿，取缔非法经营成品油网点，成品油经营单位有所减少。有加油站5座，从业人员110人；全年销售石油0.45万吨，销售总额1320万元。1998年，执行国家发展改革委对成品油制定的行业指导价，石油价格稳定。有经营许可证的加油站5座，加油采用加油机。2001年，有加油站6座，从业人员150人；年销售石油0.82万吨，销售总额2380亿元，2005年，有中石化和中石油两大集团新建和收购的加油站6座。石油市场出现“点对点、面对面”的竞争局面，石油市场竞争激烈。2006年，各油库和加油站加强硬件建设，改善服务态度，提高服务质量，安装IC卡和POS机，方便顾客加油。2008年，有加油站7座，从业人员200人；年销售石油4.5万吨，销售总额1.56亿元。2010年后，辖区内加油站网建设主要由中石化衡阳公司和中石油衡阳公司负责承建。2012年，在巩固城区站网建设的同时，全面启动城郊接合部、水上加油、新开发城区的站网布点的规划、土地征收和加油站建设，年内新建加油站2座。至2018年，全区有加油站9座，从业人员260人，年销售石油5.5万吨，销售总额2.20亿元。

二、烟草专卖

1996年，区内有长沙卷烟厂配置的联销点65个，并配置统一标识和货柜。1998年，受国际金融危机等影响，加上人民生活习惯的改变，全区卷烟市场呈疲软态势。1999年，为减少卷烟购进危险，确保经营利润，衡阳市烟草公司取消各县级公司省外购进业务，实行全市烟草商业系统统一购进的集中管理办法。

2001年，全区有烟草零售网点500余家；年销售卷烟0.7万箱，销售总额3500万元。2003年，按照市烟草公司“一户一证、一户一档、一户一责任”的要求，区内建立卷烟经营户文字和电子档案，实施烟草专卖户籍化管理。2007年，有烟草零售网点710家，年销售卷烟1.52万箱，销售总额1.52亿元。2008年，衡阳市烟草商业系统实施卷烟“打码到条”项目，卷烟出、入库效率提高30%以上。2010年，有烟草零售网点940家，销售卷烟1.89万箱，销售总额2.06亿元。2011—2017年，全区卷烟销售市场平稳、持续、健康发展。至2018年，全区有烟草零售网点1000余家，销售卷烟2.35万箱，销售总额2.76亿元。

三、食盐专营

1996年，全区实行加碘防伪小包盐供应，让居民吃上“放心盐”。1998年，推出富含钙、铁、锌、硒等人体所需的微量元素食盐上市供应，群众自由选择。2000年，食盐销售网点由市盐业公司实施食盐配送制度和食盐零售许可证制度，食盐零售价格上调至每袋（500克）零售价1元。全区销售食盐910吨，销售总额112万元。2005年，纸膜袋包装食盐上市，食盐零售价格上调至每袋（500克）1.3元。是年，全区销售食盐1090吨，销售总额141万元。

2008年，面对百年一遇的冰冻灾害，盐务部门保供应、稳市场。是年，食盐零售价格未变。全区销售食盐1150吨，销售总额149.5万元。

2011年3月，民众大量抢购、囤积碘盐。区内也一度出现抢购食盐现象。盐务部门及时保障食盐供应，立即开展市场检查，打击造谣惑众、恶意囤积、哄抬价格、扰乱市场等不法行为。是年，全区销售食盐1350吨，销售总额202万元。

2014年，湖南食盐价格首次放开，市场上出现多品种食盐。区内以销售低钠食盐、加碘食盐为主，其中加碘食盐350克每袋1.5元，400克每袋2元。是年，全区销售食盐1500吨，销售总额245万元。2017年1月1日开始，国家全面放开食盐出厂、批发、零售各环节政府定价管理方式，实行市场调节。区内食盐价格保持平稳，500克加碘食盐每袋2.5元。2018年，全区食盐市场货源充足，价格平稳。全年销售食盐1350吨，销售总额337万元。

四、医 药

1996 年，区内国有医药商店以市场为导向，逐步向多渠道、少环节的经营方式过渡，个体私营医药零售网点增长较快。有国营、集体、个体医药零售网点 75 个，从业人员 650 人；全年医药销售总额 1880 万元。

2000 年，市政府出台鼓励发展民营医药卫生事业的相关政策，取得执业医师资格和医疗许可证的医卫人员从单位下岗或退休后，可以开设个体诊所和药店，同时，民营企业与国有医药商业企业联合，促进新的私营医药商业企业。有医药经营网点 158 个，从业人员 1000 人；全年医药销售总额 5400 万元。

2002 年，根据国家对医药经营实施 CSP 认证的要求，区内医药商店改善经营条件，配备空调机、去湿机，店堂实行开架自选式超市经营。2010 年，国有医药商业企业全部由民营企业和个体经营户取代，先后开设的有兴富康大药房、国大药房、益丰大药房、百姓大药房、民生堂药店等医药商店 88 家，其中多以连锁方式经营，并通过增设网点、更新促销手段、延长服务时间、增加服务项目（免费为顾客测量血压、代煎中药、宣传保健常识等）、邀请名老医生坐堂等办法扩大销售，医药市场竞争激烈。全区有医药经营网点 245 个，从业人员 2045 人；全年医药销售总额 1. 18 亿元。

2018 年，根据市食品药品监督管理局关于加强对药品市场监督管理的规定，区内严格执行 GSP 认证准入制度，对药品设置处方药和非处方药，处方药必须凭医师处方才能购买，严厉查处过期药品和假药，医药市场进一步规范、药价有所下降。区内有民营、个体医药经营网点 480 个，从业人员 2280 人，全年医药销售总额 2. 15 亿元。

第四章　社会服务业

1996—2018 年，石鼓区社会服务业主要有住宿餐饮、照相文印、美容美发、休闲娱乐、修理、干洗、家政、婚庆服务、殡葬服务、装修装饰、现代物流等项目。

第一节　餐饮业

20 世纪 90 年代，境内商业主管部门先后筹资、集资近 300 万元，改建、扩建龙泉酒楼、金鹏大酒店、天津酒楼等，经营早茶、夜市、宴会、筵席。政府投资兴建的商业大厦顶层的旋转餐厅别有风趣，生意火爆。私营酒家、饭馆，经营灵活，服务周到，经业兴旺，遍及街巷。人民路成为美食一条街。至 2008 年，境内饮食业形成以民营为主体，多家经营、公平竞争的市场新格局。全区共有饮食网点 1600 余个，从业人员逾 8000 人。是年，有华天大酒店、林隐酒楼、食神大酒店、王府贵宾楼、红龙火锅城、西湖饭店、船山大酒店、鱼米之乡等中高档酒店饭馆。经过近 10 年的发展变迁，至 2018 年，境内有林隐酒楼、西湖饭店、西湖山庄、胖胖胖菜馆、紫云东酒家、小伍菜馆、“回家吃饭”等 30 余家高中档酒店饭馆，满足广大市民的生活需要。

第二节　住宿业

1996 年，静园宾馆、西湖饭店、老干部活动中心以完善的设备、规范化服务，吸引众多来衡宾客。供销大厦筹资改建、装修旅馆部，更名为“船山宾馆”，客房豪华，装有中央空调，拥有电脑管理系统和先进通信系统等完整的配套设施，客房利用率达 80%以上。区直属旅社兴雁实业总公司下属来雁饭店，经过装修，经营环境亦大为改变。2003 年，境内的华天大酒店被评为三星级宾馆，西湖饭店、教育大厦、老干部活动中心招待所、富苑酒家及船山宾馆经进一步装修，为各种会议接待和到衡阳客商住宿提供更优质服务，取得较好的经济效益和社会效益。2004—2008 年，衡阳二商、供销社部门陆续退出旅馆经营，将宾馆设施租赁给个体私营企业经营，外地一些旅馆业连锁企业进驻衡阳。2018 年，境内有悦来花园酒店、维也纳连锁酒店、西湖饭店、船山宾馆、西湖山庄、枫树林宾馆等星级宾馆及裕鑫假日连锁宾馆、新华宾馆、凯轩大酒店等 50 余家大小旅馆。

第三节　照相、干洗及美容美发业

（一）照相

1996 年，全区有照相馆 53 家，从业人员 134 人。1999—2000 年，增加电脑照相等业务，网点遍及境内各街巷。2005年，境内照相业以个体民营为主，以电脑设备制作“大头照”流行。2018年，全区照相网点近50家，其中以婚纱摄影为主的影楼5家。

（二）干洗

随着人民生活水平的不断改善，衣服方面的消费支出提高，干洗市场迅速发展。2003年，境内洗涤网点发展到50余家，从业人员150余人，2010年发展到80余家，从业人员200余人。2018年，洗涤网点发展到100余家，从业人员达300余人。

（三）美容美发

20世纪90年代，单纯的理发业逐步发展为美容美发行业。个体发廊不断发展，遍布大街小巷。2008年，全区境内美容美发网点遍及城乡大街小巷，有美容美发网点300余个，从业人员逾1000人，其中规模较大的连锁店10余家。2018年，除传统的美容美发外，增加美甲美眉等业务，深受靓女喜爱。网点发展到400余个，从业人员达1500人左右，遍及境内城乡各地。

第四节　娱乐休闲业

1996年，境内有录像厅、电游室、桌球室、歌舞厅、卡拉OK厅等休闲、娱乐场所270家，从业人员2000余人，营业收入3000万元。

进入21世纪，网吧开始成为青少年喜爱的娱乐场所。不少青少年学生迷恋网络游戏，经常出入网吧，影响青少年成长。区公安、文化部门进行整治。有线电视、影碟机普遍进入市民家庭，录像厅逐渐消失。随着进一步开放和人民生活水平的提高，2002年，区内足浴、洗浴、按摩（包括盲人按摩）行业迅速发展。区内古汉大道的风采足浴城火爆一时。莲湖广场、西湖公园、湘江北路一带，环境优雅、空气清新，茶座、麻将、棋牌类等私营摊点上百处，以老年人消费为多，成为区内一大亮点。2010年后，酒吧、电影院、KTV等休闲娱乐场所逐渐增多，网吧逐步减少。是年，全区有各类休闲娱乐场所500多家，从业人员4500人，营业收入1.1亿元。2011—2017年，区内娱乐休闲业持续发展，截至2018年，区内有歌舞厅、KTV、电游厅、网吧、酒吧、电影院、音乐茶座、足浴、洗浴、按摩等休闲娱乐场所1000多家，从业人员8000余人，营业收入3.5亿元。

第五节　维修服务业

1996年后，随着各类交通工具的发展，汽车定点修理厂和摩托车、电动车休离网点增多，仅船山路从事摩托车、电动车修理的网点就有10余个，107国道从事汽车修理、配件供应、汽车美容装饰的网点有20多个。家用电器、计算机的应用和普及，电脑修理专店不断发展。截至2002年，区内有各种修理网点320个，从业人员110人，年营业收入2000万元。2010年后，各维修经营厂（点）不断改善服务态度，提高服务质量，参与市场竞争。冰箱、彩电、空调、洗衣机等家电维修一般有专车免费上门接送，或只要拨打电话就可以上门维修。汽车维修一般到“4S”店定点维修。

第六节　计算机应用服务业

20 世纪 90 年代，区内一些个体户购置电脑、打印机、复印机等设备开办打字复印社，从事计算机应用服务。1996 年，全区有计算机应用服务的个体户 50 余家，从业人员 110 人，营业收入 150 万元。1996 年，计算机应用服务扩大到电脑雕刻图章、制作门店招牌、广告创意设计和广告制作等多种项目。至 2000 年，区内有经营计算机应用服务的个体户 200 家，从业人员 500 人，营业收入 700 万元。

2002 年始，计算机应用服务科技含量提高，开始运用到家装设计、大型广告、喷绘彩绘制作美化城市的发光字牌、彩印书籍图片等范围。同时，从事电脑维修、网络设计的经营户也不断增加。2018 年，区内有经营计算机应用服务的个体户 450 家，从业人员 1100 人，营业收入 3000 万元。

第七节　装修装饰业

1998 年，国务院颁发《关于进一步深化城镇住房制度改革、加快住房建设的通知》，房地产迎来发展期，房地产的快速发展带动装饰装修行业的发展。2000 年，区内装修行业开始萌芽，但经营相对粗犷化，主要以个人、游击队形式出现，市场客户需求大于供给服务，业务供不应求。2002 年后，装修行业持续快速发展，大量人员涌入行业，一批中小型装修公司出现，截至 2010 年，区内从事装修行业的公司 30 余家，从业人员 1000 余人，营业收入 1 亿余元。2011—2018 年，房地产市场持续火爆，区内装修装饰业务也相应迅猛发展，点石、名匠、金空间等知名装修装饰企业纷纷在区内开设直营门店，从事装饰器材的商家及个体户也相应增多。截至 2018 年，全区从事装修装饰业的企业及个体户达到 1000 余家，从业人员上万人，营业收入 10 亿元以上。

第五章 对外贸易与招商引资

第一节 对外贸易

一、进 口

1996—2001 年，随着市场经济体制的建立，对外开放不断扩大，衡阳市进口商品渠道增多，衡阳医学院、衡阳市制革厂等单位每年直接从国外进口物资 20 余种。其间，全区有 6 家私营企业获进出口贸易权，间接进口的商品品种繁多，涉及轿车、金属材料、矿产品、化工原料、五金交电、建筑材料、机电产品、百货、煤焦、轮胎等。

2002—2011 年，全区进口总额累计 720 万美元，年均 72 万美元。主要进口商品有贱金属及其制品、金属矿产品、机械设备及其零件、机动车辆及其零件、橡胶制品、塑料及其制品、化工医药、医疗设备、电子、仪器仪表、纸制品和非金属矿产品等 12 类、252 种。

2012—2018 年，全区进口总额累计 1000 万美元，年均 125 万美元。主要进口商品为贱金属及其制品、机动车辆零部件、塑料及其制品、医疗设备、电器电子、仪器仪表、纸制品和非金属矿产品等 15 类、289 种。进口商品中，机电产品占主导地位。

二、出 口

1996—2018 年，境内出口产品有化工产品、陶瓷制品、机械设备等数十种。

化工产品 化工产品在全区出口产品中占有极为重要的位置，主要出口的化工产品为盐卤化工产品。2003 年，香港建滔化工集团充足衡阳烧碱厂，成立衡阳建滔化工有限公司，并带动建衡实业、恒光化工、盛亚化工等一批上下游企业发展。2004—2018 年，出口的化工产品数量及金额靠前的主要为有机硫化物、硫酸铝、聚氯化铝、聚合硫酸铁、明矾、聚氯化铝铁、铝酸钙等铝铁盐系，产品主销日本等 10 多个国家和中东、非洲、东南亚地区，出口总额累计 3700 万美元。

陶瓷制品 驻区的湖南界牌瓷业有限公司为主要出口供货厂家，该厂生产的“S”形主体纹路玉纹瓷进入美国市场，被美商誉为“东方艺术之精华”。1996—2018 年，总计 6 亿余件出口瓷销往欧美、东南亚等 68 个国家和地区，出口总额累计 5450 万美元。

机械设备 驻区的湖南天雁机械股份有限公司为唯一出口机械设备的厂家，产品远销往欧美、东南亚等国家和地区。1996—2018 年，出口总额累计 4500 万美元。

第二节　招商引资

一、招商引资政策与举措

1996年，城北区实施“外向带动”战略，招商引资向多行业、多层次、全方位的方向发展。是年，合同利用外资、实际利用外资均居全省第一，利用外资工作连续夺得全省两连冠。1997年，区委、区政府把招商引资工作作为经济工作诸多“主菜单”中的“第一菜单”，落实“主要负责人制”，既与上级立下“军令状”，又与下级签订责任书，对招商引资工作从项目洽谈、签约到督促资金到位、协调运转实行全过程跟踪服务和管理，在所有区级领导和街道、部门主要负责人中开展“联系一个客商、洽谈一个项目、到位一笔资金”的“三个一”活动，实行目标责任制和风险抵押金制度。1998年，针对亚洲金融危机带来的负面影响，区委、区政府提出“人冷我热，人松我紧，人上我快，人快我好”16字方针，为招商引资赢得主动权。2000年，根据国家有关精神，参照沿海发达地区的经验，区政府出台鼓励利用外资29条优惠政策。

2006年，石鼓区委、区政府出台《衡阳市石鼓区招商引资奖励试行办法》，制定《奖励实施细则》及重大招商项目协调会议制度，促进招商引资活动的开展。2008年，建立招商引资台账，强化招商责任。对区、街（乡）两级招商引资工作实行目标管理考核，区长与各单位（部门）主要负责人签订目标管理责任状。2014年，区政府出台《关于加快扶持楼宇经济发展的实施意见》，2015年制定《石鼓区促进总部经济发展实施意见》，对加快发展境内的楼宇经济和总部经济起到较大的促进作用，吸引顺丰速运、国信证券、农银人寿、合众保险等350余家企业落户石鼓。2018年，出台《石鼓区促进招商引资和产业发展若干措施》，以奖励激发动力，推进招商引资工作。

二、招商引资活动及成效

1994—1999年，衡阳市每年举办一届“衡阳市深圳招商周”活动，石鼓区均组团参会。并参加由湖南省主办的港（香港）深（深圳）经贸洽谈会、湘交会，东莞市举办的“三来一补”研讨会，湖南（深圳）产权交易会，“厦交会”，中西部对外经济技术合作洽谈会，99福州国际招商月暨海峡科技文化博览会等，开展赴京“敲门”招商，赴韩国、美国、越南招商和展销。

2000年，石鼓区致力于拓宽外经贸渠道，实施“走出去”战略，先后组织参与“欧交会”“厦交会”“高交会”等一系列外经贸活动。全年引进5个项目，其中独资项目3个。2001—2002年，全区参与和举办的较大规模的外经贸活动15次。2002年，参加东莞招商周等省、市招商活动，引进三资企业3家，合同利用外资580万美元，实际到位外资390万美元。

2003—2005年，先后参与西安投资洽谈会、湖南（深圳）投资洽谈会、“湘洽会”、中国湖南（欧洲）投资洽谈活动周、第八届中国国际投资贸易洽谈会、第十一届中南协作区投资贸易洽谈会、中国湖南（香港）投资洽谈活动周、第九届中国国际投资贸易洽谈会等重大招商活动。2003年新增外资企业（项目）5个（其中开工4个），开工内资项目13个，实际到位外资1103万美元，到位内资2.25亿元。2004年，中湘五金机电专业市场建成投入使用，并成功承办中国南方首届农机机电产品展览会暨2004年湖南省秋季农机机电产品订货交易会。是年，全区招商引资到位外资706万美元，内资2.20亿元，自营出口147万美元。

2005—2007年，组织或参加国、省、市重点招商活动，共引进项目15个，其中国家级、省级签约项目8个。2008年，组团参加在武汉举办的第三届中博会、第十二届中国国际投资贸易洽谈会，石鼓区共签约项目6个，拟投资1.30亿美元。

2011年，石鼓区在湘苏、湘浙贸易合作洽谈活动及第五届湘商大会上成功签约项目10个，签约总额55亿元。2012年，引进衡阳建市后投资规模最大的招商引资项目——华耀城项目，总投资120亿元。2018年，围绕打造“湘南地区最具活力的商贸文化中心”的定位，区主要领导带队赴北京、上海、杭州、深圳等地开展招商活动，拜访深圳华强、南京苏宁等500强企业，签约项目4个，金额达69.50亿元。

第十三篇

财政 税务 金融

第一章 财 政

1998年以前，城北区实行分税制财政体制，财政收入体量小。1996—1998年，三年财政总收入累计为11302万元，可用财力很少，财政比较吃紧。1998年，市政府对城区财政体制进行重大改革，实行财政共享体制，财政收入大幅增长。2000年，财政总收入突破亿元，2008年，达到48843万元，比1999年增长4.2倍。2009年起，实行公共财政体制机制改革，当年财政总收入完成59611万元。到2018年完成278336万元，比2009年增长3.7倍。在财政支出方面，始终坚持为民理财，不断优化支出结构，重点保障民生支出。区财政支出由1996年的3694万元增至2000年的27200万元，再到2018年的98683万元，较1996年增长25.7倍。区委、区政府始终坚持“量入为出，收支平衡”的原则，做好每年的财政平衡工作。1996—2018年，连续23年实现财政收支平衡，略有结余。在财政管理方面，不断强化预算管理，落实各项财政改革举措，加强财源建设，培育新的财源，不断完善财政监督职能，做好财务、会计管理工作，以适应财政体制机制不断变革的形势。

第一节 财政体制改革

1996—2018年，衡阳市对城区财政体制先后进行五次调整和完善。

1996年，衡阳市对城区实行分税制与包干制同步运行的双重体制。比照中央、省对市体制，上划中央“两税”按原体制范围考核到区。将原总额分成上解改为定额上解、递增包干，同时下放区代管收入，以1993年应上解市财政数额为基数递增上缴。

1998年，为解决原体制中存在的一些问题和矛盾，市政府改革城区财政体制，建立分税制财政体制。城区全部税收按税务部门原征管范围属地征收，建立以共享税收为主体的收入体系。

2001年，结合城区区划调整，市政府对城区财政体制进一步完善。税收按行政区划全部实行属地征收。扩大共享税收范围。城区共享税收由4种扩大到10种，将原属于市级固定税收的土地增值税、资源税和属于区级固定税收的房产税、印花税、城镇土地使用税、车船使用税调整为市区共享税收。取消原体制补助和体制上解，全部纳入共享税收财力统一进行计算。调整共享税收分成比例。依据各区事权及相应的财权占该行政区范围共享税收总规模的实际比重分别计算确定。市财政77.25%、区财政22.75%，其中石鼓区为25.7%。完善体制结算和考核机制。对增值税、企业所得税实行减半分成的办法，即以2000年为基数，超过基数部分，区财政按共享税收分成比例的50%分成；对其他共享税收实行加成分成的办法，即各区范围内的增值税、企业所得税达到或超过1999年基数的，实际增长率超过9%以上的部分，市对区实行加成分成，按其共享税收比例的120%予以分成；区范围增值税、企业所得税没有达到1999年基数的，其他共享税收增收部分应先扣除增值税、企业所得税减收部分，再计算增长比例，对超过9%以上的部分市对区按共享税收比例的120%予以分成。

2005年，衡阳市对城区财政体制进行进一步完善。此次体制调整对原体制框架、税种级次、分成比例等核心内容均保持不变，主要对三个方面内容进行调整：对城区新办企业给予税收优惠政策。各城区新办的工业企业，从企业投产当年开始，其上缴的税收实行单独核算，属于市级部分连续五年由市财政返还给区财政，由区级政府自行确定对该企业的税收优惠政策。各城区利用乡镇企业、区街集体企业土地引入新的工业项目，其上缴的属于市本级的土地收入免征或先征后返，其上缴的契税先征后返。理顺城区和开发区的关系。对现有企业在城区与开发区之间的搬迁而引起的税收转移问题明确。调整考核激励机制。取消增值税和企业所得税实行减半分成政策；对除增值税、营业税、所得税以外的其他共享税收当年增长率超过10%以上部分，市与区四六分成。

2013年，为理顺城区城市管理职能，市政府决定对现行城区财政体制进行调整和完善。此次调整坚持分税制原则，主要税种实行市与区按统一比例分享。市、区共享收入按照行政区域范围确定各城区收入范围。各区范围内除中央、省级收入以外的增值税、营业税、个人所得税、企业所得税、资源税、土地增值税、房产税、城镇土地使用税、印花税、车船使用税、城市维护建设税和教育费附加收入（不含地方教育费附加收入）为市区共享收入。市、区共享收入分成比例为市70%、区30%。此次调整明确区级固定收入为耕地占用税、烟叶税，区属国有资本经营收入，区级单位（不含各区公安、交警、国土、交通、物价部门）罚没收入、行政事业性收费收入和其他收入。收入基数核定以2010—2012年的平均数为依据。对于扩大共享收入范围和调整分成比例后区级增加的财力，核定为基数，每年环比递增3%上解市本级。此次调整还明确，对资源税、土地增值税、房产税、城镇土地使用税、印花税、车船使用税以上年完成数为基数，当年实际增长率超过10%以上部分，市与区4：6分成。各城区在辖区内新办工业企业经市政府认定的（不含改制企业），从企业投产当年开始，其上缴的税收和教育费附加收入实行单独核算，属于市级部分连续五年由市财政返还给区财政。城区范围的工业企业搬迁到白沙洲工业园区、松木经济开发区和高新技术产业开发区，税收由原所在城区和市分享。对石鼓区位于松木经济开发区“园中园”的企业，除耕地占用税由城区、园区按7：3分成外，其他市区级税收全部属市和城区所有。市财政年底将市本级留成部分全额返还城区（不含地方教育费附加收入）。对各城区招商引资进入白沙洲工业园、松木经济开发区和高新技术产业开发区的企业，经市政府认定后，税收分享政策为：耕地占用税为园区和开发区所有；城市维护建设税、契税、教育费附加收入为市本级所有，市级部分从企业投产之年起连续五年由市财政返还区财政；地方教育费附加收入为市本级所有；其他共享收入园区分享50%，市和城区分享50%，市级部分从企业投产之年起连续五年由市财政返还区财政。

第二节　财政收入

财政收入由国税、地税和财政部门共同完成。其中，由国税部门征收的有增值税、企业所得税、银行利息个人所得税。由地税部门征收的有营业税、房产税、印花税、城镇土地使用税、土地增值税、车船使用和牌照税、企业所得税、个人所得税、资源税。由财政部门征收的有农业税、农业特产税、耕地占用税、屠宰税及行政事业性收费收入、罚没收入、其他收入。1996—1998年，区财政收入累计11302万元，其中地方财政收入7835万元、上划中央两税3467万元。2001年，全区完成财政总收入10108万元，比行政区划调整核定的基数增加1154万元，增长12.89%；完成地方财政收入2274万元，比上年增长7.31%；完成上划中央“两税”收入2850万元，增长11.02%。

根据中央、省税收政策的调整，2002年屠宰税取消，屠宰税任务并入地税；企业所得税和个人所得税进行了调整，中央与地方实行5∶5分成，2003年以后实行6∶4分成，省、市区再按3∶7分成，中央、省、市分成后，石鼓区所得税实际所得比例为8%（省级企业所得税不参与市区分成）；2004年，农业特产税取消，农业税下调1%；2005年，农业税全部取消。2006年，全区财政总收入完成35638万元，为年度预算的113.95%，较上年增加8011万元，同比增长29%，增量创石鼓历史新高。完成地方一般预算收入5522万元，同比增长22.14%；完成上划中央“两税”收入10343万元，同比增长69.29%。

至2010年，除耕地占用税移交地税部门征管外，石鼓区国地税部门征收税种没有发生变化，财政部门负责行政事业性收费收入、罚没收入及国库存款利息收入等非税收入征管。是年，财政总收入完成90601万元，较2009年增长51.99%。随着市场经济的发展，石鼓区财政收入稳步增长，2011年，财政总收入超过10亿元。2016年，财政总收入超过20亿元。至2018年，区财政总收入完成27.83亿元，是1996年的75.30倍，是2001年的27.53倍，是2010年的3.07倍。

1996—1998年城北区财政收入情况统计表

表13-1-1

年度	地方财政收入（万元）	比上年增长（%）	上划中央“两税”（万元）	合计（地方收入+上划中央两税）（万元）
1996	2340	24.67	1356	3696
1997	2857	22.09	1341	4198
1998	2638	-7.67	770	3408

1999—2008年石鼓（城北）区财政收入情况统计表

表13-1-2

年度	总收入（万元）	其中			比上年增长（%）	地方一般预算收入（万元）	比上年增长（%）	上划中央“两税”（万元）	上划所得税（万元）	合计（地方收入+上划中央两税）（万元）
		国税部门（万元）	地税部门（万元）	财政部门（万元）						
1999	9435	3805	5074	556	—	2621	-0.64	712	—	3333
2000	10894	4333	6070	491	15.46	2849	8.70	813	—	3662
2001	10108	3800	5752	556	-7.21	2274	-20.18	2850	—	5124
2002	14537	—	—	—	43.82	2466	8.44	3260	—	5726
2003	17143	—	—	—	17.93	2870	16.38	3747	3664	6617
2004	22219	—	—	—	29.61	3661	27.56	5108	4859	8769
2005	27627	—	—	—	24.34	4521	23.49	6146	7056	10667
2006	35638	20185	14216	1237	29	5522	22.14	10343	7106	15865
2007	44942	24956	18535	1451	26.11	6911	25.15	12873	8962	19784
2008	48843	25557	21154	2132	8.68	7894	14.22	12940	10935	20834

2009—2018 年石鼓区财政收入情况统计表

表 13-1-3

年度	总收入（万元）	其中			比上年增长（%）	地方一般预算收入（万元）
		国税部门（万元）	地税部门（万元）	财政部门（万元）		
2009	59611	30700	25055	3856	22.05	10416
2010	90601	44301	38579	7721	51.99	15485
2011	111300	55381	51685	4234	22.85	17049
2012	136908	65872	65569	5467	23.01	20205
2013	157628	66263	83964	7401	15.13	28924
2014	178819	78653	93723	6443	13.44	38473
2015	197940	93845	97936	6159	10.69	40310
2016	221294	134061	79061	8172	11.80	36551
2017	238446	165769	69878	2799	7.75	30870
2018	278336	275261	—	3075	16.73	33406

说明：2018 年 7 月，衡阳市石鼓区国家税务局与衡阳市石鼓区地方税务局合并为国家税务总局衡阳市石鼓区税务局，故是年税收总额全部为“国税部门”税收收入

第三节　财政支出

1996—2018 年，区财政支出累计 864812 万元，支出由 1996 年的 3694 万元增加至 2018 年的 98683 万元，增长 25.70 倍。

1996—2000 年，城北区财政收入体量不大，且收入的近四分之一用于教育事业支出，其余为保民生、保工资等刚性支出。2001 年 5 月，衡阳市城区行政区划调整后改称石鼓区，28 个农业行政村划入，区财政增加“三农”（农业、农村、农民）方面的支出。

2001 年开始，区委、区政府发展经济，财政收入稳步增长，保障各项社会事业和民生工程的建设。截至 2008 年的 8 年中，区财政累计支出 82774 万元，其中 6 成用于民生事业。2009 年，全区财政支出 25934 万元，其中民生支出 17427 万元，占支出总数的 67.2%。2010—2014 年，区财政继续加大民生投入，5 年累计投入民生事业方面的资金达 189585.36 万元，占财政支出总数的 68%。2015—2017 年，石鼓区用于民生方面的支出为 61400 万元、75600 万元、103100 万元，占财政总支出的 71.6%、72.02%、72.14%。2018 年，全年用于教育、科学技术、文化体育与传媒、社会保障与就业、医疗卫生与计划生育、城乡社区事务、农林水事务、住房保障等民生方面的支出 6.89 亿元，占一般公共预算支出的 72.1%。

1996—2018 年石鼓（城北）区财政支出情况统计表

表 13-1-4　　单位：万元

年度	财政支出	上解支出	合计	年度	财政支出	上解支出	合计
1996	2169	1525	3694	2008	21373	1216	22589
1997	2846	1678	4524	2009	25934	1266	27200
1998	2816	1434	4250	2010	37353	1568	38921
1999	3153	1390	4543	2011	44699	1568	46267
2000	3188	1291	4479	2012	54640	1651	56291
2001	3844	305	4149	2013	65567	1700	67267
2002	5807	698	6505	2014	76453	989	77442
2003	6907	559	7466	2015	85772	1400	87172
2004	8306	699	9005	2016	104995	4545	109540
2005	9868	709	10577	2017	142925	2144	145425
2006	11946	988	12934	2018	95579	3104	98683
2007	14723	1166	15889	—	—	—	—

第四节　财政管理

一、预算管理

1996 年，推行“零基”预算，压减一般性支出，严格控制财政供养范围。1999 年，实行“收支两条线”管理，规范单位预算外资金的收支渠道。2001—2006 年，实行零基预算和综合预算。加强预算外资金管理，对全区 61 个行政、事业单位的账户进行清理，共清理账户 185 个，撤销 14 个账户，取消各行政事业单位预算外收入过渡户，预算外收入直接缴入财政专户，规范“收支两条线”管理。

2007—2012 年，推进财政预算编制改革，先后出台《石鼓区关于进一步加强财政资金安全管理的规定》和《石鼓区关于进一步规范财政资金拨付管理的规定》两个文件，提高预算约束力。2013 年，完善零基预算与综合预算相结合的管理体系，启动实施财政预算公开。2014 年起，区财政局指导全区预算部门按时公开部门预决算和部门“三公经费”预决算，及时公开区本级收支预决算、“三公”经费预决算和涉及教育、社会保障、就业、医疗卫生、农林事务等重点民生资金分配使用情况。2015 年，区本级决算、三公经费决算及所有预算部门的部门决算和部门三公经费决算，以及涉及民生领域的上级专项资金全部在石鼓区党政门户网进行公开。2016 年，在预算编制过程中，实现编制程序法治化、资金安排标准化、编制结果精细化、财政信息公开化。是年被省财政厅评为财政管理绩效综合评价 A 级单位。2017 年，科学区分部门项目预算和全区性项目预算，制定完善的项目资金管理办法，规范项目预算资金审批、拨付流程，提高项目资金的使用效率。

二、国库集中支付

2010年，石鼓区在衡阳市城区率先开展国库集中支付改革。是年，全区12个单位参与试点。2011年，完成国库集中收付系统升级改造，是年累计集中支付财政性资金5000余万元。2014年，对国库集中支付系统进行提质改造，将系统端口接通至业务单位，进一步优化申报、审批、拨付流程，提高财政资金的运行效率和透明度。2015年，在全市第一个推广应用国库银联数据交换平台，第一个将乡财政纳入国库集中支付改革范围，第一个完成所有预算单位、所有财政资金实现国库集中支付改革。2016年，实现两个100%全覆盖，即全区所有预算单位全部纳入改革、所有预算单位全部办理公务卡并开通公务卡核算业务。2017年，简化国库集中支付手续，提高无纸化办公程度，最大限度地保证预算单位在办公室完成国库集中支付业务。规范国库集中支付中政府采购业务的付款流程，确保政府采购应采尽采。2018年，优化国库集中支付程序，强化源头控制，公务卡结算比例比2017年提高6个百分点。

三、财政投资评审

2014年8月，成立石鼓区财政投资评审中心，是年，评审项目44个，评审资金总量3575万元，节约建设资金575万元，节约率为16.08%。2015年，石鼓区财政投资评审中心审计项目171个，送审金额56763万元，审定金额46511万元，审减金额10252万元，审减率18.06%。2016年，制定《石鼓区财政投资评审管理办法》，健全和完善财政投资评审工作机制，是年审计项目314个，送审金额51561万元，审定金额39066万元，审减金额12495万元，审减率24.23%。2017年，通过公开招标建立造价咨询库，完善全区财政评审管理办法及财评工作机制。是年审计项目222个，审计金额47147万元，审定金额34060万元，审减率达27.75%。2018年，完善《石鼓区财政投资评审管理办法》，将项目结算交由业主单位，财政评审中心负责复核。是年区财政投资评审中心共评审项目199个，送审金额27700万元，审减金额5849万元，审减率21.08%。

四、国有资产管理

1996年，城北区成立国有资产管理办公室，对全区行政事业单位国有资产进行规范管理。

1996—1997年，对区街两级机关的资产进行清查登记。2000年，对全区中小学校等事业单位资产进行清查登记。2001年5月，石鼓区国有资产管理局成立。2006年，根据《衡阳市行政事业单位资产清查工作方案》的要求，对全区78个行政事业单位资产进行全面清查核实，全部资产清查前为16677万元，清查后核实为16934万元，净增加257万元。2012年，对全区行政事业单位的房产和土地进行清查，核实全区拥有独立房产的行政事业单位72家，房产450栋，建筑面积26.23万平方米，房产净值20153.94万元。2017年，根据《石鼓区人民政府常务会议纪要》“关于原街道移交的经营性国有资产管理权下放工作”的规定，实行国有资产管理权下放，有效管理好国有资产，进一步调动区、乡街积极性，实现国有资产保值增值。街道切实抓好日常管理和维修工作，国有资产经营所产生的收入用于弥补城市管理经费不足。坚持“收支两条线”，资产收益先缴国库，再由区财政拨付到街道。鼓励乡街和社区积累一批资产，并由各自经营和管理。截至2018年12月，全区经营性国有资产共181宗，剔除土地流转后，出租出借面积2.40万平方米，全年可创造收益602万元。

第五节　机　构

1996年，时称衡阳市城北区财政局，2001年6月，衡阳市城区行政区划调整，更名为衡阳市石鼓区财政局，为区人民政府工作部门。2002年，区财政局下设办公室、预算行财股、会计股、国有资产管理局等4个职能股（室），3个由区财政局管理的部门：区农业税征收管理局、非税资金管理局、会计核算中心。机关行政编制8名，财政事业编制4名，机关后勤服务事业编制1名。2011年，区财政局下设办公室、综合业务股、预算股、金融与债务办、行政政法股、教科文股、经济建设股、农业财务股、社会保障股、企业会计股、区农业综合开发办公室等11个内设机构。编制15名（其中行政编制，原核定的其他编制暂予保留），局长1名，副局长3名，纪检组组长1名，正科级领导职数1名。

2015年，全区进行机构改革，区财政局设有办公室（行政审批服务股）、预算股、国库股、国库集中支付中心等14个内设机构，下辖农业综合开发办公室、非税征收管理中心、乡镇财政管理中心、财政投资评审中心4个二级机构。机关编制14名，其中行政编制5名，机关后勤服务全额拨款事业编制1名。二级事业单位（含参公）人员编制36名，乡、街财政所专项编制28个。至2018年，机构未变化。

1996—2018年石鼓（城北）区财政局领导一览表

表13-1-5

姓名	职务	任职时间
肖仁贵	副局长	1992.1—1996.9
李铁山	副局长	1992.11—1997.12
谭风池	局长	1992.12—1997.8
谭长青	副局长	1996.10—1998.1
	局长	1998.1—2002.1
邓新文	副局长	1998.1—2002.2
	局长	2002.2—2008.2
张莉萍（女）	副局长 副书记	1998.1—2002.1
	副局长 书记	2002.1—2014.2
刘燕南（女）	副局长	2002.1—2008.3
成志辉	副局长	2002.2—2010.12
	书记	2014.8—2015.6
	书记 局长	2015.6—
贺水源	局长 副书记	2008.2—2014.7
沈建辉（女）	副局长	2008.4—2016.1
张晓玲（女）	副局长	2014.4—
尹　磊	副局长	2016.1—2017.6
张　云	副局长	2017.6—
钟　鸣	副局长	2017.6—

第二章 税 务

1994—2017 年，实行分税制，区税务局分设为区国家税务局和区地方税务局。国税局管理征收中央税，地税局管理征收地方税与共享税。2018 年 7 月，石鼓区国家税务局与石鼓区地方税务局合并为国家税务总局衡阳市石鼓区税务局，负责辖区内各项税收、社会保险费和有关非税收入征收管理。2018 年，国税完成税收收入 217046 万元，分别为 1996 年 7848 万元、2010 年 44598 万元的 27. 66 倍和 2. 02 倍。地税完成 74878 万元，分别为 1996 年 5729 万元、2010 年 39322 万元的 13. 07 倍和 1. 90 倍。

第一节 税种税率

1996—2018 年，石鼓区开征的主要税种有增值税、消费税、车辆购置税、营业税、所得税、城镇土地使用税、房产税、城建税、车船税、印花税、契税、资源税、资源保护税。

一、中央税

增值税 税率分基本税率 17%、低税率 13%和零税率。一般纳税人基本税率为 17%或 13%，小规模纳税人按 6%的征收率征收。1998 年 7 月 1 日起，商业企业小规模纳税人的增值税征收率由 6%调减为 4%。根据《中华人民共和国增值税暂行条例》，自 2009 年 1 月 1 日起实施增值税转型改革，固定资产（不含小汽车）进项税额可全额抵扣。2012 年，开始在交通运输等部分行业进行“营改增”试点。2016 年 5 月“营改增”全面试点，范围扩大到建筑业、房地产业、金融业、生活服务业，企业新增不动产也纳入增值税抵扣范围。2017 年，实施以减税并档为主的增值税改革。2018 年，改革完善增值税制度，按照三档并两档方向调整税率水平，重点降低制造业、交通运输等行业税率，提高小规模纳税人年销售额标准。增值税的三档税率分别为 6%、10%和 16%。

消费税 1994 年设 15 个税目，在其中的 3 个税目下又设置 13 个子目，列举 25 个征税项目。实行比例税率的有 21 个，实行定额税率的有 4 个。采用从价定率或从量定额征收方法，其中啤酒、黄酒、汽油、柴油按销售量计税，其余应税消费品按销售收入额计征，税率为 3%~45%不等。现行消费税的基本规范是 2008 年 11 月修订通过的《中华人民共和国消费税暂行条例》，以及 2008 年 12 月颁布的《中华人民共和国消费税暂行条例实施细则》，自 2009 年 1 月 1 日起施行。

车辆购置税 实行从价定率计征，税率为 10%。

二、中央地方共享税

营业税 对在中国境内提供应税劳务、转让无形资产或销售不动产的单位和个人，就其所取得的营业额征收的一种税。营业税属于流转税制中的一个主要税种。金融、保险企业缴纳的营业税中按照提高3%税率征收的部分，由国税局征收。2001年起，金融、保险业营业税税率每年下调一个百分点，分三年税率从8%降至5%。营业税税率降低而减少的营业税收入，为国家税务局负责征收的中央财政收入。其余营业税为地方税，由区地税局征收。积率分项目一般在营业额的3%～5%。2001年，石鼓区入库营业税税收871万元。随着经济迅速发展，2010年全区入库营业税10101万元。2011年11月17日，财政部、国家税务总局正式公布营业税改征增值税试点方案。2015年5月，营改增的最后4个行业（建筑业、房地产业、金融业、生活服务业）的营改增方案推出。是年石鼓区共入库营业税22396万元。

2017年10月30日，国务院常务会议通过《国务院关于废止〈中华人民共和国营业税暂行条例〉和修改〈中华人民共和国增值税暂行条例〉的决定（草案）》，标志着实施60多年的营业税正式退出历史舞台。

企业所得税 区国税局负责征收和管理的企业所得税为中央企业所得税，中央与地方所属企事业单位组成的联营企业、股份制企业所得税，外商投资企业和外国企业所得税，2002年1月1日以后新办理工商登记、领取许可证的企业、事业单位、社会团体等组织缴纳的企业所得税。其余企业所得视由地税局征收。基本税率为33%（利润小于等于3万元为18%，小于等于10万元且大于3万元为27%，大于10万元为33%），2008年1月1日起基本税率调减为25%。

个人所得税 对个人在中华人民共和国境内存储人民币、外币取得的利息所得征收的个人所得税，属中央税，由国税局征收，税率为20%，2007年8月调整为5%，2008年10月起暂时免征。其余个人所得税为地方税，由地税局征收，税率采用超额累进税，幅度为5%～45%，但偶然所得、劳务报酬、财产转让、股息红利、稿酬等所得采用比例税率，税率为20%。

城市维护建设税 随营业税、增值税带征，税率5%。

三、地方税

城镇土地使用税 在城区、工业园区范围征收。城镇土地使用税采用定额税率，即采用有幅度的差别税额，按大、中、小城市和县城、建制镇、工矿区分别规定每平方米土地使用税年应纳税额。2007年12月21日，湖南省人民政府第217号令发布《湖南省城镇土地使用税实施办法》，石鼓区土地使用税等级税额标准为大城市标准。

房产税 分从租从价两种方式征收，从租税率12%，从价为减除10%～30%余值征收1.2%。

土地增值税 按土地增值额征收，采用4级超率累进税率，幅度为30%～60%。

城市维护建设税 又称城建税，是以纳税人实际缴纳的增值税、消费税税额为计税依据，依法计征的一种税，1985年1月1日施行。自2010年12月1日起，对外商投资企业、外国企业及外籍个人征收城市维护建设税。根据《中华人民共和国城市维护建设税法》，纳税人所在地在市区的，税率为7%。

契税 不动产（土地、房屋）产权发生转移变动时，就当事人所订契约按产价的一定比例向新业主（产权承受人）征收的一次性税收。湖南省的契税税率为4%。

车船税 2007年7月1日开始，有车族在投保交强险时缴纳。

印花税 为比例税率，税率为3‰～5‰、1‰。

资源税 采用从价定率或者从量定额的办法，实行从价定率的主要是原油跟天然气，其他的则按从量定额的办法。

环境保护税 2018年1月1日起征收。湖南省的征收标准为应税大气污染物适用税额为每污染当量 2.40 元，应税水污染物适用税额为每污染当量 3 元。

第二节 税务收入

1996 年，全区入库税收 13577 万元。2001 年，全区入库税收 11134 万元，比 1996 年下降 2443 万元，降幅 17.99%，此阶段处于税收税源调整阶段。

2001 年 5 月，原城北区国家税务局、地方税务局分别变更为石鼓区国家税务局、地方税务局，税源进一步调整，税制进一步优化，2002 年入库税收 14478 万元，同比 2001 年增加 3344 万元，增幅达 30.03%。2002—2012 年，税收进入高增幅期，逐年稳步提升。2011 年全区税收首破 10 亿元，2012 年入库 155682 万元，是 2000 年入库额的 15.74 倍。

2013 年开始，随着税收基数不断增大，税收进入高增量期。2018 年，入库税收 291924 万元，比 2012 年增加 136242 万元。

1996 年城北区税务收入情况统计表

表 13-2-1　　单位：万元

税种	国税	地税	国地合计	税种	国税	地税	国地合计
工商税收	7627	5682	13309	合计	7848	5729	13577
企业所得税	221	47	268	—	—	—	—

2001 年石鼓区税务收入情况统计表

表 13-2-2　　单位：万元

税种	国税	地税	国地合计	税种	国税	地税	国地合计
增值税	4511	0	4511	营业税	871	5327	6198
消费税	63	0	63	合计	5734	5400	11134
企业所得税	289	73	362	—	—	—	—

2010 年石鼓区税务收入情况统计表

表 13-2-3　　单位：万元

税种	国税	地税	国地合计	税种	国税	地税	国地合计
增值税	18529	0	18529	房产税	0	2673	2673
消费税	15495	0	15495	印花税	0	355	355
企业所得税	10501	1905	12406	土地使用税	0	490	490
个人所得税	73	4574	4647	土地增值税	0	1815	1815
营业税	0	10101	10101	车船税	0	4	4
资源税	0	20	20	教育费附加地方教育费附加	0	1151	1151
城市维护建设税	0	1929	1929	文化事业费	0	53	53

续表 13-2-3

税种	国税	地税	国地合计	税种	国税	地税	国地合计
社保基金	0	518	518	契税	0	1972	1972
残疾人就业保障金	0	59	59	耕地占用税	0	11321	11321
工会经费	0	271	271	合计	44598	39322	83920
防洪保安基金	0	110	110	—	—	—	—

2015 年石鼓区税务收入情况统计表

表 13-2-4　　单位：万元

税种	国税	地税	国地合计	税种	国税	地税	国地合计
增值税	36140	0	36140	土地增值税	0	7076	7076
消费税	52308	0	52308	车船税	0	16	16
营业税	0	22396	22396	耕地占用税	0	14997	14997
企业所得税	18492	5630	24122	契税	0	5556	5556
个人所得税	139	9987	10126	教育费附加	20	2951	2971
资源税	0	513	513	地方教育附加	13	1946	1959
城市维护建设税	29	6870	6899	残疾人就业保障金	0	221	221
房产税	0	2380	2380	水利建设专项收入	0	424	424
印花税	0	909	909	合计	107141	84925	192066
土地使用税	0	3053	3053	—	—	—	—

2018 年石鼓区税务收入情况统计表

表 13-2-5　　单位：万元

税种	国税	地税	国地合计	税种	国税	地税	国地合计
增值税	93564	300	93864	土地增值税	0	9044	9044
消费税	79047	0	79047	车船税	0	6	6
营业税	0	233	233	环境保护税	0	120	120
企业所得税	43157	9648	52805	耕地占用税	0	6750	6750
个人所得税	1009	16996	18005	契税	0	10989	10989
资源税	0	121	121	教育费附加	59	2092	2151
城市维护建设税	171	5013	5184	地方教育附加	39	1392	1431
房产税	0	2565	2565	残疾人就业保障金	0	520	520
印花税	0	1154	1154	水利建设专项收入	0	604	604
土地使用税	0	7329	7329	合计	217046	74878	291924

第三节 税务管理

一、税务登记

1996年，全市开展换发税务登记证工作，区国税局、地税局对纳税户全面清理，分别逐户核发税务登记证。1998年，国家税务总局颁发《税务登记证管理办法》，明确开业登记、变更登记、停业复业登记、注销登记、外出经营登记和核查规定，全区开展税务登记证查验和漏征漏管户清查核对。之后，税务登记逐步规范，每三年更换一次登记证。截至2018年，政策未变化。

二、纳税申报

1997年始，实行“以纳税申报和优化服务为基础，以计算机网络为依托，集中征收、重点稽查”的征管模式。国税、地税设立办税大厅，纳税人主动到大厅申报纳税。21世纪后，初步建立信息化、专业化、集约化、标准化的现代税收征管体系，逐步推行电子报税、银税联网、划卡缴税等多元化的纳税申报模式，基本实现税收足额征收、平稳入库和纳税公平合理目标。至2018年，政策未变化。

三、以票管税

1994年分税制改革后，“以票管税”使发票具有重要的税收意义，成为实施税源监控和维护税收秩序的重要工具。1997年1月1日，全市国税部门统一使用有防伪标识的新版普通发票。新版普通发票的地区名称、制版年度、发票种类、几联发票、金额版本号等用10位代码表示。2000年1月1日，《湖南省国家税务局普通发票管理办法》施行，规定从发票的印制、领购和发售、保管与填开、审计缴销、稽核检查、违规处罚等六个方面具体规范普通发票管理工作。是年1月，区国税局启用新版专用发票。2005年，全市地税部门统一启用税务机关代开统一发票，发票的印、领、用、存、缴销情况，全面纳入湖南地税发票管理软件管理。2006年，大型超市使用机打发票。2011年，机打发票、手工发票和定额发票在全区通用。随着互联网时代的到来，电子商务、在线支付等新兴商业模式逐渐占据了人们的日常生活，纸质发票日渐暴露出低效率、高成本等弊端，给会计管控、税收监管等方面带来了不小的压力。2017年3月，国家税务总局发布推广电子普通发票的指导意见，电子发票逐步取代纸质发票。

第四节 机　构

一、衡阳市石鼓区国家税务局

1994年9月，设立衡阳市国家税务局二分局。2001年5月，更名为衡阳市石鼓区国家税务局，名称沿用至2018年7月。内设15个科室，包括办公室、人事教育科、财务科、监察室、党办、工会、收入核算科、政策法规科、税源管理一科、税源管理二科、税源管理三科、西湖税务分局、征收管理科、信息中心、纳税服务科。

1996—2018 年石鼓（城北）区国家税务局领导一览表

表 13-2-6

姓名	职务	任职时间	姓名	职务	任职时间
刘惠南	副局长	1994. 10—1996. 2	祝元衡	副局长	2002. 1—
罗成生	副局长	1994. 10—1998. 1	贺　哲	书记、局长	2003. 9—2006. 7
张沙丽(女)	副局长	1994. 12—1999. 3	肖　清(女)	副局长	2004. 1—2015. 2
张国生	书记、局长	1995. 1—1999. 3	周财源	副局长	2006. 2—2018. 7
黄启明	副局长 书记、局长	1996. 2—1999. 2 1999. 2—2003. 9	王小俊	书记、局长	2006. 7—2014. 7
彭隆忠	副局长	1998. 1—2001. 5	刘小平	副局长	2009. 10—2018. 7
续　君(女)	副局长	1998. 1—2001. 6	任晶晶	纪检组组长、 副局长	2009. 10—2013. 12 2013. 12—2018. 7
汪中伟	副局长、 副书记、 副局长兼 纪检组组长	2001. 6—2003. 9 2003. 9—2009. 10	朱剑锋	纪检组组长	2014. 1—2018. 7
			周华平	书记、局长	2014. 7—2017. 1
			曹麒麟	书记、局长	2017. 1—2018. 7
何　铭	副局长	2001. 6—2006. 2	—	—	—

二、衡阳市石鼓区地方税务局

1994 年 9 月，设立衡阳市地方税务局城北区分局。2001 年 5 月，更名为衡阳市石鼓区地方税务局，名称沿用至 2018 年 7 月。内设 15 个科室，包括办公室、人事教育科、监察审计室、财务管理科、征管和科技发展科、税收政策法规科、收入规划核算科、办税服务中心、信息中心、稽查局、税源管理一科、税源管理二科、税务一分局、税务二分局、税务三分局。

1996—2018 年石鼓（城北）区地方税务局领导一览表

表 13-2-7

姓名	职务	任职时间	姓名	职务	任职时间
彭建国	副局长	1994. 9—2001. 3	欧阳健	副局长	2001. 2—2011. 8
冯昭坤	书记、局长	1994. 11—1996. 3	戴巧玲(女)	副局长	2001. 2—2007. 10
邓军华	工会主席	1995. 6—1999. 7	肖小明	纪检组组长 副局长兼 纪检组组长	2001. 10—2008. 3 2008. 3—2014. 12
袁继红(女)	书记、局长	1996. 3—1997. 5			
刘瑞祥	副局长 书记、局长	1996. 9—1997. 5 1997. 5—1998. 5	张桂生	工会主席	2001. 11—2009. 3
			谭隆祥	书记、局长	2003. 9—2006. 10
罗德元	副局长	1997. 5—1999. 5	何　龙	副局长	2003. 9—2018. 7
张位喜	书记、局长	1999. 1—2001. 2	陈安平	书记、局长	2006. 10—2010. 12
廖　杨	副局长	1999. 1—2001. 2	唐雪平	副局长	2007. 9—2011. 8
谭志尚	副局长	2000. 12—2002. 3	刘志勇	书记、局长	2010. 12—2014. 12
彭　岳	书记、局长	2001. 2—2003. 9	周　健	副局长	2011. 8—2014. 12

续表 13-2-7

姓名	职务	任职时间	姓名	职务	任职时间
薛素华(女)	副局长	2011.9—2018.7	罗小明	纪检组组长	2014.12—2018.7
罗伟南	工会主席	2012.8—2018.7	伍　劼	副局长	2014.12—2018.7
欧阳志刚	书记、局长	2014.12—2018.7	—	—	—

三、国家税务总局衡阳市石鼓区税务局

2018年7月，衡阳市石鼓区国家税务局与衡阳市石鼓区地方税务局合并为国家税务总局衡阳市石鼓区税务局。全局干部职工236人，其中，在职166人，退休70人。设办公室、法制股、税政股、社会保险费和非税收入股、收入核算股、纳税服务股、征收管理股、税源管理股、税收风险管理股、财务管理股、人事教育股、机关党委（党建工作股）、纪检组、第一税务所、信息中心共15个股室，合江税务分局、第二税务所、潇湘税务所3个派出机构，负责征管石鼓区和松木经济开发区范围的各项税收、社会保险费和有关非税收入征收管理。

2018年国家税务总局衡阳市石鼓区税务局领导一览表

表 13-2-8

姓名	职务	任职时间	姓名	职务	任职时间
曹麒麟	书记、局长	2018.7—	任晶晶	副局长	2018.7—
欧阳志刚	副书记、副局长（正科长级）	2018.7—	朱剑锋	副局长	2018.7—
			罗小明	纪检组组长	2018.7—
周财源	副局长	2018.7—	薛素华（女）	副局长	2018.7—
何　龙	副局长	2018.7—	伍　劼	副局长	2018.7—
刘小平	副局长	2018.7—	罗伟南	工会主席	2018.7—

说明：2018年7月至2018年10月为国家税务总局衡阳市石鼓区税务局联合党委，如国家税务总局衡阳市石鼓区税务局联合党委书记、局长；联合党委副书记、副局长（正科长级）；联合党委委员、副局长；联合党委委员、纪检组组长

第三章　金　融

1996年，实施《中华人民共和国人民银行法》《中华人民共和国商业银行法》《中华人民共和国保险法》，境内金融管理步入法治轨道。2003年后，金融业深化各项改革，金融管理步入银行、保险、证券分业监管轨道。截至2018年，全区共有2家总部银行机构，开展业务的银行分支机构10家，下设一级支行26个，银行表内存款总额450.25亿元，贷款308.94亿元；保险公司分支机构7家，证券公司1家，形成多层次机构并存、功能互补的金融市场体系。

第一节　银　行

1996年，城北区共有4家市级行局，在城区开展业务的银行机构有5家，营业网点9家；全区银行存款3.43亿元，贷款5.46亿元。2018年，石鼓区共有2家总部银行机构，其中地方法人银行1家，在城区开展业务的银行机构共10家（下设一级支行26个）；全区银行存款450.25亿元，贷款308.94亿元，贷存比68.62%。

一、银行业务

（一）存　款

1996年，境内银行办理的存款业务主要有城乡居民储蓄存款、单位存款、外币存款。年末，银行各项存款余额3.43亿元。1996—1999年，按“存款自愿、取款自由、存款有息、为储户保密”的储蓄存款原则，各银行为求生存、求发展，积极增加机构网点、提高服务质量，开辟新的储蓄品种，加快电子进程，推行信用卡，其人力、物力、财力向组织存款倾斜，实现储蓄存款稳步增长。2000—2004年，全区金融秩序稳定，各家银行和城乡信用社按照现代商业银行运作模式和管理理念实施经营管理，各金融机构存款呈逐年稳步上升趋势。2005—2010年，各商业银行在传统储蓄业务上争份额，争占比；在新型业务上争市场，大力发展中间业务，代客户发放工资与养老金，增办教育储蓄，通过银证转账系统联网，实现全省通存通兑。同时，为组织存款，各银行加大宣传力度，使储蓄利国、利民、利己的道理家喻户晓；坚持文明服务，礼貌待客。另外，各商业银行在加强自身业务的同时，支持企业改革、集约经营，全程跟进其生产营销全过程，助其提高销售收入的回行率以防资金体外循环，对公存款因而增加。2011—2018年，区内各商业银行创新服务手段，提高服务质量，加大营销服务力度，使得银行存款余额逐年增长。至2018年末，全区银行存款余额达到450.25亿元。

（二）贷　款

1996年，境内银行办理的贷款业务主要有农业政策性贷款、工业贷款、农业贷款、商业贷款、基本建设和技术改造贷款、个人消费贷款等。年末，银行各项贷款余额5.46亿元。1996年，为规范信贷行为，维护借贷双方的合法权益，确保信贷资产安全，执行人行颁发《贷款通则》，信贷管理逐步规范，贷款投放力度进一步加大。1998年，人民银行对商业银行实行贷款增量管理，形成“计划指导、自求平衡、比例管理、间接调控”的信贷资金管理体制。1999年起，各商业银行坚持以产业政策和市场为导向，主动调整客户结构，支持高改农业、经营性基础设施，符合现代企业制度的上市公司、效益好的国有大中型企业、民营企业和个人消费等。2004年，石鼓农信联社坚持为城乡居民、中小企业服务的办社方向，拓展中小企业与个人的金融业务，并以服务“三农”为己任，全年累放支农贷款1.06亿元，累计发放农户小额信用贷款703万元。2006—2011年，各银行和信用社进一步加强对民营经济的扶持，加大信贷投放力度。2012—2018年，为破解“小微企业融资难”的困局，石鼓区持续优化金融服务，加强政银企对接，积极组织点对点、点对多等多形式的银企对接活动，帮助企业解决融资难题，一些优质企业得到银信部门的资金支持，区内企业融资困局得到一定程度的缓解。2018年，全区金融机构贷款余额达308.94亿元。

(三) 中间业务

1996—2018年，区内银行系统办理的中间业务主要有结算业务、银行卡、代理、担保。

结算业务 1997年，衡阳市建立起适应市场经济体制运行的支付结算法规体系。区内工商银行、农业银行、中国银行、建设银行分别成立“资金清算中心”，建立资金汇划结算系统。2000—2006年，全区银行结算业务范围扩大，各家银行传统的结算方式被高科技电子结算业务所取代，银行业结算业务效率和质量显著提高。先后推出资金汇划、网络结算、支付结算业务代理、国库集中支付与国际航协资金结算、对公单位存款异地通存通兑等一系列新产品。2007—2009年，衡阳市网上银行业务迅速发展。衡阳市工商银行城北支行从2007年开始大力发展网上银行业务，到2009年末，发展网上银行个人客户2.91万人、企业客户303户，网银交易额443万元，网银业务收入117万元。2010年6月28日，电子商业汇票系统在全国范围内推广上线运行，区内接入电子商业汇票系统的机构共计4家、网点35个。2013年7月，招商银行、中国工商银行推出微信银行服务。是年，各大银行均推出微信银行，区内各银行系统积极推广微信银行业务，累计发展微信银行个人客户5.5万人。2014—2018年，区内手机银行业务发展较快，四大国有银行、石鼓农商行、华融湘江银行等努力推广各自手机银行App，手机银行逐渐普及至全区所有手机用户。

银行卡 1996—2000年，区内工、农、中、建（即工商银行、农业银行、中国银行、建设银行）四大国有银行系统开展一系列业务竞争促销活动，促进信用卡业务长足发展。工商银行先后推出银雁卡、牡丹灵通卡、工商牡丹卡，中国银行信用卡部加入全国授权系统联网，增强信用卡信控能力，提高对信用卡透支的预警功能。2001—2003年，工、农、中、建四大国有银行在规范银行卡的基础上发展银行卡业务，推出一系列新的银行卡品种。2004—2007年，全区银行机构银行卡业务快速发展。工商银行推出快乐“猪”福卡，中国银行、建设银行开展各种消费积分奖励活动以及利用“五一”“十一”等黄金周开展旅游市场和购物消费营销活动，石鼓农村信用联合社、石鼓邮政储蓄局分别于2006年5月开通“福祥卡”业务、2007年开通邮政绿卡业务。2008年6月，湖南省人民银行出台《关于进一步加快全省银行卡业务发展的意见》，银行中间业务在银行卡平台上进一步拓展。银行卡在商业服务领域全面推广使用的同时，在公共事业缴费领域和与人民群众生活密切相关的支付领域广泛应用。2008年，区内农业银行累计发行银行卡14.1万张，石鼓农村信用联合社全年增发“福祥卡”3.5万张，石鼓邮政储蓄局发行邮政绿卡5.65万张，驻区的市商业银行累计发卡1.54万张。2018年，建设银行信用卡客户净增0.66万户，信用卡分期交易额完成1.53亿元；中国银行新增有效卡0.7万张，银行卡中间业务收入达209万元。2018年，各大银行纷纷推出ETC信用卡（ElectronicTollCollection，即电子不停车收费系统，常用于高速收费站）。是年，区内农业银行、工商银行、建设银行、中国银行、农商行、邮政储蓄银行等银行累计发行 ETC 信用卡 8.9 万张。

代理 1996—1999 年，全区银行业代理业务成为中间业务新的增长点，其业务范围拓展到有经济活动的地方，代理业务扩至代发工资、代发有价证券、代收学费、代理收费、代理保险、代理保管、代理金库、代理政策性放款等 8 种。2000—2003 年，全区银行代理业务形成规模，成为银行发展新业务的亮点。工、农、中、建四大国有银行代理收付业务形成代发工资、代理销售、银税通等品牌业务 21 项，代理债券、中介等业务 11 项，代理股票期票、代理保险、代理委托存贷款、代保管及其他业务 19 项。2003 年，全区银行代理业务达 59 种、164 万笔、4.83 亿元，实现收益 87 万元。2004—2008 年，区内各银行机构代理业务发展迅速。建行代理销售基金等个人理财产品达 3.2 亿元，农行代理寿险 1.1 亿元、产险 1020 万元，邮政储蓄银行代理代收业务 2091 万元。2009 年，各大银行加大理财业务的营销力度，理财中间业务收入来源有效拓宽。2010 年，区内四大国有银行累计办理机构理财业务 2.25 亿元，销售个人理财产品 5.97 亿元，实现代理业务收入 587 万元。2018 年，区内银行系统代发工资达标客户新增 9 户，代发工资个人客户新增 2532 户，日均金融资产 5 万元以上公司客户新增 35 户，新开公司结算账户新增 301 户。POS、二维码、线上 POS 特约商户新增 563 户。是年，全区各商业银行代理业务收入 3.3 亿元，其中理财业务收入 0.9 万元。

担保 1999 年，辖内建设银行系统试办担保业务，保函金额从最初的单笔 60 万元扩至 100 万元—500 万元。2000 年，银行承兑汇票、备用信用证、各类保函等业务开始成为商业银行主要的担保类中间业务。2002 年，建设银行担保业务扩至投标保证、承包保证、履约保证等 6 个品种。驻区的衡阳市工商银行担保业务量达 4 种、146 笔、金额 14 万元，实现收益 4 万元。2008 年，全区担保业务 9 种、464 万笔、金额 4500 万元，实现收益 345 万元。2009 年 3 月，中国银行协会保理业务专业委员会成立，相继制定“行业自律公约”“保理业务规范”“信息共享机制”，石鼓区各商业银行保理业务快速发展起来。2018 年，全区各商业银行担保性中间业务收入 9100 万元。

二、银行机构

（一）国有商业银行驻石鼓机构

中国工商银行股份有限公司衡阳市分行城北支行 1994 年，中国工商银行衡阳市支行改称中国工商银行衡阳市分行（衡阳市工行），中国工商银行衡阳市支行城北办事处改为中国工商银行衡阳市分行城北支行（以下称城北支行），属衡阳市城区一级支行。1999 年，衡阳市工行撤销衡南县支行，业务分别整合至城北、城南支行。是年，城北支行内设机构恢复股室，由原来的 7 个改为 6 个。2005 年，中国工商银行衡阳市分行城北支行更名为中国工商银行股份有限公司衡阳市分行城北支行。截至 2018 年末，机构设置与名称均无变化。

中国农业银行股份有限公司衡阳市分行雁北支行 1996—2005 年，中国农业银行衡阳市分行雁北支行（以下简称雁北支行）隶属中国农业银行衡阳市分行（以下简称衡阳市农行）管辖，属衡阳市城区一级支行。2006 年，衡阳市农行实行城区营业机构“扁平化管理”，将雁北支行降为二级支行，隶属中国农业银行衡阳市分行衡州支行管辖。2009 年，中国农业银行衡阳市分行雁北支行更名为中国农业银行股份有限公司衡阳市分行雁北支行，属城区二级支行，隶属中国农业银行股份有限公司衡阳市分行衡州支行管辖。截至 2018 年年末，机构设置与名称均无变化。

中国建设银行股份有限公司衡阳市分行石鼓支行 1996 年，中国人民建设银行衡阳市分行更名为中国建设银行衡阳市分行，中国人民建设银行衡阳市分行一支行更名为中国建设银行衡阳市分行一支行。2001 年，中国建设银行衡阳市分行一支行更名为中国建设银行衡阳市分行石鼓支行。2004 年，中国建设银行衡阳市分行石鼓支行更名为中国建设银行股份有限公司衡阳市分行石鼓支行。截至2018年年末，机构设置与名称均无变化。

中国邮政储蓄银行衡阳市分行石鼓支行 2008年，成立中国邮政储蓄银行衡阳市分行石鼓支行，隶属中国邮政储蓄银行衡阳市分行领导管理，属城区二级支行，内设综合办公室和财务会计、风险合规、渠道科技、综合业务4个部。截至2018年年末，机构设置与名称均无变化。

（二）城市商业银行、农村商业银行驻石鼓机构

华融湘江银行股份有限公司衡阳分行 2010年10月，成立华融湘江银行股份有限公司衡阳分行，隶属华融湘江银行股份有限公司领导。华融湘江银行股份有限公司是湖南省委、省政府引入中国华融资产管理股份有限公司，在重组湖南原株洲、湘潭、衡阳、岳阳市商业银行和邵阳城市信用社的基础上，经中国银监会批准，依法合并新设的一家城市商业银行。

衡阳农村商业银行 衡阳农村商业银行是在原石鼓、蒸湘、雁峰、珠晖4家农村信用联社的基础上以新设合并的方式组建而成的，于2016年8月挂牌开业。内设14个部门，下设1个营业部、13家一级支行、2家直属支行和55家二级支行。

第二节 保 险

1996年，境内仅有1家保险机构，主要办理财产与人身保险；2018年，境内有保险公司分支机构7家、营业网点20家，可办理财产、人寿等400多种险种业务。

一、保险业务

（一）财产保险

财产保险公司的业务发展，在一定程度上取决于公司推出的保险险种在市场上的占有量，而占有量的多少取决于险种的竞争力，是否受到更多客户的青睐并接受。1996—2018年，区内财产险保险机构先后推出的险种达400多种，主要有企业财产保险、家庭财产保险、家庭财产两全保险、货物运输保险、运输工具保险、机动车辆实行强制保险、农业保险、工程保险、责任保险、保证保险、海上保险、飞机保险、铁路车辆保险，还有保险机构依法推出的机动车辆强制保险（交强险）等。

1996年，保险实施财产、人寿保险分业经营，增强财产保险专业化、商业化经营。1998年1月起，停办自行车保险业务。1999年10月，人保财险衡阳分公司试办计算机保险。是年，人保财险衡阳分公司在城区各支公司实行同城运输工具保险最低收费标准，对使用超过10年的船舶停止办理承保。2000年9月，人保财险衡阳分公司开办现金保险，主要保险标的为现金、债券、支票、汇票等，费率为10%。2004年，保险统计口径调整将企业财产保险、家庭财产保险和货物运输保险合并为“财产保险”。是年，运输工具保险改称为“机动车辆保险”。2004—2006年，商业保险业务统计口径调整，人保财险衡阳分公司将该险种业务划归“责任保险/意外伤害险”类。2007—2010年，随着改革的深化，加之市场主体逐年增多，全区财险市场竞争激烈，各财险公司积极拓展安全责任保险和货物运输保险业务。

2012—2018年，区内各保险公司在加大力度抢占车险市场的同时，逐步加大专业代理、中介渠道和快递件保险等新险种业务拓展力度。

（二）人寿保险

1996 年，境内的人寿保险业务以医疗险和意外险为主。是年，人民保险衡阳分公司分离人身保险业务，设立市寿险公司实行专业化经营，养老金保险被人寿保险新险种所取代。

1997—1999 年，中央银行先后 7 次调整银行利率，为适应银行利率的变化和人寿保险业务的需要，市寿险公司逐年调整险种结构，发展人寿保险新单业务。2000—2003 年，人寿保险新单业务持续健康发展。2004 年，保险业务统计口径调整，市寿险公司将健康险、意外险归并于“团险”项内。2005—2006 年，全区寿险市场不断涌进新成员，意外险业务成为各寿险机构争夺市场的主要对象。2007—2010 年，各寿险公司推出的产品以集保险保障及投资功能于一身的新型理财保险产品为主，兼顾其他险种，覆盖人寿保险、年金保险、健康保险、意外伤害保险等多个领域，深受客户和市场的肯定。2011—2018 年，区内各寿险公司所推出的险种主要为分红保险、投资联结保险和万能保险，加上其他不断修改、更新的 400 多个险种，为寿险公司的持续发展，为不同单位、不同职业、不同人群、不同年龄段的人提供任意选择的寿险保障。

二、保险机构

1996 年，境内仅有中国人民保险公司（以下简称人民保险）衡阳分公司办理财产与人身保险业务的专门机构。1997 年 1 月，中国人寿保险公司衡阳分公司注册成立，主要经营人寿保险，健康保险。是月，中国人民财产保险股份有限公司（以下简称人保财险）衡阳分公司成立，主要经营财产损失保险、责任保险、信用保险、意外伤害保险、短期健康保险、保证保险等人民币保险业务或外币保险业务。1997—2003 年，平安、太平洋、天安、华安保险公司先后在衡阳市成立分公司并在区内设立机构经营产险业务。2000—2003 年，泰康、新华寿险公司先后在衡阳市成立分公司并在区内设立机构经营寿险业务。2007 年，农银人寿保险股份有限公司衡阳中心支公司在石鼓区注册成立。2008 年，中国人寿财产保险股份有限公司衡阳市石鼓区支公司成立。截至 2018 年，境内有保险公司分支机构 7 家。

第三节　证　券

1992 年，中国农业银行湖南省信托投资公司衡阳市办事处证券交易营业部成立，后因“银行业、证券业分业经营”的政策要求，1996 年被广州国际信托公司收购后更名为广州国际信托投资公司衡阳证券营业部。2001 年 8 月，营业部更名为万联证券经纪有限责任公司衡阳证券营业部；2002 年更名为万联证券有限责任公司衡阳证券营业部；2017 年更名为万联证券股份有限公司衡阳证券营业部。万联证券衡阳营业部自成立后，持续加强风险管理能力、专业化服务、业务和产品创新能力以及金融科技能力等核心竞争力，做深做实服务价值链，为客户提供卓越的综合金融服务。2018 年，万联证券公司衡阳营业部利润 776.99 万元，市场占有率为 0.16%，A 股交易量为 325.38 亿元，客户托管资产 33.58 亿元，资金账户数 57584 户，权益类产品销售 830.10 万元，非权益类产品销售 6833.92 万元。

第十四篇

城乡建设与环境保护

1996—2001 年，城北区时期的城市建设工作，主要抓主次干道治理、背街小巷的维护以及配合文明创建活动做好小区建设。其间，境内掀起学张家港的热潮，对城市环境脏、乱、差问题进行重点整治。城管监察大队组织开展城市综合治理，对有证乱摆、无证经营的摊担进行劝阻、规范和清理，依法拆除临时棚亭（摊点），搬迁一批马路市场；加强市容整治力度，做到“还道于民”“还路于车”，城北区加强城管工作的作法被市委、市政府推广到市内各区。1997 年，城北区环境卫生管理所改称城北区环境卫生管理局。2001 年 3 月，城北区环卫局船山西路清扫班获 2000 年度全国“巾帼文明示范岗”称号。其间，城北区执行《中华人民共和国环境影响评价法》和《建设项目环境保护管理条例》，提高项目环保准入门槛，严把建设项目审批关。按照《排污费征收使用管理条例》要求，抓好辖区内的排污费收缴工作，强化排污费征收执法力度。实施境内噪声控制区、烟尘控制区建设及管理。

2002—2018 年，石鼓区配合省、市部门在辖区内修建了蔡伦大道、蒸湘北路延伸线、蒸阳北路延伸线、二环北路等 12 条大道，城市“北拓”取得突破；改造了 107 国道、解放路、人民路等 43 条主次干道和 169 条背街小巷，“南优”取得实质性效果。按照衡阳市安排，开展了城内“四场一厕”（停车场、水果批发市场、菜市场、夜宵市场、公共厕所）和乡镇“五小设施”（小食堂、小澡堂、小卫生间、小阅览室、小文体活动室）建设。新建虎形山公园、石鼓收费站、蒸水北堤风光带、莲湖广场，改建石鼓公园、石鼓书院广场。水、电、气基础设施跨越蒸水河，到达松木塘及角山镇。与此同时，有计划、有步骤地改造老旧城区，先后在老城区实施“三清三建”（清垃圾、清管线、清违章，建路、建园、建绿）提质改造，主次干道、背街小巷及两厢提质改造，开工建设耀江花园、雅士林欣城、珠江·帝景山庄、鸿豪城、北城明珠、碧桂园·十里江湾等高档住宅小区，境内市容市貌焕然一新，成为瞩目的创业宜居之地。相继打响“蓝天、碧水、净土”三大保卫战，实施公园景区绿化、道路绿化和庭院小区绿化，关停淘汰一批落后产能，一些多年未解决的污染问题实现“清零”，顺利通过中央环保督察组检查验收，辖区生态环境持续改善。

第一章　城乡规划

第一节　总体规划

1994 年，衡阳市城市总体规划修编设立的中心城区，主要是蒸水以南、湘桂铁路以北、西合铁路以东和京广铁路以西的老城区，总用地面积约 20 平方千米。城北区属中心城区，为衡阳市党政机关所在地和商贸中心。2006 年，衡阳市城市总体规划进行调整，定位中心城区为历史文化名城、交通枢纽、物流中心、区域性经济和文化中心，确定城市布局结构总体由两条主轴构成，即一条沿湘南向南、向北展开的生活居住主轴，一条沿解放路向西向东、垂直于生活居住主轴的综合服务主轴，呈现为“十”字形的空间形态。石鼓区处于湘江以北、解放路以北的区域，是城市商贸中心和基础教育的重点地区，又具备人口稠密、历史文化厚重的特点，发展方向为集商贸、科教于一体的多功能、开放型、现代化的城区。2013年，市委、市政府对2006版衡阳市城市总体规划进行修改，将衡阳市定位为湘南中心城市，规划核心目标为“工业重镇、文化名城、旅游胜地、宜居家园”，确定城市空间结构为“一江两岸、九桥四环、南工北旅、东文西商、三横四纵、主辅相连、东延北扩、靓河纳山”。此次修订的《衡阳市城市总体规划（2006—2020年）》，为石鼓区城市建设注入新的发展动力，衡阳市城市重点向北向东发展。此次修订的总体规划将角山—合江套—江霞片区列为中心城区9个片区之一。迁移合江套原有化工工业区，置换为公共设施、休闲旅游设施和居住等综合用地。结合松木经济开发区设置成专为化工工业服务的普通仓储区，在城北内环路南增设集中的仓储物流区。将松木片区纳入生态绿地保护范围，严禁挖山取石或挖山平地，不得随意开发。将合江套地区作为城区四个区之一进行旧城改造。按照上述规划实施的来雁新城、松木经济开发区以及松木、角山生态文明建设项目随后逐步展开。至2018年，无变化。

第二节　区域规划

一、合江套工业区规划

合江套位于石鼓区东北处，湘江西岸，总面积7平方千米，建成区366.8公顷。其中，工业用地270公顷，居住用地53.6公顷，公共建筑用地26.4公顷，道路广场用地11.4公顷。

1985年规划将该区布局在湘江下游及城市的北端，是以化工、精细化工、建材、电力为主的工业区。1994年规划将该区布局在五一路与河滨路交叉地段，并维持其性质不变。

2006版城市总体规划确定合江套—江霞片区是以居住、商业服务、市场、二类工业为主的城区，包括湘江以西，蒸水和衡邵高速公路之间的地区，以及衡邵高速公路以北的部分地区。

二、松木工业园规划

1994年，衡阳市城市总体规划修编时，增加江霞工业区，该区位于向阳路、北环路以北，107国道以东，湘江以西的城市水源下游，是以盐化工业系列为主的盐化工业基地。2003年经湖南省人民政府批准，在衡大高速以北，湘江以西约9.73平方千米地域设立以精细化工、盐卤化工及新材料、新能源为主的松木工业园。

三、旧城改造规划

衡阳市2006版城市总体规划确定的旧城是由西合铁路、蒸湘路、城市内环线围合的地区，面积31.2平方千米，人口47万人。衡阳中心城区的旧城由4个地区构成：中心城区、合江套地区、京广铁路以东地区和衡州大道以南地区。其中中心城区面积11平方千米，石鼓区约占3平方千米。合江套地区，面积5.2平方千米，居住人口4万人。

根据旧城改造规划，中心城区的改造措施主要是疏解居住人口，降低人口密度，提升居住质量，调整优化用地布局和结构，完善道路系统，加强交通设施的建设，改善基础设施条件。

合江套地区的改造措施主要是调整用地性质，搬迁、置换工业用地，整理文物建筑的历史环境，强化该地区文化功能；扩大市场用地和一类工业工地规模，增强该地区经济活力；完善地区道路网结构和交通设施建设，强化对外交通优势。

四、来雁新城规划

来雁新城位于衡阳城市北大门，地处湘水、耒水和蒸水“三江汇流之处”。占地面积约 13 平方千米，整体规划范围约 17584 亩，是集滨水休闲、湿地公园、文化旅游、康养度假、艺术体验、文创街区、商务办公、酒店聚集群等各功能为一体的新型“文化+旅游+城镇化”示范区。新区于 2013 年规划，总体思路是尊重山水风格、彰显历史文化、打造现代新城，定位为“现代商贸核心区、文化风情展示区、旅游休闲引领区、城市开发示范区”。

来雁新城定位“一带（以石鼓书院与来雁塔为连接的沿江生态文化风光带）、一心（来雁文化广场与石鼓文化广场之间的商务中心）、两轴（五一大道和内环北路商业发展轴）、四片（特色社区、生产性服务与创业园区、综合性居住区、游憩文化休闲区）”的规划布局，整体绿化率约为 55%，开发用地综合容积率控制在 3%以内。来雁新城于 2013 年启动建设，2013—2018 年，是基础设施建设期，主要完成“一带、一心、两轴”建设。

第三节　规划管理与执法

1996—2006 年，石鼓区（城北区）无规划制订与管理权。涉及规划方面事项由市以上规划部门统一管理。境内如需办理规划方面事务，须提前报市审批。2006 年 9 月，衡阳市城乡规划局石鼓分局成立，始有规划实施管理方面部分权限。其主要职责是对境内开发项目进行跟踪管理，对未经审批的项目进行查处；对境内村民建房进行初审报批、跟踪管理及安置房的选址定点；对违法违规村民建房及时立案查处并提出初步处理意见报市局；同时配合区政府各项重点建设项目的实施。

2007—2012 年，石鼓区核发“乡村建设工程规划许可证”226 户。2013—2014 年，市城乡规划局对石鼓区域内临近城区的团结村、进步村、朝阳村、建设村、五一村、松梅村、友爱村、江霞村、杨岭村、茅茶亭村初步规划设置 19 个村民建房点，探索城乡规划一体化管理新模式。

2016 年，根据住建部、湖南省政府关于城市建成区违法建设专项治理工作五年行动方案的部署安排，石鼓规划分局竭力推进石鼓区城市建成区违法建设专项治理工作，确定到 2020 年末实现建成区违法建设全面清查处理的总目标。是年控违拆违 181 处，拆除违章建筑面积 4.36 万平方米。

2017 年，全面落实行政执法三项制度试点工作，规范执法程序，完善执法内容，发挥规划在城市建设的引领和调控作用。全年立案 20 起，下达行政处罚决定书 19 份，整改并处罚 14 起。

2018 年，参与辖区内所有建设项目的放线验线、验槽、竣工验收及项目审批后的跟踪管理做好辖区内村民建房初审报批和安置选址定点工作。是年，申请强制执行 1 次，完成石鼓区域建成区五年清零任务行动进度 43.20%；立案 12 起，缴纳到位行政罚款 103 万元。

第四节　机　构

2001 年 6 月，设立衡阳市城市规划局石鼓规划办，为市规划局副科级派出机构。2006 年 9 月，规划办升格为规划分局，为正科级全额拨款事业单位，主要负责石鼓辖区内批后项目管理和村民建房审批。2009 年定为参照公务员管理事业单位。2010 年衡阳市城市规划局更名为城乡规划局，主管全市城乡规划工作，规划职能由城市延伸到乡村，石鼓规划分局职能相应进行调整，增加对城乡规划的实施加强监督和检查的职能。

2006—2018 年衡阳市城乡规划局石鼓分局领导一览表

表 14-1-1

姓名	职务	任职时间	姓名	职务	任职时间
汪申元	副局长	2006. 10—2012. 3	唐　勇	副局长	2013. 1—2015. 12
欧阳勇	局长	2006. 12—2013. 1	蒋春阳	局长	2015. 10—
陈正德	副局长	2006. 12—2013. 1	邹三洋	副局长	2015. 12—
汪礼彬	副局长	2012. 3—2015. 10	胡电林	副局长	2015. 12—
傅红刚	局长	2013. 1—2015. 10	—	—	—

第二章　城区建设

第一节　基础设施

一、主次干道

1996 年至 2001 年 5 月，境内有主次干道 28 条，主要分布在主城区，以湘江以西、蒸水以南范围内居多。

2001 年，衡阳市城区行政区划调整后，随着城市建设发展，城区逐渐向北拓展延伸，改造与新建许多主次干道。2002 年，完成解放路、人民路、中山北路步行商业街、解放路北面、和平北路、环城北路等主次干道改造。2003 年 12 月 26 日，107 国道城区路段（又称西外环路）改线工程建成通车。2004 年，船山路改造完工，完成总投资 1500 多万元。2005 年，望城路完成改造。2007 年，合江路重修项目建成通车。2009 年，全长 2.50 千米的蔡伦大道完成改造并通车。2013 年，完成蒸阳北路延伸段第一期工程，该路按城市主干道Ⅰ级标准规划设计，道路全长 680 米，主路面宽 30 米，两侧人行道 7 米。2014 年，启动船山大道（蒸湘北路—衡湘公路大桥）、蒸湘北路（北二环—解放路段）、蒸阳北路（蒸水南路—解放路）两厢提质改造工程。2015 年 3 月，石鼓区继续对辖区内解放路、湘江北路、中山北路、常胜路、明翰路、红湘北路 6 条主次干道进行提质改造。是年，同步完成常胜路等 4 条主次干道的提质改造，投入资金 1800 余万元，新增沥青路面 12258 平方米，硬化路面 8724 平方米，铺装人行道（火烧）板 3859 平方米，安装路灯 184 盏，新砌路缘石 1214 米。2017 年，常胜路、环城北路等 4 条城市主次干道两厢提质改造全面完成。是年，长丰大道延伸、二环西路建成通车，惜香路、凤凰路西延、望城路西延项目基本完工，东西联动、南北互通、内外畅通的交通格局基本形成。

截至 2018 年底，境内主次干道数增至 53 条，形成规范有序、四通八达、方便迅捷的城区道路网。根据分级管理权限，城区主次干道由市级建设部门统一按照规划建设并实施管理。

2018 年石鼓区城区部分主次干道统计表

表 14-2-1

序号	道路名称	道路等级	起止点	道路长度(米)	道路宽度(米)	路面结构	
						水泥	沥青
1	解放大道	主干道	湘江北路—蒸湘北路	1500	32	√	—
2	船山大道	主干道	衡湘公路大桥—蒸湘北路	1626	44	√	√
3	蒸阳北路	主干道	解放大道—衡邵高速	9278	22	√	√
4	蒸湘北路	主干道	解放大道—湘环路	5386	64	√	√
5	双桥南路	主干道	青草桥—蒸水大桥	1324	14	√	√

续表14-2-1

序号	道路名称	道路等级	起止点	道路长度(米)	道路宽度(米)	路面结构	
						水泥	沥青
6	湘江北路	主干道	解放大道—青草桥	1510	15	√	√
7	中山北路	主干道	解放大道—青草桥	1589	10	√	√
8	和平北路	主干道	解放大道—司前街	611	10	√	√
9	五一路	主干道	青草桥—七里井	2211	15	√	√
10	蔡伦大道	主干道	铜钱渡大桥—石鼓收费站	4000	45	√	√
11	来雁路	主干道	五一路—七里井路	422	23. 5	√	√
12	合江路	主干道	同心路—江雁机械厂	2630	13	√	√
13	松枫路	主干道	107 国道—金源路	8072	25	√	√
14	云开路	主干道	新源路—蒸阳北路	2168	15	√	√
15	化工路	主干道	新安路—107 国道	2400	24	√	√
16	人民路	次干道	中山北路—环城北路	631	13. 8	√	√
17	常胜路	次干道	中山北路—蒸湘北路	1217	12. 5	√	√
18	胜利路	次干道	湘江北路—中山北路	228	10	√	√
19	司前街	次干道	湘江北路—蒸阳北路	600	14	√	√
20	潇湘街	次干道	湘江北路—中山北路	213	5. 8	√	√
21	华光街	次干道	湘江北路—中山北路	204	6	√	√
22	明翰路	次干道	中山北路—蒸湘北路	1086	9	√	√
23	桑园路	次干道	蒸阳北路—双桥南路	738	6	√	√
24	沿江北路	次干道	茅盖台—司前街	742	6	√	√
25	环城北路	次干道	解放大道—船山大道	806	10	√	√
26	向农路	次干道	解放大道—莲湖路	360	6. 6	√	√
27	莲湖路	次干道	解放大道—船山大道	895	10	√	√
28	易赖街	次干道	船山大道—蒸湘北路	575	8	√	√
29	建设路	次干道	五一路—蒸阳北路	509	6. 8	√	√
30	望城路	次干道	五一路—107 国道	2931	6. 8	√	√
31	七里井路	次干道	望城路—江雁机械厂	2477	8. 8	√	√
32	江霞大道	次干道	化工路—上倪路	513	18	√	√
33	松梅大道	次干道	江霞大道—107 国道	3200	22	√	√
34	上倪路	次干道	新安防洪堤—107 国道	3223	22	√	√
35	新安路	次干道	新竹村—新安村	3055	18	√	√
36	新源路	次干道	金兰村—新安村	3844	18	√	√
37	华源路	次干道	蒸湘北路—蔡伦大道	1500	15	√	√

二、背街小巷

1996年至2001年5月，境内有背街小巷240余条，主要分布在主城区范围，湘江以西、蒸水以南范围内居多。2001年5月，衡阳市城区行政区划调整后，城市建设逐步向北延伸，加上旧城改造、棚户区改造、文明小区创建和一些重点项目的拆迁安置，原有一些背街小巷逐渐消失、缩短或改变。是年，全区投资178万元改造背街小巷。

2002—2006年，全区自筹资金470余万元，先后改建、改造人行道面积50430平方米，硬化司侧街等背街小巷道路91条次，改造建设新村等小区下水道24处。2007年，完成10条背街小巷和12条下水道的维修改造。2008年6月15日，全市59条背街小巷改造工程启动仪式在石鼓区牛角巷举行。是年，石鼓区投入资金336万元，改造背街小巷21条，改造道路总长3461米，总面积19555平方米。2009年，区建设局组织改造维修金帆小区消防通道、北壕塘小区、进步巷、望城路等居民院落和背街小巷下水道33处，投入基础设施维护和环卫设施建设资金165.56万元。2011年，全区共改造背街小巷33条，硬化路面15145平方米。

2014年，区政府投入1190万元，完成238处背街小巷基础设施维护改造。2016年，投资2600余万元，先后完成牛角巷、西湖一村、西湖二村、演武南路、演武北路等项目改造。2017年，对18条主次干道人行道板进行维修，对北壕塘、长青路等2条背街小巷的路面进行提质改造。至2018年底，全区背街小巷169条。根据分级管理的权限，城区背街小巷的维护维修由区级建设部门实施管理。

2018年石鼓区城区主要街巷统计表

表14-2-2

序号	街巷名称	起止点	道路长度（米）	道路宽度（米）	路面结构	
					水泥	沥青
1	进步巷	湘江北路—中山北路	221	5	√	—
2	玉环巷	玉环巷1号—中山北路	142	5	√	√
3	谢家巷	人民路—谢家巷7号	56	4	√	√
4	九角巷	人民路—常胜路	182	6	√	√
5	钱局巷	和平北路—蒸阳北路	182	3.5	√	√
6	水池巷	蒸阳北路—司前街	22.5	4	√	√
7	三眼井	和平北路—蒸阳北路	147.5	4	√	√
8	常胜巷	常胜路—三眼井	53	3.5	√	√
9	王家巷	和平北路—人民路	65	4	√	√
10	茅盖台	湘江北路—中山北路	232	3	√	√
11	马王巷	人民路—蒸阳北路	143	4	√	√
12	都司街	蒸阳北路—常胜路	87	4.5	√	√
13	淘沙巷	常胜路—司前街	283	4	√	√
14	菊花园	菊花园1号—常胜路	100	3.5	√	√
15	赤同巷	和平北路—蒸阳北路	150	5	√	√
16	赤帝巷	解放大道—人民路	124.5	4	√	√

续表14-2-2

序号	街巷名称	起止点	道路长度（米）	道路宽度（米）	路面结构	
					水泥	沥青
17	青山街	蒸阳北路—环城北路	210	8	√	√
18	雅园路	环城北路—牛虎巷	123	5	√	√
19	学宫巷	环城北路—莲湖路	382	5.3	√	√
20	牛角巷	向农路—常胜路	250	5.3	√	√
21	牛虎巷	向农路—常胜路	196	5.3	√	√
22	向群路	常胜路—青山街	387	3.8	√	√
23	朝阳巷	蒸阳北路—环城北路	77	4	√	√
24	西湖支路	莲湖路—蒸湘北路	237.5	8	√	√
25	下横街	船山大道—演武横街	295	8	√	√
26	古桑支路	桑园路—蒸阳北路	248	5.2	√	√
27	桑园支路	桑园路—明翰路	129	5.2	√	√
28	演武横街	蒸阳北路—演武路	404	5.8	√	√
29	古汉支路	桑园路—蒸阳北路	470.7	9	√	√
30	军路口	船山大道—星元路	188	6	√	√
31	演武路	易赖街—双桥南路	282	5.8	√	√
32	城基巷	中山北路—友谊宾馆	62	5	√	√
33	文运街	司前街—船山大道	148	5.8	√	√
34	司侧街	司前街—船山大道	611	10	√	√
35	濂溪巷	司前街—船山大桥	99	10	√	√
36	长青路	船山大道—明翰路	426	6	√	√
37	北壕塘路	北壕塘1栋—北壕塘6栋	200	6.8	√	√
38	荷池路	中山北路—蒸阳北路	373	5.8	√	√
39	长青坪小巷	长青路—长青坪8号	101	3.5	√	√
40	草后街	五一路—西合铁路涵洞	697	4.5	√	√
41	畔湖路	蒸阳北路—烈士陵园	1288	5	√	√
42	北湘巷	草后街—五一路	108	4	√	√
43	伏波巷	草后街—杨家坪码头	179	6.5	√	√
44	同心路	五一路—省二监家属区	636	5.6	√	√
45	华湘路	华源市场—中湘市场	741	7.8	√	√
46	中湘支路	中湘市场—华源市场	102	5	√	√
47	埝塘路	上倪路—云开路	419	8	√	√

三、桥梁隧道

（一）桥　梁

1996 年，城北区有西合铁路桥、青草桥、船山路大桥和蒸水公路大桥。1998 年，铜钱渡大桥（西外环蒸水大桥）开工建设，2003 年建成通车。2000 年，船山路大桥河西引桥下空间建成的大桥商场发生大火，大桥受到损伤。次年，公路部门对其进行大修，并将引桥下所有商铺全部拆除搬迁，确保大桥安全，后引桥下空间改作停车场。2006 年 12 月 20 日，雁栖大桥正式动工，于 2008 年 12 月底建成通车。2010 年 11 月 17 日，雅士林大桥开工建设，2014 年 10 月竣工通车。2012 年，西合铁路废除，西合铁路桥改为人行便桥。2014 年 6 月，长丰大桥开工建设；2017 年 1 月 23 日，长丰大桥正式通车。至 2018 年，城区共有桥梁 8 座。

（二）隧　道

境内的合江套隧道是衡阳市首条过江隧道，位于衡阳市城区北部，湘江、耒水、蒸水三水汇流处，距蒸水汇水口下游约 2.40 千米，距耒水汇水口上游 0.20 千米，为衡阳市区二环路标志性节点工程。隧道总投资 10 亿元，全长 2267 米，其中地面道路 567 米、隧道段长 1700 米，匝道采用单向单车道，接线道路采用双向六车道的断面形式。湘江西岸主线隧道口设置在五一路与后街路之间，与二环北路对接；湘江东岸主线隧道口设置在二环东路与新庄路交叉处，与二环东路对接。隧道于 2015 年 6 月 2 日开工建设，2018 年 2 月贯通（2020 年 1 月 6 日竣工通车）。

四、城区路灯

1996 年，解放路安装主火 101 基路灯，共计 505 盏，其中城北区 255 盏，为城区第一条对主灯、边灯实行分线控制的道路。同年，蒸湘北路安装主火 100 基 500 盏路灯，其中城北区 250 盏。1997 年，在船山西路安装路灯 56 盏。1998 年，在中山北路安装 60 基路灯，为庭院灯形式，灯杆高在 3 米以下。2000 年，衡阳市路灯管理所在辖区蒸阳北路第一次采用工程招标安装双臂式路灯 36 基，开创路灯工程招标及城区路灯简洁样式的先河。2002 年，市路灯管理所对辖区的莲湖路、蒸湘北路、司前街等主要路段新装、改造路灯 70 盏，是年底城区实现有路必有灯的目标。

2003 年，解放路、船山路路灯改造，安装草坪灯、艺术灯、射树灯、中杆灯、普通路灯 400 基、1600 盏。同时还完成石鼓书院广场的亮化。2004 年、2005 年，共新建、改造解放路、人民路、船山路等大街小巷共计 35 条路段，安装路灯 350 基、1250 盏，敷设电缆 50 千米，路灯配电箱 54 台、安装厢变 2 台。

随着城市外环路的相继建设，2006 年新建蔡伦大道、明翰路，改造中山北路等 3 条路段。全年安装路灯 150 基，共计 420 盏，敷设电缆 10 千米，安装配电箱 10 台、节能柜 5 台、厢变 2 台。2008 年新建五一路、古汉大道等 5 条路段，全年安装路灯 105 基，共计 505 盏。

2011 年，城区北拓进程加快，先后新建蒸阳北路、蒸湘北路延伸线、双桥南路等 3 条路段路灯。全年安装路灯 320 基，共计 600 盏，敷设电缆 65 千米。

2013—2016 年，先后新建二环路、107 国道城市化改造、华耀城片区路网等 8 条路段路灯。全年安装路灯 200 基，共计 450 盏，敷设电缆 25 千米。

至 2018 年，全区 68 条主次干道安装路灯 3800 基，共计 7560 盏，LED 护栏灯 4300 米，供电线路长 156 千米，箱式变压器 10 台，配电房 3 座，总负荷 1360 千瓦。

五、防洪排水设施

（一）防　洪

1996年，城北区仅有湘江西岸防洪堤一段。该堤1984年修建，1993年竣工，南起解放大道，北至北门码头，全长1350米。按50年一遇的防洪要求，设防洪挡土墙，高59.5米，采用抛石基础、浆砌片石护坡、挡土墙、防浪护栏和码头等项目。2001年12月，蒸水南堤防洪工程开工。该堤位于境内青草桥至蒸水公路桥之间的蒸水南岸，全长1292米，建成后可防100年一遇的洪水。2003年5月竣工。

2003年3月，杨家坪防洪堤改造工程启动，当年年底竣工。杨家坪防洪堤原为防洪墙，长736米，高58.40~58.90米，防洪能力为30年一遇。新的防洪堤建成后可抵御100年一遇的大洪涝。是年，还加固改造角山乡的杨岭防洪堤。

2010年8月，为保证湘江西岸风光带工程建设顺利进行，石鼓区政府紧密配合市交通局，整体拆除湘江西岸堤坝上妨碍建设的航运大楼，风光带北段改造由此提速。是年，投资198万元完成松木乡新安堤除险加固工程，投资30万元完成三星河堤水毁项目，投资76万元扩大境内13.33公顷蓄水面积。

2011年7月30日，境内蒸水北堤风光带项目正式开工，东起青草桥，西至角山乡杨岭村，位于蒸水北岸，全长5.30千米，总投资3.40亿元，业主为衡阳市城市建设投资公司，由深圳铁汉生态环境股份有限公司以资本运作方式承建。2014年10月竣工。

2017年，华耀城排渍站建成。总占地面积0.60公顷，共装10千瓦高压电机5台，总装机功率2250千瓦，单台抽水量5.36立方米/秒，机埠按一级负荷标准采用双电源保障供电，按100年一遇防洪标准设计建造，是衡阳市规模最大、防洪标准最高、配套设施最全的排渍站。

（二）排　水

1996年，船山西路新建下水道1960米，新浆砌片石暗渠（700×700），长2200米。2000年，潇湘街排水设施改造，采用雨污合流制，砌圆形排水检查井4座，矩形雨水检查井6座，水流由西向排入西干渠。2002—2003年，蒸湘北路、解放路、船山路改造时，均对排水沟渠进行疏浚，敷设混凝土管下水道。2005年，望城路改造时新建混凝土排水管1400米；合江路改造时，新建混凝土排水管3247米。2007年，改造五一路时，新建混凝土排水管4392米。2010年后，石鼓城区北部路网建设加快。2011年，新建蔡伦大道（铜钱渡大桥—石鼓收费站），新建混凝土排水管8000米。2012年，新建蒸阳北路延伸线（雁栖大桥—衡邵高速），新建混凝土排水管15000米。2013年，新建双桥南路，新建混凝土排水管2650米。2014—2018年，新建华耀城片区及来雁新城片区路网，共新建混凝土排水管28500米。

六、机　构

1996年，衡阳市城北区建设局负责境内城市建设。2001年6月，衡阳市城北区建设局更名为衡阳市石鼓区建设局。2011年4月，因职能调整，成立石鼓区住房和城乡建设局（加挂城市管理行政执法局石鼓分局牌子），为区人民政府工作部门，在职能职责上，除原区建设局所承担职责外，新划入原区城市管理委员会办公室承担的责任，划入原区民政局承担的住房和廉租房保障职责。内设机构除原有的办公室、绿委办外，增设城建城管办、住房保障办和财务室。2015年11月，石鼓区住房和城乡建设局取消城市绿化管理职责，内设机构绿委办撤销。2017 年 12 月，将区住建局的占用、挖掘等损坏市政设施的修复工作和物业管理行政执法处罚职能合并到区城管执法局综合执法大队。2018 年末，内设机构有办公室（内设财务室）、建设工程股、市政工程股、村镇股、建筑安全股、物业管理办公室；局下辖国征中心、住房保障中心 2 个二级机构。

1996—2018 年石鼓（城北）区住房和城乡建设局（含区建设局）领导一览表

表 14-2-3

姓名	职务	任职时间	姓名	职务	任职时间
陈玉元(女)	副局长	1990. 4—2001. 6	张国太	书记	2006. 12—2013. 3
王一云	局长	1993. 4—2001. 5	钱　波	局长	2013. 3—2017. 6
欧祖生(兼)	副局长	1994. 3—2001. 5	姚礼来	书记	2013. 3—2017. 6
邝厚勤	副局长	1996. 1—1996. 6	王双吉	副局长	2016. 1—2017. 12
唐代平	副局长	1996. 6—2003. 1	周　涛	副局长	2017. 7—
尹万生	局长	2001. 5—2013. 3	范李娜(女)	副局长	2016. 1—2019. 4
蒋建华	副局长	2003. 1—2016. 1	尹迎春	纪检组组长 党委委员	2014. 9—2017. 9 2017. 9—
邓忠慧	副局长	2003. 1—2016. 1	—	—	—

第二节　公共事业

一、公共交通

（一）公交车

1996 年，境内城市客运由市公共交通总公司独家经营。是年，市公共交通总公司下设一、二、三分公司、轮渡公司、大修厂、燃料公司、物资公司、公交房地产开发公司等 16 个基层单位和 18 个职能处室，职工 2750 人，营运车辆 203 台，客轮 3 艘，营运车（航）线路 19 条，线路总长 170. 70 千米，年客运总量 4798 万人次。营运线路网络由城区中心向四周扩展，将衡阳市商业区、工业区、居民生活区及郊区连成一片。1998 年，全市拥有客车 2743 台，其中空调车、卧铺车等豪华车 227 台，半数以上在境内通行和接送旅客。1999—2003 年，市公交公司先后置无人售票车 85 台、空调大巴 60 台、低地板环保型豪华大巴 40 台，极大改善公共交通状况，各条线路车辆的乘客座位均由钢木结构改成半高靠软垫，扶手亦改成不锈钢，车内安装自动报站器，内饰板改为阻燃、覆膜环保材料，乘坐更为舒适方便。

2003 年 1 月，衡阳市进行个体中巴车整合，取缔已到报废期的个体中巴车 221 台（16 台未到报废期的个体中巴车 2004 年到期报废）。130 名个体中巴车业主每人出资 5 万元，组建衡阳市雁强公共交通公司（2004 年分离为雁祥和仁友两家公交公司），购大客车 85 台（7. 1 米以上）经营城市公交业务。在角山至市区线路经营、集兵至市区线路经营和金甲岭至市区线路经营的 30 台个体中巴车都挂靠雁强公交公司。从此，个体中巴车的“一家一车制”被取消。

2004 年、2005 年，将未到报废期和 2003 年到期未参股的个体中巴车主组建衡阳市万众公交股份有限公司，新购大型客车46台（其中10米以上的30台，8.3米以上的16台）。2006年，13路和1路支线（金甲岭车队）现命名为23路，将原有的10台中巴车更新为8.3米大型客车。2008年，市雁祥和仁友公交公司将2003年购买的83台车辆全部提前更换为8.1米新型环保客车。2016年衡阳市公共交通有限公司在石鼓区境内通行的公共汽车2000多辆。另有衡阳万众、仁友、雁祥等民营公交公司公交车20多台在境内通行。2018年，城区共有1000台新能源纯电动公交车，在境内通行的达600台。

（二）出租汽车

区内出现出租汽车始于20世纪80年代初。1996年，区内出租汽车增至1089台。此后，衡阳市人民政府严格控制出租汽车市场准入，1997—1999年未增加出租汽车。大部分出租汽车公司在几年的市场竞争中陆续被淘汰，1999年底区内有出租汽车公司8家。2008年，为规范公交客运秩序，衡阳市政府推行公司化经营，对100台到期的出租车特许经营权进行有偿出让招投标，公开授予给市民众公司、发泰公司及腾达出租车公司。截至2008年，在区内经营的出租车汽车服务公司11家，参与营运的出租汽车1398辆。2011年后，随着私家汽车数量的持续增长以及客运市场的开放，大量运力进入客运市场对传统出租车行业带来冲击。2015年，网约车、顺风车相继在区内经营。至2018年，境内投入营运的各种出租车1500余辆。

（三）共享单车

2017年8月初，经国务院同意，交通运输部等十部委联合出台《关于鼓励和规范互联网租赁自行车发展的指导意见》。是年，衡阳市第一批投放2000余辆共享单车在解放路、大学城、长丰大道等路段人行道上，市民扫码即可轻松试骑，每半个小时仅需3角或者8角，着实解决市民出行"最后一千米"的问题。2018年，在经历酷奇、小蓝等共享单车"押金难退"的风波后，哈罗单车对衡阳用户实行"芝麻信用免押骑行"，受到市民欢迎。是年，境内街头，除哈罗单车外，小溜共享、小雁出行、滴滴青桔等共享品牌电动助力单车进入市民生活。

二、供　水

1996年，城北区有城北、演武坪2个水厂，其中城北水厂供水规模为6.5万立方米/日，演武坪水厂总规模为10万立方米/日。是年，城北区供水管道总长95千米，管网密度6.47千米/平方千米。1997—1999年，随着城区的不断扩大，管网不断延伸，管网材质从水泥管到铸铁管再到球墨管，不断提高。到2000年，城北区供水管网直径在350毫米以下的管线达103千米，直径在400~1400毫米的干管线达25.1千米，管线总长128.1千米。2002年12月18日，演武坪水厂二期供水能力为30万立方米/日的全自动化生产线竣工投产。2003年，老城区管线改造完成。2004年新敷设船山大桥直径500毫米供水管304米，采用球墨铸铁管。2008年，随着石鼓区新机关大院的搬迁，石鼓区北片区基础设施逐渐完善。是年，新敷设蒸湘北路延伸线直径500毫米供水管2460米，采用球墨铸铁管。2011—2013年，新敷蒸水以北片区直径500毫米供水管1300米，采用球墨铸铁管。2014—2018年，新敷设华耀城片区、来雁新城片区直径500毫米供水管2450米，采用球墨铸铁管。至2018年，全区供水管道总长357千米，官网压力合格率99%以上，日供水量20万立方米，用户发展到近10万户。

三、供　气

1996年，区内居民罐装液化气用户1.28万户，管道煤气用户为1.57万户，气化率70%。2001

年，液化气逐步进入农村家庭，全区罐装液化气用户发展到2.9万户，管道煤气用户为2.05万户，年供气1.1万吨。2005年，随着天然气用户增多，液化气用户逐步减少。由于天然气使用方便，经济实惠，热值高少污染，至2008年，全区天然气用户达2.7万户，天然气年用气量3000万立方米。2011年，天然气用户5.3万户，供应管道天然气5000万立方米，罐装液化气企业6家，经营企业设立液化石油气经营网点30个。2013年，天然气用户6万户，供应管道天然气5800万立方米。管道燃气气化率60.5%，工商用户历年累计357家。2018年，天然气用户8.8万户，供应天然气8400万立方米。区内液化石油气经营企业9家，储备站2个，供应网点35个。燃气服务网络遍布城区，设演武坪营业厅，另设授权代收费网点18个，方便市民购气缴费。

第三章 城市管理与服务

第一节 园林 绿化

一、园 林

境内的园林历史悠久，秦汉时期，石鼓山就以风景名胜驰名。1996 年，境内有石鼓公园、西湖公园。市青少年宫、市工人文化宫、中南工学院、建设新村等建有公共园林，并在境内广泛开展创建园林式单位活动。2011 年，动工新建虎形山公园。到 2018 年，境内有公园 3 个，建成省市园林式单位 60 个。

（一）石鼓公园

石鼓公园位于蒸、湘两水汇合处的石鼓山。1965 年 7 月，市人民政府将石鼓山辟为公园，重建合江亭，复修绿净阁、石鼓石雕，新建桥栏，并植树种花。1996—1997 年，对大部分树木施肥 2 次，大面积防治病虫害 2 次，整形修枝 3 次，除杂草 4 次；清理石鼓山四周陡峭山崖上常年积存垃圾，石鼓公园的园容园貌有所提高。1998 年，衡阳市遭受特大旱情，公园在供水设备差、抗旱淋水困难情况下，绿化管理却是建园历史上最好的一年。通过对山顶花坛进行改造，新种杜鹃花、山茶花、麦冬草等绿植，环境焕然一新。1999 年，新建防洪护坡 564 米，达到大源渡蓄水标高 52 米高程，使公园增加土地使用面积近 0.20 公顷，同时对山上的合江亭进行改造。2000 年，抓好园内植物管护工作，建立健全卫生保洁制度，坚持每天两大扫，随时保洁，垃圾及时清运。2001 年，以创建国家 3A 级景区为契机，进行一系列美园亮园活动。2002 年，配合石鼓书院广场建设拆迁工作，拆除公园自有公房 3000 余平方米。2006 年 6 月，石鼓书院重修工程正式奠基开工，2007 年 9 月落成。是年 9 月下旬，石鼓书院移交市园林处管理。

（二）西湖公园

西湖公园于 1986 年 7 月动工兴建，1992 年 12 月 31 日首期工程建成开园。公园围绕西湖主景，建有桥梁 4 座，景点建筑 16 个，园林小品 15 处。整个公园有绿地面积 104667 平方米，湖面水体 85333 平方米，植有树木 130 多种。该园以清新明快为主基调，以中国山水园林为主题。园内植有 100 余种树木花草，其中乔木 50 余种、花灌木 30 余种、地被植物 10 余种、水生植物 10 余种。湖边曲径垂柳成荫，西园翠竹欲滴，春初樱花盛开，夏日荷花竞妍，秋菊沁人心脾，冬梅傲迎瑞雪。1995 年，该园获评湖南省园林绿化先进位。1997 年 8 月，获湖南省最佳公园称号。1998 年 6 月 19 日，全国第十二届荷花展暨四川自贡大型灯展在西湖公园开展，包括港澳在内的全国 23 个省（市、自治区）的 56 个单位到衡阳参展。共展出荷花品种 311 个，园内布设花卉景点 8 个、展馆 4 个、艺术灯组 26 组。是年 12 月，湖南省全民健身计划指导委员会在该园设立衡阳市石鼓区全民健身活动基地。2001 年，响应政府“拆违透绿”号召，拆除明翰路 81 个商业门面，改建成通透式围墙。2007 年，改造爱莲阁景区，美化周边环境，新建夏明翰烈士纪念广场，改造公园东大门，修建太极广场，并立周敦颐塑像一尊，扩增西湖荷塘面积，使西湖公园成为市区最大的亲水公园。

（三）虎形山公园

虎形山公园位于境内黄沙湾街道进步村，是衡阳市首个平战结合的主题公园，湖南省首个集生态保育、游憩健身、人防疏散等功能于一身的绿色生态公园，为市政府引进的雅士林综合开发项目之一。2010 年 9 月动工，2013 年建成，公园占地 20.8 公顷，总建筑面积 6 万多平方米，建有休闲娱乐广场、公园管理用房、亭台楼阁、生态停车场、公厕、园内车行道以及水电绿化等其他配套设施。公园主要分 4 大景区，即朝晖晨曲景区，位于园内东边山坡，由主入口广场活动区、休闲运动区、休闲娱乐区、儿童游船码头等组成。夕阳暮歌景区，位于园内西边山坡，由次入口广场活动区、林间剧场等组成。山顶活动区，由山顶观景台、休闲茶座、儿童活动区等组成。山脊体验区，由特色攀爬路径、极限运动功能区等组成。公园植被保护较好，但植被形式简单，山脚为香樟林，山上以马尾松为主的乔木林，坡地主要为灌木林及草地，登上北山头望去，整个山势似蓄势待发的猛虎，景观形式多样，让游人感受到不同的生态环境。

二、绿　化

1996 年，城北区建成区绿地率 14.3%，绿化覆盖率 19.42%，人均公共绿地面积 13.53 平方米。2001 年，区划调整以来，石鼓区高标准建设公共绿地。每年都投入上百万元资金用于城乡绿化美化、植树造林。全区新增绿地 40 万平方米，新建市民广场 7 个，湘江西岸风光带广场群、石鼓书院广场等成为城市形象的重要标志。新增道路绿地 6.2 公顷，道路绿化普及率 95%。至 2018 年，全区共建成各类公园 31 个，公园绿地服务半径覆盖率 65.55%，人均公共绿地面积 14.5 平方米，实现市民出门“300 米间绿，500 米建园”目标。

（一）道路绿化

1996 年，重点完善解放西路行道树种植任务；为明翰路、演武路新栽行道树，其中明翰路种植樟树 116 株，演武路种植红花洋槐 86 株，为中山北路、蒸湘北路上的法桐树截顶更新 680 余株；改造蒸湘北路、船山西路、人民路上的行道树与绿化带，其中蒸湘北路新建花坛 118 个，砌花坛围台总长度 6800 米，总面积 18000 平方米，运进客土 4500 立方米，在人民路砍伐老化乔木 69 株，新栽广玉兰 90 株。1997 年，完成蒸阳北路绿化工程项目，做到人行道上树不缺株，加强蒸湘北路、湘江北路的绿化管理，为人民路美食街、中山北路文明样板街建设做好绿化美化配套工作。1998 年，面对连续 100 多天的特大干旱，对境内主次干道上行道树及时补蔸稳蔸，做到不断档、不缺株，一级道路上行道树保存率 96%，二级道路上行道树保存率 98%。1999 年，行道树补种乔木 1002 株、灌木 481 株，新种植苗木成活率 95% 以上，新铺草皮 17925 平方米，改造船山路、解放西路分车带，一级管护道路行道树保存率 99%，二三级管护道路行道树保存率 98%，大元头的花坛管理获得好评。2000 年，完成和平北路、常胜东路、汽车西站和莲花大厦的绿化建设工程，新植行道树 445 株，增加公共绿地面积 6965 平方米。

2001—2002 年，根据衡阳市城区行政区划调整新形势，境内加强主次干道上绿化带、行道树及花坛的管理和维护，达到省、部级街道绿化标准。先后完成“附一”医院门前绿地、蒸阳北路分车带的绿化建设任务，承接市环卫处、五一大市场等处的绿地工程。按照行道树品种多样化的绿化原则，引进一批胸径在 15 厘米以上的樟树和银杏，用于行道树绿化改造，改变市区主次干道行道树种单一状况，实现道路景观化。

2003—2004 年，改变过去管理模式，实行“定路段、定标准、定经费、公开竞标”承包方式，全面推行路段承包管理责任制，使街道绿化管护标准得到较大提高。境内 28 条主次干道分车绿化带、花坛、绿地养护管理实现行道树无缺株，绿篱无缺档，草坪无斑秃，树木花草长势良好。面临特大干旱，出动水车 435 车次，保证新栽树木成活率在 95%以上。按市政府要求，重点改造解放路的绿化，移走法桐 397 株，改种樟树 613 株、白玉兰 215 株、杜英 125 株、灌木 344929 株，铺草皮 1250 平方米，并完成沿街 15 个小游园的绿化建设，整个工程投资 117 万元。

2007 年，抓好精细管理，抢抓季节，完成蒸湘北路、船山路、解放路、蒸阳北路主要路段绿地和行道树的补种任务，共补种乔木 630 株、灌木 50. 50 万株，铺草皮 2500 平方米。及时处理死树、危险树木，及时对花草树木杀虫、施肥，及时修剪绿地，确保新栽树木成活率和保存率在 98%以上。在“元旦”“春节”“五一”“十一”等重大节日期间，分别在境内主要路口摆放鲜花，让广大市民赏心悦目，感受节日气氛，营造人与自然的和谐氛围。2008 年，新增蔡伦大道的绿化维护工作，在境内主次干道的绿地上安装护栏 3200 米，为 2850 株乔木铺上树池盖板。2009 年，在境内开展“十万乔木进雁城”活动，在各主要路口种植乔木 3160 株、小灌木 82 万株，铺草皮 7600 平方米。在解放路、蒸湘北路、船山路等路段安装绿地栅栏 14100 米。通过落实各项制度，境内各路段苗木保存率均达 98%以上。2010 年，继续开展“十万乔木进雁城”活动，增加城区绿化量。对蒸湘北路、蔡伦大道中段、解放路、船山大道、蒸阳北路等主次干道提质改造，及时更换补种新树种，实现“一路一树、一路一景”目标。共种植大乔木 16618 株、亚乔木及其他 34633 株、地被植物 1400 平方米，新植树木成活率均在 95%以上。

2013 年，针对以往道路绿化植物较为单一的现象，对道路植物重新进行调整，使绿化景观与道路建设相得益彰。2015 年，新引进乌桕、北美枫香、鹅掌楸等“彩叶树”苗木品种，种植在高速公路石鼓收费站及附近几处绿地。采用全冠紫薇、红桎木等苗木树种，分别在莲湖路、双桥南路实行“硬改绿”，改造总面积 3000 余平方米，使道路绿化合理布局、层次分明、色彩鲜艳。是年 6 月，通过招投标方式，将辖区内解放大道、船山大道、蒸阳北路、中山北路等路段及社区的 4364 株行道树、247 株茶花树及附属绿地 19764 平方米的养护管理工作以政府购买服务形式承包给衡阳市金贝林景工程有限公司，合同期一年。2016 年，对境内主次干道两旁的树木及绿地加强管养，共管养绿地面积 24. 11 万余平方米，补种乔木 725 株。配合全区“三清三建”工作，对蒸水以南范围内 20 个街道社区绿化进行提质改造。鉴于承包给衡阳市金贝林景工程有限公司合同到期，且管养效果未达预期目的，是年 6 月 1 日起，将管养权收回由区园林局自行实行管养。

2017 年，在双桥南路、莲湖路、五一路、红湘北路、华源支路补种四季桂、杜鹃等小苗 56 万棵，补种樟树、法国梧桐等乔木 247 棵，小灌木球 75 个，麦冬草 1000 斤，满天星、杜鹃、毛球等近 6000 盆。2018 年，在区内主次干道栽植樟树、法国梧桐等乔木 15 种 948 株，小苗及球类绿植 79977 株，麦冬草 2742 斤，铺植草皮 6100 平方米。是年加强养护管理，组织专业队伍对辖区主次干道树木修剪 28 次，对 527 株法国梧桐进行大规模截顶美化；进行苗木淋水洗尘 286 次，全面施肥 3 次，共计使用药水车 24 车次。

（二）庭院绿化

1996 年后，全区庭院绿化不局限于栽树、植草，开始向“园林化”高层次发展，同时还构筑亭、廊、阁等园林小品，屋顶绿化、住宅阳台养花蔚然成风，造成多层次的立体绿化效果。其间，境内一些单位和小区的庭院绿化富有特色。附一医院门诊部人员多，庭院栽植树冠大、遮阴效果好的高大乔木；住院部与门诊部制建兴建大型花园，配置亭台座椅，周围栽植花木点缀。住院部各庭院之间除种植乔木外，还配植多种花灌木和绿篱，辟成大小不一的小花园，有利于病人候诊和治疗休养。区内的建设新村是一个万人住宅区，小区内道路两旁种植高大常绿乔木，并有小型绿地，设置花坛、水池和假山，改善小区的小气候和环境卫生。

2003 年，衡阳市政府提出 2005 年创建省级园林城市和 2007 年创建国家园林城市的目标。区内各行各业积极投入创建活动，有独立庭院的单位和小区均加强庭院绿化工作。

2010 后，新建的大型小区均注重庭院绿化，雅士林欣城、珠江帝景山庄、鸿豪城、北城明珠等小区的绿化面积均在 1 万平方米以上。

2014 年后，加强机关大院及社区园林建设和养护，发挥机关小区在创建全国园林式城市中的引领作用。

2016 年后，在社区“三清三建”（清垃圾、清管线、清违章，建路、建园、建绿）行动中，注重小游园和公共绿地的建设。是年，完成境内蒸水以南范围内 20 个街道社区绿化提质改造，累计新增绿地 5 万平方米，其中新建 2000 平方米游园 2 个、小游园 41 个，新建林荫停车场 3 个，新增林荫停车位 105 个，创建市级以上园林式单位 6 个、省级以上园林式单位 1 个。

2017 年，在蒸阳、向阳、湘北等社区改造立体绿化点 17 处，设置移动花箱 39 组。

2018 年，完成蒸水以北 6 个社区绿化提质改造任务，新建社区绿地面积 15788 平方米。对草桥文化广场、望城路社区、江雁社区、五里牌社区、柏树嘴社区及雁栖湖安置小区绿地、橘子山安置小区绿化提质，新增绿地面积约 15788. 8 平方米。

三、机　构

石鼓区园林局（前身属衡阳市城区道路绿化管理所）成立于 2014 年 4 月。2015 年 9 月，石鼓区园林局由隶属住建局调整为隶属区城市管理行政综合执法局，为正科级全额拨款事业单位。核定编制 27 名。2018 年末，全局编制 27 人，有职工 25 人（其中借调 2 人、外出创业 3 人），退休人员 12 人。其中局长 1 名，副局长 2 名，纪检组组长 1 名，内设办公室、财务室、维护股和工程股 4 个股室。

2014—2018 年石鼓区园林局领导一览表

表 14-3-1

姓名	职务	任职时间	姓名	职务	任职时间
祝元生	党支部书记（主持全局行政工作）	2014. 3—2015. 10	陈万里	副局长	2016. 1—
			唐小红（女）	纪检组组长	2016. 1—2018. 3
周前锋	副局长	2014. 3—2015. 10	盘尚东	副局长	2016. 1—
姚礼来	局长 书记	2015. 10—2017. 6 2016. 1—2017. 6	郭金国	局长、书记	2017. 6—

第二节　环境卫生

一、环卫设施

（一）公共厕所

1996 年，城区公共厕所 68 座。1998 年，新建解放路公厕、西湖公园公厕、太平小区公厕。1999 年，全面对 78 座公厕洒药消毒，制作男女标志牌及服务公约，改建公厕下水道 5 条，新建公厕化粪池1个。2002年，中山北路132号、城基巷44号、城基巷87号、扫星巷、草后街54号、曾子巷4号共6座旱改水厕全部投入使用。是年，新建水口山二厂、花叶塘、易赖街市场、五一市场、华源市场、青少年宫、船山路39号共8座公厕。2003年，石鼓区有78座公厕，18座可对外收费的公厕采取以厕养厕的方式，面向社会招标，中标人负责公厕的清洗、管理，按物价部门核定的公厕收费标准对外收费，按月向石鼓区环卫局交纳公厕管理费，这一举措不但节省了18座公厕的生产费用，同时增收管理费近5万元，其他公厕按蹲位数量、公厕等级核定年承包经费。2004年，在市供销大厦前坪、莲湖广场东门和常胜中路青少年宫前新建3座环保生态公厕。2006年，石鼓区6座公厕参加市星级评比，勇摘"星级"桂冠。2007年，在蒸水南堤风光带兴建2座公厕，古汉大道西湖公园东大门改建1座高标准旅游公厕。2008年，在柏树嘴、下横街、五一市场、五里牌、五一路181号、合江小学等处兴建6座公厕。2009年7月，区财政拨付资金180万元，全面启动公厕提质改造工作。2016年，清洗管护公厕62座，其中提质改造公厕26座。2017年，区环卫局提质改造公厕44座，改造旱厕5座。2018年，石鼓辖区有公厕78座，全部实行专人管理，全天免费开放。

（二）垃圾中转站

1998年，新建机械化垃圾中转站配套3座。2002年，新建友爱市场、同心路、水口山二厂、建设市场、建设新村（2座）、望城路、黄沙湾办事处、演武坪15栋、南华大学附一医院、雁北监狱、附一医院、沿江北路新大桥下共13座地下密封式垃圾中转站。2003年，新建6座垃圾中转站（其中3座财政投资、3座单位自建）。2004年，石鼓区管理32座垃圾中转站。2006年，在天雁机械厂新建2座垃圾中转站。2007年，在建滔化工厂新建1座地坑式中转站，投入20多万元改建压缩式中转站1座。2008年，新建五一大市场、建新村走马塘、五一路181号3座垃圾中转站。2009年，常胜中路、中北花坛两座垃圾中转站提质改造成升降式垃圾中转站，改造后的垃圾中转站具有装载量大、效率高等特点，解决倒垃圾排队等现象，是年新建走马塘、蒸水南堤、南工化工厂3座地埋式垃圾中转站。2010年，在城郊村新建垃圾围子76个、地坑密闭式垃圾中转站10座。2012年，为夯实农村环卫设施建设，新建1座垃圾焚烧炉，开挖垃圾必5000多个，添置垃圾池11000个，在松木乡、角山乡各配套建设1座垃圾中转站。2013年，加快推进垃圾中转站提质改造，将辖区内牛角巷、演武坪、建设新村100栋行车式垃圾中转站和碧江绿园地埋式垃圾中转站改建为压缩式垃圾站，新建七里井社区、内环北路简易摆臂式垃圾站，新建耀江家属房、雁栖湖安置房、雅士林欣城项目3座配套地坑式垃圾站。2014年，在松木、角山乡新建2座压缩式垃圾中转站。2015年，先后新（改）建压缩式垃圾中转站6座、地坑式垃圾中转站13座。2016年，投入资金23万元，先后对牛角巷社区、西湖一村社区垃圾中转站进行提质改造，增加除臭、除污设施。2018年，经提质改造、拆除、合并后，石鼓辖区共有垃圾中转站41座，其中自管23座、外单位18座。

（三）垃圾桶（果皮箱）

1996年，添置不锈钢果皮箱210个、铸铁果皮箱100个、液压垃圾箱16个。1999年，果皮箱数量530个。2004年，在区域内主次干道添置果箱皮120个。2007年，在城区主次干道新安装果皮箱150个。2009年，在中心城区的人民、青山和潇湘街道添置安装果皮箱97个。2012年，向社区投放移动式垃圾桶4500个；在村民集中居住区摆放可移动式垃圾桶6200个、垃圾筐（篓）4000个。2013年，在城区主次干道添置果皮箱495个、社区配备垃圾桶2000个。2015年添置果皮箱350个、垃圾桶2400个。到2018年底，全区共有果皮箱约1000个。

（四）环卫车辆

1998年，有环卫专用车辆10辆，三轮摩托车、机关用车8辆。2004年9月，购置1辆8吨洒水车。2012 年，区环卫局有东风自卸垃圾车 13 辆，东风摆臂垃圾车 2 辆，铲车、工具车、压缩车各 1 辆，密封式垃圾车 2 辆，洒水车 7 辆，机械清洗车 3 辆，高压电瓶清洗车 4 辆。2015 年，共有环卫作业车辆 27 辆，其中摆臂车 2 辆，铲车、工具车、清洗车、扫路车各 1 辆，8 吨多功能洗扫车 1 辆，路面养护车 5 辆，密闭运输车 3 辆，密封式垃圾车 2 辆，洒水车 3 辆，4 吨洒水车 2 辆，8 吨洒水车 2 辆，洗扫车 2 辆，5 吨洗扫车 1 辆。2018 年，共有环卫车辆 62 辆，其中摆臂车 2 辆，工具车、铲车、护栏清洗车各 1 辆，车厢可卸式垃圾车 5 辆，8 吨多功能洗扫车 3 辆，路面养护车 7 辆，密闭运输车 3 辆，密封式垃圾车 2 辆，轻型自卸货车 2 辆，洒水车 7 辆，扫路车 1 辆，压缩式对接垃圾车 6 辆，压缩式垃圾车 2 辆，抑尘车 1 辆，载货汽车 1 辆，4 吨洒水车 2 辆，8 吨洒水车 2 辆，吸污车 1 辆，5 吨洗扫车 1 辆，压缩转运车 2 辆，自卸翻斗车 7 辆，自卸式垃圾车 2 辆。

二、卫生清扫

（一）清扫保洁

1996 年，区环卫部门接管“门前三包”22 万平方米的清扫保洁任务。1999 年，清扫保洁任务为 95 万平方米（其中新增 8 万平方米）。2002 年，从道路清扫保洁招标承包入手，加强环卫管理，将全区 32 条主次干道共 536274 平方米的清扫保洁工作分 14 个标段面向社会公开招标承包，其中 11 个标段由内部职工承包，3 个标段由社会承包。2003 年，完成辖区内 32 条主次干道共 76.5 万平方米的清扫保洁、洒水除尘工作。是年，试行“环卫下社区”。2010 年，主次干道清扫保洁实现机械化、标准化，做到全天候巡回保洁无空当、零缝隙，路段废弃物停留时间不超过 15 分钟，实现随丢随捡、随脏随扫。2011 年，清扫面积 140 万平方米。2012 年，清扫面积 159.90 万平方米，坚持每天两大扫，全天候巡回保洁，全面清理路段积存垃圾、堆物、小型渣土和砖块石头。2013 年，创新环卫作业新模式，将辖区内外环路 53 万平方米的清扫保洁面向社会招标承包。按“环卫牵头、街道主体、条块结合”管理原则，将人民、青山、潇湘、五一街道的社区环卫作业推向市场，实施街道（社区）环卫作业市场化。2014 年，清扫面积 207.50 万平方米，对城区主干道实行分片管理，将道路清扫、保洁、垃圾处置费征收及门店“四外”执法捆绑打包，并划分四个市容管理队。2015 年，负责辖区 254.80 万平方米面积的清扫任务，将蒸湘北路、红湘北路、湘江北路的清扫保洁实行承包，并在全市率先推行主次干道“牛皮癣”清洗保净市场化作业。2016 年，清扫面积达 409.20 万平方米。2018 年，辖区主次干道清扫面积 420 万平方米，洒水除尘里程 160 多千米，人工清洗里程 170 余千米，机械化清扫里程 180 余千米，管护果皮垃圾箱 600 多个。

（二）垃圾清运

1996 年，清运垃圾 24506 车次，清除暴露垃圾 477 车次，覆盖垃圾场装运炉渣 406 车次，清运垃圾 10 万余吨。1998 年清运垃圾 20429 车次，清运死角、暴露垃圾 376 车，运往吉兴垃圾场 2200 车。1999 年，清运工作实现日产日清，特别是蒸湘北路、船山路垃圾清运及时，消除零星暴露垃圾。全年共清运垃圾 24788 车次，近 10 万吨，其中暴露垃圾 1433 吨。维修垃圾中转站集装箱 20 个、液压斗 24 个、新制板车 3 辆、液压斗 5 个。2003 年，境内共有垃圾中转站 29 座，实行专人管理，是年共清运垃圾 13 万余吨，基本做到辖区内无死角、暴露垃圾，清运不过夜。2004 年，清运工作实行单车核算，与中转站捆绑承包，32 座垃圾中转站专人管理，日清运垃圾 70 余车 350 余吨，做到居民生活垃圾日产日清。2012 年，规范垃圾清运收集管理，向社区投放移动式垃圾桶 4500 个，拆除社区垃圾池 200 多个，新增垃圾收集人员 50 多名，生活垃圾定时定点收集，日产日清。2015 年，城区日清运生活垃圾 380 余吨。2016 年，对垃圾中转站及清运车辆实行定人定岗定责，垃圾清运推行市场化运作，清运任务以中转站为单位捆绑式招标承包，运输途中加网加盖，无撒漏。是年，城区日清运生活垃圾400余吨，管理垃圾中转站68座。2018年，严格执行《石鼓区环卫市场化管理作业考核办法》，全区有各类环卫专用车60辆，垃圾中转站47座，年清运垃圾16万吨。

三、机　构

1996年，衡阳市城北区环境卫生管理所有正式职工220名，临时工51名。1997年1月3日，衡阳市城北区环境卫生管理所更名为衡阳市城北区环境卫生管理局，升格为衡阳市城北区人民政府直属正科级事业局，正式职工270名。1999年2月，成立市环卫监察队；是年12月，101名集体职工转为全民所有制职工。2001年6月，城北区环境卫生管理局更名为石鼓区环境卫生管理局。2002年，衡阳市进行环卫管理体制改革，定编206人，其中副科级以上干部7人，一般干部35人，工人126人，安置退休人员104人，抚恤8人。2003年，推行公司化管理，精简内设机构；组建石鼓环卫清洁公司，与环卫局一个机构、两块牌子；下设办公室、市容管理股、计财股、清扫公司、清运公司、清洗公司、市容监察大队、征收队。2016年，石鼓区环卫局为正科级事业单位，在职人员96人，退休人员162人、临时工500余人。下辖4个市场化运作公司，人员近400人，全局直接或间接管理的总人数达1000余人。局内设7个股室、2个清扫管理队，另设渣土执法队、清运队、清洗队、清厕队。2018年1月，石鼓区环卫局市容监察大队归石鼓区城管执法局管理；7月，社区环卫作业全部移交至各街道、社区管辖，区环卫局对各街道、社区进行环卫业务指导和督查。是年，全局环卫在职人员80人，退休人员170人，临聘人员553人（不包含街道、社区管理和作业人员）。

1996—2018年石鼓（城北）区环境卫生管理局领导名录

表14-3-2

姓名	职务	任职时间
朱运秀(女)	党支部书记	1985.1—1997.7
宋顺定	所长	1993.3—1996.12
刘培元	副所长 工会主席	1994.5—1997.7 2002.4—2005.4
刘孝成	副所长 副局长 副局长 局长	1994.5—1997.6 1997.7—2000.5 2002.2—2004.4 2004.5—2015.11
谢丰莲(女)	副所长 副局长 副局长 书记	1994.5—1996.12 1997.1—2000.5 2002.2—2004.4 2004.5—2013.2
夏益才	局长	1997.1—1997.6
田世凡	局长	1997.7—2000.5
蒋冬秀(女)	党支部书记	1997.7—1999.12
胡洪生	工会主席	1997.1—2000.4
胡田生	党支部书记	2000.1—2000.5
张国太	局长 书记	2002.2—2004.4
尹文社	纪检委员 副局长	2002.4—2005.8 2005.9—2015.5
陈万里	工会主席 纪委书记	2005.8—2015.12 2007.10—2015.12
刘　珺(女)	副局长 书记	2005.9—2013.2 2013.3—2015.11
苏醒世	副局长	2014.4—2015.12
蒋传汉	局长 书记	2015.12—2017.5 2016.1—2017.5
王立新	副局长	2016.1—
屈湘辉(女)	纪委书记	2016.1—
张小平	局长 书记	2017.6—
—	—	—

第三节　城管执法

一、市容治理

1996—2001 年，城北区城管监察大队组织开展城市综合治理，对有证乱摆、无证经营摊担进行劝阻、规范和清理，依法拆除临时棚亭，取缔棚亭前临时外摆摊（担），有效规范摊担 57000 起，教育劝导 86000 余人次，取缔无证摊担 3 万余起；城管监察大队先后出动管理人员 2000 余人次开展夜间巡查，纠正违章行为。

2002 年，全市城市管理体制改革，分流安置 13 名城管队员至乡街。是年初，石鼓区城管执法大队出台《石鼓区 2002 年度城管工作目标和措施》，抓好城市管理工作经常化、规范化、制度化，突出城区中心片和主次干道的市容市貌管理。全区路段管理实行队员定岗定人定责和领导包路段的“三定一包”责任制。对一级路段严禁，二级路段严管，推进门前“六包”（包环境卫生、包门前车辆停放有序、包临街墙面整洁、包附属设施规范、包广告牌匾规范、包秩序良好），整治“八乱”（指乱搭乱建、乱吊乱挂、乱堆乱放、乱停乱贴），搬迁取缔古汉路花鸟市场、新大桥市场、易赖街马路市场、荷池路马路市场等 4 处马路市场，集中整治南方大厦玉环巷、进步巷口、牛角巷口、柴埠门、解放路邮电大楼前等市民反映强烈的重点部位，全区城市管理环境明显改善。

2003 年，以“创建文明城市，争做文明市民”为目标，把城区中心片主次干道管理作为区城管执法大队中心工作，抓严 11 条一级管理路段，突出“八无”（无广告乱设、无门店外摆、无车辆乱停、无乱吊挂、无暴露垃圾、无渣土撒漏、无噪声扰民、无油烟扰民）标准。在全市率先实行城区擦鞋摊规范定点管理，规范 16 个擦鞋点，统一经营服装、工具。规范解放路“三车”管理，暂扣和处罚摩托车 1150 辆次、单车 157 辆、三轮车 26 辆，杜绝三车乱停乱放现象。是年首次提出城市管理错时工作制，重要路段实行定责、定人、定岗，制定出台《城管队员定岗定位责任制规定》，把路段管理效果与工资挂钩，实行绩效管理。大力整治城区户外广告，按照《衡阳市城区户外广告（招牌）整治方案》，发送拆除通知 700 余份，拆除违章户外广告 165 处，计 13849 平方米，拆除落地、悬挂灯箱广告 420 余个，计 3497 平方米。在全市率先完成市委、市政府下达的整顿户外广告任务。

2004—2006 年，围绕市委、市政府提出的“创建全国文明城市工作先进市”目标，加强城市日常管理。三年中共组织集中整治 331 次，处罚违章行为 15000 余起，取缔收缴违章摊担 11000 余个，暂扣和处罚乱停乱放“三车”（即汽车、摩托车、三轮车）4600 余台，整治临街修洗作业，收缴工具 300 余件；清理各类乱张贴 14 多万张，城区小广告数量明显减少。其间，按市委、市政府要求，取缔蒸水河以南露天占道经营夜市，重点取缔之前规划的原供销大厦、古汉大道、原衡南县电影院附近三个定点夜市，夜市经营按照进场进店标准管理到位，规范建立湘江北路新大桥至石鼓广场夜市一条街。

2008 年，市城市管理行政执法局和石鼓区政府先后出台《关于进一步加强城区路段规范管理的意见》《石鼓区城市管理集中整治活动的工作方案》，区城管执法大队创新科学管理模式，细化责任网络，一级路段实行“四定”（定路段、定人员、定职责、定奖惩）管理，二级路段实行以中队为单位“打包”管理，三级路段整合街道力量实行“联动”管理，在进步巷、玉环巷、下横街、桑园路、学宫巷等背街小巷实行摊担摆放画线规范管理。区城管执法大队为每个街道安排一个执法中队，实行对口执法支援，解决城区主次干道、居民社区、背街小巷城市管理执法脱节问题。落实城区单位、门店、施工工地“门前三包”，发放《衡阳市文明市民承诺书》《致全体市民一封公开信》等宣传资料5万多份，出动宣传车60余辆次，组织宣传活动13次，与临街单位、门面、施工工地签订“门前三包”承诺书和城市管理门前“六包”责任状15000多份。2009年，突出城区主次干道的管理整治，强化背街小巷和社区管理。区城管办制定背街小巷和居民社区城市管理工作标准。区城管执法大队向青山、人民、潇湘、五一等四个街道各派出2名城管队员，协助街道抓日常管理，指导街道开展行政执法和综合整治工作，社区、背街小巷面貌得到较大改观。开展违章报刊亭专项整治，先后取缔或规范解放路、中山北路、船山路、蒸阳路等路段违规报刊棚亭47个。是年组织集中整治60次，市容专项整治12次，收缴违章摊担或物品1250起，禁止非法设置户外广告牌80处，整治中小学校周边环境32次，查处违章破路15起、乱排污水36起、噪声扰民16起，排查消防安全隐患220处。

2010—2012年，区政府部署开展“畅通、整洁、绿化”三大工程，出台《石鼓区城市绿化工程实施方案》《石鼓区城市畅通工程实施方案》《石鼓区城市整洁工程实施方案》（简称三大工程）。通过推进实施城市整洁工程，打造湘江北路精品示范街。围绕城市整洁无广告乱设、无门店外摆、无车辆乱停、无乱吊挂、无暴露垃圾、无渣土撒漏、无噪声扰民、无油烟扰民的“八无”目标，开展市容市貌综合整治工作。按照干管分离原则，推行管理重心下移、管理力量下沉，以街道为单位设置城管大队。以“三创”（创文明城市、创卫生城市、创园林城市）为目标，管理触角延伸至社区、背街小巷，市容市貌发生新变化。推进市容常态化集中整治行动，制定路段管理日常整顿值班制度，规范和完善城市管理日常整治工作。先后查处纠正门店外摆、占道设摊、作业等违章行为4000余起，设置社区疏导摊群规范马路摊点750个，查处违章占道宣传促销行为160余起，查处乱停乱放车辆850余辆。加大对辖区农贸市场、学校、夜市的整治，出动执法车辆228辆次、执法人员1220人次，教育纠章5600余起，收缴违章摊担831起，取缔违规夜市173家。

2013年，开展“城市管理年”活动，全力“治脏”，重拳“治乱”，全面“治差”，大力“治堵”，城市管理逐步实现提标提质提升。7月，开展为期100天的“百日会战、对标一流”市容环境大整治行动，围绕“四城同创”（文明城市、卫生城市、园林城市、社会治安综合治理先进城市）工作目标，集中开展以马路市场、门店乱象、户外广告、违章建设为重点的整治行动，解决摊位乱摆、车辆乱停、广告乱设、绿地乱占、棚亭乱搭、门店乱象等突出问题。2014—2016年，对长期在麦当劳、香江百货等人流集中路段占道经营、市民反映意见强烈的少数民族摊担进行整治。规范疏导摊群，整治或取缔易赖街、荷池路、演武坪、后宰门、十家村、牛角巷、潇湘街等农贸市场。以“保畅通”为目标，抓好人行道交通专项治理，整治主干道人行道上电动车违停乱象，规范处罚违章停放非机动车8000余辆次，在解放路、中山北路、船山路增设临时停车线150米，设置提示牌40块，规范市民停车秩序。

2017年，以创建全国文明城市为契机，对照文明创建测评标准全面提升城市管理规范化精细化水平。开展占道经营、校园周边、马路菜市场等集中整治行动420余次，清理占道经营行为4550起，规范劝导流动摊点9000余个，规范经营夜市门店1500余户。按“不影响车辆通行、不影响行人出行、不占压盲道”原则，在境内主次干道人行道设置非机动车停放点340处，施划非机动车停车线4800米，设置非机动车硬性隔离桩550米，在社区施划机动车位499个，规范整治人行道上违章停放非机动车（含共享单车）12000余辆。

2018年，石鼓区完成城管执法体制改革，“大城管”格局形成，执法效率明显提高，市容市貌持续向好，城市常态化保持干净有序状态。是年，清理违章占道经营行为3100余起，教育劝导流动摊点2500余个，收缴、拆除违章灯箱、广告牌1000余块，规范门店装修围挡200起。施划机动车停车线1115米、停车位129个，施划非机动车停车线1420米、停车区域89个。

二、专项整治

1996—2001年，市级城建规划机构担负辖区内违章建筑拆除工作，城区主次干道违章建设的棚亭、售货亭由区城建管理监察大队负责拆除。到2002年，为还路于民、还坪于民，优化城市管理环境，石鼓区城管办抽调城管大队15名队员参与经常性拆违和市场搬迁工作，共查处各类违章建筑45起，搬迁4个马路市场。

2003年，市委、市政府出台《关于整顿城区户外广告的决定》，区城管执法大队印制发放整改拆除通知300余份，组织力量用15天时间拆除占全市总数五分之二的拆违拆网任务。4月，市政府发布《关于规范安装和使用空调器的通知》，对临街低于2.8米，存在安全隐患和影响市容的空调器要求全部拆除重新安装，石鼓区用一个月时间完成310台不符合规范的空调器整改任务。是年，全区拆除违章建筑25000平方米，清理107国道两旁乱搭建、乱吊挂70处，拆除人民、青山、潇湘街道居民楼防盗网42281平方米。截至2005年底，共拆除违章建筑50167平方米，拆网75340平方米，拆除堵塞消防通道违章建筑120处。

2007年，专项整治107国道及西外环路沿线乱搭乱建行为，取缔建设村马路市场。6月开始，对全区消防通道、楼顶屋面违章搭建行为进行专项整治，拆除楼顶屋面违章建筑196处。

2009年4月，组织联合执法队伍对黄沙湾街道朝阳村违章建筑进行拆除，共拆除违章建设房屋10栋2000平方米。2010年底，石鼓区城市整治工程进入户外广告全面清理阶段，共拆除大型户外广告牌140余块、墙体广告365块；蔡伦大道一高达10米、重达1吨的巨型广告牌被成功拆除。

2011年，石鼓区出台《关于加强控规拆违工作的实施办法》。8月开始，先后对潇湘街道、人民街道、青山街道进行片区改造，对辖区内违章搭建房屋、铁棚、木棚、雨阳棚、围墙等予以拆除，共拆除各类棚屋120处，雨棚74处，违章房35处，围墙5处，菜棚、围挡16处，花坛1处，煤房27间，计2680平方米。2012年，组建石鼓区控规拆违大队，为石鼓区城管执法分局所属事业机构，全面负责境内违法建筑查处与依法拆除。7月，顺利完成蒸阳北路延伸工程涉及的一例司法拆迁任务。至10月，共投入拆违经费160多万元，拆除违法建筑70余栋7万多平方米。是年，区城管执法分局主导的控规拆违工作实现“新增违建为零，存量违建递减并基本拆除”目标，其经验在全市推广。2013年，对违法建设采取“零容忍”，做到发现一处拆除一处，经巡查发现并教育制止违法建房100余次，拆除违法建筑55000余平方米。其中组织强拆25次，拆除面积21000余平方米，在全市树立控违拆违工作的石鼓样本。2014年，区城管执法局集中力量，成功拆除西湖公园、莲湖广场等违章建筑2万多平方米。2015年，配合解放路、湘江北路两厢提质改造，共拆除各类违规广告牌7000平方米。2017年，拆除违章建筑12093平方米，协助各街道推进社区“三清三建”工作。

2018年，拆除新增违章建筑72起，计5788.80平方米；拆除存量违章建筑21处，共7668平方米。

三、机　构

1996年，衡阳市城市管理监察支队城北大队负责境内市容市貌管理和开展专项整治，进行执法监察。1999年10月，衡阳市城市管理监察支队城北大队升格为正科级事业单位。

2001年5月下旬，衡阳市行政区划调整，城北区城建管理监察大队更名为石鼓区城建管理监察大队，人员、编制、管理职责不变。

2002年5月，衡阳市进行城市管理体制改革，成立石鼓区城管执法大队，在编人员45人，内设9个部门及执法中队，受衡阳市城市管理办公室的指导和监督。

2004年6月，撤销衡阳市城市管理办公室，成立衡阳市城市管理行政执法局（简称市城管执法局），为衡阳市人民政府直接领导的独立行政执法部门。衡阳市城市管理行政执法局石鼓区大队作为行政主体行使相对集中行政处罚权，承担石鼓区的城市管理综合执法任务。

2011年10月，衡阳市城市管理行政执法局石鼓区大队更名为衡阳市城市管理行政执法局石鼓分局（简称石鼓区城管执法分局），定编执法人员26人，向6个街道各派出一个城管执法大队，乡街共定编执法人员36人。各街道撤销城管办（股），实行条块结合、以块为主、重心下移的网格管理模式。

2013年7月，石鼓区城管执法分局更名为石鼓区城市管理行政执法局（简称石鼓区城管执法局），全体队员人、财、物成建制下放到区，接受区委、区政府全面管理，挂靠区住建局，同时受衡阳市城市管理行政执法局的业务指导及监督。

2015年，设立衡阳市石鼓区城市管理行政综合执法局（简称石鼓区城管综合执法局），为区人民政府工作部门，主要承担全区范围内开展城市管理相对集中行政处罚权工作的责任。下辖副科级参公管理事业单位石鼓区城市管理行政执法大队。内设拆违大队、办公室、财务室、考核督查室、纪检监察室、法制室、数字城管办、后勤装备股、机动中队、夜间管理中队、车辆静态管理中队等11个股室（中队），派驻各街道（乡）7个中队。共有城管人员137名，其中在编执法人员57名，招聘协管员80名。石鼓区环卫局、石鼓区园林局属石鼓区城管执法局二级机构，为正科级事业单位（独立运行）。

2017年12月，石鼓区委常委会议研究通过石鼓区城市管理执法体制改革实施方案。2018年1月，角山、人民、青山、潇湘、五一、合江、黄沙湾等7个乡、街道城市管理行政综合执法大队成立，负责辖区范围内市容市貌管理和区城市管理行政综合执法局委托的其他行政执法职能，全区89名城管执法力量全部下沉，推进城市管理向“大城管”城市治理模式转变。石鼓区城市管理行政综合执法局内设办公室、数字办、法制室、督查考评办4个部门和综合执法大队、渣土执法大队，撤销原石鼓区城管执法大队静态中队、夜市中队、机动中队；原石鼓区城管执法大队变更为石鼓区城管综合执法大队，负责控规拆违、市容市貌和其他行政执法职能等工作；设立石鼓区城管执法局渣土办（渣土执法大队），原石鼓区环卫局渣土执法大队人员、编制、管理等进行整体划转，负责辖区内的渣土执法、监督工作。对区内部门行政执法处罚职能进行整合，将区住建局的占用、挖掘等损坏市政设施的修复工作和物业管理行政执法处罚职能，区商务局的市场管理职能，区园林局的损绿、毁绿行政处罚职能全部整合到区城管综合执法大队。是年共有城管人员161名，其中在编执法人员67名，招聘协管员94名。

1996—2018年衡阳市石鼓区城市管理行政综合执法局领导一览表

表14-3-3

姓名	职务	任职时间	姓名	职务	任职时间
胡田生	大队长	1994.10—1999.10	李志刚	副大队长 副局长	2003.6—2013.7 2013.7—2016.1
肖俊国	教导员	1996.3—1999.12	曾　鸿	副大队长 教导员 局长	2008.4—2010.10 2010.10—2013.4 2013.4—2017.6

续表14-3-3

姓名	职务	任职时间	姓名	职务	任职时间
彭召吉	大队长	1999.10—2013.4	刘祖梅(女)	副教导员	2008.5—2015.10
阳其根	副大队长	1999.10—2002.2	肖　飞	副局长	2008.6—2016.1
魏元儿	副大队长	1999.10—2002.1	余　苗	副局长	2016.3—2018.11
李　书	教导员	2000.12—2001.9	郑小兵	副局长	2016.1—
张　翔	副队长	2002.10—2005.12	李培明	执法大队长	2016.1—
范云龙	副教导员 副大队长	2003.9—2005.8 2005.8—2008.4	陈柏春	局长	2017.6—
尹迎春	工会主席	2003.9—2014.9	—	—	—

第四章 旧城改造

根据衡阳市政府工作安排，石鼓区自2011年开始对老旧城区实施片区改造及棚户区改造。

第一节 片区改造

2011年，石鼓区片区提质改造工程涉及中心城区人民、青山、潇湘等3个街道的21个社区，总面积3.05平方千米。主要解决老百姓反映强烈的路不平、沟不通、灯不亮等问题。6月，启动全区片区提质改造工程。是年底，片区提质改造取得实效。此次改造累计破除混凝土地面52693平方米，铺设混凝土路面95048平方米，铺设沥青48567平方米，疏浚下水道及化粪池1151处，安装路灯180盏，添置垃圾桶500个，栽种树木244株，清理乱涂乱写乱张贴1200处，规范管线75000平方米，拆除防盗网9800平方米，拆除违章建筑4330平方米，规范门店招牌170块，清洗墙面71000平方米，粉刷墙面1390平方米，平改坡5300平方米，新做污水管9219米，新做污水井856个，新做雨水井822个，铺设路缘石11200米，铺设人行道板砖15745平方米，刷外墙漆67090平方米，安装防盗网8500平方米，改造背街小巷33条。

2012年，石鼓区片区提质改造范围北起逸夫中学，南至青草桥，西接雁栖桥，东临来雁塔，横跨五一、合江两个街道，改造总面积1.40平方千米，涵盖建设新村一社区、新村二社区、杨家坪社区、望城路社区、草桥社区、柏树嘴社区、电厂社区等7个社区。总投资2200万元。此次改造累计拆除违章建筑12000平方米，拆除并重新安装防盗网7500平方米，规范门店招牌3900平方米；铺设沥青路面28900平方米，施划路面标线8720米，破除并新浇15厘米厚C25混凝土路面36540平方米，20厘米厚C25混凝土路面64280平方米，新做直径400混凝土管7440米，直径500混凝土管9190米，直径600混凝土管690米；新做污水井940个、雨水井1396个，清理化粪池1430个，新做麻石树围1938个，铺设麻石路缘石17900米、流水板5900米，铺设麻石道板砖9500平方米；整理水电管网116栋，刷外墙漆46600平方米，安装消防栓7个、路灯71盏；栽种乔木和亚乔木4218株，栽种灌木3840平方米；铺装嵌草砖600平方米，新增停车场（嵌草砖型、水泥地面型）7个，面积540平方米，安装阅读栏16块、健身器材16套，配置垃圾桶600个。

2013年，石鼓区片区改造范围包括黄沙湾、人民、青山、潇湘、五一、合江等6个街道（合江只含南云小区），改造总面积为2.35平方千米。整个改造分为7个标段，并将桑园街、西湖二村、商业新村等3处作为亮点进行改造。总投资2650万元，累计拆违8200平方米，铺设沥青路面78750平方米，破除并新浇混凝土61547平方米，铺设直径500排水管24553米，直径400排水管18760米，新做污水井926个、雨水井805个，清理化粪池2733个，安装路缘石18490米、流水板12240米；清理沟渠532米，砌片石护坡846米；水电网管线整理310栋，刷外墙漆72800平方米，安装消防栓34个，安装路灯62盏。

2015 年，在全面优质推进片区改造工程同时，打造南云小区、辖神渡巷和西湖新村 3 个亮点工程，实现改造后的 3 个小区功能齐全，沟通、路平、灯亮，绿化美化效果良好。

2016—2018 年，全区大力实施社区“三清三建”升级版，改造老旧小区。基础性配套设施改造是此次工作的重点，包括老旧建筑物、路面、弱点、雨污管网等硬件设施进行提质改造，合理增设部分绿化、停车、消防、环卫、照明等公共设施。其间，全区共清理“牛皮癣”26500 余处，清理楼栋堆物 874 车、破旧防盗网 18302 平方米、破旧雨棚 36288 平方米、煤房 130 余户，新增污水井 180 座、雨水井 260 座，铺设沥青路面 25000 平方米、路沿石 16000 米、流水板 3150 米、排水管 6350 米，新建小游园 13 处、凉亭 9 处、休闲座椅 45 处，新建花坛树池 16 处，新增绿化面积 6200 余平方米。

第二节　棚户区改造

2011 年初，衡阳市下达石鼓区棚户区改造任务 3000 套。石鼓区此次棚户区改造分两批进行：第一批包括湖南环境生物学院、天雁机械厂、电瓶车总厂、合江街道柏树嘴、五一街道合江新村 5 个城市棚户区；第二批包括潇湘街道长青坪、合江街道今天化工厂、人民街道赤帝巷、潇湘街道华光街和光帝巷 4 个城市棚户区。11 月中旬，省住建厅和市政府领导视察棚户区改造工作，对石鼓区棚户区改造项目做了新的调整。石鼓区目标任务调升为 4836 套，其中新建 1506 套、维修加固改造 3330 套。是年底，全区 4836 套棚户区改造任务全部开工，竣工 4236 套，完成率为市政府交办的 141. 20%。

2012 年，市政府下达石鼓区棚户区改造任务 1000 套。石鼓区成功启动 8 个项目，即蒸水北堤棚户区改造、天雁机械厂棚户区改造、今天化工厂棚户区改造、环境生物职业技术学院棚户区改造、合江新村棚户区改造、柏树嘴棚户区改造、莲湖路棚户区改造和建设新村维修加固工程。是年计划开工新建安置房 1674 套，维修加固 422 套。是年底，8 个项目进展顺利，莲湖路 210 套棚户区改造完成并全部安置；天雁机械厂 263 套、今天化工 200 套、湖南环境生物学院 60 套、蒸水北堤 200 套全部动工建设；建设新村 22 套维修加固 4 房屋完工。

2013 年，石鼓区棚户区改造任务为 790 套续建工程，即蒸水北堤棚户区改造、天雁机械厂棚户区改造、今天化工厂棚户区改造、合江新村棚户区改造、柏树嘴棚户区改造。是年底完成 463 套，其中天雁机械厂 263 套、今天化工 200 套。

2014 年，石鼓区棚户区改造新建安置房项目 2 个，改造任务 282 套。其中华光街棚户区改造项目 164 套、望城坳棚户区改造项目 118 套。华光街棚户区改造项目总投资 5000 万元。是年计划投资 2000 万元，实际完成投资 1645 万元。年初，该项目完成全部拆迁，2 月土建动工，于 2015 年下半年交付使用。望城坳棚户区改造项目 118 套安置房主体工程是年全部完工。2014 年下半年启动的桑园村、西湖新村、南云小区、易赖街、新大桥片等 5 个棚户区项目实施改造，改造面积 86740 平方米，投资 1556 万元，2014 年 10 月底完成。

2015 年 1 月，来雁新城、来雁塔公园及 4 个棚户区改造项目集中签约暨开工仪式举行。是年全区申报棚户区改造实施项目 5 个，改造面积 86740 平方米，投资 1556 万元，受益居民 1226 户。

2016 年，市政府下达石鼓区棚户区改造任务 124 套，区计划实施改造 146 套。是年实施改造的 146 户居民均要求实物安置，鉴于石鼓区仍有在建安置房项目，经市住建局同意，境内虎形山棚户区改造项目的安置方式由 73 户货币安置、73 户实物安置变更为 146 户全部按实物安置。是年底，安置任务全部完成。

2017 年，石鼓区棚改总任务为 1297 户，主要是杨岭村、菜山塘、猫形山、茅茶亭 4 个项目。是年，共开工建设 1216 户，棚改任务整体完成率 94%。

2018 年，省住建厅批复石鼓区的棚改项目为桑园路 37 号棚户区改扩建项目，改造任务 42 户，改造方式为改扩建，投资 84 万元。是年底，完成桑园路 37 号棚户区改扩建项目立项、设计、采购等前期工作，42 户改造全面开工。

第五章 环境保护

1996—2018年，区环保部门加强环保管理，注重“三同时”审批，合理征收排污费，加强环保专项资金使用，及时调处环境纠纷，积极开展环保宣传和执法，加大废水、废气、废物治理力度，扎实推进农村环境综合整治，辖区环境持续得到改善。

第一节 环境管理

一、“三同时”审批

1996—2001年，城北区执行《中华人民共和国环境影响评价法》和《建设项目环境保护管理条例》，提高项目环保准入门槛，严把建设项目审批关，依法强化项目管理，确保建设项目环境影响评价审批制度和环保设施“三同时”（即建设项目时，环保设施必须与主体工程同步设计、同时施工、同时投入使用）制度落实。2002—2010年，石鼓区环保局对于不符合国家产业政策和城市区域总体规划要求，高能耗、重污染的项目，一律不批不办；对不正常运转治理设施、超标排污的企业，不予办理排污许可证，并予以严厉查处。2011年，石鼓区环保局更名为市环保局石鼓分局，加挂石鼓环境监察大队牌子。是年起，加大建设项目“三同时”审批与管理力度，既为企业提供信息，当好参谋，又把建设项目审批作为控制新污染源头的重点严格把关。2016年，经现场勘察，否定不符合国家产业政策和环保要求项目4个：全年审批新、扩、改建项目10个，项目总投资近5000万元，全区建设项目环境影响评价制度和“三同时”制度执行率均达100%。2018年，明确区域环境准入条件，对高污染产业项目实行严格准入制度。全区不再新建钢铁、水泥等产能严重过剩行业的新增产能项目。其他行业新、扩、改建项目严格实行主要污染物排放等量或减量置换。

二、排污费征收

1984年起开始对辖区内企事业单位征收废水、废气、固体废弃物、噪声超标排污费。1996—2001年5月，城北区环保局按《排污费征收使用管理条例》要求，抓好辖区内排污费收缴工作，强化排污费征收执法力度。2002年起，石鼓区环保局扩宽开征面，深入企业宣传环保法律法规，增强排污企业提高环境保护方面的法律意识，提高企业污染治理积极性。2011年，石鼓区环保局划归市环保局直管，更名后的市环保局石鼓分局严格执行有关规定，杜绝协议收费、人情收费和随意减免排污费等现象，确保排污费足额征收。2012—2017年，坚持依法全面、足额征收原则，努力解决排污费征收过程中存在的问题和矛盾。根据《中华人民共和国环境保护税法》，自2018年1月1日起，排污费改为环保税，由税务部门征收。

1996—2017 年石鼓区（城北区）排污费征收情况表

表 14-5-1　　单位：万元

年度	排污费	年度	排污费	年度	排污费	年度	排污费
1996	120	2002	130	2008	140	2014	144
1997	120	2003	130	2009	130	2015	116
1998	120	2004	140	2010	150	2016	134
1999	130	2005	130	2011	130	2017	129
2000	143	2006	130	2012	120	—	—
2001	140	2007	152	2013	130	—	—

三、专项资金使用

2013 年，争取中央农村环境连片整治奖补资金 200 万元，用于角山乡集镇污水收集分项及配套工程等。2016 年，争取中央农村环境综合整治整区推进项目资金 700 万元，用于农村环境综合整治整区推进；争取省级环保专项资金 20 万元、市级环保专项资金 15 万元，用于机关能力建设。2017 年，争取中央水污染防治资金 35 万元，用于水污染防治项目。2018 年，争取中央环保专项资金 63 万元，其中用于水质自动监测站建设 40 万元，用于生态补偿 23 万元；争取省级环保资金 35 万元，用于新建水站站房建设。

四、环境纠纷调处

1996 年，按照信访工作责任制要求，建立健全信访工作责任制，规范信访接待、登记、交办、督办流程，使环境信访工作有可行的组织保障。1997—1999 年，对群众举报投诉、新闻媒体曝光和上级批（转）办的突出环境信访问题，实行主管部门主要领导督办，分管负责人现场调处责任制度。对每件环境投诉纠纷，均确定调处责任人，及时到位做好现场调处。对工作失职酿成不稳定现象的，实行责任追究。区环保部门建立污染举报受理制度，受理各类环境信访和举报，及时调查处理并予以答复，对敏感环境问题做到“早发现、早介入、早解决”。2000 年，城北区环保局成功调处污染农赔纠纷，避免工农矛盾激化，为国家挽回经济损失 10 余万元。2006 年，石鼓区环保局加大城区环境整治力度，开展城区油烟、噪声污染整治，成立中心城区油烟、噪声整治工作小组，制定整治方案，明确责任，强化措施落实。是年 10 月，由区政府统一组织相关部门对环城北路 9 家烧烤店因油烟污染而予以取缔。下达“环境行为限期改正通知书”，整治境内 39 度酒吧、华都歌舞厅、龙泉商厦凉水塔等噪声扰民问题。对北干渠流域污染纠纷和松木螺丝山垃圾场污染纠纷，召开协调会 10 多次，使受损村组和农户依法获取赔偿金 20 多万元。是年，区政府组成污染调查小组，现场调处水口山二厂和衡化总厂酸解尾气污染纠纷，化解两起因污染引发的堵路事件。2017 年，区环保分局配合城管执法局对餐饮行业进行整改，对辖区内没有安装油烟净化设施的 70 多家饭店进行油烟和噪声检测，督促其整改到位。

第二节　环境污染治理

一、废水污染治理

1996年，城北区环保局对全区范围内的机械、冶金、食品、针织、化工、轻工、医药卫生等7个行业进行调查，废水、废气、废渣排放超标的企业46家。其中，大型企业1家、中型企业5家、小型企业40家。通过废水排放治理，完成废水治理改造项目5个，年废水处理能力达300万吨，达标率为88.12%。2003年，根据上级部门的统一部署，环保部门在全区餐饮业开展整治油污废水的行动。2005年起，环保部门对区内集贸市场、牲畜屠宰场等处的废水排放集中整治，废水排放实行隔流处理。2006年，区环保局会同区水利局、区农办、区建设局、松木乡、五一街道、合江街道等部门和单位，制定北干渠重金属污染整治初步方案。2007年，区环保局组建专班对北干渠流域开展专项整治，对33家企业逐一上门摸底调查，对发现的问题发出法律文书20多份。2008年，北干渠整治工作按方案实施，2009年完成。2010年，环保部门帮助全区近100家有一定规模的餐饮业建立隔油池，将收集的废油进行集中处理，减少对湘江水体的油污染。2014年，区政府制定《衡阳市石鼓区湘江保护和治理第一个“三年行动计划”实施方案》。是年9月，石鼓区制定水上餐饮专项整治工作实施方案，强制要求境内湘江流域水上餐饮船只停止经营，离开经营水域。2017年，石鼓区湘江“一号重点工程”7个治理类项目全部完成。是年，投入900余万元改造角山镇周边污水管网，建设5处一体化污水处理站，对湘江石鼓段沿河68处排污口进行全面溯源整治，启动雁栖湖水体生态修复与水质净化项目，加强河湖水域岸线清理、整治和保护，清理河道35千米，清理河道沿岸垃圾60余吨，打捞水面漂浮物15车。2018年，完成雁栖湖和松梅湖黑臭水体整治任务；辖区内工业企业和医疗机构建设废水处理设施正常运行，达标排放。是年，区内的生活废水日处理量为20万吨，达到国家排放标准。

二、废气污染治理

1996—2000年，环保部门先后在人民街道、蒸湘街道、青山街道、潇湘街道、中山北路、船山路、合江套地区建立烟尘控制区。四个街道、中山路、船山路的烟控面积为4.3平方千米，合江套地区的烟控面积为8平方千米。2002年，环保部门对区划调整后的烟控区进行调查，摸清全区的烟尘污染情况，收集整理锅炉、窑炉档案资料，加强锅、窑炉排烟设施的管理，现场执法督促、治理烟尘污染，同时新创建黄沙湾街道、五一街道、合江街道3个烟控小区。2006年以后，随着液化气、煤气等清洁能源的广泛使用，区域空气质量得到改善。2010年后，加快推进燃煤锅炉“煤改气”“煤改电”等清洁能源替代建设工作，严禁在禁燃区内经营和使用散煤，着力打击散煤制作销售等违规现象，是年关闭取缔5家生产、加工、销售型煤散煤的厂家。2012年，强化施工、道路、交通、生活等大气污染防控，督促建设工地落实“六个100%”抑尘措施。即施工区域100%标准围挡、裸露黄土100%覆盖、施工道路100%硬化、渣土运输车辆100%密闭、施工现场出入车辆100%冲洗、建筑物拆除100%湿法作业。2014年，狠抓禁燃禁烧工作，在全区范围内广泛宣传，周密部署，对秸秆焚烧、垃圾焚烧、露天烧烤等实行层层监管，倡导将中元节的文明祭祀活动与文明创建和生态环境保护工作相结合，严禁在禁燃区域时段燃放烟花爆竹，城区烟花爆竹燃放现象基本得到消除，城区和农村垃圾焚烧现象得到有效遏制。2017年，强力推进“散乱污”企业整治，开展砖瓦行业专项整治，城市规划区内 8 家非法页岩砖厂全部关停并拆除到位；有序引导全区规模以上餐饮企业安装油烟净化器并确保正常运行，全区 281 家规模以上餐饮企业有 267 家安装油烟净化设施，安装率达到 95%，同时，强化整治，关停 2 家拒不配合安装油烟净化器餐饮门店，取缔一大批占道经营、露天经营的烧烤摊位。2018 年，石鼓区环境空气质量优良天数 305 天，优良天数比例为 83.5%，空气质量得到明显改善。

三、土壤污染治理

境内固体废物排放企业主要集中在合江套工业区，该地区是衡阳的老工业区，长期以有色冶炼、化工企业为主，是高能耗、高污染排放集中区域。20 世纪 90 年代，境内原松梅冶炼厂因生产经营管理不善，遗留约 3 万吨工业铬渣被堆放于松梅村空旷山丘中，污染土壤总量约 10 万吨，造成 13 万吨含铬渣重大污染事件。2006 年，衡阳市开始实行老工业基地环境治理与产业转型，境内合江套工业区是环境治理和产业转型的重点区域。2011 年，境内蒸阳北路延伸工程施工，堆存于松梅村的遗留铬渣隐患对周边环境威胁极大。是年，区环保部门在市局指导下，通过调查论证，起草《铬渣治理技术方案》，经衡阳市政府专题会议研究决定，由市环保局报请省环保厅审查。2012 年，方案经省厅评审通过，决定采用湿法解毒工艺，铬渣和污染土壤解毒完成后，由具有处置资质的单位送规范的填埋场进行填埋。是年，石鼓区成立铬渣治理指挥部。2013 年，铬渣治理工程完成，通过省环保厅和环保部的技术评估和验收。原湖南今天化肥化工集团公司厂区（合江套同兴社区污染场地）关闭后，遗留一批以铅、锌、镉、砷为主要污染因子的废弃原料和废渣，厂区土壤存在重金属污染隐患。为控制该地区污染物的迁移、扩散，2017 年，市区启动合江套同兴社区污染场地修复项目，共清运表层约 1000 平方米废弃物，对约 4.5 万平方米受污染土壤进行稳定化固化处理。2018 年，原翔达众合化工厂含重金属土壤治理和生态修复以及原北干渠含重金属清淤及土壤修复项目启动。

四、农村环境综合整治

从 2002 年开始，区、乡政府和环保部门针对农村饮用水受到污染、严重影响农民生活和身体健康的现状，以改水、改路、改栏、改灶、改厕作为整治卫生环境的突破口，治理农村环境。至 2011 年 10 年间，全区疏浚排污渠道 52 条，整修排水沟渠 6973 米；改造并硬化乡村道路约 30 千米；有 60%的农户用上自来水，40%的农户用上井水。2012 年，针对区内养殖业发展起来后，畜禽粪便污染随之严重的趋势，区、乡政府在农村推广猪—沼—稻（菜、果）、猪—草—鱼、禽—鱼等多种复合生态养殖模式，以改善生态环境。

2014 年，区环保分局协助角山乡编制《角山乡农村环境综合整治项目实施方案》，向上争取农村环境综合治理资金 200 万元，重点推进垃圾集中收集处理、集中污水收集沉淀、畜禽养殖无害化处理和农村饮水安全等项目实施。

2016 年，角山乡和黄沙湾街道（松木片区）16 个村列入全面开展农村环境综合整治整区推进项目，重点推进农村生活垃圾集中收运、生活污水治理、饮用水源保护和畜禽养殖污染治理工作。是年，区政府对湘江、蒸水河 500 米内对水体造成污染的企业进行规划搬迁、关停和拆除。

2017 年，对禁养区内确需关闭或搬迁的畜禽规模养殖场（小区），依法责令拆除或关闭共 34 家。

2018 年，加强农村污染源治理，全面禁止秸秆焚烧，露天垃圾焚烧。是年，16 个村的农村环境综合整治整区推进工作，均全面完成整治任务，通过省环保厅和省财政厅验收。

第三节 环保执法

1999 年初，城北区成立工业污染源达标排放工作领导小组，对区属以下工业企业进行全面摸底调查，起草城北区 2000 年工业污染源达标排放工作方案，确定区属有关工厂达标排放日期、考核标准及主要指标，经区政府常务会议审定发布。6 月中旬，对《方案》所定 9 家区属企业进行全面督查。针对各企业的不同情况提出具体要求，对 5 个单位下达限期整改通知。是年，区定 9 家达标企业，治理达标 4 家，关停 4 家，达标率 88.90%。

2009 年 8 月，石鼓区环保局成立环境安全隐患大排查工作领导小组，制定工作方案，建立排查企业日常监管责任制。通过全面的摸底调查，全区涉铅、涉砷、涉镉、涉铬的化工、冶炼企业共 12 家。对排查过程发现的问题，分别下达《环境违法行为限期改正通知书》，要求整改到位，否则不得恢复生产。取缔关闭飞利实业公司土法炼钒生产线、金东天原公司炼铟生产线等不符合国家产业政策的生产线。

2013 年，依法搬迁衡阳市新城油脂有限公司、金鑫化工有限公司等小化工企业，对衡阳莱德生物药业有限公司金雁化工厂、衡阳安邦化工实业有限公司等 8 家企业下达环境违法行为限期改正通知书，责成企业依法停产整改。针对“十五小”企业利润空间大、上马简易快捷特点，加强对废弃厂房、学校、村部、偏僻山落等重点地带的排查力度，严防非法企业落户。对巡查发现的蔡伦大道旁新建洗沙场、合江街道江霞村洗选厂、衡阳飞利实业有限公司内洗选厂等非法生产企业，组织执法人员现场调查，报请区政府予以取缔。对检查中发现的莱德生物药业有限公司金雁化工厂废水超标排放，依法对该厂进行行政处罚。省、市环保部门对境内金雁化工厂实行挂牌督办，区环保局组织专班现场督促检查，发现环境隐患及时报告，责成整改到位。对翔达化工、金信公司水口山二厂等十余家企业多次检查，采取结构调整和工程治理相结合方式进行重金属污染防治。加强对医疗单位废水治理设施和医疗废弃物处置情况检查，对医疗废水治理设施停运的衡南县人民医院、衡阳市中医正骨医院等五家医院进行处罚。

2014 年，全年共组织开展“整治违法排污企业，保护群众健康环保专项行动”，涉重、涉危废企业专项整治，水上餐饮专项整治和饮用水源检查，安全生产“一打三整”行动，高考、中考、自考护考等环保专项行动十多次。2016 年，全面清理环保违规建设项目。全区排查上报违规建设项目数 27 个，建立项目台账 27 个。按照“淘汰关停一批，整顿规范一批，完善备案一批”的工作思路，做好项目业主工作，完成 27 个，完成率 100%。是年，查处环境违法案件 5 件，其中 3 件按照程序移送公安机关依法处理。是年 8 月，对湖南天雁公司总排口废水超标排放和市环卫处垃圾运输中心超标排污行为进行立案查处。2017 年，查处环境违法案件 3 起，在对每起案件的法律适用准确性、自由裁量权使用等逐一复核讨论后，制作规范处罚文书。对坐落境内衡阳市第三人民医院不正常使用污染防治设施、水污染物超标排放的环境违法行为给予顶格处罚，将案件移送公安机关，对相关责任人员实施行政拘留。2018 年，立案查处环境违法案件 11 起，经过市局审批立案 8 起，其中查封扣押案件 1 起，处罚金额共 21.60 万元。

第四节　环保宣传

1998—2000 年，城北区开展多层次、大规模、形式多样的环保宣传学习活动，出动宣传车 22 台，悬挂过街横幅 78 条，展出宣传板报 52 块，发放宣传资料 32000 多份，展出小学生环保画报 300 多张，组织专题文艺演出 3 场。在各级报刊、电视台发稿 20 多篇次，其中 2 篇论文在省级报刊发表。每年 6 月 5 日世界环境日，通过有线广播、黑板报、墙报、画报、图片、印发资料、标语等进行环保宣传。2000 年，开展“保护湘江水、爱我母亲河”主题活动。组织小学生沿湘江捡垃圾 2 次，蒸湘北路小学被推荐为绿色学校，组织小学生百米长卷现场绘画 2 次。在区委党校开设环保专题讲座，向参加党校学习的干部职工宣讲环保法律法规与环保科学知识。

2006 年，以“改善生态环境，建设绿色家园”为主题，按市里统一部署，联合四城区在莲湖广场举办六五世界环境日宣传纪念活动，区环保局制作展出宣传板报 12 块。

2013 年，在“环保世纪行”活动中，开展纪念六五世界环境日宣传活动。石鼓区政府和市环保局在莲湖广场举办“同呼吸、共奋斗”大型环保宣传有奖猜谜活动，编制 1200 条富有环保知识的趣味性谜语，供广大市民参与竞猜；编印 1000 份《环境保护知识宣传手册》，向社会各界发放；在各乡街显要位置悬挂宣传横幅或标语，开展环保知识宣传。区委宣传部等部门联合邀请《衡阳日报》、衡阳电视台、你好衡阳网等主媒体记者，对石鼓区重点单位和行业节约资源能源、强化污染防治、实施清洁生产等开展深入宣传报道。共组织 5 次集中采访报道，参与记者 15 人次，采访单位 20 余家，各类媒体共播（刊）发环保宣传稿件 30 多篇，增强环保世纪行的宣传实效。工作人员利用进企业、下工地检查和开展执法活动等时机，向企业人员和市民宣传环保法规政策，提高社会各界环保意识。

2016 年 5 月 11 日，市委、市人大和市政府领导，市水利局、市环保局、市畜牧水产局、石鼓区政府、省市环保志愿者协会等 300 人在石鼓广场举行六五世界环境日宣传月活动启动仪式。全区摆放宣传板报 16 块，发放宣传手册 1500 余份，接受群众环保咨询近 8000 人；组织境内大专院校、环保志愿者 120 余人沿湘江风光带清扫垃圾，呼吁保护湘江母亲河。

2017 年，开展“绿水青山就是金山银山”为主题的环保系列宣传活动。全年完成市环保信息稿件 25 篇，其中综合信息 2 篇。区环保分局局长胡敏《强化党政同责提高监管效率》一稿分别刊登在《中国环境报》《湖南环境》上，《农村环境综治要与乡村生态旅游整体联动》刊登在《衡阳日报》上。

2018 年，继续开展六五世界环境日系列活动，全年完成市环保信息稿件 25 篇，综合信息 2 篇。区环保分局局长胡敏的稿件《大气污染防治石鼓区在行动》刊登在《湖南环境》上，《真抓实干确保“蓝天保卫战”工作再上新台阶》刊登在《衡阳日报》上。环保工作分别被省、市电视台正面宣传 2 次和 6 次。石鼓区被衡阳市生态环境保护委员会评为全市污染防治攻坚战暨环境保护目标管理绩效考核先进单位。

第五节　污染源普查

2008 年，石鼓区完成第一次全国污染源普查，共清查出各类排污企业 500 多家。普查登记工业企业 85 家，第三产业 332 家。2009 年 5 月中旬，石鼓区污染源普查工作通过市污普办考核验收。2010

年，在污染源普查基础上，对占主要污染物排放量80%的重点工业企业，通过企业自报、重点审核、实地调查等方式，如期完成污染源普查动态更新工作。

2017年，石鼓区启动第二次污染源全面普查工作。是年3月，区政府印发普查实施方案，明确各成员单位职责。5月，省政府电视电话会议和市政府普查动员部署会后，区政府迅速动员，环保部门和普查机构切实履行牵头职责，组织相关部门落实各项工作。全区选聘8名普查指导员和14名普查员，先后组织5次培训，培训人员62人，按照市污普办下发的名录库，开展实地清查。截至2018年底，全区完成工业源清查117家，集中式污染治理设施清查5家，生活源生活锅炉清查6家13台，生活源入河排污口清查16个，生活源行政村清查16个，加油站清查7家，农业源清查42家，农业源畜牧家禽源清查24家。

第六节　机　构

1996年称城北区环境保护局，办公地点位于原学院路21号。

2001年，衡阳市城区行政区划调整，城北区环境保护局更名为石鼓区环境保护局。2006年5月，局机关从原学院路21号搬迁至湘江北路23号。2011年，衡阳市环境保护管理体制改革，石鼓区环境保护局划归衡阳市环境保护局直管，更名为衡阳市环境保护局石鼓分局，加挂衡阳市环境保护局石鼓环境监察大队牌子，为衡阳市环境保护局派出机构，正科级事业单位。2018年3月，国务院组建生态环境部，不再保留环境保护部，境内环保机构随之更名。是年，石鼓区生态环境分局设局长1名、副局长3名、工会主席1名、纪检组组长1名。局机关内设办公室、监察监测股、污染防治与总量股、环评与生态股、固体废物与辐射管理股、法制宣传股。在职在编人员25人，退休人员8人，临聘人员5人。

1996—2018年衡阳市环境保护局石鼓分局领导一览表

表14-5-2

姓名	职务	任职时间	姓名	职务	任职时间
王阳东	局长	1996.1—1998.1	王　倜	副局长	2003.1—2014.4
谭清鹤	副局长	1996.1—1998.8	罗　云	副局长	2006.4—2012.6
刘友生	副局长	1996.1—1998.2	贺兴宝	工会主席 副局长	2006.4—2013.1 2013.1—
吴礼仕	局长	1998.1—2003.1			
许建明	副局长	1998.1—2014.5	刘亚林	工会主席	2013.1—
蒋宗辰	副局长	1998.1—2003.1	黄海鹰(女)	纪检组组长	2013.1—
张春晖	副局长	2003.1—2016.6	胡　敏	局长	2016.1—
罗成龙	局长	2003.1—2016.1	刘　芳(女)	副局长	2016.4—

第十五篇

交通　邮政　通信　电力

石鼓区是衡阳市城区的北大门，交通区位优势明显。铁路在衡阳枢纽设联络线引入京广高速铁路、衡柳铁路、吉衡铁路、衡阳东站。怀衡铁路石鼓区段长 12. 40 千米，并在境内设有松木火车站。衡大、衡岳、衡邵、衡炎 4 条高速公路在区内交会，国道 107 线穿境而过。一环、二环、长丰大道、解放大道、船山大道与蒸阳北路、蒸湘北路、湘江北路等城市主次干道形成互联互通格局。境内湘江和蒸水河航道四季通航，有千吨级码头 1 个、小型码头 5 个。城市公交线路密集，公交车站遍布。2018 年，过境怀邵衡铁路全线开通运营。所有的建制村通客运班车，居民出行便利。乡村旅游环线建设加快推进，6. 9 千米路基成型。境内物流企业、物流网点星罗棋布。石鼓区形成铁路、公路、水路对外联通、对内循环、城乡融合的立体交通网。邮政事业发展迅速，城乡建成“邮乐购”实体店 70 余个，并建立邮件揽投以及邮政储蓄等多种服务功能，城区各住宅小区均设立邮政信报箱，乡镇快递网点覆盖率 100%。邮路投递从自行车投递到摩托车投递和汽车投递。通信业务从固定电话、无线寻呼到互联网。全区手机用户已超过 10 万余户，宽带用户达 4 万户。电力事业发展加快，全区有 110 千伏变电站 6 座，有 7 条主要输电线路投入运营。

第一章　交　通

第一节　交通线路

一、铁　路

（一）西合铁路

1996 年，境内有地方铁路线西合铁路一段，该铁路从城南区衡阳火车西站西端出岔，跨过 322 国道，平交衡邵公路，跨蒸水、沿北堤、越五一路而抵石鼓区合江套电厂。正线长 7. 8 千米，岔线 5. 23 千米，站线长 2. 63 千米。2012 年 9 月，衡阳市政府根据国务院审定的 2006 版《衡阳市城市总体规划》，决定拆除西合铁路。是年 11 月将西合铁路按城市二级公路标准改建成公路。全长 4. 30 千米，并于 2014 年 12 月通车。

（二）怀邵衡铁路

怀邵衡铁路，是一条连接湖南省怀化市、邵阳市和衡阳市的国铁Ⅰ级铁路，为双线电气化客货共线铁路。该铁路于 2014 年 9 月开工建设，2018 年 12 月 26 日正式载客运营。正线全长 313. 70 千米，其中 32. 89 千米与娄邵铁路四线并行。怀衡铁路在衡阳枢纽设联络线引入京广高速铁路、衡柳铁路、吉衡铁路、衡阳东站。怀衡铁路石鼓区段长 12. 40 千米。在建设过程中，石鼓区率先完成 895. 88 亩土地征用以及 99 栋房屋近 6 万平方米的拆迁。

二、公　路

（一）高速公路

1996—2002 年，境内无高速公路。2003 年后，衡邵、衡大、南岳高速相继在境内开工建设。

衡大高速公路　“衡大”东接京珠高速大浦互通，跨越衡阳市衡南县、珠晖区、石鼓区和衡东县，西至衡阳市西外环线的柳公塘。全长 25.93 千米，总投资 9.46 亿元，2003 年 7 月开工建设，2005 年 12 月 18 日竣工通车。在境内松木塘上跨 107 国道，经鲁草塘在松木塘往西与衡阳至邵阳高速公路相接，终于西外环路柳公塘。

衡邵高速公路　衡邵高速公路是湖南高速公路网主骨架五纵七横的重要组成部分，也是连接衡阳市和邵阳市的主要交通通道。起于松木塘互通式立交，向西北与省道 S315 并行，止于新邵严塘镇与规划的二广高速公路互通并连接国道 207。主线全长 130.58 千米。2006 年 9 月开工建设，2010 年 10 月建成通车。途经境内松木乡、角山乡、金源街道、黄沙湾街道。

南岳高速公路　起点为衡阳市石鼓区，终点为南岳区，是连接南岳区和石鼓区的主干道。南岳高速由石鼓区至南岳区主线和大王庙互通向东连接京港澳高速公路、衡炎高速公路的东延线两部分组成。主线于 2009 年 7 月正式开工，2012 年 12 月 23 日正式通车。

（二）国道

107 国道，北京至深圳公路。石鼓区境内路段自松木村三板桥起始，至蒸水公路大桥接入城区公路蒸湘北路，全长 12 千米，贯穿金源街道、黄沙湾街道。2018 年，随着经衡阳市的衡邵高速、南岳高速以及西外环、北二环等高等级公路的建成和通车，国道 107 线交通压力有所缓解，但仍然是境内一条重要的南北向交通干线公路。

三、水　路

（一）湘江航道

湘江流经境内的河段从解放路河边亲水平台中心线起，至横江铺河汇入湘江处止，全长约 14 千米。其航道为市区航道的组成部分，航道等级为Ⅰ级。河宽 255~1210 米。河底多泥沙、卵石，年平均流量 1370 立方米/秒，可常年航行千吨级船舶。航道沿线有松木、合江套 2 个港区，有石鼓书院、来雁塔等历史古迹。衡阳港务处一号、二号、江雁、江霞等 6 个大小码头。大石渡 1 个客运过江渡口。境内衡阳港为湘江中下游之分界，仅石鼓区范围内港区码头的货物年吞吐量就达 550 万吨以上。

（二）蒸水航道

蒸水流经境内的河段自杉旭河汇入蒸水河口处起，至蒸水汇入湘江处止，全长约 6 千米。境内航道为Ⅲ级航道。1970 年起，蒸水长途航运终止，只有从乌石渡蒸水大桥至石鼓咀河口 2.50 千米一段尚能停靠一般木帆船和机帆船。2001 年后，随着上游一些污染较重的企业关停并转，蒸水水质得到改善，沿江风光带建设步伐加快，下游径流量增加，一些 100 吨以上船舶亦可到境内停泊，主要运送砂石、蔬菜、工业原料等货物。2012—2018 年，交通港航等部门与石鼓区政府多次组织对蒸水航道、两岸砂石场等违章设施及“僵尸船”进行整治，保证下游段航运畅通。

第二节　交通设施

一、桥　梁

（一）铁路桥

蒸水铁路桥　位于蒸水大桥上游200米处，亦称西合铁路蒸水桥，是市区横跨蒸水第一座铁路桥，由衡阳市西合铁路（由衡阳火车西站至合江套的支线铁路）工程指挥部修建。桥长203米，宽8.30米，桥上单线铁轨，车行道6.30米，两边人行道各1米，主跨5孔、30米，系钢筋混凝土结构双曲拱桥。于1972年10月动工，1973年建成。西合铁路于2012年后废除，该铁路桥也改为人行便桥。

怀邵衡铁路湘江特大桥　位于松木经开区新安村，总跨度2374米，是整条怀邵衡铁路难度系数最大的铁路桥工程。2014年开工后，承建方中铁三局在保证湘江黄金水道货运畅通的同时，攻克深水基础施工、汛期长、跨度长等诸多技术难题，采用悬臂、双壁钢围堰等方法施工，确保工程顺利进行。2016年12月5日提前半个月实现合龙。2018年10月完成全线在建工程，结束静态验收工作，进入联调联试。2018年12月26日全线开通运营。跨越石鼓区角山乡、金源街道。

雷公塘铁路桥　位于角山镇角山村雷公塘村民小组内，2016年建成并命名。该桥为怀邵衡铁路桥，最大长度631.82米。2015年动工，2016年建成。

（二）公路桥

船山路大桥　原名衡湘公路大桥。位于潇湘门码头与粤汉码头之间，距湘江公路铁路两用桥下游2.20千米，是衡阳城区第二座湘江大桥。东接船山东路与东风北路，西连船山大道，西岸引桥与湘江北路和中山北路立体相交。主桥3孔，各85米，两边跨孔各55.50米，为箱形预应力混凝土变截面连接梁桥。西岸引桥分别为30米、25米和13米简支架。桥长767米，桥宽22.50米，其中车行道18米，两边人行道各2.25米。工程计划造价3315万元，由建设部拨款840万元，交通部拨款500万元，湖南省交通厅拨款570万元，衡阳市财政局信托投资公司发行大桥建设债券1500万元（由征收过桥费偿还）。财务决算实际造价3307.68万元。大桥由湖南省交通勘察设计院设计。1985年9月开工，1988年10月1日通车。2000年，大桥河西引桥下空间建成的大桥商场发生大火，大桥受到损伤。次年，公路部门对其进行大修，并将引桥下所有商铺全部拆除搬迁，确保大桥安全。后引桥下改作停车场。

衡邵高速公路湘江大桥　为衡邵高速公路横跨湘江的大型桥梁，其西端坐落金源街道，东端坐落在珠晖区。全长2368.33米，2005年始建，2006年12月建成通车。桥面铺设沥青混凝土，双向四车道，设计行车最大速度为100千米每小时。

青草桥　俗称“草桥”。该桥全长166.35米，最大宽度10米。横跨蒸水，靠近蒸水与湘江汇流处。北端连接五一路，南端有湘江北路、中山北路、双桥南路汇聚于此。古称韩桥，相传唐代韩愈过此而始建。宋时此地有渡口，称青草渡。南宋淳熙十三年（1186）四月，衡州知府薛伯瑄始建木桥于青草渡，称青草桥。明嘉靖二十四年（1545），青草桥遭火焚毁，恢复后更名为“永济桥”。清康熙八年（1669），僧人海岸、圆木募银修缮，两侧悬建吊楼，风格别致；桥头北端连接草前街（即后来的五一路）、草后街；桥头南端连接瞻岳门及门内北门正街（即现在的中山北路北端），桥上开设40余间茶楼酒肆，加上桥两端酒肆林立，尽显一时繁华，成为衡阳古城的八景之一，谓之“青草桥头酒百家”。清雍正二年（1724）、乾隆二十七年（1762）2次重修，修缮后复称青草桥，名字沿用至今。今青草桥系1956年7月在古青草桥原址下游10米处重建，为石墩石拱、8孔中型公路桥，1957年1月15日竣工通车。最近一次大修在2009年。

雁栖大桥 为衡阳市重大招商引资项目“雁栖湖综合开发项目”三大主体工程之一。2006年底正式动工，2008年底建成通车。南连古汉大道，北接雁栖湖综合开发区的畔湖路。由耀江集团全额投资。该桥由曾担任南京长江大桥和武汉长江大桥设计的中铁大桥勘测设计院设计，是一座全国少见的“钢筋混凝土下沿式拱桥”。雁栖大桥既有重要交通功能，又是衡阳市区第一座景观大桥。大桥按城市主干道Ⅰ级标准设计，全长663.78米，主跨105米，采用雁形吊杆拱设计，桥面宽27.50米，双向四车道，两侧为非机动车道和人行道，配套建设景观亮化工程，银白色桥身与蓝天绿水浑然一体，和谐辉映。32根吊索与厢梁合力，将整座大桥吊拉起来，给人一种飞雁凌空的感觉。

蒸水公路大桥 1977年9月动工，1979年5月建成通车，因横跨蒸水河而得名。桥南端连接蒸湘北路城区段，北接107国道（2009—2010年改造成蒸湘北路北向延伸段），是衡阳市城区内一座重要的公路交通桥梁。全长232米。

雅士林大桥 是境内一座横跨蒸水、连接红湘北路的桥梁，2010年11月17日正式动工，2011年竣工通车，由浙江雅士林集团独资捐建命名。桥梁采用悬索拉力造型，全长830米，其中主桥长246米，引桥长584米，桥面宽20米。

铜钱渡大桥 原称西外环线蒸水大桥，因桥梁所在地原有一古渡口名铜钱渡而改名铜钱渡大桥，是衡阳市107国道城区路段改线（即西外环线）上一座大桥，从石鼓区角山乡杨岭村地域横跨蒸水，全长1670米，桥面最大宽度22米。由衡阳西环路（107改线）建设开发有限公司投资并负责修建，省交通规划勘察设计院设计，铁道部第十六工程局承包施工，湖南大学监理中心负责监理。2003年初动工修建，年底建成通车。该桥设计宽度29米，全长674.68米。工程概算初为7374.90万元，实际总费用达8200万元。2015年对桥梁整体进行一次维修。

二、隧　道

合江套过江隧道是衡阳市首条过江隧道，位于衡阳市石鼓区湘江、耒水、蒸水三江汇流处，隧道全长约2267米，其中地面道路567米，隧道段长1700米，匝道采用单向单车道，接线道路采用双向六车道的断面形式。道路技术等级为城市主干道，双向四车道，设计时速为60千米/小时，总投资10亿元。2015年6月2日开工建设，2018年2月隧道贯通。

三、收费站

石鼓收费站 隶属湖南省高速公路集团有限公司衡阳分公司，主线桩号K37+318，位于衡阳北大门，入口接衡大、衡邵、南岳三条高速，是衡阳市重要的交通枢纽。石鼓收费站于2012年12月23日开通运营，共设17个通道（五进十二出）。

松木收费站 隶属湖南省高速公路集团有限公司衡阳分公司，位于衡大高速珠晖北互通与石鼓互通之间，是连接衡大高速与蒸阳北路的互通式立体交叉，是连接衡阳城区和高速公路的第六个出口，主线桩号K22+300，于2016年11月30日正式开通运营，设有四进八出共12条车道（含ETC车道二进二出）。

四、港　口

松木港　位于衡阳松木工业园区内，衡大高速公路金堂湘江大桥北部约500米。为湘江上的河港。平均水深25米，最大水深56米。为主要布局散货、件杂货码头，重点以集装箱运输形式为主，服务松木工业园区。2010年动工建设，2011年建成第一期工程。松木港区一期位于松木工业园区金源路以东，上倪路和松枫路之间，建有3个千吨级泊位，1个集装箱泊位，1个年吞吐量30万吨千吨级液体泊位，1个千吨级通用泊位。占地面积9公顷，总投资9858.90万元，年吞吐量150万吨。有完整的集装箱、件杂货、散货、液货装卸设备。集装箱3万标箱，堆场面积12410平方米，仓库面积2317平方米。具备运输管理、中转换装、装卸存储、多式联运、信息服务综合功能，是湘中南地区唯一的集装箱码头和中南地区重要的水运口岸和水陆交通枢纽。2016年2月，衡阳港投资有限公司成立，注册资本1.10亿元，5年内投资8亿~10亿元人民币，开发建设松木港区二期工程和智慧化综合物流园。2016年6月，装载有28个标准集装箱的2000吨级货轮"湘远8号"从松木港码头驶向上海港口，标志着衡阳至上海的水运集装箱航线正式开通。衡阳松木港成为湖南省继长沙霞凝港、岳阳城陵矶港之后可直航上海的集装箱港口。至2017年6月，衡阳松木港区集装箱吞吐量达3003标箱，班轮频次由每半月发1次增加到每周至少发1次。贸易方式由内贸拓展到内外贸并重。出口货物最远可抵非洲、日本、东南亚等地。

合江套港　位于衡阳市湘江西岸合江套，包括合江套客运中心和合江套农贸作业区，为湘江上的河港。平均水深25米，最大水深56米。年客运量15万人，货运量500万吨。旅客运输基本上为30千米以下的短程运输。货物以砂卵、煤炭、非金属矿石、化肥农药、竹木等为主。

五、码　头

柴埠门码头　湘江渡口。位于潇湘街道。平均水深25米，最大水深56米。码头为简易台阶式。前沿水深1.50米，泊位1个，可停小型客货船。年客运量10万人。年货运量100万吨。始建于清代，中华人民共和国成立后历经改造扩建，主要从事短途客货运输及方便两岸民众出行来往。相连的主要道路为湘江北路、胜利路。香江百货实业有限公司湘江店、广顺名家具店等位于柴埠门码头上岸处的湘江北路与胜利路交会处的路口两侧。2018年6月，渡口撤渡。

衡阳市港务处一号码头　俗称杨家坪码头。位于五一街道。坐落杨家坪湘江段，属衡阳市港务公司。主要经营货物卸载、仓储、物流服务。年客运量0.50万人，货运量100万吨。平均水深25米，最大水深56米。始建于清代，解放后历经改造扩建。1976年4月建为斜坡式码头，长15米，前沿水深1.50米，泊位1个，可停泊120吨左右的货船并进行装卸作业。2004年再次扩建，与杨家坪路、草后街、五一路相连。

衡阳市港务处二号码头　位于五一街道。坐落杨家坪湘江河边，主要经营货物卸载、仓储、物流服务，属衡阳市港务公司。始建于1976年4月，为斜坡式码头，长15米，前沿水深1.50米，泊位1个，可停泊120吨左右的货船并进行装卸作业。年货运量100万吨。2004年再次扩建。

江霞渡口　湘江渡口。坐落合江街道江霞村。平均水深25米，最大水深56米。年客运量1.50万人，货运量10万吨。始建于清代，解放后历经改造扩建。为斜坡式码头，码头长7米，前沿水深1.30米。泊位1个，可停泊60吨左右的货船。2004年、2009年两次扩建。与来雁塔路、合江套路相连。

江雁渡口　湘江渡口。坐落合江街道江雁社区。平均水深25米，最大水深56米。年客运量10万人，货运量 20 万吨。始建于清代，解放后历经改造扩建。为斜坡式码头，码头长 15 米，前沿水深 1.50 米。泊位 1 个，可停泊 120 吨左右的货船并进行装卸作业。1957 年成立向阳码头，1993 年改为江雁码头。2004 年再次扩建，主要用于厂矿原材料、建材及产品等运输，连接合江套路。

大石渡渡口 湘江渡口。坐落合江街道大石渡。为斜坡式码头，长 15 米，前沿水深 1.80 米。泊位 1 个，可停泊 60 吨左右的客货船。主要从事短途运输。年客运量 15 万人，货运量 6 万吨。最大渡程 500 米，平均水深 25 米，最大水深 56 米。连接合江路。2004 年扩建，2008 年渡口翻新修建，2016 年拆除。

六、车 站

衡阳汽车站亦称衡阳汽车西站，位于解放西路、衡祁路 322 国道、天马山南路与静园路路口石化广场前。该站于 1987 年建设，1989 年投入使用。占地面积 2.6 公顷，总建筑面积 1.047 万平方米。站房面积 7817 平方米，车坪 4000 平方米，车库 1000 平方米。2001 年 5 月，衡阳市行政区划调整后，该站隶属蒸湘区管辖。

第三节 交通管理

一、道路运输管理

1996—2005 年，境内交通工作由市交通局统一管理。2006 年 9 月，在石鼓区发展改革科技局（简称区发改科技局）加挂石鼓区交通局牌子，城区开始履行交通管理方面职能。2016 年 10 月成立衡阳市公路管理局石鼓分局（以下简称石鼓公路分局），石鼓区交通管理由石鼓公路分局与石鼓区政府双重管理。

2007—2015 年，石鼓区每年坚持开展“打非治违”专项行动。区交通局牵头联合区运管所、街道对区内 8 家危货运输企业开展安全排查，对排查问题要求各危货运输企业限时整改，整改不到位的按要求停业整顿，直至整改到位。对辖区内的危化运输企业的停车场、货运不停车监控。截至 2015 年，开展不定期核查 45 次，下达整改通知 30 份。2016 年，组织“生命至上、安全发展”为主题的全国第 17 个安全宣传咨询日活动，每月定期召开安全生产工作例会，开展“安全生产月”活动，共计发放宣传材料 4 万余份，制作宣传栏 106 块，出动宣传车 162 台次。对国省路段和农村公路采取不固定时间、不固定方式，实行 24 小时工作制，严格加强对车辆和装载源头监管，防止超限超载车辆和改拼装车出场上路，同时还组织交警、交通、城管等部门，及时查处、纠正超员载客、非客车载人等违法行为。全年累计检查客车超员、货车超载情况共计 323 辆次，检查合格率 100%。

二、水运管理

1996—2001 年，交通部《水路货物运输管理规则》和湖南省《关于加强水运运力管理的通知》《水路客运航线管理暂行规定》和《水路交通管理条例》发布后，全区定期开展水路运政大检查和专项整治活动，加强年检、年审、发证工作，水路运输市场管理逐步走向规范化。2003—2011 年，交通运输部先后颁布《水路交通实施〈中华人民共和国节约能源法〉办法》《港口安全评价管理办法》，湖南省修订《水路交通管理条例》。石鼓区配合衡阳市交通运输管理部门先后开展水上“三乱”整治工作，水运市场中存在的低价、滥价行为进行检查整顿；开展水路客运、危货企业（船队）经营资质评审，打击非法经营；开展船舶“防碰撞、防泄露”、渡口渡船、低质量船舶、危货运输等专项整治，规范水运市场秩序。2016 年 1 月，区交通局开始履行水运管理职能。是年，区政府投入 5 万元，修建、增设辖区内湘江、蒸水河水上交通安全标志牌。2017 年，依据相关法律和政策，石鼓区清理“僵尸”船 13 艘，其中拆解 9 艘、集中看管 3 艘、规范保留重点监控 1 艘。是年，拆除大石渡渡口。

三、公路养护

1998 年，公路养护实行市场化。2004 年，公路养护按管养分离、事企分开、市场运作、管理规范的要求，取消公路养护站班建制，全面实行招标投标定额管理。2008 年，推行养护用工制度改革，完善“三定一包”经济责任制，撤销固定养护工班，公开竞标，选定养护承包人，实行分线或分段承包。

2016 年 10 月，石鼓公路分局成立后，负责境内农村公路管理养护，公路总里程为 397.986 千米。是年，石鼓公路分局抓好日常养护，修复安全防护栏 350 米，修复水沟及水沟盖板 170 米，清理路边垃圾 320 立方米。2017 年，全区农村公路列养率达 100%，县、乡、村道常养率分别达到 100%、90%、80%。是年，区财政投入 37 万元，在辖区内损毁、陡坡、临水等容易发生事故的地段安装防护栏、广角镜，增设安全标志、减速带，保证全区路网运行畅通。

2018 年，石鼓公路分局突出预防性养护和路域环境整治，坚持每周不少于 2 次路况巡查，对沿线桥梁涵洞、路肩水沟、标识标牌、安全防护栏、绿化等进行重点排查。全年修补油面 1800 平方米，修复安全防护栏 420 米，修复水沟及水沟盖板 220 米，清理路边垃圾 850 立方米，确保干线公路路况稳定。提升农村公路管养水平，全年清除路障 26 处，拆除违规公路标牌 6 块，修复处理路面病害 3300 平方米，清灌缝 30000 米，增设安全警示标志牌 48 块、标线 58 平方米，完成道路安全隐患处理 8.6 千米。

第四节　机　构

一、衡阳市公路管理局石鼓分局

衡阳市公路管理局石鼓分局（以下简称石鼓区公路分局）。为衡阳市公路管理局的派出机构，2016 年 10 月成立，正科级全额拨款事业单位。主要负责石鼓区区域内的国、省干线公路及农村公路的建设、养护和管理工作。2018 年，区公路局内设办公室、纪检监察室、人事股、财务审计股、计划统计股、养护股、工程股、法制安全股 8 个机构。1 个下属机构：中心养护站。在职职工 48 名，退休职工 16 名。其中，大学本科学历 14 人，大学专科学历 27 人，高级工程师 2 人，工程师 3 人。

2016—2018 年石鼓区公路分局领导班子一览表

表 15-1-1

姓名	职务	任职时间	姓名	职务	任职时间
吴国才	局长	2016.10—	宋耀波	副局长	2016.11—
丁正兴	副局长	2016.11—	易　菁	纪检组组长	2016.11—

二、衡阳市石鼓区发展改革科技局（区交通局）

2006 年 9 月，在石鼓区发展改革科技局（简称区发改科技局）加挂石鼓区交通局牌子，城区开始履行交通管理方面职能。2015 年 11 月，区发改科技局（区交通局）内设 5 个股室：办公室和行政审批服务股、发展改革股、交通运输股、工业股、科技股。下辖 2 个二级机构：交通运输管理站、项目前期服务中心。交通运输方面事务由交通运输股具体管理。（领导一览表见“衡阳市石鼓区发展改革科技局 1996—2018 年领导一览表”）

第二章　邮　政

第一节　邮政网络

一、网　点

境内邮电业务历来都由市邮电部门统一管理。1996 年，衡阳市邮电局在城北区设立 11 个网点：邮电大楼中心营业厅，经办综合性邮电业务。城北邮电所、衡阳医学院邮电所、小西门邮电所、衡邵路邮电所、五一路邮电所，可经办包裹、汇兑、函件、特快专递、报刊零售、基本电信业务。湖南林业专科学校邮电所、大元头邮电所、汽车西站邮电所、西合邮电所、微波邮电所，可经办函件、特快专递、报刊零售、基本电信业务。1998 年 10 月 23 日，邮电分营。各邮电所按当时主营业务，分设邮政、电信网点，网点总数不变。1999 年，衡阳市内邮政所为 43 处，其中自办的 21 处，代办 22 处。报刊零售点 112 个，集邮品销售点 3 个。邮政储蓄网点 27 处。2003 年，各社区相继在街巷人口密集处自办邮政代办点或社区服务中心 23 家。2008 年，衡阳市区邮政代办所全部撤除，全市共有自办局所 209 个。其城区分布情况是：衡阳市邮政局 36 个，其中石鼓区局 13 个。至 2018 年不变。

1996—2018 年衡阳市石鼓区邮政（营业）所统计表

表 15-2-1

序号	网点名称	网点属性	房产性质	详细地址	邮筒（箱）设置	邮件接发时间
1	中山北路邮政所	自办	租赁	中山北路 56 号	1	10：08/10：11 16：46/16：49
2	衡邵路邮政所	自办	租赁	衡邵路 23 号	1	9：48/9：51 15：30/15：35
3	小西门邮政所	自办	租赁	船山路 39 号	1	9：55/9：58 16：10/16：13
4	南华大学邮政所	社区办	—	南华大学院内	1	9：40/9：43 15：11/15：14
5	明翰路邮政营业所	自办	租赁	明翰路 53 号	1	16：00/16：03
6	汽西邮政营业所	社区办	—	汽车西站旁	1	15：07/15：10
7	红湘路邮政营业所	自办	租赁	船山西线路局	1	15：19/15：22
8	潇湘邮政营业所	自办	自主	中山北路 200 号	1	10：03/10：06 16：40/16：43
9	船山西路	社区办	—	船山西路	1	15：24/15：27
10	五一路邮政所	自办	租赁	五一路 69 号	1	16：25/16：28
11	华源营业所	自办	租赁	黄沙湾 51 号	1	15：45/15：48

续表15-2-1

序号	网点名称	网点属性	房产性质	详细地址	邮筒（箱）设置	邮件接发时间
12	江雁营业所	自办	租赁	合江套路	1	投递收筒
13	角山营业所	自办	租赁	角山乡	箱 1—呆鹰岭接取	

二、邮　路

1996 年，市局投递路线（单程）1063.80 千米，其中汽车投递 2 个段、130 千米，摩托车投递 5 个段、280.70 千米，自行车投递 25 个段、653.10 千米。2005 年 1 月 27 日，为严格加强报刊等邮件的投递频次管理，确保主要党报在市内当日见报，衡阳市邮政局根据国家邮政局和湖南省邮政局有关规定和要求，决定调整报刊投递市内转趟频次。从 1 月 28 日起，将石鼓投递部每日上午两个投递频次调整为每日上午和下午各一个频次。2007 年对投递分局的机构设置进行了调整，全市共有投递段道 97 条、汽车大户段 5 条，其中石鼓投递部 42 人，负责投递段道 27 条，其中城投 22 条、郊投 4 条、汽车大户段 1 条，日均投递里程 808.60 千米。至 2018 年不变。

1996—2018 年衡阳邮区石鼓投递部邮路运行情况统计表

表 15-2-2

序号	邮路组开局	邮路名称及路代码	班期	站名	邮路里程（千米）
1	衡阳市中心局	三塘—石鼓（市趟 1）3742102106	周七	衡阳中心	23
				石鼓投递	
				石鼓揽投	
2		三塘—西湖（市趟 1）3742102107		衡阳中心	21
				西湖揽投	
3		三塘—石鼓（市趟 2）3742102209		衡阳中心	25
				西湖揽投	
				石鼓揽投	
4		三塘—石鼓（市趟 3）3742102106		衡阳中心	23
				石鼓揽投	
				石鼓投递	
5		三塘—西湖（市趟 3）3742102307		衡阳中心	21
				西湖揽投	
				衡阳潇湘	
6		石鼓—三塘（市趟 4）3342130001		石鼓揽投	24
				衡阳五一	
				衡阳中心	
7		西湖—三塘（市趟 4）3342104002		西湖揽投	23
				衡阳华源	
				衡阳中心	

续表 15-2-2

序号	邮路组开局	邮路名称　路代码	班期	站名	邮路里程（千米）
8	衡阳市中心局	三塘—石鼓（市趟 5）3342100998	周七	衡阳中心	23
				石鼓揽投	
				石鼓投递	
9		三塘—西湖（市趟 5）3342100999		衡阳中心	21
				西湖揽投	
10		西湖—三塘（市趟 6）3742102207		衡阳大元	35
				衡阳潇湘	
				衡阳五一	
				衡阳华源	
				衡阳衡邵	
				石鼓揽投	
				西湖揽投	
				衡阳中心	
11		石鼓—三塘（市趟 7）3742100051		石鼓揽投	21
				西湖揽投	
				衡阳中心	

1996—2018 年衡阳邮区石鼓投递部段道情况统计表

表 15-2-3

段号	服务范围
市 1 段	金果路全部、王衙坪、珠琳巷、金鳌巷、沿江南路、云台观、雁城路 1-12、中山南路 2-96、先锋路 1-73、2-36、湘江南路 59-末
市 2 段	先锋路：38-70
市 3 段	五福庵、马嘶巷、市府路、天后街、和平南路、吉祥街、解放路 3-55、中山南路 99-151、中山北路 98-130
市 4 段	苏眼井、大西门巷、广场路、广场新村、先锋路 79-末、雁城路 92-末、环城南路 229-365、环城北路 166-218
市 5 段	仙姬巷、大小马嘶塘、辉吐巷、蒸阳南路、张飞巷、左家台、黄青巷、一人巷、爱民路、雁城路 14-48、环城南路 1-227、2-120
市 6 段	蒸湘南路单号、肖家山、岳屏公园 9 号楼、解放路 57-131、两路口 1 号、天马山 5-末、天马南路 22-70、3-49
市 7 段	万花园、龙船巷、万花园、兴隆巷、上游村、雁城路 1-37、湘江南路 46-57、雁峰路 1-89、2-70、大庆路 1 号
市 8 段	余德堂、接龙山、接龙村、雁南村、王家山、湘中巷、金钱村、雁峰新村、条线坪、西投部信箱、雁峰路 91-末、72-末、先锋路 154-156、雁城路 39-85、50-104
市 31 段	莲湖路、蒸湘北路 2-20、商业新村 61-末、常胜中路 64-末

续表15-2-3

段号	服务范围
市 32 段	向农路、商业新村 1-60、解放路 118-264
市 33 段	赤帝巷，向群坪，十家村，向群路，朝阳巷，布袋街，都司街，环城北路 1-3，人民路 100-末，87-末，蒸阳路 1-末（单），军路口 1-99，青山街 1-74，船山路 13-53，进步大厦 A、C 栋，常胜中路 4-62
市 34 段	解放路 65、87、105、128 号，环城南路 351，北路 235 号，船山路 11 号，先锋路 54 号
市 35 段	西湖新村、学宫巷、小西门、船山路 55-末、环城北路 5-末、2-末
市 36 段	九角巷、常胜东路、王家巷、马王巷、解放路 46-116、和平北路 1-85、2-64、中山北路 1-87、人民路 1-85、2-96、蒸阳路 2-84
市 37 段	向阳路、福田巷、文运街、三眼井、钱局巷、卢家苑、常胜巷、蒸阳路 86-末、司侧街 1-12、船山路 1-11、中山北路 89-131、司前街 22-末、19-末、和平北路 85-末、66-末
市 38 段	陕西巷、进步路、福德街、矛盖台、进步巷、胜利路、五家巷、濂溪街、玉环巷、玉新巷、财富门、中山北路 2-202、133-329、司前街 2-20、1-19
市 39 段	扫星巷、壮志巷、城基巷、潇湘街全部、中山北路 57-末单、荷池路全部、长青路、坪全部、华光街、光帝巷全部
市 40 段	解放路 2-42、湘江北路 1-39、沿江北路 2-114、1-117、湘江北路 41-末、沿江北路 116-末、119-末、石鼓路全部
市 42 段	建设新村、双桥北路、伏波巷、草后街、防洪路、五一塘、杨家坪、仁家巷、五一巷、五一路 1-49、2-16 建设路、五一大市场、五一路 51-69
市 44 段	演武坪、双园村、双园街、古汉大道、北壕塘
市 45 段	演武路、明翰路、下横街、西湖三村、军路口 100-末、蒸湘北路 50-80、演武坪 101 栋、108 栋
市 46 段	西湖二村、道南新村、易赖街、蒸湘北路 30-48、船山路 2-68
郊 52 段	同心路，衡长街，江雁村，合江路（套），松梅村，七里井，望城路 39-70、1-12，五一路 71-末，18-末
郊 53 段	黄沙湾、五里牌、团结村、银溪庄、望城路 70-末、望城 67 号
郊 54 段	松木村、新竹、金兰、三里、新安、朝阳、友谊、建新
郊 55 段	望城坳、友爱村、青石、友爱村、107 国道
汽车段	大户段

第二节　邮政业务

一、信函包件

1996 年，石鼓区境内函件种类有信函、特挂信函、明信片、印刷品、盲人读物、邮政快件、挂号信函、保价信函、航空信函、存局候领及代发广告业务、特快专递等。2000 年，信函量猛升，包件下降。此后，因城乡电话日趋普及，交通越来越便利，银行卡的优越性明显凸现，信函、包件、汇兑均呈下降趋势。2005 年，全市完成国内函件 2377. 31 万件、包件 385. 31 万件，其中石鼓区完成国内函件 95. 20 万件、包件 26. 13 万件。2018 年，全市完成国内函件 201. 61 万件、包件 64. 65 万件，其中石鼓区完成国内函件 15. 30 万件、包件 5. 33 万件。

二、报刊发行

1996 年，城区报纸杂志发行主要是邮电大楼中心营业厅。在保证党报、党刊正常发行的基础上，对一般报刊群众自主订阅。为方便市民，在邮政所、报刊亭（公用电话亭）零售。1999 年，全市报刊零售点 112 个。2005 年后，邮政局设立报刊发行中心。区内党报、党刊由区委宣传部组织征订和各单位自主征订。一般报刊由各单位和市民选择。报刊亭的出现促进书籍报刊发行多元化发展，但在方便人们生产生活的同时，也给城市管理带来一些困难。通过多次整顿引导，2002 年 2 月 6 日，衡阳市邮政局对集邮、报刊零售、邮购业务实行县市一体化经营。从此，报刊零售也就被单列出来作为一项重要业务实行专营。2006 年，报刊零售点增加 40 个。2014 年 1 月 25 日，根据省公司“书报刊零售公司”的撤并方案，成立衡阳市邮政局报刊零售公司。2017 年 3 月 16 日，撤销报刊零售公司。报刊零售业务成建制划归集邮与文化传媒部。至 2018 年底，境内仍保留少数规范有序的报刊零售店和报刊亭。

三、快递业务

1998 年 11 月 10 日，衡阳市邮政局以衡邮（1998）局字第 005 号行文设置了管理和生产机构，速递（物流）设置为“速递分局”。2010 年 6 月经国务院批准，由中国邮政集团联合各省邮政公司共同发起设立中国邮政速递物流股份有限公司［简称中国邮政速递物流（ExpressMailService）］。EMS 分为航空和陆运两种，邮递方式多样，方便快捷。业务首重规定为 20 元。市内 1 天内送达，外地 1～2 天送达。境内邮政送递业务激增。2016 年，邮政 EMS 在辖区内松木乡、角山乡设点。实行推进快件“三不”（不着地、不抛件、不摆地摊），并将“三不”作为分支机构办理、许可变更登记的必要条件。2018 年，宣传贯彻衡阳市邮政管理局《关于协同推进快递业绿色包装工作的指导意见》，以住宅投递、智能快件箱和公共服务站投递互为补充，加快全区快递末端综合服务平台建设，引导重点品牌使用电子运单、绿色环保材料和新能源汽车，石鼓区邮政分公司增置汽车 3 台，机动化水平提升 40%。是年，石鼓区境内虽然已有顺丰、德邦、优速、中铁、韵达、圆通、申通、中通、百世等 22 家快递公司，但市民首选邮政 EMS，EMS 业务量为所有快递公司之首。

第三节　机　构

1996 年，邮政、电信业务统属衡阳市邮电局管理。衡阳市邮电局下设 4 个支局，境内为城北支局。1998 年 10 月 23 日，撤销衡阳市邮电局，成立衡阳市邮政局，设江东、江西 2 个邮政分局，境内业务属江西邮政分局管辖。2000 年 12 月，分管境内业务的江西邮政分局撤销，其业务分别划入新成立的市邮政营业中心、专职营销中心、邮政投递分局、报刊发行分局，代办的管理职能划归经营服务部。2003 年 1 月，衡阳市邮政局对所属机构进行调整，设立石鼓区局，区局内下设市场部、营业部和社区配送部。2005 年 1 月 12 日，衡阳市邮政局机构调整，石鼓区邮政营业分局明确为正科级（科级职数 2 个），并在境内新增设五一路邮政支局、南华大学直管所 2 个营收部门。2007 年 9 月 10 日，因工作需要，撤销石鼓区邮政营业分局，境内业务并入江西邮政营业中心。2008 年 3 月 21 日，中国邮政储蓄银行衡阳市分行成立。2012 年 11 月 26 日，衡阳市邮政管理局成立。2014 年 3 月 8 日，衡阳市邮政管理局更名为“湖南省邮政公司衡阳市分公司”。2015 年 10 月 27 日，根据国务院进一步深化邮政企业改革的要求，湖南省邮政公司衡阳市分公司再次更名为“中国邮政集团公司衡阳市分公司”。2017 年 6 月 22 日，设置石鼓分公司作区分公司管理。

2003—2018 年石鼓区邮政局（分公司）领导一览表

表 15-2-4

姓名	工作单位	担任职务	任职时间
彭双荣	石鼓区邮政局	局长	2003. 01—2003. 07
刘干轩	石鼓区邮政局	负责全面工作	2003. 07—2004. 01
刘干轩	石鼓区邮政局	局长	2004. 01—2006. 01
黄　琨	石鼓邮政营业分局	局长	2009. 01—2012. 01
黄　琨	石鼓邮政营业分局	局长	2011. 01—2012. 01
郭　胜	石鼓区分公司	总经理	2017. 06—2018. 06
周　勇	石鼓区分公司	副总经理	2017. 06—2018. 11
侯晓林	石鼓区分公司	副总经理（试用期一年）	2018. 11—

第三章　通　信

第一节　电　话

一、固定电话

1996 年，全区电话机总量达到 6000 部，境内电话普及率为 3%。2000 年，区内的电话用户达到 3.8 万户，实现历史性突破。其中私人电话所占比例逐年增加，家庭住宅电话走入千家万户，成为居家必备。衡阳市电信局还在境内的衡阳医学院、中南工学院、衡阳广播电视大学等几所高等学校内开通校园卡智能电话。2001 年 2 月 21 日，全省对有关资费进行调整，本地网营业区内电话通话费计费单元由 3 分钟一次计费改为首次 3 分钟 0.22 元，以后每分钟计费一次 0.11 元。固定电话的本地网营业范围扩大至行政县，长途计费单元由 1 分钟改为 6 秒钟。执行国内长途电话、国际及港澳台电话、固定本地电话通话费，职能网业务和拨号上网通话费调整后的资费标准，取消电信附加费。2003 年，全区电话用户总数达到 4.5 万户。受移动业务和其他竞争因素影响，自 2007 年开始，固定电话规模发展开始呈现负增长。2018 年，全区固定电话用户 5.03 万户。2011 年年后，随着移动电话的逐渐普及，家庭固定电话使用频率逐年下降。2018 年，全区固定电话用户 1.5 万户。

二、无线市话

作为固定电话的补充和延伸，无线市话，又称“小灵通”，英文简称 PHS。衡阳市电信公司于 2003 年 1 月 25 日正式开通无线市话，并进入调试和运行。2003 年 3 月 12 日，衡阳市“小灵通”正式开通对外放号，无线市话实行与固定电话相同的资费标准，得到广大市民的青睐。是年，衡阳市“小灵通”用户 65003 户，其中石鼓区 6200 户。2004 年，石鼓区“小灵通”用户发展到 7700 户。2005 年，实现“小灵通”与固定电话号码同振，提供一号双机服务。2006 年，全区用户突破 1 万户。2009 年，衡阳电信获得移动电话经营权后，“小灵通”用户逐步减少，2011 年减至 3000 户。随着 3G 业务的拓展，“小灵通”业务所占用频段逐步让道 3G 业务。2012 年 1 月，“小灵通”逐步实施清频退网，至 2012 年 12 月，“小灵通”用户仅为 1300 户。2014 年 10 月 1 日，“小灵通”业务取消。

三、移动电话

1996 年，全区有移动电话用户 5500 户，其中数字用户 1200 户。1999 年，中国电信遵照国家非对称管制政策，不再经营移动电话业务，衡阳移动完成于电信的分离。是年 7 月，“全球通”数字移动电话号码从 10 位升到 11 位，升位方法为原号码第三位后加“0”，号码升位后，号码资源得到改善。至 2000 年，全区有移动电话用户 2.75 万户。2002 年，联通公司运营的第三代移动通信网 CDMA133 正式开通运营，具有“语音清晰、辐射低、保密性强”等优势。2004 年，移动推出“神州行·大众卡”，期末全区通话用户达到3.3万户。2005年，全区移动电话用户达到8.7万户。2008年，中国电信恢复全业务经营，原由中国联通经营的CDMA转由中国电信经营。2009年，湖南电信天翼3G业务启动。是年末，全区有移动电话用户13.37万户。至2018年，全区有移动电话用户16.78万户，其中，电信3G用户1.1万户、移动用户12.2万户、联通用户3.48万户。

第二节　电报、传真、无线寻呼

一、电报、传真

1996年后，随着电话、传真通信技术的普及应用，电报业务逐渐萎缩。1996年后，传真业务作为用户端自行选装的设备与普通电话合二为一。1999年，为达到减员增效，衡阳市制订电报技改业务方案，建立以衡阳市电信局为中心的本地网中心报房，撤销县（市）区局的中心报房，在各局的中心营业厅设置电报业务处理综合台。2000年，取消公众电报报用电路。2001年1月起，停止受理加急电报。2002年1月起，取消汇款电报业务，按普通电报处理。随着电报业务的不断萎缩，2006年5月，此业务被终止。2012年，传真机终端与电话功能合二为一，用户自购自维，随着区内程控电话和长途电话的发展，用户与用户之间自行设置真迹传真机，通过电话网相互沟通。

二、无线寻呼

1996年6月，全省无线寻呼系统联网，实行同波发射，全省无线寻呼设备统一型号，原有的设备被省局摩托罗拉设备无条件替换，原有设备完全闲置。1996年，全区无线寻呼用户数11383户。1998年4月，根据信息产业部关于全国无线寻呼股份制改制后实施方案的规定，中国电信所有经营无线寻呼业务的企业，全部剥离给衡阳市无线寻呼集团公司。随后，衡阳市寻呼公司合并到衡阳市联通分公司。1999年12月，新时代衡阳分公司成立，主营网络和无线寻呼业务。2000年12月，衡阳市电信分公司新蓉园96128、96129寻呼正式开通。截至2000年底，全区电信新蓉园寻呼用户11220户。截至2002年底，新蓉园寻呼用户13440户。2004年4月5曰，衡阳电信实业公司根据湖南省电信实业集团有限公司、湖南省新时代通信网络股份有限公司文件精神，撤销新时代衡阳分公司。至此，衡阳电信寻呼业务终止。

第三节　互联网

1996年，境内只有少数大企业、科研机构、大专院校加入因特网，并开通163、169（拨号上网）互联网窄带业务，全区互联网用户96户。1999年，境内有注册上网用户103户。2000年，衡阳电信推广宽带上网业务，中国联通互联网也正式向公众提供互联网服务，与中国电信、中国网通、中国铁通、中国教育网（赛尔网络）实现直连，境内互联网用户不断增多，有用户964户。2002年12月20日，衡阳宽带业务支撑系统工程完成并投入使用，开通光纤接人互联网宽带业务，有用户896户。是年，境内宽带网用户为1077户。2005年，宽带网用户达1915户。2010年，境内有宽带上网用户16000户，“网吧”120多家。这些“网吧”在境内有的设在大中专院校附近，有的设在街巷深处，有的设在城区中心繁华街道，如中山北路、解放路。境内部分机关和单位已实行网上办公，无纸办公。商家实行网上交易，个人使用网上购物、网上缴费、网络电话。2018 年，境内宽带上网用户达 4 万户。

第四节　机　构

1996 年，境内通信业务由衡阳市邮电局统一管理。1997 年，邮政与电信分家。1998 年 10 月，衡阳市电信局挂牌成立，负责管理全市范围内的所有通信业务的经营维护、规划设计、安全生产与基础设施建设。1999 年 7 月，中国移动通信衡阳分公司挂牌成立。2000 年 4 月，中国联通衡阳分公司成立。2000 年 9 月，撤销衡阳市电信局行政机构，成立湖南省电信公司衡阳市分公司。2004 年 5 月，设立湖南省电信有限公司衡阳市分公司。2008 年 2 月，原湖南省电信有限公司衡阳市分公司变更为中国电信股份有限公司衡阳分公司。6 月，成立中国电信衡阳分公司移动通信建设办公室。10 月，中国电信股份有限公司衡阳分公司正式接管衡阳市境内 CDMA 移动通信业务。2018 年，境内的通信业务由三家公司进行，分别是中国移动通信集团湖南有限公司衡阳分公司、中国电信股份有限公司衡阳分公司、中国联通有限公司衡阳分公司。仅中国移动通信集团湖南有限公司衡阳分公司在境内设城北分公司，只负责经营移动通信业务。

第四章 电 力

第一节 电力设施

一、变电站

三角塘变电站 位于黄沙湾街道松梅村地域，1985 年 10 月投入运营，主变压器 2 台，容量 31500 千伏安。

明翰路变电站 位于石鼓区明翰路附近，2009 年投入运营，主变压器 2 台，容量 31500 千伏安。

周家村变电站 位于角山乡前进村周家村，2010 年投入运营，主变压器 2 台，容量 31500 千伏安。

清水塘变电站 位于金源街道清水塘组，2012 年投入运营，主变压器 2 台，容量 31500 千伏安。

角山乡变电站 位于角山乡，2014 年投入运营，主变压器 1 台，容量为 5000 千伏安。

二、输电线路

三杉线 三角塘变电站至杉桥变电站，1979 年 5 月投入运营，35 千伏线路，长度 16.70 千米，为原七里井变电站输出线。

三李线 1984 年 5 月投入运营，三角塘变电站至李坳变电站，35 千伏线路，长度 8.70 千米。

麻三线 1988 年 9 月建成投入运营，麻糖变电站至三角塘变电站，110 千伏线路，长度 16.58 千米。

三碱线 1992 年 10 月建成投入运营，三角塘变电站至原烧碱厂专变电站，110 千伏线路，长度 6.97 千米。(此线路由原烧碱厂投资，属该厂资产，由市公司代管维护)。

麻三廖支线 1999 年 9 月建成投入运营，麻三线变电站接至廖家湾变电站，110 千伏线路，长度 6.30 千米。

湛碱线 2003 年 6 月建成投入运营，湛佳塘变电站至原烧碱厂变电站，110 千伏线路，长度 8.53 千米。

角碱线 2014 年 6 月建成投入运营，角山乡变电站至原烧碱厂变电站，110 千伏线路，长度 28.9 千米。

三、城乡电网建设

1998 年，境内根据衡阳电业局的部署，开展城乡电网改造，实施一户一表。2000 年底，境内三角塘 110 千伏变电站实现无人值班。2003 年境内角山乡、松木乡及合江街道范围内的农网改造全面铺开。2005 年，分公司管辖范围内无人值班站增加廖家湾 110 千伏变，电网直供范围内用户总数 3 万余户，其中110千伏及以上用户1户，主变容量4万千伏安，用电量162997万千瓦时；10千伏用户20余户，用电量23808万千瓦时；一般动力用户1000余户，非居民照明和商业用电1万余户，城镇居民一户一表用电2.70万余户；农村农户通电率99.98%。2011年底，衡阳市出台《衡阳电业局农村配电网改造升级工程管理办法》，供电部门加快农村配电网升级改造步伐。2014年，建成角山乡变电站。2015年，实施廖家湾变电站升压改造工程，由原来的110千伏升级为220千伏。因电网的不断扩大和发展，输、变电设备自动化技术程度的不断进步和提高，以计算机技术为核心的信息技术的应用和确立，以光纤通信为主导的多种通信网络的建立和完善，衡阳电力实现自动化调度与遥测、遥信、遥控、遥调。2018年底，利民村、和平村农网改造全部完成。

第二节　电力营销与服务

1996年，电力供应紧张的局面总体上得到改变，电力供求关系基本达到平衡，国家限制用电的若干规定停止执行，电力企业开始注重电力营销工作。1998年，衡阳电业局将原来的用电科改成用电营销部，境内供电单位的用电股改成营销科，逐步将用电管理职能转换为市场营销职能。1999年开始，城乡电网改造拉开序幕，经过五年的不懈努力，全区电网覆盖率99%以上，电力销售范围遍及全境，销售对象涉及各行各业。2000年，电力部门确立电力营销为企业的核心业务，逐步完成从服务质量到服务效率由低到高的转变，初步建立具有现代化管理水平的电力营销体系，扩大电力销售市场和电力在终端能源市场的占有率。2003年，石鼓供电局远端话务班组成立，承接客户抢修等业务，指派供电员工及时处理。2005年石鼓供电局售电量达54520万千瓦时，比1999年的28217万千瓦时翻了一番。2010年，搭建石鼓区供电服务调度平台，实现95598运营、配网抢修两大块供电服务。2014年，角山乡用电负荷10000千瓦，年售电量1120万千瓦时。2016年，供电部门不断拓展供电服务渠道，提升优质服务水平，在用户中逐步实行停电通知，广泛开展安全用电、错峰用电宣传，受到社会各界好评。2018年，电力部门落实李克强总理在衡阳调研时的指示精神，全力优化营商环境，减免带电作业费、搭火费等7种费用，实现一般工商业目录电价降低8.60分/千瓦时，高低压业扩环节分别压减到4个、3个，相关经验做法被国务院办公厅信息刊物采用。

2005年底衡阳电业局石鼓区境内110千伏用户基本情况统计表

表15-4-1

原表序号	用户名称	电压等级（千伏）	专变容量（千伏安）	变电站投运时间	用电量（万千瓦时）			所属供电营业区
					2003年	2004年	2005年	
3	衡阳烧碱厂	110	40000	1993.3	7816	10201	15532	石鼓

2003年底衡阳电业局石鼓区境内10千伏用户基本情况统计表

表15-4-2

原表序号	用户名称	电压等级（千伏）	专变容量（千伏安）	2003年用电量（万千瓦时）	所在供电营业区
35	水口山二厂	10	4600	1135	石鼓
36	衡阳化工厂	10	2500	993	石鼓

续表15-4-2

原表序号	用户名称	电压等级（千伏）	专变容量（千伏安）	2003年用电量（万千瓦时）	所在供电营业区
37	演武坪水厂抽水站	10	1260	249	石鼓
38	演武坪水厂	10	6300	1102	石鼓
39	城北水厂	10	1000	176	石鼓
40	博邦纳米材料公司	10	1500	93	石鼓
41	金雁化工厂	10	2315	677	石鼓
42	西合粮油总站	10	1200	139	石鼓
43	北辰铸造有限公司	10	1260	—	石鼓
44	橡胶厂	10	1250	86	石鼓
45	古汉生物制药公司	10	1560	287	石鼓
46	衡阳市邮电局	10	2000	298	石鼓
47	南华大学学生公寓楼	10	1890	51	石鼓
48	人民银行衡阳分行	10	1200	93	石鼓
49	静园宾馆	10	1000	71	石鼓
50	南华大学	10	7345	1183	石鼓
51	供销大厦	10	1030	179	石鼓
52	晶珠置业有限公司	10	2850	—	石鼓
53	南华大学附一医院	10	2500	541	石鼓
54	移动衡阳分公司	10	2000	115	石鼓
55	文华房地产开发公司	10	1250	8	石鼓
56	嘉华房地产开发公司	10	1200	—	石鼓

2003年底衡阳电业局石鼓区境内10千伏用户基本情况统计表

表15-4-3

原表序号	用户名称	电压等级（千伏）	专变容量（千伏安）	2003年用电量（万千瓦时）	所在供电营业区
81	江雁机械厂	10	5370	998	石鼓
82	商业大厦	10	1130	156	石鼓

第三节　机　构

1998年10月，成立衡阳市电业局城北供电局，负责衡阳市城北区及市郊区的蒸湘街道、红湖街道、联合街道等区域的供电及电力营销管理。1999年1月，衡阳电业局城北供电局更名为国网湖南省电力公司城北区供电分公司。2002年，改称石鼓区供电分公司。分公司内设用电科、生技科、办公室、财务中心、稽查大队。2003年，分公司内设用电科、生技调度科、信息中心、办公室、稽查队、财务科、开发公司、农电总站8个部门，农电总站下辖15个供电所。2005年，设有综合办公室、财务科、营销部、网改办、营销稽查办、农电总站、用电检查大队、电建分公司、离退休管理办公室等机构。拥有固定资产原值4153万元，净值2662万元；流动资金2232万元，注册资金1500万元；管理的主要设备有10千伏线路34条263.40千米，配电变压器529台、容量151220千伏安。供电营业区域内，有110千伏用户1户；供电量61972万千瓦时，售电量54519万千瓦时，电费回收率100%，线损率12.03%；电力产品销售收入24582万元，占衡阳电业局总销售额的13.57%，在12个供电营业分支机构中居第3位。2011年称国家电网湖南省公司衡阳供电局石鼓供电分局。

2017年，国务院实施中央企业公司改制工作，公司由全民所有制企业整体改制为国有独资公司，国网湖南省电力公司石鼓供电分公司更名为国网湖南省电力有限公司衡阳供电公司城区客户服务中心。

第十六篇

教育　科技　卫生

1996—2018年，石鼓区全面贯彻党的教育方针，始终坚持教育优先发展不动摇，紧紧围绕加快建设高质量教育体系目标，积极发展幼儿教育、小学教育和初中教育，鼓励和支持社会力量办学。不断加大教育投入，持续改善办学条件。大力实施“名师”计划，打造了一支师德高尚、业务精湛、结构合理、充满活力的高素质专业化教师队伍。全面实施素质教育，整合教育资源，调整学校布局，加速现代技术教育设施设备建设，全面提高教育教学质量。其间，全区适龄儿童入学率、在校学生巩固率、小学毕业生升学率均为100%。全区33所小学全面改革学生评价模式，受到师生及家长的好评。学生参加市、省、国家各项比赛，全区有4000人次获市级以上一等奖；参加全国小学生英语能力竞赛及中央电视台“希望之星”英语风采大赛，获全国一等奖800人次。区教研室连续14年被评为优秀组织单位。教师教研成果丰硕，在省、市级别居全市榜首。教师教研获奖（国家级）150多项。该区先后获得湖南省思政课改革创新示范区、湖南省游戏活动和幼小科学衔接实验区等荣誉。其间，科技、卫生事业发展较快。2018年，全区有各级各类科研机构16个，有各类科技人员2569人。累计申请专利2380多项，获批准1290多项。开展科普进企业、进广场、进校园活动。发放科普宣传资料，讲解科普知识，使群众受到广泛的科普知识教育。组织区属企业、事业单位、学校学生参加科普竞赛，并获得省、市奖项100余项。2018年，全区有医疗卫生机构167家，医卫人员3737人，床位4199张。其中，市、区级医疗机构4家，医卫人员2810人。万人平均拥有医卫人员133人，万人平均拥有病床149张。全区医疗卫生工作由单纯医疗服务发展到医疗、预防服务，再到保健、康复、健康教育、计划生育技术指导综合服务，基本满足全区人民的医疗保健需求。

第一章　教　育

1996年，全区有小学31所，在校学术12000余人；幼儿园30所，入托学童1700余人。1996年后，全区教育结构不断得到完善，幼儿教育、初等教育、普通中等教育、职业教育和成人教育全面发展。截至2018年，全区有幼儿园48所，在园幼儿7004人；小学30所，在校小学生17933人；初中3所，在校学生1156人。

第一节　学前教育

1996年，境内幼儿园普遍按年龄编班：3~4岁为小班；4~5岁为中班；5~6岁为大班；也有不分年龄混合编班的。学前班招收5~6周岁幼儿入学，一般为一年。根据办园条件，有全日制、半日制、寄宿制，以全日制为主。20世纪90年代中期后，境内小学逐步实行6周岁入学。因计划生育，幼儿园人数有所减少。进入21世纪后，城市规模迅速扩大，人们的早期教育意识普遍增强，境内幼教规模扩大，入园人数增加。

1996年，区内有幼儿园30所，入托学童1700余人，有幼师220人，具有高中、中师以上文化程度的占幼师总数的92.50%。是年，市教委幼儿园挂牌为湖南省示范幼儿园。市教委幼儿园、市政府幼儿园办园经费由教育行政拨款，其他由办园单位解决。2001 年 9 月，境内幼儿园普遍开设健康、语言、社会、科学、艺术等五门课程。每节课时间通常为小班 15～20 分钟，中班 20～25 分钟。大班 25～30 分钟，幼儿园小班原则上不超过 25 人，中班不超过 30 人，大班不超过 35 人，学前班原则上不超过 40 人。

2002 年起，按照上级要求，城市学前教育与义务教育分离，区内城区各小学全部取消学前班，学前教育实行政府引导、社会力量为主的办学体系。2006 年 5 月，衡阳市政府制定《衡阳市幼儿教育发展规划》；全市幼教规模进一步扩大，石鼓区幼儿教育相应得到发展。至 2008 年，全区有幼儿园 32 所，其中教育系统办园 4 所、机关单位办园 6 所、社会力量办园 22 所，在园幼儿 9890 人，全区适龄儿童入园率达 93%；幼儿园教职工 502 人（其中专任教师 245 人），具有高中、中师文化的达 364 人，大专以上学历的达 138 人，其中高级职称 12 人，中级职称 68 人。其间，境内幼儿参加绘画、书法、舞蹈、英语口语等比赛，名次奖项均居衡阳市同级学校前茅。

截至 2018 年，全区有幼儿园 48 所，其中公办园 11 所、民办园 37 所，在园幼儿 7004 人。

第二节　初等教育

一、学校分布

1996 年初，全区有公办小学 14 所、厂矿子弟小学 17 所。2001 年区划调整，原属于城北区的太平小区小学、蒸湘北路小学、红湖小学析出归属蒸湘区管辖；原郊区黄沙湾街道进步小学与团结小学，西湖乡西湖中学、五一小学、友爱小学、江霞小学，松木乡松木中学、新安中学及其村小，原衡阳县角山乡角山中学及其村小、集兵镇灵官庙小学划入石鼓区管辖。是年，全区有小学 39 所、初中 5 所。

2002 年，撤并杨泗小学、友爱小学、金兰小学、三里小学等 6 所小学，是年陕西巷小学改办为石鼓区示范幼儿园。2003 年撤并角山小学、梽木小学。

为整合教育资源，2006 年再次调整学校布局，撤销明翰路小学，接收江雁机械厂子弟中学和小学，并对合江片 3 所小学和 2 所中学进行整合，将原江雁子弟小学、五一小学、友爱小学合并组建为合江小学。

2007 年，界牌瓷厂子弟小学、化工总厂子弟小学、电瓶总厂子弟小学、水口山二厂子弟小学由石鼓区接收，更名为望城小学、同心路小学、南云小学、来雁小学；是年南云小学师生分流到同心路小学和来雁小学。

2010 年 8 月，和平北路小学并入人民路小学，更名为人民路小学和平北路校区；2011 年 8 月，撤销望城路小学，并入建设新村小学；撤销来雁小学，并入同心路小学；2017 年 8 月，撤销新竹小学、新安小学，并入新建的金源小学；2018 年 9 月进行集团化办学试点，撤销角山杨岭小学并入新建的都司街华耀小学，撤销青石小学并入朝阳小学更名为人民路朝阳学校。

截至 2018 年，全区有小学 30 所，在校学生 17933 人。其中城区小学 11 所，204 个教学班，在校学生 9491 人；农村小学 14 所，119 个教学班，在校学生 4228 人；民办小学 5 所，108 个教学班，在校学生 4214 人。

二、课程设置

1996 年，继续执行国家教委九年义务制教育课程计划，调整学生在校活动时间，增加艺术课及活动课，小学每周课时总量为30～33节。开设学科有思想品德、语文、数学、自然、体育、音乐、美术，四年级起开设社会课，取消历史、地理学科。1999年，三年级恢复外语课。进入21世纪后，区内各小学普遍增设计算机信息技术课、心理健康教育课。2003年起所有小学起始年级完全选用各种版本的新课程教材。2004年，衡阳市义务教育阶段学校的一、二、三、四等4个年级全部进入新课程改革。2010—2018年，全区小学开设思想品德、语文、数学、英语、体育、美术、音乐、劳动、科学9门课程。

三、教育教学

1996年，境内各小学积极巩固普九成果，加大《中华人民共和国义务教育法》宣传，制订保学机制和以资助学的保障机制，制定全区控流保学工作方案，加强责任追究。是年，全区适龄儿童入学率100%，7～15周岁残疾少年儿童入学率92%，小学毕业升学率100%。

1998年，石鼓区率先对学校实行教育目标管理，涌现一批如人民路、都司街、荷池路、演武坪、下横街等在省市有影响的规范化学校。2000年，人民路小学被省教育行政部门认定为“湖南省现代技术教育实验学校”；都司街、荷池路、下横街、演武坪、五一路等5所学校被评为“衡阳市现代技术教育示范学校”。2003年，全区各小学共组织写作、数奥、科技制作、音乐舞蹈、美术书法、泥塑剪纸、种植养殖课外兴趣小组360多个，组织开展各种竞赛28场次，共有150多件素质教育成果在市级以上获奖，其中人民路小学学生合唱队排演的合唱节目《我们最知道》《大海啊，故乡》获湖南省中小学文艺表演一等奖，并代表湖南省参加教育部举办的全国中小学校园文艺表演。2004年，区委、区政府把控流保学纳入乡、街年度目标管理考核，并与干部的提拔、选用、评优晋级挂钩。松木、角山两个乡建立以乡政府组织为主、学校配合的义务教育“双线”保学控流责任制，层层签订责任状，涉农乡街制订《控流保学方案》。是年，全区小学生入学率100%。

2006年以来，区教育主管部门创新教育教学管理和评价体系，完善《石鼓区小学规范办学行为实施细则》，对学校教学质量进行随机抽测。2007年，组织参加衡阳市第二十一届科技创新大赛，全区共获一等奖18人、二等奖29人、三等奖71人，其中1人获国家级优秀奖、省一等奖，获奖总数占全市的三分之一。2008年以来，坚持举办全区中小学生劳动技能大赛、科技活动节活动。2010年，全区少先队鼓号队比赛、中小学生劳动技能大赛，有近200名同学参加手工布、剪纸、泥塑、编制4个类别现场竞赛。2016年，在第37届湖南省青少年科技创新大赛中，石鼓区获一等奖1个、二等奖7个，有三位老师荣获省级青少年科技创新大赛优秀指导教师奖。2018年，组织参加第32届衡阳市青少年科技创新大赛和第39届湖南省青少年科技创新大赛及第四届衡阳市青少年科技创新教育辅导与组织工作者培训班和全区中小学生参观中国流动科技馆全国巡展（湖南衡阳石鼓区站）活动。积极开展三点半课堂中小学生课后服务试点工作。其间，境内各小学加强德育教育，注重创新能力培养，有针对性地对小学生进行思想道德、行为品德教育，先后组织开展“祖国在我心中”“英雄在我身边”“我与文明同行”“手拉手送温暖”为主题的文艺表演、演讲比赛和万人签名拒绝毒品等活动。宣传基本道德规范，倡导“明礼诚信、团结友善、勤俭自强”。与明翰公园、岳屏公园、市博物馆联合创办“石鼓区中小学德育教育基地”，开展革命传统教育，引导学生树立中国特色社会主义共同理想，引导学生树立正确的世界观、人生观和价值观。加强学生良好行为习惯养成的教育。开展学雷锋活动、“我的中国梦”宣传教育活动、禁毒教育活动、关爱留守学生活动。确定养成教育每月一主题，开展中国梦系列教育、中华经典诵读等养成教育系列活动。开展中华优秀传统文化教育，大力培育和践行社会主义核心价值观，形成石鼓区中小学生爱读书、读好书的良好氛围。开展普通中小学三好学生、优秀学生干部和德育标兵、美德少年、最美青少年、最美孝心少年评选工作。

附：区属小学简介

人民路小学 学校创建于1944年，其前身是为纪念清朝兵部尚书彭刚直（玉麟）而创办的衡阳市私立刚直小学。1950年1月更名为衡阳市第一完全小学，1955年更名为人民路小学，是一所有着深厚文化底蕴的名牌老校，已载入国家《教育大辞典》。1978年2月定为省首批重点小学，2001年4月，定名为石鼓区人民路小学。2010年9月，将相邻的原和平北路小学兼并，形成一校两区、统一管理的格局。2018年，人民路小学踏上了集团化办学发展的新征途，先后托管人民路朝阳小学、江霞小学共同成长。在半个多世纪的历史长河中，培养了成千上万的学子。其中有著名作家琼瑶、亚洲滑冰女皇黄美丽、亚运跨栏亚军罗彬、抗洪牺牲的英雄梁力等。近年来，学校先后荣获“全国教育系统先进集体”“全国文明校园”“全国校园足球特色学校”“全国中小学科学教育示范学校”“国家级传统文化传承示范校”“全国红旗大队”等13项国字号荣誉。2018年，学校拥有45个教学班，在校学生2300余人，在职教职工112人。

都司街小学 学校始建于1930年，原名“尚志”小学。1950年，改尚志小学为衡阳市第九完小，1954年改为都司街小学。“文化大革命”期间改为朝晖小学，1990年，恢复今名。校园环境优美，硬件设施一流，是一所历史悠久、社会声誉高的窗口学校。学校先后获市德育工作先进单位、市体育工作先进单位、市后勤管理工作先进单位、市园林规范化学校、省体育工作先进单位、省文艺工作先进单位等称号。2018年5月，成立了都司街小学教育集团，集团由常胜校区（石鼓区都司街小学）和华耀校区（石鼓区都司街华耀小学）组成。2018年，学校有39个教学班，在校学生2000余人，在职教职工98人。

第三节　中等教育

一、初中教育

（一）学校分布

1996年，境内有市属初中4所（市十一中、市逸夫中学、市十四中、市实验中国学），146个教学班，在线学生8000余人，教职员工700人。单位办子弟中学3所（中南工学院附中、江雁子弟中学、湘运子弟中学）、17个教学班，在校学生600多人，教职工95人。2000年，市十一中更名为市外国语学校。2001年区划调整，原郊区西湖乡西湖中学、松木乡松木中学、新安中学，原衡阳县角山乡角山中学划入石鼓区管辖；衡阳市实验中学、中南工学院附中、湘运子弟中学调整至蒸湘区管辖。是年，全区有初中8所，其中市属初中3所、区属初中4所、子弟中学1所。2005年撤销新安中学，并入松木中学。为整合教育资源，2006年再次调整学校布局，江雁中学与西湖中学合并组建为合江中学。是年，全区有初中6所，其中市属初中3所、区属初中3所。2018年，境内有市属初中3所（市十四中、市外国语学校、市逸夫中学），68个教学班，在线学生3800余人，教职员工270人；区属初中三所（松木中学、角山中学、合江中学），28个教学班，在校学生1400余人，教职员工108人。

（二）课程设置

1996—1999年，境内初中开设思想政治、语文、数学、外语、物理（二、三年级）、化学（三年级）、历史、地理（一、二年级）、生物（一、二年级）、体育、音乐、美术、劳动技术 13 门课程。每周 32 课时，每课时 45 分钟。2000 年，城区初中增设信息技术课。2005 年，农村初中普及信息技术课。2006—2018 年，全区初中所开课程课时未变。

（三）教育教学

1996—2000 年，境内各中学继续实施衡阳市教育局下发的《学生思想品德评价方案》，初中各年级开展“班级一日常规讲评会”，将日常行为规范与评“三好学生”“优秀班干部”挂钩，加强中学生日常行为规范教育。各中学积极开展教研活动，尝试教学互动，启迪学生思维，改进教学方法，教学效果显著。学生初中入学率 100%，升学率 98.82%。2002 年，各中学教师在教学中注重课堂练习，减少作业负担，开阔学生视野，提高学生观察、分析、推理和创新能力；并重视实践环节，培养学生动手能力，改变过去单一看考试分数为综合评价的模式，以适应素质教育要求。2005 年，各中学着力促进课堂改革，提高教学效益，推动素质教育深入开展。至 2005 年的 5 年中，各中学教研、教改及优秀论文获省奖 26 篇，获国家级奖 5 篇。2008—2011 年，各中学组织爱国主义教育专题活动诗歌朗诵比赛演讲比赛、爱国歌曲比赛、舞蹈比赛、绘画比赛等活动 210 余次，观看爱国影片 50 余场，参观爱国主义教育图片展 20 场次，学生受教育面 100%。2015 年，区内各中学均设有图书室、仪器室和电教室，多媒体电化教学在各科教学中普遍使用。2018 年，根据教育部门对中学生思想道德建设提出的新任务、新问题，改进和加强中学生思想道德建设工作。围绕养成教育、班级管理两条主线，组织开展多种形式的教育活动，使中学生从历史、现实和未来发展的角度形成环保、安全、卫生、健康等思想认识，促使学生成长为人格健全、体格健康的社会小公民。

二、普通高中教育

1996 年，境内普通高中有衡阳市二中、衡阳市四中和中南工学院办的附属中学等 3 所中学办有高中班。共有高中班 45 个，在校高中生 2700 人。其中，高三年级有 20 个班，1000 人。各校按照教育部颁发的《全日制六年制重点中学教学计划（试行草案）》组织教育教学活动，当年毕业 980 人，毕业率 98%。是年，各高中学校普遍建有计算机教室，将电脑教学列入教学内容，加快教育现代化的进程。2001 年，由于区划调整，中南工学院附属中学调整至蒸湘区管辖。是年，区内共有高中 2 所，开设高中班 36 个，在校高中生 1900 人。其中高三年级 15 个班 803 人，毕业 750 人，毕业率为 93.98%。参加高考 740 人，考入大专院校 500 人，升学率为 67.5%。2002 年，衡阳市四中改名为“衡阳市田家炳实验中学”。2018 年，区内共有普通高中 2 所（市二中、市田家炳实验中学），90 个教学班，在校高中学生 5100 余人。其中，高三年级 32 个班，1906 人，毕业 1870 人，毕业率 98.1%。参加高考 1906 人，考入大专院校 1900 人，其中录取本科 1300 人，本科录取率 68.4%。

附：驻区普通中学选介

衡阳市二中　创建于 1906 年，前身为衡清官立中学堂，历经西湖中学、衡阳县立中学、市立中学，1955 年定名衡阳市二中。回顾二中文脉起源，据史料记载，宋代史学家龙图阁直学士郑向曾筑室于西湖北岸。其甥周公敦颐（1017—1073，号濂溪），幼孤恃舅，启蒙于此，后学成就此讲学。建校以来，学校体育和艺术特色教育成效明显，运动员先后夺得全国比赛金牌 9 枚，省级比赛金牌 125 枚，市级金牌 432 枚，18 人次达国家一级运动员标准。培养国家二级运动员 122 人，高中毕业班运动员 100%保送到国防科大等全国高校，艺术特长生获国家级、省、市级奖 53 人次。学校已挂牌为衡阳市重点中学、衡阳市教改教研示范校、湖南省现代教育技术实验学校、湖南省培养体育运动后备人才重点中学、武汉体院训练基地、湖南师大艺术学院衡阳附中、“全国培养体育后备人才试点中学”。2018年，学校有50个教学班，在线学生3000多名，在职教工206人。

衡阳市逸夫中学 学校创建于1969年，前身为“市城建中学”，1981年更名为“市十三中学”，1995年接受香港著名爱国实业家邵逸夫捐资助建，全面改建并更名为“衡阳市逸夫中学”。学校东临湘江，西接蒸水，前畔美丽的雁栖湖，后枕石鼓书院，集传统文化之神韵，揽现代文明之精华，源远流长。学校占地面积约38亩，建筑面积14862平方米。2012年市政府拨资全面改造，同年8月台湾“中华文化总会”会长刘兆玄、湖南省委副书记梅克保等领导到学校为“湖南省数字教育示范学校”揭牌，成功创建湖南省第一所“数字教育示范校”。学校发展良好，教学质量居全市一流，先后获得教育部教育信息化试点单位、全国群众体育活动先进单位、全国青少年校园足球特色学校、“新时代好少年”主题教育读书活动“我为祖国点赞”示范学校等多项国家级、省级荣誉。2018年，学校有29个教学班，108名教职员工，1502名学生，住校生843人。

衡阳市田家炳实验中学 创办于1938年，由衡阳天主教会创办，原名仁爱中学。坐落于风景秀丽的雁栖湖畔，是一所历史悠久、文化底蕴深厚、办学规模小、教学质量高、育人环境差的市示范性高级中学。学校占地60余亩、校舍总面积5万多平方米。学校拥有一支素质优良、结构合理、年富力强的教师队伍，高、中级职称的教师占60%以上，学历合格率达庄95%，平均年龄33.7岁。2001年，学校得到了香港实业家田家炳先生的慷慨捐助，2002年改名为“衡阳市田家炳实验中学”。学校先后被评为省现代教育技术实验学校、衡阳市优秀学校、市中学生行为规范示范学校、教师队伍建设先进单位、市星级文明单位、综治工作先进单位、省园林式单位等。2018年，学校有40个教学班，在校学生2300多人，教职员工210名。

衡阳市外国语学校 始建于1908年，前身为南路师范学堂，1915年更名为湖南私立道南中学，1958年更名为衡阳市第十一中学。2000年4月，学校更名为“衡阳市外国语学校”，是衡阳市唯一一所公办外语特色学校，也是全国外国语学校学会理事单位、省外国语学校学会常务理事单位。学校以外语特色教育为突破口，创办了“英语+小语种”外语特色班，采用小班制教学，被国家基础教育实验中心外语教育研究中心批准为“外语实验学校”，被中央教育科学研究所批准为中国日报《21世纪报》全国中学英语阅读教学实验基地，被省教育学会确认为湖南省外国语实验学校，荣获“湖南省外语教育先进单位”“全国外国语特色学校理事会理事单位”“湖南省外国语学校首届理事会理事单位”。2018年，学校有27个教学班，在校学生1300余人，教职员工107人，其中专任教师98名，外籍教师2名。

第四节 高等教育

1996年，境内有大专院校4所，其中本科院校2所（中南工学院、衡阳医学院），专科学校2所（湖南林业专科学校、湖南大学衡阳分校）。在校学生14000余人，其中研究生48人，本科生3921人。教职工2200余人，专任教师730人，其中教授30人，副教授195人，讲师325人。2001年4月，湖南林业专科学校更名为湖南环境生物职业技术学院。2001年5月，中南工学院、衡阳医学院合并组建为南华大学，并因区划调整从境内划至蒸湘区管辖。2004年6月，衡阳市卫生学校整体并入湖南环境生物职业技术学院。2007年，经教育部批准，湖南大学衡阳分校与湖南建材高等专科学校合并为湖南工学院，校址设珠晖区。

2010年，经湖南省人民政府批准，创办于境内的民办院校湖南理工专修学院更名为湖南工商职业学院，并升格为全日制普通高等职业院校。至2018年，境内有高职院校2所（湖南环境生物职业技术学院、湖南工商职业学院），在校学生27000余人，教职工1300余人，其中专任教师1060人，教授、副教授及相应职称354人。

附：驻区高等院校选介

湖南环境生物职业技术学院 始于清光绪二十九年（1903）创办的修业学堂，历经湖南省私立修业高级农业职业学校、湖南省立修业农林专科学校，1951年3月与湖南大学农业学院合并组建湖南农学院，1975年10月创设衡阳分院，1987年4月改湖南林业高等专科学校，1999年6月改高等职业技术学院，2001年4月更现名。学校位于石鼓区黄沙湾街道灵官庙村，107国道旁。学院占地面积1208亩，是国家生态文明教育基地、全国职业教育先进单位、湖南省首批省级示范性高职院校、中国林业科学院专业硕士湖南省唯一培养基地。学院设园林学院、生物工程学院、生态宜居学院、医学院、医药技术学院和商学院，招生专业34个。学院先后获国家级科技进步二等奖2项、三等奖2项，获省级科技进步奖一等奖4项、二等奖10项、三等奖13项，获国家级教学成果二等奖2项、省级教学成果特等奖1项、一等奖2项、二等奖6项、三等奖13项，主持国家级现代学徒制试点学校项目、国家级基础能力提升建设专业2个、国家级骨干专业4个（园林技术、畜牧兽医、护理和康复治疗技术）、国家级生产性实训基地2个（生态绿化技术和康复治疗技术）、国家级“双师型”培养培训基地1个（园林技术）、国家级协同创新中心1个（生态绿化应用技术）、国家级精品课程3门、国家级优质共享资源课程1门、国家级网络课程1门、中央财政支持职业教育重点实训基地1个、湖南省现代学徒制试点学校、省部级重点实习实训基地3个、省级精品专业2个、省级精品课程4门。

2018年，学院有全日制在校生19000余人，在岗教职员工1000余人，其中专任教师754人，专任教师中有教授及相应职称53人、副教授及相应职称190人，博士11人、硕士430人，博硕士研究生导师21人，国家级教学团队1个。

第五节　职业教育成人教育

一、职业教育

2001年，行政区划调整后，区内角山乡和松木乡各并入一所职业农校，两校有实验基地3.33公顷，常年开设葡萄、苹果、草莓、板栗、甜柚种植和养猪、养鱼、养鸡及特种养殖技术培训。2003年，松木农校为衡阳市四个城区中唯一申报全市乡镇农校50强验收合格单位。2004年，角山乡农校申报全市乡镇农校50强验收合格。2007年，角山乡农校被评为省“示范性乡镇农民文化技术学校”。2008年，角山乡农校被评为省级合格示范性农校，松木乡农校评为市“示范性乡镇农民文化技术学校”。两个农校创办以来，每年办培训班10~12个，累计为建设新农村培养农业技术人才年均2000余人次。

二、成人教育

石鼓区的社会成人教育有湖南省高等教育自学考试和全国成人高等教育考试两个类别。自学考试是社会类考生，各专业有专、本科；成人高考则分为函授、脱产两种。2012 年开始，全省所有自考专业都开放报名，所设专业有金融、小学教育、法律专业等几十个专本科课程。区成人教育办公室每年做好社会自考生报名、档案管理等工作，配合市教育局做好一年两次的组考工作。在每年报名前期通过各种形式宣传成考考试的新政策和规定，让考生在第一时间内了解政策调整、招生学校、专业等信息，以便合理规划报考计划。在报名工作中，按照全国成人高等教育报名条件要求，严格审核档案资料，做到所有数据、名册无任何差错。

1996—2018 年石鼓区（城北区）自学考试报名情况统计表

表 16-1-1　　单位：人

时间	报名人数	时间	报名人数	时间	报名人数	时间	报名人数
1996 年	7955	2002 年	6724	2008	932	2014 年	317
1997 年	6985	2003 年	5671	2009	492	2015 年	481
1998 年	7421	2004 年	3233	2010	487	2016 年	375
1999 年	7956	2005 年	1110	2011	188	2017 年	345
2000 年	6581	2006 年	1596	2012	1031	2018 年	236
2001 年	7315	2007 年	991	2013	1682	—	—

2003—2018 年石鼓区全国成人高考报名人数情况统计表

表 16-1-2　　单位：人

时间	报名人数	时间	报名人数	时间	报名人数	时间	报名人数
2003 年	2656	2007 年	1874	2011	2531	2015 年	400
2004 年	2814	2008 年	2337	2012	1394	2016 年	400
2005 年	1983	2009 年	3615	2013	2133	2017 年	400
2006 年	2011	2010 年	3213	2014	500	2018 年	400

第六节　民办教育

1996 年，谢宜龄女士在境内创办第一家民办学校——旭升小学，是年，该校有教职工 70 余人，教学班 13 个，在校学生 711 人，校园面积 5100 平方米。2002 年，谭萃华女士在演武路 30 号创办成章实验小学。是年，该校有 13 个教学班，教职员工 68 人，在校学生 603 人，校园面积 1860 平方米。这两所学校办学规范，社会信誉度较高。2002 年起，按照上级要求，城市学前教育与义务教育分离，区内城区各小学全部取消学前班，学前教育实行政府引导、社会力量为主的办学体系。2003 年，辖区共有各类民办教育机构 11 个，其中民办幼儿园 4 所、民办小学 2 所，教育培训机构 5 所。2005 年，区教文体局设立民办教育管理办公室，负责对民办教育的审批、管理、督查。2006 年 9 月，原衡阳市童星学校搬迁至区内下横街创办衡阳市星元实验学校，学校建筑面积6900平方米，设置18个教学班，可容纳800多名学生。2008年，境内社会力量办学达18所，有各类学生3万余人；其中民办幼儿园22所，在园幼儿2409人。2009年，旭升小学被评为衡阳市“十佳民办学校”，2010年获得“湖南省小学德育课程教学研究实验学校”称号。2011年，衡阳市成龙成章现代教育集团与耀江集团在境内雁栖湖小区创办雁栖湖成龙成章学校。2014年，经衡阳市教育局批准，衡阳市西湖小学在区内易赖街创办。该校是全日制民办小学，有建筑面积9000多平方米，拥有24间标准教室，可容纳近千名学生就读。至2018年，全区社会力量办学达56所，其中民办中小学4所，在校学生8000余人；民办幼儿园37所，在园幼儿6805人；各类短期培训机构15所，培训学员达5000余人。

附：民办学校选介

雁栖湖成龙成章学校　该校是衡阳市成龙成章现代教育集团与耀江集团联手打造的一所集精品初中、优质小学、特色幼儿园为一体的高端化、国际化九年一贯制学校。学校坐落于衡阳市石鼓区雁栖湖耀江花园，占地50余亩，总投资1.2亿元，校园采用全园林式设计，纯欧式建筑风格，硬件配置高规格、高标准、高档次，环境优美，设施一流。学校处于耀江花园中心地带，独立封闭式校园，抗震设计，全框架结构。建有体育馆、艺术馆、羽毛球馆、乒乓球馆、田径运动场、足球场、篮球场、艺术厅、多功能厅、图书阅览室、计算机室、科技室、物理实验室、生化实验室、科学实验室、书画室、手工室、棋艺室、陶艺室、音乐室、美术室、舞蹈室、钢琴室、扬琴室、古筝室等。学校被评为全国国防教育特色学校、全国青少年校园足球特色学校、全国民办教育最具创新力榜样学校、全国少先队红领巾阅读推广计划示范学校、全国啦啦操实验学校、全国啦啦操星级俱乐部、湖南省骨干民办学校、湖南省优秀民办学校、湖南省省级园林式单位、湖南省民办教育协会优秀副会长单位、湖南省教师教育学会中小学管理专业委员会常务副理事长单位、湖南省青少年校园足球省级布局学校、湖南省青少年足球训练（培训）基地、湖南省雅礼中学足球后备人才输送基地、衡阳市民办教育机构年检评估优秀学校、衡阳市局直学校目标管理考核优秀学校、衡阳市教育教学质量先进单位、衡阳市校园足球突出贡献单位。该校2011年正式招生，截至2018年，学校有中小学幼儿园教学班50个，学生1800余人。

第七节　教　师

一、教师队伍

1996年，石鼓区教师来源主要渠道是应届大中专院校师范毕业生。是年，全区公办小学教师508人。1998年，区教育局制定《教师岗位目标管理量化计分细则》，实行教师聘任制、结构工资制。2000年，教育部发布《教师资格条例》以后，境内开始实行教师资格证制度，规定各类学校和其他教育机构中专门从事教育教学工作的人员，应当依法取得教师资格，非师范类毕业生和其他社会人员参加认证考试等一系列测试也可申请教师资格证。2002年6月，石鼓区首次开展认定教师资格工作，全区618名教师参加认定。2010年起，教师招聘制度从单一的考核到笔试、面试相结合，招聘制度逐年改革完善。是年，全区新招聘教师28名。截至2012年，全区有中小学教师739名。2015年开始，新聘教师一经录用，直接进编，取消1年的试用期。2016年，招聘面试形式发生改变，由原来的说课改为试讲。为稳定教师队伍，2017 年起，新聘教师在区内最低服务年限为 3 年。截至 2018 年，区内在职中小学教师 906 人。其中研究生 12 人，本科学历 626 人，大专学历 255 人。

二、教师培训

1996 年，全区开展小学教师四项通用基本功训练比赛（普通话、三笔字、简笔画、动手操作），启动“教学十佳”评选活动。通过创建、观摩、比赛、评选等活动培训教师。

2001 年暑假，为迎接基础教育新课程改革，组织教师参加教委举办的中小学 20 个学科的新大纲（含新课标准）、新教材培训班。2002 年，组织中小学教师参加学历达标培训和提高学历培训。是年，组织教师参加普通话和《教育学》、《心理学》集中培训，2 名教师获得省级普通话测试员资格。2003—2005 年，组织各学校对教师开展普通话、电脑和多媒体培训等工作，以保证新课程的实施。

2010 年后，石鼓区均按要求选派教师参加市级培训、省级培训、国家级培训，参训率 100%，合格率 100%。在此基础上，结合各学校具体情况及教师培训需求，有针对性地开展一系列专项培训，进一步将教师培训工作系统化。2011—2014 年，每年都制定专任教师普通话提高培训方案，多次邀请专家对全区教师进行普通话提高培训。2015 年，全区 908 名老师参加信息技术应用能力提升培训，396 名老师通过信息技术应用能力提升测评。2016 年，全区教师参加各级各类培训 3725 人次，其中国培、省培 251 人次，合格率 100%。在湖南省普通话抽测中，石鼓区教师连续三年排名全省第一。2017 年开始，石鼓区学校行政干部到长沙名校跟岗培训。2018 年，全区教师参加普通话培训 886 人次。是年，石鼓区语言文字测试工作连年被评为省先进单位。

三、教师待遇

（一）政治待遇

参政议政 1996—2018 年，每届人大和政协，都有一定数量的教师代表和委员。其间，累计有 105 名教师被选为区以上人大代表，103 名教师担任区以上政协委员。还有不少教师通过自身努力，走上市区领导岗位。

评优评先 从 2002 年 9 月份起，区委、区政府在每年庆祝教师节时，表彰全区优秀校长、优秀教师、优秀班主任、师德标兵。至 2018 年共表彰 963 名教师，评选首席学科教师 35 名。其间，有 58 名教师被评为全国“三八红旗手”、湖南省优秀教师、湖南省优秀教育工作者，5 名青年教师被授予“湖南省五一劳动奖章”荣誉称号。

（二）经济待遇

1996—2000 年，城北区委、区政府按照政策规定的标准，将全区教职员工的经济待遇落实到位。其间，区教育局集资先后在下横街、茅盖台建设 4060 平方米教工宿舍，改善教师住宿条件。区划调整以后，石鼓区委、区政府严格执行《中华人民共和国教师法》规定，确保教师的平均工资水平应当不低于或者高于国家公务员的平均工资水平。2006 年第三次工资制度改革，中小学教师工资由岗位工资、薪级工资和绩效工资组成。是年，全区教师月人均工资 1500 元，年人均奖金 1200 元。教职工丧葬抚恤补助，工伤致残抚恤和退休退职等项的福利待遇均逐年提高。2014 年起，全体教师每年发放年度目标管理考核奖。2015 年 1 月，石鼓区农村学校工作教师开始发放边远地区工作补贴（补贴金额根据工作学校情况而定，额度在 220~500 元）。其间，为改善乡村教师住宿条件，区财政拨款先后在灵官庙小学、角山中学、松木中学筹建 116 套教师周转房。截至 2018 年，全区教师月人均工资 4000 元，年人均绩效奖金 18000 元。

第八节　教育管理

一、教改教研

1996 年，城北区全面实施素质教育四大工程，即义务教育均衡化工程、创新教育课程化工程、学校精神文明社会化工程、教师队伍优化工程。1997 年，主要研究课题是加强现代化教学手段的应用，提高课堂教学质量。是年底，举办首届小学生计算机操作比赛。2000 年，衡阳市首届素质教育现场会在人民路小学召开。1996 年至 2000 年的 5 年间，全区各学校组织参加学生衡阳市中小学生作文竞赛、中小学生习作竞赛、中小学生个性化作文竞赛、迎十九大“星瀚文艺杯”作文竞赛、中小学生创文大赛、国学大赛与“爱语文”系列活动，共有 4000 余人次获市级以上一等奖。2001 年推进新课程改革，举行首届新课程“领头雁课赛”“我与新课同成长”教学演讲和说课赛课等活动，编写《与新课程改革同成长》文集，开展大规模的“三位一体”课程教研活动（乡、街道学校教师上汇报课、窗口学校优秀教师上示范课、评选青年教师优质课）。2003 年秋季起，区内所有中小学的起始年级全部进入新课程改革。是年，石鼓区教研工作连续第三年获得城区第一名，并被评为衡阳市十佳教学先进单位。2004—2012 年，在衡阳市多届中小学教师新课程教学能手比赛中，石鼓区推荐的 16 名教师，11 名获市一等奖，5 名获二等奖，学科覆盖面之广，获奖级别之高居市榜首。2013—2014 年，石鼓区投资 20 余万元，评选并聘请 7 位区学科带头人，成立名师工作室。2015 年，区教研室获衡阳市“十二五”教育科研先进单位，有 8 项市课题结题，6 项市课题、5 项省课题顺利通过开题论证。2016 年区教研室先后开展小学语文语用型阅读教学微型课教学比赛、小学语文语用型阅读教学比武、小学语文口语交际教学比武。是年 9 月，在湖南省教育学会“十二五”教育科研课题优秀成果奖评比活动中，区内人民路小学、都司街小学、黄沙湾中心校、五一路小学、旭升小学、角山中心校、合江中学 8 个优秀课题参评，全部获奖，是全省教研成果奖最多的区级单位。2017 年，开展全区首届教育教学管理干部听评课教学竞赛，创全市先例。2018 年，区教研室组织 119 位新聘教师开展“新聘教师课堂教学比武”活动，在校内掀起“以新求教”“以老助教”的教研氛围。

二、教育督导

1997 年，区教育督导室更名为区人民政府教育督导室．督导室以“两基”评估验收为重点，对全区各学校教育经费的筹措、办学条件的改善、教师工资福利的落实等进行督查。1997—2004 年，教育督导工作穿插在局各项工作中进行。2004 年，成立局教育督导办公室，配备办公室主任 1 人，专事教育督导工作，此项工作逐步走上正轨。2006 年初，增加一位副主任督学，2 名兼职副科级督学。成立两项督导评估考核工作领导小组，制定区直小学、乡、街教育办教育工作目标管理督导考核细则，将师资队伍建设、经费保障、办学条件改善、教育教学质量、督导评估、学校日常工作六个方面列入学校年度考核，对两项督导评估考核中严重失误的单位实行一票否决制。根据《衡阳市社会力量办学评估标准》，制订和完善民办学校督导评估方案，把学前教育和民办教育机构纳入督导评估范围，以创造示范校和改造薄弱学校为重点促进全区教育均衡发展。是年，省政府教育督导评估团对石鼓区政府教育工作和党、政主要领导教育工作实绩进行评估考核，石鼓区被评为教育工作合格区。2007 年，区委、区政府多次召开迎“两基”国检调度会，“两基”迎检工作受到市督导团一致好评，被市委组织部、市人民政府教育督导室评为优秀单位。2009 年，石鼓区获衡阳市首轮县级政府教育工作督导评估优秀单位称号。2010 年，区委、区政府成立第二轮教育两项督导评估考核工作领导小组，对辖区内 45 个幼儿园、民办教育机构开展办学（园）水平评估。是年，聘请林崇友等 18 人任区级督学责任区兼职督学，对辖区内学校分别开展随访督导。2013 年，该区被评为省教育两项督导评估考核优秀单位。2015 年，石鼓区学校管理、硬件建设和创建学校特色得到国家督学好评。是年，区政府督导室开展学前教育办园行为网上督导评估。2018 年，合江小学、角山中学、角山乡莲花小学、前进小学、旭东小学、云山小学、都司街小学、黄沙湾街道松木小学 8 所学校顺利通过义务教育标准化学校评估验收。

三、教育经费

1996 年，教育经费主要来源为上级财政及地方财政拨款，辅之以收取学杂费、征收教育费附加、勤工俭学和教育捐赠。2003—2005 年，农村实行税费改革，取消教育费附加和农村教育集资，加大政府教育投入。2007 年，石鼓区免除农村义务教育阶段学杂费。2008 年秋季学期起，免除城市义务教育阶段学杂费。至此，义务教育学校除政策规定的服务性收费和代收费外，实现“零收费”。其间，教育经费以区为主管理，支出方面做到“保工资、保入学、保安全、保运转”。区教育局为一级预算单位，组织指导中小学校等二级预算单位编制年度预算，预算的编制实行“两上两下”的编报程序。2012 年，加强预算外资金管理，对学校按物价、财政、教育部门联合行文规定向学生收取的学费、杂费等收费，各种捐资、赞助费等实行财政专户管理，坚持专款专用，严格财经纪律。2018 年，教育事业费由区财政统一预算，给予足额保障。是年，全区预算内教育经费投入 19170 万元，全年财政用于拨付在职教师工资和补贴总额 8569 万元，拨付离退休费和生活补贴总额 3963 万元；落实义务教育经费保障机制改革资金 1351 万元，其中中央 682 万元、省级 272 万元、市级 262 万元、区级 135 万元；下拨义务教育贫困寄宿生生活费 73. 75 万元，学前教育贫困幼儿资助金 51. 48 万元。

第九节　教育设施

一、基础设施

1996 年，全区公办小学占地面积 75918 平方米，校舍总面积 50346 平方米，生均占地面积 9. 02 平方米，生均建筑面积 4. 26 平方米。是年，全区教育系统配建教师住宅 160 余套。

2001 年，全区小学占地面积 168869 平方米，校舍总面积 76128 平方米，生均占地面积 9. 67 平方米，生均建筑面积 4. 36 平方米；初级中学 5 所，占地面积 54526 平方米，校舍总面积 12412 平方米，生均占地面积 22. 21 平方米，生均建筑面积 5. 06 平方米。

2001—2008 年，全区累计投入 2749 万元，异地新建进步小学、灵官庙小学、朝阳明德小学，改扩建五一路小学（前栋教学楼）、合江中学（与五一小学校区合并）、松木中学（教学楼），对部分学校进行维修改造。2009—2013 年，实施校舍安全工程计划。其间，累计投入 5562 万元，新建角山明德小学、同兴明德小学、角山中心幼儿园、松木中心幼儿园，改扩建演武坪小学（羽毛球馆）、角山中学（教师周转房）、松木中学（学生宿舍）、建设新村小学（新教学楼）、灵官庙小学（食堂及宿舍楼），对相关学校的 B、C 级危房进行维修改造，消除 D 级危房。2014—2018 年，实施薄弱学校改造计划。其间，累计投入学校建设资金 15913 万元。其中，投入 12394 万元进行大班额校舍建设，新建金源小学、朝阳学校小学部、前进小学综合楼、五一路小学教学楼；投入 3519 万元异地新建团结小学、角山村幼儿园，新建松木中学教师周转房、三星小学食堂、角山中学学生宿舍、下横街小学乒乓球馆、荷池路小学辅助用房。

截至 2018 年，全区小学占地面积 321932 平方米，校舍总面积 179807 平方米，生均占地面积 17.97 平方米，生均建筑面积 10.04 平方米；初级中学占地面积 78356 平方米，校舍总面积 33563 平方米，生均占地面积 67.90 平方米，生均建筑面积 29.08 平方米。

二、教学设备

1996—2000 年，境内各学校最先进的教学设备是幻灯机，但灯片配备不齐。2001 年后，电脑逐步进入学校教学。2003 年，人民路小学、都司街小学建成城域网，装配多媒体教室、电子图书室和电子图书阅览室、教师电子备课室，开通远程教育。是年，全区各学校累计有计算机 637 台、计算机房 18 间。

2004 年，投入 13 万元装修下横街小学电脑室，维修五一路小学、演武坪小学电脑室网络。2005 年，投资 43 万元装备演武坪小学电脑室，建设角山中学电脑室。2007 年，投资装备经费 120.25 万元，改造松木、角山乡两所中学多媒体教室和计算机室，改建五一路小学、合江小学校园网。2011 年，投资 31 万元新建同兴明德小学校园网、班班通、校园广播、计算机室。2012 年，投入 300 万元为全区所有教室配备交互式电子白板。至此，全区中小学各教室告别“黑板”教学。2015 年，石鼓教育城域网建成并投入使用，实现全区学校“校校通”。是年，人民路小学建成全区第一间精品录播教室。2017 年配合省标准化学校建设，先后对人民路小学、合江中学、合江小学进行教室设备更新。是年，根据湖南省新颁布的中小学教学仪器配备标准对，投资 450 万元集中采购触控一体机、电脑投影仪等教学仪器及音体美卫设备。2018 年，投入 280 万元更新、添置全区中小学一体机、录播、投影仪；投入近 400 万元，高标准完成都司华耀一小第一批教学设备设施采购。

第十节　机　构

1996 年，时称城北区教育体育局。2001 年 5 月，衡阳市城区行政区划调整后，改称石鼓区教育体育局。是年 12 月，区教育体育局与区文化局合并为区教育文化体育局。2016 年，局机关内设办公室、人事师训股、计财审计股、基础教育及民办教育股、文化股、职教成教办公室、纪检监察室、教育督导室、综合治理办公室（校车办）、行政审批股、政策法规股、宣教信息中心、体育卫生艺术股、教学研究室、勤工俭学站、教育技术装备站、学生资助中心、文化馆、图书馆、文化产业发展办公室和全民健身中心。至 2018 年，机构设置无变化。

1996—2018年石鼓区（城北区）教育管理部门领导一览表

表16-1-3

姓名	职务	任职时间	姓名	职务	任职时间
蒋冬秀(女)	工会主席	1992.4—2003.3	邓棠棣	书记	2002.1—2013.1
张先良	副书记、局长	1993.1—1998.1	阳平剑	副局长	2002.12—2006.12
			李惠兰(女)	工会主席	2003.4—2013.2
彭夫雄	副局长	1994.10—1998.5	汪衡湘	书记、局长	2004.5—2015.10
尹超德	书记	1996.1—1997.10	魏宏志	委员、副局长	2006.6—
林崇友	副书记、纪委书记、副局长	1996.6—2008.10	洪云辉	委员、纪委书记	2008.5—2013.3
喻赛荣(女)	副局长	1997.7—2007.8	蒋夏林	副局长	2008.5—2014.5
朱运秀(女)	书记、纪委书记	1997.11—2004.10	肖　锋	工会主席、副局长	2013.3—
汤守春	副书记、局长	1998.1—2001.8	欧阳芳玉(女)	副局长	2013.3—2017.3
王永国	副局长	1998.1—2014.10	张东亚	纪委书记	2013.3—
王中平	副局长	1999.12—2002.11	张超群	副局长	2014.5—
高　苹(女)	副局长	2001.7—2012.7	李长刚	书记、局长	2015.10—2017.7
邝厚勤	副书记、局长	2001.12—2004.5	谢　炜	书记、局长	2017.7—
			—	—	—

第二章 科 技

1996—2018年，实施科技兴区战略，围绕经济建设中心，加强科技管理，壮大科技队伍，推进科技活动，申请科技专业，注重科技运用。其间，石鼓区获评2005—2006年度全国县市科技进步考核市、县（市、区）。

第一节 科技队伍与科研机构

一、科技队伍

1996年，全区拥有各类专业技术人员1270人，其中高级职称11人、中级职称372人、初级职称887人。2001年5月区划调整，新增农业类科技人员14人。2003年，全区拥有各类专业技术人员1284人。2008年底，全区共有各类科技人员1619人，其中高级职称78人、中级职称572人、初级职称969人。2018年，全区共有各类科技人员2569人，其中高级职称115人、中级职称985人、初级职称1469人。

1996—2018年石鼓区部分企业单位专业技术人员情况统计表

表16-2-1　　单位：人

单位	总人数	高级	中级	初级	单位	总人数	高级	中级	初级
市中大高科能源材料有限公司	36	10	12	14	衡阳市振洋机械有限公司	18	6	12	—
市金衡稀土实业有限公司	17	2	5	10	湖南共创生物功能材料有限责任公司	18	18	—	—
市人之源紫晶生物工程有限公司	7	3	3	1	衡阳市新德力预应力有限公司	39	3	36	—
市金源纳米科技有限公司	5	2	3	—	衡阳市华南汽车配件制造有限公司	90	10	80	—
上海大众衡阳特约维修站	6	2	4	—	衡阳市金一帆制药设备实业有限公司	38	6	32	—
市岑芳木业有限公司	4	1	1	2	湖南金创钢结构工程公司	105	20	85	—
市正洋汽配有限公司	9	2	5	2	衡阳骏发有色金属有限公司	19	3	16	—
衡阳市天然气有限责任公司	190	65	125	—	衡阳旺泰金属科技发展有限公司	11	3	8	—
衡阳市南北特食品有限公司	10	10	—	—	衡阳莱德生物药业有限公司	89	12	77	—

续表16-2-1

单位	总人数	高级	中级	初级	单位	总人数	高级	中级	初级
衡阳共创建筑机械制造有限公司	26	4	12	10	湖南湘南交通路桥工程有限公司	189	10	179	—
衡阳市瑞林木业包装有限公司	10	4	6	—	衡阳旺泰金属科技发展有限公司	26	3	8	15
湖南金创钢结构工程公司	105	20	85	—	—	—	—	—	—

二、科研机构

1996年，全区有部属、市属、区属及厂内和民营科研机构共8个。2018年，全区有各级各类科研机构16个。

2018年石鼓区科研机构情况统计表

表16-2-2　　单位：人

隶属级别	科研单位	地址	科技人员数	主要任务
市属	衡阳市电子研究所	人民路	70	从事计算机软件、计算机网络开发应用自动化控制及其他机械的研制开发
市属	衡阳市建设科学研究所	司前街	40	从事新型材料和相关测试应用
市属	衡阳市蔬菜研究所	蒸水桥北端	48	蔬菜良种培育和植保
区属	衡阳市制药机械研究所	市和平南路	15	制药机械的研制、生产
厂内科研所	市变压器附件研究所	市郊旷家瑰	13	研制、开发变压器附件
院内科研所	衡阳市骨伤科研究所	中山北路	12	研究骨伤治疗方法
区属（民营）	衡阳市机电研究所	江东区东桥1号	45	冶金、机电产品的生产
区属（民营）	衡阳市奥升计算机研究所	市和平南路	8	计算机软件开发培训
民营	衡阳市制药机械厂研究所	和平南路	15	制药机械的研究生产
民营	变压器附件研究所	旷家皂	13	研制开发变压器附件
民营	市骨伤科研究所	中山北路	12	研究骨伤治疗方法
民营	衡阳市机电研究所	东桥1号	45	冶金、机电产品的研制、生产
民营	衡阳市奥升计算机研究所	和平南路	8	计算机软件开发，计算机操作培训
民营	湖南共创生物功能材料公司研发中心	旷家皂	6	骨质生物功能材料的研究和开发
民营	湖南中大高科能源材料股份有限公司研发中心	蒸湘北路	14	高新能源材料的研发
民营	衡阳市人之源紫晶生物工程有限公司研发中心	莲湖路	7	医药、生物制品方面研发

第二节　科技活动

一、科普宣传

1996年始，区科委、科协每年开展科普日主题活动，开展科普进社区、企业、校园活动。是年，全区开展《中华人民共和国科技进步法》《湖南省技术市场管理条例》《湖南省企业专利工作条例》《湖南省科学技术成果推广条例》《湖南省民营科技企业管理条例》宣传。先后组织“防止碘缺乏病”“余式工具”“吸烟危害健康”等内容的科普宣传，印发资料1000余份。

2002年“科技活动周”期间，开设科普讲座2次，组织宣传车巡回宣传1次，安排160块宣传图板展出，有3000余人观看展览。2003年在“科技下乡服务月”活动中，全区抽调干部组成工作组，进驻松木乡和角山乡的村组，进行水果栽培和水产养殖知识的宣传与帮教，发放图片、宣传资料5000余份。2006年，全国、省、市科技大会之后，石鼓区先后分三个层次（区直领导干部、乡镇街道科技专干、科技界人士及科技示范户代表）进行传达贯彻。在“科技活动周”及“全国科普日”两次活动中，举办科普讲座5场、科普广播讲座10次、科普图版巡展1次，放映科普电影10场，发放宣传资料2000余份。

2008年4月，在第八个“知识产权日”前后，开展“保护知识产权宣传周”活动，出动宣传车6辆，巡回宣传“保护知识产权，促进创新发展”，发放宣传资料、画册2000余份（册）。2010年5月16日为“防灾减灾日”，区科技局与科协组织制作防水灾、风灾、地震知识图板30块，在莲湖广场展出。2012年5月，在“科技活动周”期间，全区共展示60多块科普知识展板，发放科普宣传资料5000余份，赠送书刊1400册，悬挂标语80条，宣传防艾滋、环保、防震减灾、安全自救、农业技术、知识产权保护、申报专利、节能减排等相关知识，并开展义诊300余人次。

2013年，区经贸科技局先后在石鼓广场、西湖公园举行“应急知识宣传日”暨“5·12”防灾减灾宣传活动，共陈列宣传板报14块，发放各类科普资料逾千份。是年，区科委、科协联合区教文体局组织中小学生分期分批参观湖南省环境生物学院实验室、实训基地、模拟教学室等多处教学科研场地。6月17日上午，区科委、科协组织荣盛生态农业基地、食品企业代表等科普示范基地，参与在石鼓广场举办的以“社会共治、同心携手维护食品安全”为主题的食品安全集中宣传活动。7月，邀请省知名妇科专家黄菊芳教授举办“环境保护与妇女健康保健科普知识”专题讲座。来自区、乡、街道、村、社区的100名女性听了讲座。9月18日，组织教文体局、石鼓工商分局在松木中学联合举办环境保护与食品安全科普知识讲座，现场发放《食品安全和环境保护调查问卷》300余份，发放各类科普宣传资料1000余份。10月，重新调整全民科学素质工作领导小组成员。组建一支60余人的科普志愿者队伍，新建科普画廊约15米，建立科普学校、科普志愿者服务站、科普图书室。

2014年9月22—26日，在全区范围组织开展“全国科普日”宣传活动，累计制作科普展板100余块，更新宣传橱窗内容30个，设立咨询台3个，悬挂横幅6条，现场发放科普书籍1000余册、宣传彩页7000余份，惠及居民群众8000余人。

2015年9月29日，由湖南省科技馆、石鼓区政府主办，石鼓区科协和区教文体局承办的“科普大篷车进校园进社区”活动启动仪式在演武坪小学开启，全区各中小学800多名师生享受“科普盛宴”。

2016年9月23日，以“创新放飞梦想，科技引领未来”为主题的2016年石鼓区“全国科普日”

暨科技节活动启动仪式在石鼓区演武坪小学拉开帷幕。

2017 年 9 月 14 日，石鼓区全国“科普日”活动在角山乡举办。

2018 年 9 月 26 日，在石鼓区成龙成章学校雁栖湖校区成功举办衡阳市全国科普日暨中国流动科技馆湖南省衡阳市石鼓区站巡展活动启动仪式。此次巡展历时两个半月，共接待 20000 多名机关干部、社区居民和中小学师生参观。是年，石鼓区科协获得中国科协颁发的“优秀活动单位”称号。

二、科技培训

1996 年，区科技进修学校与衡阳市卫校联合开办两个护士中专班，培养具有中专学历的护士 60 余人。

2001 年区划调整后，加强对农户的新科技、新品种培训，如地膜覆盖栽培技术、病虫害综合防治技术、大棚营养钵育苗技术、遮阳网覆盖栽培技术以及特种养殖技术、早熟蔬菜新品种等技术培训。2003 年 5 月，全区以村为单位，举办一期农业实用技术培训班，共 20 期，有 1600 人参加培训。2004 年、2005 年、2007 年、2008 年先后 4 次省农科院专家来区讲学，内容为“大棚蔬菜种植技术”和“大棚蔬菜产业发展前景”。2009—2012 年，科技局会同农办、水利农机局开办蔬菜种植技术、食用菌培育、水产品丰产健康养殖技术、良种猪优质养殖技术、极早熟蔬菜无公害栽培技术、畜禽养殖、优质西瓜栽培等培训班，以及农机、饲料、林业等各类培训班 167 期，培训人员 8000 余人。与湖南大学、华中科技大学、中南工业大学、湖南农业大学、南华大学、湖南省农科院合作办学，培训各类专业技术人员 530 人。

2013 年，组织农村专业技术协会、农村科普示范基地、农村科普带头人，结合本地实际，开展农业新技术讲座、新品种推广活动 4 期，参训人员 800 人。

2014 年 6 月 20 日，组织区内企业参加市科协举办的市科技信息项目推广及科技信息专利应用培训。

2016 年，区科委、科协对辖区内的市级科普示范基地不定期组织专业技能培训。是年，组织专家对农村合作社社员进行专业技能培训。衡阳市富农科技有机农产品供销专业合作社聘请湖南农业大学、湖南环境生物职业技术学院的专家、教授对农户关心、关注的问题进行讲解，服务农户 200 余户，500 余人参加培训。

2018 年 7 月，区科协和区发改科技局联合开展科技扶贫一季一训，分别在角山镇和黄沙湾街道举办科技扶贫培训班 5 期，培训 1080 人次，帮助解决问题 58 个。

三、科技竞赛

1996—2001 年，区经科委会同区总工会在区属企业与企业之间进行技术竞赛 6 次。企事业单位内部进行技术比武竞赛 9 次。评选出“技术竞赛优胜单位”6 个，“技术竞赛组织奖”3 个，技术比武能手 90 人（一等奖 9 人、二等奖 18 人、三等奖 27 人、单项奖 36 人）。

2002—2010 年，全区小学组织举办小制作、小发明、小论文等各种竞赛 13 次，共有各种小制作、小发明 306 件，获得一等奖的 5 件，获得二等奖的 15 件，获得三等奖的 18 件。

2013 年 10 月中旬，区科委、科协先后联合区教育局举办全区中小学生科技创新作品大赛，并组织 20 余名中小学生参与衡阳市“青少年科技创新大赛”。

2014 年 10 月 30 日，石鼓区科协、教文体局共同举办 2014 年石鼓区中小学生科技创新大赛评选活动，共有 25 幅科幻画、11 项科技小发明、14 项科技小论文及 1 位优秀科技辅导员获奖。

2015 年 9 月 29 日，由湖南省科技馆、石鼓区政府主办，石鼓区科协和区教文体局承办的“科普大篷车进校园进社区”活动启动仪式在演武坪小学开启。会上，表彰了 6 家青少年科技创新大赛优秀组织单位、10 位青少年科技创新大赛优秀科技辅导员、4 个被评为省青少年科技创新大赛和省机器人大赛获奖项目。

在 2016 年 3 月举办的衡阳市青少年科技创新大赛中，由石鼓区人民路小学宁相荣同学完成的彩色喷泉环保虹吸演示仪等 15 个项目获得比赛一等奖，由石鼓区松木中学陈思思同学完成的火星家园获得中学组一等奖。4 月 20 日，在第 37 届湖南省青少年科技创新大赛中，获一等奖 1 项、二等奖 5 项、三等奖 2 项。9 月 23 日，石鼓区“全国科普日”暨科技节活动启动。启动仪式后，现场组织全区的青少年科技创新工程类和科技绘画类比赛。

2017 年，石鼓区组织参赛选手参加湖南省第 38 届青少年科技创新比赛，获工程类一等奖 1 项，三等奖 4 项，社会科学类三等奖 1 项；科幻画类二等奖 1 项，三等奖 1 项，人民路小学刘奕呈的《超级光洁霸》荣获省赛金奖。

2018 年 12 月举办的第 33 届衡阳市青少年科技创新大赛中，石鼓区参赛选手共获奖 42 项次，其中一等奖 14 项。区科协获大赛优秀组织奖。

第三节　科技成果

一、专利申请与应用

1996—2001 年，全区申请专利 39 个，实施 15 个。其间，全区开发新科技项目 56 项。其中采取新工艺、新技术 12 项，推广新材料 10 项，开发新产品 29 项，属填补省内空白的 14 项，填补市内空白的 27 项，达国际水平的 2 项，达国内先进水平的 8 项。

2002 年，市金源纳米科技公司联合湘潭大学成功开发纳米碳酸钡、碳酸锶制备技术和新产品，其技术总体上达到国际先进水平，其产品打入中国台湾地区和日本、美国等国家市场。2003 年，湖南共创生物材料有限公司生产的医用骨质生物功能材料是国家“863”计划、“973”科技攻关项目和国家“十五”计划的重大科技课题，适宜制造多种人工假体、治疗各种骨、牙疾病，该产品为世界首创，获得 2 项国家发明专利；市金一帆制药设备实业有限公司先后与航天部 303 研究所开发的高速离心喷雾干燥机、与南华大学化机工程系开发的中药提取、浓缩、回流程控装置科技含量高，受到用户好评；市凤凰化学厂生产的含量高达 99. 99%的高纯砷，填补国内空白；湖南中大高科能源材料有限公司生产的动力性镍氢贮氢合金，是国家级火炬计划和重点新产品项目，达到国际先进水平。

2006 年申请专利 160 个，获批准 131 个。2009 年，申请专利 75 件，授权专利 27 件。2012 年衡阳金一帆科技实业有限公司获得国家批准的 12 项国家专利，2014 年获得 4 项实用新型专利和一项发明专利。2015 年，全区申请专利 201 个，获批准专利 93 个。2016 年，全区完成专利申请量 226 件，授权专利量 93 件，其中有效发明专利申请 56 件。其中衡阳市龙都新型节能建材有限公司聘请湖南大学等高校的墙材专家、教授为公司的产品进行研发，根据节能、环保的要求，共同研发“多排孔陶粒自保温砌块”，并获得国家专利。

2017 年，全区申请专利 311 件，其中发明专利申请量 71 件，占比 22. 83%。是年，大地泵业有限责任公司获得国家专利 24 项，湖南鸿业变压器有限公司先后申请通过“特种变压器油箱”“多回路直流冶炼变压器”“特种变压器低压防渗漏端子”“完全可拆油水冷却器”等诸多国家专利。

2018 年，全区专利申请量 493 件，专利授权量 208 件。其中发明专利申请量 86 件，占比 26%。是年，湖南天雁机械股份有限公司授权各类专利 156 项，其中发明专利 10 项。

1996—2018 年石鼓区（城北区）科技专利申请批准情况统计表

表 16-2-3　　单位：项

年度	申请	批准	年度	申请	批准
1996	2	1	2008	70	56
1997	4	2	2009	76	27
1998	6	2	2010	123	89
1999	8	3	2011	142	85
2000	9	3	2012	158	84
2001	10	4	2013	162	85
2002	20	12	2014	197	90
2003	26	20	2015	201	93
2004	25	20	2016	226	93
2005	27	22	2017	311	216
2006	40	33	2018	493	208
2007	50	42	—	—	—

二、科技计划管理

1996—2000 年，城北区根据省、市规定的科技发展方向和经济发展战略，从本区实际情况出发，制订中、长远的科技发展规划和年度计划，其中分市项目计划和区项目计划，并组织实施。市项目计划由区科委上报市科委，由市科委审批下达。区项目计划由区（经）科委根据区属企事业单位要求和实际，制订本区当年的科技立项、科技“三项经费”、技术市场、专利申请与实施个数、新产品、新材料、新工艺计划，并将计划上报市科委备案和下达到各区属企事业单位，年底区内考核评比。至 2000 年，全区完成省、市科技项目计划 18 项，完成区科技项目计划 62 项，其中指令性计划 8 项，指导性计划 72 项。

2005 年，完成“科技富民强县基础条件建设”和“沼气综合利用项目”2 项省科技计划，顺利通过 2003 年、2004 年度全国市、县、区科技进步考核验收工作，被科技部批准为科技进步区。

2006 年，完成省级科技计划项目 1 项、市级科技计划项目 3 项。2007 年 3 月全区完成省、市科技项目计划 25 项，完成区科技项目计划 72 项，其中指令性计划 5 项，指导性计划 12 项。2011 年，申报国、省、市科技项目 11 个。2012 年，申报省、市科技计划项目 7 项。

1996—2003 年石鼓区（城北区）列入国家、省级科技计划项目情况统计表

表 16-2-4

计划年度	项目名称	承担单位	科技计划名称
1996	科技人员培训	区科技进修学院	省星火培训计划
1997	丙烯酸酯干式复合 AD 胶	城北黏结材料厂	省星火科技计划
1998	耐高温汽油缸	市工具厂	市科技攻关计划
1999	太子宝口服液	市太子宝实业有限公司	省科技计划
2000	太阳能真空镀膜机	市真空机电设备有限公司	省高新技术计划
2001	动力型贮氢合金	湖南中大高科能源材料股份公司	国家“863”计划，国家级火炬计划，省高新技术产业化引导基金计划
2001	骨质生物功能材料	湖南共创生物功能材料有限责任公司	国家“863”计划，国家“793”攻关项目
2002	骨质生物功能材料	湖南共创生物功能材料有限责任公司	省科技计划
2003	上网信息工程项目	石鼓区科技局	省科技计划

三、农业科技

2001—2002 年，全区共推广地膜覆盖栽培技术、病虫害综合防治技术、大棚营养钵育苗技术、遮阳网覆盖栽培技术以及特种养殖技术等 7 项新技术，推广早熟蔬菜新品种 20 余个和泥蛙、甲鱼、美国鸽、冬眠狸、野鸡等特种养殖技术。是年，全区推广早熟栽菜面积 300 公顷，占蔬菜种植面积的 27.40%，使农户户均增产 0.50 吨，亩均增收 3000 元。

2003 年，松木乡三里村唐正亮利用大棚地膜覆盖栽培技术种植一串玲早南瓜新品种；角山乡三星村何政敏利用屋顶池水养草鱼苗 2 万多尾、金鱼 1 万多尾，用稻谷加饲料喂猪，猪粪养鱼，塘泥作稻，进行立体养殖，年纯收入 12 万多元。是年，唐正亮、何政敏被市科技局评为 2003 年科技示范户。2006 年，该区创建农业科技示范基地 2 个。2010 年，石鼓区松木乡养猪协会被中国科协、财政部授予“国家科普惠农兴村计划农村专业技术协会”称号。2016 年，全区完成病虫草鼠害综合防治 0.01 万公顷；测土配方施肥完成 0.01 万公顷。

四、科技奖励

1996 年，城北区获市以上科技进步奖 3 项，其中获国家级奖项 1 项。2015 年，在第 36 届省湖南省青少年科技创新大赛选送的《立交桥、涵洞内涝智能安全快速排水系统》《耳机式坐姿监视器》荣获工程类科技创新二等奖，《关于衡阳闹市区“生活噪声污染与防治”的小调查》获社会科学类科普论文二等奖。2016 年有 14 个企事业单位的项目获国家级奖励 3 项、省级奖励 8 项、市级奖励 17 项，累计获得科技奖励 1100 万元。

石鼓区（城北区）部分年份获市以上科技奖励项目情况统计表

表 16-2-5

获奖年度	项目名称	获奖单位	成果类别
1996	双组过塑黏结剂	城北黏结材料厂	全国星火十周年成就博览会优秀奖
1997	气门座加工组合工具	市工具厂	市科技进步一等奖
1997	FAKS 系列电器设备柜用柜架	城北砂轮厂	'97 年双新会金奖
1997	丙烯酸酯干式复合 AD 胶	城北黏结材料厂	'97 年双新会金奖
1998	耐高温汽油缸	市机电研究所	市科技进步二等奖
2000	大地牌系列潜水泵	大地泵业有限责任公司	国家科技成果奖
2010	行车制造	湖南金创钢结构工程公司	衡阳市重大工业项目
2011	防爆型发电机及隔爆型发电机	衡阳韵翔电机有限公司	市科技进步一等奖

第四节　机　构

1994 年 10 月，区科委与区计经委合并，成立城北区经济科学技术委员会（析出计划管理职能）。2001 年 5 月，衡阳市城区行政区划调整后，更名为石鼓区经济科学技术委员会。定编制 9 人，设主任 1 人、副主任 3 人，其中 1 名副主任专门负责科技工作，包括各种科技计划的编排与申报、科技成果的管理与推广、科技信息的收集与整理、专利技术和技术合同的管理、企业产品结构的调整、科技培训等。区经科委内设办公室、档案室（专管区属科技人员档案）、技术市场办、专利技术办、科技信息港，下设科技服务中心，分别由区经科委工作人员兼职管理。2002 年 3 月，区机关机构改革，从区经济科学技术委员会析出，设立区科学技术局。2013 年，区科学技术局与区经济贸易发展局合并，设立区经济贸易科技局。2015 年 7 月，区经济贸易科技局将商贸管理职能析出后，设立区发展改革和科学技术局。内设 5 个股室，其中科技股负责科技工作职能。下辖 2 个二级机构至 2018 年末无变化。

1996—2018 年科学技术局、经贸发展科技局、发展改革和科学技术局领导一览表

表 16-2-6

姓名	职务	任职时间	姓名	职务	任职时间
傅瑞林	副主任	1990. 7—2003. 3	陶军元	局长	2002. 3—2013. 3
刘桂芳	主任	1993. 12—2002. 1	冯祁梅(女)	副局长	2002. 6—
刘瑞兴	副主任	1994. 10—1997. 12	阳长辉	局长	2013. 3—2015. 7
王光辉	副主任	1994. 10—1996. 12	罗惠之(女)	副局长	2014. 5—2015. 7
李开忠	副主任	1996. 7—2002. 3	蒋宗辰	书记、副局长	2013. 3—
王光辉	副主任	1998. 1—2000. 5	肖　军	局长	2015. 7—2017. 6
朱永忠	副主任	2000. 1—	任晓军	副局长	2016. 1—2017. 6
谢　宏	副主任	2000. 1—	肖建军	局长	2017. 7—
马先林	局长	2002. 1—2003. 3	唐胜利	副局长	2017. 7—
李亚晖(女)	副局长	2003. 5—2008. 2	—	—	—

第三章　卫　生

第一节　卫生制度改革

一、医疗机构管理

2001年，石鼓区将辖内医疗机构进行营利性、非营利性分类，对非营利性医疗机构实行发证管理。2004年，依法实施医疗机构、人员准入制度，对医疗机构组织进行评审，并换发医疗机构执业许可证。对执业医师、执业护士进行注册登记。2005年，禁止非营利性医疗机构的科室和项目对外承包、合资、合作，要区中西医结合医院终止外包科室的承包合同。明确要求各医疗机构立即停止在所有媒体刊播的未经省卫生厅审批的含有诊疗科目、诊疗项目、诊疗方法的医疗广告。

二、改革乡街卫生管理体制

2002年，全区对乡街卫生管理体制进行改革，街道卫生院人员、业务、经费等上拨到区卫生局统一管理并纳入地方经济社会发展规划，街道卫生院改革成为街道社区医疗卫生服务中心，并强化对社区居委会医疗服务站点的指导与监管作用，形成以街道社区医疗卫生服务中心为主体、社区居委会医疗卫生服务站为基础，集医疗、预防、保健、康复、健康教育和计划生育服务技术服务为一体的社区医疗卫生服务体系。2008年11月，区编办、区卫生局根据上级文件精神，制订《石鼓区社区卫生服务机构设置和编制核定工作方案》，批准成立5个社区卫生服务中心，即人民街道社区卫生服务中心、潇湘街道社区卫生服务中心、青山街道社区卫生服务中心、五一街道社区卫生服务中心、合江街道社区卫生服务中心，采取转型、改造、整合资源的原则，实行机构派出制、编制核定制、经费政府补助制、人员聘用制，逐步完善、保证社区基本机构的医疗服务工作。2011年，区政府将乡卫生院、社区卫生服务中心纳入政府编制管理和财政保障，由区级卫生行政部门统一管理。2016年，推进公立医院改革，推行院长负责制，实行岗位聘任绩效工资制度。增加政府对公立医院的预算投入，维护公立医院的公益性质。2018年，全区各基层医疗卫生单位全面落实“先诊疗后付费”制度。

三、推行国家基本药物制度

2010年，在5个社区卫生服务中心和2个乡卫生院全面推行国家基本药物制度，零差率销售的常用药物从100种扩大到505种。2012年，全区基层医疗卫生机构、所有一体化管理的村卫生室全部配备和使用国家基本药物，并实行零差率销售。2016年，继续完善国家基本药物制度，取消区级公立医院药品加成，全部实行药品零差率销售，区公立医疗机构、基层医疗卫生机构药品全部实行集中网上采购。2017年，全区公立医院全部实现基本药物无差率销售。

四、推进医疗联合体建设

2013—2015 年，推行乡卫生院与三甲大型医院构建医联体，实施双向转诊医疗服务新模式。2015 年，南华大学附二医院临床指导医院与角山乡卫生院联体，衡阳市中医医院协作医院在松木乡卫生院正式挂牌。2017 年，南华大学附一医院与石鼓区卫健系统开始进行医联体合作。

第二节 卫生保健

一、计划免疫

1996—1997 年，城北区开展消灭脊髓灰质炎免疫活动，集中每年在 12 月 5—6 日和 1 月 5—6 日为全区 0~4 岁儿童喂服糖丸，两年累计服糖丸疫苗 2. 8 万人次。1998 年，境内儿童接种卡介苗 349 人次、百白破 1410 人次、麻疹 770 人次、流脑 1400 人次、乙脑 1365 人次。

2001 年，计划免疫工作按规定进行，每年“四苗”（麻疹疫苗、卡介苗、小儿麻痹症糖丸疫苗、百白破三联疫苗）接种率均达到 95%以上。2002 年，“四苗”全程接种率 99. 23%。2004 年，以消灭脊髓灰质炎为重点，抓基础免疫工作，“四苗”全程接种率为 99. 25%。2006 年，区政府将计划免疫工作经费纳入区财政预算，下拨专项经费 7. 50 万元，“五苗”接种率 95%以上，基础免疫建卡建证率 100%。是年，石鼓区计划免疫工作代表衡阳市接受省工作考核，并获评市疾病预防控制工作先进单位。2008 年 5 月，开展为期一周的免疫规划宣传活动。是年，“四苗”应接种 13205 人次，实接种 13200 人次，接种率 99. 96%。2010 年，开展麻疹疫苗强化免疫活动，共派出 112 名工作人员，对适龄儿童进行麻疹疫苗接种 35085 针次，接种率 98. 12%。2012 年 9 月 1 日至 10 月 20 日，对全区 39 所小学和 55 所幼儿园入学入托儿童接种证进行查验，应查验儿童 5017 人，实查 5017 人，查验率为 100%。2014 年 10 月，开展对 8 月龄至 4 岁儿童的麻疹疫苗强化免疫，摸底应种人数为 8078 人，实种 8065 人，接种率为 99. 8%。2015 年，开展 13 次冷链运转，其中卡介苗接种 2785 人次，糖丸接种 7839 人次，百白破接种 7545 人次，麻风接种 2796 人次，乙肝接种 7531 人次。加强接种糖丸 1769 人次、百白破 1628 人次、麻腮 2355 人次，预防接种共达到 34032 针次。五苗接种率 95%以上，全区未发生“五苗”接种相关疾病。2017 年，开展 12 次冷链运转，其中卡介苗接种 2637 人次，糖丸接种 7385 人次，百白破接种 7637 人次，麻风接种 2433 人次，乙肝接种 7198 人次。加强接种糖丸 6025 人次、百白破 1648 人次、麻腮 2236 人次，预防接种共 37932 针次；对全区 2~47 月龄儿童及特殊人群进行第二轮糖丸强化免疫工作，共接种 7365 针次。2018 年，对计划免疫接种率、生物制品管理、儿童建卡建证等项工作进行 3 次督查，推动全区免疫规划工作正常、有序开展。

二、传染病防治

1998 年，区卫生局下发《关于加强肠道传染病管理，切实做好霍乱防治工作的通知》，要求做好以防治霍乱为龙头的肠道传染病工作。是年，境内蒸湘、人民街道报告 4 例霍乱，接到报告后，卫生防疫部门立即启动防治预案，迅速处置，及时进行隔离、消毒和防治，确保无二代病例和死亡病例发生。2003 年 4—5 月，在“非典”疫情期间，全区成立防治工作领导小组和应急指挥部，制定应急预案；成立 13 个督导组，建立队 4 个防疫机动；专设发热门诊 7 个，登记发热病人 529 人，进行医学观察5人，接触者追踪人员40人；接受咨询610人，发放宣传资料17万份，出动消毒车辆6172台次，消毒场地面积45万平方米；通过积极防控，全区没有发生一例“非典”病例。是年8月，该区被评为衡阳市抗击“非典”先进集体。2004年初，针对人感染H7N9禽流感疫情，及时制定应急预案，成立防控工作领导小组，开办人感染H7N9禽流感防控知识培训班，培训医务人员24人。全区紧急购置“84消毒液”140件、压式喷雾器4台、防护用品医用性N95口罩90个、医用手套200副，发放宣传单19700份。1—4月每两周对后宰门农贸市场和雁栖活禽批发市场活禽进行采样检测，共采集标本60份，未发现阳性标本。是年，境内南华附一医院确诊2例（永州1例、衡阳县1例）人感染H7N9禽流感病例，均成功治愈。2008年5月，国家将手足口病纳入丙类传染病管理。区政府成立应急处置工作领导小组，制定预防控制方案和医疗救治应急预案，并组织召开会议和防治知识培训班，印发宣传资料50000份。是年，全区共发生手足口病138例，无死亡病例。2009年，建立传染病报告管理制度，定期进行传染病防治知识、技能的培训，不定期对辖区居民进行传染病防治知识的宣传教育，不断提高居民对传染病防治知识的知晓率。2012年，临床诊断手足口疫病例33例，其中2例病危对象送往湘雅医院进行治疗，其余的病例送往市内各大医院进行诊治，治愈率100%。2013年，加强H7N9禽流感疫情防控，落实市场巡查制度，严格农贸市场销售畜禽及其制品的查验及准入，严查无证经营、销售病死或来历不明的畜禽及其制品等违法行为。建立健全应急值班制度，实行24小时值班，切实加强疫情监测和报告。采取印发宣传材料、开展座谈会、上门走访等多种形式，宣传普及防控知识。2016年2月2日，区疾控中心接南华大学附一医院报告一起疑似人感染H7N9禽流感疫情，经市疾控中心二次检测确诊为H7N9禽流感病毒核酸阳性。接报后，区政府迅速启动应急预案，第一时间进行处置，对相关密切接触者严格实行医学观察7天并进行采样检测，对出现症状的2名密切接触者进行独立病房观察，对接诊科室开展终末消毒并进一步加强医护人员个体防护。确诊病例得到成功治愈，此次H7N9禽流感疫情得到有效防控。2018年，开展“6·26”禁毒日、世界艾滋病日集中宣传活动，下发防艾宣传折页3000余份、宣传单（贴画）1000余张。是年，辖区内医疗单位共报告手足口病3835例，其中区级医疗机构报告787例，无死亡病例。

三、妇幼保健

1996—2000年，每年对全区的婴幼儿进行建卡、体检和预防接种等系统管理，年管理率达98%。其间，区内婴儿死亡率11.61‰，远远低于省、市平均水平。

2001年，开展妇科病查治346人，儿童体检2589人。依法对托幼园所进行监督管理，核发卫生保健合格证13家，幼师体检86人。2004年，按分级分类管理原则，规定：婚前健康检查必须在区妇幼保健站进行，助产技术和结扎技术必须在乡（街）卫生院开展，上环和终止妊娠可以在卫生服务中心或院外网点开展，村一级妇幼保健员只能做产前检查和产后访视。2005年，进一步完善孕产妇、婴幼儿急救中心各项制度，并开展孕产妇、新生儿死亡评审。2006年，区妇幼保健院内引外联，引进资金600万元，租赁原衡阳烟草大楼，全面改造、装饰，购置全新医疗设备，开设妇、儿等10余个临床科室。是年，角山乡被定为妇幼卫生两个系统管理示范乡。2008年，开办幼儿园保健知识、孕妇增补叶酸、新生儿窒息复苏2期培训班，共55人参加学习。2009年，对27所幼儿园进行卫生保健考核，其中25所幼儿园考核合格。2011年，全区共有孕产妇2015人，住院分娩率达100%。通过产前检查，发现高危产妇149人，全部实行高危妊娠管理。2013年，全面加强孕产妇和儿童两个系统管理。全年孕产妇2123人，管理建卡1985人，孕产妇系统管理1850人。共出生婴儿2100人，住院分娩率达100%。2014年，新生儿疾病筛查率为100%，孕产妇系统管理率达95%，产后访视率96%，孕产妇住院分娩率达100%，孕产妇艾滋病、梅毒筛查率达100%；新生儿听力筛查率75%，访视率95%，儿童系统管理率85%。5岁以下儿童死亡率控制在10%以下，均较好地达到省定的指标要求。2017年，活产数2172人，住院分娩率100%，孕产妇系统管理率95.20%，5岁以下儿童死亡率5.06%，7岁以下儿童系统管理率93.41%。2018年，全年辖区产妇3330人，艾滋病孕期检测3231人，艾滋病孕期检测率97.03%，艾滋病阳性3人，孕期阻断2人，孕期阻断率66.67%，所生艾滋病用药率100%；梅毒孕期检测3231人，孕期检测率97.03%，梅毒阳性11人，孕期阻断11人，孕期阻断率100%，所生婴儿随访率100%；乙肝孕期检测3231人，乙肝孕期检测率99.70%，乙肝阳性267人，发病率8.02%，乙肝感染孕产妇所生273例新生儿，272例注射乙肝免疫球蛋白，乙肝免疫球蛋白用药率99.63%。是年，该区免费产筛工作获评全市先进单位。

四、爱国卫生运动

1996—2000年，区爱卫办每年对汽车站、医院、粮库（店）、商场、市场、美食街及重点居民区投放一定量的灭鼠毒饵、灭蟑灵、灭蟑毒饵、灭蚊蝇药物，使境内蚊、蝇、鼠、蟑螂密度进一步降低。2001年起，境内爱国卫生运动由城区向农村发展。通过大力普及卫生保健知识，清除卫生死角，完善环卫设施，城区的爱卫活动不断深入；农村则结合修路、改水、改厕开展爱卫活动。2002年，在春秋两季灭鼠活动中，培训投药骨干104人，自配灭鼠毒饵5吨，投入灭鼠经费13万元，境内鼠害密度控制在国家规定的标准之内。是年，全区建成卫生厕所近1000座。2003年9月5日，全区开展第一个“全民卫生日”活动。到12月12日的第15个卫生日，在市每周一次的督查通报中，石鼓区共有83个单位151次登上红旗榜。2007年4月，是第19个“全民卫生月”，也是纪念爱卫活动开展50周年，全区开展声势浩大的宣传活动，下发各类宣传资料7万份，其中健康知识宣传单（册）4.5万份、改水改厕宣传资料1.8万份。2008年1月中旬至2月上旬，一场罕见的低温冰雪袭击衡阳，境内大面积停电停水，交通受阻，农业、林业、道路、居民住房受到严重损失。其间，全区每天出动500~800名机关干部、职工全面开展“四清两保”（清积雪、清垃圾、清路障、清树枝、保畅通、保安全）活动。是年，全区农村的爱国卫生运动纳入新农村建设范畴，发挥农民主体作用，强力推行清垃圾、清路障、清淤泥，改水，改厕、改圈、改厨、改路的“三清五改”工作。2012年，开展城乡环境大整治，部门包乡（街），干部包路段，对各行政村派出驻村人员。共出动车辆2000余台次，清运垃圾、残土719吨，清理乱堆乱放89处共2027平方米，整治乱搭乱建35处。2013年，继续推进农村改厕工作，至年底，农村卫生厕所普及率达到75%以上。2016—2017年，加大对老旧小区、背街小巷环境卫生整治力度，积极组织开展周五卫生大扫除活动，共发动党员干部、群众6000余人，清理小巷380余条，清运废弃物280余吨，为居民群众打造干净优美、文明和谐的人居环境。2018年，积极创建省级卫生镇、卫生村，全区新创省级卫生村4个。是年，投入102.8万元，全面完成病媒生物防治及灭蚊灭蝇C级达标相关工作。

第三节　机　构

一、管理机构

1996—2001年，城北区卫生局负责对全区卫生的管理工作。2001年5月，衡阳市行政区划调整后，城北区卫生局更名为石鼓区卫生局。内设机构有办公室、医政股、疾控股、基层妇幼管理股、规划财务股、人事科教股。2015 年机构改革，区卫生局、区人口和计划生育局合并组建为区卫生和计划生育局，内设办公室、人事和法规科教股、规划计财和科教股、行政审批服务股、计划生育指导股、综合监督股、医政和中医股、基层卫生妇幼保健和科学技术服务股、爱国卫生运动委员会办公室及区卫生计生综合监督执法局、区计划生育流动人口服务管理站 2 个直属事业机构，核定编制 34 名。

1996—2015 年石鼓区（城北区）卫生局领导一览表

表 16-3-1

姓名	职务	任职时间
尹东生	局长	1994.10—1997.12
廖明坤	副局长	1989.11—1998.1
	局长	1998.1—2005.6
杨爱国	副局长	1998.2—2000.5
屈济健	副局长	1995.8—2001.9
陈钱平	副局长	2002.1—2003.1
	党委委员、副局长	2003.1—2005.8
	党委书记、副局长	2005.8—2014.2
	党委副书记、副局长	2014.2—2015.12
邹智明	副局长 党委委员	2002.5—2003.1
	副局长	2003.1—2013.4
罗春武	副局长	2003.1—2011.1
宁洁荣	工会主席	2003.5—2016.2
阳华林	局长	2005.8—2013.3
莫尚辉	党委委员、纪委书记	2005.8—2010.12
何一流(女)	局长	2013.3—2015.12
刘名辉	副局长	2013.3—2015.12
肖泳文(女)	副局长	2014.3—2015.12

2015—2018 年石鼓区卫计局领导一览表

表 16-3-2

姓名	职务	任职时间	姓名	职务	任职时间
何一流(女)	局长	2015.12—2017.6	刘国华	副局长	2015.12—
肖泳文(女)	副局长	2015.12—	洪云辉	局长	2017.6—

二、医疗网点

1996 年，城北区有区管医疗卫生机构 45 个，其中医院 1 所（衡阳市中医正骨医院），区卫生防疫站、妇幼保健站各 1 所，卫生院 7 所，个体私人诊所 35 家。共有病床 210 张，医疗卫生工作人员 345 人。境内还有衡阳医学院第一、衡阳医学院第二附属医院、衡阳市中医医院、衡阳市传染病医院、江雁机械厂职工医院、衡阳市航运公司职工医院、湘运公司职工医院、衡阳市卫生学校医院、湖南省第二监狱职工医院 9 所公立医院，共有病床 2189 张，医疗卫生工作人员 3053 人。2001 年 5 月，区划调整，松木乡卫生院、角山乡卫生院随之划入石鼓区卫生局管辖，衡阳市中医医院、湘运公司职工医院、衡阳市卫生学校医院划入蒸湘区境内。2008 年，石鼓区成立人民街道、潇湘街道、青山街道、五一街道、合江街道 5 个社区卫生服务中心，共有医疗卫生工作人员 108 人。

2018 年，全区有医疗卫生机构 167 所，执业（助理）医师 1450 人，护理人员 2287 人，共有病床

4199张。其中区辖医院3所（衡阳市中医正骨医院、石鼓医院、区妇幼保健院）、区疾病预防控制中心、区卫生监督所各1所，乡卫生院2所（角山乡卫生院、松木乡卫生院），社区卫生服务中心5所，村卫生室28所，个体私人诊所108家。境内还有南华大学附属第一院、南华大学附属第二院、衡阳市第三人民医院（原衡阳市传染病医院）、江雁机械厂职工医院4所公立医院；有衡阳市华程医院、衡阳市民生医院、衡阳青山医院、衡阳协和口腔医院、衡阳唯美口腔医院5所民营医院。

附：医院选介

（一）南华大学附属第一医院

南华大学附属第一医院（原衡阳医学院第一附属医院）始建于1943年，是卫生部首批授予的三级甲等医院、湖南省人民政府与国家卫健委共建附属医院、省域医疗中心。医院占地面积107亩，编制床位2315张，开放床位2700张，设有43个临床科室、8个医技科室。2018年，医院有职工2886人，其中高级职称501人，博士188人，医师队伍研究生占比76.8%。年门急诊约180万人次，年出院约10万人次，年手术量约3.5万台次。医疗服务范围覆盖湘中、湘南、湘东地区，并辐射至湘西、粤北、桂北及赣西等地，服务6000余万人口。服务量排名全省单体医院第四、省会外第一。医院是全国著名的医学人才培养基地，拥有教研室23个、住院医师规范化培训专业基地23个，是湖南省脊柱微创临床医疗技术示范基地、湖南省住院医师规范化培训优秀培训及考核基地、临床医学一级学科博士和硕士学位授权点，拥有博士研究生导师16人、硕士研究生导师148人，近10年共培养博士、硕士研究生1300余人，16人次获国家级及省级优秀带教师资称号。医院主动承担大型公立医院社会责任。近年来参加汶川特大地震救援、抗击禽流感疫情等大型紧急救援活动10余次。同时医院积极开展援疆、援藏、援外等对口支援工作，荣获“全国医疗扶贫贡献奖”。

（二）衡阳市第三人民医院

衡阳市第三人民医院是2004年5月由原衡阳市传染病医院（现称北院）和原衡阳市结核病医院（现称南院）合并组建而成。北院坐落在石鼓区草后街182号，其前身为1905年由意大利天主教会创办的百年老院——仁爱医院；南院坐落在风景秀丽的蒸湘区雨母乡二塘村。该院是以治疗各类传染病为特色的三级规模专科医院，承担衡阳市及湘南地区传染病医疗救治工作，是衡阳市突发公共卫生事件救治工作的主要成员单位、国家及省中医药管理局中医药治疗传染病基地医院，瑞典卡罗琳斯卡大学和国家CDC项目合作单位全国中医药治疗耐多药结核病科研课题承担单位。开设了肝病科、结核科、中医科、艾滋病科、急性传染病科、综合内科、综合外科、理疗康复科、妇产科、血液净化中心等29个临床医技科室。其中肝病科、结核科、中医科、艾滋病科为湖南省级重点专科。2018年，医院占地面积190余亩，编制床位680张，开放床位460张，有在职职工528人，专业技术人员467人，其中，高级职称72人，中级职称195人，享受国务院政府特殊津贴专家1人。

（三）衡阳市中医正骨医院

正骨医院是衡阳市唯一一家中医骨伤科专科医院，1958年建院，其前身为衡阳市城北区人民医院，医院创始人为湖南省名医、中医骨伤科泰斗欧保祥等老一辈中医名家，并随着一批批师承弟子及中、青年骨伤科专业人才的加入，使医院逐步发展成为以中医骨伤科为特色的医院，并于1987年正式更名为衡阳市中医正骨医院。多年来，医院广大医务人员、骨伤科医生在秉承欧保祥传统正骨技术的基础上，不断发扬创新，最终使中医骨伤科成为誉满三湘的特色专科。医院位于市内繁华的中山北路90号，占地面积2923平方米，医疗业务用房6600平方米。2015年，医院由之前年收入不足1000万元、欠债1300多万元的“亏损医院”，扭亏为盈，收入突破2600万元，并于2016年成功创建二级甲等专科医院，重塑“正骨品牌”。2018年，医院有职工178人、卫技人员130人、中级以上专业技术人员占38%，专科病床110张。

（四）衡阳华程医院

华程医院是经由衡阳市卫生行政主管部门批准设置的城区大型二级综合性医院，医院成立于2015年9月，位于衡阳市石鼓区中山北路175号。医院占地面积11亩，建筑面积2万6000余平方米，总投资为2.1亿元人民币，设置床位300多张，医院拥有高级医疗专家和护理团队，技术实力雄厚。医院秉承“综合优势明显，专科特色突出”的办医院方针，组建12个临床科室，包括心脑血管病科、呼吸内分泌科、肿瘤科、消化肝病科、创伤骨科、微创外科、妇产科、儿科、体检中心、耳鼻咽喉科、康复科等科室。2018年，医院拥有员工编制422名，护士149人，医师109人，其中博士1名、硕士3名、主任医师（教授）12人，副主任医师21人，中高级职称50余人。曾任衡阳市相关专业委员会主任委员2名，副主任委员8名，高级职称人员30余人，中级职称人员50余人。医院先后荣获2017年度全国诚信民营医院，2017年度全国非公医疗机构排名233位，2018年度全国非公医疗机构排名254位。

第十七篇

文化 体育 旅游

第一章　文　化

1996—2018年，人民物质文化生活水平不断提高，文化事业繁荣兴旺，一个以区文化馆为龙头，乡（街）文化站为骨干，村（社区）文化服务中心为基础的文化组织网络不断完善。丰富多彩的文化活动，形成“广场旬旬演、社区周周乐”等知名文化品牌。民间文艺、民间工艺在新时代不断创新发展。

第一节　群众文化

一、文化馆站

（一）区文化馆

1978年，区委决定恢复城北区文化馆。1996年，原区文化馆因旧城改造被拆除，区政府投资180多万元，兴建新馆，馆舍面积1520.31平方米。2002年，区文化馆通过湖南省二级文化馆评估定级验收。2003年，文化部授予该馆为三级文化馆。2008年9月，区政府整体搬迁，文化馆迁址船山路43号共创大厦5至8楼。2011年，全国第三次文化馆评估定级，该馆升级为国家一级馆。2015年，全国第四次文化馆评估定级，再次定级为国家一级馆。2016年，区政府将共创大厦2、3楼划归文化馆使用。是年，区财政拨款近100万元进行整体升级改造，并投入近30万元添置办公用品、设施设备。改造后的文化馆拥有音乐厅、舞蹈厅、书画教室、多媒体厅、阅览室、活动室等，具有良好的功能分区和设施设备。

2018年，区文化馆有编制6人，其中舞蹈、美术、音乐、非遗等专业人员4人，为副科级事业单位。是年，区文化馆免费开放工作全面启动，长期在馆排练团队10余支，不定期免费开设舞蹈、声乐、话剧、国画、素描、彩铅、美术、古筝、小提琴、爵士舞等课程。

（二）区美术馆

2013年，区政府投资近100万元，将原撤并的草后街小学（青草桥头草后街35号）改建为石鼓区美术馆，建筑面积1000余平方米。石鼓区美术馆是全省首家由政府投资的区级美术馆，设有3个展览大厅、2个工作室、2个培训室和1个休息室，集交流、探讨、创作、培训书画艺术于一体。

2014年12月17日，石鼓区美术馆剪彩暨石鼓区首届书法作品邀请展举行。2015年始，开设素描、国画、书法3个培训班，每年培训学员近100人。2016年2月17日，由石鼓区委、区政府主办，区委宣传部、区教文体局承办的“雅韵石鼓”机关干部迎新春书画摄影展在区美术馆举行。2017年3月10日，由市文体广新局、区委宣传部、市文联联合主办，市花鸟画家协会、区教文体局、区文化馆、区美术馆承办的“梅麟奇缘”纪念彭玉麟200周年诞辰暨第五届衡阳市花鸟画展在区美术馆开展。2018年3月18日上午，衡阳市地书书画协会挂牌仪式暨“迎春书画展”在石鼓区美术馆揭幕。

（三）区图书馆

石鼓区图书馆于2009年开始筹建，2011年3月正式揭牌成立，位于石鼓区政府机关大院内。馆舍占地面积1316平方米，按县级图书馆标准配备和装修。馆藏图书3万多册，电子文献150种，设立图书借阅室、采编室、少儿阅览室、合作协调室、电子阅览室、乒乓球室、多功能活动室、报告厅、书画室、文化共享工程机房等，共有阅览座席300多个，其中少儿阅览室座席占200多个，计算机数量30多台，宽带接入100M，存储容量4TB，选用Interlib区域图书馆集群自动化管理系统，图书馆所有馆室全部向公众免费开放。2013年，参加第五次全国公共图书馆评估，被评为“三级图书馆”。

2018年，石鼓图书馆藏书18650册（不含剔旧图书），电子文献150种。是年，图书总流通7020人次，其中书刊文献外借3582人次，书刊文献外借册次4091人次。在2018年第37届湖南省少年儿童系列读书活动中，区图书馆获“阅读活动奖”。

（四）基层文化站

1996年，每个街道都建有广播、电视、群众文化等多功能的文化站，并配有1~2名工作人员。2011年，全区2个乡、6个街道均建有文化站，并有多功能的文化阵地，使用面积均在300平方米以上，设有文体活动室、电子阅览室、图书阅览室、市民学校、心理咨询室、羽毛球场等功能室。2018年，全区有镇、街文化站8个，在编工作人员15人。建立社区、村级文化活动中心51个，各类文化团体156个，成员1600余人。

二、文化活动

（一）农村文化活动

2002—2006年，“送戏下乡”“送文化下乡”“送春联下乡”等活动进入常态化。至2006年的5年间，全区开展送文化下乡演出活动58场，观看演出近4万人次，送5600多副春联下乡。松木乡、角山乡的龙狮闹元宵活动以及农民运动会是每年定期举办的群众传统文化活动。2007—2018年，农村文化活动更为活跃，不但有自编自演、自娱自乐的小品、相声、花鼓戏，还有歌舞剧、书画展等，区文体局还邀请省市文艺团体下乡巡回演出。全区举办12次较大规模文化下乡活动，近3万人次参与。

（二）社区文化活动

1996年起，区文体局加强对社区文化活动的指导。每年定期举办各类社区文化活动，内容有歌咏比赛、舞蹈大赛、器乐比赛、文艺会演和书画展等。2000年，由文体局牵头组织大型广场文化活动。2002—2006年，全区有各类社区文化娱乐活动室200余个，每天参加活动的达8000余人次。社区文化日益发展壮大，社区文化服务中心按照“四室一厅”标准配备到位，即书刊阅览室、教育培训室、网络信息服务室、管理与辅助室和多功能活动厅。广场文化逐渐进入人们的日常生活。莲湖广场、石鼓书院广场、湘江风光带、蒸水风光带等地，群众自娱自乐。有民族舞蹈、交谊舞、拉丁舞、卡拉OK音乐、腰鼓队、歌咏队、京剧票友队、太极拳队等活动。2008—2018年，区文化馆组织的“一剪梅”艺术团，下社区演出41场。其间，区文体局定期举办“欢乐潇湘、幸福石鼓”大型文艺汇演以及“广场旬旬演、社区周周乐”群众文化活动。

（三）群众文化艺术节

2007年起，石鼓区动每三年举行一次“和风衡州”群众文化艺术节。是年5月，首届“和风衡州”群众艺术节石鼓区文艺汇演在莲湖广场开幕。首届艺术节共分六大部分：开幕式（龙灯狮子、腰鼓表演、扇子舞艺术展演）、花鼓戏专场、书法艺术笔会、驻区单位文艺演出晚会、闭幕式及群众艺术精品展示。第一届艺术节演出节目18个，演员上千名，观众约2万人次。

2010年9月18日，在莲湖广场举办“和风衡州”第二届群众文化艺术节石鼓区文艺会演活动。2010年第二届艺术节与首届艺术节主题和宗旨都相同，但内容更加丰富，参与面更加广泛。主要由“六块会演”和“集中展演”两大篇章组成。“六块会演”分为“青春风华”校园文艺会演、“公仆风范”机关文艺会演、“军营风彩”军营文艺会演、“品牌风流”企业文艺会演、“都市风景”社区文艺会演和“乡土风情”田园文艺会演等六大板块；集中展演将按艺术类别举办声乐专场展演、舞蹈专场展演、非物质文化遗产专场展演、器乐专场展演、广场文化专场展演共5场专场展演和书画摄影诗词大赛。

2013年7月13日，衡阳市“欢乐潇湘”大型群众文艺会演暨“和风衡州”第三届群众文化艺术节石鼓区决赛在莲湖广场举行。是年，全区广泛开展“欢乐潇湘”群众文艺会演暨“和风衡州”第三届群众文化艺术节活动，分别设立了“青春风华”校园文化、“军营风采”部队文化、“公仆风范”机关文化、“乡土风情”田园文化、“品牌风流”企业文化、“都市风景”社区文化六大板块，并分组开展预赛，展示行业风范。与前几届艺术节相比，在内容上有所突破，突出广场文化、廉政文化、社区文化、企业文化和校园文化，在规格、档次、节目质量上都有所提高。

2016年7月16日，2016年衡阳市石鼓区“欢乐潇湘　幸福石鼓”群众文化活动年度决赛在莲湖广场上演，由8个乡街和辖区坐落单位选送的13个参赛节目轮番上阵，吸引了万余群众驻足观看。经过2个小时的角逐，最终，区文化馆选送的《醉红》《一张假币》荣获一等奖。

2018年11月28日晚，“欢乐潇湘　幸福石鼓”暨“群英荟”2018年衡阳市石鼓区免费开放专场文艺汇演在莲湖广场举行，歌舞、戏曲、小品、模特秀等10个形式多样的艺术节目依次登台，吸引广大市民驻足观看。至2018年，石鼓区已举办五届文化艺术节，共演出节目上百个，参演者1000余人次，观众达10万人次。

1997—2018年石鼓区（城北区）大型文化活动一览表

表17-1-1

活动时间	活动名称	获奖
1997年	城北区迎接'97香港回归歌坛新秀选拔赛	10名“十佳歌坛新秀”、5名优秀歌手
	城北区少儿书画展出评选比赛	金奖1个，银奖1个，优秀奖4个
	全市万人歌咏大赛	—
1998年	迎春文艺会演	—
1999年	城北区八一拥军文艺调演	—
	“迎澳门回归”少儿书画优秀作品展	展出作品50幅
2000年	迎春文艺会演	—
	城北区少儿书画大奖赛	选送18件作品参加市少儿书画大赛
	城北区图书板报展	30余块板报展出
2001年	“手拉手、心连心”文艺会演	—
2002年	湖南省第二届“三湘蒲公英奖”少儿艺术赛	—
2004年	全省“三湘蒲公英”少儿音乐大赛	—

续表17-1-1

活动时间	活动名称	获奖
2006 年	衡阳市少年儿童“构建和谐社会”读书演讲比赛	一等奖 1 个，二等奖 2 个，文化馆获组织奖
2007 年	“和风衡州”首届群众艺术节开幕式	—
	衡阳市首届群众文艺节“都市风景”社区文艺演出和宣传板报比赛	2 个一等奖，3 个二等奖，5 个三等奖
2008 年	“讲文明、树新风”古文诵读活动	市级 11 个单项奖，3 个组织奖
	2008 年迎奥运石鼓区少儿艺术大赛	
	家庭艺术大赛	
	全区少儿美文诵读	
	“纪念改革开放 30 周年群众文化月活动”	—
2009 年	“文明新风拂雁城”春节文化活动	—
	庆祝新中国成立 60 周年全市少儿美术书法摄影优秀作品展	—
	建国 60 周年师生歌咏比赛	—
2010 年	“春满衡阳”春节文化活动	—
	“和风衡州”第二届群众文化艺术节文艺会演活动	—
	庆祝新中国成立 61 周年“欢乐金秋”国庆文艺会演	—
	“吟诵石鼓、多彩石鼓”诗歌、书画、摄影活动	—
	“迎世博、迎亚运、讲文明、树新风”文明礼仪知识竞赛活动	—
2011 年	“幸福石鼓”春节文化活动	—
	庆祝建党 90 周年群众歌咏比赛	在衡阳市总决赛获一等奖
2012 年	“幸福石鼓”春节文化活动	—
	2012 年石鼓区“喜迎十八大、欢歌颂雁城”群众文艺团体大赛	在衡阳市总决赛中获金奖
2013 年	“美丽石鼓”春节文化活动	—
	石鼓区“欢乐潇湘”大型群众文艺会演暨“和风衡州”第三届群众文化艺术节活动	全市决赛获得 1 个特等奖、1 个一等奖、1 个二等奖
	2013 年“珠江合创杯”石鼓区首届原创群众广场舞大赛	—
2014 年	“欢乐潇湘”大型群众文化活动	省二等奖 2 个、石鼓区教师艺术团荣获省“欢乐潇湘”活动优秀艺术团体
	“美丽石鼓”春节文化活动	—
	“欢乐潇湘、幸福衡阳”暨“广场旬旬演、社区周周乐”群众文化活动启动仪式之园区梦——石鼓篇	—
	首届石鼓区“枫情·冬韵”模特时尚秀文化活动	—

续表17-1-1

活动时间	活动名称	获奖
2015 年	“汇聚网络正能量，弘扬核心价值观”衡阳市网络春节联欢晚会石鼓区海选赛活动	—
	“文化惠民进万家”文化志愿服务启动仪式石鼓区分会场活动	—
2016 年	“雅韵石鼓”石鼓区机关干部迎新春书画摄影展	—
2017 年	2017 年“欢乐潇湘　幸福石鼓”暨“喜迎十九大　共建新石鼓”群众文艺会演	—
	石鼓区“幸福花开　十九大精神润衡州”专场文艺演出暨“12·5”国际志愿者日主题实践活动启动仪式	—
2018 年	“庆祝改革开放四十周年”湖南省广场舞展演衡阳市石鼓区专场	—
	“欢乐潇湘　幸福石鼓”暨“群英荟”2018 年石鼓区免费开放专场文艺会演	—

第二节　文艺创作

1996 年，区、街业余作者加入市级及以上作协、剧协、美协、书协、音协、摄协、舞协等协会 50 余人，创作作品 250 多件（种）。随着文化事业的发展，石鼓区文化专干及业余爱好者队伍不断壮大，文学艺术创作蔚然成风，作品质量不断提高，获奖作品数量及等级居全市城区榜首。1997—1998 年，文化专干邝厚勤创作的歌词《堆沙堆》《晒秋》分别获得省“五个一工程”二等奖，填补衡阳市在该项上的空白。2003 年，文化馆专干贺文键执笔创作的湘剧《谭嗣同》等作品陆续搬上舞台演出。是年 5 月 16 日晚，电影《拯救爱情》在央视播出，取得良好社会效益。2004—2015 年，音乐专干廖卫华创作的歌曲《东方有条神奇的江》等作品多次获省级、国家级奖。2017 年，文化馆编排的《水灵灵》《梦的绚丽》等舞蹈和歌曲分别获省第七届全民广场舞比赛获季军、湖南省新人新歌大赛银奖。2018 年，美术专干方国平入选“湖南省楚山九子”，他的国画作品《松风迎瑞雪》入选省艺术节美术书法摄影精品展。音乐专干谢林杉参与大型舞台剧目《田垄之上》的演出，该剧目参与省艺术节展演获得新创剧目“田汉大奖”。

1997—2018 年石鼓区（城北区）部分年份获奖文艺作品统计表

表 17-1-2

获奖时间	创作者	作品名	艺术种类	获奖级别
1997 年	邝厚勤	《堆沙堆》	作词	省“五个一工程”二等奖
	邝厚勤	儿童歌曲《小雨伞》	作词	文化部、中国文联征歌铜奖
1998 年	邝厚勤	《晒秋》	作词	省“五个一工程”二等奖

续表17-1-2

获奖时间	创作者	作品名	艺术种类	获奖级别
2003 年	贺文键	《谭嗣同》（与人合作）	湘剧	全省戏剧节调演获演出一等奖和优秀创作奖
	邝厚勤	《高高的苗岭什么最亮》	作词	全国第五届中国少年儿童歌曲卡拉 OK 电视大奖赛创作银奖
2004 年	廖卫华	《又见月光光》	作曲	湖南省第一届“金旋律音乐节”作曲金奖
	方国平	《沧桑》	山水画	全国第九届“群星奖”美术展，入选湖南展区展出
	石莉英、朱晓画编导，陈经荣、廖卫华作曲	《老俏妹》	舞蹈	湖南省第四届“三湘群星奖”舞蹈金奖，入选参加全国第十二届群星奖比赛
2005 年	唐婷燕	《浅谈新形势下文化馆的建设》	论文	省七届群文理论评选活动中获三等奖
2007 年	唐婷燕	《衡阳市石鼓广场文化活动调查报告》	论文	湖南省第八届群众文化理论征文二等奖
2008 年	廖卫华	《亲爱的叔叔，我们向你敬个礼》	音乐	湖南少儿音乐比赛作曲金奖
2009 年	廖卫华	《衡阳好》	音乐	中国音乐家协会“祖国之春”全国作曲比赛《中国民歌十大金曲》金奖
	廖卫华	《水灵灵》	音乐	中国音乐家协会“祖国之春”全国作曲比赛《中国民歌十大金曲》金奖
	廖卫华	《壮志蔡伦》	舞蹈音乐	湖南省第七届艺术节作曲金奖
2010 年	廖卫华	《爱之吟》	音乐	“中国民歌十大金曲”金奖
	廖卫华	《衡阳抒怀》	音乐	“中国民歌精品”金奖
	廖卫华	《湘江美》	音乐	“中国民歌精品”银奖
	廖卫华	《真情英雄》	音乐	“中国民歌精品”铜奖
	廖卫华	《雁之故乡》	音乐	湖南省“鸿冠杯”第二届湘人湘歌大赛“优秀新作品奖”
	廖卫华	《北去的湘江》	音乐	湖南省“鸿冠杯”第二届湘人湘歌大赛“新作品奖”
2011 年	廖卫华	《东方有条神奇的江》	音乐	第十二届“人文之春”中国民族歌曲演创大奖赛“中国民歌十大金曲”金奖
2012 年	廖卫华	《东方有条神奇的江》	音乐	“放歌湘江”全国征歌比赛作曲一等奖、中共湖南省委宣传部“五个一工程奖”、第七届“三湘群星奖”银奖

续表17-1-2

获奖时间	创作者	作品名	艺术种类	获奖级别
2012 年	廖卫华	《江边人》	音乐	“放歌湘江”全国征歌比赛作曲一等奖
	廖卫华	《熊熊的火焰山》	音乐	第十三届中华之春中国民族民间歌曲创作比赛中获中国民歌精品铜奖
	廖卫华	《桃花美》	音乐	第十三届中华之春中国民族民间歌曲创作比赛中获中国民歌十大金曲金奖
	廖卫华	《又是十五月儿圆》	音乐	第十三届中华之春中国民族民间歌曲创作比赛中获中国民歌精品金奖
2013 年	廖卫华	《湘江北去》	音乐	“中国民歌十大金曲”金奖
	廖卫华	《南岳人家》	音乐	“中国民歌精品”金奖
	廖卫华	《豆腐脑、豆腐花》	音乐	“中国民歌精品”银奖
2014 年	廖卫华	《山乡的春天》	音乐	湖南省文联、湖南省音乐家协会“中国梦”征歌评比作曲一等奖、中共湖南省委宣传部“五个一工程”大奖、湖南省 2014 年“欢乐潇湘”大型群众文艺汇演决赛获二等奖、湖南省 2014 年“欢乐潇湘”大型群众文艺汇演决赛二等奖
	方国平	《春潮》	国画	省文联举办的财苑大展获优秀奖
	文化馆编排	《老乐年华》	小品	湖南省 2014 年“欢乐潇湘”大型群众文艺汇演决赛二等奖
2015 年	廖卫华	《一把小雨伞》	音乐	全国第八届“小荷风采”少儿舞蹈比赛金奖
	廖卫华	《山乡的春天》	音乐	湖南省音乐家协会《潇湘好歌传天下》优秀作品奖
	廖卫华	《豆腐花，豆腐脑》	音乐	湖南省音乐家协会《潇湘好歌传天下》优秀作品奖
2017 年	文化馆编排	《水灵灵》	舞蹈	全省第七届全民广场舞比赛获季军
	廖卫华	《大雁飞翔》	音乐	第十三届湖南省委宣传部精神文明建设“五个一工程”奖
	文化馆编排	《梦的绚丽》	歌曲	湖南省新人新歌大赛银奖
	罗嘉琪	《树之殇》	版画	湖南省“拒邪教、扬正气”书画展中荣获三等奖
2018 年	廖卫华	《大雁飞翔》	音乐	第六届湖南艺术节音乐类银奖
	方国平	《松风迎瑞雪》	国画	入选省艺术节美术书法摄影精品展

第三节 非物质文化遗产与文物古迹

一、非物质文化遗产

2011年，全面启动民间优秀传统文化的保护和利用工作，以文化遗产日、重大节日为载体，开展非物质文化遗产宣传，举办板报展览、专题文艺演出。2012年，“李家鲜榨米粉”传统技艺和“梅田庙会”民俗活动获评区级非物质文化遗产保护项目。2013年，合江街道五一村梅田庙会活动通过市级非物质文化保护项目评审，同期完成“李家鲜榨米粉”的市级非遗项目申报。

2015年，组织开展全国“文化遗产日”活动，举办石鼓区第七届品牌推介月活动暨第五届“君玲粽子文化节”。2016年端午节其间，现场展示石鼓区非遗项目“君玲”粽子传统手工技艺。是年，为系统地保护非遗项目，区文化馆设立专门的非物质文化遗产保护机构，收集整理10项非物质文化遗产项目，纳入数据库，存储于主服务器，并按要求制作石鼓区非物质文化遗产资源分布地图。2017年，举行石鼓区非遗知识培训班暨“非遗项目普查”启动仪式，聘请专家组评审，将“草河药酒传统酿造技艺”“张绿林面人传统手艺”评选为区第四批非物质文化遗产保护项目。

2018年11月，“草河药酒传统酿造技艺”“张绿林面人传统手艺”申报为市级非遗项目。至2018年末，全区共有省级非遗项目1个、市级非遗项目3个、区级非遗项目19个，包括民间文学、传统音乐、传统美术、传统民俗、传统技艺、传统医药5个方面。

二、文物古迹

石鼓书院 石鼓书院，位于潇湘街道湘江北路69号，地处衡阳市城北蒸、湘、耒三水汇聚的石鼓山上，始建于唐元和五年（810年），是湖湘文化重要发源地之一，明徐霞客赞誉称“石鼓书院兼具滕王阁、黄鹤楼名胜之优越”；与嵩阳书院、白鹿洞书院、岳麓书院并称中国古代四大书院，素有“衡湘洙泗”“道南正脉”之誉。石鼓书院主要由武侯祠、李忠节公祠、大观楼、七贤祠、敬业堂、合江亭等建筑构成，总占地面积约4000平方米，是中国古代最早的一所由私人创建的书院。史料记载，石鼓书院曾于南宋、元末、明末、民国期间毁于兵燹，后又多次翻修重建。2006年6月，衡阳市人民政府重建石鼓书院。按修旧如旧的原则，恢复了书院讲学、藏书、祭祀三大功能；整个建筑群为白墙黛瓦深色柱，庄重、古朴、典雅。布局为中轴对称，院内布置了禹碑亭、山门、书舍、武侯祠、李忠节公祠、大观楼、合江亭等建筑。现为衡阳市传统文化教育基地，定期组织举行研学、表演、祭祀等活动。2011年1月24日，石鼓书院作为石鼓摩崖石刻（含石鼓书院）组成部分被湖南省人民政府公布为第九批省级文物保护单位。

石鼓山摩崖石刻 石鼓山位于潇湘街道湘江北路69号，地处衡阳市城北蒸、湘、耒三水汇聚处。山上尚存唐代至清摩崖石刻近30处，2000年发现。石刻主要集中在石鼓山西面约40米长的山岩上，与清乾隆《清泉县志》所载“历代摩崖在西奚谷石壁”无异。石刻中保存较好的还有“江上清风”“蒸湘”“介崖”“高山流水”及一些记事刻石。字体有行、楷、隶、草等。年款可辨的有唐“大和九年”（835）、宋“元祐三年”（1088）、“元祐七年”（1092）、元“元贞元年”（1295）、清“顺治丁酉”即顺治十四年（1657）、“康熙元年”（1662）、“乾隆戊子”即乾隆三十三年（1768）等。

来雁塔 来雁塔位于五一街道来雁塔社区辖内，为中国名塔、雁城三塔、衡州名胜之一和省重点文物保护单位，地处湘江、耒水、蒸水三江交汇处西部，耒水河口、蒸水河口西部中间的小山上。始建于明万历九年（1581），为衡阳市仅存的明代大型砖石结构建筑。《衡阳县志》载：此处水流急湍，矶碍舟行，为利济河道，明万历九年（1581），衡阳人礼部尚书曾朝节倡议除矶兴塔，以衡州府城南有回雁峰，故此处取北雁南来之意而名来雁塔。清同治十年（1871），衡阳人兵部尚书彭玉麟重修此塔，并书“来雁塔”三字嵌于正门之上。该塔高28米，七层八棱，拱门券窗，石雕飞檐，石板楼面，斗拱楼顶，正门东南向，左右两侧门；基层门内，端坐石佛一尊，塔内石级，分两路盘旋，可上顶层；塔旁建双练亭。民国33年（1944）衡阳保卫战中，被日寇侵犯而脱落的半截铜制塔顶，现存于衡阳博物馆内。塔基为垒石构成，塔身用青砖砌成。整个塔体内为楼阁式，共七层，呈八角形，高36米。2016年，衡阳市政府决定对来雁塔进行修缮，由湖南华侨城全面承接来雁塔修缮工程。

湘军水师造船厂遗址　湘军水师造船厂遗址位于石鼓区筷子洲，为衡阳市文物保护单位。湘军统帅曾国藩在与太平天国作战时，深感需要一支强大的水师来对抗太平军水师，于是向咸丰帝上书请求建立皇家水师，咸丰三年（1853）初，经咸丰帝同意，曾国藩和彭玉麟到衡阳开创湘军水师，在筷子洲兴建造船厂造船。湘军水师东征太平天国时，乘用的长龙、快蟹、舢板三类船只皆建造于此。

2014年，衡阳市政府决定规划建设湘军水师造船厂遗址公园，通过对现存的湘军水师遗址进行保护开发，还原水师战船的设计、建造、下水、舾装、试航等战船建造服役流程，重现历史。

窗子塘杨梅桥　窗子塘杨梅桥位于黄沙湾街道灵官庙村窗子塘组，为半圆拱连拱石桥，是衡阳市文物保护单位。始建于清乾隆年间，东西走向，横跨杨梅河，故称杨梅桥。桥长63.1米，宽4.4米，九孔等跨，拱券石纵连砌筑，净跨7米，桥身为红砂石结筑，桥面为青石板铺就，桥面两侧置长条石护栏，护栏内侧施龙、凤、瑞兽、花卉雕饰，栏端照面浅浮雕梅花、牡丹等花卉，周施双钩窝角边框装饰。桥头施垂带踏跺，垂带置圆雕石狮、石鼓。桥墩分别嵌有4个高浮雕甲士镇水护桥，迎水面施分水尖。桥东衡阳县集兵镇太栗村杨梅滩组现存清末《新修杨梅石桥碑》两方，载倡修及捐款相关事宜。杨梅桥是衡阳市清代石拱桥中桥拱最多的石桥，也是迄今所知衡阳境内桥拱最多的拱桥。桥面中间部分以长方形青石板纵向铺筑，两边为横向铺筑，使中间车行、两边人行均方更安全，体现了建筑形式与功能的高度统一。桥墩、护栏、踏跺等处甲士、龙、凤、狮、瑞兽、花卉等雕饰形态逼真，构图生动；手法有浅浮雕、高浮雕、圆雕、线刻等，工艺精湛。至今桥体及雕饰均保存完好，仍可通车和行人，具有很高的历史、艺术、科学价值。

衡阳市烈士陵园　衡阳市烈士陵园位于衡阳市石鼓区北郊望城坳乃蒲公山（黄沙湾路52号）。1954年时任中共中央华南分局代理书记陶铸携专家实地勘考定址并命名为“衡阳烈士陵园”。1956年至1991年，园内先后移葬68位革命烈士，安葬198名师、团（县）级革命老干部。1992年7月，衡阳市烈士陵园管理处正式成立，负责陵园的建设和管理，隶属衡阳市民政局管理。现陵园占地9公顷。在烈士褒扬区内，安葬不同时期的革命烈士96位，老红军、老八路、离退休老干部和县处级以上领导干部1400多位，其中有大革命时期“沁日事变”牺牲的巾帼英雄廖兆风烈士，有参加“南岳暴动”的衡阳工农革命军第七师师长屈森澄，有1998年抗洪抢险烈士梁力，有全国著名战斗英雄“狼牙山五壮士”之一葛振林，还有“抗洪英雄、爱民模范”宋文博。烈士陵园2006年被评为市级文物保护单位，2008年被评为省级重点烈士纪念建筑物保护单位，2009年被评为国家级重点烈士纪念建筑物保护单位，2010年被评为衡阳市爱国主义教育基地。

蛇形山墓群、西山排墓群　蛇形山墓群、西山排墓群位于角山镇，均系东汉时期古墓葬，是衡阳市重点文物保护单位。

王家岭墓群　王家岭墓群位于角山镇，系东汉至清朝时期古墓葬，是衡阳市重点文物保护单位。

第四节 文化市场管理

1996年，区文化稽查队扩编，由原来3名增为6名。1997—1999年，区文化局每年举办一期文化经营户学习班，三期参加人员400人次。其间，对辖区内文化市场进行清查190次，出动车辆45辆次，清查娱乐经营户69家、书摊点（店）62家、录像摊点（店）35家，处理违章经营户16家，收缴各种非法出版物900本（册）、非法复制及淫秽音像制品960多盒，扣缴赌博游戏机15台，带赌博性质的电路板24块，对35家严重违法经营户进行行政处罚。

2000年，重点开展书刊市场和高校周边环境专项治理，成立专项治理领导小组，制定方案，组织文化、公安、工商等职能部的联合执法队，集中治理歌舞、录像厅等娱乐服务场所，“电游”经营场所由治理前161家压减到24家，压价率为85.10%。

2002年，区文化市场稽查队更名为区文化市场稽查大队，并配有文化稽查专车。2003—2011年，每年组织2次清查活动，累计出动车辆3400多辆次、人员28000人次，共清查143家书报刊、音像制品、电子出版物经营单位，收缴非法出版物及淫秽音像制品4000多件，清查网吧、电游室经营点800多处，扣缴带赌博性质的电路板280块，网吧电脑主机400台，给36家印象经营户下达整改通知，对49家违章违法经营户进行行政处罚。

2012年，稽查大队划归衡阳市文化综合执法局，保留区文化市场管理办公室，主要负责区内文化娱乐市场的监管和换证审批工作。

2016年3月，成立石鼓区文化产业发展办公室（编制2人），区文化市场管理办公室并入，负责全区文化娱乐场所经营项目的审批和监管工作。是年，完成文化市场监管服务平台建设，对石鼓区文化娱乐经营单位开展数据摸底采集和建档工作，利用平台完成全区文化市场单位换证工作，全面使用平台办理业务。

2017年，更新文化市场监管服务平台，继续对石鼓区文化娱乐经营企业的年报进行摸底、数据采集和建档工作，利用平台办理相关业务。是年，推动文化娱乐市场转型升级工作，凯歌汇量贩娱乐城、卡布娱乐文化管理有限公司和水调歌头文化娱乐管理有限公司3家娱乐场所完成转型升级。

2018年，组织文化市场负责人召开文化市场安全工作会议10次。是年，联合市文化综合执法局、区消防队对区内文化市场进行专项巡查，涵盖安全、禁毒、消防、扫黑除恶等方面，对不符合要求的世纪传奇KTV、夜明珠KTV进行责令整改。

第五节 机 构

1996年，城北区文化局主管全区文化工作。2001年5月，衡阳市城区行政区划调整后，改称石鼓区文化局。是年12月，区文化局与区教育体育局合并为石鼓区教育文化体育局，确定一名副局长负责文化工作，至2018年末无变动。

1996—2018年石鼓区（城北区）文化管理机构（含区文化局、教育文化体育局）领导一览表

表17-1-3

姓名	职务	任职时间	姓名	职务	任职时间
林崇友	副局长	1994.10—2008.6	汪衡湘	局长	2005.7—2015.10
周佩芳(女)	副局长	1994.10—1998.1	魏宏志	副局长	2006.6—2019.5
邝厚勤	副局长 局长	1996.7—1996.12 2001.8—2004.5	肖　锋	副局长	2012.5—
汤守春	局长	1998.1—2001.8	张超群	副局长	2014.5—
王永国	副局长	1998.1—2011.10	李长刚	局长	2015.12—2017.6
王中平	副局长	2000.8—2003.2	谢　炜	局长	2017.7—
蒋夏林	副局长	2003.5—2014.5	—	—	—

第二章 体 育

1996—2018年，石鼓区群众体育工作蓬勃开展，学校体育工作富有特色，竞技体育水平稳步提升，先后向国家、省、市输送多名优秀运动员，开创体育事业高质量发展的新局面。其间，石鼓区连续五年被评为全国全民健身工作先进单位；区教文体局连续六年被评为全国群众体育工作先进单位。

第一节 群众体育

1996年，各乡街文化站改为文体站，专职负责群体、文体工作，群众体育活动得到加强。1997年，区老年体协主任肖伯群编纂10万多字的《门球基本技术教材》和《门球教练员教材》，举办门球教练员、裁判员学习班5期。1998年，湖南省体委、衡阳市体委从体育彩票收益中心拨款30余万元，在西湖公园内修建400米的全民健身路径及2800余平方米的健身场馆，这是衡阳市第一批全民健身工程。

2002年起，石鼓区教文体局主办或联合主办一系列体育活动，丰富区内群众体育活动形式和内容。区老年体育协会每年举办两次门球赛、象围棋赛。2005年，区内共有门球队31个，门球场27个，坚持参加门球运动的老年人300余人。2006年，全区建有群众健身训练场（馆）5个、体育训练中心（基地）6个、全民健身广场4个、社区体育场所48个，全年约有13.50万人次参加体育锻炼和健身活动。

2007年，石鼓区参加国家体育总局、中央文明办、共青团中央、中央电视台联合举办的第三届全国“四进社区”优秀体育健身项目展演活动，荣获优秀节目奖。在市“体彩怀”全民健身周活动广播操比赛中获得4个一等奖，在省“英派斯杯”健身路径比赛中获团体总分第三名。是年成功举办石鼓区首届全民健身活动。

2009—2018年，石鼓区加大对社会体育的投入，并培养社会体育指导员。截至2018年底，全区有社会体育指导员600多人，其中国家一级社会体育指导员30名、二级335名、三级200名；有群众体育组织18个；有区老年体育协会、乒乓球协会、排舞协会、广场舞协会、国际标准舞协会、武术协会等6个民间社会体育协会。其间，开展全区性群众体育活动95场，组织开展的大型群众体育活动有市民徒步大会、排球赛、游泳大赛、广场舞大赛、趣味运动会等，参加全民健身活动者达10多万人次。

第二节 学校体育

1996年以来，政府加大对学校体育教学的投入，各学校体育设施进一步完善，每所学校都有运动场和体育器械。随着体育设施的完善，学校除每周开设2~3节体育课外，还普遍增加课余体育活动时间，确保学生每天1小时以上体育健身活动，包括田径、球类、武术、集体跳绳、韵律操、定向越野等多种形式体育活动，并涌现出一批体育特色学校。各学校每年举办一次学生运动会，全区每个学期举办一次中小学生田径运动会，运动会成为学校开展体育活动的检查验收手段。

1996—2000年，区内各学校按照省颁教材《体育教学与卫生》开展教学，小学、初中每周体育课时2节，每天上午第二节课后做课间操，课间操由国家教育部颁布的广播体操，课间操后15分钟左右大课间体育活动，主要按照《国家学生体育锻炼标准》测试内容安排活动。其间，区内学校在注重提高体育课教学质量的同时，建立课外体育运动队，每天坚持训练的运动员700多名。2001年，开始新一轮体育课程改革，国家颁布《义务教育体育与健康课程标准》修订稿及《基础教育课程改革纲要（试行）》，学生体育课成绩由100分制改为等级制。《体育教学大纲》改成《体育与健康课程标准（试行）》，体育课程名称由“体育”改成“体育与健康”。学段划分上增加了水平学段，即小学1—2年级为水平一，3—4年级为水平二，5—6年级为水平三，初中1—3年级为水平四，根据学段内容要求进行教学。课程设置为小学1—4年级每周四课时，5—6年级每周三课时，初中1—3年级每周三课时。是年起，全区各学校开展阳光体育活动，让学生走向操场，走进大自然，积极参加体育锻炼，确保学生每天运动一小时。

2003—2005年，为提高竞技水平，培养后备人才，发现精英，石鼓区先后成立体育舞蹈培训基地、乒乓球培训中心、韵律操培训基地、东方围棋培训基地、羽毛球培训基地等。

其间，石鼓区各学校传统体育以田径为主，其他项目为辅。按照国家、省、市关于开展各级各类学校传统体育申报与评选的要求，人民路小学被湖南省体育局命名为“湖南省体育田径传统”项目学校，都司街小学、荷池路小学被衡阳市体育局命名为“衡阳市体育田径传统学校”，区级体育田径传统学校有下横街小学、演武坪小学、五一路小学、和平北路小学。

2006年后，开展地方性的特色体育项目，即“一区一品”“一校一品”工程建设。特色项目有人民路小学、荷池路小学、都司街小学的田径，下横街小学的乒乓球，演武坪小学的羽毛球，成龙成章雁栖湖小学、旭升寄宿学校的足球，合江小学、松木明德小学的武术跆拳道，五一路小学、五家巷小学的韵律操，合江中学、角山中学、松木中学的定向越野等。

2015—2018年，石鼓区申报全国足球特色校11所。2018年，都司街小学成功申报全国篮球特色学校、湖南省校园足球试点区及全国啦啦操实验区。

第三节　竞技体育

一、参加省、市比赛

1996年，城北区组织老年、少年两组参加市运动会，获金牌总数、总分第一名。1997年，组织参加市第八届运动会，获青少年城区组金牌数第一名、青少年项目团体总分第一名。1998—2008年，在全市中小学生田径运动会上，除2006年为第二名外，其余各年均保持团体总分第一名。2003年，参加市“三八”妇女门球赛和市“长寿杯”门球赛，区内有26支队伍参赛，是全市参赛队数最多的单位，分别获得第四名和第六名。是年，衡阳市组队参加全省第五届市、州门球赛并获得冠军。9名队员中，有6名从石鼓区选出。

2006年，石鼓区先后向市级运动队输送近60名优秀运动员苗子。是年，在省第七届全运会上，石鼓籍游泳选手廖雅丽获得两金的好成绩，成为国家队备战2008年北京奥运会游泳比赛选手。

2007年，石鼓区输送的21名运动员在省级比赛中获奖，其中举重运动员邓超在省举重比赛中，打破男子77千克级别抓举、挺举、总成绩三项省青少年纪录。是年，东方少儿围棋培训基地参加省“贺岁杯”少儿围棋赛获团体总分第二名。

2008年，石鼓区输送的16名运动员在省级比赛中获奖，其中游泳运动员周胜在省游泳比赛中打破男子100米仰游、200米仰游市青少年纪录，并获得该项目的两块金牌。是年，石鼓区参加市元旦环城赛跑，获城区团体总分第一名。

2010年，参加省第十一届运动会，夺金5枚，获突出贡献单位荣誉称号。2011年8—9月，参加衡阳市第九届全运会，获七县五区金牌总数第一名，团体总分第一名。2012年，参加衡阳市首届全民健身大会，获城区综合团体总分第一名和优秀组织奖。2015年，参加衡阳市第十届全运会获团体总金牌数第一名，团体综合总分第二名。

2016年1月1日，组织全区中小学生和干部职工中的体育爱好者参加市“体彩杯”元旦环城赛跑，获团体总分第二名。8月1—11日，石鼓区以雁栖湖小学足球队为班底组建小学生男子足球队，代表衡阳市参加在株洲举办的湖南省青少年足球夏令营，获得小学男子组冠军，并获体育道德风尚奖。

2018年9月10—14日，石鼓区负责承办湖南省第十三届运动会青少年组跆拳道比赛项目。在跆拳道比赛中，石鼓区直接参赛的谢佳东、雷慧苴、邱文婷分别获得男子乙组65千克、女子甲组49千克、女子乙组46千克金牌。省十三届省动会其他项目上，石鼓区参赛人数72人，在游泳、田径、跳水、体操、射击项目上共获得19枚金牌、15枚银牌、12枚铜牌。2018年11月，石鼓区男、女足球队在衡阳市校园足球联赛中双双获得二等奖。

二、区级比赛

1996年始，城北区每3年举办一届老年运动会。2003年起，石鼓区每4年举办一届老年运动会。2004起，全区每年举办一届教师软式排球比赛。2008年，举行全区小学生跆拳道比赛，老年人象棋、围棋、跳棋、乒乓球比赛。

2016年，组织夏、冬季中小学田径运动会，举办中小学羽毛球赛、体育舞蹈、校园啦啦操比赛、校园足球联赛、小学生围棋赛等赛事。

2018年10月，主办石鼓区首届“雅士林杯”干部职工篮球赛。此次赛事共有20支机关队伍和12支单位队伍参加，吸引全区各行各业近500人参与。

2002—2018年石鼓区体育精英获奖情况统计表

表17-2-1

序号	姓名	性别	项目	获奖情况	曾就读学校
1	廖雅丽	女	200米仰泳	2005年全国十运会女子200米仰泳冠军	五一路小学
2	旷明娜	女	赛艇	2014年世界青年锦标赛公开级四人双桨项目冠军	都司街小学
3	董　斌	男	田径三级跳远	2016年室内田径世锦赛男子三级跳远冠军；里约奥运会田径男子三级跳远项目铜牌	荷池路小学

第四节 体育设施

1996年后，全区各乡（镇、街道）和村（社区）均有规模不等的体育健身场所，为群众开展体育活动提供空间。至2018年，全区有社区体育场地172个，其中篮球场64个、门球场9个、乒乓球房8个、台球房2个、健身房5个、体操房2个、室外游泳池2个、室外羽毛球场19个、室内羽毛球馆5个、足球场20个（其中7人制7个、5人制13个）、排球场30个、全民健身广场8个，健身路径器材88套。

2018年，全区中小学校中，8所学校有风雨活动室，总面积2133平方米；20所学校有联合器械区，总面积2323平方米；20所学校有200~250米田径运动场，总面积73200平方米；34所学校有乒乓球运动区，总面积4436平方米；29所学校配有篮球场42个，总面积18872平方米；25所学校配有排球场37个，总面积7451平方米；21所学校配有羽毛球场37个，总面积4309平方米。其中，都司街华耀小学多功能训练馆、演武坪小学羽毛球馆、下横街小学乒乓球馆等3个场馆，均能承办市级以上赛事。

2018年，全区公共体育设施面积133.52万平方米，人均公共体育设施面积5.58平方米，有各类体育场地1013个，各类室外健身器材19000多件，健身辅导站72个。

第五节 机 构

1994年机构改革，城北区体育运动委员会与城北区教育局合并，称城北区教育体育局，内设体卫股，管理全区体育工作。原有的老年体育协会、全民健身指导委员会、业余体校继续履行各自职责。2001年5月，衡阳市城区行政区划调整后，更名为石鼓区教育体育局。12月，区教育体育局与区文化局合并为区教育文化体育局。至2018年末机构无变动。

2007—2016年，区教育文化体育局连续九年被评为湖南省“全民健身日”活动先进单位。2010—2016年区教育文化体育局连续六年被评为全国群众体育工作先进单位。2016年，被评为衡阳市“体育产业专项调查工作先进单位”。2018年，被评为全国群众体育工作先进单位、湖南省“全民健身日”活动先进单位、衡阳市体育产业专项调查工作先进单位、“三湘农民健康行”先进单位。

1996—2018年石鼓区（城北区）体育管理机构（含区教育体育局、区教育文化体育局、区文化旅游体育局）领导一览表

表17-2-2

姓名	职务	任职起止期	姓名	职务	任职起止期
张先良	局长	1994.10—1998.1	汤守春	局长	1998.1—2005.7
彭夫雄	副局长	1994.10—1998.1	汪衡湘	局长	2005.7—2015.10
喻赛荣(女)	副局长	1994.12—2004.8	肖　锋	副局长	2012.5—2018.5
林崇友	副局长	1996.6—2008.10	李长刚	局长	2015.10—2017.6
王永国	副局长	1998.1—2011.10	谢　炜	局长	2017.7—

第三章 旅 游

石鼓历史悠久，旅游资源丰富，境内有“四大书院”之一的石鼓书院，周敦颐、朱熹、王船山等儒家先贤曾于此临江讲学，著书立说，传承文化思想。演武坪、筷子洲原为古代练兵场，曾国藩、彭玉麟曾据此练兵。西湖公园、虎形山公园风景迷人、各具特色，香樟苑、山水莲花等乡村旅游景点不断发展。

第一节 旅游资源

一、人文历史景点

石鼓书院 石鼓书院是一处集自然风光、人文景观于一体的旅游胜地，始建于唐元和五年（810），湖湘文化重要发源地之一，与嵩阳书院、白鹿洞书院、岳麓书院并称中国古代四大书院之一的石鼓书院。书院占地面积约1万平方米，主体建筑有讲堂、书房、斋舍等，均为红墙黛瓦，古色古香。建筑风格体现中国古代的儒家思想，同时兼顾当地的地域特色。书院依山傍水，风景优美，绿树成荫，清泉潺潺。作为中国古代著名的书院之一，一直都是文化活动的聚集地。每年农历的正月十五和九月初九，书院举行传统的赏花赏月活动；每年春秋两季，书院还会举行大型的诗词吟诵活动，吸引着许多文人墨客前来参加。

来雁塔 来雁塔位于衡阳市石鼓区合江套下矶头，与衡阳市区回雁峰前的回雁塔对称，一在城之北，一在城之南，用二点和一根无形的延伸线，把雁城系在一块。来雁塔的塔地原是滨湘一三级矶之所在，县志有曾记载“明万历十九年（1591），邑人曾朝节以殿试一甲三名及第，归建此塔，故来雁塔又名状元塔”。明代著名地理学家于崇祯十年（1637）春二月，趁入衡阳之便，曾登临来雁塔至五层，极目四眺后，在《徐霞客游记》里有记述，写道：“北惟衡岳最高，其次则西之母雨山，又次则西之大海岭，其余皆岗垅高下，无甚峥嵘。而东南二方圆无际也。”

湘军水师造船厂遗址 晚清名将曾国藩、彭玉麟于衡阳开创湘军水师，在境内筷子洲兴建的湘军水师造船厂。史载，清咸丰年间，湘军统帅曾国藩在与太平天国作战时，深感需要一支强大的水师来对抗太平军水师，于是向咸丰帝上书请求建立皇家水师。清咸丰三年（1853），经咸丰帝同意，曾国藩和彭玉麟来到衡阳开创湘军水师，在筷子洲兴建造船厂造船。2016年，衡阳市政府、湖南华侨城文化旅游公司规划建设水师文化遗址公园，依托曾国藩在衡州建立造船厂区及水师训练区的历史基础，结合湘军水师文化对现存的湘军水师船厂遗址进行保护开发，修旧如旧，还原水师战船的设计、建造、下水、舾装、试航等战船建造服役流程。

青草桥 位于石鼓区中山北路北端，横跨蒸水，靠近蒸水注入湘江的河口。此地原有渡口，称青草渡。南宋淳熙十三年（1186）四月，衡州知府薛柏瑄始建木桥于青草渡，费银800缗，米70担。明嘉靖二十四年（1545），青草桥遭火焚毁，分巡道姜仪、太守林允宗、知县郭文习等大集工匠，尽易以石，为七隧，长45丈，逾年讫工，并更名为“永济桥”。清康熙八年（1669），僧人海岸、圆木募银2700余两，又对该桥进行修缮，桥两侧悬建吊楼，桥上开设40余间茶楼酒肆店铺，风格别致，桥头草前街、草后街酒家林立，商贾云集，一时成为繁华之地，桥北头的筷子洲为修造木船处，白帆连片，艄艉相接，每当夜幕降临，桥上桥下和桥头，灯火万点，渔歌满江，酒家笑浪，甚为奇观，“青草桥头酒百家”被誉为衡阳八景之一。清雍正二年（1724）十月十三日夜一次大火，将桥上的茶楼酒肆店铺焚毁殆尽，知府孙元以桥上开设店铺易致桥坏为由，严禁民众再在桥上建屋开店，并捐资在桥的两旁立石栏杆，共253桩，尽设石扇，桥面石上加铁锭，北头建“文昌阁”，共费700余缗钱。清乾隆二十七年（1762），洪水冲坏五墩桥脚面后，栏杆多坏，又募捐修复，改称“青草桥”。民国33年（1944），日寇犯衡时被炸毁，后架木桥以通汽车。民国38年（1949）5月9日，木桥被洪水冲垮，仅余桥墩。衡阳解放后，在旧桥墩上架设临时木桥。中华人民共和国成立后，1956年7月，衡阳市人民政府拨款在原临时木桥下游10米处新建桥墩，加高路基，桥面扩宽至10米，其中车行道宽7米，两旁人行道各宽1.5米，成为石墩石拱、8孔中型公路桥，长166.35米，1957年元月15日竣工通车。20世纪80年代至90年代，该桥数次维修加固。最近一次大修是在2009年。青草桥已成为市区内重要交通要道，是石鼓区境内临江风光带的主要景点之一。

二、城市休闲园林

西湖公园 位于蒸阳北路，为衡州八景之一，已有1000多年历史，素有“西湖夜放白莲花”的美誉。南宋时期，衡州仿照杭州西湖在凤凰山处建立衡阳西湖，列全国36个西湖之一。公园占地面积19公顷，地处石鼓区演武坪，李定国斩大清尼堪亲王、曾国藩创建湘军水师于此。公园以清新明快为主基调，以中国山水园林为主题，建有夏明翰烈士铜像及广场、周敦颐爱莲阁、中日友谊樱花林、莲湖飞珠、湖天一色、双亭烟雨、花鸟回廊、芙蓉拥翠、月映白莲等10余个景区。公园内建造的夏明翰烈士铜像，寄托了故乡人民对先烈的缅怀。古色古香的芙蓉阁耸立湖边，秀美挺拔，与之隔湖相对的花卉馆更是流光溢彩。这里经常举办花卉、书画、摄影展览及彩灯庙会，为衡阳市民和外地游客娱乐休闲的中心场所。特别是每到樱花、莲花盛开之时，美不胜收，游人如织。

虎形山公园 位于蔡伦大道以东，因公园内有南、北两座山头，登上北山头望去，满眼郁郁葱葱，整个山势颇似蓄势待发的猛虎，故取名虎形山公园。为衡阳市首个平战结合的主题公园，湖南省首个集生态保育、游憩健身、人防疏散等功能于一身的绿色生态公园。公园占地311.8亩，其中人防新型疏散基地占地50亩，地上地下总建筑面积达6万多平方米。平时为以市民休闲、娱乐和健身为主题的公园，战时为人防预备指挥所，党政机关疏散、掩蔽、医疗救护、物资储备、专业队训练的场所。虎形山公园分为4大景区：东部的“朝晖晨曲”景区、西部的“夕阳暮歌”景区，山顶的中央活动区以及山脊的山地体验区，并按其不同的特色安排相应的活动。公园植被保存较好，为湖南省诗意浪漫休闲胜地。

莲湖广场 位于解放路与蒸湘北路交会处的繁华地段，因广场中心为莲花花瓣形的人工湖而得名。建于2004年，是衡阳市中心区的大型休闲广场，毗邻肯德基、步步高百货、大洋百货、神龙大酒店、香江百货、南华大学等商业网点，交通便利，环境优美。广场因得天独厚的地理位置，集万宠于一身，是衡阳市政治、经济、文化等活动的重要场所，是衡阳市民活动的中心，衡阳市大型政务活动、大型展览会（农博会、婚博会、家装博览会、车展）、商家大型促销活动、新产品发布会、大型人才交流会等各类大型活动均在莲湖广场举办，是衡阳市人气最旺、地段最好的中心广场。

香樟苑生态园 位于角山镇旭东村，是以有机种植、生态养殖、田园体验、科普示范为主要功能的生态休闲农业园区，是湖南省五星级乡村旅游景点（区）。园区占地面积2150亩，其中，湖水面积7.9万平方米，观光绿道9.5千米。在园区可与东南飞的孔雀、憨态可掬的牛宝宝、飞驰的鸵鸟亲密接触，可找回滚铁环、磨豆浆、打糍粑等童年乐趣，可坐拥五脏俱全的小岛别墅安静小憩、垂钓娱乐、大快朵颐，可沿九阳湖踏至桃花岛赏花，可与爱人在浪漫的泡泡屋欣赏日落日出，更有吃“药膳”长大的“本草牛”供食客们享受各式饕餮。

山水莲花 位于角山镇利民村，是一个以莲花、水生花卉种植，集生态休闲、种植采摘、农耕体验、户外拓展及乡村旅游等功能于一体的山水田园综合体。景区总占地面积约2200亩，是湖南省五星级乡村旅游景区（点）。其地理位置优越，距离石鼓高速出口仅6千米，距离中心城区约9千米，石鼓区旅游环线贯穿其中，是旅游观光的极好去处。现有花卉观赏区、果蔬采摘区、大型植物迷宫区、户外丛林探险区、亲子游乐区、户外烧烤野餐区。景区四季有四景，春季踏青赏花尝野菜，夏季赏荷垂钓采果夜游，秋季闻香品桂忙丰收，冬季篝火露营、品尝舌尖上的年味。

第二节 旅游规划与开发

一、旅游规划

2016年11月，省旅游局、省商学院、衡阳师范学院等省、市二级旅游专家评审通过《衡阳市石鼓区乡村旅游发展规划（2016—2025年）》，这是衡阳市首个编制出炉的区级乡村旅游发展规划。

《衡阳市石鼓区乡村旅游发展规划（2016—2025年）》突出“大美石鼓·最美乡村”特色主题，紧扣三乡一乡风、乡味、乡貌，体现四个尊重—尊重自然少破坏、尊重文化重细节、尊重原貌多整合、尊重个性强特色，强化五力支撑——产品吸引力、产业拉动力、营销引爆力、公共服务支撑力、机制体制创新力。将原松木乡及角山乡100余平方千米的面积统一纳入乡村旅游规划范畴，重点规划“一心一环三区”的功能布局。此规划实施期限横跨“十三五”与“十四五”十年时期，采取“三步走”策略：在2016—2017年近期阶段，做好基本产品与配套建设，打造衡阳市近郊休闲新高地。在2018—2020年中期阶段，通过较为体系化的产品、配套设施与融合发展的产业格局，打造湖南省乡村旅游目的地建设新典范，构建清晰的品牌。

二、资源开发

从2016年开始，不断加强乡村旅游的投入以及景点的开发。结合农村道路提质改造，投资1亿多元建成乡村“旅游环线”。2018年，“旅游环线”建成通车。“旅游环线”全线贯通角山镇和黄沙湾街道，全长34.51千米，与境内的北二环、蒸阳北路、107国道等城市主干道相连。“旅游环线”将区内众多散布的乡村休闲旅游项目串联起来，沿线香樟苑、望夫湖农业、万佳家庭农场、潇湘玫瑰园、山水莲花、青月生态农庄、云飞农业等次第分布。

围绕乡村旅游服务，推进农村房屋的“穿衣戴帽”工程，规范村民建房行为，统一建筑风格；争取省市旅游扶持奖励资金，建设香樟苑、潇湘玫瑰、山水莲花、青月山庄、灵官庙村等乡村旅游景点停车场、生态厕所、游客服务中心等设施建设，美化景区环境，提升景区品位。

第三节　旅游宣传与服务

一、旅游宣传

2010 年起，采用多形式、多渠道、多方位的宣传推介石鼓旅游资源。创建“锦绣石鼓”公众号，制作《一眼千年·印象石鼓》旅游招商手册，制作石鼓旅游形象宣传片等，介绍石鼓旅游景点、风土民俗。积极参加省、市组织的外省市旅游博览会以及推介活动，组织辖区内各旅行社联合商讨、设计石鼓乡村旅游线路，重点推介乡村旅游资源。2015 年，举办中国·衡阳首届玫瑰花节暨“琼瑶故里·世界爱都”系列活动。2017 年，举办衡阳市石鼓区“角山牛犇天下”香樟苑全牛盛宴暨生态美食年货节。

二、旅游服务

2016 年以前，石鼓区旅游服务由市旅游局统一管理。2016 年起，区旅游管理部门努力提高旅游配套服务能力，对接南岳大旅游圈，承接餐饮、住宿、休闲等旅游配套服务，增加旅游消费。规范旅游行业管理，加强对旅行社、旅游饭店、旅游酒店、农庄、民宿等单位监督检查，规范经营行为，提高服务质量。

2017 年，青月山庄获评“湖南省四星级乡村旅游服务区（点）”，万佳生态家庭农场获评“湖南省三星级乡村旅游服务区（点）”，虎形山国防教育—曲奇岛文化旅游基地获批国家 AAA 级旅游景区。

2018 年，全区有四星级饭店 2 家、旅行社 19 家、服务网点 18 家。是年，全区累计接待游客 454.80 万人次，实现旅游收入 44.17 亿元。

第四节　机　构

1996 年，石鼓区没有设专门的旅游管理机构。2001 年 5 月，行政区划调整后设立区发展和改革局，增加旅游管理职能，加挂区旅游局牌子。2015 年 12 月机构改革时将区人民政府办公室的外事侨务、民族宗教管理职责和原区发展和改革局的旅游管理职责整合，组建区旅游外侨民宗局。内设旅游股，旅游质量监督管理所等部门。

2015—2018 年石鼓区旅游外侨民宗局领导一览表

表 17-3-1

姓名	职务	任职时间	姓名	职务	任职时间
欧阳浩男	局长	2015.10—2017.6	刘　勇	党组书记	2017.6—
戴　静(女)	副局长	2015.12—	罗轶达	局长	2017.6—
邓忠慧	副局长	2015.12—	—	—	—

第十八篇

社会生活

第一章　居民生活

第一节　城乡居民收入

一、城镇居民收入

1996 年，城北区城镇居民可支配收入 4871.04 元。2000 年，境内城镇居民可支配收入达到 5732.64 元。2008 年，全区城镇居民人均可支配收入达 12806.72 元，是 1996 年的 2.63 倍。此后，随着国民经济增长，企业经济效益提高，居民就业渠道增多，各项惠民政策落实，全区城镇居民收入持续增长。2013—2017 年，全区城镇居民人均可支配收入分别为 23782.11 元、25896 元、28149 元、30908 元、33751 元。到 2018 年，达到 36586 元，是 1996 年的 7.50 倍，2008 年的 2.86 倍。

二、农村居民收入

2000 年以前，辖内无农村居民。2001 年 5 月，衡阳市行政区划调整后，城北区更名为石鼓区，全区辖 2 个乡，3 个涉农街道，28 个行政村，4.46 万名农业人口。2002 年，农村居民人均年收入 4398 元，可支配收入 3001 元，年纯收入 3025 元。2003—2006 年，区委、区政府实施城区带动农村战略，加大“三农”（农业、农村、农民）投入，农村居民收入逐年大幅度提高，至 2007 年，农村居民总收入 6802 元，可支配收入 4646 元，纯收入 4977 元，分别比 2002 年增长 54.66%、54.82%、64.53%。2012—2016 年，农村居民人均可支配收入分别为 11226 元、12995 元、14554 元、15893 元、17466 元。到 2018 年达到 20904 元，是 2002 年的 6.97 倍，是 2007 年的 4.50 倍。

1996—2000 年城北区城乡居民收入情况统计表

表 18-1-1

年份	城镇居民家庭人均可支配收入（元）	增长速度（%）	农村居民家庭人均可支配收入（元）	增长速度（%）	年份	城镇居民家庭人均可支配收入（元）	增长速度（%）	农村居民家庭人均可支配收入（元）	增长速度（%）
1996	4871.04		—	—	1999	5316.96	3.52	—	—
1997	4917.36	0.95	—	—	2000	5732.64	7.82	—	—
1998	5136.18	4.44	—	—	—	—	—	—	—

2001—2018 年石鼓区城乡居民收入情况统计表

表 18-1-2

年份	城镇居民家庭人均可支配收入（元）	增长速度（%）	农村居民家庭人均可支配收入（元）	增长速度（%）	年份	城镇居民家庭人均可支配收入（元）	增长速度（%）	农村居民家庭人均可支配收入（元）	增长速度（%）
2001	5888.76	2.72	—	—	2010	16506.49	13.01	7097	15.55
2002	6825.84	15.91	3001	—	2011	18869.99	14.32	8491	19.64
2003	7508.04	9.99	3162	5.40	2012	21586.46	14.40	11226	32.22
2004	8025.35	6.89	3592	13.60	2013	23782.11	11.00	12995	15.76
2005	8780.77	9.41	3915	9.01	2014	25896	8.90	14554	12.00
2006	9662.27	10.04	4286	9.48	2015	28149	8.70	15893	9.20
2007	11075.30	14.62	4646	8.40	2016	30908	9.80	17466	9.90
2008	12806.72	15.63	5305	14.18	2017	33751	9.20	19143	9.60
2009	14605.75	14.05	6142	15.78	2018	36586	8.40	20904	9.20

第二节　城乡居民生活消费支出

一、城镇居民生活消费支出

1996 年，境内城镇居民消费支出 4051.50 元，其中食品消费支出 2001.70 元。1999 年后，随着城镇居民人均可支配收入增多，消费观念也发生变化。居安思危、量入为出的传统消费观念，除 40 岁以上的中老年人坚守外，30 岁以下大多数青年人消费观念超前。2006 年，境内居民在外用餐人均 400 元左右，占食品消费的 12.50%，肯德基、麦当劳以及名牌咖啡店是青年人经常光顾的地方。全年城区居民人均衣着消费支出 850 元，占消费支出 12.50%。住房消费支出 680.50 元，一部分人为了买房，通过银行按揭，“花明天的钱，圆今天的梦”，不断改善境内城镇居民的住房条件。人均居住面积从 2002 年的 24.69 平方米增加到 2006 年的 32 平方米。

2009 年，境内城镇居民人均生活消费 11574.23 元，比 2007 年增长 25.70%，扣除物价因素，实际增长 15.70%。

2018 年，境内城镇居民人均生活消费支出 31153 元，比 2009 年增长 1.69 倍。人均居住建筑面积 54.40 平方米，为 2002 年的 2.20 倍，2006 年的 1.70 倍。住户有单独厨房和独立卫生间，由狭窄、阴暗向宽敞、明亮、舒适转变。

二、农村居民生活消费支出

2001 年前，境内无农村居民。2002 年，境内农村居民人均生活消费支出 2225 元，其中食品消费 1096 元，占生活消费 49.26%。2003—2007 年，随着农村居民收入的逐年增长，人均生活消费支出逐年增长，5 年农村居民人均生活消费支出分别为 2347 元、2620.31 元、2832 元、3185 元、3243 元。

2008 年，农村居民人均生活消费支出 3512 元，其中食品消费支出 1700 元。因生活水平的提高，农村居民生活消费结构发生变化，其中衣着消费比 2002 年增加 54 元，居住消费增加 240.14 元，交通、通信消费增加 183.39 元，文化娱乐消费增加 100.03 元，医疗保健消费增加 62.91 元，分别增长 85.60%、90.80%、206.90%、40.60%。

2018 年，境内农村居民人均生活消费支出 13415 元，是 2002 年的 3. 08 倍，2008 年的 1. 9 倍。

2001—2018 年石鼓区城乡居民生活消费支出情况统计表

表 18-1-3 单位：元

年份	城镇居民生活消费支出	食品消费支出	农村居民生活消费支出	食品消费支出	年份	城镇居民生活消费支出	食品消费支出	农村居民生活消费支出	食品消费支出
2001	4758. 60	2064	—	—	2010	13962. 52	5585. 01	4275	1945
2002	5175. 12	1963. 08	2225	1096	2011	11276. 47	4510. 59	4639	2167
2003	5799. 12	2066. 52	2347	1164	2012	16684. 41	6673. 76	5858	2434
2004	6018. 60	2385. 12	2620. 31	1312. 35	2013	14071. 61	5628. 64	10245	2723
2005	6776. 09	2525. 16	2832	1531	2014	18232	7292. 80	12486	4236
2006	7282. 97	2913. 19	3185	1590	2015	19514	7805. 60	15042	5654
2007	8708. 22	3486. 20	3243	1616	2016	17466	6986. 40	16124	5943
2008	9668. 01	3867. 20	3512	1700	2017	24599	9839. 60	18467	7035
2009	11574. 23	4629. 69	3889	1816	2018	31153	12461. 20	23146	8147

1996—2000 年城北区城乡居民生活消费支出情况统计表

表 18-1-4 单位：元

年份	城镇居民生活消费支出	食品消费支出	农村居民生活消费支出	食品消费支出	年份	城镇居民生活消费支出	食品消费支出	农村居民生活消费支出	食品消费支出
1996	4129. 80	2057. 04	—	—	1999	4439. 28	1993. 92	—	—
1997	3723	2008. 20	—	—	2000	4704. 24	2173. 20	—	—
1998	4080. 24	2004	—	—	—	—	—	—	—

2002—2018 年石鼓区部分年份农村居民人均生活消费结构统计表

表 18-1-5 单位：元

年份	生活消费	食品消费	衣着消费	居住消费	设备用品消费	交通、通信消费	文化娱乐消费	医疗保健消费	其他商品服务
2002	2225	1096	127. 46	262. 86	95. 33	103. 61	251. 97	92. 09	93. 86
2003	2347	1197. 96	134. 88	262. 12	88. 22	157. 82	259. 27	83. 90	80. 17
2004	2620. 31	1312. 35	112. 05	323. 08	165. 82	275. 11	446. 18	85. 16	54. 31
2005	2832	1531	119	204	109	154	469	106	14
2006	3185	1590	175	254	164	260	518	136	87
2007	3243	1616	227	397	163	207	374	154	105
2008	3512	1700	229	503	176	287	352	155	110
2009	3889	1816	290	578	192	333	372	180	128
2010	4275	1639	312	686	194	368	458	192	122
2011	4639	2167	363	851	239	472	215	210	123
2012	5858	2434	468	1091	285	602	529	208	240

续表18-1-5

年份	生活消费	食品消费	衣着消费	居住消费	设备用品消费	交通、通信消费	文化娱乐消费	医疗保健消费	其他商品服务
2015	6058	2534	498	1191	315	652	589	258	280
2018	6358	2834	568	1291	385	702	629	308	340

第三节　城乡居民物质生活水平

一、城镇居民生活水平

1996年，境内城市居民家庭人均可支配收入4871.04元，人均生活费支出4129.80元，人均居住面积23.50平方米，住房成套率上升。85.40%的住户有单独厨房，89.40%的住户有独立卫生设备，81.90%的住户装有电话。每百户家庭耐用消费品拥有量：彩电81台，电冰箱83台，洗衣机109台，自行车156辆，热水器32台，沙发148个，摩托车5辆，家用计算机1台。

2000年，区委、区政府围绕加快发展这一主题，提高经济增长质量和效益，调整结构开拓市场，扩大内需加大投放，境内城市居民人均可支配收入增至5732.64元，人均生活消费支出增至4704.24元。至2006年境内城市居民人均可支配收入9662.27元，比1996年增长87.93%。人均生活消费支出7282.97元，比1996年增长13.90%。

2010年，境内城镇居民人均可支配收入16506.49元，是2000年的2.88倍。人均生活消费支出13962.52元，是2000年的2.97倍。家用电器一应俱全，家用汽车开进普通百姓家。

2018年，境内城镇居民人均可支配收入36586元，是1996年的7.51倍，2000年的6.38倍，2010年的3.48倍。人均生活消费支出增至31153元，是1996年的7.50倍，是2000年的4.28倍，是2001年的2.23倍。绝大多数居民生活达到小康水平。每百户家庭主要耐用消费品拥有量：家用汽车36辆，彩电115台，电动自行车49辆，家用计算机62台，空调143台，移动电话284部。人均居住面积54.40平方米，比2010年增加61.80%，比1996年增加1.27倍。城镇居民将教育培养下一代作为最大心愿，想方设法让自家的孩子到教育质量高、环境好、教学设施齐全、先进的幼儿园或学校学习。文化娱乐由设施匮乏、“在家看电视、出门看电影”向歌舞厅、卡拉OK厅、棋牌室、茶楼、咖啡屋、书屋、健身房等休闲场所多样化转变。旅游成为居民的新时尚，居民利用节假日，特别是“五一”、“十一”、春节外出旅游。境内居民到餐馆就餐成为家常便饭，生日宴、搬家宴、孩子升学宴、婚宴等都选择在高档酒店举办。

1996—2000年城北区城市居民家庭主要耐用消费品拥有量（每百户平均拥有量）统计表

表18-1-6

年份	成套家具（套）	摩托车（辆）	自行车（辆）	家用汽车（辆）	洗衣机（台）	电风扇（台）	电冰箱（台）	彩电（台）	家用计算机（台）	空调（台）	电炊具（个）	排油烟机（台）	普通电话（部）	移动电话（台）	人均居住面积（平方米）
1996	51	5	156	—	109	276	83	81	1	—	28	44	50	—	7.50
1997	73	8	144	1	98	267	87	93	1	5	19	41	65	1	9.50

续表18-1-6

年份	成套家具（套）	摩托车（辆）	自行车（辆）	家用汽车（辆）	洗衣机（台）	电风扇（台）	电冰箱（台）	彩电（台）	家用计算机（台）	空调（台）	电炊具（个）	排油烟机（台）	普通电话（部）	移动电话（台）	人均居住面积（平方米）
1998	78	8	149	—	103	278	93	100	2	5	20	50	68	5	9. 60
1999	73	7	142	—	99	268	94	96	3	8	21	64	70	3	10. 20
2000	85	15	70	1	98	251	96	115	9	35	77	70	75	32	18. 60

2001—2018 年石鼓区城市居民家庭主要耐用消费品拥有量（每百户平均拥有量）统计表

表 18-1-7

年份	成套家（套）	摩托车（辆）	自行车（辆）	家用汽车（辆）	洗衣机（台）	电风扇（台）	电冰箱（台）	彩电（台）	家用电脑（台）	空调（台）	电炊具（个）	排油烟机（台）	普通电话（部）	移动电话（台）	人均居住面积（平方米）
2001	88	17	85	1	92	270	99	121	9	48	73	81	82	76	20. 40
2002	90	18	65	1	88	234	93	107	11	41	54	78	87	76	24. 69
2003	91	18	75	1	94	252	101	112	13	55	54	82	96	84	25. 69
2004	94	18	78	1	98	260	106	120	16	54	58	88	101	106	26. 96
2005	80	25	78	1	86	222	86	115	20	58	28	78	95	123	26. 05
2006	86	29	37	1. 50	90	220	91	121	21	28	47	79	89	130	32
2007	86	22	39	0. 60	92	220	95	117	29	47	48	79	82	142	34
2008	88	27	—	2	92	220	91	118	34	76	48	80	75	145	34
2009	89	30	—	2	93	230	92	117	35	78	49	80	74	146	34
2010	90	33	—	3. 10	93	230	92	117	38	81	49	80	73	149	33
2011	93	30	—	2	93	240	94	116	55. 3	106	51	82	61	170	35. 30
2012	94	26	—	5	94	250	95	116	56	107	55	83	61	171	36
2013	96	22	—	13	93	260	93	115	62	119	56	85	41	216	39. 50
2014	96	46	—	14	94	270	921	118	62	114	58	88	53	231	45. 90
2015	97	42	—	16	95	280	98	118	72	125	62	88	47	235	44. 50
2016	98	40	—	23	97	290	100	118	76	135	65	89	44	247	47. 30
2017	98	41	—	26	99	300	100	117	78	141	71	89	40	248	50. 20
2018	99	49	—	36	100	350	101	115	62	143	88	90	23	284	54. 40

二、农村居民生活水平

2002 年，境内农村居民人均纯收入 3025 元、可支配收入 3001 元，生活消费支出 2225 元。人均住房面积 37. 03 平方米，其中砖木和钢筋混凝土住房占 95%。家庭设备也相应俱全，彩色电视机、收录机、照相机、影碟机、组合音响、电冰箱、自行车普遍进入农村居民家庭。是年末，平均每百户拥有彩色电视机 36.81 台、洗衣机 18.9 台、电风扇 176.9 台、电冰箱 9.68 台、摩托车 22.4 辆、影碟机 18.86 台、组合音响 9.73 台；空调机、热水器、家用计算机、家用汽车也开始进入农家，每百户分别拥有 0.7 辆、1.43 辆、0.5 辆、0.9 辆。

2003 年以来，随着国家出台一系列强农惠农政策，实行农村税费改革、启动新农村建设，区委、区政府加大对“三农”（农业、农村、农民）的投入，农民的物质生活水平逐渐提升。截至 2006 年，全区农村居民人均生活消费支出 3185 元，农村居民恩格尔系数为 48.6%。平均每百户家庭拥有彩色电视机 80.76 台、电话机 60.32 台、移动电话机 64.73 台，人均住房面积 39.95 平方米。2008 年起，惠农补贴涵盖农业生产、生态环境保护、社会保障、移民补贴等 45 种。农村电网改造，实行城乡同网同价，降低农民负担；免费九年制义务教育，降低农民教育开支；实行新农村合作医疗、大病互助，减少农民的医疗开支；开办养老保险，降低农民的养老成本。是年，全区农村居民人均纯收入 5305 元，生活消费支出 3512 元，分别是 2002 年的 1.75 倍和 1.57 倍。截至 2010 年，全区农村居民人均生活消费支出 4275 元。其中，人均家庭设备用品及服务支出、衣着支出比上年分别增长 19.8%和 15.0%。农村居民恩格尔系数为 48.4%，农村居民人均住房面积 42.2 平方米。

2012 年以来，全区在进一步巩固农村税费改革成果、继续搞好农村各项配套改革的同时，大力推进社会主义新农村建设，农村居民的生活水平逐步提升。是年，全区农民家庭中空调、抽油烟机、热水器、移动电话、洗衣机、电冰箱、摩托车、液晶电视机、家用计算机、生活用汽车等耐用消费品的家庭拥有量逐渐增多。2013—2017 年，随着农村居民生活水平不断提高，人们在保证基本生活消费的同时，自我保健意识逐渐提高，医疗保健消费稳步上升。另一方面，农民普遍认识到知识的重要性，不断加大教育投资力度文教娱乐消费比重上升，尊知重教意识增强。

截至 2018 年，随着农村生产经营方式转型升级，农民增收途径拓宽，农村居民收入增速连续多年超过城镇居民。农村居民生活质量明显改善，恩格尔系数下降至 29.2%。农村居民居住、教育文化娱乐、交通通信、医疗保健、生活用品及服务、其他用品和服务消费在农村生活消费支出中的占比分别为 23.0%、13.2%、11.4%、10.9%、6.0%和 1.5%。

2012 年石鼓区人民生活发展情况统计表

表 18-1-8

指标名称		单位	目标值（2020 年）	权重	2012 年		
					数值	实现程度（%）	分值
1. 人民生活		—	—	19	—	61.10	11.60
居民收入水平	城镇居民人均可支配收入	元	≥50000	7	—	43.20	1.50
	农村居民人均纯收入	元	≥25000		—	45.40	1.60
人均住房使用面积		平方米	≥32	2	22.50	70.30	1.40
人均储蓄存款		元	≥32000	3	45502	100.00	3.00
居民文教娱乐服务消费支出占消费总支出比重		%	≥18	3	4.10	22.90	0.70
农村居民安全饮水比率		%	100	2	71.20	71.20	1.40
行政村客运班线通达率		%	≥98	2	100.00	100.00	2.00
2. 社会发展		—	—	15	—	98.00	14.70

续表18-1-8

指标名称		单位	目标值（2020年）	权重	2012年		
					数值	实现程度（%）	分值
社会保障发展水平	基本医疗保险覆盖率	%	≥90	4	80.60	89.60	1.80
	基本养老服务补贴覆盖率	%	≥50		59.10	100.00	2.00
教育发展水平	高中阶段毛入学率	%	≥95	4	112.80	100.00	2.00
	平均受教育年限	年	≥11.50		10.90	95.10	1.90
医疗卫生水平	每千人拥有床位数	张	≥4	4	13.90	100.00	2.00
	5岁以下儿童死亡率	‰	≤12		9.20	100.00	2.00
文化发展水平	人均拥有公共文化体育设施面积	平方米	≥3	3	3.50	100.00	3.00
全面建成小康社会总实现程度		—	—	100	—	68.10	68.10

2018年石鼓区人民生活发展情况统计表

表18-1-9

指标名称	单位	目标值（2020年）	权重	当年	
				数值	实现程度
1. 人民生活	—	—	21	—	91.10
居民收入水平	元	—	7	—	73.70
城镇居民人均可支配收入	元	≥50000	—	36586	73.20
农村居民人均可支配收入	元	≥25000	—	20904	83.60
贫困发生率	%	≤2	-6	0.20	100.00
农村自来水普及率	%	≥85	3	85.90	100.00
农村卫生厕所普及率	%	=100	3	99.20	99.20
建制村通客车率	%	≥98	2	100.00	100.00
2. 社会发展	—	—	16	—	100.00
社会保障发展水平	%	—	4	—	100.00
城乡医保参保率	%	≥95	—	99.60	100.00
基本养老服务补贴覆盖率	%	≥70	—	100.00	100.00
每千老年人口养老床位数	张	≥35	—	36.50	100.00
教育发展水平	%	—	4	—	100.00
高中阶段毛入学率	%	≥95	—	95.10	100.00
劳动年龄人口平均受教育年限	年	≥11.50	—	13.40	100.00
医疗卫生水平	%	—	4	—	100.00
每千常住人口医疗机构床位数	张	≥3.50	—	15.90	100.00
每千常住人口执业（助理）医师数	人	≥1.70	—	5.00	100.00
人均拥有公共文化体育设施面积	平方米	≥3	4	7.40	100.00
全面建成小康社会总实现程度	—	—	100	—	92.10

第二章 婚姻家庭

第一节 婚 姻

一、婚姻状况

（一）未婚

2000 年，第五次全国人口普查，全区总人口 23.36 万人，其中 15 岁及 15 岁以上人口 19.68 万人，未婚占 19%；20~24 岁，未婚占 4.92%。

2010 年，第六次全国人口普查，全区总人口 23.16 万人，其中 15 岁及 15 岁以上人口 19.86 万人，未婚占 19.56%；20~24 岁，未婚占 5.63%。

（二）配偶

2000 年，第五次全国人口普查，境内有配偶 17.06 万人，有偶比重 73.05%，男性占有偶人口 49.19%，女性占有偶人口 50.08%。20~24 岁男性和 20~24 岁女性有偶比重分别为 21.12%、79.97%；50—54 岁男性和女性有偶比重分别为 52.21%、47.79%。

2010 年，第六次全国人口普查，境内有配偶 16.74 万人，有偶比重 72.30%，男性占有偶人口 49.20%，女性占有偶人口 50.80%。20~24 岁男性和 20~24 岁女性有偶比重分别为 22%、78%；50~54 岁男性和女性有偶比重分别为 52.30%、47.70%。

（三）丧偶

2000 年，境内丧偶 1.56 万人，丧偶比重 6.70%，男性丧偶占 34.63%，女性丧偶占 65.37%。男性、女性在 65 岁以上丧偶的分别占丧偶人口的 13.34%、83.66%，寡妇远多于鳏夫。

2010 年，境内丧偶 1.51 万人，丧偶比重 6.51%，男性丧偶占 35.13%，女性丧偶占 64.87%。男性、女性在 65 岁以上丧偶的分别占丧偶人口 17.45%、68.26%。

（四）离婚

1996 年，境内离婚 612 人，离婚比重 0.50%。离婚男性占 89.48%；女性占 10.52%。

2000 年，境内离婚 322 人，离婚比重 0.92%。男性占 67.95%，女性占 32.05%。

2018 年，境内离婚 1364 人，离婚比重 0.94%。男性占 68.5%，女性占 31.5%。离婚者的比重，女性比男性低是因为女性离婚后再婚者多于男性。

（五）早婚

以往人们受传统婚姻思想影响，早婚现象比较严重。随着观念转变，早婚率逐年下降。1996 年早婚率由 1980 年的 17.31%降到 1.15%。2004 年，早婚率 0.15%。2010 年后早婚现象极少。

（六）初婚

1996 年，全区初婚 1640 人，占结婚人数 96.60%。2000 年，全区初婚 1900 人，占结婚人数 95%。

2018年，全区初婚2240人，占结婚人数95.60%。

（七）再婚

1996年，再婚率2.58%。2000年，第五次人口普查，全区再婚100人，再婚率0.05%，其中男性占再婚人口44.13%，女性占55.87%。2018年，再婚率1.50%。

（八）终身不婚

2000年，第五次全国人口普查，全区50岁以上未婚人口65人（10%抽样调查），其中男性未婚60人，女性未婚5人。

2010年，第六次全国人口普查，全区50岁以上未婚人口108人（10%抽样调查），其中男性未婚96人，女性未婚12人。至2018年，男女终身不婚的极少。

二、婚姻构成

（一）婚姻年龄构成

1996年，境内人口婚姻状况的年龄分布20~24岁年龄组人口中，未婚人口占63%，有偶人口占37%。25~29岁年龄组人口中，有配偶人口比重上升为90%。女性40~44岁年龄组人口有配偶占98%，只有2%未婚。男性60~64岁年龄组人口有配偶占88%。

2012年，境内人口婚姻年龄构成与1996年相比，未婚比提高。20~24岁年龄组未婚比为73.60%，比1996年提高10.60%，男性提高10.20%，女性提高10.90%。25~29岁年龄组未婚比为12.80%，男性33.18%，女性5.00%，分别比1996年提高9.90%、19.60%。男性终身不婚年龄为65岁以上，不婚率为2%。

2018年，境内人口婚姻年龄构成与2012年比，未婚稍有提高。20~24岁年龄组未婚比为80.40%，比2012年提高6.80%，男性提高6.30%，女性提高6.90%。25~29岁年龄组未婚比为13.95%，男性35.28%，女性6.20%，分别比2012年提高2.02%、1.20%。男性终身不婚年龄为71岁以上，不婚率为1%。

（二）婚姻文化构成

1996年，全区15岁及以上男性文化人口未婚比：小学12%、初中30%、高中32%、大学及以上29%。15岁及以上女性文化人口未婚比：小学4%、初中22%、高中26%、大学及以上34%。受教育时间越长的人未婚率越高。

2012年，全区15岁及以上男性文化人口未婚比：小学8%、初中15%、高中28%、大学及以上31%。15岁及以上女性文化人口未婚比：小学3%、初中10%、高中20%、大学及以上30%。

2018年，全区15岁及以上男性文化人口未婚比：小学5%、初中10%、高中23%、大学及以上26%。15岁及以上女性文化人口未婚比：小学2%、初中6%、高中15%、大学及以上27%。

（三）婚姻职业构成

2000年，第五次全国人口普查。全区15岁及以上各职业人口分为：各类专业技术人员国家机关企事业单位有关人员，商业、服务业人员，工、农、林、牧、渔劳动者。未婚比：国家机关、企事业单位人员最低，为4.80%；有配偶比：国家机关、企事业单位人员最高，为95.20%；丧偶比：工、农、林、牧、渔劳动者丧偶比最高，为5.30%；离婚比：工、农、林、牧、渔劳动者离婚比最低，为0.50%。

2010年，第六次全国人口普查。全区15岁及以上各职业人口未婚比：国家机关、企事业单位人员最低，为3.80%；有配偶比：国家机关、企事业单位人员最高，为97.20%；丧偶比：农、林、牧、渔劳动者丧偶比最高，为4.30%；离婚比：农、林、牧、渔劳动者离婚比最低，为0.40%。

三、婚姻观念

1996年后，平均初婚年龄在21岁左右，结婚后一般能对家庭负责，离婚率还是比较低，一般年离婚600人左右。随着社会进步和经济生活的改善，男女初婚年龄逐渐提高。

2000年，初婚年龄平均达25岁，2008年初婚年龄平均达28岁，而且正在向更大年龄发展。

2010年后，改革开放带来经济发展，境内年轻人对婚姻的完美要求越来越高，出现结婚晚，离婚多的现象。男性一般结婚年龄在30岁左右，女性一般结婚年龄在26岁左右。2011—2018年，随着人们生活水平的提高和网络技术的发达，从众心理作祟，遇人不淑、交友不慎导致思想受到影响，境内每年离婚1160~1360人，比1996年翻了一番多。

第二节 家 庭

一、户数变化

1996年，全区家庭户数43000户。2000年第五次全国人口普查结果：全区总户数73830户，其中家庭户69599户，家庭户比1996年增加61%。2010年第六次全国人口普查结果：全区家庭户71776户，比2000年增加3.10%。2018年家庭户7.93万户，比2010年增加10.50%。

二、家庭户规模

1996年，全区家庭户4.30万户中，1人户587户，占1.20%；2至3人户13776户，占28.06%；4~5人户28655户，占58.37%；6至7人户5613户，占11.43%；8至9人户361户，占0.74%；10人户及以上97户，占0.20%。平均家庭户规模3.82人。平均每户住房间数1.45间，人均住房间数0.37间，人均住房使用面积7.50平方米。

2000年，全区家庭户69599户中，1人户5707户，占8.20%。2至3人户17399户，占24.90%。4~5人户26934户，占38.70%。6至7人户3062户，占4.30%。8至9人户341户，占0.49%。10人户及以上104户，占0.15%。平均家庭户规模3.80人。平均每户住房间数1.50间，人均住房间数0.39间，人均住房建筑面积12平方米。

2010年，全区家庭户71776户中，1人户10660户，占14.85%；2人户17417户，占24.27%；3人户23753户，占33.09%；4人户11309户，占15.76%；5人户5628户，占7.84%；6人户1955户，占2.72%；7人户622户，占0.87%；8人户260户，占0.36%；9人户95户，占0.13%；10人户及以上77户，占0.11%。平均家庭户规模3.48人。平均每户住房间数2.45间，人均住房间数0.84间，人均住房建筑面积25平方米。

2018年，全区家庭户7.93万户。因房地产业的飞速发展，高楼大厦林立，住房条件大幅改善。平均家庭户规模3人。平均每户住房2.50间，人均住房0.83间，人均住房建筑面积54.40平方米。

三、家庭户类型

1996 年，全区 4.30 万户家庭户中，1 代户 1.30 万户，占总户数 30.20%；2 代户 2.80 万户，占总户数 65.50%；3 代户 0.20 万户，占总户数 4.30%。4 代户 13 户。

2000 年，全区 6.90 万户家庭户中，1 代户 2.40 万户，占总户数 26.80%；2 代户 3.60 万户，占总户数 52.10%；3 代户 0.90 万户，占总户数 5.90%。4 代户 19 户。

2010 年，全区 7.20 万户家庭户中，1 代户 2.30 万户，占总户数 32%；2 代户 3.70 万户，占总户数 52%；3 代户 1.20 万户，占总户数 16%；4 代户 28 户。

2018 年，全区 7.93 万户家庭户中，1 代户 2.71 万户，占总户数 34%；2 代户 4.21 户，占总户数 53%；3 代户 1.01 万户，占总户数 13%。

第三章　社会风俗

第一节　礼仪风俗

一、婚　嫁

当代婚姻以自由恋爱为基础。通过他人介绍或互相认识，也有经婚姻介绍所或征婚广告认识的。男女双方接触一段时间，认为基本条件相符，感情成熟后，经双方家长同意，乃办理结婚登记手续，择日置办喜宴，发红帖邀请亲朋好友共庆新婚。现在结婚沿袭下“聘礼”习惯，在农村尤为看重。男方送给女方除烟、酒、糖及鸡、鱼、肉外，还有项链、耳环、戒指和时装，现金少则几千元，多则几万元。女方置办嫁妆，除日常衣物、被褥外，还有彩电、冰箱、洗衣机等电器产品，富裕家庭还有电脑和轿车陪嫁，城区甚至有整套的住房和高档家具作为嫁妆。还有的男女双方合作购新房、置办家具，自己操办婚事的亦不少。高档婚纱照取代了过去普通的结婚照，花费数千元。迎亲轿车越来越豪华，少则三五辆，多则数十辆，披红挂彩，甚为壮观。婚宴档次越来越高，城市基本上都在宾馆、酒店办宴席，标准一般在800~2000元/桌；农村自办婚宴者居多，除白酒档次提高外，还加啤酒和饮料。祝贺新婚的礼金由20世纪90年代末期的50~80元提高到2018年的500~1000元，亲朋好友则更多，整个迎嫁喜庆过程一般都拍摄录像，制成光盘影碟留作纪念。婚庆公司作为当代时髦行业很受新婚夫妇的青睐。因现代家庭多独生子女，经济条件较为优厚，在婚事上讲排场、摆阔气，大操大办，互相攀比之风日甚，助长了婚姻的高消费。

二、寿　庆

做寿讲究“男进女满”，即男做虚岁，女做实岁。20世纪90年代，一般只花甲、古稀以上老人做寿酒。2000年后，中青年和一些独生子女做生日酒的亦颇多。亲朋好友搭台唱戏、去歌厅唱卡拉OK一度成为时尚。城市的寿宴一般在宾馆、酒店预订，除常规酒菜外，必须有寿面和寿桃（或生日蛋糕），有的还打发“红包”。农村的寿宴则在家里操办，聘请寿庆班子（收取劳务费，每桌50—100元左右），杀猪、宰羊、开流水席，好不热闹。60岁以上老年人的整生（逢十）一般比较隆重，少则上十桌，多则数十桌。因当今大部分家庭系独生子女，父母对小孩生日（俗称长尾巴）比较重视，为其备礼物、照相留念等。

三、百日酒

1996年前，城乡居民有为第一胎小孩做“三朝酒”或“百日酒”的习惯。现在凡是新生小孩百日时都时兴做“百日酒”。人们普遍认为“三朝酒”改为“百日酒”，有利于孩子健康成长，母亲恢复健康，家人更有精力和时间操办酒宴庆贺。亲朋好友，特别是外婆、舅舅必须赠送丰厚的礼物（包括小孩衣物和生活用品）或礼金。百日酒除了一般酒菜之外，还要发红蛋（把鸡蛋煮熟用食品红染色）或“小红包”分发给来祝贺的亲友，以示吉祥。

四、庆新居

城乡居民新建住房或新购住房乔迁新居，左邻右舍、亲朋好友前来致庆已成风气。农村的新居宴一般在新房完垛上梁的当天，城市的乔迁宴一般在搬家安顿后庆贺。招待来客，兴十大碗，讲究“头碗”、其次为扣肉，还有块鱼。境内居民一般用瓜子、花生、豆类等杂点待客或自用，俗称“土奂杂”。

五、庆升学、参军

20 世纪 90 年代后，孩子升大学、特别是考上重点大学或应征入伍成了当今社会一大喜事，亲朋好友前来庆贺，父母在孩子入学或入伍前设酒宴以示感谢。升学宴也称谢师宴，一是感谢老师谆谆教诲；二是答谢亲戚朋友祝贺，更是表达家长的喜悦和期望之情。

六、殡　葬

“治丧”区内称“老了人”，又叫办“白喜事”。治丧文书悉用白纸，正门悬“乃当大事”墨书。屋内，办法事、佛事、行儒礼不一，隆重热烈；屋外，统炮声声，哀乐低回，气氛肃穆，故名曰“白喜事”。邻里亲友闻噩耗主动来帮忙料理，叫“帮白喜事忙”。20 世纪 90 年代，境内农村土葬较为普遍。繁文缛礼虽比过去简化，但程序繁杂，掺杂很多封建迷信的东西。进入 21 世纪，殡葬改革力度加大，提倡火化，丧事简单许多。死者大都先存放殡仪馆。开完追悼会后即火化，骨灰葬入一般公墓（也有的在远郊农村择地安葬）。

第二节　岁时民俗

一、传统节日

春节　农历正月初一，古称“元旦”和“元日”，为中国最隆重的传统节日，节日年氛甚浓，礼仪繁多。初一凌晨，各家竞相燃放爆竹“开财门”。接着，男性穿戴整齐，由长者率领，举行“纳财”“敬神”“挂红”等仪式。仪式结束后，各自回家向长辈拜年。早饭后，仍由长辈率领，择吉方亲友家“出行”，或上祖茔“拜祖年”。读书人喜在这天“发笔”，用红纸书写“元旦发笔，大吉大利”等吉语。自初一至十五日，均为拜年时节，熟人初见面，互相抱拳祝福。

元宵节　农历正月十五之夜称上元之夜，曰“元夜”，亦称“元宵”。旧俗，是夜张灯为戏，故亦谓之“灯节”。中华人民共和国成立后，沿袭农历之元宵节，是日，舞龙舞狮达到高潮。每户必进，燃烛鸣炮接灯，避邪趋吉，夜深始止。元宵夜，阖家团坐，吃汤圆或元宵。

三月三　农历三月三日采集地菜煮鸡蛋进食，俗云：“三月三，地菜籽煮鸡蛋。”食之，可益身明目。

清明节　一般在公历 4 月 5—6 日，农历三月上旬。节前 3 日或后 7 日，一姓子孙后人，咸临祖茔，祭奠、扫墓，然后回家吃祭祀饭。全家由长辈带领到先人墓地祭扫，插祭幡，摆水果、酒菜，燃纸钱、香烛、放鞭炮进行祭拜，称之“挂山”。学校则组织师生祭扫烈士墓，开展缅怀先烈活动，进行革命传统教育。近年农村森林植被增加，因清明扫墓烧纸、放鞭炮引发山火时有发生，政府除加强防护管控外，号召文明祭扫，不燃放纸钱鞭炮而植树造绿、敬献鲜花的逐年增多。2007 年起，国务院规定增设清明节法定假一天，以弘扬中华传统美德“孝”文化。

端阳节 农历五月初五日，称“端五”，又名“重五”“端午”“重午”，俗称蒲节。节日，每家每户习惯在门前插艾叶、菖蒲，用艾叶、蒲苑熬水洗澡。中午吃面食、粽子，饮雄黄酒。将雄黄涂在小孩额上，颈上挂采丝香囊，谓可避邪解毒。午后，女性着夏装，打扮入时，扶老携幼，拥至江边看划龙船，俗称“摆端午”。

中元节 农历七月十五日的中元节，自初十日始，各姓子孙，以集体或分户轮流形式，备办酒肴香楮，一日三餐，供奉祖先。有的在此期间，还请僧众设醮，超度亡灵。十五日夜，各家于宅旁路边，焚烧纸帛、纸衣、纸屋等，送别先人。中华人民共和国成立后“供老客”之习俗已改。20 世纪 80 年代后，此风又起。

中秋节 农历八月十五日，又称团圆节，是又一重要的民间传统节日。2007 年国家尊重民俗习惯，将中秋节定为法定假日，放假一天，以传承中华“和、善”文化。外出者这天一般尽可能归家团聚，共度中秋佳节。这天晚上的月亮在一年中最圆、最明朗，人们有吃月饼、药糖、糖醋藕片和赏明月、共话一年丰收喜悦的习惯。

过小年 旧称农历十二月二十四日为小年，又称“过小年”。先一日为民间祭灶日，民谣渭：“年年有个家家忙，二十三月祭灶王。”二十四，家家除尘，俗语谓之“打隆沫”，全家设办宴。二十五日凌晨，焚香橘，燃烛放炮，迎接玉皇下界察善恶。新中国成立后，祭灶、接玉皇之习已除。

除夕 旧俗以农历十二月末日之夜为除夕，意为旧岁至此夕而除，明日即换新岁。俗称是日“过大年”，家家户户贴门联、门神或年画，整理房间陈设，合家敬神，吃“团年饭”，又称“庚饭”，大人给小孩散“压岁钱”。入夜，逐房点燃灯烛，或老少围炉守岁。

二、现代节日

元旦节（1 月 1 日） 元旦称为新年的开始。其间，各级政府领导通过广播、电视及报刊向民众发表新年献词，表达新年祝福。单位向职工赠送年画、挂历，召开新年座谈会，慰问老同志和困难户，呈现春节来临的气氛。上年的工作总结、经济往来结算，来年的工作计划安排一般都在元旦后至春节前进行。元旦节国家规定放假一天。

“三八”国际劳动妇女节（3 月 8 日） 20 世纪 90 年代后，各级组织对“三八”国际劳动妇女节越来越重视，除召开纪念大会，表彰妇女先进典型外，女同志一般在节日当天放半天假休息。一些单位还向女同志发放纪念品或组织妇女进行妇科检查，举行纪念活动。

“五一”国际劳动节（5 月 1 日） 20 世纪 90 年代后，“五一”国际劳动节越来越被工会组织所重视。各级政府一般都在节前召开庆祝大会，表彰劳动模范和先进典型，部分单位组织职工开展文体活动。2000 年后，国家确定“五一”休假 3 天，连同对休 2 个双休日共 7 天，形成小长假，职工回家探亲或外出旅游人数倍增，称之为“黄金周”。2007 年起，假期调整为 1 天（连同双休日 3 天）。

“五四”青年节（5 月 4 日） 中国青年、共青团员的节日。节日之前各级团组织主办庆祝活动，进行新团员宣誓。也有的单位组织青年到革命纪念地参观，进行革命传统教育，激发团员、青年的革命热情。

“六一”国际儿童节（6 月 1 日） 20 世纪 90 年代后，由于独生子女群的出现，“六一”国际儿童节备受市民重视。各级团组织、妇联、关工委和教育主管部门通常组织儿童文艺、体育竞赛等庆祝活动，有关领导到幼儿园和学校看望孩子们，送上图书、文具等学习用品，祝愿下一代健康成长。各学校一般举行新少先队员入队宣誓，组织文艺、游艺活动。家长也选择这天给孩子们购买书籍、玩具、文具或衣物，带到公园、游乐场所游玩。

“七一”建党节（7 月 1 日） 每年七月一日，各级党委都召开庆祝大会，总结表彰一批先进党组织、优秀党员和优秀党务工作者。大多数基层党委在这一天举行新党员宣誓仪式。同时，组织党员干部开展纪念活动，重温入党誓词，组织征文、演讲和革命歌曲大合唱比赛等活动，弘扬革命传统，发扬革命精神。

八一建军节（8 月 1 日） 八一建军节，各机关、企事业单位一般都召开转业、复员退伍军人座谈会，各级领导慰问烈军属和驻地部队，以此作为拥军优属的契机，联络军民感情，增强军民关系，提高全民国防意识。

教师节（9 月 10 日） 1985 年 1 月 21 日，第六届全国人民代表大会常务委员会第九次会议决定，9 月 10 日定为教师节。每年，党和政府都要召开庆祝大会，表彰一批优秀教师和教育先进工作者。同时，各级领导登门慰问教师。在校学生亦给老师寄发贺卡，远离母校的学生则给老师发短信祝贺节日，尊师重教蔚成风气。

国庆节（10 月 1 日） 国庆节是国家的重要节日，自定为法定节日起，国家就规定放假 3 天，全区各机关团体、企事业单位均隆重举行形式多样的庆祝活动。2000 年始，又规定把前后 2 个双休日连在一起，实行 7 天小长假，俗称“黄金周”。很多职工借此机会探亲、旅游，形成仅次于春节出行的高峰期。

老年节 农历九月初九是传统的重阳节。1989 年，省人民政府确定重阳节为“老年节”。各部门、单位在重阳节前后开展敬老宣传活动，表彰敬老爱老先进单位和个人，召开座谈会、慰问老年人。2000 年后，有的单位还组织老年人检查身体，开展书画、钓鱼、打门球、旅游等活动。有的单位、学校还为老年人开展送温暖活动，在社会上形成尊老爱老的良好风尚。

圣诞节（12 月 25 日） 属西方传统节日，20 世纪 90 年代后开始在区内青年中流行。进入 2000 年后，越来越隆重。每年 12 月 24 日晚平安夜起到 25 日晚狂欢夜，有的青年人结伴到各娱乐场所通宵达旦，狂欢娱乐。各商店、娱乐场所以圣诞节为主题的促销活动形式则多种多样，节日气氛愈来愈浓厚。

第三节 生产习俗

一、种植习俗

水稻种植 水稻一般“清明下种，谷雨下泥”。其他春种农作物也多在清明，谷雨前后播种。早稻插秧须在“立夏”之前。1998 年起，双季稻推行塑料软盘抛秧和直播，播种一般都提前到谷雨前后。早稻成熟一般在小暑到大暑节气。收获稻谷，俗称“扮禾”。双季晚稻在立秋之前插下。从清明开始于霜降这段时间是农村农事最集中的时间，尤以小暑到立秋最忙，抢收抢插，争分夺秒，称之为“双抢”。晚稻收割一般在寒露前后，收完晚稻又要收获山地作物（油茶籽、红薯等）。近年农村推行超级杂交稻，农户考虑种地和外出务工兼顾，大多种一季稻。一季稻一般在芒种下种，小满前插秧，处暑前后收割。20 世纪 90 年代，耕地较少的农户，除雇请牛力外，其余都是个人独立生产。耕地多的农户也有雇请临时帮工和换工的。2000 年以后，农业生产机械化程度提高，耕种、收割基本都使用机械，劳动强度大大降低，生产效率显著提高，农民外出务工的时间多于从事农业生产的时间。大部分青壮年劳力外出，常年从事农事的以年长者和妇女为主较为普遍。

植树 1996—2018 年，区内种植的树种，首选经济价值高的樟、杉等。城镇造林，以樟树为主，间或种一些桂花、银杏等其他树种。

二、饲养习俗

养猪 20 世纪 90 年代，境内饲养生猪主要优良品种有宁乡猪、大围子猪、“二元”杂交猪。农户试点推广饲养瘦肉型猪，实行“三改”（改热食为生食、改喂单一饲料为配合饲料，改吊架子猪喂养为一条龙式喂养）的饲养方法。由于生猪养殖业迅猛发展，给环境也造成不同程度污染。2005 年起，提出“城中村”退出养猪，“城边村”限制养猪，“城郊村”适当发展庭院式养猪规划，规模养猪场通过建沼气池和推广“三改二分再利用”技术，使环境污染得到有效控制。近年，区内养猪的散户基本没有，仅只有个别远郊村建有规模养猪场。

养狗 养狗是区内农家的传统习惯，用以看家护院。20 世纪 90 年代以来，城区市民流行养宠物狗的愈来愈多，马路上、公园中，牵着、抱着狗招摇过市者，时有常见。

养鸡养鸭 在计划经济年代，农户喂鸡喂鸭是一种家庭副业，一般农户要靠鸡婆鸭蛋卖钱贴补日常生活。2000 年后，农民收入普遍增加，养鸡鸭成为改善生活的一种休闲方式；除专业户外，一般农户都是自养自食。偏僻山村的农家鸡不喂饲料，无激素，名曰“土鸡”，很受市民欢迎，价格也越来越贵，土鸡蛋价格达到每千克 30~50 元。

第四节 生活习俗

一、衣 着

随着改革开放的深入，生活水平不断提高，人们衣着打扮由简朴、逐渐走向时尚，凸显个性。男性服饰西装、夹克、休闲装日渐流行；女性服饰更是品种繁多，短裙、紧身裤、袒胸露背的衣着已见怪不怪。有的年轻人越穿越少，越穿越露。2000 年后，人们服饰更向多样性变化，中式唐装、牛仔裤、西式洋服、现代流行款式品种繁多，层出不穷。中山装逐步退出历史舞台。腈纶、涤纶、尼龙等化纤织物不再为人们看好，讲究穿纯棉、亚麻、毛料、蚕丝等有机纤维布料的人越来越多。佩戴金银珠宝饰品渐成时尚。在商店购买成品服饰，取代裁缝上门缝制衣物，“新三年，旧三年，缝缝补补又三年”的时代已一去不复返。

二、饮 食

一日三餐 居民“一日三餐”已成习惯。主食以米饭为主，辅以面食。进入 20 世纪 90 年代后，人们生活水平提高，饮食观念改变，上班打工族，早餐均在外面吃米粉、包点、牛奶、油条之类。猪肉以瘦肉为主，不愿要肥肉。2000 年后，打工族中餐一般在单位就餐，晚餐才全家团聚。一般注意荤素搭配和营养，食用油多用植物油。在农村，红薯、玉米等杂粮主要用作喂猪饲料，人食之甚少。而当今城市居民则把吃红薯、南瓜、新鲜蔬菜当作时尚养生食品。区内居民爱吃辣椒，餐餐都要辣椒佐饭，不论荤菜、素菜一般都入辣以佐味。剁辣椒、烧辣椒、豆豉辣椒、油淋辣椒、盐辣椒、浸辣椒等多种多样。吃腊味也是人们的一种习惯。区内居民大都爱喝茶，以青茶和绿茶为主。

夜宵 自20世纪90年代起，夜宵摊点在区内逐渐兴起。吃夜宵以中青年为甚，食品多为唆螺、龙虾、鸡爪、鸭掌、羊肉串、臭豆腐和凉拌时蔬之类，夜宵摊生意兴隆，为都市一道亮丽的风景。

喝酒 境内自古有饮酒习惯，人们喜饮本地湖之酒，夏天喜饮啤酒，冬天饮白酒。酒的品种也增多，高、中、低档都有。

三、居　住

1996—2000年，区内居民居住条件逐步改善。在城区，传统的木板青瓦房、吊脚楼大多已改造成厨卫配套、面积60~80平方米的单元式住宅，大都为6~7层。农村“一担柴”“一把锁”等老式的土筑土砖房大多改建成砖木、砖混结构、生产生活分离的小楼房。2001—2018年，城区旧城改造力度加大，居民住房大有改善，低矮潮湿的棚房逐渐拆除，商住小区鳞次栉比，电梯房高层建筑增多，单位福利房向商品房过渡，面积扩大到90~140平方米。居住集中，管理规范，环境更加舒适，各种高档家具和电器配套齐全。在农村，开始向庭院式发展，面积大，功能配套，绿化好，宽敞舒适，生产生活兼顾。室内家具逐步向时尚发展，出现组合家具和高档电器。

四、出　行

20世纪90年代，区内交通事业迅速发展，交通工具不断更新，公交线路和班次增多，个体客运中巴和出租车大量增加；骑自行车的越来越少，摩托车、公共汽车、出租车成为主要的代步工具。城乡家庭普遍有摩托车，部分家庭还购置了小轿车。远程出行一般乘坐火车和飞机。2000年后，各级政府投入巨资，对城区的主次道路和小街小巷多次进行翻修拓宽硬化改造，道路宽敞平整，给居民生活带来便利。在农村乡村实施“村村通工程”，使100%的村和村民小组都修通水泥路。

五、交　际

20世纪90年代，人们交际多为走访聚会方式，相距较远者乃采取书信往来。1996年起，程控电话和手机逐渐普及，电话交往增多，书信交往减少。2000年后，互联网陆续进入家庭，年轻人时尚网上交流的越来越多。交际场所由在家庭或单位逐步转向在宾馆、酒店、歌舞厅、茶酒楼进行。随着市场经济的不断深化，交往中称“先生、老板、师傅、女士、小姐”的居多，以“同志”相称的减少。交际中以谈业务做生意为主。

第十九篇

乡镇街道概况

1996年末，城北区辖人民、青山、蒸湘、潇湘、五一、合江6个街道，85个社区。2001年5月，衡阳市城区行政区划调整，城北区改称石鼓区，角山乡由衡阳县划入石鼓区，称石鼓区角山乡，松木乡从原郊区划入石鼓区，称石鼓区松木乡，同时将衡阳县集兵镇灵官庙村和原郊区西湖乡的五一、建设、友爱、江霞4个村划入。是年末，石鼓区辖松木、角山2个乡，人民、青山、潇湘、五一、合江、黄沙湾6个街道。2011年2月，松木乡的新安、金兰、新竹3个建制村和松木、松梅、友谊3个建制村的部分区域析出设立金源街道，金源街道隶属衡阳市松木经济开发区，由松木经济开发区和石鼓区双重管理，以松木工业园管理为主。是年末，石鼓区辖松木、角山2个乡，人民、青山、潇湘、五一、合江、黄沙湾、金源7个街道。2015年11月，境内行政区划调整，松木乡与黄沙湾街道合并，设立新的黄沙湾街道。2018年11月，角山乡撤乡设镇，设立角山镇。至2018年末，石鼓区辖角山镇、黄沙湾街道、合江街道、五一街道、人民街道、青山街道、潇湘街道、金源街道。

第一章　乡镇概况

2001年5月，衡阳市城区行政区划调整，原衡阳县角山乡、原郊区松木乡划归石鼓区。2015年11月，松木乡撤销。2018年11月，角山乡撤乡设镇，改称角山镇。

第一节　松木乡

松木乡因松木塘而得名，处衡阳市石鼓区北部。东以107国道与松木经济开发区为界，南与黄沙湾街道毗邻，西与角山乡接壤，北与衡阳县集兵镇相连。

一、政区概况

1996年，全乡辖12个行政村（松木村、建新村、青石村、朝阳村、松梅村、友谊村、农科站、新竹村、金兰村、新安村、三里村、桎木村），131个村民小组。有农业户数4119户，农业人口15333人。2001年5月，衡阳市城区行政区划调整，松木乡从郊区划入石鼓区，称石鼓区松木乡，同时将衡阳县集兵镇灵官庙村划入松木乡。是年，辖区面积51.70平方千米，人口2.17万人。2011年2月，将松木乡的新安、金兰、新竹3个行政村和松木、松梅、友谊3个行政村的部分区域析出设金源街道。是年末，辖区面积33.10平方千米，人口1.43万人。2014年底，辖5个管理处（松木、青石、朝阳、友谊、松梅）、4个建制村（建新、灵官庙、梽木、三里），89个村民小组，辖区面积33.10平方千米，人口1.35万人。2015年11月，松木乡与黄沙湾街道建制合并，并将松木乡所辖管理范围设立松木片区便民服务中心，为黄沙湾街道派驻机构。松木乡名称消失。2017年8月，松木片区便民服务中心撤销。

二、经济发展

1996年，全乡耕地面积1420.9公顷，种植水稻面积稳定在1100公顷，总产值6000万元；渔业养殖面积282.60公顷，产值2000万元；家禽、生猪年产肉稳定在1.80万吨，产值5500万元；蔬菜种植面积100公顷，产值300万元。是年，107国道沿线两旁从事餐饮、修车、住宿等行业的个体工商户有上百家。

2001年，全乡有菜地174.80公顷，旱地89.40公顷，果园42.90公顷，林地1376.20公顷，水田1114.90公顷，产粮109万吨，实现农业生产值1.40亿元，占全乡国民生产总值17%。是年，乡内107国道沿线汇集各类汽车4S店，规模较大的有西城汽贸、东大汽贸、九鼎二手车、车立方等，从事汽车贸易行业的工作人员达500余人，年可完成汽车类交易总额5亿元，上缴利税1000多万元。2011年，中亿汽贸城、鸿豪城、珠江帝景山庄等大型房地产项目相继开工，成为继汽贸产业后新的支柱产业。

2014年，全乡有耕地657.30公顷，早稻播种160公顷、蔬菜瓜果种植133.30公顷。出栏生猪15200头、鸡鸭鸽子113800羽。是年，乡内坐落大型企业有凤凰化学、衡兴气体厂等20余家，工业从业人员800余人，年工业总产值1.89亿元。

三、社会事业

1996年，有乡办中学1所，小学6所，教师118人，在校学生1330人。2001年，有中学2所，小学11所，教师156人，在校学生2400人。2014年，有幼儿园4所，在园幼儿120人，教师12人；有小学7所，在校学生2100人，教师108人；有中学1所，在校学生460人，教师34人；职业院校1所，有学生15946人，专任教师753人，教授及相应职称42人，副教授及相应职称238人，博士、硕士生导师22人；有卫生院1所，床位40张，职工45人，其中执业医师12人，执业助理医师10人，注册护士23人；有村级卫生服务站8所。

1996—2018年松木乡正科实职领导一览表

表19-1-1

姓名	职务	任职时间	姓名	职务	任职时间
丁平涛	书记	1988.8—1997.12	祝家元	人大主席	2001.12—2003.1
邹小敏	书记	1998.1—2000.8	朱宾信	人大主席	2003.2—2005.4
尹培国	书记	2000.8—2003.1	杨　蓉(女)	人大主席	2005.4—2007.2
邓昌旺	书记	2003.1—2011.12	王元军	人大主席	2007.4—2009.5
王元军	书记	2012.1—2015.12	刘礼美(女)	人大主席	2009.6—2011.12
王　华	乡长	1995.10—1998.10	曾利荣	人大主席	2012.1—2013.3
邓昌旺	乡长	1998.12—2003.1	石海燕	人大主席	2013.4—2014.8
李在定	乡长	2003.1—2005.4	曾恕安	人大主席	2014.9—2015.12
朱宾信	乡长	2005.4—2009.5	唐家构	政协主任	1996.8—1999.8
王元军	乡长	2009.5—2011.12	王元军	政协主任	2006.3—2007.3
陈　坚	乡长	2012.1—2013.3	刘礼美(女)	政协主任	2007.4—2009.5
曾利荣	乡长	2013.3—2015.12	郭金国	政协主任	2010.10—2011.12
彭扬寿	人大主席	1995.12—1999.8	石海燕	政协主任	2012.1—2013.3
唐家构	人大主席	1999.8—2001.9	曾恕安	政协主任	2013.3—2015.12

第二节 角山镇

角山镇因境内角山坪而得名。地处石鼓区西北部，东与黄沙湾街道接壤，南临蒸水与蒸湘区相望，西与衡阳县板市乡为邻，北邻衡阳县集兵镇。

一、政区概况

1995 年 5 月撤区并乡，潮江乡并入角山乡。1998 年 3 月，角山乡设角山、潮江两个责任区。2000 年 3 月，撤销责任区。

2001 年 5 月，衡阳市城区行政区划调整，析出潮江乡属衡阳县管辖，角山乡由衡阳县划入石鼓区，称石鼓区角山乡。是年，全乡辖 10 个行政村（三星、旭东、小云山、五星、莲花塘、角山、银杯、杨泗、杨岭、茅茶亭），136 个村民小组，总人口 18863 人，辖区总面积 34.38 平方千米。

2014 年，全乡辖 8 个行政村（三星、旭东、小云山、五星、莲花塘、角山、银杯、杨泗），2 个管理处（杨岭、茅茶亭），1 个社区（角山社区），136 个村民小组，总人口 20924 人。

2018 年 11 月，角山乡撤乡设镇，改称角山镇。辖三星、旭东、前进、和平、利民、角山 6 个行政村和杨岭社区，136 个村民小组。辖区总面积 34.38 平方千米，总户数 6495 户，总人口 21920 人。

二、经济发展

1996 年，全乡耕地面积 1666.70 公顷，种植水稻面积稳定在 1200 公顷，总产值 6400 万元；渔业养殖面积 382.60 公顷，产值 2620 万元；家禽、生猪年产肉稳定在 1.90 万吨，产值 5800 万元；蔬菜种植面积 200 公顷，产值 500 万元。有 30 个加工企业，主要为建筑材料、机械配件、食品加工等行业。乡内从事餐饮、小商贩等行业个体工商户 50 余家。2001 年，全乡耕地面积 1666.70 公顷，水田 1200 公顷，林地 533.30 公顷；水稻种植面积稳定在 1.8 万亩，亩均产量约 800 千克。

2010 后，蔬菜成为全乡的主打产业，蔬菜种植面积达到 1 万亩，涌现出领军农业、乐富蔬菜、辛大米等一批知名蔬菜种植企业。2012 年，投资 120 亿元的华耀城商贸物流中心在乡内开工建设。2014 年，角山阳光农贸市场开业，年营业额 800 多万元。是年，全乡个体商店、餐饮服务网点发展达到 136 家。

2018 年，全镇有耕地面积 1292.1 公顷，林地面积 533.3 公顷，粮食播种面积 1200 公顷，渔业养殖面积 386.7 公顷，出栏生猪 5 万头，蔬菜种植面积 20 公顷，农业总产值 17350 万元。有商业网点 3200 余个，销售额 3.9 亿元，利润 6000 万元。是年，乡内所有村组道路均实现硬化、油化。

三、社会事业

2014 年，有幼儿园 3 所，在园幼儿 400 多人，专任教师 12 人；小学 7 所，在校学生 1500 人，专任教师 75 人；初中学校 1 所，在校学生 500 多人，专任教师 56 人；农民业余技校 1 所，年培训科普知识、农村实用技术学员 300 人，专、兼职教师 2 人；有乡文化站 1 个、村级文化中心 10 个、农家书屋 10 个，藏书 3.5 万册，拥有宽带有线电视站 1 座，有线电视用户 2000 余户；健身广场 2 处，健身器材 10 套。有乡级卫生院 1 个、村级医疗卫生机构 10 所，床位 20 张，专业卫生人员 51 人。

2018 年，有文化综合服务站 1 个，村级社区文化中心 7 个，农家书屋 7 个，健身场地 7 个，足球场 1 个，篮球场 2 个，羽毛球场 9 个，乒乓球台 50 个，网球场 1 个。有中学 1 所，在校学生 500 多人，教师 56 人；小学 7 所，在校学生 1400 人，专任教师 70 人；幼儿园 3 所，在园幼儿 380 人，教师 15 人。有乡卫生院 1 所、村（社区）卫生所 7 个。

1996—2018 年角山镇正科实职领导一览表

表 19-1-2

姓名	职务	任职时间	姓名	职务	任职时间
谭大鸣	书记	1995. 5—1997. 10	谭毓霖	人大主席	1998. 10—2003. 1
陈新龙	书记	1997. 11—2005. 4	杨昌能	人大主席	2003. 1—2006. 12
李在定	书记	2005. 4—2011. 12	唐云华	人大主席	2007. 9—2012. 10
肖　军	书记	2011. 12—2014. 8	何一流(女)	人大主席	2012. 11—2013. 4
莫尚辉	书记	2014. 8—2016. 3	张小平	人大主席	2013. 4—2016. 3
石海燕	书记	2016. 4—	张隆军	人大主席	2016. 3—2017. 6
蒋年细	乡长	1995. 5—1996. 3	傅小林	政协主任	1995. 5—1997. 10
谢　虹(女)	乡长	1996. 4—1997. 10	邓初中	政协主任	1998. 11—2003. 1
麻三元	乡长	1997. 11—2002. 8	莫尚辉	政协主任	2003. 1—2005. 8
邓初中	乡长	2003. 1—2005. 4	唐云华	政协主任	2006. 3—2007. 8
肖　军	乡长	2005. 4—2011. 12	屈光明	政协主任	2007. 10—2011. 4
肖建军	乡长	2011. 12—2014. 8	张小平	政协主任	2012. 10—2013. 3
石海燕	乡长	2014. 8—2016. 4	李会能	政协主任	2013. 3—2014. 8
曾恕安	乡长	2016. 4—2017. 6	阳光辉	政协主任	2014. 8—2016. 1
蔡秋云	镇(乡)长	2017. 8—	曾朝霞(女)	政协主任	2016. 1—2017. 6
颜家发	人大主席	1995. 5—1997. 12	—	—	—

第二章　街道概况

1996 年 1 月至 2001 年 4 月，城北区辖人民、潇湘、青山、蒸湘、五一、合江 6 个街道。2001 年 5 月至 2011 年 1 月，石鼓区辖人民、潇湘、青山、五一、合江、黄沙湾 6 个街道。2011 年 2 月至 2018 年 12 月，石鼓区辖人民、潇湘、青山、五一、合江、黄沙湾、金源 7 个街道。

第一节　黄沙湾街道

黄沙湾街道因蒸水下游流经境内回湾处黄沙堆积而得名。自街道建立至 2015 年 5 月，东以蒸阳北路延伸（原畔湖路）与五一街道接壤，西接角山乡，南隔蒸水河与潇湘街道为界，北邻松木乡。2015 年行政区划调整后，东以 107 国道与金源街道为界，南临蒸水河与潇湘街道相望，西与角山镇接壤，北与衡阳县集兵镇毗邻。

一、政区概况

1996 年，以原衡阳市东方红渔场所辖范围筹建街道。1997 年 3 月成立黄沙湾街道，采用与国营东方红渔场实行两块牌子一套人马的管理模式，隶属衡阳市郊区。是年，全街辖沈家湾、黄沙湾、辖神渡、望城坳 4 个社区和团结、进步 2 个行政村，共 20 个居民小组和 14 个村民小组，辖区总人口 2344 人。

2011 年 1 月，团结、进步 2 个行政村分别变更为管理处。是年，全街总人口 3757 人。2015 年经市区社区整合后，街道由原来的沈家湾、黄沙湾、辖神渡、望城坳 4 个社区撤并为 2 个社区，分别为雁栖湖社区、辖神渡社区。是年 11 月，将松木乡与黄沙湾街道成建制合并，组成新的黄沙湾街道。并将松木乡所辖管理范围设立松木片区便民服务中心，为黄沙湾街道派驻机构。

2017 年 7 月黄沙湾街道办事处由原驻地蒸湘北路 229 号搬迁新址望城路 170 号办公。是年 8 月，松木片区便民服务中心撤销。2018 年 10 月，进步村改为进步社区，新成立光明社区。是年末，辖雁栖湖、辖神渡、进步、光明 4 个社区和松木、松梅、团结、青石、灵官庙、朝阳 6 个行政村，辖区总面积 33. 85 平方千米，总人口 3. 18 万人。

二、经济发展

1997 年，全街耕地总面积 216. 7 公顷，总产值 1370 万元；渔业养殖面积 100 公顷，产值 350 万元；生猪产值 1710 万元；蔬菜种植面积 7. 55 公顷，产值 915 万元；商业网点 215 个，主要集中在 107 国道一线，年销售额 1100 万元，利润 180 万元；工业企业 1 家，总产值 3600 万元，利润 540 万元。

2001 年，全街耕地总面积 133. 30 公顷，总产值 1450 万元；渔业养殖面积 80 公顷，产值 445 万元；生猪产值 1560 万元；蔬菜种植面积 90 公顷，产值 750 万元；商业网点 339 个，销售额 1670 万元，利润230万元；工业企业3家，总产值6300万元，利润834万元。

2014年，全街耕地总面积43.90公顷，总产值330万元；渔业养殖面积20公顷，产值15万元；生猪产值70万元；蔬菜种植面积8公顷，产值192万元；商业网点1728个，销售额1.70亿元，利润2700万元；规模以上工业3个，总产值1.70亿元，利润2300万元。

2018年，全街耕地总面积505公顷，林地面积约920公顷，粮食播种面积492.70公顷；渔业养殖面积120公顷；出栏生猪7500头；蔬菜种植面积100公顷，农业总产值6500万元；完成投资1000万元以上新开工并办理工商税务登记的产业项目2个。

三、社会事业

1997年，有小学2所，在校学生935人，专任教师22人；有村级卫生所2个。是年，街道自办蒸江电视台。2001年，有小学2所，在校学生853人，专任教师24人；有村级卫生所2个，诊所2个。

2014年，有幼儿园3所，在园幼儿318人，专任教师33人；小学3所，在校学生1153人，专任教师45人；有村级卫生所2个，诊所7个；建有1个综合文化站和4个文化教育中心，2个农家书屋，藏书10000余册；2个健身辅导站，5处健身路径，4个篮球场，1个羽毛球场。

2018年，有高职院校1所，全日制学生16000余人，教师500人，其他100人；中学1所，在校学生432人，教师40人；小学6所，在校学生3210人，教师219人；幼儿园9所，在园幼儿1120人，教师80人；有社区卫生服务中心1所、村级卫生服务站8个，床位40张，执业医师12人、执业助理医师10人、注册护士23人；有综合文化站1个，社区学校1个，社区文化中心10个，农家书屋11个，健身路径22套，篮球场32个，羽毛球场38个，乒乓球台45个，足球场5个，网球场6个，健身房2间。

1996—2018年黄沙湾街道正科实职领导一览表

表19-2-1

姓名	职务	任职时间	姓名	职务	任职时间
罗贤均	书记	1997.1—1998.12	江兴民	主任	2003.12—2006.11
蒋年细	书记	1999.1—2003.1	杨昌能	主任	2006.12—2013.3
祝家元	书记	2003.1—2008.2	徐崇斌	主任	2013.3—2017.6
陈国春	书记	2008.2—2012.11	阳光辉	主任	2017.6—
杨昌能	书记	2013.3—2015.1	戈　锋	人大工委主任	2014.4—2017.6
文　鸣	书记	2015.1—	廖红波	人大工委主任	2017.6—2019.5
王殿生	主任	1997.1—1998.1	戈　锋	政协工委主任	2013.3—2014.4
王俭来	主任	1998.2—1998.10	刘雪梅(女)	政协工委主任	2014.4—2015.10
陈国春	主任	1998.10—2001.6	苏文波	政协工委主任	2015.10—2017.6
阳华林	主任	2001.6—2003.11	周卓霖	政协工委主任	2017.6—

第二节 合江街道

合江街道因地处蒸水、耒水与湘江合流处而得名。地处石鼓区东部，东临湘江及五一路北端、与珠晖区茶山坳镇隔江相望，和五一街道相连；南以望城路、西以107国道为界，与五一街道、黄沙湾街道接壤；北靠金源街道。

一、政区概况

1996年，街道辖12个社区，92个居民小组，辖区总面积2.89平方千米，总人口18250人。2001年5月，衡阳市城区行政区划调整，原市郊区西湖乡的五一、友爱、江霞3个行政村划入合江街道；是年，街道辖7个社区、3个村，辖区总面积8.9平方千米，总人口19251人。2008年，江雁社区分为江雁一、二社区。2011年6月，五一村、江霞村分别更名为五一、江霞管理处。2018年，街道辖5个社区、2个村，辖区总面积8.9平方千米，总人口27533人。

二、经济发展

1996年，有街、社区属企业28个，总产值488万元，销售收入310.59万元，利润5.65万元。2001年，街道有耕地面积117.50公顷，全部为水浇地，以种植蔬菜为主；畜牧业以家禽为主，有部分渔业，年产量60吨。

2004年，有企业25个，完成工业总产值10917万元，上交企业税金609万元。2012年，全街有商业网点523个，实现社会商品零售总额2400万元。2013年来雁新城项目进驻合江街道，街道8.9平方千米纳入旧城改造计划。

2014年，引进内资项目10个，投资总额24300万元；完成市级重大招商引资活动签约项目2个，其中新开工建设并办理工商税务登记投资2000万元以上的产业项目12家。是年，合江套一带整体纳入来雁新城开发建设范围，辖区内原有的国有企业厂房及土地先后被征收。

2017年9月，来雁新城项目引进华侨城集团投资，变更为湖南华侨城文旅项目。总投资650亿元，首期开工项目包括来雁塔修缮、滨江风光带、城市规划馆、欢乐海岸、欢乐童年等项目。

2018年，全街完成全社会固定资产投资8.40亿元，实现社会消费品零售总额6.90亿元。

三、社会事业

1996年，有厂办子弟小学3所，初中1所，专职教师95人，在校学生1200人。2001年，有江雁机械厂、衡阳化工总厂、省二监等企事业单位3个，有街道社区卫生服务中心、江雁机械厂职工医院、湖南省第二监狱职工医院等3个医疗机构。

2004年至2006年8月，按照《衡阳市市属国有企业分离自办中小学的实施意见》要求，境内3所小学，1所初中先后转入政府办学系列，205名教师全部转为区属教职人员。

2014年，有街道文化站1个，社区文化中心8处，专业文化队伍12支，全民健身体育场所12个，健身器材8套；有医疗机构3个，床位60张，专业卫生人员49名；有幼儿园4所，在园幼儿825人，专任教师59人；小学2所，在校学生1067人，专任教师65人；初中1所，在校学生650人，初中专任教师38人。

2018年，有衡阳江雁医院、合江街道社区卫生服务中心等2个医疗机构，有床位50张，专业卫生技术人员32名，其中执业医师8名，执业护士16名，其他卫生技术人员8名；有幼儿园3所，在园幼儿574人，专任教师43人；小学2所，在校学生826人，专任教师65人；初中1所，在校学生298人，初中专任教师35人；有综合文化站1个，社区文化中心8个，专业文化队伍12个，全民健身体育场所12个，健身器材8套。

1996—2018年合江街道正科实职领导一览表

表19-2-2

姓名	职务	任职时间	姓名	职务	任职时间
田世凡	书记	1993.12—1997.1（副书记，主持党委全面工作）1997.1—1997.6	刘友生	主任	2002.1—2003.1
			颜国清	主任	2003.1—2008.2
			王志勇	主任	2008.2—2011.12
胡余良	书记	1997.9—2000.11	曾宏辉	主任	2011.12—2015.10
马先林	书记	2000.11—2002.1	王容易	主任	2015.10—2017.6
彭爱民	书记	2002.1—2003.1	戈　峰	主任	2017.6—
赵　伟	书记	2003.1—2011.12	王容易	人大工委主任	2014.1—2015.10
王志勇	书记	2012.1—2014.8	胡庭权	人大工委主任	2015.10—2017.6
王　砺	书记	2014.9—2016.8	郭　伟	人大工委主任	2017.6—
王容易	书记	2017.8—	胡庭权	政协工委主任	2014.4—2015.10
马先林	主任	1997.1—2000.11	陈柏春	政协工委主任	2015.10—2017.6
彭爱民	主任	2000.11—2002.1	许志飞	政协工委主任	2017.6—

第三节　五一街道

五一街道因境内五一路而得名。地处石鼓区东部，东临湘江，与珠晖区隔江相望；西抵畔湖路，与黄沙湾街道以湖为界；南傍蒸水河，与潇湘街道以河为界；北从五一路电厂门口的望城路至老107国道（朝阳）口止，再自电厂门口顺五一路北上至合江路湘江河界与合江街道相连。

一、政区概况

1996年，辖草桥、五一路、杨家坪、建设新村一（简称建一，下同）、建二、建三、建四、建五、建六、黄沙湾、望城路、电厂、来雁塔等13个社区，辖区总人口2.39万人，总面积4.42平方千米。

2001年5月，衡阳市城区行政区划调整，原市郊区西湖乡建设村划归街道管辖。其间，社区多次合并，至2014年，街道辖建设新村、畔湖路、来雁塔、望城路、草桥、杨家坪6个社区及建设村，90个居民小组，6个村民小组，辖区总人口4.73万人，面积4.42平方千米。

2018 年，辖区面积 4.42 平方公里，辖 6 个社区、1 个村，人口 3.9 万人。

二、经济发展

1996 年，街道有直属企业 5 家；1998 年，区划调整析出 3 个工厂交合江街道后，有直属工厂 2 个及部分挂靠企业，工业产值达 640.72 万元，销售额 349.60 万元，利润 242 万元；

2000 年 10 月，占地面积 95200 余平方米的五一副食品批发大市场建成投入使用，有门面 109 间，从业人员 3000 余人，年营业额 7500 万元。

2015 年，辖区企事业单位、个体经营户共计 2280 家。2016 年，辖区内规上商贸业 18 家，规上商贸企业实现收入 6.50 亿元。2018 年，辖区内企事业单位、个体经营户达 4454 家，完成社会消费品零售总额 12.71 亿元。

三、社会事业

1996 年，境内衡阳市传染病医院有床位 264 张，职工 298 名，其中正、副主任医师 19 名，中级职称 87 名。

2014 年，辖区内有幼儿园 6 所，在园幼儿 966 人，专任教师 65 人；小学 4 所，在校学生 2891 人，专任教师 82 人，小学适龄儿童入学率 100%；初中 1 所，初中在校学生 1577 人，专任教师 109 人。

2018 年，有幼儿园 6 所，在园幼儿 1000 余人，幼教老师 80 人；有高中 1 所，在校学生 1835 人，专任教师 110 人；初中 2 所，在校学生 1905 人，专任教师 132 人；小学 4 所，在校学生 2976 人，专任教师 87 人；有医疗卫生机构 7 个，门诊部（所）14 个，床位 495 张，专业卫生人员 687 名，其中执业医师 179 人，执业助理医师 85 人，注册护士 79 人。

1996—2018 年五一街道正科实职领导一览表

表 19-2-3

姓名	职务	任职时间	姓名	职务	任职时间
夏益才	书记	1995.8—1997.1（副书记，主持党委全面工作）	谷艳玲(女)	主任	2002.2—2003.1
			吴　颖(女)	主任	2003.10—2006.12
肖　俊	书记	1997.1—1998.1	李　科	主任	2006.12—2011.12
吴乔升	书记	1998.1—2000.11	刘礼美(女)	主任	2011.12—2017.6
邱　宁	书记	2000.11—2006.12	邹　波	主任	2017.6—
吴　颖(女)	书记	2006.12—2011.12	李会能	人大工委主任	2014.8—2015.10
阳平剑	书记	2011.12—2014.8	刘志鹰	人大工委主任	2015.10—2017.6
李阳武	书记	2014.8—2017.6	尹　勍	人大工委主任	2017.6—
戴　胜	书记	2017.8—	颜志荣(女)	政协主任	2010.10—2014.8
夏益才	主任	1995.8—1997.1	刘志鹰	政协主任	2014.8—2015.10
吴乔升	主任	1998.1—2000.11	邹　波	政协主任	2015.10—2017.6.
邹金芝(女)	主任	2001.5—2002.1	王朝顺	政协主任	2017.6—

第四节 人民街道

人民街道因境内有干道“人民路”得名。地处衡阳市老城区中心地段，东临湘江与珠晖区隔江相望，南抵解放路与雁峰区接壤，西至环城北路，蒸阳北路与青山街道相连，北以常胜中路、司前街、胜利路与青山街道、潇湘街道毗邻，辖区呈现凸字形。

一、政区概况

1996年，全街辖14个社区，总面积0.33平方千米，总人口28946人。2001年5月衡阳市城区行政区划调整，城北区人民街道改称石鼓区人民街道。是年，全街辖8个社区、88个居民小组。

2015年社区合并，由原来8个社区合并为人民路、湘北、向阳、蒸阳4个社区。是年，全街总人口25148人，总面积4.42平方千米。2018年，全街辖4个社区，辖区面积0.33平方公里，人口24589人。

二、经济发展

1996年，完成工业总产值144万元，工业利润18万元。1999年，完成工业总产值760万元，完成工业销售产值740万元。2004年，辖区内市工具厂完成技改投资300万元，固定资产投资300万元。2010年，新开工并办理工商税务登记项目企业13个，投资总额12000万元；竣工投产项目11个，投资总额10330万元；完成招商引资企业11家，新增注册内资10910万元。2014年，街道贸易、餐饮、住宿企业共有44家。

辖区内商铺林立、高楼众多、人流密集，是人气、商气、财气聚集的黄金地段。美达新天地、苏宁电器、国美电器、龙泉国际、峰景国际、逛街36、潮流特区、香江百货、步步高商业等大型商场形成商业区，集旅游文化、餐饮娱乐、休闲购物于一体，是市区繁荣地带。随着各大专业市场的兴建，辖区内逐步形成常胜路（餐饮）、中山北路（服饰与休闲娱乐）、沿江北路（糖酒副食批发）、和平北路（服饰与大型市场）、人民路（服饰与餐饮娱乐）、蒸阳路（床上用品与美容美发）商业圈。

三、社会事业

1996年，辖区内有人民路、都司街、和平北路3所区办小学，在校学生2914人，教职工134人；市办初中1所，在校学生1104人，教职工84人。2011年，辖区有大型公办医疗卫生机构2个，门诊部（所）18个；床位646张，专业卫生人员339名；有文化站1个、社区文化活动中心9个，图书室10个，藏书12000余册。

2014年，辖区大型公办医疗卫生机构2个，门诊部（所）8个，床位659张，专业卫生人员835名；有民办幼儿园1所，在园幼儿58人，专任教师4人；区办小学2所，在校学生3326人，在职教师169人；公办初中1所，在校学生486人，在职教师53人；有文化站3个、文化专业户4个、社区文化活动中心4个，有图书室6个，藏书15000余册；有电影院4家。

2018年，辖区内大型公办医疗卫生机构1个，门诊部（所）8个；药店8家；有民办幼儿园1所，在园幼儿140人，专任教师11人；区办小学2所，在校学生3471人，在职教师175人；公办初中1所，在校学生490人，在职教师53人；有文化站1处，社区级文化活动中心4处，图书室5个，电影院4家，文化艺术馆1家。

1996—2018年人民街道正科实职领导一览表

表19-2-4

姓名	职务	任职时间	姓名	职务	任职时间
贺炳灿	书记	1993.12—1996.9	魏元儿	主任	2002.1—2004.5
肖仁贵	书记	1996.9—1997.12	宁华梁	主任	2004.5—2009.5
刘启发	书记	1998.1—2002.1	李开伟	主任	2009.5—2010.9
盛丽萍(女)	书记	2002.1—2003.1	莫尚辉	主任	2010.10—2011.12
李开伟	书记	2003.1—2011.12	李亚晖(女)	主任	2011.12—2014.12
莫尚辉	书记	2011.12—2014.8	王志勇	主任	2014.12—2015.12
王志勇	书记	2014.8—	陈　沧	主任	2015.12—
吴礼仕	主任	1994.10—1998.1	杨　震	人大工委主任	2014.4—
盛丽萍(女)	主任	1998.1—2002.1	伍红卫	政协工委主任	2015.10—

第五节　青山街道

青山街道因境内青山街而得名。地处衡阳市石鼓区南部，东从环城北路解放路口起向北到常胜中路折向东蒸阳路口与人民街道相连，西以蒸湘北路与蒸湘区接壤，南以解放路与雁峰区交界，北以明翰路为界与潇湘街道相邻。

一、政区概况

1996年，辖蒸水桥、青山街、牛角巷、朝阳、文体、学宫巷、西湖新村、向农、十家村、西湖二村、易赖街、下横街、商业新村以及常胜西路14个社区，208个居民小组，总户数12066户，总人口30505人。2001年，衡阳市城区行政区划调整后辖下横街、西湖新村、西湖一村、西湖二村、向群路、十家村、牛角巷、下横街8个社区，153个居民小组，总户数13067户，总人口34438人。

2015年，街道由原来的8个社区整合为6个，分别是牛角巷社区、西湖新村社区、西湖二村社区、西湖一村社区、青山街社区、船山路社区。2016年12月9日，街道办事处整体搬迁至古汉大道11号新办公房，共1400平方米。2018年，街道辖6个社区，辖区面积0.99平方千米，总户数为12787户、35615人。

二、经济发展

20世纪90年代，辖区内西湖饭店、供销大厦、穿山宾馆为全市著名商业企业。1996年，全街完成商业营业额2507.01万元，利润36.45万元；5家工业企业实现工业产值619.77万元，利润11.79万元。2001年，辖区内2家私营企业湖南人之源紫晶生物有限公司、青蛙王子服装有限公司完成工业总产值 1.36 亿元。

2014 年，全街有商业网点 2185 家，从业人员 19141 人，形成了青山街日杂、船山路名优家具、小西门电动车、蒸阳北路床上用品、环城北路夜市美食小吃、解放路电讯等特色街区，步步高、国美电器相继落户辖内。是年，全街实现社会消费品销售总额 23 亿元。2018 年，全街完成社会消费品零售额 35.29 亿元。

三、社会事业

1996 年，辖区内市教委幼儿园挂牌为湖南省示范幼儿园。2002 年，成章实验小学在演武路 30 号创办，该校有 13 个教学班，教职员工 68 人，在校学生 603 人，校园面积 1860 平方米。2002 年，街道有文化站 1 个，社区文化中心 8 处，各类专业队伍 10 个，图书室 4 个，藏书 1 万册，有学校体育场 4 个。2010 年，辖区内大型公办医疗卫生机构 1 个，小型医院 2 个，门诊部（所）9 个，药店 8 家，床位 1620 张，专业卫生人员 1125 名。

2014 年，有幼儿园 5 所，在园幼儿 720 人，专任教师 52 人；小学 3 所，在校学生 3000 人，专任教师 100 人；初中 1 所，初中在校学生 450 人，专任教师 16 人；专科技术学校 1 所，在编教职员工 19 人，学生 1091 人；大学 1 所，在职教师 286 人，在校学生 19000 多人。

2017 年，牛角巷社区获评“2017 年全国书香社区”，为衡阳市唯一一家“全国书香社区”。

2018 年，有幼儿园 7 所，在园幼儿 1800 人，专任教师 150 人。小学 4 所，在校学生 3020 人，专任教师 102 人；高中 1 所，在校学生 2430 人，教师 202 人；大学 1 所，在职教师 86 人，在校学生 19030 人；专科技术学校 1 所，在编教职员工 19 人，学生 505 人；有区级文化馆 1 处，街道综合文化站 1 处，社区综合文化服务中心 6 处，文化专业队伍 16 个，图书室 7 个，藏书达 1.50 万余册；有大型公办医疗卫生机构 1 个，小型医院 2 个，门诊部（所）11 个，药店 12 家，床位 1860 张，专业卫生人员 1400 名；有区级文化馆 1 处，街道综合文化站 1 处，社区综合文化服务中心 6 处，文化专业队伍 16 个，图书室 7 个，藏书达 1.5 万余册；有全民健身广场 2 处，营利性健身场所 4 处，学校体育场 4 个。

1996—2018 年青山街道正科实职领导一览表

表 19-2-5

姓名	职务	任职时间	姓名	职务	任职时间
陈云根	书记	1992.10—1996.9	李齐常	主任	2002.1—2005.4
尹国宝	书记	1996.9—1998.7	邓初中	主任	2005.4—2008.2
朱解平	书记	1998.7—2002.5	文　鸣	主任	2008.2—2013.3
刘策富	书记	2002.5—2003.1	罗铁达	主任	2013.3—2017.6
周文源(女)	书记	2003.1—2009.5	万倩雯(女)	主任	2017.10—
宁华梁	书记	2009.5—2013.3	张　品(女)	人大工委主任	2014.4—2015.10
文　鸣	书记	2013.3—2015.1	梁　璞(女)	人大工委主任	2015.10—2017.6
王　磊	书记	2015.2—	苏醒世	人大工委主任	2017.6—
尹国宝	主任	1990.3—1996.9	罗铁达	政协工委主任	2013.3—2015.10
江增秀(女)	主任	1996.9—1998.1	尹　勍	政协工委主任	2015.10—2017.6
刘策富	主任	1998.1—2002.1	谢海德	政协工委主任	2017.6—

第六节　潇湘街道

潇湘街道因境内“潇湘街”得名。地处湘江与蒸水交汇处。东临湘江，与珠晖区隔江相望；西至蒸湘北路、明翰路、蒸阳北路，与青山街道相连；南达司前街、中山北路、柴埠门，与人民街道接壤；北傍蒸水，与五一街道以河为界。

一、政区概况

1996年，辖衡南县机关、胜利路、陕西巷、濂溪、华光、沿江北路、石鼓、演武坪一、演武坪二、桑园、城基、长青、堰塘、邱家坪、司前15个社区。2001年，辖陕西、华光、长青、司前、蒸水、桑园、石鼓、演武坪8个社区。2009年10月，将长青社区划分为长青、明翰2个社区。2011年末，全街总人口46918人，其中常住人口43659人，流动人口3259人。2014年，辖陕西、华光、司前、长青、演武坪、桑园、蒸水、石鼓、明翰9个社区。是年，全街总人口48430人，其中常住人口43377人，流动人口5053人。2015年7月，合并为司前、长青、演武坪、桑园、蒸水、石鼓6个社区。2018年，全街辖6个社区，总户数15231户，总人口43644人，总面积1.1平方千米。

二、经济发展

20世纪末，辖区内市属企业有6个，区属企业有8个，随着国企改革和经济形势的发展，这些企业因经营不善等原因，纷纷倒闭、关停、改制。街道接受全市各类改制企业移交的单位75个、职工1642人。

2001年以来，辖内商贸业快速发展，大桥服装商场、柴埠门商场、潇湘街蔬菜批发市场等相继建立。2011年，辖区内新增商业网点34个，第三产业完成营业额6.74亿元，骨干企业完成税金134万元。2014年，辖区商贸、服务业有346个，个体经营店2012个，新增商业网点38个，完成营业额7.95亿元，第三产业完成7.26亿元，骨干企业完成税金146万元。

2016年，街道完成社会消费品零售总额4.5亿元，骨干企业完成税金69万元。2017年，完成社会消费品零售总额2.40亿元，骨干企业完成税金71万元，完成社会消费品零售总额1.83亿元。2018年，全街纳入联网直报平台的限额以上商贸企业共13家，其中，批发零售业企业7家，住宿餐饮业企业6家。

三、社会事业

1996年，辖内有公办小学4所，教职工126人，在校学生3251人。2014年，辖内有公办小学3所，在校学生1948人，专职教师109人。

2014年，辖区有文化站1个，社区文化中心9个，图书室10个、藏书15000册，休闲广场4处，全民健身路径16套，健身队伍15支，健身辅导员42人；有各级医疗卫生机构4个，门诊部（所）13个，床位664张，专业卫生人员668名。是年，演武坪社区荣获全国科普示范社区称号。

2016年，石鼓社区荣获湖南省科普示范社区称号。2017年5月，街道成功承办湖南省首届台湾村里长文化交流活动。2018年，辖区有演武坪小学、荷池路小学、五家巷小学三所小学，共有教师

111名，学生2027名；有医疗卫生机构7个，门诊部（所）21个，床位1271张，私人诊所17家，专业卫生人员910人；有综合文化站1个、社区文化中心9个、图书室10个、休闲广场4处、全民健身路径16套、文体健身辅导队15支。是年，司前社区荣获湖南省示范儿童之家称号；桑园社区荣获衡阳市“七五”普法先进集体称号；潇湘街道《戒毒（康复）教育》“终身学习活动品牌”称号。

1996—2018年潇湘街道正科实职领导一览表

表19-2-6

姓名	职务	任职时间	姓名	职务	任职时间
唐代发	书记	1992.4—1998.1	张国太	主任	1997.12—2002.1
彭召吉	书记	1998.1—1998.5	宁华粱	主任	2002.2—2004.5
夏仁初	书记	1998.5—2002.1	阳长辉	主任	2004.5—2006.12
邹金芝(女)	书记	2002.1—2002.12	阳平剑	主任	2006.12—2008.2
谷艳玲(女)	书记	2003.1—2006.12	李阳武	主任	2008.2—2014.8
邱　宁	书记	2006.12—2008.2	肖建军	主任	2014.8—2017.6
阳平剑	书记	2008.2—2011.12	钱　波	主任	2017.6—
吴　颖(女)	书记	2011.12—2015.11	彭召醒	人大工委主任	2014.4—
朱华兰(女)	书记	2015.11—	钟　捷	政协工委主任	2015.11—2017
彭召吉	主任	1995.8—1997.12	陈克峰	政协工委主任	2017.6—

第七节　金源街道

金源街道因金源路而得名。地处衡阳城区北部，石鼓区东北部。东临湘江与珠晖区茶山坳镇隔江相望，南与合江街道相连，西与黄沙湾街道接壤，北与衡阳县集兵镇为邻。

一、政区概况

2010年2月区划调整，将松木乡的新安、金兰、新竹3个建制村和松木、松梅、友谊3个建制村的部分区域析出，由金源街道筹备领导小组统一管理。2011年2月，正式成立金源街道，由石鼓区和松木工业园（2013年1月更名为松木经济开发区）实行双重管理。是年，街道辖金源、新安、金兰、新竹、鑫源5个管理处，55个管理小组，总人口9326人，总面积18.7平方千米。

2015年7月，将松木乡三里村及梽木5个村民小组调归金源街道统一管辖。2018年，辖4个社区，辖区总面积23.95平方千米，总人口为10654人。

二、经济发展

2011年，有耕地面积476公顷，粮食产量2323吨：鱼塘87.2公顷，年产鱼量371吨。是年，有企业17家，副食商店14家。

2014年，有耕地面积403公顷；有副食商店21家，有物流园2个；企业88家，其中规模以上企业46家，年产值587亿元，利润1.24亿元，税收1.98亿元。

2018年，有企业170家，规模以上企业58家，新增规模工业企业10家；主导产业集聚度达92.4%，外贸进出口额达到1.22亿美元。

三、社会事业

2011年，辖内有幼儿园2所、小学3所、大学1所，其中幼儿园学生250人，教师32人；小学在校学生419人，教师34人；大学在校学生9880人，教职工1008人；有村文化站1处，农家书屋2处，藏书10200册；有卫生服务点5个、私人诊所3家。

2014年，有幼儿园学生470人、教师39人；小学学生462人，教师34人；大学在校学生10228人，教职工1108人，副教授以上职称60人；有“博士后流动工作站协助研发中心”1个；有村（社区）卫生服务室5所、从业人员7人；有社区卫生服务站1个，执业医师7人、执业助理医师3人，注册护士8人，病床13张。

2018年，有幼儿园学生112人，教师15人；小学在校学生821人，教师35人；湖南工商职业学院在校学生6000余人，专任教师306人；有文化站1处，农家书屋3处，藏书10280册；有卫生服务站1个，卫生服务室2所，医疗从业人员21人，其中执业医师6人，注册护士15人，病床18张。

1996—2018年金源街道正科实职领导一览表

表19-2-7

姓名	职务	任职时间	姓名	职务	任职时间
周爱民	书记	2010.2—2011.5（筹建领导小组组长）	陈宏华	主任	2011.5—2015.5
周爱民	书记	2011.5—2013.1	刘　勋	主任	2015.5—
贺鹏正	书记	2013.1—2016.1	尹向前	人大工委主任	2015.5—
陈宏华	书记	2016.1—	罗元发	政协工委主任	2013.3—2015.5
陈宏华	主任	2010.4—2011.5（筹建领导小组副组长，主持行政工作）	麻安富	政协工委主任	2015.5—
			—	—	—

人物

一、人物传略

（按卒年时序排列）

郑少会

郑少会（1958.11—2014.3），湖南衡南县人，中共党员，大学本科学历。1958年11月出生于衡南县栗江镇一个农村家庭。1980年7月参加工作。1980年7月至1983年12月任共青团衡南县委干事；1983年12月至1987年10月任共青团衡阳市委青农部副部长；1987年10月至1997年12月任衡阳市江东区政府办公室副主任、主任、江东区经科委主任；1997年12月至2001年6月任衡阳市江东区人民政府副区长；2001年6月至2002年6月任衡阳市珠晖区人民政府副区长；2002年6月至2002年12月任中共衡阳市珠晖区委常委；2002年12月至2007年10月任中共衡阳市珠晖区委常委、常务副区长；2007年10月任中共衡阳市石鼓区委常委、区政府常务副区长、区政府党组副书记；2011年7月至2012年7月任衡阳市石鼓区正县级干部；2012年7月任衡阳市石鼓区政协党组副书记（排名第一）、正县级干部；2012年11月至2014年1月任石鼓区政协主席；2014年1月任石鼓区人大常委会主任。2014年3月16日因病去世，终年56岁。

刘铸善

刘铸善（1939.10—2014.6），湖南双牌县麻江乡刘家村人。1939年10月出生在湖南省双牌县麻江乡刘家村一个贫困的农民家庭。先后就读于双牌县麻江乡刘家村初小、双牌县麻江乡枫子庙完小、零陵县一中，1957年9月以优异成绩考入零陵师范学校。1960年8月参加工作，1966年8月加入中国共产党。1960年8月至1966年8月，在城北区人民路小学任教；1966年8月至1966年11月，任城北区经厅街小学校长；1966年11月至1968年9月，任城北区文化馆馆长；1968年9月至1972年10月，任城北区革委会政工组、生产指挥组干事；1972年10月至1974年9月，任湘黔枝柳铁路会战衡阳市指挥部党委办秘书；1974年10月至1978年9月，任城北区委宣传部干事；1978年9月至1979年12月，任城北区广播站站长；1980年1月至1981年5月，任城北区革委会办公室副主任；1981年5月至1984年1月，任城北区文化科科长；1984年2月至1989年7月，任城北区人民街道党委书记；1989年7月至1993年3月，任城北区委常委、区委办主任；1993年3月至1999年11月任城北区委助理调研员；1999年12月退休，享受正处级待遇。2014年6月22日因病去世，终年75岁。

赵景文

赵景文（1926.11—2014.9），出生于河北滦县徐家洼村一个贫苦的农民家庭。抗日战争时期，曾担任过儿童团长、民兵队长。1945年6月参加革命工作，历任河北省滦县四区武装干事、民政助理、税务所长。1949年2—4月，响应党的号召，参加南下工作团学习；1949年8月入党。1949年4月至1951年8月，历任湖南省新田县税务局股长、零陵专署税务局科长；1951年8月至1954年9月，历任省委党校学员、零陵地委党校土改复查队组织干事、祁阳县第八区组织委员、县税务局长；1954年9月至1957年1月，任衡阳市干部文化学校学员；1957年1—8月，历任市民政局副局长、市监察局副局长、市财税局副局长；1958年8月至1959年8月，任衡阳市财税局局长；1959年8月至1961年

8 月，任省委党校学员、整风整社运动组长；1961 年 8 月至 1962 年 6 月，任衡阳市财贸办公室科长；1962 年 6 月至 1964 年 5 月，任衡阳市建设银行行长；1964 年 5 月至 1968 年 10 月，任衡阳地区建设银行副行长；1968 年 10 月至 1969 年 2 月，参加衡阳地区毛泽东思想学习班学习；1969 年 2 月至 1972 年 10 月，任衡阳地区财税局副局长；1972 年 10 月至 1978 年 1 月，任衡阳地区建设银行行长；1978 年 1 月至 1980 年 5 月，任衡阳市地区工商管理局局长；1980 年 5 月至 1984 年 2 月，任衡阳市城北区人大常委会副主任；1984 年 2 月至 1990 年 3 月，任中共衡阳市城北区委顾问；1991 年 3 月，经报组织批准离职休养。2014 年 9 月 17 日因病去世，终年 88 岁。

刘友富

刘友富（1949. 10—2016. 9），湖南衡南县人，1949 年 10 月 15 日生，1968 年 2 月参加中国人民解放军海军，1969 年 7 月加入中国共产党。先后任海军潜水艇第 32 支队 119 潜艇战士、班长、军士长，潜水艇第 32 支队政治部组织科干事，1979 年 10 月转业到衡阳市城北区工作，先后任区人防办公室干事、副主任、主任；1998 年 1 月任城北区政府党组成员、政府办公室主任；2001 年 6 月任石鼓区政府党组成员、政府办公室主任；2002 年 12 月任石鼓区第一届人大常委会副主任；2007 年 10 月任石鼓区副县级干部，2010 年 1 月退休。2016 年 9 月 17 日因病去世，终年 67 岁。

刘树民

刘树民（1931. 8—2017. 6），1931 年 8 月生于湖南衡阳县原金兰寺镇联江村一个贫农家庭，1954 年 4 月参加工作。1956 年 7 月加入中国共产党。先后在市公安局、城北区公安分局、市汽车配件厂、城南区纪委等部门任职。1989 年 6 月任中共城北区委政法委书记（副县级），1992 年 6 月退休。2017 年 6 月 3 日因病去世，终年 86 岁。

肖高勋

肖高勋（1930. 3—2018. 5），湖南衡阳县人，1930 年 3 月 12 日生。1945 年 3 月在广西独山县被抓到国民党二十九军当勤务兵，因病住院半年后被收编到国民党二十六师当传令兵。1947 年 1 月在山东省峰县解放入伍，成为一名解放军战士。1949 年 4 月加入中国共产党。先后任第七兵团二十二军六十六师作战科文书、书记；空军第十师司令部作战科书记、军务科参谋；空军唐山基地修理大队、空军第十师二十八团机务大队、樟树基地机务大队参谋长；空军樟树基地司令部军务科科长，空军新城场站副站长、站长，在部队多次获三等功、四等功及优秀共产党员称号，并在 1955 年 8 月获国防部颁发的解放奖章一枚。1979 年 12 月转业到衡阳市城北区工作，任城北区委、革委会副书记、副主任；1980 年 9 月任城北区委副书记、人大常委会主任；1984 年 1 月任城北区人大常委会主任、区委委员；1991 年 3 月离休，享受副厅级待遇。2018 年 5 月 8 日因病去世，终年 89 岁。

二、前志补遗

杨鹤云

杨鹤云（1901—1927），衡阳市石鼓区角山乡前进村人。1918 年，杨鹤云进入湖南省立第三甲种工业学校读书之后，积极投入反帝爱国运动，于 1922 年加入中国共产党。1924 年，考入北京俄文法政专科学校，从事革命工作，随同中共北方局领导人李大钊转入地下从事秘密工作。1927 年 10 月当选为北京地方执委委员，是月 18 日，在参与北京暴动中，因叛徒告密，被捕遇难。1949 年后，北京市人民政府将杨鹤云等 18 位烈士忠骨迁葬北京八宝山烈士陵园，命名为“十八烈士陵园”。

曹润生

曹润生（1894—1951），衡阳市石鼓区角山乡人。曹润生曾就读于长沙达材法政学校，毕业后从事律师工作。北伐前，在黄埔军校学习时加入中国共产党，大革命失败后脱党。1938 年秋重新入党，重新入党不久后，中共衡阳县中心县委根据工作需要，劝曹润生退党，让他以律师的合法身份掩护党的地下活动。曹润生在为地下党提供情报和活动场所、经费及掩护地下党负责人等方面有过较大贡献。中共衡阳中心县委书记陈永清、中共湘南特委负责人周里等在衡阳做地下工作时，都先后得到他的帮助和保护。他曾任衡阳市参议会副参议长、参议长、衡阳市财产清算委员会负责人。衡阳市解放前夕，曾受命策动衡阳市市长杨晓麓率部起义。衡阳解放后，他任衡阳市第一届各界人民代表大会第四次会议特邀代表。1951 年去世。1985 年 2 月 11 日，中共衡阳县委在西渡为曹润生平反，举行追悼大会。中共湖南省工委原书记周里和省委常委、组织部部长黄道奇为之撰挽联“风雨昔同舟，丹心一片传千古；是非今定论，素简万言慰九泉”。

三、人物名录

（一）烈士名录

1996—2018年石鼓区（城北区）烈士一览表

表20-3-1

姓名	性别	出生年月	籍贯	所在单位	职务	牺牲时间、地点
梁　力	男	1979.11	湖南衡阳市	武汉空军高炮某团		1998年8月牺牲于湖北省嘉鱼县
刘昌瑶	男	1980.12	湖南常宁市	武警衡阳市消防支队石鼓消防中队	二班班长，一级士官	2003年11月3日牺牲于衡州大厦
钟林林	男	1974.12	湖南新邵县	武警衡阳市消防支队石鼓消防中队	武警中尉	2003年11月3日牺牲于衡州大厦
陈桂华	男	1976.9	湖南宁乡市	武警衡阳消防支队石鼓消防中队	副中队长，武警中尉	2003年11月3日牺牲于衡州大厦
薛相林	男	1982.12	湖南临澧县	武警衡阳市消防支队石鼓消防中队	中队文书，上等兵	2003年11月3日牺牲于衡州大厦
李代伟	男	1983.8	湖南望城区	武警衡阳市消防支队石鼓消防中队	中队战士，列兵	2003年11月3日牺牲于衡州大厦
周忠君	男	1985.7	湖南郴州市	武警衡阳市消防支队石鼓消防中队	中队战士，列兵	2003年11月3日牺牲于衡州大厦

（二）省级（含）以上劳动模范、先进工作者名录

1996—2018年石鼓区（城北区）省级（含）以上劳动模范、先进工作者一览表

表20-3-2

姓名	性别	单　位	原职务	授予时间	称　号	授称号单位
宾小武	男	原市起重电器制造公司	分厂厂长	2000	劳动模范	省政府
李春桂	女	区环卫局	工人	2005	劳动模范	省政府
王积衡	男	区松木乡松木村	村支书	2010	劳动模范	省政府
高鸿升	男	石鼓区人大常委会	区人大常委会主任	2013	劳动模范	人社部
王志勇	男	石鼓区人民街道	党工委书记	2016	全省优秀乡镇（街道）党（工）委书记	省政府

（三）军转退役军人在部队获得二等功以上人员名录

1996—2018 年石鼓区（城北区）军转退役军人在部队获得二等功以上人员一览表

表 20-3-3

姓名	性别	出生年月	入伍时间	所在部队	立功时间	退役时间
胡小平	男	1980.10	1999.12	中国人民武装警察部队广西总队来宾支队	2002 年 9 月荣立二等功	2004.12
赵志成	男	1983.4	2002.12	衡阳市公安消防支队珠晖中队	2004 年 3 月荣立一等功	2008.10
唐　滔	男	1985.8	2003.12	中国人民解放军 77126 部队	2008 年 10 月荣立二等功	2008.12
陆国辉	男	1983.3	2005.8	中国人民解放军 91257 部队	2009 年 11 月荣立二等功	2010.7

（四）百岁老人基本情况表

1990—2018 年石鼓区（城北区）百岁老人基本情况一览表

表 20-3-4

单位	姓名	性别	出生年月	家庭住址
青山街道	马秀云	女	1915 年 12 月	西湖一村
合江街道	刘校福	男	1917 年 7 月	石鼓区合江街道合江套社区同心路 52 号居民

附录

一、重要文献选录

中共城北区委　城北区人民政府
关于加强街道建设若干问题的决定

北发〔1997〕5号

为了充分发挥街道的作用，促进我区两个文明建设，根据形势发展的要求和街道目前的实际情况，现就加强街道建设的若干问题，作如下决定

街道党委、办事处要认真贯彻执行党的路线、方针政策和上级党委、政府的决定、指示，结合街道实际，发挥自身优势，不等不靠，艰苦创业，依靠自身努力，增强造血功能和社区服务功能，全面完成各项工作任务。

进一步加强街道党政领导班子和干部队伍建设。按照干部队伍“四化”方针和德才兼备的原则，选拔配备街道领导班子，并保持相对稳定。不断充实街道干部队伍。街道机关的行政编制人员和事业编制人员分别定编，不得超编进人。新增行政编制人员，由区统一组织，有计划地面向社会公开招考和从优秀的街道事业编制人员中选拔。

街道干部实行“分线、管片、蹲点”的工作方法，并建立严招的考核机制、激励机制和奖惩机制。对工作突出的予以评先记功和提拔立用；对不任工作的予以调整或就地免职；对工作失职造成损失的追究责任，给予必要的处分。街道干部的半年奖、年终奖、岗位津贴、生活补贴实行全浮动，与其工作实绩挂钩，半年和年终时兑现。

加强街道的财务管理和资产管理。严肃财政纪律，建立健全制度，杜绝不合理开支。对街道各部门的行政事业性收费，按照预算内外资金管理办法，由街道财政统一管理，实行收支两条线。对街道的资产要进一步加强管理，实行党政一把手负责制和离任审计制度，防止资产流失。街道对自有房屋要进行全面清理登记，办妥房屋产权和土地使用权手续，今后发生权属变更，必须报区人民政府批准。

大力发展街道经济，不断增强街道经济实力。对街道工商企业，各职能部门要给予高度关心和大力支持。工商部门对街道的挂靠企业，按照同类型同规模的个体私营户的标准减半收取管理费；税务部门在发票供应上应给予大力支持；审计部门对验资费减半收取。

街道收取的罚款和经费，返回比例向街道倾斜。“门前六包”费全额返回，城建城管罚没款返回75%。返回的这些经费，街道要给居委会安排一定的比例。

街道事业编制人员的工资奖金，各街道要按照有利于工作，有利于创收，有利于调动积极性的原则，制定合理的办法，保证其工资奖金的按时发放。

对街道文化站、卫生院等纳入区财政列支的社会事业和街道综治办，区财政逐年增加经费投入。对街道事业编制的计生专干，从区计划生育事业费中逐年增加补助。

进一步发挥街道在财源建设和征收征管中的作用，并建立相应的激励机制。对遏制纳税户外流实行目标管理，给予必要奖励；零散税由街道征管，确定基數，比例分成。

为了切实加强对街道建设的领导，继续实行区对街道支帮促的制度，由各大机关主要领导负责，组织工作组分别到各街道帮助开展工作。

1997年3月16日

中共城北区委　城北区人民政府
关于加强居委会建设若干问题的决定

北发〔1997〕6号

为了认真贯彻执行《中华人民共和国城市居民委员会组织法》，进一步加强居委会建设，充分发挥其基层群众性自治组织的作用，密切党和政府同人民群众的联系，促进我区两个文明建设，根据形势发展的要求和居委会的现状，现就加强居委会建设的若干问题，作如下决定

居委会要认真贯彻执行党的路线、方针、政策和上级党委、政府的决定、指示，进一步解放思想，开动脑筋，不等不靠，艰苦创业，依靠自身努力，增强造血功能和社区服务功能，全面完成各项工作任务。

居委会人员应依据居委会组织法选举产生。鉴于历史原因，现有正式编制的居委会人员以街道为单位，维持现状，往后不再增加正式编制。根据居委会的工作任务，每个居委会应有工作人员2至4名，分别负责计划生育、社会治安、城建城管方面的工作除正式编制人员以外，所缺人员通过两条途径解决：一是争取辖区内的坐落单位选派；二是从辖区内的离退休干部、教师、职工中选聘。居委会正副主任，无论是正式编制人员还是选派、选聘人员，都应依法选举产生，选聘人员由居委会发给一定的生活补贴费。

加强对居委会人员的培训，提高居委会人员的素质。区委党校和区民政、计生、行政司法等部门每年应联合制订对居委会人员的培训计划，保证培训落实。

要重视居民小组的建设，抓紧配齐配强居民小组长。居民小组长由热心社会工作、有一定能力的本居民小组内的离退休人员担任。

要加强居委会的财务管理和资产管理。居委会对自有办公用房和其他房产以及“五保户”的自有房产要进行全面清理登记，办理房屋产权和土地使用权手续。办理手续的收费争取房地、国土等部门给予优惠。今后需发生权属变更，应由居委会呈报，街道办事处同意，区民政局审批，防止资产流失。

居委会应有一定面积的办公用房，办公用房通过以下途径解决：一是自建。凡是辖区内有适合的位置，报经市、区有关部门批准，自筹资金或捐资兴建。二是租用。争取市房地部门的支持，租用直管公房。租用直管公房的房租，争取房地部门尽量给予关照。三是借用。争取辖区内坐落单的支持，借用单位房屋。四是旧城改造和新区开发，开发公司应配套提供居委会办公用房。

厂矿、院校、行政单位所设立的居委会，接受本单位和街道的双重管理，其工作人员由所在单位选派，工资、福利待遇与所在单位职工一视同仁，其办公用房和必需的活动经费由所在单位提供。

居委会应创造条件应办为社区服务的经济实体，有关部门应积极给予支持和政策优惠。居委会要继续巩固和发展挂靠企业，有关部门要给予大力支持。工商部门收取挂靠企业的管理费应按同类型同规模的个体私营户的收费标准减半收取。税务部门在发票供应和税收上应给予支持。审计部门对验资

费减半收取。

为了充分发挥居委会的作用，今后在参军、暂住人口申报、在辖区内开办个体工商企业申请工商登记和辖区内所有单位的计划生育、社会治安综合治理、城建城管工作的评比，街道上报前必须由居委会签具意见。

为了切实加强居委会建设，区民政局要发挥主管部门的职能作用，街道要对居委会建设负总责，同时实行区、街机关部门对居委会扶持责任制（名单附后），两年内达标。具体标准是：（1）居委会的人员和居民小组长按规定配齐，人员素质适应工作需要；（2）居委会拥有达到要求的办公房；（3）居委会有自己的经济实体或挂靠企业；（4）居委会人员的工资能按时发放并有必要的活动经费；（5）能圆满完成居委会的各项工作任务。为了促进扶持责任制的落实，实现居委会建设全面达标，每年年底由区、街两级进行检查验收，验收的结果作为居委会和街道、民政局、责任部门目标管理奖惩的依据。

1997 年 3 月 16 日

中共城北区委　城北区人民政府
关于加快个体私营经济发展的决定

北发〔1997〕10 号

为了进一步优化个体私营经济的经营环境，维护个体私营经济从业人员的合法权益，促进我区非公有制经济持续、快速、健康地发展，根据有关法律、法规和政策，结合我区实际，特做如下决定。

为了进一步加强对个体私营经济的领导、协调管理，区、街两级成立个体私营经济领导小组，由行政主要领导任组长，同时成立“衡阳市城北区个体私营经济管理办公室”（简称“个私办”），作为区政府常设的工作部门。其主要职责：（1）组织贯彻落实中央、省、市、区关于发展非公有制经济的各项方针、政策、法律及有关规章；（2）检查、监督、纠正违反政策及规章的行为，维护非公有制经济从业人员的合法权益；（3）规划我区非公有制经济和集贸市场的发展；（4）根据国家、省，市的有关规定，研究制定发展我区非公有制经济的政策；（5）协调本区范围内私营企业和各类市场的消防，治安、税费征收，环境卫生、场容场貌等工作，搞好服务，为其创造良好的社会环境。

为加强个体经营者上缴税费的管理，减轻其不合经营和生活环境心理负担，杜绝“三乱”行为，继续修订完善和实行《税费卡》制度，规范收费行为“个体工商户和私营企业凭《税费卡》足额缴纳各种税费，任何单位和执法人员不得违章收取《税费卡》之外的费用。”否则，纳税（费）者有权拒缴“凡新增收费项目或提高收费标准的，收费单位必须向区个私办提交合法依据，由区个私办下发通知后，方可收取。”除国家税收外，收费部门必须使用财政部门统一印制的收据收取。对违章强行收取费用者，有关部门应坚决查处。

凡在本区范围内兴办私营企业和从事个体经营者（特种行业和国家有规定的行业除外），只要凭身份证、计划生育证和普法合格证，即可向有关部门申请办理证照“对办证手续暂时还不完备的，可允许先开业经营，但在开业三个月之内必须补办有关手续。”

加强对现有市场的管理。市场的治安秩序（含消防）由公安城北区分局及市场所在地的派出所负责，原则上每个市场都要建立治安室，由派出所管区民警及招聘的保安人员组成。市场外的交通市容分别由交警巡警城管部门按各自职责管理。市场内的卫生由工商分局负责，环卫局配合。计划生育工作由工商和区、街计生部门共同管理。区政法各部门要为个体私营经济的发展保驾护航，尤其对假借质检、打假、破案等名义对个体工商户和私营企业巧立名目进行欺诈的，要给予坚决抵制，以维护个体经营者的合法权益。

鼓励和引导个体工商户发展配套加工业。凡愿来我区兴办服装、鞋帽、食品、日用品加工型私营企业者在向区个私办申报备案后，可先进行筹备，待开业条件具备后，再进行工商登记和办理有关证照。信用社要对符合贷款条件的给予优先贷款。区人事劳动部门要支持个体私营企业面向社会招聘专业技术人员和大中专毕业生，并为其办理有关人事关系和档案保管及职称评审，按政策套改工资，进行社会保险，提供人才交流服务。

凡在我区范围内从事生产，经管活动的个体工商户和私营企业，都须到工商城北分局、国税二分局、地税城北分局办理工商执照、税务登记。其子女享有本区居民接受义务教育的权利和义务，教育部门要保证100%接收入学，其收费标准按市里有关规定执行，各学校不得增加收费项目，提高收费标准。对不在我区纳税的个体工商户和私营企业职工的子女，教育部门不得接收入学；同时，公安、城管、防疫、环保、环卫等职能部门和街道要紧密配合，采取相应措施，在执法和执行公务活动中，要确保在我区纳税者的合法权益，促使税源属地征管的原则得到落实。

对市场建设要统一规划，实现大、中、小结合，专业市场和综合市场结合，零售和批发结合，不断提高经济效益和社会效益。坐落单位引进外资建市场，各有关部门要大力支持，搞好服务。为使新办市场能够尽快走上规范，形成规模效益，主办单位和工商、税务，城管、公安等部门，都要对市场内的经营者，给予一定的优惠政策。主办单位应加强市场的综合管理，不断完善配套设施，做好各项服务工作，创造良好的经营环境。

区各大机关及职能部门和社会各界要把个体工商户和私营企业看成是自己的企业、自己的职工。一是在个体工商户、私营企业中成立党支部、团支部和工会组织，并经常开展活动，抓好组织发展，充分发挥党、团员及工会的作用。二是区人大、区政协及区工商联合会，要有一定数量的个体工商户和私营企业的代表、委员和会员，为他们提供参政议政的机会。三是区委、区政府每年对全区个体私营经济的发展进行认真地总结，对为我区个体私营经济的发展作出突出贡献的给予表彰，对特别优秀者，区委、区政府授予各种荣誉称号。

引导个体工商户和私营企业职工认真学习党的路线，方针、政策和国家的法律法规，学习社会主义市场经济知识，努力提高他们的素质和经营管理水平；引导个体工商户和私营企业把资金更多地用到扩大再生产上去，进行第二次创业，使其生产经营上规模、上档次、上台阶；引导个体私营经济从业人员积极参加社会主义精神文明建设的各项活动，支持社会公益事业，争当文明市民。

1997年6月19日

国务院
关于同意湖南省调整衡阳市市辖区行政区划的批复

国函〔2001〕34号

湖南省人民政府：

你省《关于调整衡阳市辖区行政区划的请示》（湘政〔2000〕48号）收悉。现批复如下：

一、同意撤销衡阳市江东区、城南区、城北区、郊区，设立衡阳市珠晖区、雁峰区、石鼓区、蒸湘区。

二、珠晖区辖原江东区的行政区域和原郊区的和平乡、酃湖乡、东阳渡乡、茶山坳镇。区人民政府驻湘江东路。

三、雁峰区辖原城南区的雁峰、白沙洲、黄茶岭、天马山、先锋路5个街道和原郊区的湘江乡(不含杨柳村)、岳屏乡（不含联合、岳屏、北塘3个村）以及原属衡南县的文昌乡。区人民政府驻湘江南路。

四、石鼓区辖原城北区的人民路、潇湘、青山、五一、合江5个街道和原郊区的黄沙湾街道、松木乡、西湖乡的五一、建设、友爱、江霞4个以及原属衡阳县的角山乡。区人民政府驻司前街。

五、蒸相区辖原城北区的蒸湘衡道、原城南区的联合街道和原郊区的西湖乡（不含五一、建设、友爱、江霞4个村)、湘江乡的杨柳村、岳屏乡的联合、岳屏、北塘3个村以及原属衡南县的雨母山乡、原属衡阳县的呆鹰岭镇。区人民政府驻船山路。上述行政区划调整涉及的各类机构要按照“精简、效能”的原则设置，所需人员编制和经费由你省自行解决。

中华人民共和国国务院

2001年4月4日

湖南省人民政府
关于调整衡阳市市辖区行政区划的通知

湘政函〔2001〕76号

各市、州、县人民政府，省政府有关单位：

根据《国务院关于同意湖南省调整衡阳市市辖区行政区划的批复》（国函〔2001〕34号）精神，经省人民政府研究，现通知如下：

一、撤销衡阳市江东区、城南区、城北区、郊区，设立衡阳市珠晖区、雁峰区、石鼓区、蒸湘区。

二、珠晖区辖原江东区的行政区域和原郊区的和平乡、酃湖乡、东阳渡乡、茶山坳镇。区人民政府驻湘江东路。

三、雁峰区辖原城南区的雁峰、白沙洲、黄茶岭、天马山、先锋路5个街道和原郊区的湘江乡(不含杨柳村)、岳屏乡（不含联合村、岳屏村、北塘村）以及原属衡南县的文昌乡。区人民政府驻湘江南路。

四、石鼓区辖原城北区的人民路、潇湘、青山、五一、合江5个街道和原郊区的黄沙湾街道、松木乡、西湖乡的五一村、建设村、友爱村、江霞村以及原属衡阳县的角山乡。区人民政府驻司前街。

五、蒸湘区辖原城北区的蒸湘街道、原城南区的联合街道和原郊区的西湖乡（不含五一村、建设村、友爱村、江霞村）、湘江乡的杨柳村、岳屏乡的联合村、岳屏村、北塘村以及原属衡南县的雨母山乡、原属衡阳县的呆鹰岭镇。区人民政府驻船山路。

湖南省人民政府

2001年5月8日

湖南省民政厅
关于调整衡阳市市辖区内部行政区划的批复

湘民行发〔2001〕8号

衡阳市人民政府：

你市《关于调整衡阳市市辖乡（镇）街道办事处行政区划的请示》（衡政〔2001〕35号）收悉。经研究，并经省人民政府批准，同意你市市辖区内部行政区划作如下调整；

一、撤销东阳渡乡和东阳街道，以其行政区域设立东阳渡镇。东阳渡镇辖4个社区、20个村，全镇面积88平方千米，人口4万人，镇人民政府驻东阳渡。

二、撤销文昌乡和岳屏乡，设立岳屏镇。岳屏镇辖原属黄茶岭街道的三〇一、芝麻塘和增设的罗金桥、文昌4个社区以及原属文昌乡的文昌、斯林、山田寺、复龙、公益、东风和原属湘江乡的水东、前进、金桥、兴隆10个村，全镇面积38平方千米，人口2.8万人，镇人民政府驻罗金桥。

三、将角山乡的灵官庙村委会划归松木乡。调整后的角山乡辖10个村，全乡面积36平方千米，人口1.75万人，乡人民政府仍驻下岭。调整后的松木乡辖12个村，全乡面积51平方千米，人口1.68万人，乡人民政府仍驻松木。

四、将原属文昌乡的联胜村划归雨母山乡。调整后的雨母山乡辖13个村，全乡面积43平方千米，人口1.95万人，乡人民政府驻东阳铺。

五、将原属西湖乡的建设村划归五一街道，江霞、友爱、五一3个村划归合江街道。调整后的五一街道辖13个社区、1个村，街道面积8.20平方千米，人口3.10万人，办事处驻建设村。调整后的合江街道辖11个社区、3个村，街道面积8.70平方千米，人口2.70万人，办事处驻五一路。

六、从原西湖乡析出长胜、光辉、华兴、互助、金星、拓里、农场、新桥8个村设置华兴街道。华兴街道辖6个社区，街道面积10平方千米，人口1.60万人，办事处驻西外环路。

七、调整后的西湖乡更名为长湖乡。长湖乡辖6个社区（新设）、4个村，全乡面积11平方千米，人口1.20万人，乡人民政府仍驻廖家湾。

八、从蒸湘街道析出解西、红湖塘、学院路、学院村、学院西村、联合新村、衡邵路、冶金汽修、高岭、衡祁路10个社区并划入原岳屏乡的联合村，设置红湘街道。红湘街道辖14个社区（其中4个为增设）、1个村，街道面积3.60平方千米，人口2.60万人，办事处驻红湘路。调整后的蒸湘街道辖10个社区，面积1.50平方千米，人口3.10万人，办事处驻太平小区。

九、将雁峰街道的大码头、马嘶塘、黄青巷3个社区划归先锋街道。调整后的先锋街道辖13个社区（其中1个为增设），街道面积1.10平方千米，人口2.30万人，办事处仍驻爱民路。调整后的雁峰街道辖16个社区（其中4个为增设）和从原岳屏乡岳屏村析置的岳东村，街道面积5平方千米，人口4.40万人，办事处仍驻雁南村。

十、将原属岳屏乡的红旗村划归黄茶岭街道。调整后的黄茶岭街道辖17个社区（其中7个为增设）、1个村，街道面积5平方千米，人口4万人，办事处仍驻黄茶岭。

十一、将原属湘江乡的杨柳和原属岳屏乡的北塘、岳屏3个村委划归联合街道。调整后的联合街道辖12个社区（其中5个为增设）、3个村，街道面积4.50平方千米，人口1.80万人，办事处驻解放西路。

十二、将原属湘江乡的朔田、金龙2个村委会划归白沙洲街道。调整后的白沙洲街道辖17个社区（其中3个为增设）、2个村，街道面积10平方千米，人口3.70万人，办事处仍驻黄白路。

十三、将原属岳屏乡的东洲，湘江2个村委会划归湘江乡。调整后的湘江乡辖9个村，全乡面积28平方千米，人口2.50万人，乡人民政府驻高兴村。

特此批复。

湖南省民政厅

2001年5月15日

衡阳市人民政府
关于市辖市区和衡阳县衡南县行政区划调整的通知

衡政发〔2001〕12号

各县（市）区人民政府，市直机关各单位，各企事业单位：

根据湖南省人民政府《关于调整衡阳市市辖区行政区划的通知》（湘政函〔2001〕76号）和省民政厅《关于衡阳县和衡南县部分乡镇行政划调整的批复》（湘民行发〔2000〕35号）《关于调整衡阳市市辖区部行政区划的批复》（湘民行发〔2001〕8号）精神，对我市市辖市区政区划和衡阳、衡南县部分乡（镇）行政区划进行调整，现通知如下：

一、将衡阳县的呆鹰岭镇、角山乡、集兵镇的灵官庙村和衡县的雨母山乡、车江镇的复龙、山田寺、文昌、斯林4个村划市区。

二、撤销市江东区、城南区、城北区、郊区，调整设立市珠晖区、雁峰区、石鼓区、蒸湘区。

（一）珠晖区

1. 保留广东路、东风、粤汉、苗圃、新湘、冶金6个街道和和平乡、酃湖乡、茶山坳镇。

2. 撤销东阳渡乡和东阳街道，以其行政区域设立东阳渡镇。东镇辖4个社区、20个村。面积88平方千米，人口4万人，镇政府驻东阳渡。珠晖区辖广东路、东风、粤汉、苗圃、新湘、冶金6个街道和平乡、酃湖乡、茶山坳镇、东阳渡镇4个乡（镇）及金甲岭农场、白渔潭园艺场、酃湖渔场、松林茶场4个场。区人民政府驻湘江东路。

（二）雁峰区

1. 保留先锋、天马山、雁峰、黄茶岭、白沙洲5个街道和湘江乡。

2. 将雁峰街道的大码头、马嘶塘、黄青巷3个居委会划归先锋街道。调整后的先锋街道辖沿江南路、中山南路、光辉、和平南路、市府路、左家台、爱民路、珠琳巷、先锋、大码头、马嘶塘、黄青巷和增设的张飞巷居委会共计13个社区，面积1.10平方千米，人口2.63万人，办事处驻爱民路。

3. 天马山街道辖岳屏、洪家塘、苏眼井、胜利山、两路口、天马山和增设的环城南路、荣誉路口、广场路、肖家山共计10个社区，面积2平方千米，人口2.70万人，办事处驻肖家山。

4. 调整后的雁峰街道辖打线坪、接龙村、余德堂、上游村、雨花亭、湘江南路、巷荫岭、雁峰路、雁南村、厉家村、南桥村、新家村和增设的首峰、德源、双拥路、当家村共计16个社区以及从岳屏村析出的4个村民小组设立的岳东村，面积5平方千米，人口4.40万人，办事处驻雁南村。

5. 将原属岳屏乡的红旗村委会划归黄茶岭街道。调整后的黄茶岭街道辖黄茶岭、珠江桥、茶叶塘、营盘村、衡常村、黄茶路、小塘村、雷公塘、南郊新村、丁家牌楼和增设的老樟树、东升街、临江、大罗村、学府、变电站、衡缘村共计17个社区和红旗村，面积5平方千米，人口4.50万人，办事处驻黄茶岭。

6. 将原属湘江乡的朔田、金龙2个村委会划归白沙洲街道。调整后的白沙洲街道辖新矿村、铜桥港、园林、欧水岭、手表厂、纺织新村、三工区、联盟山、白沙洲、变压、量具、白竹皂、塑电、内衣厂和增设的南站、袁家村、易家塘共计17个社区，面积10平方千米，人口4.50万人，办事处驻黄白路。

7. 将原属岳屏乡的东洲、湘江2个村划归湘江乡。调整后的湘江乡辖五星、高兴、茶园、奇峰、茅叶、长塘、白沙、东洲、湘江9个村，面积28平方千米，人口1.28万人，乡政府驻高兴村。

8. 撤销岳屏乡，设立岳屏镇。岳屏镇辖原属黄茶岭街道的三〇一、芝麻塘和增设的罗金桥，文昌4个社区以及原属车江镇的文昌，斯林、山田寺、复龙及原属三塘镇的公益、东风和原属相江乡的水东，前进、金桥、兴隆、原属岳屏乡的隆桥共计11个村，岳屏，跃进2个农场，面积38平方千米，人口1.78万人，镇政府驻罗金桥。

雁峰区辖先锋、天马山、雁峰，黄茶岭，白沙洲5个街道和湘江乡、岳屏镇2个乡（镇）以及湘江农场。区人民政府驻湘江南路。

（三）石鼓区

1. 保留人民、潇湘、青山、五一、合江、黄沙湾6个街道和松木、角山两个乡。

2. 将原属西湖乡的建设村划归五一街道。五一街道辖13个社区、1个村，总面积8.20平方千米，人口3.10万人。办事处驻建设新村。

3. 将原属西湖乡的江霞、友爱，五一3个村划归合江街道。合江街道辖11个社区、3个村，总面积8.70平方千米，人口2.70万人。办事处驻五一路。

4. 将集兵镇的灵官庙村划入松木乡。松木乡辖灵官庙、松木、松梅、志木、建新、友谊、金兰、青石、新竹、三里、朝阳、新安12个村，面积51平方千米，人口1.68万人，乡政府驻松木。

石鼓区辖人民、潇湘、青山、五一、合江、黄沙湾6个街道和松木、角山2个乡。区人民政府驻司前街。

（四）蒸湘区

1. 保留蒸湘、联合2个街道和雨母山乡、呆鹰岭镇。

2. 雨母山乡辖二塘、新中、竹雅、黄花、群胜、东阳、湘桂、雨母、灵山、群益、梓木、青松、联胜13个村，面积43平方千米，人口1.95万人。乡政府驻东阳铺。

3. 设置红湘街道。红湘街道辖从蒸湘街道析出的解西、红湖塘、学院路、学院西村、联合新村、衡邵路、冶金汽修、高岭、衡祁路和增设的联合西村、石坳、吉祥、水库塘共计14个社区和从原岳屏乡划入的联合村，面积3.60平方千米，人口2.60万人，办事处驻红湘路。

4. 调整后的蒸湘街道辖红湖、温家台、马步桥、莲花、大元头、太平小区1、2、3、4、阳辉桥10个社区，面积1.50平方千米，人口3.10万人，办事处驻太平小区。

5. 将原属湘江乡的杨柳和原属岳屏乡的北塘、岳屏3个村划归联合街道。联合街道辖西站、洪家湾、幸福路、大栗新村、风口、张飞岭、南三角线和增设的莲子塘、麻家塘、意兴、樟木塘、杏花村共计12个社区和岳屏、北塘、杨柳3个村。面积4.50平方千米，人口4.40万人，办事处驻解放西路。

6. 设置华兴街道。华兴街道辖从原西湖乡析出的长胜、光辉、华兴、互助、金星、拓里、农场、新桥8个村和紫金路、紫银路、金光路、银光路、大吉路、大利路6个社区，面积12平方千米，总人口1.80万人，办事处驻解放西路。

7. 调整后的西湖乡更名为长湖乡。长湖乡辖立新、大立、松亭、长湖4个村和立新1、2、3、4、5、红湘6个社区，面积11平方千米，人口1.20万人，乡人民政府驻廖家湾。

蒸湘区辖蒸湘、红湘、华兴、联合4个街道和呆鹰岭镇、长湖乡、雨母山3个乡（镇）。区人民政府驻船山路。

三、调整衡阳县、衡南县部分乡（镇）行政区划

（一）衡阳县

1. 调整设立板市乡。板市乡辖板市、板桥、民主、友爱、松林、往宜、山陂、化城、康太、李子园10个村，面积26平方千米，人口1.77万人，乡人民政府驻板桥。

2. 调整设立樟树乡。樟树乡辖樟树、群益、龙井、罗洪、永寿、六冲、连政、衡平、上狮9个村，面积27平方千米，人口1.17万人，乡人民政府驻樟树坳。

3. 调整设立潮江乡。潮江乡辖永乐、松桥、潮江、大道、利合、广元、何坳、永丰8个村，面积29平方千米，人口1.02万人，乡人民政府驻吴大塘。

衡阳县部分乡（镇）行政区划调整后，全县辖13镇13乡。

（二）衡南县

调整设立咸塘镇。咸塘镇辖蜈蚣桥、犁头嘴、水口山3个居委会和花江、茅坪、王江、欧阳、咸塘、长塘、桐冈、谷土皂、高桥、郑家湾、柴冲、大堰、南山、自云、南冲15个村，面积56平方千米，人口2.34万人，镇人民政府驻白蚁塘。衡南县部分乡（镇）行政区划调整后，全县辖22填3乡。根据省委、省政府文件精神，除因市区行政区划调整需要涉及衡阳、衡南县部分乡（镇）的行欧区划调整外，其余乡（镇）均不作调整。

衡阳市人民政府

2001年5月16日

中共城北区委
关于进一步加强城市管理工作的决定

北发〔1999〕17号

为了进一步加强城市管理工作，改善雁城形象，促进我区的改革开放、经济建设和社会事业的协调发展，特作出如下决定。

一、必须进一步提高认识，增强城市管理工作紧迫感

城市是一定区域政治、经济、科技、文化、教育中心和交通枢纽。城市形象可以出生产力、吸引力和凝聚力，加强城市管理工作，是各级党委、政府一项长期重大而紧迫的战略任务。城市管理是精神文明建设的重要内容之一、加强城市管理工作是经济建设的需要，是改革开放的需要，是转变政府职能的需要，是人民群众的迫切愿望和强烈要求。区委、区政府要求各级、各部门、各单位，都要从贯彻执行党的基本路线，促进改革、发展、稳定的高度来认识城市管理工作，按照“两手抓，两手都要硬”的指导方针，正确处理好城市建设与管理、集中统一与分级负责、城市整顿与社会稳定、治本与治标、经常性管理与突击性治理的关系。把城市管理列入重要的议事日程。以提高城区人民政府管理城市的主管意识，市民管理城市的参与意识和依法管理城市的法治意识。

二、必须进一步明确任务，提高城市管理工作水平

城市管理的根本任务是加强城市两个文明建设，改善投资环境，促进社会经济发展，不断提高广大市民的生活质量，努力创建一个环境优美、市容整洁、管理有序、方便生活、充满活力的社会主义现代化城区。

加强市场建设和摊担管理。按照市政府《关于整治市容环境的若干规定》的通知要求，城区内一切经营行为必须遵循进市场、进门店、进规划地段的原则。严禁任意占用道路、人行道和街头空地、公共通道及施工工地、拆迁场地摆设摊担、货架，搭建门面、棚停，从事商业经营活动。现有的马路市场和市政府规定的临时商贸街要积极创造条件，逐步撤迁，还路于民，还路于车。暂时无法搬迁的必须严格控制在规定的区域内，不得越线经营。市场口部严蔡扩边展沿，摊担外摆。

加强城市环境卫生管理。认真落实清扫、保洁制度，在垃圾清扫、运输、处理等方面，要积极推行垃圾袋装化，实行封闭转运方式，做到日产日清，及时处理。要进一步落实“门前六包”责任制，动员社会各方面搞好环境卫生工作。要进一步加大环境卫生执法力度，狠抓污染源的治理，强化环境卫生的经常化管理。

加强城市管理法治建设。城市管理工作要认真贯彻《城市规划法》、《环境保护法》和国务院《城市市容和环境卫生管理条例》、《湖南省爱国卫生条例》等法律法规。积极借鉴外地城市和兄弟城区的先进经验，结合我区实际，逐步建立健全城管法规体系。同时，要特别注重加强各专业队伍的教育和管理，积极推行优化结构、竞争上岗的用人机制，不断提高专业人员的思想业务素质，培养一支责任感强、管理能力强、政治业务素质好的城市管理工作队伍，依法行政。

三、必须进一步理顺关系，明确城市管理工作职责

城市管理工作必须坚持“以块为主、条块结合”的原则，实行区、街分级负责管理体制。

区城管办既是区政府行使城市管理的综合职能部门，又是城市管理委员会的办事机构，负责城市管理的工作规划、统筹安排、检查督促、指导协调；负责考核六个街道和区城建城管监察大队的城市

管理工作。区环卫局负责全区主次干道清扫保洁，垃圾清运“门前六包”和环卫设施的维护管理工作。各街道办事处和居会负责各辖区内的背街小巷，居民小区及院落的摊担管，清扫保洁等管理工作。区城建城管监察大队负责对船山东路，船山西路，常胜东路、常胜中路、常胜西路、静园路、红湘路、明翰路、人民路、司前街、五一路等路段的市容市貌管理。

区相关职能部门应认真履行城市管理职责。城市市区交通秩序管理，由城北交警大队负责；市场和市场口部管理，由城北工商分局负责；城北公安分局、区检察院，区法院等政法部门要积极支持城市管理工作，当好坚强后盾其他部门和单位也要密切配合抓好城市管理工作。总之在区委，区政府的统一领导下，既有分级负责，又有分工协作，既有专业队伍管理，又有群众参与的工作格局。

四、必须进一步加强领导，把城市管理工作真正落到实处

城市管理是一项宏大系统工程，必须切实加强领导。要把抓好城市管理作为区、街的重要职能，作为区长、街道办事处主任的重要职责。区直相关部门都应在城市管理委员会的统一领导和调下，根据各自的职责，积极主动完成城市管理任务。在日常工作中，凡遇局部利益与城市管理发生矛盾时，都要自觉服从城市管理大局，决不允许为了局部利益而各行其是。各街道办事处要设专职的城建城管副主任，专抓城建城管工作。辖区内所有单位都要支持城建城管工作，服从区街的统一管理。

各街道要根据本决定精神，结合自身的实际制定方案，把背街小巷、居民小区及院落的管理纳入重要议事日程，统一规划，严格管理。

城市管理工作要走群众路线，采取各种形式，广泛动员市民参与城市管理工作。要将创建文明单位、文明院落、文明小区等活动与城市管理有机结合起来，分级负责，层层抓落实。区委、区政府号召全区人民积极行动起来，团结一致，脚踏实地，为把我区建成文明城区而努力奋斗。

1999 年 11 月 26 日

中共石鼓区委　石鼓区人民政府
关于建设教育强区的决定

石发〔2008〕7 号

为深入实施科教兴区战略，加快全区教育事业发展，落实市委、市政府关于实现由“人口大市向人力资源强市转变”目标，建设教育强区，根据市委、市政府《关于建设教育强市的决定》（衡发〔2008〕3 号）文件精神，结合全区实际，特作如下决定。

一、建设教育强区的指导思想、总体目标和基本原则

指导思想。坚持以邓小平理论和“三个代表”重要思想为指导，深入贯彻落实科学发展观，坚定不移地推行教育优先发展战略，以素质教育为主题，以改革创新为动力，巩固提高九年义务教育，大力发展职业教育，规范发展民办教育，形成“基础厚实、发展均衡、社会满意”的教育发展局面，建设人力资源强区，为全面建设小康石鼓提供强有力的人才支撑和智力支撑。

总体目标。到 2013 年，教育发展的主要指标以及支撑和保障教育发展的指标达到全市前列，教育综合实力进入全市先进行列，基本形成与全区经济发展相适应的国民教育体系和终身教育体系，基本实现教育现代化，基本建成教育强区，并通过省市教育强区考核验收。到 2010 年，小学、初中入学率达 100%，小学生巩固率达到 100%，初中生巩固率达到 90% 以上，九年义务教育完成率达到

99%，基本普及高中阶段教育，毛入学率达到90%以上，学前三年儿童毛入园率达到80%，新增从业人员平均受教育年限达13年以上，80%的义务教育学校达合格标准，教育信息化建设达全市先进水平，基本遏制义务教育择校现象，基本消除大班额制。到2015年，实现教育发展水平的各项指标进一步提升，学前三年教育毛入园率达90%，九年义务教育完成率达100%，有学习能力的残疾少年儿童义务教育入园率达90%，高中阶段毛入学率达95%以上，新增从业人员受教育年限达15年以上，90%的义务教育阶段学校达合格学校标准，城乡教育差距进一步缩小，教育服务经济能力显著增强

基本原则。坚持优先发展、科学统筹、分类推进。按照适度超前的要求，正确处理教育发展的速度、规模、结构、质量、效益的关系，统筹城乡教育和各级各类教育又好又快发展，推进公办学校和民办学校，义务教育和职业教育、学前教育协调发展，实现教育与经济社会发展相协调，坚持重在建设、强化基础、重点突破。把工作重点和主要精力放在提高教育水平、促进经济社会发展上，加强教育基础设施建设和基础性工作，加强师资队伍建设，加快发展步伐，着力建设合格学校。坚持以人为本、促进公平、提升质量。重点是提升农村教育教学质量和改善办学条件，优化农村教师结构，提高农村教师待遇，保证贫困家庭子女和进城务工农民子女公平享有各类教育资源，关心留守儿童，加强薄弱学校建设，取消择校生，实行就近入学，坚持立足现状、改革创新、突出特色。一切从实际出发更新发展观念，创新发展思路，强化发展措施，深化教育改革，以源远流长的石鼓文化为依托，突出我区体育教学和品德教育特长，不断培育和创造石鼓教育优势和特色。

二、全面推进各级各类教育又好又快发展

巩固提高基础教育水平。坚持教育公平的政策取向积极实施义务教育均衡发展计划，加大对农村学校特别是农村偏远地区学校和城市薄弱学校建设改造力度，实施农村中小学寄宿制学校建设工程，中小学校舍改造工程、农村学校改水改厕工程以及教职工工作用房建设工程，进一步改善农村学校和城市薄弱学校办学条件，逐步缩小城乡教育发展差距和校际之间办学条件的差距。全面落实国家义务教育“两免一补”政策，切实保障家庭经济困难学生和女童、残疾少年儿童接受义务教育。坚持以流入地政府和公办学校为主，保障进城务工、经商农民工子女平等接受义务教育的机会。切实做好留守儿童义务教育工作加快发展学前三年教育，鼓励社会力量按标准举办各种形式的学前教育机构，建好一批示范性幼儿园和乡街中心幼儿园。

大力发展职业教育。成立区职业教育工作领导小组，整合区内职业培训资源，加强对新增劳动力的就业指导和职业培训指导。深化职业教育人才培养模式改革与创新。大力推行校企合作、工学结合，积极开展订单式培养；鼓励企业提供实习实训岗位；对未升入普通高校的高中毕业生加强职业教育与培训，鼓励各类企业开展在职职工的教育培训，积极开展下岗、转岗职工和农村劳动力转移培训。办好松木、角山两乡农校，完善农村劳动力培训体系，提高农民工职业技能水平和就业能力，建立和完善农村实用技术培训平台，大规模培养农村实用型人才。积极开展创建学习型单位、学习型社区活动，提高全区人民的学习自觉性，促进文化素质不断提高。

加快合格学校建设。按照国家规定的城市和农村普通中小学校建设标准，遵循“安全、适用、经济、美观”的原则，加快合格学校建设，使义务教育学校到2010年有80%、2013年有90%达到合格学校标准。

支持高等教育发展。大力支持坐落在石鼓区范围内的湖南环境生物职业技术学院、衡阳电大等高校的建设，净化学校周边环境，鼓励高校发挥自身优势，服务石鼓经济社会发展。

加快教育信息化建设。到2010年，城区学校实现教育网络“班班通”，农村学校实现“校校通”。提高学生、教师特别是农村教师运用信息技术的能力，推进信息技术与学科教学的有机结合。加强教

育信息资源开发和整合，实现全区教育信息资源共建共享，形成完备的教育信息资源服务体系。

三、扎实推进素质教育

切实转变教育理念。充分发挥学校实施素质教育的主体作用，以“学会学习，学会做人，学会生存”为目标，重点培养学生的创新精神、实践能力和适应社会的能力，深入推进基础教育课程教学改革加强综合实践课程建设，把素质教育贯穿于学校教育活动的各个环节，推行启发式教学和探究型学习。幼儿教育主要以培养良好生活习惯和文明礼貌品质为目的，防止学前教育小学化。切实减轻中小学生过重的课业负担。坚持健康第一，落实国家学校体育卫生标准和学生体质健康标准，注重学生心理健康教育，增强学生体质。

加强和改进青少年思想道德教育。坚持育人为本、德育为先，引导学生树立正确的世界观、人生观、价值观和荣辱观，充分发挥家庭教育和社会教育在思想道德教育中的重要作用，积极开展示范家长学校建设，构建学校、家庭和社会“三位一体”的德育工作模式。强化对营业性歌舞娱乐场所、电子游艺厅等社会文化场所的管理，优化学校及周边育人环境。加强青少年校外活动场所建设，积极为青少年创造健康成长的环境。

改革学校招生和考试制度。以素质教育为导向，实行中小学教育教学质量年度报告制度，引导社会和学校树立正确的教育观和质量观。进一步完善义务教育公办学校就近免试入学制度，全面实施初中毕业生学业成绩与综合素质评价相结合的评价制度。

四、加强教师队伍建设

实施教师队伍整体素质提升计划。以教师教育学科专业能力建设为重点，建立和完善教师培养培训体系、专业能力考核评价体系和定期评估制度。严格实行教师资格制度，建立正常的教师补充机制，通过公开招考提高新聘教师质量；推行定向培养农村小学教师专项计划，每年从区内农村选拔5名左右优秀初中毕业生定向培养，大专毕业后又安排到区内农村小学任教。进一步推进城镇教师支援农村学校制度，鼓励城镇教师到农村学校任教。教师评先、评优、晋升职务向农村一线教师倾斜。加大名师培养力度，切实抓好学科带头人和骨干教师队伍的选拔培养，“十一五”期间培养省级教学名师1—2名，学科带头人3—5名。到2013年，全区小学教师专科率达95%以上，初中教师本科率达90%以上，农村幼儿教师100%达到中等幼儿教育或中等师范教育毕业及以上学历，并取得幼儿教师资格证书，全区教师专业化水平显著提高。

切实加强师德建设。大力弘扬爱岗敬业、学为人师行为示范的师德风尚，严格执行教师职业行为准则，建立和完善教师职业道德评价、考核和奖惩机制。严禁教师体罚或变相体罚学生，杜绝在职教师举办或参与举办培训班、家教家养等以教谋私行为。建立教师职业道德监督员制度。

依法保障教师合法权益。依法落实教师的工资待遇，保障教师的平均工资水平不低于当地公务员的平均工资水平。努力改善教师尤其是农村教师的工作、学习和生活条件。建立农村教师岗位津贴制度。

五、进一步深化教育体制改革

完善与落实教育管理体制。进一步明确政府对教育的管理职责，健全管理体制。落实和完善教育行政部门主管教师工作，有关部门在各自的职权范围内负责有关的教师工作，学校自主进行教师管理的体制。

深化教育办学体制改革。全面落实《中华人民共和国民办教育促进法》及其实施条例和省、市实施办法，将民办教育纳入教育事业发展规划，正确引导、大力支持民办教育持续健康发展。积极发展民办学前教育、民办职业技能培训，加强对民办教育机构的管理和监督；依法保障民办学校的教职工及受教育者与公办学校同类人员享有同等的权利，对区内教师到区内民办学校任教的，实行“三不变、一恢复”制度，即公办学校教师身份不变，工龄、教龄连续计算，职称评定、加薪晋级、评先评优不变，符合国家规定退休条件的，由原公办学校办理退休手续。

推进学校内部管理改革。规范学校管理岗位设置，防止学校行政化倾向，在中小学全面推行校长聘任制和校长负责制，精简学校管理者队伍，健全校长考核、培训、监督、流动等制度。全面推行教职工聘用制度、岗位管理制度，建立学校用人动态管理新机制。推进由学校校长和学生、家长选聘教师制度试点，并逐步实施。深化分配制度改革，形成重能力、重实绩、重贡献的激励机制，使分配向关键岗位和优秀教师倾斜。

进一步完善大中专毕业生就业指导与服务体系，建立就业指导中心，由就业中心和劳动市场联合，完善职校毕业生就业体系，加强职校毕业生的就业指导，提高职业学校毕业生就业数量和质量，引导和鼓励职业学校毕业生到基层就业、自主创业和灵活就业。

六、建立和完善保障教育投入的长效机制

依法确保财政性教育投入，按照建立公共财政的要求，积极调整财政支出结构，建立建设教育强区的投入保障机制。“十一五”期间财政预算和决算时，预算内教育经费支出占财政支出的比例每年同口径提高 1 至 2 个百分点。建立和完善义务教育经费保障机制，严格按国家和省里规定落实区级应分担的各项资金，义务教育阶段学校公用经费达到国家规定的标准。教师继续教育经费由财政按教师工资总额的 1.5%安排，学校公用经费的 5%要用于教师继续教育。确保教师基本工资及时足额发放和教师政策性津补贴纳入财政预算。建立学校改造投入长效机制，坚持每年投入一定经费改造一至两所学校。

大力化解义务教育债务。全面清理 1993 年至 2005 年的“普九”负债，按照“先清理，后锁定，先筹集，后兑付，分类处理，逐步化解”的原则，明确责任，区分轻重缓急，逐步化解。严禁产生新的义务教育负债。

提高教育经资使用效益。建立科学合理的学校经费管理制度和使用效益评价、考核机制，推进学校财务决策民主化。加强对教育经费使用的监督与审计，定期对教育经费管理进行审计，提高经费使用的规范性，安全性和有效性。规范教育的收费项目和标准、加强收费管理，严禁教育乱收费。坚持勤俭办学，反对铺张浪费。

七、切实加强对建设教育强区的领导

加强对建设教育强区工作的领导。完善党委、政府定期议教制度，把教育强区建设工作作为经常性议题，及时研究和解决建设教育强区中的重大问题，建立建设教育强区的目标责任制度，把建设教育强区列入考核党政主要领导干部政绩的重要内容，建立各乡政府，街道办事处教育工作责任制，每年对各乡，街完成教育工作职责进行考核。

坚持依法治教，优化教育发展环境。加强教育督导制度建设，坚持督政为主、督学为本，加大教育督导工作力度。教育和相关部门要重视与加强学校安全稳定工作，不断完善校园安全防范体系和维护稳定机制，确保中小学校、幼儿园安全和高校稳定。除法律、法规、规章规定以及区委、区政府统一布置的检查外，各级、各单位不得进入学校进行检查。对学校的各种罚款一律上缴财政，并用于发展教育。对有令不行、有禁不止，向学校搞“三乱”的单位和个人，依照优化经济环境的有关规定严肃处理。

营造教育强区的浓厚氛围。充分发挥部门、行业、企业、社会团体等社会各方面的积极作用，形成全社会关心和支持教育强区建设的强大合力。建立教育发展激励机制，对重视和支持教育发展的党政领导及社会人士、教书育人的优秀教育工作者、品学兼优的学生学员等各类先进典型人物，给予表彰和奖励。坚持正确的舆论导向，积极倡导正确的政绩观、先进的教育观、科学的人才观，着力营造共同推进教育强区建设的良好社会环境。

2008 年 3 月 14 日

中共石鼓区委
关于进一步优化经济发展环境的意见

石发〔2014〕18 号

为进一步优化经济发展环境，促进全区经济又好又快发展，根据中央、省委和市委有关规定，结合我区实际，制定本意见。

一、充分认识优化经济发展环境的重要意义

提高思想认识。经济环境是生产力，是经济发展的生命线。优化经济发展环境是赢得发展先机、创造竞争优势的必然选择。当前，我区经济发展环境总体上是好的，但仍存在一些不可忽视的问题，阻碍了全区经济社会的健康发展。全区各级各部门要深化认识，切实增强抓好经济发展环境的紧迫感和责任感，牢固树立抓环境就是抓发展，抓发展必须抓环境的观念，采取一系列有效措施，认真解决制约全区经济发展的突出问题，进一步推动全区经济快速发展。

明确指导思想。坚持以邓小平理论、“三个代表”重要思想和科学发展观为指导，认真贯彻落实习近平总书记系列重要讲话精神，以服务经济建设为中心，以解决影响和阻碍经济发展的突出问题为重点，以建立优化经济发展环境的长效机制为目标，标本兼治、综合治理，确保全区优化经济发展环境工作取得突破性进展。营造廉洁高效的政务环境。

加快政务服务中心建设。建立设施完善、服务规范的政务服务中心，构建便民便商的服务平台。凡是行政审批、行政许可及公共服务项目，全部进入中心办理，实行“一站式”办公一条龙服务。各部门和单位不得以任何理由和借口拒绝进入严禁“明进暗不进”，严禁“体外循环”、厅外审批、重复审批和厅外收费。各乡、街道、村（社区、管理处）要建立政务服务中心办事大厅或便民服务点，方便群众办事。

深化行政审批制度改革。由区编办牵头，区法制办配合区政务服务中心参与，继续清理规范行政许可审批事项，能取消的坚决取消，能下放的必须下放，能合并的尽量合并。行政机关应将法律、法规设定的有关行政许可的事项、依据、条件、数量、程序、期限以及需要提交的全部材料的目录和申请书示范文本予以公示。能够当场办结的审批事项，实行即到即办。不能当场办理的要实行承诺办理制。对申请材料齐全、符合法定形式的单项审批办理时限减半。

积极推进电子政务建设。整合区政府公共网站资源，实现区政府网站与部门办公资源网的互联互通，信息共享。着力抓好信息公开、网上办事、政民互动等工作，逐步实施“网上受理、网上审批、网上办结”，切实提高行政效能和行政权力运行透明度，实现合法、便民，高效、实用的电子政务。进一步推进行政审批电子监察系统，加强对行政审批行为的有效监控，促进电子政务建设良性发展。

规范收费行为。凡法律、法规没有设定的收费项目一律取消；保留的收费项目一律实行目录管理。执收部门进企业收费必须出示收费许可证，对有上下限额的收费项目，一律按下限标准执行。凡与本级行政审批相关联的行政事业性收费一律在政务服务中心实行集中收取，直接进入财政专户。严禁罚没收入“按比例留成”“按比例返还”等行为，确保实现收缴分离、罚缴分离、收支脱钩。严禁以任何名义向企业乱收费、乱罚款。

加强效能建设。加强依法行政、职业道德，优质服务、专业知识、行为规范的教育，不断提高党员干部政治素质和业务水平。改善服务态度，提升服务质量，健全落实岗位责任制、服务承诺制、限时办结制、首问负责制和一次性告知制。强化效能问责，深入开展“庸、懒、散、拖”和“索、拿，卡，要”等行为专项整治工作，严肃查处行政不作为、慢作为和乱作为等问题。

二、营造公平正义的执法环境

实行执法检查许可制度。执行涉企检查审批登记制度，凡具有行政执法检查职能的部门要制定年度专项执法检查计划年初报区政府、区优化办备案。除对环保、食品药品安全、农资和无照经营的检查外，原则上行政执法机关年度常规性执法检查不超过2次。因特殊情况需要进行突击性检查的，须书面向区政府主管领导和区优化办报告并获得批准后，方可执行。对企业生产经营场所进行执法检查，行政执法人员必须出具单位的执法检查通知书，亮证检查。严禁随意检查，委托执法；严禁没有执法权的部门和人员执法；严禁雇用临时人员执法。具有执法检查职能的部门对同一企业、同一问题或同一项目的执法检查，依照首查为主、协调统一的原则，只能由一级（个）部门进行检查，杜绝多头重复检查和处罚。

严格规范执法行为。由区法制办牵头，对政府规范性文件、行政执法依据进行清理。严格执行“收支两条线”制度，任何单位不得违规下达罚没指标，杜绝执法创收现象发生。制定实施行政处罚自由裁量阶次程度，按轻微违法、轻度违法、一般违法、严重违法、特别严重违法行为五个阶次，减少行政执法人员的自由裁量权和随意性。在执法检查中，发现企业（包括个体工商户）存在轻微违法、轻度违法、一般违法行为，执法部门应先向企业指出存在的问题，限期整改，逾期整改不到位依法予以处罚处理。

坚持公正执法。加强对执法人员的管理，加大对破坏经济环境的人和事的打击力度，真正为发展经济保驾护航。促进文明公正执法，防止不作为和乱作为。公平对待各类主体。法院要依法审理涉及企业和投资者的案件，加大对已生效判决的执行力度，确保司法公正。检察机关要为企业防范犯罪提供指导和条件，依法查处侵犯企业合法权益的案件。公安部门要公正查处侵犯企业和投资者合法权益的案件。各有关部门要制定保护投资者合法权益的细则，确保公正执法，优质服务。

三、营造和谐安定的项目建设环境

着力整治影响项目建设环境的行为。以打造最优项目建设环境为目标，以解决项目建设突出问题为重点，着力解决落实区委、区政府关于招商引资相关优惠政策、相关制度规定和重要决定不到位、执行不力等问题；严肃查处人为设置障碍制造政策“中梗阻”、弄虚作假侵占征拆补偿，违反规定标准发放征拆补偿等违法违纪行为；严厉打击强行阻工、强买强卖，强装强卸强揽工程、敲诈勒索等违法犯罪行为；严厉打击抢栽抢种，抢搭抢建等恶意骗取征拆补偿行为；严肃查处国家公职人员，村组干部操纵怂恿群众阻工闹事、参与强揽工程等违法违纪行为。

建立协调联动机制。各乡、街道、区相关部门和重点工程项目建设协调指挥部要明确责任，分工负责，密切配合，形成治理项目建设环境协调联动工作机制。项目所在地乡、街道、村（社区、管理处）要加大政策法规的宣传力度，严格执行征地拆迁补偿和安置的政策标准，协调处理各类纠纷和矛盾。公安机关要建立完善快速处警机制，依法快查严处扰乱施工环境的违法行为，严厉打击干扰和破坏施工环境的黑恶势力。各重点工程项目建设协调指挥部要督促重点项目建设业主办理项目建设相关手续，严格执行签订的合同或协议，牵头协调处理重点项目建设业主，施工单位与周边村（社区、管理处）居民之间的矛盾纠纷，维护群众合法权益。区优化办要自觉履行组织协调、督促检查和推进专项整治等职责。区纪检监察机关要加大案件查办力度，严肃查处党员干部贪污、截留、挪用征地拆迁补偿和安置费等行为，严肃查处党员干部带头阻工扰工和为黑恶势力充当保护伞等问题。

四、强化进一步优化发展环境的保障措施

加强组织领导，建立党委领导、政府主抓，优化发展环境领导小组组织协调、部门各负其责、企业和群众广泛参与的领导体制和工作机制。把优化经济发展环境纳入党风廉政建设责任制和对职能部门考评的重要内容。各级党政主要领导和各部门主要负责同志为优化经济发展环境第一责任人，要亲自抓，负总责；分管领导要具体抓，其他领导班子成员要共同抓。优化发展环境领导小组要定期召开联席会议，研究制定工作计划和部署有关工作，交流和通报优化经济发展环境工作情况，听取有关部门和单位的工作报告，及时研究解决工作中的重大问题。

强化宣传教育。通过多种途径及时宣传我区优化经济发展环境的举措和效果，大力宣传执法规范、工作高效、优质服务的先进典型，对损害经济发展环境的反面典型予以曝光，形成“人人关心经济环境，共同优化经济环境，悉心爱护经济环境”的良好氛围。

严格责任追究。建立经济发展环境问题投诉必查制度和“一票否决”制度。凡企业、商户、群众对经济发展环境问题的举报，必须认真调查，情况属实的，依照《湖南省影响机关效能和损害经济发展环境行为处理办法》（湘办发〔2011〕9号）、《中共衡阳市委衡阳市人民政府关于进一步优化全市经济发展环境的若干意见》（衡发〔2008〕14号）和《中共石鼓区委石鼓区人民政府关于优化重点项目建设环境实施“六个一律免职”的通知》（石办发〔2014〕49号）等有关文件规定，严格实施责任追究。

2014年10月21日

中共石鼓区委
关于深入学习贯彻党的十九大精神
加快建设“湘南地区最具活力的商贸文化中心”的意见

石委〔2017〕20号

党的十九大对新时代推进中国特色社会主义伟大事业和党的建设新的伟大工程作出了全面部署，为做好我区各项工作指明了方向、提供了根本遵循。学习贯彻党的十九大精神，是全区当前和今后一个时期的首要政治任务。现就我区深入学习贯彻党的十九大精神，加快建设“湘南地区最具活力商贸文化中心”提出如下意见。

一、聚焦习近平总书记是全党的核心，坚决维护党中央权威和集中统一领导

习近平总书记成为党中央的核心、全党的核心，成为深受人民爱戴的党的领袖，是历史的选择、人民的选择。全区各级党组织和广大党员干部要进一步强化政治意识、大局意识、核心意识、看齐意识，始终同以习近平同志为核心的党中央同心同德同向。

坚决维护习近平总书记核心地位。要做到在思想上坚定追随，自觉向习近平总书记看齐，向党中央看齐，向党的理论和路线方针政策看齐，向党中央的决策部署看齐。在政治上忠诚维护核心，始终在政治立场、政治方向、政治原则、政治道路上同以习近平同志为核心的党中央保持高度一致。在组织上坚决服从核心，严守组织纪律和组织程序，规范组织行为，始终做到“四个服从”。在情感上真挚热爱，以情感认同坚定政治认同，保持对习近平总书记的高度信赖。在行动上自觉紧跟核心，始终坚持以党的旗帜为旗帜、以党的方向为方向、以党的意志为意志。

坚持党对一切工作的领导。党政军民学，东西南北中，党是领导一切的。党的十九大报告旗帜鲜明地把“坚持党对一切工作的领导”摆在“十四个坚持”基本方略的首要位置，突出了坚持党的领导这一当代中国的最高政治原则，抓住了我们党和国家事业发展的根本、命脉。要完善坚持党的领导的体制机制，提高党把方向、谋大局、定政策、促改革的能力和定力。认真落实民主集中制的各项制度，不断提高科学决策、民主决策、依法决策水平。发挥党委总揽全局、协调各方的领导核心作用，建立健全党委定期听取工作汇报制度，严格执行党内请示报告制度。支持和保证人大、政府、政协、法院、检察院等依法依章程独立负责、协调一致地开展工作。落实强军兴军和党管武装要求，加强国防动员和后备力量建设。加强党对群团工作的领导。

严格执行党的政治纪律和政治规矩。毫不动摇坚持党的基本理论、基本路线、基本方略，全面贯彻落实党中央各项决策部署，确保政令畅通、令行禁止，做到党中央提倡的坚决响应、党中央决定的坚决执行、党中央禁止的坚决不做。坚决防止和反对个人主义、分散主义、自由主义、本位主义、好人主义，坚决防止和反对宗派主义、圈子文化、码头文化，坚决反对搞两面派、做两面人。严格遵守党章，严格执行新形势下党内政治生活的若干准则，着力增强党内政治生活的政治性、时代性、原则性和战斗性。加强对执行政治纪律情况的监督检查，严肃查处违反政治纪律和政治规矩的行为，营造风清气正的政治生态。

扎实推进以政治建设为统领的党的建设。全面贯彻新时代党的建设总要求，坚持党要管党、全面从严治党，以加强党的长期执政能力建设、先进性和纯洁性建设为主线，以党的政治建设为统领，以坚定理想信念宗旨为根基，以调动积极性、主动性、创造性为着力点，全面推进党的政治建设、思想建设、组织建设、作风建设、纪律建设，深入推进反腐败斗争，不断提高党的建设质量。加强政治文化建设，弘扬忠诚老实、公道正派、实事求是、清正廉洁的价值观，推动各级党员干部提高组织能力、强化政治担当。推进“两学一做”学习教育常态化制度化，加强理想信念教育，扎实开展“不忘初心、牢记使命”主题教育。坚持党管干部原则，坚持干部标准，坚持正确用人导向，匡正选人用人风气，大力选拔忠诚干净担当的干部，注重培养专业能力、专业精神，着力建设高素质专业化干部队伍。大兴学习和调查研究之风，全面增强八个方面的执政本领，提高工作的科学性、预见性、主动性和创造性。以提升组织力为重点，突出政治功能，全面推进党支部“五化”建设，把基层党组织建设成为坚强战斗堡垒。落实管党治党主体责任和监督责任，强化监督执纪问责，深化巡察工作，推动监察全覆盖。严格执行中央八项规定、省委九项规定、市委十项规定、区委二十项规定和从严监督管理党员干部十项措施，以钉钉子精神强力纠正“四风”突出问题，坚持无禁区、全覆盖、零容忍，坚持重遏制、强高压、长震慑，坚持受贿行贿一起查，深入推进反腐败斗争，深化标本兼治，强化不敢腐的震慑，扎牢不能腐的笼子，增强不想腐的自觉，夺取反腐败斗争压倒性胜利，建设政治清明的新石鼓。

二、聚焦习近平新时代中国特色社会主义思想，切实用党的创新理论武装头脑、引领方向、指导实践

习近平新时代中国特色社会主义思想是一个科学系统的理论体系，内涵丰富、博大精深，涵盖了坚持党的领导和“五位一体”总体布局、“四个全面”战略布局，涵盖了国防和军队建设、维护国家安全、对外战略，是对党的治国理政重大方针、原则的最新概括。全区各级党组织和广大党员干部要学深悟透这一光辉思想的基本观点、精神实质、核心要义，真正做到学而思、学而信、学而行。

要深学细悟，真正学懂。原原本本、原汁原味学习党的十九大报告和修改后的党章，准确领会把握党的十九大精神的思想精髓、核心要义，真正做到深学细悟、学深悟透。各级党员领导干部要先学一步、深学一层，发挥促学带学作用。要深刻理解习近平新时代中国特色社会主义思想是真理力量、信仰力量与人格力量的高度统一，不断强化践行“四个意识”的思想自觉和行动自觉。要切实把自己摆进去，紧密联系石鼓实际，与加强以政治建设为统领的党的建设相结合，与贯彻落实省、市第十一次党代会、区第四次党代会精神相结合，与当前正在推进的各项重点工作相结合，提高学习的针对性、实效性。

要学以致知，切实弄通。新时代中国特色社会主义思想与习近平总书记的成长经历、实践历练和理论思考紧密相连，彰显了独特的理论魅力、鲜明的个人风格。全区各级党组织和广大党员要通过理论和实践、历史和现实、当前和未来相结合的系统学习，不断深化政治认同、思想认同、理论认同、情感认同，深刻领会贯穿其中的强大信仰定力、思想定力、政治定力、战略定力，深刻领会蕴含其中坚守真理、传承文明的继承性，与时俱进、引领未来的创新性，不忘初心、践行宗旨的人民性，实事求是、把握规律的科学性，深刻认识到这一思想是在红色基因传承、艰难困境磨炼、丰富革命实践和具有新的历史特点的伟大斗争中成长和形成起来的我党领袖所开创的理论，不断从中吸取信仰的力量、真理的力量、奋斗的力量、创新的力量和自信的力量，更加忠诚于党，更加爱戴党的领袖。

要学以致用，努力做实。坚持用党的创新理论武装头脑、指导实践、推进工作，紧密联系石鼓改革开放和现代化建设实际，联系本地本部门本单位实际，联系干部群众思想实际，坚持学以致用、用以促学，把学习成效体现到转变观念、提升本领、狠抓工作落实上来，使各项工作符合党的十九大精神、符合新思想要求、符合本地的实际。把党的十九大确定的重大方针政策、重要目标任务转化为推动工作、促进发展的新思路、新目标、新举措，把党的创新理论贯穿到改革发展稳定的各个领域，真正转化为推动改革发展的政策措施、具体行动和实际成效。

三、聚焦党和国家各项事业发生的历史性变革，进一步坚定道路自信、理论自信、制度自信、文化自信

党的十八大以来的五年极不平凡，党和国家各项事业取得历史性成就，发生历史性变革。五年来的成就是全方位的、开创性的，五年来的变革是深层次的、根本性的。

这些历史性变革，最根本的思想保障就是有习近平新时代中国特色社会主义思想的科学指引。习近平新时代中国特色社会主义思想，来自新时代中国特色社会主义伟大实践，又在指引和推动新时代中国特色社会主义伟大实践中展现出强大的真理力量。要从历史性变革中深刻认识到，这一思想不是凭空喊出来的，而是在实践中干出来的；不是封闭的，而是开放的；不是静止的，而是发展的，是我们必须长期坚持的指导思想。全区各级领导干部要始终用习近平新时代中国特色社会主义思想武装头脑，使之成为推动全区各项工作的强大思想武器和根本行动指南。

这些历史性变革，最根本的组织保障就是有以习近平同志为核心的党中央坚强领导。事在四方，要在中央。党的十八大以来，党中央举旗定向、谋篇布局，带领人民成功应对重大挑战、抵御重大风险、克服重大阻力、解决重大矛盾，成为全党全国各族人民的定海神针。习近平总书记以身许党许国、报党报国，掌舵领航、固本开新，展现出马克思主义政治家的笃定信仰、远见卓识、人民情怀、历史担当、实干作风，不愧为党的核心、人民领袖。全区党员干部必须不断增强忠诚核心、拥戴核心、维护核心的思想自觉和行动自觉，不折不扣贯彻执行党中央决策部署，推动党中央的大政方针在石鼓落地生根、开花结果。

这些历史性变革，最根本的政治保障在于坚定不移把党建设好、把道路坚持好。中国共产党的领导是中国特色社会主义最本质的特征，是中国特色社会主义制度的最大优势。中国特色社会主义道路是我们党在改革开放的历史进程中开辟出来的，是我们党全部理论创新、实践创新、制度创新的根本成就，是实现国家富强、人民幸福、民族复兴的唯一正确道路。要从历史性变革中深刻认识到，只要把我们党建设好，全国人民就有了"主心骨"，中国特色社会主义伟大事业就有了坚强领导力量，必须始终坚持和完善党的领导，不断推进党的建设新的伟大工程，让党在革命性锻造中更加坚强，焕发出新的强大生机活力；只要把道路坚持好我们的国家、人民和事业就有了"方向标"，必须始终坚定不移走中国特色社会主义伟大道路，坚定"四个自信"，确保各项事业始终沿着正确方向胜利前进。全区各级党组织要加强党性教育，激发广大党员爱党、忧党、兴党、护党的政治责任，为实现伟大使命不懈奋斗。

四、聚焦中国特色社会主义进入新时代、我国社会主要矛盾已经转化等重大论断，牢牢把握新时代发展的新要求

党的十九大作出了中国特色社会主义进入新时代，我国社会主要矛盾已转化为人民日益增长的美好生活需要和不平衡不充分的发展之间的矛盾的重大政治论断。全区各级党组织要准确把握新时代社会主要矛盾变化对各项工作提出的新要求，在继续推动发展的基础上，着力解决好发展不平衡不充分问题，不断满足全区人民日益增长的美好生活需要。

坚持五大发展理念。适应经济发展新常态，坚定不移贯彻创新、协调、绿色、开放、共享发展理念，摒弃重数量、轻质量，重速度、轻效益，重短期、轻长远的思想观念、行为习惯。坚持创新引领、开放崛起，坚持质量第一、效益优先，加快转变发展方式、优化经济结构、转换增长动力，推动经济发展质量变革、效率变革、动力变革，大力提升产品质量、工程质量、服务质量、环境质量，大力提高经济效益、社会效益、生态效益，不断增强经济创新力和竞争力。

坚持以人民为中心的发展思想。坚持人民主体地位，坚持立党为公、执政为民，践行全心全意为人民服务的根本宗旨。把人民对美好生活的向往作为奋斗目标，在加快经济发展、夯实物质基础的同时，注重满足人民对民主、法治、公平、正义、安全、环境等要求，促进人的全面发展、全体人民共同富裕。要坚决打赢脱贫攻坚战，落实好"四个切实、五个一批、六个精准"和"三走访、三签字"要求，落实十大扶贫举措，确保贫困人口的现金收入、居住条件、保障水平、综合素质不断提升。全面建成覆盖全民、城乡统筹、权责清晰、保障适度、可持续的多层次社会保障体系；着力办好民生实事，统筹抓好就业、教育、体育、医疗、卫生、食品药品安全等与群众切身利益相关的工作，妥善安排困难群众、弱势群体的基本生活，确保幼有所育、学有所教、劳有所得、病有所医、老有所养、住有所居、弱有所扶，使人民获得感、幸福感、安全感更加充实、更有保障、更可持续。

坚持抓重点、补短板、强弱项。这是抓工作、谋发展的根本方向和基本方法。发展中的不平衡不充分就是工作中要突出的重点、要补上的短板、要加强的弱项。按照区第四次党代会确定的打造"湘南地区最具活力的商贸文化中心"的战略目标，着力打造区域性的现代服务业洼地、商贸物流中心、文化旅游中心，持之以恒、一抓到底，确保取得实效。坚持以补齐经济短板为突破口，紧紧围绕产业发展、对外开放、脱贫攻坚、环境治理、投资环境改善等，集中力量攻坚克难，大力提升发展质量和效益，更好满足人民在经济、政治、文化、社会、生态等方面日益增长的需要。

五、聚焦贯彻落实党的十九大重大决策部署，加快推进全区经济社会持续健康发展

党的十九大确定了决胜全面建成小康社会、分两步走在本世纪中叶建成富强民主文明和谐美丽的社会主义现代化强国的战略目标。全面对标党的十九大作出的各项战略部署，落实省、市第十一次党代会的部署安排，把区第四次党代会明确的各项目标任务和重大举措纳入其中，找准切入口和发力点，统筹推进各项事业发展，全面建成小康社会，开启打造“湘南地区最具活力的商贸文化中心”新征程。

加快经济转型升级。大力实施创新引领开放崛起战略，以科技创新为先导，以项目建设为抓手，努力实现区域经济的健康、协调、可持续发展。大力发展现代服务业。发挥省级现代服务业示范集聚区平台优势，出台具体的扶持政策，努力引进发展一批高端商贸、电子商务、文化会展、现代金融等服务业业态；充分利用城市楼宇，进一步做大做强楼宇经济、总部经济；树立“全域旅游”理念，深度挖掘石鼓历史文化内涵，整合“一院一塔”“两江两湖”等文化旅游资源，加快建设草桥风情街，进一步发展文化旅游业；依托南岳、衡邵、衡大高速等交通优势，加快发展以华耀城为中心的商贸物流，打造区域性物流中心；深入推进供给侧结构性改革，积极发展生活性服务业，大力发展新零售业，加快传统商贸业转型升级。实施乡村振兴战略。落实“产业兴旺、生态宜居、乡风文明、治理有效、生活富裕”总要求，坚持规划先行，建设美丽乡村、文明村镇，创建文化旅游特色小镇，打造衡阳最美乡村旅游目的地；优化农业产业体系、生产体系、经营体系，创新金融服务“三农模式”，加快土地流转，促进农业集约、高效、安全、持续发展，加快推进农业农村现代化。

推进全面深化改革。破除一切不合时宜的思想观念和体制机制弊端，突破利益固化的藩篱。坚持问题导向，坚持分类指导，突出重点，抓住关键，不断增强改革的系统性、整体性、协同性，增创体制机制新优势。以供给侧结构性改革为主线，深入推进商事制度、财税体制、农村综合改革等经济领域改革，统筹抓好文化、生态、司法、社会、群团组织、党的建设等领域重点改革。认真抓好中央部署、省委、市委确定的重大改革试点，按要求落实好国家监察体制改革各项任务。充分鼓励广大干部群众开展创造性实践，根据基层纷繁复杂的新情况新问题，积极探索城市管理、群众自治、社会服务等方面的改革实践，不断增强深化改革的活力源泉。

促进文化繁荣兴盛。落实意识形态工作责任制，加强阵地建设和管理，旗帜鲜明反对和抵制各种错误观点。加快社会主义核心价值观教育，使社会主义核心价值观融入社会发展各方面，转化为人们的情感认同和行为习惯。开展群众性精神文明创建活动，持续做好文明城市创建工作。实施文化精品工程，繁荣文艺创作，发展文化事业，推动文化产业发展。实施文化惠民工程，积极开展群众喜闻乐见的文化活动，大力推进现代公共文化服务体系建设。

加强生态文明建设。践行绿水青山就是金山银山的理念，加大生态系统保护力度，坚决打好污染防治攻坚战。坚持全民共治、源头防治，构建政府为主导、企业为主体、社会组织和公众共同参与的环境治理体系。全面推行河长制，加强水污染防治，加快推进黑臭水体治理工程。实施大气污染防治行动，打好蓝天保卫战。强化土壤污染管控和修复，加强固体废弃物和农业面源污染防治，开启农村人居环境整治行动。坚持绿色发展，推进资源全面节约和循环利用。倡导简约适度、绿色低碳的生活方式。加大对耕地、绿地、林地、湿地等自然景观的保护力度，实施重要生态系统保护和修复重大工程，建设天蓝、地绿、水净的美丽石鼓。

坚持依法治区，落实社会主义民主政治建设。扩大人民有序政治参与，保证人民依法实行民主选举、民主协商、民主决策、民主管理、民主监督。支持人大依法行使职权，统筹推进立法、决定、任免、监督和代表工作，加强人大常委会制度建设和机关建设。推动协商民主广泛多层制度化发展，充分发挥人民政协作为社会主义协商民主的重要渠道和专门机构的作用，把协商民主贯穿政治协商、民主监督、参政议政全过程。巩固和发展最广泛的爱国统一战线，支持民主党派更好地履行职能。全面统筹推进依法治区、依法执政、依法行政，不断完善法律顾问制度；健全公共法律服务体系，落实学法考法用法普法制度，深入推进法治宣传教育。加强预防和化解社会矛盾机制、公共安全体系、社会治安防控体系等社会治理制度建设，打造共建共治共享的社会治理格局。加强外事、民族、宗教、侨务、对台、港澳等工作。扎实做好群团工作。大力发展基层民主，健全基层群众自治保障机制。

全区各级党组织和广大党员干部要紧密团结在以习近平同志为核心的党中央周围，以党的十九大精神为指导，把学习贯彻活动与扎实做好当前工作结合起来，对照年初的部署要求和工作目标，倒排进度，查漏补缺，埋头苦干，全力冲刺，认真抓好产业发展、项目建设、重点民生工程，抓好安全生产、信访维稳等等工作，确保圆满完成“稳增长、促改革、调结构、惠民生、防风险”各项任务；对照党的十九大的重大部署，及早谋划明年工作，科学合理确定发展目标、重点任务和工作举措，以实实在在的行动贯彻落实好党的十九大精神。

2017 年 12 月 18 日

二、诗词楹联

重修石鼓书院记

公元二〇〇七年，岁次丁亥春，重修石鼓书院，爰作文为记。

石鼓山高二十丈余，踞雁城之北，峙江河之险，汉孔明于此督师。唐齐映创合江亭，韩愈赋诗。宪宗元和年间，李宽傍寻真观筑庐读书，曰李宽中秀才书院。宋至道三年，李士真重修书院。景祐二年，仁宗赐额石鼓书院，与岳麓、睢阳、白鹿洞齐名。朱张执鞭，船山遗韵。六朝古迹，数度新修，集风骚八面之名贤，标书院千秋之品位。

嗟夫！公元一九四四年，侵华日寇陷衡阳。石鼓遗迹，荡然无存。千载名黉虽毁，然一支学脉不衰。一九六五年，建公园于废墟。二〇〇三年，拓广场于山麓。二〇〇六年，政民同心，重修书院。耄耋老者，垂髫少年，各界捐资，和谐通达。后人贤而家道旺，期孟邻而居里巷。众望孚而国运兴，重教化以灿乾坤。

今重修书院，清泉县志为蓝本。木之结构，精致古雅。白墙青瓦，反宇飞檐。蒸湘名胜，画刻牖扉。朱陵洞诗，千秋吟咏。青草桥酒，一酌古今。长廊碑刻，以观沧桑。广西移杏，可见遐龄。立草桥，看石鼓，江流百舸，山拥群楼。书院广场，桥连一体。过拱桥，入山门，谒宋李忠节公，拜汉诸葛武侯，爱国之志肃然而立，忠义之情油然而生。仰大观楼，气势恢宏。前立孔子铜像，以赡儒祖之尊。楼设讲坛，壁像七贤；阁有藏书，以备读者。伫合江亭，倚山临水，蒸环其左，湘挹其右，耒横其前，三水汇一。山立中流砥柱之势，亭开东海龙门之光。睹蒸湘二水，蒸浊湘清，天水同源，谁为之浊？合泾渭云亭，清流应比清心易；掀江天浪卷，涤垢何如涤俗难。石鼓浪槌，声洪教铎。两行雁字排云纸，一泻文澜逼洞庭。白鸥群，比翼逐风帆隐浪；绿净阁，盈樽对古塔交辉。置身楼上，壁立书山几叠，帘掀学海千重。看喷薄一轮，漓湘二注，五岭遥横，唯衡独秀，三元合和，万象森列。

千年书院重修，一代传人崛起。施仁政以复兴，启后昆而励志。身磨体魄勤磨墨，书读圣贤细读人。人之正，以义抗威。官之正，瘦己肥民。处窘者，焉能改节。仁义者，博爱为民。从戎者，为国献身。主政者，登极思麓。国心乡思，魂牵梦绕。崇仁义而尚德，备方圆则有成。皓月升天犹照水，闲云出岫总依山。世呈明时倡国学，天降大任于吾曹。学丰翅羽远，足胜旅途长。相思游子心相许，不信衡阳雁不回。

衡阳市人民政府

二〇〇七年秋

石鼓书院赋

当代　陈寿林

宇宙至厚至实者，唯山而已；至柔至秀者，唯水而已；至智至慧者，唯佛而已；至通至达者，唯道而已。而衡州之石鼓书院，兼擅四者之胜。远眺则乾坤一蜃楼，近观则天地一翡翠。蒸水左抱，湘江右挹。声形如鼓，御风凭虚。沧海桑田，遗世特立；中流砥柱，浩然正气。石作虎啸，敲盛世之警钟；水发龙吟，彰炎黄之精神。烟波渺渺，具滕阁之壮丽；白云悠悠，赛黄鹤之飘逸。雁行九天，书自在之美文；江流万里，谱大道之妙曲。两塔耸其前，来雁珠晖；二山屏其后，雁峰九嶷。桃红东洲，引鸳鸯之双栖；柳翠西崖，招文士之云集。青草桥头，渔舟晚唱，石鼓山外，稻香千里。七月流火，西湖圆月放白莲；岁暮飞雪，东岩晓日闻玉笛。云蒸霞蔚，上薄千仞之祝融；鱼跃鸢飞，远追八百之洞庭。风月一片，乃仙界之洞天；魂销四季，实人间之福地。

或日：元兵入侵，倭寇来袭，石鼓书院，屡毁屡葺。嗟乎，观风云之变幻，惊世事之虚无。慕宇宙之无穷，叹人生之须臾。山石苍苍，仁者观而忧元黎；水流汤汤，智者睇而谋国是；高楼巍巍，寒土登而念功名；清风徐徐，名士揽而神逸飞；鲸波粼粼，志士钓而仰周文；青云漫漫，壮士惊而天下思！于是高人翩然兮，诸葛抚琴而督师；仙人慈悲兮，药师炼丹而苦修；大德慧然兮，懒残坐禅而开悟；隐士淡定兮，李宽求真而结庐；骚人逸兴兮，韩愈沛然而赋诗；天子动容兮，仁宗欣然而名赐；哲人达然兮，朱子弘义而为记；忠臣慷慨兮，李芾守节而殉义；名臣心折兮，国藩拊膺赞第一。至若濂溪一脉，黉名远播；朱张会讲，杏坛馨溢；白墙青瓦，星汉灿烂；重檐飞角，蛟腾凤起；湖湘文明，潮涨潮兴。千二百载，其源悠悠；千二百载，其文郁郁。恒盛恒昌，天佑神州；永广永大，道弘石鼓！

于是余有叹焉：石鼓山头叩石鼓，湘江水畔咏湘江。青山叠叠画屏矗，翠阁巍巍浩气藏。青史千篇谁锛就，白云万里自飞扬。濂溪余脉今犹在，余响熏风世代昌。

诗　词

合江亭

唐　韩　愈

红亭枕湘江，蒸水会其左。瞰临眇空阔，绿净不可唾。
维昔经营初，邦君实王佐。剪林迁神祠，买地费家货。
梁栋宏可爱，结构丽匪过。伊人去轩腾，兹宇遂颓挫。
老郎来何暮，高唱久乃和。树兰盈九畹，栽竹逾万个。
长绠汲沧浪，幽蹊下坎坷。波涛夜俯听，云树朝对卧。
初如遗宦情，终乃最郡课。人生诚无几，事往悲岂奈。
萧条绵岁时，契阔继庸懦。胜事谁复论，丑声日已播。
中丞黜凶邪，天子闵穷饿。君侯至之初，闾里自相贺。
淹滞乐闲旷，勤苦劝慵惰。为余扫尘阶，命乐醉众座。
穷秋感平分，新月怜半破。愿书岩上石，勿使泥尘涴。

汉丞相诸葛忠武侯画像赞

宋　张　栻

惟忠武侯，识其大者。仗义履正，卓然不舍。
方卧南阳，若将终身。三顾而起，时哉屈伸。
难平者事，不昧者几。大纲既得，万目乃随。
我奉天讨，不震不竦。维其一心，而以时动。
噫侯此心，万世不泯。遗像有严，瞻者起敬。

游石鼓观湘水

宋　程　洵

按行又复到江干，近水遥山照眼寒。
从此潇湘在胸次，不须更向画图看。

题合江亭

宋　赵汝鐩

石鼓山头一小亭，乾坤万里眼双明。
虽因刺史来寻胜，不遇昌黎岂得名？
衡岳云开天共碧，蒸湘流合水同清。
书岩莫辨当时字，空积尘泥野草生。

石鼓馆

元　奚汉伯颜

其一

龙盘虎踞甃筑坛，万壑同承石鼓山。
蒸水远连湘水去，橹声遥杂雁声还。
回看星斗朱陵上，伫听金丝绿净间。
欲刻新诗酬胜景，摩崖应愧雨苔斑。

其二

儒宫直上接蓬莱，回隔人间绝点埃。
石鼓枕湘云影乱，窊樽酌酒月光来。
江澄绿净双流合，岳贯朱陵一窍开。
只有丹心惟恋关，凌风长啸步金台。

石鼓书院

元　偰玉立

石鼓崇儒馆，朱陵起洞房。逶迤环二水，错落翳群芳。
衿佩来游艺，川原慨战场。遗祠垂屈葛，流演发朱张。
风堕松花老，秋余桂子香。飞甍琼玉岛，巍殿水晶乡。
雾敛东岩旭，寒侵曲栈霜。丹枫翚蜃阁，青草跨虹梁。
绿水浮文鲤，高冈集彩凰。禹门翻锦浪，虞陆览朝阳。
窃药窥蟾迹，攀萝散鹭藏。题诗镵石翠，把钓荐橙黄。
杯饮窊樽古，幽居树握凉。湘波澄碧境，岳黛出新装。
采菊堪充茹，纫兰宜佩裳。岭云招隐约，滩濑自宫商。
按节休清旷，征帆渡渺茫。惊鸟飞匝绕，回雁谩翱翔。
城郭含烟紫，林峦带晚苍。归与桥上月，渔唱起沧浪。

石鼓书院合江亭作

明　何　珣

危楼新建倚苍穹，义理都归一扃中。
圣道高明天日并，人心企慕古今同。
入帘衡岳浮青黛，绕槛湘流去玉虹。
愧我未能希往哲，登临几度思无穷。

合江亭

明　柯　汉

西风十里泛潇湘，万顷晴波一镜光。
夹岸芙蓉红影乱，美人浴罢试新妆。

登仰高楼

明　邓　淮

湖南胜绝数衡州，撩理风光此暂游。
人在蓬瀛观大海，天将砥柱屹中流。
群儒文字从前考，诸葛祠堂何处求。
古往今来无限事，不胜惆怅仰高楼。

石鼓书院

明　陈凤梧

岳麓湘西石鼓东，前贤遗迹两山同。
地当流峙双清处，人在乾坤并立中。
原道直分洙泗水，怀高长咏舞雩风。
何当深夜披襟坐，万籁无声月影空。

郡大夫招饯石鼓联舟泛江乐甚赋此纪之

明　曾朝节

湘江张乐蔽中流，何异神仙海上游。
诘旦驱车人万里，清秋出祖郡诸侯。
东西雅奏骊驹曲，上下光浮彩鹢舟。
旋取鲤鱼供佐酒，夜深石鼓共登楼。

九日登合江亭

清　李邵生

二水分流石鼓前，筵开江上坐相连。
鱼梭漫织千丝浪，雁字斜挥万壑烟。
佳节共推天外饮，新词好写幻中仙。
兴酣几厌风尘侣，笑傲蛟龙奋百川

重修石鼓书院纪胜

清　李　拔

天生石鼓道脉长，虞帝南巡衡之阳。
蝌蚪神禹焕文章，卧龙拥节莅蒸湘。
昌黎接武唾琳琅，崛起濂溪群儒倡。
德星并聚来朱张，敬业同心会讲堂。
阐明道义晰毫芒，手书示教俾胥匡。
格言正论何炜煌，华士词人走且僵。
宫墙外望势踉跄，勖尔诸生毋怠荒。
诚明并进即周行，诞登彼岸共徜徉。

沁园春·石鼓书院

当代　金　云

石鼓江山，誉贯千秋，日月颂扬。喜合欢三水，奔腾北去；英豪群杰，光耀东方。太宗赐匾，七贤献智，白岳齐名胜宋唐。回瞩望，纳古今书卷，与世绵长。

雄鸡一唱高昂。引巨变、城廓烟紫黄。看雕梁画栋，墙新瓦亮；讲学传道，义正辞详。青草桥头，朱陵洞内，虹跨诗藏鸾凰翔。诚可预，正清流祛污，永久辉煌。

七律·衡阳《石鼓江山》兴怀

当代　杨宝琳

石鼓书声绕阁流，滩头怅望日忧扰。
昌黎词韵弘新体，子厚文锋砭政忧。
仲晦理侖堪答辩，船山经著责编修。
千秋兴废凭何问？圣哲箴言古训遒。

五律·石鼓文澜

当代　杨宝琳

石鼓文澜远，宗风理学先。
三江流古韵，一脉炳南天。

七绝·石鼓书院听雨

当代　张乐平

一派氤氲书卷气，千年石鼓七贤名。
我来独坐听江雨，爱此源头活水声。

浣溪沙·衡阳石鼓书院写意

当代　张乐平

二水中分一岛回，波鸣石鼓激风雷。千年黉院溢芳菲。
往圣经纶堪世绝，时贤才气接天齐。蒸湘新句待谁题。

念奴娇·夜登石鼓山

当代　张乐平

冰轮遥照，见辉清八极，一弯澄屿。灯曳霓裳轻雾起，香沁楼台嘉树。舟影星浮，双流波叠，激石鸣天鼓。凌虚对此，画图金染如铸。

来叩书院重门，钩沉尚有、儒道登坛处。料得当时宣讲义，声邃若闻天语。贤圣幽思，千秋文脉，都系衡阳浦。江山形胜，待君题勒新句。

七绝·秋日漫步右鼓书院广场

当代　何衡昭

合江石鼓浪生花，远望亭楼雾似纱。
欲引群贤寻古巷，桥头可有酒醽家。

踏莎行·忆昔游石鼓（3首）

当代　何衡昭

蒸水婉延，湘江浩荡，秋归阵雁蓝天旷。闲人信步曲桥亭，争流百舸翻长浪。健体朝逢，乘凉夕访，那年学子忧心上。登临景阁耳犹闻，朱陵洞听书声朗。

漫卷寒空，飞扬雪地，印痕一路身花坠。偷闲几刻鼓山行，悄然四处孤人醉。独立江楼，直书壮志，依阑一睹天涯气。高歌几曲听回音，眼前尽是冰松翠。

海棠春·石鼓雕座前留影

当代　何衡昭

惊鸿难舍春归去，喜借得、碧空无雨。再唤老同窗，书院江山聚。
怎围鼓石轻轻抚，日月逝、君嗟岁暮。雏燕问曾经，梦恨时光误。

咏石鼓书院

当代　李　昂

一山飞峙三江绕，渔唱笙歌百鸟鸣。
惟有一宗难绘写，千年学府读书声。

雨中游石鼓书院

当代　罗　以

合流三水去无穷，石鼓噌吰震远空。
峰舞群龙烟漠漠，涛喧万马雨濛濛。
绕廊想象书声朗，拔地徒增阁势雄。
吏部晦庵踪迹在，飘零异代仰流风。

七律·石鼓江山

当代　厉文定

沧桑几度拥崇祠，吞吐风云百代基。
二塔凌霄城有景，双江合浪岛生姿。
留传古碣文犹奥，过往高贤迹可知。
千载讲台真脉在，炎黄筑梦正逢时。

中秋夜游石鼓书院

当代　李兴华

月满楼台隐水中，回栏九曲共波融。
银辉久伫前贤处，尤记洞生千古风。

楹　联

石鼓书院正门联

佚　名

修名千佛上，至昧五经中。

禹碑亭柱联

佚　名

蝌蚪成点通，天地衍大文

合江亭前廊联

明　邓　淮

石鼓双江水，昌黎一首诗。

武侯祠联

清　范鹤年

心远地自偏，问草庐是耶非耶，此处想见当日
江东石不转，睹秋水来者逝者，伊人宛在中央

李忠节公祠联

清　彭玉麟

义烈炳潭州，千秋英名垂竹帛；
崇祠仍故宅，一龛清供有梅花。

大观楼门联

清　李　镐

坐对岳云开，权将小阁重楼当他广厦
俯临湘水去，却喜渔歌樵唱答我书声

合江亭门联

清　祝松云

广厦构众材，报到蛟龙腾浪去
两水夹明镜，合信风月入亭来

合江亭联

清　范研云

不许岳云封古洞，但愿江月认残碑。

题石鼓书院留待轩联

清　李　镐

愿分华山一半席；安得广厦千万间。

题石鼓书院净绿阁联

清　阮　元

此真净绿唾不可，我实才薄歌奈何。

题石鼓书院大门联

清　左宗棠

学贯九流，汇此地人文法海；
秀开百粤，看群贤事业名山。

题石鼓公园门楼联

清　王闿运

石出蒸湘攻错玉，鼓响衡岳震南天。

题石鼓书院大门联

清　周延俊

是七二峰雄峻所钟，看砥柱中流，但莫赏青草烟痕，朱陵石迹；
溯卅六湾波涛而上，听鼓角午夜，应不减船山灯影，岳麓书声。

大观楼柱联

当代　欧建鸿

珠玑文字任流传，昌黎首唱，石湖继吟，霞客纪游，姜斋感旧，佳节数从头，太息前人俱往矣；
锦绣江山烦指点，左挟岣嵝，右挹回雁，前连青草，后接朱陵，风光都在眼，喜看形胜更超然。

题来雁塔

当代　沚青青

雄标楚地，势压湘流，四百年劫火迭经，老翅几回翻暮雨；
逆旅惊秋，浮生类雁，三万里孤怀索漠，高台千古怅诗人。

极目千里

当代　谢宏治

杏坊设阁中，千年书院添雅韵。
湘水环槛外，万载石鼓奏和鸣。

为石鼓书院题联

当代　何象贤

石顽尚点头，学院千秋崇圣教；
鼓声当倾耳，江楼百丈听涛声。

题石鼓书院联

当代　张乐平

遥空辉轸翼，看二水银涛，一弯澄屿。云图金染，舟楫星浮。次第高台萦桂馥，石鼓响螺矶，都系江山胜境。

书院起蒸湘，仰千秋绝学，百代名公。才气天齐，经纶世出，依然圣迹耀文光，杏坛传妙语，永舒今古风怀。

三、《城北区志》勘误表

《城北区志》勘误表

附表 3-1

页码	行、字	误	正
32	顺 16 行	人口普及	人口普查
36	顺 13 行	国民 31 年	民国 31 年
99	倒 10 行	衡阳市城北区第七建筑工程公司	衡阳市第七建筑工程公司
99	顺 10 行	衡阳市城北环保建筑工程公司	衡阳市环保建筑工程公司
191	顺 7 行	1979	1975
318	倒 2 行前	增加：副部长　伍学富 1969. 7～1973. 1	
318	倒 2 行	（唐荣确）1979. 5～1983. 12	1971. 3～1983. 12
320	顺 8 行	蒋善方	蒋善立
328	顺 12 行	100 名	93 名
328	顺 12 行	36 名	38 名
328	顺 15 行	17 名	19 名
328	顺 16 行	在肖伯群后面增加蒋高生	
328	顺 17 行	8 人	9 人
332	倒 12 行	修改为：从 1984 年 4 月后，由区政协 1 名副主席兼任部长。	
343	顺 3 行	彭　兰	彭兰苾
359	倒 1 行	修改为：罗学成于 1981 年 8 月补选为副区长。	
360	顺 20 行	修改为：刘少葵于 1985 年 2 月补选为副区长。	
363	顺 4 行	在本行后面增加：雷久乾因工作调动于 1991 年 8 月在区十届人大常委会第九次会议上辞去副主任职务。	
364	顺 7 行	吕浩	吕浩（兼）
384	顺 11 行	城北区	第二区
388	顺 6 行	（刘少葵）1984. 4	1985. 2
388		第九届副区长朱菊桂任期应放到第八届副区长最后一位	
398	倒 3 行前	增加；副主任伍圣德　男 1990. 1～1993. 12	
414	顺 6 行	（1962 年 7 月～1969 年 7 月）	（1960 年 3 月～1971 年 3 月）
416	顺 5 行	湘西	湘南
416	倒 14 行	勤抓	勒抓
416	倒 11 行	“一甲数兵”	“一保数兵”
484	倒 16 行	撤消	撤销
507	顺 2 行	四等奖	三等奖

四、提供资料单位和人员

区志编纂其间，全区共有68个单位承担资料收集编写工作，有136人直接参与资料收集整理。尚有部分单位由归口主管部门统一提供资料，表中未列出，连同其资料收集整理人员亦未收录。

提供资料单位和人员

附表4-1

单位	分管领导	人员	单位	分管领导	人员
区委办公室	华连玉	李宗娜	区税务局	罗　辉	郭　伟
区人民政府办公室	陆渝萍	王　斌	区委研究中心	段神佑	肖佳敏
政协石鼓区办公室	李在定	全昌艳	区委融媒体中心	罗飞虎	蒋　阳
人大常委会办公室	刘　昕	廖辉辉	区重点建设项目事务服务中心	曹　姣	夏群力
区纪委监察委员会办公室	贺程杰	邱俏梅	区城市建设投资公司	刘子朝	刘婉清
区委组织部	陈翻番	曾　娟	市公安局石鼓区交警大队	谭庆瑞	邹　芳
区委宣传部	苏文波	陈　琳	区住房和城乡建设局	周　涛	吴　涵
区委统战部	谷艳玲	戴金枝	区水利局	刘　磊	朱云峰
区委政法委员会	罗友迪	周佳晶	区农业农村局	王素纯	彭双强
区委机构编制委员会	刘芯君	曹思明	区商务局	蒋益霞	刘　鹏
区委巡查工作领导小组	王宁波	刘　任	区文化旅游体育局	戴　静	刘南燕
区发展和改革局	唐胜利	祝丽玉	区卫生健康局	刘国华	向海波
区教育局	魏宏志	黎笃会	区审计局	陈荣利	陈荣利
区科技和工业信息化局	蒋益霞	蒋益霞	区退役军人事务局	訾彗艳	唐辉君
区民政局	朱　剑	黄　政	区应急管理局	高　敏	朱　勇
区财政局	张晓玲	阳柏成	区市场监督管理局	李细根　王　慧	黄明高
区司法局	张亚平	黄　灏	区统计局	闵衡清	刘　玮
区人力资源和社会保障局	匡安平	罗靖青	区城市管理和综合执法局	郑小兵	曾芳玲
共青团石鼓区委员会	李　谦	仇　虬	区人民防空办公室	唐柏生	蒋　华
区工商联合会	王一澍	甘典辉	区信访局	文旭军	黄园园
区残疾人联合会	万素英	杨玉兰	区乡村振兴局	董晓萍	肖　涛
角山镇	凌康旗	肖忠盛	区医疗保障局	李桂珍	王　妍
合江街道	贺海军	周桂芳	区行政审批服务局	刘芳核　颜志荣	屈　斌
人民街道	谷敏寰	孟　珊	区总工会	邓　琳	吴　莉
潇湘街道	陈红智	秦扬川	区妇女联合会	曾朝霞	谢思衡
区人民法院	凌立新	王若愚	区科学技术协会	周铁军	陈志勇
区人民武装部	谭青云	谭青云	区红十字会	刘　勇	罗　艳

续附表 4-1

单位	分管领导	人员	单位	分管领导	人员
黄沙湾街道	陈佳碧	资晓洁	区公路建设养护中心	易　菁	宋　亮
五一街道	周　慧	彭云雨	青山街道	邓文林	余红梅
区自然资源局	钟登仁　邹三洋	朱　弘	区委党史研究室（区地方志编纂室）	胡文东	左　丹
金源街道	尹　立	邹汉文	区政府研究中心	罗　梓	刘　琼
区人民检察院	肖衡生	郭　佳	区机关事务和接待中心	刘旭云	傅俊钢
市公安局石鼓区分局	滕树生	何少华	区消防大队	资春阳	周　彦
区生态环境局石鼓区分局	张春晖	许　佳	区计划生育协会	刘国华	肖运鲲

索　引

说明：

一、本索引把《衡阳市石鼓区志（1996—2018）》的篇、章、节、目、表格、人物等，用主题分析的方法，按汉语拼音字母顺序排列。

二、本书序、凡例、索引、后记未作索引。

三、篇、章的索引标目用黑体字标明。

四、索引名称后面的阿拉伯数字表示的内容所在的页码。

A

B

C

D

F

G

H

J

K

L

M

N

P

Q

R

S

T

W

X

Y

Z

后 记

《衡阳市石鼓区志（1996—2018），历时六载，数易其稿，付梓成书。

2018年，中共石鼓区委、区人民政府决定编修《衡阳市石鼓区志（1996—2018）》。7月13日，石鼓区人民政府常务会议专题研究区志编纂工作。会议确定本次修志时间断限为1996—2018年，采取以政府购买服务的方式进行，计划到2020年年底，志书成稿并通过省级验收，达到公开出版要求。2018年9月，河南省江海汇文文化传播有限公司中标区志编修项目。10月22日，石鼓区召开《衡阳市石鼓区志（1996—2018）》区级篇目评审会。11月28日，召开《衡阳市石鼓区志（1996—2018）》编纂动员大会，全面部署区志编纂工作。2020年4月，河南省江海汇文文化传播有限公司因故退出区志编纂项目。

经市地方志编纂室提议，并报经区委、区政府领导同意，石鼓区地方志编纂室委托衡阳红海人力资源服务有限公司按程序向社会公开招聘编修人员，聘请衡阳市民政局原党委委员、工会主席谭民政与石鼓区政府原副调研员、区总工会原主席龙平省及其他两名人员组成编辑部。

编辑部班子于2020年8月下旬成立，迅速开展工作，先后历经三个阶段，基本完成《衡阳市石鼓区志（1996—2018）》的编写。

第一个阶段：资料整理阶段。2020年9月中旬，区志编辑部完成《衡阳市石鼓区志（1996—2018）纲目》《〈衡阳市石鼓区志（1996—2018）〉任务清单》《人物撰写要求》《撰写范文》《领导名录格式》等全套编务资料。9月27日，区委、区政府召开高规格的《衡阳市石鼓区志（1996—2018）》编纂工作推进会。推进会召开后，各单位迅速开展撰稿和改稿工作。编辑部根据已有资料，并广泛搜集其他资料，于2020年12月上旬完成《衡阳市石鼓区志（1996—2018）（初审稿）》。

第二个阶段：修改完善阶段。从2021年1月起，区志编辑部根据各单位报送的资料，对全区66个撰稿单位的资料长编逐一提出修改意见，进行第二轮修改。2021年3月10日，区委、区政府召开《衡阳市石鼓区志（1996—2018）》评审稿二轮修改交办会。会后，区地方志编纂室和区志编辑部对12个重点单位的修改工作进行点对点辅导。5月18日，石鼓区组织召开《衡阳市石鼓区志（1996—2018）》省市区三级评审会，湖南省地方志编纂院、衡阳市地方志编纂室及衡阳市各县市区地方志编纂室领导及专家参会，会议原则通过志稿，并提出详尽的修改意见。2021年6月起，区志编辑部对第二轮修改的稿件进行认真审读和编辑，提出进一步修改的具体意见，发回各单位进行第三轮修改。区地方志编纂室和编辑部负责人多次向区委、区政府领导汇报，督促各单位积极完成修改工作任务。2021年10月，编辑部就收到的第三轮修改稿进行统稿，于11月15日形成总稿。至2021年11月，区志编辑部完成《衡阳市石鼓区志（1996—2018）》总纂任务。

第三个阶段：优化送审阶段。2021年11月至2022年6月，区地方志编纂室对总稿作进一步修改和完善，形成《衡阳市石鼓区志（1996—2018）》终审验收稿，呈送衡阳市地方志编纂室审查。2022

年9月14日，衡阳市地方志编纂室组织召开《衡阳市石鼓区志（1996—2018）（送审稿）》市级终审意见交办会，要求石鼓区根据会议意见，进一步修改，补充资料，提升质量，形成省级终审验收稿。2022年9月29日，石鼓区人民政府2022年第17次常务会议原则通过《衡阳市石鼓区志（1996—2018）（送审稿）》，要求石鼓区地方志编纂室进一步征求意见修改完善，报省地方志编纂院验收，验收通过后交付出版社公开出版发行。按照市地方志编纂室的修改意见，2022年11月至2023年5月，区地方志编纂室聘请唐先斌、李兴华、尹国宝、林崇友、蒋天亚等5名老同志对《衡阳市石鼓区志（1996—2018）》再次进行审校总纂。在此基础上，2023年6月至2024年5月，区地方志编纂室又多次斟酌、反复修改，并于2024年6月中旬送湖南省地方志编纂院终审，湖南省地方志编纂院2024年8月1日下文批复《衡阳市石鼓区志（1996—2018）》验收通过。

湖南省地方志编纂院高度重视《衡阳市石鼓区志（1996—2018）》的编修工作，衡阳市地方志编纂室全程指导并组织评审，衡阳市各县市区地方志编纂室认真审查评议，提出了许多宝贵意见。在此，对全体编纂人员和各位领导、专家一并表示衷心感谢。

本志虽经多方努力，但由于业务水平有限，难免还有疏漏之处和值得商榷的地方，敬请社会各界人士和广大读者批评指正。

《衡阳市石鼓区志（1996—2018）》编纂委员会

2024年9月